매튜 풀

청교도 성경주석

MATTHEW POOLE'S COMMENTARY

마가복음 · 누가복음

박문재 옮김

역자 박문재

역자는 서울대학교 법과대학, 장로회신학대학교 신대원 및 대학원(Th.M.)을 졸업하였다. 역서로 비슬리 머리의 『예수와 하나님 나라』, 존 브라이트의 『이스라엘 역사』, F.F. 브루스의 『바울』, B.S. 차일즈의 『구약신학』, 아이히로트의 『구약성서신학 I, II』, 제임스 D.G. 던의 『바울 신학』, 『매튜 헨리 주석』(「요한복음」, 시가서·선지서 전부) 외에 다수 있다.

청교도
성경주석

15

매튜 풀

청교도 성경주석

MATTHEW POOLE'S COMMENTARY

마가복음 · 누가복음

박문재 옮김

SINCE 1984
크리스천
다이제스트

MATTHEW POOLE'S COMMENTARY

마가복음

서론

복음에 관한 이 간결한 이야기의 저자가 열두 사도 중의 한 사람이 아니었다는 것은 사도들의 이름이 열거된 본문(마 10:2-4; 막 3:14-19)을 읽어보면 쉽게 알 수 있다. 어떤 이들은 마가가 그리스도께서 공생애 기간 중에 파송하신 칠십인 중의 한 사람이었다고 말하지만, 나는 그들이 무슨 근거로 그런 말을 하는 것인지를 모르겠다. 물론, 마가가 그리스도의 제자였다는 것은 의문의 여지가 없다. 사도행전 12:12을 보면, "마가라 하는 요한"이 등장하는데, 어떤 이들은 바로 그 인물이 이 복음서의 저자였을 것이라고 생각하지만, 또 어떤 이들은 교부들이 이 복음서의 저자를 언제나 마가라고 부른다는 점을 들어서 그런 견해에 이의를 제기한다. 신약을 보면, "바나바의 생질 마가"(골 4:10)도 있고, 바울과 함께 사역하였던 마가도 있으며(딤후 4:11), 베드로가 "내 아들 마가"라고 한 이도 있다(벧전 5:13). 바울은 마가라는 이름을 지닌 이를 "나의 동역자"로 소개하고(몬 1:24), "마가라 하는 요한"은 바울과 사이가 틀어져서 바나바와 함께 구브로로 갔다(행 15:39). 이렇게 성경에는 마가라 불린 많은 사람들이 등장하지만, 그들 중에서 누가 이 복음서의 저자였는지에 대해서는 분명하게 말해 주지 않는데, 만일 이것을 아는 것이 우리에게 중요한 일이었다면, 이것에 대해서 성경은 결코 그렇게 불분명하게 말하지 않았을 것이다. 저술가들도 이 복음서 기자가 누구였는지에 대하여 분명한 목소리를 내지 못하고, 어떤 이들은 이 사람이라고 말하고, 어떤 이들은 저 사람이라고 말한다. 또한, 어떤 이들은 이 복음서를 베드로가 불러주고 마가가 받아 적은 것이라고 생각하기도 했다. 어떤 이들은 베드로가 이 복음서를 로마에서 쓴 후에, 애굽으로 건너가서 거기에서 복음을 전하였고, 최초의 알렉산드리아의 감독이 되어 일하다가, 네로 제8년에 죽어 거기에 묻혔다고 말하기도 한다. 하지만 이러한 것들은, 마가가 살았던 때로부터 적어도 삼백 년 후에 글을 쓴 저술가들을 신뢰할 수 있을 때에만, 우리가 믿을 수 있는 것들이다.

대부분의 훌륭한 해석자들은, 마가가 태생적인 유대인이었지만, 헬라어를 잘했기 때문에, 이 복음서를 헬라어로 썼다는 데 동의한다. 히에로니무스(Hierom)는 로마에서 일부 그리스도인들의 요청으로 베드로가 불러주는 것을 마가가 받아 적는 식으로 이 복음서를 썼다고 말하지만, 그의 말은 아주 불확실한 것이다. 성경에는 바울이 죄수의 몸으로 로마에 끌려간 일은 나오지만, 베드로가 로마에 갔다는 말은 나오지 않는다. 마가가 쓴 복음서는 다른 세 복음서보다 훨씬 짧지만, 어떤 구체적인 부분들에서는 마태의 기사들에 아주 많은 내용을 덧붙여 놓았다. 마가는 자신의 복음서에서 마태복음에 없는 내용들을 보도하는 경우는 거의 없고, 마태복음에 나오는 많은 것들은 생략하고 있기 때문에, 아마도 마태복음을 보완하고자 하는 의도를 지녔던 것으로 보인다. 따라서 마가복음은 짧고 간결하게 되어 있어서, 이 복음서에 대한 우리의 주석도 훨씬 짧아졌다. 마태는 우리 구주의 족보와 출생에 관한 이야기로 자신의 복음서를 시작하고, 누가는 세례 요한 및 우리 구주의 출생 이전에 일어난 일들에 관한 이야기로 자신의 복음서를 시작하지만, 마가는 세례 요한의 선포에 관한 이야기로 자신의 복음서를 시작한다. 마가복음의 정경성은 결코 의문시된 적이 없었다. 마가복음에는 마태복음과 누가복음에 나오지 않는 내용들은 거의 들어 있지 않기 때문에, 마태복음과 누가복음의 정경성이 의심되지 않는 한, 마가복음의 정경성도 결코 의심될 수 없다. 우리는 이 사실을 특별히 명심할 필요가 있다. 왜냐하면, 마가가 쓴 것들이 우리 신앙의 대상이자, 우리가 실천할 수 있는 일들과 관련해서는 우리의 삶의 규범이요 준칙이 된다는 결론은 그러한 사실로부터 나오기 때문이다.

제1장

개요

1. 복음이 세례 요한의 전도로 시작됨(1-8).
2. 예수께서 세례를 받으시고, 이 때에 하늘로부터 증거를 받으심(9-11).
3. 마귀의 시험을 받으심(12-13).
4. 갈릴리에서 전도하심(14-15).
5. 베드로와 안드레, 야고보와 요한을 부르심(16-22).
6. 더러운 귀신 들린 사람을 고치심(23-28).
7. 시몬의 장모를 고치심(29-31).
8. 각종 병자들을 고치시고 귀신 들린 자들에게서 귀신을 쫓아내 주심(32-34).
9. 홀로 기도하시고 계속해서 전도하심(35-39).
10. 나병환자를 깨끗하게 하심(40-45).

1. 하나님의 아들 예수 그리스도의 복음의 시작이라.

'유앙겔리온' (εὐαγγέλιον), 즉 "복음"이라는 명칭은 우리 구주께서 태어나실 때에 천사가 목자들에게 "보라 내가 온 백성에게 미칠 큰 기쁨의 소식을 너희에게 전하노라"(눅 2:10)고 한 말로부터 유래한 것으로 보인다. 왜냐하면, 원래 헬라어 '유앙겔리온'은 좋은 전갈 또는 좋은 소식을 의미하기 때문이다. 복음은 그리스도의 오심, 세례 요한과 그리스도의 전도, 그리스도께서 이 세상에서 행하신 일들, 그의 출생과 삶과 죽음 등등에 관한 역사적인 이야기를 가리키기도 하고, 율법의 가르침과는 반대되는 것으로서, 그리스도께서 베푸신 구원에 관한 가르침을 가리키기도 하며, 하나님께서 "만세와 만대로부터 감추어졌던 비밀"(골 1:26)을 세상에 공개적으로 널리 알리기 시작하신 때 또는 그 경륜을 가리키기도 하는데, 여기에 언급된 "복음"은 세 번째를 의미하는 것으로 보인다. 왜냐하면, 누가는 세례 요한과 그리스도가 출생하시게 되기까지의 일들을, 마태는 그리스도의 출생에 관한 이야기를 보도하는 것으로 자신의 복음서들을 아주 이른 시기부터 시작하고 있는 반면에, 마가는 세례 요한의 전도를 보도하는 것으로 자신의 복음서를 시작함으로써, 복음의 경륜이 어떤 식으로 개시되었는지를 보여 주기 때문이다. 세례 요한의 때 이전에는, 복음의 교훈은 아담과 아브라함과 다윗에게 알려져 있었고, 야곱과 이사야를 비롯한 여러 선지자들에 의해서 예언되었지만, 그러한 약속들과 예언들을 성취하는 가운데, 복음의 교훈을 공개적으로 분명하게 전파한 인물은 세례 요한이었다. "율법과 선지자는 요한의 때까지요 그 후부터는 하나님 나라의 복음이 전파되어 사람마다 그리로 침입하느니라"(눅 16:16; 마 11:13). 따라서 요한의 전도는 복음의 시작이었다. 왜냐하면, 복음의 교훈은 그 이전에도 희미하게 알려져 있었기는 하지만, 공개적으로 세상에 분명하게 선포되기 시작된 것은 세례 요한으로 말미암은 것이기 때문이다. 복음에 관한 예언들과 모형들은 그리스도 안에서 좀 더 온전하게 성취되긴 하였지만, 세례 요한에게서 처음으로 복음 예언들이 끝을 맞이하기 시작하였다. 적어도 두 가지 예언이 세례 요한에게서 성취되었는데, 하나는 엘리야가 먼저 올 것에 대하여 예언한 말라기 3:1("만군의 여호와가 이르노라 보라 내가 내 사자를 보내리니 그가 내 앞에서 길을 준비할 것이요 또 너희가 구하는 바 주가 갑자기 그의 성전에 임하시리니 곧 너희가 사모하는 바 언약의 사자가 임하실 것이라")이었고, 다른 하나는 이사야서 40:3("외치는 자의 소리여 이르되 너희는 광야에서 여호와의 길을 예비하라 사막에서 우리 하나님의 대로를 평탄하게 하라")이었다. 전자에 대해서는, 마가복음 기자가 다음 절과 4:5에서 언급하고, 우리 구주께서도 마태복음 11:14과 마가복음 9:11-13과 누가복음 1:17에서 오리라고 한 엘리야가 바로 세례 요한이었다고 말씀하신다. 후자에 대해서는, 마태복음 3:3과 마가복음 1:3과 요한복음 1:23이 그 예언이 세례 요한에 관한 것이었다고 말한다.

이 복음이 "예수 그리스도의 복음"이라 불리는 이유는, 그리스도의 출생과 삶과 죽음에 관한 이야기가 복음의 내용이기 때문이다. 마태는 예수 그리스도를 "아브라함과 다윗의 자손"(마 1:1)이라고 부름으로써, 그리스도가 진정으로 인간이었고, 태생적인 유대인으로서, 왕가에서 태어나셨으며, 메시야에 관한 약속이 주어진 두 가문에서 태어나셨다는 것을 우리에게 알게 해준다. 또한, 마가는 그리스도를 "하나님의 아들"이라고 부름으로써, 그가 단순한 인간 이상의 존재였다는 것을 우리에게 알게 해준다. 그리스도께서는 하나님의 아들이셨기 때문에, 성부 하나님의 뜻을 온전히 드러내실 수 있으셨고, 모세의 법을 권세 있게 해석하시고 가르칠 수 있으셨으며, 새로운 예배방식을 도입하실 수 있으셨고, 일부 개인들을 제외하고는 만대와 만세로부터 감추어졌던 구원의 신비를 널리 선포하실 수 있으셨다.

2-3. [2]선지자 이사야의 글에 보라 내가 내 사자를 네 앞에 보내노니 그가 네 길을 준비하리라 [3]광야에 외치는 자의 소리가 있어 이르되 너희는 주의 길을 준비하라

그의 오실 길을 곧게 하라 기록된 것과 같이.

복음서 기자는 말라기 선지자와 이사야 선지자가 이러한 "복음의 시작"을 예언하였다고 말한다. 말라기는 큰 왕이 시온에 오기 전에 전령이 먼저 와서 그의 길을 준비할 것이라고 예언하였다. 천사는 사가랴에게 나타나서 이 두 예언과 말라기 4:5을 설명해 주면서, 세례 요한에게 이렇게 말한다: "그가 또 엘리야의 심령과 능력으로 주 앞에 먼저 와서 아버지의 마음을 자식에게, 거스르는 자를 의인의 슬기에 돌아오게 하고 주를 위하여 세운 백성을 준비하리라"(눅 1:17). 세례 요한은 자신의 전도를 통해서, 백성들로 하여금 복음의 소리에 귀 기울일 수 있게 함으로써 그리스도를 맞을 준비를 갖추게 하였다. 이 본문에 대한 자세한 설명은 마태복음 3:3과 11:10에 대한 설명을 보라. 하나님께서 세례 요한을 "외치는 자의 소리"라는 이름으로 부르신 것은 복음의 일꾼이 어떤 일을 하는 자인지에 대한 올바른 인식을 우리에게 가르쳐 준다. 복음의 일꾼은 하나님께서 먼저 자기에게 말씀해 주신 것들을 큰 소리로 외쳐 알리는 "목소리"일 뿐이다. 따라서 하나님께서는 모세에게 "너는 그에게 말하고 그의 입에 할 말을 주라 내가 네 입과 그의 입에 함께 있어서 너희들이 행할 일을 가르치리라"(출 4:15)고 말씀하신다.

4-5. [4]세례 요한이 광야에 이르러 죄 사함을 받게 하는 회개의 세례를 전파하니 [5]
온 유대 지방과 예루살렘 사람이 다 나아가 자기 죄를 자복하고 요단 강에서 그에게 세례를 받더라.

누가는 세례 요한이 로마의 디베료 황제 제15년경에 사역을 시작하였다고 말한다. 세례 요한은 사람이 거의 살지 않는 곳인 "광야"에서 사람들에게 세례를 주었는데, 우리는 여기에서 말하는 "세례"를 좁은 의미에서의 세례가 아니라, 그의 전도와 가르침을 포함한 그의 사역 전체를 의미하는 것으로 이해하여야 한다. 그가 전한 말씀의 주된 내용은 회개였고, 그 회개를 인친 것이 세례였으며, "죄 사함"이 그 결과였거나, 사람들에게 회개하라고 압박한 근거였기 때문에, 복음서 기자는 세례 요한의 사역을 "회개의 세례"라 부른다. 이 본문에 대해서는 마태복음 3:5-6에 대한 설명을 보라.

6. 요한은 낙타털 옷을 입고 허리에 가죽 띠를 띠고 메뚜기와 석청을 먹더라.

이 본문에 대해서는 우리가 이미 마태복음 3:4을 다룰 때에 다 설명한 바 있다.

7-8. [7]그가 전파하여 이르되 나보다 능력 많으신 이가 내 뒤에 오시나니 나는 굽혀
그의 신발끈을 풀기도 감당하지 못하겠노라 [8]나는 너희에게 물로 세례를 베풀었거

니와 그는 너희에게 성령으로 세례를 베푸시리라.

이 본문과 거의 차이가 없는 보도가 마태복음 3:11에 나온다. 거기에 나오는 설명을 보라.

9-11. [9]**그 때에 예수께서 갈릴리 나사렛으로부터 와서 요단 강에서 요한에게 세례를 받으시고** [10]**곧 물에서 올라오실새 하늘이 갈라짐과 성령이 비둘기 같이 자기에게 내려오심을 보시더니** [11]**하늘로부터 소리가 나기를 너는 내 사랑하는 아들이라 내가 너를 기뻐하노라 하시니라.**

그리스도께서는 성전에서 랍비들과 토론을 하신 후에, 부모와 함께 다시 "나사렛에 이르러 순종하여 받드시는" 삶을 사시다가(눅 2:51), 이제 갈릴리에 있던 한 동네인 나사렛으로부터, 요한이 사람들에게 세례를 주고 있던 요단 강 근처의 갈릴리 땅 또는 "요단 강 근처 베다니"로 오셔서 세례를 받으셨다. 이 이야기를 좀 더 자세하게 들려주고 있는 마태복음 3:13, 16-17과 요한복음 1:28에 대한 설명을 보라. 누가는 이 때에 그리스도께서 "삼십 세쯤" 되셨다는 말을 덧붙인다(눅 3:23).

12-13. [12]**성령이 곧 예수를 광야로 몰아내신지라** [13]**광야에서 사십 일을 계시면서 사탄에게 시험을 받으시며 들짐승과 함께 계시니 천사들이 수종들더라.**

마태와 누가는 우리 구주께서 사탄에게 시험을 받으신 것에 관한 이야기를 좀 더 자세하게 들려준다. 마태복음 4:1-2에 대한 설명을 보라. 마가는 "곧"이라고 말하지만, 엄밀하게 말해서 주님이 세례를 받으신 후에 "즉시"라기보다는 하루나 이틀 후쯤이었을 것이다.

14-15. [14]**요한이 잡힌 후 예수께서 갈릴리에 오셔서 하나님의 복음을 전파하여** [15]**이르시되 때가 찼고 하나님의 나라가 가까이 왔으니 회개하고 복음을 믿으라 하시더라.**

세례 요한이 공적으로 사역한 기간은 짧았던 것으로 보인다. 그는 제사장 사가랴의 아들이었기 때문에(눅 1:13), 삼십 세가 되어서야 공적인 사역에 들어갔을 가능성이 높다. 왜냐하면, 삼십 세는 제사장이 될 수 있는 나이였고, 누가는 우리 구주께서 이 나이에 공생애를 시작하셨다고 말하고 있으며, 세례 요한은 우리 구주보다 대략 6개월 정도 먼저 태어났고, 우리 구주께서 공생애 사역에 들어가시자마자, 감옥에 갇혔기 때문이다. 세례 요한이 투옥되자, 그리스도께서는 갈릴리에서 복음 전파를 시작하심으로써, 자신의 나라를 세워 나가시는 일과 사람들을 하나님의 나라로 이끄시는 일을 개시하셨다. 우리 구주께서는 하나님께서 전에 선지자들을 통해 미리 말씀하셨던 메시야와 복음의 은혜를 나타내기로 정하신 "때가 찼다"고 선언하신다. 따라서 사도 바울은 "때가 차매 하나님이 그 아들을 보내셨다"(갈 4:4)고 말하고, "때가 찬 경륜을 위하여"(엡 1:9) 그리스도께서 오신 것이라고 말한다. 또한, 우리 구주께서는 "하나님의 나라가 가까이 왔다"고 선언하신다. 즉, 복음 안에서 하나님의 은혜의 경륜이 시작될 때가 되었다는 것이다. 따라서 너희는 악한 길에서 돌이켜서 "회개하고 복음을 믿어야" 한다. 여기에서 "복음을 믿는다"로 번역된 헬라어는 복음이 말하고 있는 내용에 대한 확고한 동의를 의미하는 것이 아니라, 복음의 가르침과 약속들에 우리의 구원의 소망을 두는 것이다. 우리의 믿음의 일차적인 대상은 우리의 중보자이신 예수 그리스도이시지만, 복음은 바로 그 중보자이신 예수 그리스도에 관한 것이다. 믿음에는 죄 사함의 긍휼하심이 그 믿는 심령에 주어질 것이라는 약속이 수반되지만, 믿음 이전에 회개가 있어야 한다 — 물론, 참된 복음적 회개는 믿음의 열매이자 효과이기 때문에, 그리스도 안에서 하나님의 사랑을 깨닫고서 죄에 대하여 슬퍼하고 근심하는 것이기는 하지만. 우리 구주께서 선포하신 말씀은 세례 요한이 전도한 것과 일치한다(마 3:2; 요 3:23).

16-20. [16]갈릴리 해변으로 지나가시다가 시몬과 그 형제 안드레가 바다에 그물 던지는 것을 보시니 그들은 어부라 [17]예수께서 이르시되 나를 따라오라 내가 너희로 사람을 낚는 어부가 되게 하리라 하시니 [18]곧 그물을 버려 두고 따르니라 [19]조금 더 가시다가 세베대의 아들 야고보와 그 형제 요한을 보시니 그들도 배에 있어 그물을 깁는데 [20]곧 부르시니 그 아버지 세베대를 품꾼들과 함께 배에 버려 두고 예수를 따라가니라.

우리는 우리 구주께서 이 네 사도를 부르신 것에 관한 이야기를 앞서 마태복음에서 들은 바 있다. 이 본문에서는 마태복음 4:18-22에서 말하고 있는 것에 새로운 내용을 추가하고 있는 것이 없기 때문에, 이 본문을 설명하는 데 필요한 내용들은 거기에서의 설명에 다 나와 있다. 또한, 우리 구주께서 안드레와 시몬을 부르신 것에 관한 이야기를 들려주고 있는 요한복음 1:40-42은 마태와 마가가 거기에 대하여 말하고 있는 것과 동일하다.

21-22. [21]그들이 가버나움에 들어가니라 예수께서 곧 안식일에 회당에 들어가 가르치시매 [22]뭇 사람이 그의 교훈에 놀라니 이는 그가 가르치시는 것이 권위 있는 자와 같고 서기관들과 같지 아니함일러라.

우리는 앞에서 유대인의 회당들은 우리의 교구 교회들과 그 성격이 흡사해서, 통상적으로 사람들이 안식일에 함께 만나 하나님께 예배하면서, 기도하고 율법과 선지자들의 글을 봉독하며, 회당장이나 지명된 사람으로부터 권면의 말씀을 듣는 시간을 갖는 장소들이었다는 것을 살펴본 바 있다. 그리스도께서는 통상적으로 회당들에서 말씀을 전하시며 가르치셨고, 복음서 기자들은 흔히 그 가르침을 들은 사람들이 놀라는 반응을 보였다고 말한다. 그러나 사람들이 새로운 가르침을 듣고서 놀라워하며 설교자를 우러러보는 것과 그러한 가르침을 베푸신 주님을 믿는 것은 별개의 것이었다. 성경은 유대인들 가운데서 많은 사람들이 그리스도의 가르침을 듣고 놀랐지만, 그들 중에서 그리스도를 믿는 사람들은 거의 없었다는 것을 우리에게 보여 준다.

이는 그가 가르치시는 것이 권위 있는 자와 같고 서기관들과 같지 아니함일러라. 우리는 그리스도의 일부 신실한 일꾼들, 특히 하나님께서 심령들을 회심시키시는 데 좀 더 탁월하게 사용하시는 그런 일꾼들에게 주어지는 하나님이 주신 큰 은사로서 사람들을 압도하는 두려운 위엄과 권위 속에서, 그리스도께서 당시에 보여 주셨던 그 놀라운 "권위"의 편린을 여전히 볼 수 있다. 그러나 이 위대한 설교자이신 그리스도께는 성령이 한량 없이 부어지셨다. 따라서 그리스도의 가르침은 "서기관들과 같지" 않았다. 유대인들의 선생들이었던 서기관들은 백성들에게 생명력이나 권능도 없이 아주 냉랭하게 율법을 읽어 주고 해석해 주었기 때문에, 마치 옛 이야기를 지루하게 읽어 주는 사람들이나 그런 이야기를 듣는 사람들이나 둘 다 아무런 감동도 받지 못하는 것과 마찬가지로, 서기관들의 가르침에는 백성들의 마음이 감동을 받지 못하였다.

23-24. [23]마침 그들의 회당에 더러운 귀신 들린 사람이 있어 소리 질러 이르되 [24]나사렛 예수여 우리가 당신과 무슨 상관이 있나이까 우리를 멸하러 왔나이까 나는 당신이 누구인 줄 아노니 하나님의 거룩한 자니이다.

누가복음 4:33-34에도 동일한 보도가 나오는데, 여기에서는 "더러운 영을 지닌 사람"이라고 표현하고 있고, 거기에서는 "더러운 귀신의 영을 지닌 사람"이라고 표현하고 있다(한글개역개정에는 둘 다 "더러운 귀신 들린 사람"으로 되어 있다). 귀신은 "거룩한 영," 즉 성령이라 불리는 하나님의 영과는 반대로 "더러운 영"이라 불린다. 이 더러운 영을 지닌 사람, 아니 그 사람 속에 있던 더러운 영이 "나사렛 예수여 우리가 당신과 무슨 상관이 있나이까"라고 소리를 쳤는데, 이것은 이 귀신이 잠시 후에 일어나게 될 일, 즉 자기가 쫓겨나가게 될 것이 두려워서 소리친 것임에 틀림없다. 이 옛 뱀의 자손인 악인들이 "악을 행하지 못하면 자지 못하며 사람을 넘어뜨리지 못하면 잠이 오지 아니하는"(잠 4:16) 것과 마찬가지로, 귀신들은 사람들에게 아무런 해악도 끼칠 수 없게 될 때, 자신들이 "멸해진" 것이라고 여긴다. 여기에서 이 귀신은 그리스도가 "하나님의 거룩한 자"라는 것을 시인한다.

25-26. [25]**예수께서 꾸짖어 이르시되 잠잠하고 그 사람에게서 나오라 하시니** [26]**더러운 귀신이 그 사람에게 경련을 일으키고 큰 소리를 지르며 나오는지라.**

우리가 여기에서와 다른 많은 곳들에서 볼 수 있는 것은, 귀신들이 그리스도를 인정하고 시인하더라도, 그리스도나 그의 사도들은 그런 것을 아랑곳하지 않는다는 것이다. 왜냐하면, 처음부터 거짓말쟁이였던 마귀나 귀신들이 진리를 인정하고 시인하더라도, 그런 것으로 인해 진리가 이익을 볼 것은 전혀 없기 때문이다. 그리스도께서는 자신의 거룩하심이나 자기가 하나님의 아들이시라는 것에 대한 귀신들의 증언을 필요로 하지도 않으셨고, 사람들이 귀신들의 말을 조금이라도 믿게 되는 것을 원하지도 않으셨다. 우리 구주께서는 귀신들이 좋은 말들을 한다고 해서 거기에 속아 넘어가시는 분도 아니었고, 귀신들과 협상을 하거나 타협을 하시는 분도 아니었다. 그가 하셔야 할 일은 오직 마귀나 귀신들을 멸하시고 그들이 하는 일들을 멸하시는 것뿐이었다. 그래서 주님은 이 귀신에게 입 다물고 나오라고 명령하신다.

더러운 귀신이 그 사람에게 경련을 일으키고 큰 소리를 지르며 나오는지라. 여기에서 "경련을 일으키고"로 번역된 헬라어는 '스파락산'(σπαράξαν)인데, 흠정역에서 이 단어를 "찢어 놓았다"로 번역한 것은 잘못된 것이다. 왜냐하면, 누가복음 4:35이 "그 사람은 상하지 아니한지라"고 말한 것이 보여 주듯이, 이 단어는 "찢어 놓은" 것을 의미하는 것이 아니라, 경련이나 발작을 일으킨 것을 의미하기 때문이다. 이것은 귀신 들린 자의 사지는 귀신들이 제마음대로 사용하기는 하지만, 그 사람에게 상처를 주거나 그 사지를 찢어 놓지는 못한다는 것을 보여 준다. 이 귀신이 "큰 소리를 지르며 나왔다"는 것은 귀신이 사람에게 들어가면 그 사람에게서 나오는 것을 얼마나 싫어하는지를 잘 보여 준다! 그러나 그리스도께서는 자신의 이적이 사람들의 눈길을 더 끌게 하시기 위하여, 귀신으로 하여금 큰 소리를 지르며 나오게 하셨을 가능성도 없지 않다.

27. 다 놀라 서로 물어 이르되 이는 어찜이냐 권위 있는 새 교훈이로다 더러운 귀신들에게 명한즉 순종하는도다 하더라.

유대인들 가운데는 퇴마사들이 있어서, 자신들이 갖고 있던 어떤 형태의 주문을 통해서 귀신들을 쫓아내곤 하였지만, 그리스도께서는 명령으로 귀신들을 쫓아내셨다. 주님은 마귀와 어떤 협약을 맺어서 간청하는 방식이나, 하나님의 이름을 부르며 간구하는 방식을 사용하신 것이 아니라, 오직 권위 있는 명령을 사용하셨는데, 이것은 유대인들에게 새로운 것이었고, 특히 주님이 전하신 "새 교훈"을 확증해 주는 역할을 하였다. 그러나 그를 하나님 또는 하나님의 아들로 고백하거나 세상의 구주이신 메시야로 인정하고서 믿는 사람은 여전히 없었고, 사람들은 모두 이 새 교훈이 지닌 권위를 직접 눈으로 보고 놀라서 자신들의 감정을 감추지 못하고 그대로 드러내는 반응을 보일 뿐이었다.

28. 예수의 소문이 곧 온 갈릴리 사방에 퍼지더라.

이것은 우리 구주의 가르침이 아니라 그가 행하신 이적들에 대한 "소문"이 퍼진 것이었다. 이 소문을 듣고서, 많은 병자들이 고침을 받으러 왔고, 우리 구주의 말씀을 듣기 위해 온 사람들도 많았는데, 그들 중에서 어떤 사람들은 믿었고, 어떤 사람들은 더욱 완악해졌다.

29-31. [29]회당에서 나와 곧 야고보와 요한과 함께 시몬과 안드레의 집에 들어가시니 [30]시몬의 장모가 열병으로 누워 있는지라 사람들이 곧 그 여자에 대하여 예수께 여짜온대 [31]나아가사 그 손을 잡아 일으키시니 열병이 떠나고 여자가 그들에게 수종드니라.

이 동일한 이야기를 보도하고 있는 마태복음 8:14-15에 대한 설명을 보라. 우리 구주께서는 종종 불치병이라고 여겨진 질병들을 고치심으로써 자신의 권능을 보여주셨다. 그리스도께서는 이 이적을 행하시는데 그 어떤 수단도 사용하지 않으시고 시몬의 장모의 열병을 고치셨고, 이렇게 고치신 효력은 즉각적으로 나타났다. 그녀는 서서히 점진적으로 회복된 것이 아니라, 열병은 그녀에게서 즉시 떠났다. 그래서 시몬의 장모는 자리를 훌훌 털고 일어나서, 그들에게 식사를 대접하였다.

32-34. [32]저물어 해 질 때에 모든 병자와 귀신 들린 자를 예수께 데려오니 [33]온 동네가 그 문 앞에 모였더라 [34]예수께서 각종 병이 든 많은 사람을 고치시며 많은 귀신을 내쫓으시되 귀신이 자기를 알므로 그 말하는 것을 허락하지 아니하시니라.

앞에 나온 보도를 보면, 이 날은 안식일이었다. 그래서 복음서 기자는 우리 구주께서 이 본문에 열거된 일들을 하신 때가 "저물어 해 질 때"라고 구체적으로 밝힌다. 왜냐하면, 유대인들은 해가 져서 안식일이 끝나기 전에 짐을 나르는 것은 불법이라고 생각하였던 까닭에, 이 날의 해가 진 후에야 병자들과 귀신 들린 자들을 우리 구주 앞에 데려와야 하였기 때문이다. 복음서 기자가 32절과 33절에서 "모든" 또는 "온"이라는 불변화사를 사용하고 있는 것은, "모든"을 의미하는 불변화사의 사용을 근거로 삼아서, 그 동네에 있던 모든 병자들과 귀신 들린 자들이 한 사람도 빠짐 없이 다 모인 것이라고 주장하는 자들이 잘못된 것임을 보여 준다. 왜냐하면, 이 불변화사들은 흔히 "모두"가 아니라 단지 "많은 수"를 가리키는 데 사용되기 때문이다. 누가는 "여러 사람에게서 귀신들이 나가며 소리 질러 이르되 당신은 하나님의 아들이니이다"라고 하자, "예수께서 꾸짖으사 그들이 말함을 허락하지 아니하시니 이는 자기를 그리스도인 줄 앎이러라"고 보도한다(눅 4:41). 우리 구주께서는 자기가 그리스도라는 사실이 이렇게 너무 일찍부터 널리 알려지는 것을 원하지 않으셨을 뿐만 아니라, 귀신들의 증언을 통해서 알려지는 것은 더더욱 원하지 않으셨다. 마가복음 1:25과 사도행전 16:18을 보라. 마귀와 귀신들과 마귀의 자녀들로부터 좋은 말을 듣는 것은 그리스도께나 그의 자녀에게나 모욕이고 수치이다.

35. 새벽 아직도 밝기 전에 예수께서 일어나 나가 한적한 곳으로 가사 거기서 기도하시더니.

그리스도께서는 혼자 은밀하게 하늘에 계신 아버지께 기도해야 한다고 우리에게 가르치셨을 뿐만 아니라(마 6:6), 자신의 빈번한 모범을 통해서도, 우리가 그렇게 혼자 은밀하게 기도하지 않는다면, 늘 기도하고 간구하여야 할 우리의 의무와 본분을 결코 다하는 것이 아니라는 것을 친히 보여 주신다. 공적인 기도와 사적인 은밀한 기도가 서로 어우러져야 역사하는 힘이 좀 더 커지지만, 홀로 은밀하게 기도하는 것은 우리 영혼이 하나님과 좀 더 자유롭고 친밀하게 교제할 수 있는 이점을 지닌다. 여기에서 그리스도께서는 홀로 기도하시며 하나님과 교제하시기 위하여, 모든 일들과 모든 사람들로부터 벗어나서 마음을 하나로 모을 수 있는 시간인 "새벽"과 홀로 은밀하게 기도하시는 데 가장 적합한 "한적한 곳"을 선택하신다.

36-39. [36]시몬과 및 그와 함께 있는 자들이 예수의 뒤를 따라가 [37]만나서 이르되 모든 사람이 주를 찾나이다 [38]이르시되 우리가 다른 가까운 마을들로 가자 거기서도 전도하리니 내가 이를 위하여 왔노라 하시고 [39]이에 온 갈릴리에 다니시며 그들의 여러 회당에서 전도하시고 또 귀신들을 내쫓으시더라.

베드로는 많은 사람들이 자신의 육신적인 병들을 고치기 위해서 그리스도를 찾고 있다는 것을 알았기 때문에, 그 사람들을 불쌍하게 생각해서, 홀로 기도하러 가신 주님을 찾으러 간 것으로 보인다. 그러나 우리 구주께서는 사람들의 마음을 베드로보다 더 잘 알고 계셨는데, 사람들로 하여금 그를 그토록 찾게 만든 것은 그가 이적들을 베푸는 것을 보려고 하는 호기심이거나, 기껏해야 그에게서 자신들의 육신적인 질병의 고침을 받고자 하는 것이었다. 반면에, 우리 구주께서 이적들을 행하신 것은, 자신이 베푸신 가르침을 그러한 이적들을 통해 확증하심으로써, 사람들로 하여금 자기를 메시야로 믿어서 그들의 심령이 유익을 얻게 하시기 위한 것으로, 자신의 전도 활동을 돕는 부수적이고 이차적인 일이었을 뿐이었다. 따라서 주님은 표적을 요구하는 바리새인들의 호기심을 충족시켜 주시기를 거절하셨던 것과 마찬가지로, 여기에서도 무리들이 자기를 찾는 것에 대해서는 아랑곳하지 않으시고, 단지 자신의 제자들에게 "우리가 다른 가까운 마을들로 가자 거기서도 전도하리니 내가 이를 위하여 왔노라"고 말씀하신다. 바울도 "그리스도께서 나를 보내심은 세례를 베풀게 하려 하심이 아니요 오직 복음을 전하게 하려 하심이라"고 말한다(고전 1:17). 우리 구주께서는 이적들을 행하시기 위해서가 아니라, "전도하시기" 위해서 "다른 가까운 마을들로 가자"고 말씀하셨고, 자기가 이적들을 행하기 위해서가 아니라 전도하기 위해서 "왔다"고 말씀하셨다.

이렇게 우리 구주는 물론이고 바울까지도 전도하는 것이 자신들의 주된 일이라고 여겼는데도, 스스로 그리스도의 보내심을 받아 목회자가 되었다고 자처하는 자들이 전도를 별로 중요하지 않은 일이거나 불필요한 일로 생각하는 것은 아무리 생각해도 모를 일이다. 나는 전도야말로 그리스도께서 하신 일 중에서 가장 큰 부분이라고 확신한다. 하지만 그런 자들은 전도는 하찮은 일이기 때문에 목회자들이 해야 할 일이 아니고, 그런 일은 순회전도자들에게 맡겨두는 것으로 충분하다고 생각하는데, 나는 그들이 왜 그런 식으로 생각하게 된 것인지를 샅샅이 살펴볼 필요가 있다고 본다. 우리는 전도가 기도보다 더 중요한 일이라거나, 기도하는 것이 목회자들의 본분이 아니라고 말하는 것도 아니고, 전도가 성례전을 거행하는 것보다 더 중요한 일이라고 말하는 것도 아니다. 우리가 말해 두고 싶은 것은, 성경에는 그리스도께서 회당들과 산들과 배에서 전도하시는 모습은 자주 나오는 반면에, 홀로 은밀하게 기도하시는 모습은 많이 나오지만, 공적으로 기도하시는 모습은 거의 나오지 않고, 우리 주님이 아무에게도 세례를 베푸시지 않으셨다는 것은 명시적으로 언급된다. 나는 전도의 목적이 사람들로 하여금 어떤 견해를 버리고 또 다른 견해를 갖게 하는 것이 아니라, 죄를 사랑하고 행하는 것을 버리고 하나님께로 돌아오게 하는 것임을 다른 사람들이 깨닫는다면, 전도는 우리 주님과 그의 사도들이 가장 많은 힘을 들여서 행하였던 가장 중요한 일이었을 뿐만 아니라, 지금도 여전히 절실하게 필요한 일이라는 우리의 생각에 그들도 동의할 것이라고 생각한다. 사람들로 하여금 죄를 사랑하는 마음을 버림이 없이 단순히 어떤 견해를 버리고 또 다른 견해를 갖게 만드는 것은 전도가 아니라, 마귀의 나라에 속한 어떤 지역에서 또 다른 지역으로 옮겨가는 것에 불과하다.

40-45. [40]한 나병환자가 예수께 와서 꿇어 엎드려 간구하여 이르되 원하시면 저
를 깨끗하게 하실 수 있나이다 [41]예수께서 불쌍히 여기사 손을 내밀어 그에게 대시
며 이르시되 내가 원하노니 깨끗함을 받으라 하시니 [42]곧 나병이 그 사람에게서 떠
나가고 깨끗하여진지라 [43]곧 보내시며 엄히 경고하사 [44]이르시되 삼가 아무에게 아
무 말도 하지 말고 가서 네 몸을 제사장에게 보이고 네가 깨끗하게 되었으니 모세
가 명한 것을 드려 그들에게 입증하라 하셨더라 [45]그러나 그 사람이 나가서 이 일을
많이 전파하여 널리 퍼지게 하니 그러므로 예수께서 다시는 드러나게 동네에 들어
가지 못하시고 오직 바깥 한적한 곳에 계셨으나 사방에서 사람들이 그에게로 나아
오더라.

우리는 앞에서 이 이야기를 마태복음에서 살펴보았다. 마태복음 8:2-4에 대한 설명을 보라. 또한, 우리는 이 이야기를 나중에 누가복음 5:12-16에서도 만나게 될 것이다. 우리 구주께서는 한 나병환자를 "불쌍히 여기셨는데," 창자가 끊어진다는 의미를 지닌 이 어구는 흔히 주님이 사람들을 긍휼히 여기셔서 베푸신 여러 행위들의 원인을 표현하는데 사용된다. 이렇게 나병환자를 고쳐 주심에 있어서, 그리스도께서는 우리의 연약함들을 불쌍히 여기실 수 있고, 또한 불쌍히 여기실 수밖에 없는 인자이심을 보여 주심과 동시에, 한 번의 만지심 또는 한 마디 명령으로 난치병인 나병을 즉시 떠나가게 하실 수 있으신 하나님의 아들이심을 보여 주셨다. 주님께서 고침 받은 나병환자에게 "삼가 아무에게 아무 말도 하지 말라"고 하신 것이, 자신의 능력을 과시한다는 오해를 피하시기 위한 것이었는지, 아니면 많은 사람들이 자기에게 몰려오는 것을 막으시기 위한 것이었는지, 아니면 자기가 이적들을 행하신 일들에 관한 소문이 서기관들과 바리새인들의 귀에 들어갔을 경우에는 자신에 대한 그들의 증오심을 부추길 우려가 있어서 자신을 좀 더 온전히 드러내실 때가 될 때까지 이 일들을 감추시고자 하신 것이었는지는, 우리가 확실히 알 수 없다. 또한, 고침을 받은 이 나병환자를 비롯한 여러 사람들이 주님의 당부와는 반대로 이 일을 많은 사람들에게 알려서 널리 퍼지게 하였는데도, 주님께서는 그들을 꾸짖지 않으신 이유도 우리는 알 수 없다. 마가는 이 고침 받은 나병환자가 이 일을 널리 알리는 바람에, "예수께서 다시는 드러나게 동네에 들어가지 못하시고 오직 바깥 한적한 곳에 계셨다"는 말을 덧붙인다. 여기에서 "한적한 곳"은 광야가 아니라, 단지 사람들이 드물게 거주하는 곳들을 가리키는 것으로 이해되는데, 어떤 이들은 이 때에 주님은 사람들이 몰려 온 경우에는 (흔히 그러하셨듯이) 배로 들어가심으로써 좀 더 수월하게 사람들을 피할 수 있는 한적한 "바닷가"로 가신 것이라고 생각한다. 왜냐하면, "사방에서 사람들이 그에게로 나아왔기" 때문이다.

제2장

개요

1. 많은 사람들이 그리스도께 몰려옴(1-2).
2. 한 중풍병자를 고치심(3-12).
3. 세관에 앉아 있던 마태를 부르심(13-14).
4. 자기가 세리들 및 죄인들과 함께 먹는 것이 왜 옳은지를 말씀하심(15-17).
5. 자신의 제자들이 금식하지 않는 이유를 말씀하심(18-22).
6. 자신의 제자들이 안식일에 이삭을 잘라서 먹은 일이 잘못이 아니라고 말씀하심(23-28).

**1-12. [1]수 일 후에 예수께서 다시 가버나움에 들어가시니 집에 계시다는 소문이
들린지라 [2]많은 사람이 모여서 문 앞까지도 들어설 자리가 없게 되었는데 예수께서
그들에게 도를 말씀하시더니 [3]사람들이 한 중풍병자를 네 사람에게 메워 가지고 예
수께로 올새 [4]무리들 때문에 예수께 데려갈 수 없으므로 그 계신 곳의 지붕을 뜯어
구멍을 내고 중풍병자가 누운 상을 달아 내리니 [5]예수께서 그들의 믿음을 보시고
중풍병자에게 이르시되 작은 자야 네 죄 사함을 받았느니라 하시니 [6]어떤 서기관들
이 거기 앉아서 마음에 생각하기를 [7]이 사람이 어찌 이렇게 말하는가 신성모독이로
다 오직 하나님 한 분 외에는 누가 능히 죄를 사하겠느냐 [8]그들이 속으로 이렇게 생
각하는 줄을 예수께서 곧 중심에 아시고 이르시되 어찌하여 이것을 마음에 생각하
느냐 [9]중풍병자에게 네 죄 사함을 받았느니라 하는 말과 일어나 네 상을 가지고 걸
어가라 하는 말 중에서 어느 것이 쉽겠느냐 [10]그러나 인자가 땅에서 죄를 사하는 권
세가 있는 줄을 너희로 알게 하려 하노라 하시고 중풍병자에게 말씀하시되 [11]내가
네게 이르노니 일어나 네 상을 가지고 집으로 가라 하시니 [12]그가 일어나 곧 상을 가
지고 모든 사람 앞에서 나가거늘 그들이 다 놀라 하나님께 영광을 돌리며 이르되 우
리가 이런 일을 도무지 보지 못하였다 하더라.**

우리는 이 이적에 관한 이야기를 마태복음 9장에서 살펴본 바 있다. 마태복음 9:1-8에 대한 설명을 보라. 나는 거기에서 마가가 말하였지만 마태는 말하지 않은 내용들까지도 다 살펴보았기 때문에, 여기에서는 단지 거기에서 다루지 않은 것들에 대해서만 잠깐 살펴보고자 한다. **예수께서 그들에게 도를 말씀하시더니.** 여기에서 "도"

는 하나님의 말씀, 즉 복음이다. 다른 말씀들도 많이 존재하지만, 하나님의 말씀은 "그 말씀"(한글개역개정에서는 "도"라고 번역함)이다(마 13:20; 막 8:32; 16:20; 눅 1:2; 행 17:11). 즉, 하나님의 말씀은 가장 뛰어나고 탁월하신 말씀, 우리가 전해야 할 유일한 말씀이다. **이 사람이 어찌 이렇게 말하는가 신성모독이로다 오직 하나님 한 분 외에는 누가 능히 죄를 사하겠느냐.** 오직 돈을 꾸어준 사람만이 빚을 탕감해 줄 수 있고, 오직 하나님만이 죄를 사하실 수 있다는 것은 누구나 다 아는 일이었다. 그러나 우리 구주께서는 "네 죄를 사하노라"고 말씀하신 것이 아니라, "네 죄 사함을 받았느니라"고 말씀하셨을 뿐이고, 나중에 가서야 자기에게 죄 사할 권세가 있다고 말씀하신 것인데도, 서기관들이 주님에 대하여 그런 말을 한 것은 정말 앙심이 깊고 고약한 일이 아닐 수 없다! "네 죄 사함을 받았느니라"는 말씀이 어떻게 신성모독이 된단 말인가? 또한, 그들은 오직 하나님만이 죄를 사하실 수 있다고 말하였는데, 그들의 생각을 훤히 들여다보시는 주님이 하나님이 아니고 무엇이란 말인가(삼상 16:7; 대상 28:9; 대하 6:30; 시 7:9; 렘 17:10)? 그리스도께서는 자기가 그들의 생각을 들여다보신다는 것을 보여 주심으로써, 자기가 하나님이시라는 것을 그들에게 증거하신 것인데도(6, 8절), 왜 그들은 주님에게 죄를 사하실 권세가 있으시다는 것을 인정할 수 없다는 말인가? 이렇게 그들은 주님이 하신 말씀을 신성모독이라고 비난해서는 안 되었지만, 그들 속에 있던 악의적인 의도가 그들로 하여금 그러한 비난을 하게 만든 것이었다.

13. 예수께서 다시 바닷가에 나가시매 큰 무리가 나왔거늘 예수께서 그들을 가르치시니라.

복음서 기자는 그리스도께서 여전히 "그들을 가르치셨다"고 보도하는데, 주님의 이러한 모습은 그의 일꾼들이 가장 중요하게 생각해야 할 일이 무엇인지를 잘 보여 준다. 따라서 바울이 디모데에게 말하였듯이, 그리스도의 일꾼들은 "가르치기를 잘하는" 자들이어야 한다(딤전 3:2).

14-17. [14]또 지나가시다가 알패오의 아들 레위가 세관에 앉아 있는 것을 보시고 그에게 이르시되 나를 따르라 하시니 일어나 따르니라 [15]그의 집에 앉아 잡수실 때에 많은 세리와 죄인들이 예수와 그의 제자들과 함께 앉았으니 이는 그러한 사람들이 많이 있어서 예수를 따름이러라 [16]바리새인의 서기관들이 예수께서 죄인 및 세리들과 함께 잡수시는 것을 보고 그의 제자들에게 이르되 어찌하여 세리 및 죄인들과 함께 먹는가 [17]예수께서 들으시고 그들에게 이르시되 건강한 자에게는 의사가 쓸 데

없고 병든 자에게라야 쓸 데 있느니라 나는 의인을 부르러 온 것이 아니요 죄인을 부르러 왔노라 하시니라.

이 이야기는 마태복음 9:9-13에 좀 더 자세하게 나와 있는데, 마가와 누가 본문에는 "레위"로 되어 있지만, 거기에는 "마태"로 되어 있다. 두 개의 이름을 갖고 있는 것은 유대인들에게는 흔한 일이었다. 마태복음 9:9-13에 대한 설명을 보라.

18-22. **[18]요한의 제자들과 바리새인들이 금식하고 있는지라 사람들이 예수께 와**
서 말하되 요한의 제자들과 바리새인의 제자들은 금식하는데 어찌하여 당신의 제
자들은 금식하지 아니하나이까 [19]예수께서 그들에게 이르시되 혼인 집 손님들이 신
랑과 함께 있을 때에 금식할 수 있느냐 신랑과 함께 있을 동안에는 금식할 수 없느
니라 [20]그러나 신랑을 빼앗길 날이 이르리니 그 날에는 금식할 것이니라 [21]생베 조각
을 낡은 옷에 붙이는 자가 없나니 만일 그렇게 하면 기운 새 것이 낡은 그것을 당기
어 해어짐이 더하게 되느니라 [22]새 포도주를 낡은 가죽 부대에 넣는 자가 없나니 만
일 그렇게 하면 새 포도주가 부대를 터뜨려 포도주와 부대를 버리게 되리라 오직 새
포도주는 새 부대에 넣느니라 하시니라.

마태복음 9:14-17에 대한 설명을 보라. 이 이야기가 우리에게 가르쳐 주는 것은 다음과 같은 것들이다: (1) 금식하는 것은 하나님이 자신의 섭리를 따라 우리에게 고난을 주시는 경우에 적합한 것이기 때문에, 때를 보아서 적절한 경우에 하여야 한다. (2) 초신자들에게 너무 심한 신앙훈련을 시키면 낙심할 수 있기 때문에, 신앙 정도에 맞춰서 차근차근 훈련시킬 필요가 있다.

23-28. **[23]안식일에 예수께서 밀밭 사이로 지나가실새 그의 제자들이 길을 열며**
이삭을 자르니 [24]바리새인들이 예수께 말하되 보시오 저들이 어찌하여 안식일에 하
지 못할 일을 하나이까 [25]예수께서 이르시되 다윗이 자기와 및 함께 한 자들이 먹을
것이 없어 시장할 때에 한 일을 읽지 못하였느냐 [26]그가 아비아달 대제사장 때에 하
나님의 전에 들어가서 제사장 외에는 먹어서는 안 되는 진설병을 먹고 함께 한 자
들에게도 주지 아니하였느냐 [27]또 이르시되 안식일이 사람을 위하여 있는 것이요
사람이 안식일을 위하여 있는 것이 아니니 [28]이러므로 인자는 안식일에도 주인이니
라.

이 이야기는 마태복음 12:1-8에 나오는데, 우리는 거기에서 마태 본문은 물론이고 마가 본문을 비롯한 모든 관련된 병행본문들도 함께 살펴보았기 때문에, 독자들은 거기에 나오는 설명을 참조하기 바란다. 마태복음 12:1-8에 대한 설명을 보라. 사무엘상 21:1에서는 아히멜렉이 대제사장이었다고 말하는데, 사무엘상 22:20에 의하면, "아비아달"은 그의 아들이었고, 에돔 사람 도엑의 밀고로 아히멜렉의 가문이 도륙당할 때, 다윗에게로 피하여 화를 면하였다. 다윗이 자신의 수하들과 함께 진설병을 먹은 일은 아히멜렉이 대제사장의 직무를 수행하던 말기에 아비아달이 자신의 아버지를 도와 대제사장 직무를 돕다가 갑자기 그 직무를 이어받은 때였기 때문에, 마가는 이 때를 "아비아달 대제사장 때에"라고 표현한 것으로 보인다. 게다가, '에피 메토이케시아스' (ἐπὶ μετοιχεσίας)가 "포로로 잡혀간 때"만이 아니라 "포로로 잡혀갈 즈음에"를 의미할 수도 있는 것과 마찬가지로, '에피 아비아타르' (ἐπὶ Ἀβιαθαρ)는 반드시 "아비아달이 대제사장으로 있던 때에"로 번역해야 하는 것이 아니고, "아비아달이 대제사장이 될 무렵에"로 번역될 수도 있다. 왜냐하면, 우리는 사무엘상 22:17-18을 통해서, 아히멜렉이 불과 며칠만에 순식간에 죽임을 당하였기 때문이다. 또한, 아비아달은 사십 년 넘게 대제사장 직무를 수행하면서, 에봇을 다윗에게 가져다준 것으로 유명해져서, 자신의 아버지인 아히멜렉보다 더 널리 알려진 인물이었다는 점도 고려되었을 것이다.

제3장

개요

1. 그리스도께서 안식일에 한쪽 손 마른 사람을 고치는 것이 왜 옳은 일인지를 말씀하심(1-5).
2. 바리새인들이 그리스도를 죽이려고 공모하고, 그리스도께서는 바닷가로 물러가셔서 많은 사람들을 고치심(6-12).
3. 열두 사도를 세우심(13-19).
4. 친족들이 그리스도를 미친 것으로 생각함(20-21).
5. 우리 주님이 바알세불을 힘입어서 귀신들을 쫓아내는 것이라고 신성모독적인 망언을 한 바리새인들을 반박하심(22-30).
6. 하나님의 뜻을 행하는 자들이야말로 자신의 진정한 혈육이라고 말씀하심(31-35).

1-5. [1]**예수께서 다시 회당에 들어가시니 한쪽 손 마른 사람이 거기 있는지라** [2]**사람**
들이 예수를 고발하려 하여 안식일에 그 사람을 고치시는가 주시하고 있거늘 [3]**예수**
께서 손 마른 사람에게 이르시되 한 가운데에 일어서라 하시고 [4]**그들에게 이르시되**
안식일에 선을 행하는 것과 악을 행하는 것, 생명을 구하는 것과 죽이는 것, 어느 것
이 옳으냐 하시니 그들이 잠잠하거늘 [5]**그들의 마음이 완악함을 탄식하사 노하심으**
로 그들을 둘러 보시고 그 사람에게 이르시되 네 손을 내밀라 하시니 내밀매 그 손
이 회복되었더라.

마태복음 12:9-13에 대한 설명을 보라. 5절에서 "완악함"으로 번역된 '포로세이'(πωρώσει)는 "완악하다"를 의미하는 '포로스'(πῶρος)에서 나온 것일 수도 있고, "눈이 멀었다"를 의미하는 '포로스'(πωρος)에서 나온 것일 수도 있기 때문에, "완악함"을 가리킬 수도 있고 "눈멂"을 가리킬 수도 있지만, 전자에서 나왔을 가능성이 높다. "완악함"은 어떤 사물에 있어서 우리가 건드리는 것을 거부하며 우리가 거기에 어떤 인상이나 감명을 주는 것을 허락하지 않는 속성을 의미하기 때문에, 어떤 사람의 "마음이 완악하다"는 것은 그 마음이 하나님의 계시된 뜻에 불순종하며 반기를 드는 속성을 지니고 있는 까닭에, 하나님의 뜻이나 말씀이 그 마음에 아무런 영향이나 감화도 미치지 못하고, 그 결과 믿음이나 거룩함도 만들어낼 수 없는 상태를 가리킨다. 우리 구주께서 이 이야기를 통해서, 안식일에 긍휼을 베푸시는 일들이 결코 율법을 어기는 것이 아니라 합법적인 것임을 증명하시면서 사용하신 논거들에 대해서는, 우리가 마태복음 12:9-13을 다룰 때에 이미 충분히 설명하였기 때문에, 거기에 나오는 설명을 참조하면 될 것이다.

**6-12. [6]바리새인들이 나가서 곧 헤롯당과 함께 어떻게 하여 예수를 죽일까 의논하
니라 [7]예수께서 제자들과 함께 바다로 물러가시니 갈릴리에서 큰 무리가 따르며 [8]
유대와 예루살렘과 이두매와 요단 강 건너편과 또 두로와 시돈 근처에서 많은 무리
가 그가 하신 큰 일을 듣고 나아오는지라 [9]예수께서 무리가 에워싸 미는 것을 피하
기 위하여 작은 배를 대기하도록 제자들에게 명하셨으니 [10]이는 많은 사람을 고치
셨으므로 병으로 고생하는 자들이 예수를 만지고자 하여 몰려왔음이더라 [11]더러운
귀신들도 어느 때든지 예수를 보면 그 앞에 엎드려 부르짖어 이르되 당신은 하나님
의 아들이니이다 하니 [12]예수께서 자기를 나타내지 말라고 많이 경고하시니라.**

"헤롯당"이 어떤 사람들이었는지에 대해서는, 우리가 성경으로부터 분명하게 알 수 없기는 하지만, 아마도 그들은 로마의 대리자인 헤롯을 옹호하면서, 헤롯과 로마 황제의 이익을 추구하는 데 열심을 보였던 파당이었을 가능성이 아주 높다. 따라서 바리새인들은 평소에 그들과 불구대천의 원수관계였는데도 불구하고, 그리스도를 죽이고자 하는 음모를 꾸미는 일에서는 그들과 함께 협력하고 공모한다. 이 소식을 들으신 그리스도께서는 아직 자신의 때가 오지 않았다는 것을 아셨기 때문에, 그들의 광분함을 피해, 그들의 눈에 띄지 않으시기 위하여 바닷가로 물러가셨지만, "큰 무리"가 주님이 베푸신 이적들에 대한 소문을 듣고 주님으로부터 병 고침을 받거나 무엇인가 유익한 것을 얻을 목적으로 그의 뒤를 따라왔고, 사방에서 "많은 무리"가 그가 있는 곳으로 몰려들었다. 그들 중에는 에돔 땅인 "이두매"에서 온 사람들도 있었는데, 여호수아서 15:1과 민수기 34:3은 이두매가 옛적에 유대 땅이 아니었음을 분명하게 보여 주지만, 당시에도 그랬는지는 확실하지 않다. 우리 주님께서는 귀신들에게 자기가 누구인지를 사람들에게 알리지 말라고 명하셨고, 또한 자신의 신분이 그런 식으로 알려지는 것을 원하지도 않으셨다.

**13-15. [13]또 산에 오르사 자기가 원하는 자들을 부르시니 나아온지라 [14]이에 열둘
을 세우셨으니 이는 자기와 함께 있게 하시고 또 보내사 전도도 하며 [15]귀신을 내쫓
는 권능도 가지게 하려 하심이러라.**

이것과 동일하거나 비슷한 이야기는 마태와 마가에도 나오는데, 우리 구주께서

"산에 오르사" 열두 사도를 세우셨다는 것은 오직 마가에만 나온다. 부처(Bucer)는 이 산이 우리 구주께서 마태복음 5-7장에 자세하게 기록되었고 누가복음 6:17-45에 좀 더 짤막하게 기록된 설교를 하셨던 바로 그 산이었을 것이라고 말하면서, 여기에서 언급된 무리들은 마태복음 4:25과 누가복음 3:5에 언급된 바로 그 무리들이었고, 우리 구주께서는 말씀을 전하시거나 사도들을 세우시기 위해서가 아니라, 단지 기도도 하시고, 영적인 신비들에 관하여 자신의 제자들과 좀 더 은밀하게 말씀을 나누시기 위해서 이 산에 올라가신 것이라고 생각한다. 이 때에 그리스도께서는 그 산에서 "밤이 새도록 하나님께 기도하신"(눅 6:12) 후에, 아침이 되자, 자신이 합당하다고 생각하신 제자들을 자기에게로 부르셔서, 그들에 대한 자신의 의도를 말씀하시고 그들과 말씀을 나누셨는데, 그들에게 말씀하신 것은 이런 것들이었다: (1) 주님이 그들을 택하셔서 자기와 함께 있게 한 것은 자기가 말하고 행한 것들에 대한 목격자와 증인들이 되게 하기 위한 것이었다. (2) 주님은 머지않아 그들에게 "더러운 귀신을 쫓아내며 모든 병과 모든 약한 것을 고치는 권능"을 주시고 파송하셔서 전도하게 하고자 하셨고, 우리는 주님이 나중에 실제로 그들을 보내셔서 전도하게 하신 것을 본다(막 6:7-13; 마 10장). 따라서 이 마가 본문은 그리스도께서 사도들을 택하셔서 세우신 것과 그들을 세우신 목적에 대해서만 보도하고 있고, 마가복음 6:7-13이나 마태복음 10장 같이 그들을 실제로 보내셔서 전도하게 하신 것에 대해서 보도하고 있는 것은 아니다. 부처(Bucer)는, 우리 구주께서 산 위에서 은밀하게 열두 사도를 세우신 후에, 누가복음 6:17이 보도하고 있는 것처럼("예수께서 그들과 함께 내려오사 평지에 서시니 그 제자의 많은 무리와 예수의 말씀도 듣고 병 고침을 받으려고 유대 사방과 예루살렘과 두로와 시돈의 해안으로부터 온 많은 백성도 있더라"), 산자락에 있는 평지로 내려오셔서, 거기에서 우리가 앞서 언급했던 마태복음 5-7장에 나오는 산상수훈을 전하신 것이라고 생각한다. 복음서 기자가 우리 구주께서 "자기가 원하는 자들을 부르셨다"고 우리에게 말해 주는 것은, 그들이 주님을 택한 것이 아니라, 주님이 그들을 택하신 것이라는 사실과 주님이 그들을 택하신 것은 전적으로 주님의 거저 주시는 은혜와 긍휼에 의한 것이었음을 우리에게 알게 해준다. 또한, 우리 구주께서 사도들을 택하시기 전에 밤새도록 홀로 기도하신 것은 복음을 전하도록 파송하기에 합당한 사람들을 택하는 일이 얼마나 중차대한 일인지를 우리에게 알게 해준다.

16-19. [16]**이 열둘을 세우셨으니 시몬에게는 베드로란 이름을 더하셨고** [17]**또 세베**

대의 아들 야고보와 야고보의 형제 요한이니 이 둘에게는 보아너게 곧 우레의 아들
이란 이름을 더하셨으며 [18]또 안드레와 빌립과 바돌로매와 마태와 도마와 알패오의
아들 야고보와 및 다대오와 가나나인 시몬이며 [19]또 가룟 유다니 이는 예수를 판 자
더라.

마태는 우리 구주께서 열두 사도들을 보내시며 전도하게 하실 때에 이 사도들의 이름을 열거하는 반면에, 마가는 주님이 그들을 처음으로 택하셨을 때에 그들의 이름을 열거한다. 마태와 마가 본문에 나오는 열두 사도의 이름은 누가 본문에 나오는 것과 동일하지만, 마태가 "레배오"라고 부르고 마가가 "다대오"라고 부른 사도를 누가는 "유다"라고 부르는 것만 차이가 날 뿐이다. 따라서 이 사도는 세 개의 이름을 가지고 있었던 것이 된다. 그리스도께서는 시몬의 이름도 "게바" 또는 "베드로"라고 개명하셨는데(요 1:42), 그 이유는 마태복음 16:18에 나와 있다. 또한, 세베대의 아들들인 야고보와 요한에게도 "보아너게"라는 이름을 붙여 주셨는데, 이 이름의 어원에 대해서는 논란이 있다. 복음서 기자들은 "보아너게"가 "우레의 아들들"을 의미한다는 것을 우리에게 말해 주는데, 이 이름은 그들에게 그들이 해야 할 일이 마치 지붕 위에서 올라가서 복음을 선포하듯이 큰 소리로 복음을 외치는 것, 또는 자신들이 복음에 관하여 알고 있는 것들을 뜨겁고 열렬한 심령으로 선포하는 것임을 상기시켜 주는 것이었다.

여기서 우리는 우리 구주께서 "멸망의 자식"(요 17:12)을 자신의 사도들 중에 포함시키신 이유가 무엇인지와 관련된 하나님의 은밀한 계획을 너무 깊이 파고들어서는 안 된다. 그리스도께서 그렇게 하신 것은 가룟 유다가 마음속으로 무슨 생각을 하고 있는지를 그가 모르셨기 때문이 아니었다. 왜냐하면, 가룟 유다가 자신이 마귀라는 것을 드러내기 전에, 이미 그리스도께서는 자신의 제자들에게 자기가 열두 사도를 세웠지만, "너희 중의 한 명은 마귀니라"(요 6:70)고 분명하게 말씀하셨기 때문이다. 또한, 그리스도께서 그렇게 하신 것은 사도로 세워서 파송하기에 합당한 제자들이 주님에게 없어서도 아니었다. 왜냐하면, 주님에게는 많은 제자들이 있었고, 주님은 돌들로도 아브라함의 자손들이 되게 하실 수 있으신 분이셨던 까닭에, 사도직을 감당하기에 적절한 사람을 얼마든지 쉽게 준비하실 수 있으셨기 때문이다. 또한, 그리스도께서 그렇게 하신 것은 아무리 엉망진창으로 살아온 자들도 복음의 일꾼이 될 수 있다는 것을 보여 주시기 위한 것도 아니었다. 왜냐하면, 성경에는 가룟 유다가 엉망진창으로 살았다는 기사가 나오지 않기 때문이다. 따라서 우리는 이 일에 대한 만족스러운 설명을 들을 수 없다고 할지라도, 하나님께서 그렇게 하신 데에는 지혜로운 목적이 있으셨고, 그리스도께서도 무한하신 지혜에 의해서 그렇게 하셨다는 것을 믿어야 한다.

그리스도께서는 이렇게 사도들을 세우심으로써 다음과 같은 것들을 행하셨다고 할 수 있다: (1) 이것을 통해서 주님은 자신의 승천 후에 교회를 돌보아야 할 자들이 은밀한 일들을 판단하려고 해서는 안 되고, 오직 일반적으로 인간이 판단할 수 있는 한계 내에서만 판단하고, 마음을 판단하는 일은 하나님께 맡겨 드려야 한다는 것을 가르치셨다. (2) 이것을 통해서 주님은 악한 목회자들로 인한 스캔들 때문에 하나님의 백성들이 흔들리는 일이 없어야 한다는 것을 보여 주셨다. 즉, 주님께서는 사람들이 거룩한 직무를 맡은 후에 부패하고 타락한 경우에는, 신자들은 그 타락한 목회자들이 타락 이전에 한 모든 일들을 다 무효라고 생각하는 경향이 강하게 작용하겠지만, 결코 그렇게 생각해서는 안 된다는 교훈을 주신 것이다. (3) 이것을 통해서 주님은 하나님의 규례들의 효력은 그 규례를 시행하는 목회자의 영적 상태에 따라서 좌지우지 되는 것이 아님을 우리에게 알게 해주셨다. 교회의 종소리는 그 자신이 하나님의 말씀에 의해서 유익을 얻지 못하지만, 말씀을 들으러 오라고 사람들을 부를 수 있다. 그렇다고 해서, 회중이나 교회의 지도자들이 음란하고 추악한 자들을 목회자로 세워도 괜찮다는 말은 결코 아니다. 유다는 그런 인물이 아니었다. 또한, 회중이나 교회의 지도자들이 일단 목회자로 세워진 음란하고 추악한 자들로 하여금 계속해서 그 직분을 수행하게 해도 괜찮다는 말도 결코 아니다. 하나님께서는 통상적으로 그런 자들의 수고에 복을 주시지 않으신다. 유다가 그리스도를 팔기로 대제사장들 및 장로들과 계약을 맺었을 때, 그리스도께서는 그를 자신의 무리에 남아 있는 것을 허락하지 않으셨고, 제자들도 그와 교제를 끊었다. 유다는 결국 자신이 한 일이 어떤 일이었는지가 백일하에 드러나자, 스스로 목매어 죽는 길을 택하였다. 마음속에 은밀한 악을 숨겨 놓고 있는 것과 공개적으로 대놓고 그 악을 밖으로 표출하여 범죄하는 것은 둘 다 그 죄인의 심령에 위험한 것이기는 하지만, 이 둘은 성도로서의 교제와 관련해서는 큰 차이를 가져온다.

20-21. [20]**집에 들어가시니 무리가 다시 모이므로 식사할 겨를도 없는지라** [21]**예수의 친족들이 듣고 그를 붙들러 나오니 이는 그가 미쳤다 함일러라.**

여기에서 우리 구주의 "친족들"로 번역된 헬라어 '호이 파르 아우투'(οἱ παρ' αὐτοῦ, 직역하면 "그에게 속한 자들")가 친구들이나 이웃들, 즉 주님이 사시던 동네의 주민들을 가리키는 것인지, 아니면 요한복음 7:5을 보면, 주님께는 "형제들"이 있었음을 알 수 있기 때문에("이는 그 형제들까지도 예수를 믿지 아니함이러라"), 주님이 속한 가문의 혈족들을 가리키는 것인지를 놓고, 적지 않은 논란이 있다. **그를 붙들러 나오니 이는 그가 미쳤다 함일러라.** 그들은 우리 주님을 "미쳤다"고 생각해서 강제로 무리로부터 끌어내어 집으로 데려가려고 하였다. "미쳤다"로 번역된 '엑세스테'(ἐξέστη)는 여러 가지 의미로 해석되어 왔지만, 분명히 여기에서는 가장 통상적인 의미로 해석하는 것이 가장 좋다. 우리 구주께서는 자신이 이 땅에 오신 목적을 아주 잘 이해하시고서 성령을 한량없이 받으시는 가운데 뜨거운 열심으로 열렬하게 자신의 사명을 추구해 나가셨는데, 그의 친척들은 그가 그렇게 하는 것이 머리가 온전하지 못하고 정신이 이상해져서 나온 행동이라고 본 것이었다. 예후의 신복들은 엘리사가 예후에게 보낸 젊은 선지자를 "미친 자"라고 하였고(왕하 9:11), 베스도 총독은 바울의 말을 듣고 "바울아 네가 미쳤도다 네 많은 학문이 너를 미치게 한다"(행 26:24)고 말하였으며, 고린도 교회에 몰래 들어온 자들도 바울에 대하여 미쳤다고 비방하였다(고후 5:13, "우리가 만일 미쳤어도 하나님을 위한 것이요 정신이 온전하여도 너희를 위한 것이니"). 우리는 이례적이고 이상해 보이는 일들을 보면, 그 원인을 찾다가 찾지 못한 경우에는 우리 멋대로 추측하는 경우가 많다. 우리 주님을 미쳤다고 생각해서 붙잡으러 온 자들이 주님의 친구들이었든, 아니면 이웃 사람들이었든, 아니면 친척들이었든, 그들을 정죄하는 사람들과는 달리, 나는 그들을 탓할 생각이 없다. 왜냐하면, 나는 그들이 우리 주님께서 하나님의 성령을 한량없이 받으셔서 행하시는 것을 제대로 알지 못하고, 무엇인가 정신이상이 생겨서 저렇게 행하는 것이라고 여겨서, 우리 주님을 불쌍히 여기고 돕고자 하는 마음에서 이런 행동을 한 것이라고 믿기 때문이다. 우리는 이 본문 다음에 나오는 기사에서는, 서기관들이 우리 주님의 언행에 대해서 훨씬 더 악의적이고 고약한 비방을 하는 모습을 본다.

22-30. **[22]예루살렘에서 내려온 서기관들은 그가 바알세불이 지폈다 하며 또 귀신의 왕을 힘입어 귀신을 쫓아낸다 하니 [23]예수께서 그들을 불러다가 비유로 말씀하시되 사탄이 어찌 사탄을 쫓아낼 수 있느냐 [24]또 만일 나라가 스스로 분쟁하면 그 나라가 설 수 없고 [25]만일 집이 스스로 분쟁하면 그 집이 설 수 없고 [26]만일 사탄이 자기를 거슬러 일어나 분쟁하면 설 수 없고 망하느니라 [27]사람이 먼저 강한 자를 결박하지 않고는 그 강한 자의 집에 들어가 세간을 강탈하지 못하리니 결박한 후에야 그**

집을 강탈하리라 [28]내가 진실로 너희에게 이르노니 사람의 모든 죄와 모든 모독하
는 일은 사하심을 얻되 [29]누구든지 성령을 모독하는 자는 영원히 사하심을 얻지 못
하고 영원한 죄가 되느니라 하시니 [30]이는 그들이 말하기를 더러운 귀신이 들렸다
함이러라.

이 본문에 나오는 모든 내용은 우리가 이미 살펴본 마태복음 9:34과 12:24-32에 다 나오기 때문에, 독자들은 거기에 나오는 설명을 참조하면 될 것이다.

31-35. [31]그 때에 예수의 어머니와 동생들이 와서 밖에 서서 사람을 보내어 예수
를 부르니 [32]무리가 예수를 둘러 앉았다가 여짜오되 보소서 당신의 어머니와 동생
들과 누이들이 밖에서 찾나이다 [33]대답하시되 누가 내 어머니이며 동생들이냐 하시
고 [34]둘러 앉은 자들을 보시며 이르시되 내 어머니와 내 동생들을 보라 [35]누구든지
하나님의 뜻대로 행하는 자가 내 형제요 자매요 어머니이니라.

마태복음 12:46-50에 대한 설명을 보라.

제4장

개요

1. 씨 뿌리는 자의 비유(1-9).
2. 그리스도께서 비유로 가르치신 이유를 설명해 주심(10-13).
3. 씨 뿌리는 자의 비유에 대한 해설(14-20).
4. 지식의 빛은 다른 사람들에게 전하도록 하기 위하여 주어지는 것이라고 하심(21-25).
5. 하나님의 나라를 사람들이 알지 못하는 사이에 자라나는 씨에 비유하심(26-29).
6. 하나님의 나라를 겨자씨에 비유하심(30-34).
7. 그리스도께서 말씀으로 풍랑을 잔잔하게 하심(35-41).

1-2. [1]예수께서 다시 바닷가에서 가르치시니 큰 무리가 모여들거늘 예수께서 바다에 떠 있는 배에 올라 앉으시고 온 무리는 바닷가 육지에 있더라 [2]이에 예수께서 여러 가지를 비유로 가르치시니 그 가르치시는 중에 그들에게 이르시되.

우리는 우리 구주께서 흔히 바닷가에서 가르치시는 모습을 볼 수 있는데, 그 이유는 주님이 사역하시던 곳은 바다에 접한 갈릴리였고, 많은 사람들이 몰려드는 상황에서 배에 오르시면 그들과 일정 거리를 둘 수 있어서 말씀을 전하시고 가르치시기가 편리하셨기 때문이었을 것임에 틀림없다. 예수께서 여러 가지를 비유로 가르치시니 그 가르치시는 중에 그들에게 이르시되. 우리 주님께서 이 땅에 속한 일들에 빗대어서 사람들에게 가르치신 것들 중의 일부는 나중에 복음서들에 기록되긴 하였지만, 우리 주님은 당시에 복음서 기자들이 기록으로 남겨서 우리에게 전해 준 것들보다 훨씬 더 많은 것들을 가르치셨을 것이다. "그 가르치시는 중에 그들에게 이르시되"로 번역된 어구는 직역하면 "그의 가르침 속에서 그들에게 이르시되"가 되는데, 우리는 이 어구를 두 가지 의미로 이해할 수 있다. 하나는 "가르침"을 우리 주님이 가르치실 때에 많이 사용하셨던 방식, 즉 비유의 방식으로 가르치신 것을 가리키는 것으로 이해하는 것이고, 다른 하나는 우리 주님이 사람들을 가르치시면서 종종 비유들을 섞어가며 가르치셨다는 것을 가리키는 것으로 이해하는 것인데, 이후에 나오는 비유들은 바로 이 때에 가르치시면서 곁들여 사용하신 비유들 중의 일부였다는 것이다.

3-20. 3들으라 씨를 뿌리는 자가 뿌리러 나가서 4뿌릴새 더러는 길 가에 떨어지매
새들이 와서 먹어 버렸고 5더러는 흙이 얕은 돌밭에 떨어지매 흙이 깊지 아니하므
로 곧 싹이 나오나 6해가 돋은 후에 타서 뿌리가 없으므로 말랐고 7더러는 가시떨기
에 떨어지매 가시가 자라 기운을 막으므로 결실하지 못하였고 8더러는 좋은 땅에
떨어지매 자라 무성하여 결실하였으니 삼십 배나 육십 배나 백 배가 되었느니라 하
시고 9또 이르시되 들을 귀 있는 자는 들으라 하시니라 10예수께서 홀로 계실 때에
함께 한 사람들이 열두 제자와 더불어 그 비유들에 대하여 물으니 11이르시되 하나
님 나라의 비밀을 너희에게는 주었으나 외인에게는 모든 것을 비유로 하나니 12이
는 그들로 보기는 보아도 알지 못하며 듣기는 들어도 깨닫지 못하게 하여 돌이켜 죄
사함을 얻지 못하게 하려 함이라 하시고 13또 이르시되 너희가 이 비유를 알지 못할
진대 어떻게 모든 비유를 알겠느냐 14뿌리는 자는 말씀을 뿌리는 것이라 15말씀이 길
가에 뿌려졌다는 것은 이들을 가리킴이니 곧 말씀을 들었을 때에 사탄이 즉시 와서
그들에게 뿌려진 말씀을 빼앗는 것이요 16또 이와 같이 돌밭에 뿌려졌다는 것은 이
들을 가리킴이니 곧 말씀을 들을 때에 즉시 기쁨으로 받으나 17그 속에 뿌리가 없어
잠깐 견디다가 말씀으로 인하여 환난이나 박해가 일어나는 때에는 곧 넘어지는 자
요 18또 어떤 이는 가시떨기에 뿌려진 자니 이들은 말씀을 듣기는 하되 19세상의 염
려와 재물의 유혹과 기타 욕심이 들어와 말씀을 막아 결실하지 못하게 되는 자요 20
좋은 땅에 뿌려졌다는 것은 곧 말씀을 듣고 받아 삼십 배나 육십 배나 백 배의 결실
을 하는 자니라.

마태복음 13:1-23에 대한 설명을 보라. 이 비유는 마태와 마가, 누가복음에 기록되어 있는데, 다음과 같은 것들을 보여 주는 데 탁월한 역할을 한다: (1) 이 비유는 다른 곳들에서와 마찬가지로 여기에서도 "말씀"이라 불리는 하나님의 말씀의 탁월성을 보여 준다. 하나님의 말씀은 하나님의 씨이고 "좋은 씨"이다. 또한, 이 비유는 말씀을 전하는 것의 탁월성을 보여 준다. 말씀을 전하는 것은 좋은 씨를 뿌리는 것이다. (2) 이 비유는 하나님의 말씀을 뿌릴 때에는 도덕적인 담론이나 철학적인 논쟁들을 할 때와는 완전히 다른 결과가 나타난다는 것을 보여 준다. 하지만 씨를 뿌리는 자가 말씀을 뿌린다고 해도, 거기에서 나타나는 결과는 천차만별이다. 즉, 어떤 이들은, 비록 정도 차이는 있지만, 믿음과 성결의 열매를 지속적으로 맺는 반면에, 말씀을 들은 사람들 중 다수는 아무런 열매를 맺지 못하거나, 지속적으로 열매를 맺지 못함으로써 결국에는 아무런 열매도 맺지 못한 것과 마찬가지가 되어 버린다. 이렇게 되는 이유는, 무관심하고 부주의하게 말씀을 듣고서 그 말씀을 기억하여 묵상하고 자신의 심령에 적용하지 않기 때문이다. 어떤 이들은 말씀을 듣고 있을 때에나 그 직후에는 잠시 감화를 받기는 하지만, 자신의 마음속에 깊이 새겨서, 말씀이 뿌리를 내리게 하지 않는 것이 그 원인이 되고, 어떤 이들은 세상의 일들을 생각하고 염려하는 데 골몰하며, 그들의 마음이 세상의 것들을 사랑하는 것으로 가득해서, 복음을 시인하고 고백함으로써 괴로움이나 박해가 생기는 경우에, 세상의 것들에 대한 염려와 사랑을 떨쳐내 버리지 못하는 것이 그 원인이 된다. (3) 이 비유는 말씀을 들어도 무익할 뿐인 자들과 말씀을 듣고서 구원의 유익을 얻는 자들 간의 차이가 어떻게 해서 생겨나는지를 우리에게 가르쳐 준다. 전자에 속한 자들은 말씀을 듣기는 하지만, 자신들이 듣고 있는 것을 깨닫고 있는지 없는지에 대해서 별 관심이 없고 별로 신경을 쓰지 않는 반면에, 후자에 속한 자들은 말씀을 듣는 것만으로는 만족할 수 없어서, 어떻게 해서든지 그 말씀을 이해하고 깨달으려고 애쓴다. 이 비유를 알고 싶어서 주님께 나아온 자들 중에는, 단지 통상적으로 제자들이라 불린 열두 사도만이 아니라, 이 비유를 들었던 다른 사람들도 포함되어 있었고, 주님께서는 그들 모두에 "하나님 나라의 비밀"을 알게 해 주신 것을 보면, 우리는 말씀을 듣는 것만으로는 만족하지 못하고 그 말씀을 깨닫고자 하는 자들이 구원이라는 열매를 맺는 자들임을 알게 된다. (4) 우리 구주의 말씀을 들은 자들 중의 대부분은 의심할 여지 없이 유대 교회의 구성원들이었지만, 우리 구주께서는 그들의 대부분을 "외인"이라고 표현하시는데, 이것은 교회의 울타리 밖에 있는 자들만이 아니라, 비록 교회의 울타리 안에 있다고 할지라도 택하심을 받지 못한 자들, 즉 "하나님 나라의 비밀"을 아는 것이 허락되지 않는 자들도, 그리스도께서는 "외인"으로 여기신다는 것을 우리에게 가르쳐 준다. 이 비유와 관련된 다른 것들은 마태복음 13:1-23에 대한 설명 속에 자세히 나와 있다.

21. 또 그들에게 이르시되 사람이 등불을 가져오는 것은 말 아래에나 평상 아래에 두려 함이냐 등경 위에 두려 함이 아니냐.

이 절의 취지는 여기에서와 동일한 말씀이 나오는 마태복음 5:15-16을 통해서 알 수 있다. 거기에서는, 농부들이 곡식을 거두는 것이 그들 자신만이 아니라 다른 사람들의 유익을 위한 것이기도 한 것과 마찬가지로, 사람들이 하나님으로부터 은사들과 은혜를 받는 목적은 그들 자신만의 유익을 위한 것이 아니라 다른 사람들에게 유익을 끼치기 위한 것이기 때문에, 그러한 은사와 은혜를 받은 자들은 사람들 앞에서 자신의 착한 행실을 보여, 사람들로 하여금 하나님께 영광을 돌리게 하여야 한다고 말함으로써, 우리 주님께서 이 비유를 성결에 대한 권면의 목적으로 사용하고 계심을 보여 준다. 어떤 이들은 그리스도께서 여기에서 자기 자신에 대하여 말씀하고 계시는 것이라고 생각한다. 즉, 주님은 자기가 세상의 빛이시라는 사실을 이 비유를 통해서 계시해 주셨다는 것이다. 그러나 마태 본문의 맥락은 이 말씀의 참된 의미를 우리에게 제시해 주고 있고, 주님께서 그렇게 성결에 대한 권면의 취지로 이 절의 말씀을 하셨다고 해석하는 것은 주님이 이 절의 바로 앞에서 "삼십 배나 육십 배나 백 배의 결실을 하는 자"인 "좋은 땅"에 대하여 말씀하신 것과 잘 연결된다는 점에서, 나는 이 절의 다른 의미를 찾는 데 골몰할 이유가 전혀 없다고 본다. 따라서 앞의 비유에서 씨를 뿌리는 자가 좋은 땅에 씨를 뿌렸다는 것과 이 비유에서 등불을 켜는 것은 서로 동일한 것을 가리킨다고 할수 있고, 이렇게 "말"이나 "평상" 아래에 두지 않고 "등경" 위에 두어진 환히 불 켜진 등불은 앞의 비유에서 언급된 열매와 동일한 것이라고 할 수 있다.

22-23. 22드러내려 하지 않고는 숨긴 것이 없고 나타내려 하지 않고는 감추인 것이 없느니라 23들을 귀 있는 자는 들으라.

마태복음 10:26을 보면, 우리 구주께서는 자신의 사도들을 파송하시면서, "그런즉 그들을," 즉 너희의 원수들과 박해자들을 "두려워하지 말라 감추인 것이 드러나지 않을 것이 없고 숨은 것이 알려지지 않을 것이 없느니라"고 그들에게 말씀하셨는데, 거기에서 그 말씀은 그들의 무죄함과 결백함이 지금은 숨겨져 있을지라도 결국에는 알려지게 될 것이라는 의미이거나, 복음이 지금은 숨겨져 있고 구석에서 은밀하게 전파되고 있을지라도 나중에는 분명하게 드러나고 널리 전파되게 될 것이라는 의미였다. 마가와 누가는 이 말씀을 씨 뿌리는 자의 비유 직후에 위치시키고 있기 때문에, 마태 본문에서와 동일한 의미를 지니는 것으로는 보이지 않는다. 그러나 일반적으로 널리 사용되는 속담적인 표현은 여러 가지 일들에 다양하게 적용될 수 있기는 하지만, 언제나 공통적인 의미와 취지를 지니는 법이다. 어떤 이들은 여기에서 이 비유의 의미는 그리스도에 관한 예언들 가운데서 드러나지 않을 것이 하나도 없다는 것이라고 말하는데, 이러한 해석은 앞에 나온 등불 비유가 그리스도에 관한 것이라고 생각하는 자들의 해석과 일치한다. 즉, 그들은 우리 주님께서 비유의 의미를 물은 자들에게, 자기가 왜 비유로 가르치시는지 그 이유를 여기에서 설명하고 계신 것이라고 보는 것이다. 그러나 마태복음 5:15-16에 비추어 이 비유를 해석하고자 하는 자들은, 사람들이 외식하는 자들이 되어 위선적으로 행하여, 복음에 대한 신앙 고백 아래에 자신의 마음의 위선과 욕심과 부패한 것들을 감추고 있다고 할지라도, 결국에는 심판의 날이 도래하여, 사람들이 정직하지 않게 숨긴 모든 것들이 다 드러나고 알려지게 될 것이라는 것이 이 비유의 의미라고 말한다. 23절에 나오는 말씀은 우리 구주께서 아주 중요한 말씀들을 하신 후에 흔히 덧붙이시는 통상적인 결미 어구이다.

24-25. [24]또 이르시되 너희가 무엇을 듣는가 스스로 삼가라 너희의 헤아리는 그 헤아림으로 너희가 헤아림을 받을 것이며 더 받으리니 [25]있는 자는 받을 것이요 없는 자는 그 있는 것까지도 빼앗기리라.

24절의 후반부에 나오는 "너희의 헤아리는 그 헤아림으로 너희가 헤아림을 받을 것이며 더 받으리니"라는 말씀을 전반부에 나오는 "너희가 무엇을 듣는가 스스로 삼가라"는 말씀이 서로 연결되어 있다고 생각하는 자들은 누구든지, 이 후반부의 말씀을 그 병행본문들인 마태복음 7:2이나 누가복음 6:38과 비교해 보면, 여기에서 전반부와 후반부 간에 어떠한 논리관계가 성립하는지에 대하여 의아해하게 된다. 왜냐하면, 병행본문들에 나오는 후반부의 말씀은 율법을 범하는 자들은 응보의 방식에 따라 벌을 받게 될 것이라고 말함으로써, 사람들을 의롭고 자비롭게 대하라는 권면의 논거로서의 역할을 하는 것으로 보이고, 통상적으로 그런 방식으로 처벌받는 죄도 존재하지 않으며, 여기에서 후반부의 말씀은 "너희가 무엇을 듣는가 스스로 삼가라"는 말씀 직후에 나오기 때문에 거기에서와 동일한 의미를 지닐 수 없기 때문이다. 그러나 내가 이미 앞에서 말하였듯이, 동일한 속담적인 표현을 여러 가지 일들에 다양하게 적용해서 사용하는 것은 아주 흔한 일이다. 후반부의 말씀은 사람들에게 적용하든 하나님에 대하여 적용하든 참되다. 우리가 하나님을 어떻게 대하느냐에 따라, 하나님께서도 우리를 그렇게 대해 주실 것이다. 너희가 무엇을 듣는가 스스로 삼가라. 누가 본문은 "너희가 어떻게 들을까 스스로 삼가라"(눅 8:18)로 되어 있기 때문에, 그 의미는 너희가 말씀을 들을 때에, 길가나 가시떨기나 돌밭이 아니라 좋은 땅에 떨어진 씨처럼 말씀을 받으라는 것인데, 우리 구주께서 "너희가 무엇을 듣는가 스스로 삼가라"고 말씀하신 것도 이것과 동일한 의미이고, 그들이 말씀을 들었을 때에는, 그 말씀이 과연 성경에서 말하는 것과 부합한지를 잘 따져 보고 살펴보라는 의미는 아닌 것 같다 — 사도행전 17:11은 후자도 모든 양심 있는 자들이 반드시 해야 할 일이라고 말하고 있기는 하지만. 왜냐하면, 우리 구주께서는 너희가 하나님을 어떻게 대하느냐에 따라서, 하나님께서도 자신의 섭리를 따라 너희를 그렇게 대하실 것이라고 말씀하시는 것으로 보이기 때문이다. 너희가 하나님의 말씀을 건성으로 무성의하게 듣는다면, 너희는 하나님의 말씀을 들어도 거기로부터 유익과 열매를 거의 거두지 못할 것이지만, 너희가 주의를 기울여서 하나님의 말씀을 경청하여 깨닫고 믿는다면, 하나님께서는 영적인 신비들을 아는 지식을 너희에게 더욱 풍성하게 허락하실 것이다. 이것이 25절에 나오는 "있는 자는 받을 것이요 없는 자는 그 있는 것까지도 빼앗기리라"는 말씀의 의미인 것으로 보이는데, 이 말씀도 또 하나의 속담적인 표현이다. 마태복음 13:12과 25:29에 대한 설명을 보라.

26-29. [26]또 이르시되 하나님의 나라는 사람이 씨를 땅에 뿌림과 같으니 [27]그가 밤낮 자고 깨고 하는 중에 씨가 나서 자라되 어떻게 그리 되는지를 알지 못하느니라 [28]땅이 스스로 열매를 맺되 처음에는 싹이요 다음에는 이삭이요 그 다음에는 이삭에 충실한 곡식이라 [29]열매가 익으면 곧 낫을 대나니 이는 추수 때가 이르렀음이라.

오직 마가만이 이 비유를 기록하고 있고, 구체적인 설명을 덧붙여 놓지도 않았다. 앞에 나온 말씀들과 연결시켜서 해석한다면, 이 비유의 취지는, 하나님께서 각 사람이 자신의 말씀을 어떻게 들었느냐에 따라서 각 사람에게 책임을 물으실 것이기 때문에, 사람들은 자기가 "무엇을 듣는가"(마가 본문) 또는 "어떻게 들을까"(누가 본문)를 조심하여야 한다는 것을 우리에게 알게 해주기 위한 것으로 보인다. 따라서 마가복음 4:29은 가라지 비유에 대한 우리 구주의 설명의 도움을 받아 전자를 설명하고 있는 것인데, 우리 구주께서는 마태복음 13:39에서 "추수 때는 세상 끝이요 추수꾼은 천사들이니"라고 설명하신 바 있다.

하지만 우리 구주께서는 여기에서 "하나님의 나라는 … 같으니"라고 말씀하시며 이 비유를 드심으로써, 그것 외에도 또 다른 것을 우리에게 말씀해 주고 계시는 것으로 보이는데, 그것은 사람들이 땅에 씨를 뿌린 후에 추수할 때가 되어서 알곡을 거두어들이는 것과 똑같은 방식으로, 말씀을 전파하는 사역을 통해서 자신의 교회를 모으시는 것이 하나님의 섭리와 경륜이라는 것이다. 농부는 땅에 씨를 뿌린 후에는, 씨에 대해서 더 이상 염려하거나 걱정하지도 않으며, 씨가 어떻게 자라는지를 하나하나 일일이 알려고 하지도 않고, 씨가 자라서 싹이 나고 이삭이 맺어지는 것은 하나님의 섭리에 맡긴 채, "밤낮 자고 깨고" 할 뿐인데, 하나님의 말씀이라는 씨도 그런 과정을 거쳐 열매를 맺는다. 땅이 스스로 열매를 맺되. 물론, 거기에는 하나님께서 햇빛을 비추어 주시고 때를 따라 이슬과 비를 내려 주시는 하늘의 감화력이 작용하지 않는 것이 아니다. 또한, 씨를 뿌리면, 거기에서 즉시 싹이 나서 이삭이 되고 충실한 알곡이 되어 추수하게 되는 것이 아니라, 성장해서 충실한 알곡이 되는 일은 점진적으로 이루어진다. 처음에는 싹이요 다음에는 이삭이요 그 다음에는 이삭에 충실한 곡식이라. 씨가 다 성장해서 곡식 또는 알곡으로 자랐더라도, 다시 충실해지는 과정을 거쳐 열매가 익어야 하고, 그런 후에야 "열매가 익으면 곧 낫을 대나니 이는 추수 때가 이르렀기" 때문이다. 마찬가지로, 복음의 일꾼들도 복음의 씨를 뿌리는 자신의 일을 충성되게 다한 후에는, 열매가 안 맺히면 어쩌나 하고 지나치게 염려하지 말고, 결과를 하나님께 맡겨 드린 채로 온전하게 열매가 맺어질 때까지 기다려야 한다. 씨가 좋은 땅에 떨어진 경우에는, 그 말씀은 반드시 열매를 맺게 되어 있다. 복음의 일꾼들은, 자신들의 수고의 열매가 당장에 나타나지 않기 때문에, 처음에는 열매가 전혀 없는 것을 보고서, "내가 헛수고를 하였구나"라고 탄식하기 쉽고, 씨가 흙 속에 파묻혀서, 인간의 마음의 부패함으로 인하여 질식한 것처럼 보일지라도, 하나님께서 그 심령에 "하나님 나라의 비밀"을 아는 지식을 허락하시면, 씨로부터 싹이 나서, 말씀이 죽거나 어디로 쓸려가버린 것이 아님이 드러나게 된다. 하지만 말씀의 씨가 인간의 심령 속에서 죽지 않았다고 하더라도, 처음에는 싹이 나오고, 다음으로는 이삭이 나온다. 즉, 사람들에게 심겨진 말씀으로부터 열매가 맺어지는 것은 점진적으로 이루어지기 때문에, 처음에는 단지 주의 도를 좀 더 온전히 배우고 싶은 선한 마음이 생겨나고, 다음으로는 온전함을 향하여 더욱 나아가는 행동들이 나오며, 마지막으로는 은혜 가운데서 몸에 밴 견고한 행위들이 나온다. 하지만 말씀의 씨가 심령 속에 뿌려졌다고 해서, 모두가 다 알곡이라는 열매를 맺는 것은 아니다. 어떤 사람들의 경우에는, 그들의 심령에 심겨진 말씀으로부터 싹이 나오듯이 신앙 고백에 이르지만, 얼마 있지 않아서 시들해져 죽어 버리고 말며, 어떤 사람들의 경우에는 그 신앙 고백이 좀 더 오래 가기는 하지만, 경건한 덕목들과 성결함의 견고한 열매를 맺지는 못한다. 그러나 장차 반드시 "추수 때"가 도래할 것이고, 그 때에 하나님께서는 낫을 들고서 자기가 뿌린 씨의 열매를 거두러 오실 것이다. 그러므로 사람들은 자신들이 무엇을 어떻게 듣고 있는지를 점검하고 주의하여야 한다. 나는 이것이 이 비유의 의미라고 본다.

30-32. [30]**또 이르시되 우리가 하나님의 나라를 어떻게 비교하며 또 무슨 비유로 나**

타낼까 [31]겨자씨 한 알과 같으니 땅에 심길 때에는 땅 위의 모든 씨보다 작은 것이로 되 [32]심긴 후에는 자라서 모든 풀보다 커지며 큰 가지를 내나니 공중의 새들이 그 그늘에 깃들일 만큼 되느니라.

우리는 이 비유를 마태복음 13:31-32에서 이미 다루었기 때문에, 독자들은 거기에 나오는 설명을 보면 될 것이다. 이것은 복음이 지금은 세상의 작은 구석에서 전파되고 있고, 받아들이는 사람도 별로 많지 않지만, 그리스도께서 죽은 자 가운데서 부활하신 후에는 세상의 모든 곳에 전파되고 수많은 사람들이 받아들여 번성하게 될 것임을 예언하는 예언적 비유이다. 우리는 이 예언이 사도 시대에 성취되었고, 그 때 이후로 이 세상에서 모든 시대에 성취되어 왔음을 안다.

33-34. [33]예수께서 이러한 많은 비유로 그들이 알아 들을 수 있는 대로 말씀을 가르치시되 [34]비유가 아니면 말씀하지 아니하시고 다만 혼자 계실 때에 그 제자들에게 모든 것을 해석하시더라.

이것으로부터 우리가 알 수 있는 것은, 복음서 기자들은 우리 구주께서 청중들에게 가르치신 모든 비유를 다 기록한 것이 아니기 때문에, 복음서 기자들마다 어떤 비유들은 기록하고 어떤 비유들은 기록하지 않은 일이 일어날 수 있었다는 것이다. 그들이 알아 들을 수 있는 대로. 그리스도께서는 자신이 가르치시는 방식이나 방법을 청중들의 수준에 맞추는 것을 주저하지 않으셨고, 그리스도의 신실한 일꾼들이라면 누구나 다 그래야 한다. 즉, 우리 주님은 청중들이 최선의 유익을 얻을 수 있도록 하시기 위하여, 그들의 수준에 맞추어 거기에 가장 적합한 방법과 문체와 표현을 사용하여 말씀을 전하시고 가르치셨다는 것이다. 따라서 그렇게 하지 않는 전도자들은 하늘 아래에서 가장 크고 위대한 일을 경시하고 소홀히 하여, 청중들이 알아 듣고 유익을 얻든지 말든지 상관하지 않고, 오직 자신의 마음이 내키는 대로 가르치는 자들이다.

우리 구주께서는 다음과 같은 목적에서 "비유가 아니면 말씀하지 아니하셨다": (1) 이것은 주님께서 청중들이 가장 잘 이해하고 기억하는 방식을 사용하여 말씀하심으로써, 그들로 하여금 가장 큰 감화와 유익을 얻게 하시기 위한 것이었다. 왜냐하면, 비유로 말하는 것은, 알아들기 쉽고, 기억하기 쉬우며, 더 큰 감화를 받을 수 있다는 세 가지 장점을 지니고 있기 때문이다. (2) 이것은 주님께서 청중들 중에서 진정으로 자기에게 가르침을 받고 배우려는 마음으로 자신의 말씀을 들으러 온 사람들을 그렇지 않은 사람들로부터 골라내시기 위한 것이었다. 왜냐하면, 주님이 가르치신 비유들 중에서 어떤 것들은 비교적 평이하고 이해하기 쉬운 것들이었지만, 어떤 것들은 그 비유를 통해서 가르치고자 하신 일들이 하늘의 신비에 속한 것들이어서 깨닫기 힘들고 모호한 것들이었던 까닭에, 주의를 기울여서 주님의 말씀을 들은 사람은 그에게 나아가서 비유를 설명해 주시라고 요청할 수밖에 없게 되어 있었기 때문이었다. 34절에 언급된 "제자들"은 바로 그렇게 주님께서 무리들에게 가르치신 비유들의 의미를 알고 싶어서 주님 앞에 나아온 그런 자들이었다. 반면에, 그런 제자들을 제외한 다른 청중들, 즉 주님께서 가르치신 비유들을 듣고서 그저 듣는 것으로 만족하고 비유들의 의미를 깨닫고자 하는 마음이 없었기 때문에 말씀이 끝난 후에 주님 앞으로 나아오지 않은 자들은, 진정으로 자신이 인간으로서 어떻게 살아야 하는지에 대한 진지한 고민이 없는 자들이라는 것을 스스로 충분히 보여 준 것이기 때문에, 그런 자들에게는 "하나님 나라의 비밀을 아는 것"이 주어지지 않았고, 도리어 "보아도 알지 못하며 듣기는 들어도 깨닫지 못하게 하여 돌이켜 죄 사함을 얻지 못하게 하려 함이라"(막 4:12)고 한 이사야 선지자의 예언이 성취된 것이었다.

35-41. [35]그 날 저물 때에 제자들에게 이르시되 우리가 저편으로 건너가자 하시니
[36]그들이 무리를 떠나 예수를 배에 계신 그대로 모시고 가매 다른 배들도 함께 하더
니 [37]큰 광풍이 일어나며 물결이 배에 부딪쳐 들어와 배에 가득하게 되었더라 [38]예
수께서는 고물에서 베개를 베고 주무시더니 제자들이 깨우며 이르되 선생님이여
우리가 죽게 된 것을 돌보지 아니하시나이까 하니 [39]예수께서 깨어 바람을 꾸짖으
시며 바다더러 이르시되 잠잠하라 고요하라 하시니 바람이 그치고 아주 잔잔하여
지더라 [40]이에 제자들에게 이르시되 어찌하여 이렇게 무서워하느냐 너희가 어찌 믿
음이 없느냐 하시니 [41]그들이 심히 두려워하여 서로 말하되 그가 누구이기에 바람
과 바다도 순종하는가 하였더라.

이 이야기는 마태와 누가도 보도하고 있고, 세 복음서 본문 간에는 중요한 차이는 없기 때문에, 이 본문과 관련해서 설명이 필요한 부분들은 마태복음 8:23-27에 대한 설명을 보라. 그리스도께서는 그 날 많은 무리들이 몰려들어서, 그들을 상대하시며 말씀을 전하시느라 지치시고 피곤하셔서, 자신의 제자들에게 바다를 건너 건너편으로 가자고 명하시고는 배에 타셔서, "고물에서 베개를 베고 주무셨는데, 이것은 주님이 진정으로 사람이셨고, 우리와 같은 연약한 본성을 지니고 계셨음을 보여 주는 것이었다. 이 때에 바다 위에서 "큰 광풍"이 불었는데, 이 일은 물론 그리스도께서 이미 아시는 일이었고, 자신의 제자들의 믿음을 시험하심과 동시에, 사납게 날뛰는 바다를 잔잔하게 하심으로써 하나님으로서의 자신의 권능을 보여 주시기 위하여 안배하신 것이었다. 우리 구주께서는 인간으로서 배 안에서 주무셨지만, 동시에 이스라엘의 참된 파수꾼으로서, 결코 졸지도 않으시고 주무시지도 않으셨다. 바다의 폭풍은 점점 거세져서, 배 안으로 많은 물이 들었고, 배 안에 있던 제자들은 거의 죽게 되었다. "아브라함이 그 땅 이름을 여호와 이레라 하였으므로 오늘날까지 사람들이 이르기를 여호와의 산에서 준비되리라 하더라"(창 22:14). 하나님께서는 흔히 마지막 순간이 이를 때까지 자기 백성을 도우시는 손길을 내미시는 것을 꾹 참으신다. 그러자 제자들은 주님을 깨웠고, 주님은 일어나셔서 그 어떤 다른 수단을 사용하신 것이 아니라 단지 자신의 권능의 말씀으로 "바람과 바다"를 꾸짖으시고 명령하심으로써, 바람과 바다를 잔잔하게 하신다. 또한, 주님께서는 자신의 제자들을 믿음 없는 자들이라고 꾸짖으신다. 왜냐하면, 그들은 "심히 두려워하여" 서로에게 "그가 누구이기에 바람과 바다도 순종하는가"라고 말함으로써, 그들이 아직도 주님을 믿지 못하고, 주님을 전능하신 하나님이 아니라 단지 인간으로만 보고 있음을 드러내었기 때문이었다.

제5장

개요

1. 그리스도께서 군대 귀신을 쫓아내시고, 그 귀신들로 하여금 돼지 떼에 들어가게 하심(1-20).
2. 회당장 야이로의 간청으로 그의 딸을 고치러 가심(21-24).
3. 도중에 혈루병 앓는 여자를 고치심(25-34).
4. 야이로의 딸을 다시 살리심(35-43).

1-20. [1]예수께서 바다 건너편 거라사인의 지방에 이르러 [2]배에서 나오시매 곧 더러운 귀신 들린 사람이 무덤 사이에서 나와 예수를 만나니라 [3]그 사람은 무덤 사이에 거처하는데 이제는 아무도 그를 쇠사슬로도 맬 수 없게 되었으니 [4]이는 여러 번 고랑과 쇠사슬에 매였어도 쇠사슬을 끊고 고랑을 깨뜨렸음이러라 그리하여 아무도 그를 제어할 힘이 없는지라 [5]밤낮 무덤 사이에서나 산에서나 늘 소리 지르며 돌로 자기의 몸을 해치고 있었더라 [6]그가 멀리서 예수를 보고 달려와 절하며 [7]큰 소리로 부르짖어 이르되 지극히 높으신 하나님의 아들 예수여 나와 당신이 무슨 상관이 있나이까 원하건대 하나님 앞에 맹세하고 나를 괴롭히지 마옵소서 하니 [8]이는 예수께서 이미 그에게 이르시기를 더러운 귀신아 그 사람에게서 나오라 하셨음이라 [9]이에 물으시되 네 이름이 무엇이냐 이르되 내 이름은 군대니 우리가 많음이니이다 하고 [10]자기를 그 지방에서 내보내지 마시기를 간구하더니 [11]마침 거기 돼지의 큰 떼가 산 곁에서 먹고 있는지라 [12]이에 간구하여 이르되 우리를 돼지에게로 보내어 들어가게 하소서 하니 [13]허락하신대 더러운 귀신들이 나와서 돼지에게로 들어가매 거의 이천 마리 되는 떼가 바다를 향하여 비탈로 내리달아 바다에서 몰사하거늘 [14]치던 자들이 도망하여 읍내와 여러 마을에 말하니 사람들이 어떻게 되었는지를 보러 와서 [15]예수께 이르러 그 귀신 들렸던 자 곧 군대 귀신 지폈던 자가 옷을 입고 정신이 온전하여 앉은 것을 보고 두려워하더라 [16]이에 귀신 들렸던 자가 당한 것과 돼지의 일을 본 자들이 그들에게 알리매 [17]그들이 예수께 그 지방에서 떠나시기를 간구하더라 [18]예수께서 배에 오르실 때에 귀신 들렸던 사람이 함께 있기를 간구하였으나 [19]허락하지 아니하시고 그에게 이르시되 집으로 돌아가 주께서 네게 어떻게 큰 일을 행하

사 너를 불쌍히 여기신 것을 네 가족에게 알리라 하시니 [20]그가 가서 예수께서 자기에게 어떻게 큰 일 행하셨는지를 데가볼리에 전파하니 모든 사람이 놀랍게 여기더라.

이 유명한 이야기는 마태와 마가와 누가, 이렇게 세 복음서 기자들이 증언하고 있다. 우리는 이 이야기를 마태복음에서 이미 만났고, 거기에서 단지 마태 본문에 나오는 내용만이 아니라, 마가와 누가 본문에 나오는 내용까지도 다 함께 살펴보았다. 따라서 독자들은 이 이야기에 관한 것은 마태복음 8:28-34에 대한 설명을 참조하면 될 것이고, 여기에서는 우리가 단지 약간의 설명만을 덧붙일까 한다.

해석자들은 마가가 "거라사인의 지방"이라고 한 곳과 마태가 "가다라 지방"(마 8:28)이라 한 곳은 동일한 곳이라고 판단한다. 즉, 그 지역에는 "거라사"라는 동네도 있었고 "가다라"라는 동네도 있었는데, 사람들은 전자의 동네 이름을 따서 그 지역을 "거라사인의 지방" 또는 "거라사인의 땅"(눅 8:26)이라고 부르기도 하고, 후자의 동네 이름을 따서 "가다라 지방"이라고 부르기도 하였다는 것이다.

귀신들은 거룩한 영인 성령과 반대되는 존재들로서 "더러운 영들"로 불린다는 것, 그리고 귀신들이 무덤 주변을 좋아하는 이유에 대해서는 우리가 이미 앞에서 살펴본 바 있다. 또한, 우리는 귀신들은 하나님의 허락 하에서 사람들에게 능력을 행사한다는 것도 살펴본 바 있다. 귀신들은 어떤 사람들에 대해서는 그들 속으로 들어가서 그들을 사로잡아서 그들의 정신의 일부를 장악하여 이리저리 끌고 다니는데, 그런 자들이 바로 전형적으로 "귀신 들린 자들"(ἐνεργουμενοι - '에네르구메노이')이라 불리는 자들이다. 또한, 귀신들은 어떤 사람들에 대해서는 외부에서 폭력을 행사하기도 하고, 어떤 사람들에 대해서는 그들의 감정이나 생각에 영향을 미쳐서 그들을 조종하는 방식으로 좀 더 은밀하게 역사하기도 한다. 이렇게 귀신들은 "불순종의 아들들 가운데서 역사하는" 영들이다(엡 2:2). 하지만 하나님의 백성들도 그리스도로 말미암아 구원을 받은 자들이기 때문에, 귀신들이 그들을 일상적으로 지배하지는 못하지만, 귀신들의 영향력으로부터 자유롭지 못하다. 이 악한 천사들이 "쇠사슬을 끊고 고랑을 깨뜨리는" 강력한 능력을 지니고 있다는 것에 대해서 우리는 의심할 필요가 없다. 왜냐하면, 이 악한 천사들은 애초에 지니고 있던 의를 버리고 타락한 천사들이기는 하지만, 여전히 영들로서의 그들 자신의 본성적인 능력을 지니고 있기 때문이다. 이 귀신이 "원하건대 하나님 앞에 맹세하고 나를 괴롭히지 마옵소서"라고 말한 것은 주님께 정말 간절하게 애원한다는 의미이고, 어떤 사람들의 주장처럼, "하나님을 걸고 내게 맹세하고"라는 의미는 없다.

마태는 귀신 들린 자가 두 사람이었다고 말하고, 마가와 누가는 한 사람이었다고 말한다. 따라서 귀신 들린 자는 두 사람이었고, 그 중 한 사람은 마가와 누가 본문에 나오는 사람만큼이나 그렇게 길길이 뛰며 광분하지 않았고 비교적 조용히 있었기 때문에 별로 눈에 띄지 않았을 것임에 틀림없다. 어떤 이들은 다음과 같은 이유들을 들어서, 귀신 들린 자는 두 사람이었는데, 그 중의 한 사람은 이방인이었고, 다른 한 사람은 유대인이었다고 생각한다: (1) 귀신 들린 자가 스스로 자신의 이름을 "군대"라고 하였는데, "군대"라는 단어는 6,000명 이상의 보병으로 구성된 로마의 군단을 가리키는 이방인들의 용어였다. (2) 그리스도께서는 지금 이방인들이 많이 사는 지방에 계셨다. (3) 우리는 다음에 나오는 본문에서 우리 구주께서 한 여자를 고치시는 기사를 읽게 되는데, 거기에 등장하는 여자는 수로보니게 여자였다. 우리가 주목할 것은, 이 귀신 들린 사람 속에 들어간 귀신들은 이렇게 많았는데도 "귀신" 이라고 단수형으로 불리고 있다는 것인데, 그것은 귀신들은 하나하나가 다 개별적인 영들인 까닭에 그 수가 많지만, 인류에 대하여 앙심을 품고 인류를 해코지 하고자 하는 악의에 있어서는 하나이기 때문이다. 하나님의 백성도 하나님께 영광을 돌리고자 하는 의도에 있어서 하나가 되어 있다면 얼마나 좋겠는가! 어떤 해석자들은 여기에서 해결하기가 그리 쉽지 않은 문제를 하나 제기하는데, 그것은 귀신들은 왜 그리스도께서 그들을 이 지방에서 쫓아내지 말아 달라고 애원하였는가 하는 것이다. 이 문제에 대해서 그들은 이 곳은 무지하고 술에 절어 살아가는 이방인들이 많은 지역이었고, 그런 곳은 귀신들에 의해서 사람들이 지배당하기에 가장 좋은 곳이었던 까닭에, 귀신들이 가장 선호하는 곳이었기 때문이라는 대답을 내놓는데, 그들의 그러한 대답은 일리가 없지 않다. 왜냐하면, 복음서들에서 그리스도께서 어느 지역들에서는 거기에 사는 사람들의 불신앙으로 인해서 많은 일을 하실 수 없으셨다고 말하는 것으로 보아서, 귀신들도 어느 지역들에서는 특히 복음을 믿는 사람들이 많아서 많은 일을 할 수 없을 것이기 때문이다. 따라서 하나님의 말씀이 자주 선포되지 않거나 신실하게 선포되지 않아서 성경에 대하여 무지한 사람들이 많은 지역들에서보다는, 하나님의 말씀이 더 많은 사람들에게 더 충실하게 전파되어서 그리스도인들이 많은 지역들에서는, 귀신들의 역사는 현저하게 약화되고, 귀신들은 자신의 힘을 별로 쓰지를 못하고 무력해져서, 주로 사람들의 감정이나 생각에 영향을 끼치는 정도밖에는 힘을 발휘하지 못하게 된다는 것은 주목할 만한 일이다. 박식한 라

이트푸트(Lightfoot) 박사는 이 거라사인의 지방에 사는 사람들은 유대인들에게 부정한 짐승으로 여겨졌던 돼지를 많은 떼로 길렀던 것으로 보아서, 그 지방 사람들의 대다수는 이교도들이나 배교한 유대인들이었을 가능성이 크다고 지적한다. 이 이야기와 관련해서 다른 궁금한 것들은 마태복음 8:28-34에 대한 설명을 보라.

**21-24. [21]예수께서 배를 타시고 다시 맞은편으로 건너가시니 큰 무리가 그에게로
모이거늘 이에 바닷가에 계시더니 [22]회당장 중의 하나인 야이로라 하는 이가 와서
예수를 보고 발 아래 엎드리어 [23]간곡히 구하여 이르되 내 어린 딸이 죽게 되었사오
니 오셔서 그 위에 손을 얹으사 그로 구원을 받아 살게 하소서 하거늘 [24]이에 그와
함께 가실새 큰 무리가 따라가며 에워싸 밀더라.**

이 이야기 전체는 마태와 누가에도 기록되어 있고, 우리는 마태복음을 다룰 때에 모든 복음서 기자들이 보도한 내용들을 거기에서 다 자세하게 살펴보았기 때문에, 독자들은 마태복음 9:18 이하에 대한 설명을 보라. 그리스도께서는 이제 다시 배를 타시고 갈릴리로 돌아오셨는데, 거기에는 성전은 없었지만, 회당들이 있어서, 사람들은 통상적으로 회당에 모여서 하나님을 예배하였다. 또한, 이러한 회당들에도 질서가 있어서, 하나의 회당과 관련된 모든 일들을 관장하고 처리하는 "회당장"이라 불리는 사람이 있었다. 여기에 언급된 "야이로"는 유대인들이 각 성읍에 두었다고 하는 23개의 법정 중의 하나를 책임진 재판장이었다는 견해보다는 앞에서 말한 의미에서의 "회당장"이었을 가능성이 높다.

**25-34. [25]열두 해를 혈루증으로 앓아 온 한 여자가 있어 [26]많은 의사에게 많은 괴로
움을 받았고 가진 것도 다 허비하였으되 아무 효험이 없고 도리어 더 중하여졌던 차
에 [27]예수의 소문을 듣고 무리 가운데 끼어 뒤로 와서 그의 옷에 손을 대니 [28]이는 내
가 그의 옷에만 손을 대어도 구원을 받으리라 생각함일러라 [29]이에 그의 혈루 근원
이 곧 마르매 병이 나은 줄을 몸에 깨달으니라 [30]예수께서 그 능력이 자기에게서 나
간 줄을 곧 스스로 아시고 무리 가운데서 돌이켜 말씀하시되 누가 내 옷에 손을 대
었느냐 하시니 [31]제자들이 여짜오되 무리가 에워싸 미는 것을 보시며 누가 내게 손
을 대었느냐 물으시나이까 하되 [32]예수께서 이 일 행한 여자를 보려고 둘러 보시니
[33]여자가 자기에게 이루어진 일을 알고 두려워하여 떨며 와서 그 앞에 엎드려 모든
사실을 여쭈니 [34]예수께서 이르시되 딸아 네 믿음이 너를 구원하였으니 평안히 가
라 네 병에서 놓여 건강할지어다.**

우리 구주께서 야이로의 딸이 병에 걸려 죽게 되었다는 말을 처음으로 들은 곳에

서 야이로의 집으로 가시는 도중에 일어난 일 전체에 대하여 말하고 있는 모든 본문을 다루고 있는 마태복음 9:18-22에 대한 설명을 보라. 우리는 이러한 이야기들 속에서 우리 구주께서 사람들에게 질문들을 하시는 것을 보게 된다. 주님께서는 하나님으로서의 본성을 지니고 계셔서 모든 것을 다 알고 계셨기 때문에, 사람들이 말하는 것들에 대해서 모르실 수가 없으셨지만, 이렇게 사람들에게 질문하신 목적은 그들로 하여금 자신이 베푸신 이적들을 좀 더 분명하고 온전히 알고 깨닫게 하시기 위한 것이었다. 따라서 복음서들에서는 주님께서 그때그때 어떤 것들에 대하여 이미 아셨다고 보도하는 경우가 많은데, 여기에서도 복음서 기자는 주님이 "그 능력이 자기에게서 나간 줄을" 아셨다고 말한다. 우리 구주께서는 오직 하나님으로서 모든 것을 아신 것이었다.

또한, 그리스도께서 "열두 해를 혈루증으로 앓아 온 한 여자" 속에서 싹 트고 있었던 구원을 이루는 믿음을 격려해 주신 것도 주목할 만하다. 우리가 본문에서 이 여자에 대하여 읽을 수 있는 모든 것은 "내가 그의 옷에만 손을 대어도 구원을 받으리라"고 그녀가 생각하였다는 것이 전부이고, 이것은 그녀가 주님께서 신적인 능력과 선하심을 지니고 계신 것을 믿고서, 주님의 옷을 만지기만 해도, 자신의 혈루증이 고침을 받을 수 있을 것이라고 확신한 것에 지나지 않는 것이었기 때문에, 그리스도를 자신의 주이자 구주로 고백하고 영접한 것에는 훨씬 못 미치는 것이었다. 또한, 그녀는 주님이 하나님의 영원하신 아들이라고 믿은 것도 아니었고, 단지 하나님으로부터 병 고치는 능력을 받은 인물이라는 것을 확신한 것일 뿐이었다. 그녀는 이러한 확신 속에서 주님께 가까이 다가가서 주님의 옷을 만진 것인데도, 그녀의 병은 즉시 고침을 받았고, 그리스도께서는 그녀의 믿음으로 말미암아 그녀가 온전하게 된 것이라고 말씀하신다. 우리 주님께서는 그녀가 받은 빛과 수단에 비추어서 그녀의 믿음을 평가하셨고, 거기에 따라 상을 주신 것이었다. 주님으로부터 육신을 고침 받은 사람들은 그 심령까지도 고침 받은 것이 사실이라면, 이것은 그녀 안에서의 더 큰 믿음의 출발점이었다고 할 수 있다.

35-43. **[35]아직 예수께서 말씀하실 때에 회당장의 집에서 사람들이 와서 회당장에게 이르되 당신의 딸이 죽었나이다 어찌하여 선생을 더 괴롭게 하나이까 [36]예수께서 그 하는 말을 곁에서 들으시고 회당장에게 이르시되 두려워하지 말고 믿기만 하라 하시고 [37]베드로와 야고보와 야고보의 형제 요한 외에 아무도 따라옴을 허락하지 아니하시고 [38]회당장의 집에 함께 가사 떠드는 것과 사람들이 울며 심히 통곡**

함을 보시고 39들어가서 그들에게 이르시되 너희가 어찌하여 떠들며 우느냐 이 아
이가 죽은 것이 아니라 잔다 하시니 40그들이 비웃더라 예수께서 그들을 다 내보내
신 후에 아이의 부모와 또 자기와 함께 한 자들을 데리시고 아이 있는 곳에 들어가
사 41그 아이의 손을 잡고 이르시되 달리다굼 하시니 번역하면 곧 내가 네게 말하노
니 소녀야 일어나라 하심이라 42소녀가 곧 일어나서 걸으니 나이가 열두 살이라 사
람들이 곧 크게 놀라고 놀라거늘 43예수께서 이 일을 아무도 알지 못하게 하라고 그
들을 많이 경계하시고 이에 소녀에게 먹을 것을 주라 하시니라.

이 이야기에 대해서는 나는 마태복음의 해당 기사를 다룰 때에 설명한 것 외에 추가할 것은 없기 때문에, 독자들은 마태복음 9:18-19, 23-31에 대한 설명을 참조하기 바란다. 우리 구주의 삶에 관하여 복음서 기자들이 기록한 모든 내용들 중에서 가장 설명하기 힘든 것은 주님께서 자신을 통해 고침 받은 자들 중에서 몇몇 사람들에게 "이 일을 아무도 알지 못하게 하라"고 명령하신 이유이다. 그것과 관련해서 우리는 다음과 같은 것들을 특히 생각해 볼 수 있다: (1) 주님께서는 모든 사람들에게 그런 명령을 하신 것은 아니었다는 것이다. 누가복음 5:19을 보면, 우리 주님은 귀신 들린 자에게서 귀신을 쫓아내신 후에, 그에게 집에 가서 친구들에게 주님께서 얼마나 크신 일을 행하셨는지를 말하라고 명령하신다. (2) 주님께서는 그들이 자신의 그러한 침묵 명령에 순종하였더라도, 그들에 대하여 베푸신 자신의 이적들이 은폐될 것으로 기대할 수 없으셨다는 것이다. 왜냐하면, 주님은 그러한 이적들을 공개적으로 행하셨고, 그 이적들을 목격한 모든 사람들이 다 침묵할 가능성은 없었으며, 게다가 나병환자를 고치신 후에는 가서 제사장들에게 그의 몸을 보이라고 명하시기까지 하셨기 때문이다. (3) 주님으로부터 이러한 침묵 명령을 받은 자들 중에서 실제로 그 명령을 지켜 침묵한 사람들은 거의 없었다는 것이다. 그들은 분명히 주님의 명령에 불순종한 것이어서 책망을 받아 마땅한 자들이었는데도, 주님께서는 그들을 책망하시는 말씀을 하시는 것을 우리는 그 어디에서도 찾아볼 수 없다. 그러나 우리는 그리스도께서 말씀하시고 행하신 모든 것들의 이유를 우리가 이해할 수 있을 것이라고 생각해서는 안 된다. 우리는 그 이유들을 알 수 없지만, 주님께서 지혜로우신 목적을 가지시고서 그렇게 하셨으리라는 것은 의심의 여지가 없다.

제6장

개요

1. 그리스도께서 고향 사람들로부터 무시를 당하심(1-6).
2. 열두 사도들에게 귀신들을 제어하는 권능을 주시고 전도하도록 보내심(7-13).
3. 그리스도에 대한 헤롯 등의 견해들(14-15).
4. 세례 요한이 헤롯에 의해 투옥된 후 헤로디아의 부추김으로 인해 참수됨(16-29).
5. 열두 사도들이 전도여행을 마치고 돌아옴(30-33).
6. 오병이어로 오천 명을 먹이신 이적(34-44).
7. 그리스도께서 물 위를 걸어 제자들에게로 오심(45-52).
8. 게네사렛에 내리셔서 병자들을 고치셨는데, 병자들이 그리스도의 옷가를 만지기만 해도 나음을 입음(53-56).

**1-3. 1예수께서 거기를 떠나사 고향으로 가시니 제자들도 따르니라 2안식일이 되
어 회당에서 가르치시니 많은 사람이 듣고 놀라 이르되 이 사람이 어디서 이런 것
을 얻었느냐 이 사람이 받은 지혜와 그 손으로 이루어지는 이런 권능이 어찌됨이냐
3이 사람이 마리아의 아들 목수가 아니냐 야고보와 요셉과 유다와 시몬의 형제가
아니냐 그 누이들이 우리와 함께 여기 있지 아니하냐 하고 예수를 배척한지라.**

우리는 이 모든 기사를 마태복음 13:53-58에서 이미 살펴본 바 있다. 거기에 나오는 설명을 보라. 여기에서 "고향"이 나사렛을 의미한다는 것은 의심의 여지가 없다. 우리 구주께서는 베들레헴에서 태어나셨지만, 자라나신 곳은 나사렛이었다. 그래서 주님은 흔히 "나사렛 예수"라 불리셨다. 누가복음 4:16이 마가의 이 본문과 동일한 기사인지는 확실하지 않지만, 거기에서는 "예수께서 그 자라나신 곳 나사렛에 이르사"라고 명시적으로 밝히고 있다.

우리 구주께서 안식일에 흔히 회당에 가신 것은 주목할 만하다. 주님은 거기에서 사람들에게 성경을 해석해 주시고 말씀을 전하셨다. 그러나 이것은 우리 주님이 회당에서 행해진 일들 중에서 제의적인 성격을 지닌 많은 것들을 인정하시고 시인하셨다는 것을 의미하는 것이 아님은 의심의 여지가 없다. 그들의 모임은 우상 숭배

에 해당하는 것이 아니었고, 거기에서 행해지는 많은 것들이 아버지 하나님께서 제정하신 것들이었기 때문에, 우리 주님은 거기에 참석하시는 것이 죄가 아니라고 판단하신 것이었다. 복음서들에서 우리는 우리 구주께서 회당에서 행해진 일들에 대하여 책망하시거나 비판하셨다는 말을 듣지 못한다. 주님이 이렇게 회당에서 말씀을 전하셨을 때에 유대인들이 보인 반응은 "믿음"이 아니라 깜짝 놀라고 경이로워하는 것이었다. 하나님의 말씀을 들은 사람들은 꼭 회심하지 않더라도 놀라고 경이로워할 수 있는데, 그들을 당혹스럽게 만든 것은 어떻게 해서 우리 구주께서 이러한 권능의 역사들을 행하시고 그토록 지혜로우신 말씀들을 하실 수 있게 되었느냐 하는 것을 도저히 알 수 없다는 것이었다. 그들은 우리 구주께서 단 한 번도 랍비에게서 배운 적도 없고 지금까지 내내 단지 요셉을 도와 목수 일을 해 왔다는 것을 다 아는데, 그런 사람이 이런 이적들을 행할 수 있는 권능과 그렇게 지혜로운 말씀들을 할 수 있는 지혜와 지식을 도대체 어디에서 얻었는지를 알 수가 없었다.

이 사람이 … 목수가 아니냐. 여기에서 "목수"로 번역된 '테크논'(τέχνων)은 목수를 가리키기도 하고 석공을 가리키기도 하였는데, 사람들이 이렇게 말한 것을 보면, 우리 구주께서는 삼십 세가 되실 때까지는 요셉과 함께 목수나 석공 일을 하셨을 가능성이 높아 보인다. 주님은 삼십 세가 되실 때까지는 사람들 앞에 등장하셔서 말씀을 전하지 않으셨다는 것은 확실하고, 이 기간 동안에 아무 일도 안 하시고 빈둥거리며 사신 것이 아니라, 요셉을 도와 목수 일이나 석공 일을 하셨던 것으로 보인다.

마리아의 아들 … 야고보와 요셉과 유다와 시몬의 형제가 아니냐. 대부분의 해석자들은 우리 주님의 어머니인 마리아에게 다른 자녀가 없었다고 보고서, 여기에 열거된 사람들은 우리 주님의 친척들이었을 것이라고 생각하는데, 내가 거기에 대해서 확실하게 말할 수 있는 것은 없다. 그들은 이 네 사람은 우리 주님의 어머니의 자매였던 "글로바의 아내 마리아"의 아들들이었다고 말한다. 마가복음 15:40과 16:1에서는 글로바의 아내 마리아의 자녀들로 "작은 야고보와 호세," 그리고 "살로메"를 언급한다. 그러나 유다와 시몬이 이 마리아의 아들들이었다는 언급은 복음서들에 나오지 않는다.

예수를 배척한지라. 그들은 주님의 입에서 나오는 지혜로운 말씀들을 듣고, 주님이 행하신 권능 있는 역사들을 봄으로써, 그러한 것들이 하나님으로부터 온 권능으로 말미암은 것이라고 생각할 수밖에 없었지만, 자기들 가운데서 삼십 년 동안이나 목수나 석공으로 살아온 이 사람이 어떻게 하나님으로부터 이런 놀라운 권능과 지혜를 얻을 수 있었는지를 그들의 이성으로는 도저히 이해할 수 없었기 때문에, 그들이 보고 들은 주님의 권능과 지혜는 하나님으로부터 온 것이 아니라는 쪽으로 그들의 감정은 급속히 기울어 버렸다. 이렇게 해서, 그들은 그들의 부패하고 타락한 선생들처럼 우리 주님이 이 이적들을 마귀의 힘을 빌려 행한 것이라고 비방하지는 않았지만, 마치 하나님의 권능은 오직 랍비들의 집단에게만 주어진 것인 양, 랍비에게서 한 번도 배운 적이 없으신 우리 주님을 받아들이거나 믿으려 하지 않고, 도리어 무시하고 멸시하였다.

4-6. [4]예수께서 그들에게 이르시되 선지자가 자기 고향과 자기 친척과 자기 집 외에서는 존경을 받지 못함이 없느니라 하시며 [5]거기서는 아무 권능도 행하실 수 없어 다만 소수의 병자에게 안수하여 고치실 뿐이었고 [6]그들이 믿지 않음을 이상히 여기셨더라 이에 모든 촌에 두루 다니시며 가르치시더라.

친숙함은 멸시를 키운다(familiarity breeds a contempt)는 것을 경험은 우리에게 말해 주는데, 우리 구주께서는 나사렛 사람들이 자신에게 존경심을 보이지 않는 이유를 거기에서 찾으신다(그들이 이러한 태도를 보인 데에는 더 깊은 이유가 존재하였다는 것은 두말할 필요가 없지만). 우리 안에 있는 불신앙은 하나님의 손을 묶는다. 거기서는 아무 권능도 행하실 수 없어. 우리 주님께서 자신의 고향에서 권능을 행하실 수 없으셨던 것은 주님에게 권능이 없어서가 아니었고, 하나님의 권능의 행사 여부는 언제나 지혜에 의해서 규율되는데, 주님께서는 거기에서 이적들을 행하지 않는 것이 자신의 지혜와 부합하다고 판단하셨기 때문이었다. 즉, 주님이 이적들을 베푸시는 목적은 불신자들을 회심시켜 복음을 믿게 하거나, 믿음이 약한 자들을 견고하게 하기 위한 것인데, 우리 구주께서는 거기에서 이적들을 행하여도 그러한 목적을 이룰 수 없다는 것을 미리 아시고서, 이적 베푸시는 일을 중단하신 것이었다. 게다가, 그들이 자신들의 완악한 불신앙으로 주님을 크게 격동시킨 것도 주님께서는 그들 가운데서 이적들을 행하기를 중단하시고 단지 소수의 병자들만을 고쳐 주시는 것으로 그치신 원인이 되었다.

그들이 믿지 않음을 이상히 여기셨더라. 하나님의 말씀을 전해 주시는 주님의 가르침은 너무나 이치에 맞고 설득력이 있었으며, 주님이 근방의 여러 마을들과 동네들에서 행하신 놀라운 이적들에 대한 신빙성 있는 소문은 아주 파다하게 퍼져 있는데도, 나사렛 사람들은 믿지 않고 오히려 주님을 배척한 것이었기 때문에, 주님께서 그들의 그러한 불신앙을 이상히 여기신 것은 지극히 당연한 일이었다. 우리 구주께서는 고향 사람들을 불신앙 가운데 내버려 두셨지만, 자신의 복된 일에서 손을 떼신 것은 결코 아니었고, 또다시 **모든 촌에 두루 다니시며 가르치셨다**. 어떤 이들은 전도를 너무나 경시하는 경향이 있지만, 이 구절은 우리 구주께서 행하신 주된 일은 여전히 전도였음을 보여 준다. 우리는 여기에서 사람이 자신의 어떤 외적인 특권들을 자랑하거나 의지해서는 안 된다는 교훈을 얻는다. 믿지 않는 심령들 속에서 믿음이 생겨나게 하고, 복음의 가르침에 대한 그들의 편견들을 제거함에 있어서는, 하나님의 은혜에 의한 특별한 감화 없이는, 그 어떤 보조수단들도 거의 도움이 되지 않는다.

7-8. [7]열두 제자를 부르사 둘씩 둘씩 보내시며 더러운 귀신을 제어하는 권능을 주시고 [8]명하시되 여행을 위하여 지팡이 외에는 양식이나 배낭이나 전대의 돈이나 아무 것도 가지지 말며.

마가는 앞에서 주님께서 열두 사도를 택하신 것에 대하여 우리에게 들려준 바 있는데(막 3:14), 마태나 누가에는 그 기사가 나오지 않는다. 이제 여기에서 마가는 주님께서 열두 사도를 전도를 위하여 파송하시는 장면을 들려주고, 이 기사는 마태와 누가에도 나온다. 주님께서 그들을 파송하시면서 지시하신 내용들은 우리가 마태복음 10장에서 본 것과 거의 동일한데, 그 내용들에 대해서는 우리가 거기에서 이미 설명한 바 있다. 우리 구주께서는 열두 사도들을 보내셔서, 처음으로 전도여행을 해나가는 가운데 하나님의 섭리를 경험하게 하고자 하셨기 때문에, 그들에게 다음과 같은 것들을 명하신다: (1) 자신들의 수고의 대가로 돈을 받아서는 안 된다는 것. (2) 자신들이 먹을 양식이나 그런 양식을 살 돈을 미리 준비해 가서는 안 된다는 것. 그들은 짐이나 돈을 넣는 "배낭"이나 "전대"를 가져가서는 안 되었고, 오직 그들의 손에 "지팡이"만을 가지고 갈 수 있었다. 마태 본문에서 "지팡이"를 가져가지 말라고 한 것은, 사람들은 여행할 경우에 지팡이 하나가 부러지거나 잃어버렸을 경우를 대비해서 여분의 지팡이를 가져 갔었는데, 그런 여분의 지팡이를 가져가지 말고, 오직 하나만 가져가라는 의미인 것으로 보인다.

9. 신만 신고 두 벌 옷도 입지 말라 하시고.

여행자들은 다시 집으로 돌아올 때까지 필요한 옷들을 가져가는 것이 보통이지만, 주님께서는 자신의 제자들에게 평소에 입던 옷을 입고 신을 신고 가고, 여벌의 옷을 가져가지 말라고 명하신다.

10-11. [10]또 이르시되 어디서든지 누구의 집에 들어가거든 그 곳을 떠나기까지 거기 유하라 [11]어느 곳에서든지 너희를 영접하지 아니하고 너희 말을 듣지도 아니하거든 거기서 나갈 때에 발 아래 먼지를 떨어버려 그들에게 증거를 삼으라 하시니.

그리스도께서 열두 사도를 파송하시면서 주신 명령들에 대해서는 마태가 마가나 누가보다 우리에게 좀 더 자세하게 전해 준다. 마태복음 10:12-15에 대한 설명을 보라.

12-13. [12]제자들이 나가서 회개하라 전파하고 [13]많은 귀신을 쫓아내며 많은 병자에게 기름을 발라 고치더라.

그들은 그리스도께서 그들에게 맡기신 두 가지 일, 즉 복음을 전하는 일과 그들이 전한 가르침이 하늘로부터 온 것임을 확증해 주기 위하여 이적들을 행하는 일을 수행하였다. 세례 요한과 그리스도와 열두 사도가 전한 메시지는 모두 동일하였는데, 그것은 "회개하라"는 것, 즉 사람들에게 자신의 이전의 죄악된 삶에서 돌이키라는 것이었다. 왜냐하면, 사람들이 회개하지 않는다면, 그리스도께서 이 땅에 오신 것이 그들에게 아무 유익도 없게 될 것이었기 때문이다.

많은 병자에게 기름을 발라 고치더라. 야고보는 "기름을 바르는" 이 일도 "주의 이름으로" 행하라고 명하였다(약 5:14). 이렇게 병자들에게 기름을 바른 이유에 대해서는 학자들 사이에서 견해가 양분되어 있다. 어떤 이들은 이것은 기름이 천연적으로 지니고 있던 약으로서의 효능을 활용한 것, 즉 기름은 탁월한 진통제여서 병자들의 힘을 새롭게 하고 회복시키는 데 뛰어난 효능을 활용한 것이라고 생각하고(중동에는 병을 고치는 데 큰 효능을 지닌 기름들이 있었다는 것은 분명하다), 어떤 이들은 제자들은 자신들이 행한 일들이 그들 자신의 능력이나 권능에 의한 것이 아니라, 자신들이 받은 그리스도의 영의 기름 부음으로 말미암은 것임을 성례전적으로 및 상징적으로 보여 주기 위하여 기름을 사용한 것이라고 생각한다. 우리 구주께서 제자들을 파송하시면서 그들이 전하는 복음의 가르침을 확증하도록 하시기 위하여 이적들을 행할 수 있는 권능을 그들에게 주셨다는 점을 감안하면, 그들로 하여금 기름을 사용하게 하셔서 그 자연적인 치유의 효능을 활용하도록 하심으로써 결과적으로 이적의 효과를 많이 약화시키게 하셨을 가능성은 희박해 보인다. 게다가, 야고보는 병자들에게 기름을 발라 치유할 경우에는 "주의 이름으로" 그렇게 하라고 명하였다. 따라서 열두 사도들이 자신들이 한 일이 그들 자신의 권능이나 능력으로 한 것이 아니라는 것을 증거하기 위한 상징적인 목적으로 기름을 사용하였을 것임은 의심의 여지가 없다. 또한, 사도들은 병자들을 치유할 때에 언제나 기름을 발라 치유하는 방법을 사용한 것도 아니었다. 한 예로, 베드로와 요한은 성전 문 앞에서 구걸하던 "못 걷게 된 이"를 고칠 때에 "나사렛 예수 그리스도의 이름으로 일어나 걸으라 하고 오른손을 잡아 일으키는" 방식으로 고쳤고(행 3:6), 기름을 사용하지 않았다. 그런 후에, 그들은 "그 이름을 믿으므로 그 이름이 너희가 보고 아는 이 사람을 성하게 하였나니 예수로 말미암아 난 믿음이 너희 모든 사람 앞에서 이같이 완전히 낫게 하였느니라"(행 3:16)고 말함으로써, 그 걷지 못하였던 자로 하여금 완전히 나아서 걷게 만든 것은 "나사렛 예수 그리스도의 이름"이었음을 분명히 한다. 따라서 병자들에게 기름을 바른 것은, 사도들이 병자들이 치유받은 역사가 그들의 능력이 아니라 그리스도의 능력으로 된 것이며, 통상적이고 자연적인 방식에 의해서가 아니라 기적적이고 특별한 역사에 의해서 된 것임을 나타내기 위하여, 사용할 때도 있었고 사용하지 않을 때도 있었던 임의적인 의식이었던 동시에, 이적을 행할 때에 부수적으로 행해지던 의식이었다는 점에서, 어떤 이들이 이 본문을 근거로 해서 이 의식의 합법성을 주장하며, 지금도 여전히 사역자들이 병 고침을 행할 때에는 이 의식을 반드시 행하여야 한다고 말하는 것은 너무나 터무니없고 어처구니없는 일이다.

**14-29. [14]이에 예수의 이름이 드러난지라 헤롯 왕이 듣고 이르되 이는 세례 요한
이 죽은 자 가운데서 살아났도다 그러므로 이런 능력이 그 속에서 일어나느니라 하
고 [15]어떤 이는 그가 엘리야라 하고 또 어떤 이는 그가 선지자니 옛 선지자 중의 하
나와 같다 하되 [16]헤롯은 듣고 이르되 내가 목 벤 요한 그가 살아났다 하더라 [17]전에
헤롯이 자기가 동생 빌립의 아내 헤로디아에게 장가 든 고로 이 여자를 위하여 사
람을 보내어 요한을 잡아 옥에 가두었으니 [18]이는 요한이 헤롯에게 말하되 동생의
아내를 취한 것이 옳지 않다 하였음이라 [19]헤로디아가 요한을 원수로 여겨 죽이고
자 하였으되 하지 못한 것은 [20]헤롯이 요한을 의롭고 거룩한 사람으로 알고 두려워
하여 보호하며 또 그의 말을 들을 때에 크게 번민을 하면서도 달갑게 들음이러라 [21]
마침 기회가 좋은 날이 왔으니 곧 헤롯이 자기 생일에 대신들과 천부장들과 갈릴리
의 귀인들로 더불어 잔치할새 [22]헤로디아의 딸이 친히 들어와 춤을 추어 헤롯과 그
와 함께 앉은 자들을 기쁘게 한지라 왕이 그 소녀에게 이르되 무엇이든지 네가 원
하는 것을 내게 구하라 내가 주리라 하고 [23]또 맹세하기를 무엇이든지 네가 내게 구
하면 내 나라의 절반까지라도 주리라 하거늘 [24]그가 나가서 그 어머니에게 말하되**

내가 무엇을 구하리이까 그 어머니가 이르되 세례 요한의 머리를 구하라 하니 [25]그
가 곧 왕에게 급히 들어가 구하여 이르되 세례 요한의 머리를 소반에 얹어 곧 내게
주기를 원하옵나이다 하니 [26]왕이 심히 근심하나 자기가 맹세한 것과 그 앉은 자들
로 인하여 그를 거절할 수 없는지라 [27]왕이 곧 시위병 하나를 보내어 요한의 머리를
가져오라 명하니 그 사람이 나가 옥에서 요한을 목 베어 [28]그 머리를 소반에 얹어다
가 소녀에게 주니 소녀가 이것을 그 어머니에게 주니라 [29]요한의 제자들이 듣고 와
서 시체를 가져다가 장사하니라.

우리는 이 이야기를 마태복음 14:1-12에서 만났고, 거기에서 마태나 마가가 동일하게 보도하고 있는 것들 중에서 가장 중요한 것들을 이미 살펴보았기 때문에, 독자들은 이 본문에 대한 설명에 대해서는 거기에 나오는 것을 참조하기 바란다. 이 이야기에 등장하는 헤롯을 마가는 "헤롯 왕"이라고 소개하고 있고, 마태와 누가는 "분봉 왕 헤롯"으로 소개한다. 헤롯은 갈릴리의 분봉 왕이었고, 그러한 직함 아래에서 자신의 영지 내에서 왕적인 권력을 행사하였다. 이 이야기 전체는 우리에게 몇 가지를 가르쳐 준다: (1) 이 이야기는 충성되고 신실한 사역자는, 아무리 막강한 권력을 쥐고 있는 자라도 하나님의 법을 정면으로 어기는 일을 하였을 때에는, 그 죄를 드러내어 회개하라고 외치는 일을 주저하지 않는다는 것을 가르쳐 준다. (2) 이 이야기는 정욕에 눈이 멀어 타락한 심령이 어느 정도로 사악하게 되는지를 우리에게 가르쳐 준다. 감옥에 갇힌 세례 요한은 사람들 앞에서 헤롯과 헤로디아를 책망할 수 없게 되었기 때문에, 헤로디아는 그를 투옥시킨 것만으로 이미 충분하였지만, 그것으로도 분이 풀리지 않아서, 거기에 만족하지 않고 기어코 그를 참수시키고 만다. (3) 이 이야기는 왕궁에 타락한 자들이 들어왔을 때의 악영향을 잘 보여 준다. 헤롯은 자신의 영지를 다스리는 일에 있어서 피 흘리기를 좋아하는 잔인한 인물이 아니었다. 우리 구주께서는 헤롯의 영지 내에서 소란스럽지 않게 복음을 전하셨고 복음을 확증하시기 위하여 이적들을 행하셨다. 우리는 갈릴리에서 헤롯이 우리 구주를 내사하여 잡아들여서 심문하였다는 말을 듣지 못하였고, 세례 요한의 사역과 활동도 전혀 문제 삼지 않고, 도리어 그를 "의롭고 거룩한 사람"으로 알고 두려워하여, 왕궁으로 불러서 많은 가르침을 받으며 "크게 번민을 하면서도 달갑게 들었다." 그러나 헤로디아가 왕궁으로 들어와서 악한 영향력을 행사하자, 조신들은 헤롯디아에 관한 문제에 대해서는 입을 다물게 되었고, 결국 헤롯은 세례 요한을 참수하기에 이르게 되었다. (4) 그러한 자들이 어떤 술수를 사용하는지를 눈여겨볼 필요가 있다. 그들은 헤롯이 자신의 생일을 맞아 성대하게 잔치를 여는 때를 노렸다. 왜냐하면, 사람은 흥청대며 즐기느라고 흥이 고조되었을 때에는 다른 사람의 부탁을 평소보다 더 잘 쉽게 들어주는 법이기 때문이다. (5) 이 이야기는 성급하게 맹세하고 무엇이든지 다 들어 주겠다는 식으로 일반적으로 약속하는 것, 특히 하나님의 법을 모르는 자들에게 그런 식으로 맹세하고 약속하는 것이 얼마나 큰 재앙을 초래하는지를 우리에게 가르쳐 준다. 만일 헤롯이 그러한 위험성을 제대로 알고 있었더라면, 자신의 맹세와 약속이 자기를 묶어서 죄악을 저지를 수밖에 없게 만들 것임을 미리 알았을 것이기 때문이다. (6) 이 이야기는 우리 같이 법에 따라 통치되는 나라에서 살아가는 사람들이 얼마나 하나님의 은혜를 받은 것인지를 알게 해준다. 왜냐하면, 우리의 생명과 자유는 법에 의해서 보장되고, 다른 사람들의 자의적인 결정에 의해서 좌지우지 되지 않기 때문이다. (7) 이 이야기는 사람이 어느 정도까지 악으로 치달을 수 있는지, 달리 말하면 구원의 은혜로부터 얼마나 멀어질 수 있는지를 잘 보여 준다. 위선자들도 경건한 사역자들에 대하여 공경하는 마음을 지니고, 그들이 전하는 말씀들을 기쁜 마음으로 듣는 등 겉보기에 선해 보이는 많은 일들을 할 수 있다. 하지만 그들은 자신들이 가장 중시하는 욕구는 반드시 채워야 하고, 그 욕구와 관련하여 다른 사람들로부터 책망을 들었을 때에는 결코 참지를 못한다.

30. 사도들이 예수께 모여 자기들이 행한 것과 가르친 것을 낱낱이 고하니.

마가는 그리스도께서 열두 사도를 택하신 것은 "자기와 함께 있게 하시고 또 보내사 전도도 하며 귀신을 내쫓는 권능도 가지게 하려" 하신 것이라고 말한다(막 3:14-15). 따라서 그들은 주님의 파송을 받아서 종종 나가서 전도하고 이적들을 행하였지만, 그리스도께서 승천하실 때까지는 통상적으로 주님과 함께 있어서 계속해서 가르침들을 받았다. 그들은 전도하고 주의 이름으로 많은 이적들을 행한 후에 다시 그리스도께로 돌아와서, 자신들이 가르친 것과 병자들을 고친 일들에 대하여 자세하게 보고하였다.

31-33. [31]이르시되 너희는 따로 한적한 곳에 가서 잠깐 쉬어라 하시니 이는 오고 가는 사람이 많아 음식 먹을 겨를도 없음이라 [32]이에 배를 타고 따로 한적한 곳에 갈새 [33]그들이 가는 것을 보고 많은 사람이 그들인 줄 안지라 모든 고을로부터 도보로 그 곳에 달려와 그들보다 먼저 갔더라.

마태는 우리 구주께서 이런 조치를 취하신 것이 헤롯이 세례 요한을 붙잡아 옥에 가두었다는 소식을 들으셨기 때문이라고 말하는데, 우리는 이렇게 주님이 자신의 대적들의 광분함을 피해 가시는 모습을 종종 보게 된다. 사람이 어떤 행동을 할 때에는 그 이유나 동기가 여러 가지인 경우가 많듯이, 마가는 주님이 이렇게 하신 다른 이유를 우리에게 들려주는데, 그것은 주님과 그의 제자들이 잠시 휴식 시간을 갖기 위한 것이었다고 말한다. 마가는 주님께서 잠시 물러나셔서 쉬기로 하신 곳을 "광야"(한글개역개정에는 "한적한 곳")로 부르고 있지만, 사람이 전혀 살지 않는 곳이 아니라, 인적이 아주 드문 곳을 그렇게 부른 것이다. 누가는 그 곳이 "벳새다라는 고을에 속한 광야"(눅 9:10, 한글개역개정에는 "벳새다라는 고을")였다고 말하는데, 그 곳은 벳새다라는 고을에 속한 큰 숲 또는 광활한 목초지여서, 누가가 그렇게 표현한 것 같다. 주님과 제자들이 배를 타고 거기로 간 것을 보면, 그 곳은 디베랴 바다의 건너편에 있었다. 그러나 이 바다는 디베랴 바다로 불리기는 하였지만, 사실은 호수였기 때문에, 사람들은 도보로 달려가서, 배로 움직인 제자들보다 더 먼저 그 곳에 도착할 수 있었다.

34. 예수께서 나오사 큰 무리를 보시고 그 목자 없는 양 같음으로 인하여 불쌍히 여기사 이에 여러 가지로 가르치시더라.

그리스도께서 바다 건너편에 도착하셔서 배에서 내리셨을 때, 사람들이 배보다 먼저 도착해서 이미 거기에 와 있는 것을 보셨다. 그들은 주님으로부터 말씀을 듣고자 하는 열망에서 이렇게 달려온 것이었다. 주님께서는 그들에게 있는 제사장들과 선생들이 차라리 없느니만 못할 정도로 너무나 형편없어서, 그들이 "목자 없는 양"의 신세로 살아가고 있는 것을 불쌍히 여기셨다. 그래서 주님은 심신이 지치고 기진맥진하셔서 잠시 쉬시기 위하여 이 곳에 오신 것임에도 불구하고, 쉬고 싶은 마음을 접으시고서, 그들의 심령에 유익을 끼치시기 위하여 계속해서 여러 가지로 가르치셨다. 우리 주님은 먼저 그들에게 말씀을 전하시고, 다음으로 많은 것들을 그들에게 가르치셨으며, 그런 후에 이적을 통해서 자신의 가르침을 확증하시는 순서를 따르시는데, 이 이적에 대한 이야기(막 6:35-44)는 이 본문 직후에 나온다.

35-44. [35]때가 저물어가매 제자들이 예수께 나아와 여짜오되 이 곳은 빈 들이요 날
도 저물어가니 [36]무리를 보내어 두루 촌과 마을로 가서 무엇을 사 먹게 하옵소서 [37]
대답하여 이르시되 너희가 먹을 것을 주라 하시니 여짜오되 우리가 가서 이백 데나
리온의 떡을 사다 먹이리이까 [38]이르시되 너희에게 떡 몇 개나 있는지 가서 보라 하
시니 알아보고 이르되 떡 다섯 개와 물고기 두 마리가 있더이다 하거늘 [39]제자들에
게 명하사 그 모든 사람으로 떼를 지어 푸른 잔디 위에 앉게 하시니 [40]떼로 백 명씩

또는 오십 명씩 앉은지라 [41]예수께서 떡 다섯 개와 물고기 두 마리를 가지사 하늘을 우러러 축사하시고 떡을 떼어 제자들에게 주어 사람들에게 나누어 주게 하시고 또 물고기 두 마리도 모든 사람에게 나누시매 [42]다 배불리 먹고 [43]남은 떡 조각과 물고기를 열두 바구니에 차게 거두었으며 [44]떡을 먹은 남자는 오천 명이었더라.

우리는 이 이적에 관한 이야기를 마태복음 14:15-21에서 이미 만나 보았고, 앞으로 요한복음 6:1-14에서 또다시 만나게 될 것이다. 요한은 이 이야기와 관련된 구체적인 상황들을 좀 더 자세하게 우리에게 전해 준다. 요한에 의하면, 우리는 주님께서 빌립을 시험하시기 위하여 "우리가 어디서 떡을 사서 이 사람들을 먹이겠느냐"고 물으셨고, 빌립은 "이백 데나리온의 떡"으로도 부족할 것이기 때문에, 무리들을 해산시켜서 마을로 들어가 제때에 먹을 것을 사서 먹게 하는 것이 어떻겠느냐고 대답하였다는 것을 알게 된다. 또한, 요한은 "한 아이가 있어 보리떡 다섯 개와 물고기 두 마리를 가지고 있나이다"라고 우리 구주께 말한 사람이 안드레였다는 것도 우리에게 알려 준다. 하지만 주된 내용, 즉 그들에게 있었던 양식은 떡 다섯 개와 물고기 두 마리가 전부였다는 것, 주님께서 이 오병이어로 먹이신 사람들의 수가 오천 명이었다는 것, 사람들이 먹고 남긴 떡과 물고기를 거두었더니 열두 바구니에 꽉 찼다는 것에 대해서는 세 복음서 기자가 모두 일치한다. 또한, 요한은 이 이적이 무리들에게 어떤 영향을 주었는지에 관한 말씀을 덧붙인다: "그 사람들이 예수께서 행하신 이 표적을 보고 말하되 이는 참으로 세상에 오실 그 선지자라 하더라"(요 6:14). 이 이야기에 대한 좀 더 자세한 설명은 마태복음 14:15-21과 요한복음 6:5-13에 대한 설명을 보라.

45-46. [45]예수께서 즉시 제자들을 재촉하사 자기가 무리를 보내는 동안에 배 타고 앞서 건너편 벳새다로 가게 하시고 [46]무리를 작별하신 후에 기도하러 산으로 가시니라.

그리스도께서 계셨던 "한적한 곳"이, 누가복음 9:10에서 말하고 있듯이, 벳새다에 속한 광야였다면, 여기에 나오는 '에이스 토 페란 프로스 벳사이단' (εἰς τὸ πέραν πρὸς βηθσαϊδάν)은 "건너편 벳새다로"로 번역하는 것은 잘못된 것이고, 흠정역의 난외주에 나와 있는 대로, "벳새다 건너편으로"로 번역하는 것이 옳다. 우리 구주께서는 여기에서 자신의 제자들을 배에 태워서 먼저 보내신 후에, 무리를 해산시켜서 집으로 돌아가게 하신다. 그런 후에, 주님은 기도하시러 산으로 올라가신다. 우리는 그리스도께서 아주 자주 홀로 은밀하게 기도하시고, 홀로 기도하시는 장소로 산을 선택하시는 경우가 아주 흔하며, 홀로 조용히 기도하시는 시간으로 아주 자주 밤 시간을 활용하시는 것을 발견한다. 이것은 우리의 은밀한 죄들을 고백하고 통회하며 죄 사하심을 구하기 위해서만이 아니라, 우리 주님처럼 하나님과 좀 더 친밀하고 자유롭게 교제하기 위해서도 홀로 은밀하게 기도하는 것이 꼭 필요하다는 것을 알게 해준다. 왜냐하면, 하나님께서는 모든 곳에 어디에나 충만해 계시기는 하지만, 아브라함과 모세와 야곱과 모든 선지자들이 충분히 보여 주었듯이, 무리들에게는 허락하지 않으신 특별한 교제를 자기 백성과 갖기를 원하시기 때문이다.

**47-52. [47]저물매 배는 바다 가운데 있고 예수께서는 홀로 뭍에 계시다가 [48]바람이
거스르므로 제자들이 힘겹게 노 젓는 것을 보시고 밤 사경쯤에 바다 위로 걸어서 그
들에게 오사 지나가려고 하시매 [49]제자들이 그가 바다 위로 걸어 오심을 보고 유령
인가 하여 소리 지르니 [50]그들이 다 예수를 보고 놀람이라 이에 예수께서 곧 그들에
게 말씀하여 이르시되 안심하라 내니 두려워하지 말라 하시고 [51]배에 올라 그들에
게 가시니 바람이 그치는지라 제자들이 마음에 심히 놀라니 [52]이는 그들이 그 떡 떼
시던 일을 깨닫지 못하고 도리어 그 마음이 둔하여졌음이러라.**

마태복음 14:24-33에 대한 설명을 보라. 여기에서 "바다"는 게네사렛 호수를 가리킨다. "밤 사경쯤"은 새벽 4시가 지난 때였기 때문에, 주님께서는 산에서 밤을 새워 기도하신 것이었다. 제자들이 그가 바다 위로 걸어 오심을 보고 유령인가 하여 소리 지르니 그들이 다 예수를 보고 놀람이라. 만일 제자들이 주님께서 어떤 권능으로 오병이어로 여자와 아이를 제외하고도 오천 명이나 되는 사람들을 먹이셨는지를 곰곰이 생각했다면, 그들은 그리스도께서 물 위로 걸어오시거나, 주님이 배에 들어오셨을 때에 바람이 그치는 것을 보고서 놀라는 일은 없었을 것이다. 그들은 오병이어의 이적을 자신들의 마음에 깊이 새기고서, 그 이적이 무엇을 의미하는지를 제대로 깨달았어야 하지만, 실제로는 그렇지 않았다. 그리스도께서 자신의 신성을 그들에게 온전히 계시하시고 그들의 눈을 열어 주셔서, 그들로 하여금 주님이 어떤 분이신지를 온전히 깨달을 수 있게 해 주실 때가 아직 오지 않았기 때문에, 그들에게는 그런 것을 이해하고 거기에 합당하게 행할 수 있는 힘이 없었다. 이것이 여기에서 "그 마음이 둔하여졌다"는 어구의 의미이다.

**53-56. [53]건너가 게네사렛 땅에 이르러 대고 [54]배에서 내리니 사람들이 곧 예수신
줄을 알고 [55]그 온 지방으로 달려 돌아 다니며 예수께서 어디 계시다는 말을 듣는 대
로 병든 자를 침상째로 메고 나아오니 [56]아무 데나 예수께서 들어가시는 지방이나**

도시나 마을에서 병자를 시장에 두고 예수께 그의 옷 가에라도 손을 대게 하시기를 간구하니 손을 대는 자는 다 성함을 얻으니라.

마태복음 14:34-36에 대한 설명을 보라. 이렇게 사람들이 병자들을 불쌍히 여겨서 적극적으로 돕고 자비를 베푼 것은 매우 칭찬받을 만한 일이고, 병이 들었거나 궁핍해서 남들의 도움을 필요로 하는 사람들을 우리의 힘닿는 데까지 도울 의무가 우리에게 있다는 것을 일깨워 준다. 그러나 사람들의 심령이 병들어 있는 것을 불쌍히 여겨서, 그 심령들을 그리스도께로 인도하여 영적으로 고침 받게 하는 그런 자비는 육신적인 필요들을 돕는 것보다 훨씬 더 큰 사랑이다! 여기에서 병자들이 고침을 받게 된 것은 그들이 주님의 옷 가나 몸을 만졌기 때문이 아니다. 주님을 십자가에 못 박는 데 일조하였던 자들도 그렇게 하였다. 그리스도의 치유의 능력이 그들에게로 나간 것은 그들이 주님께로 나아와서 그 옷 가를 만짐으로써 자신들의 믿음을 드러내었기 때문이었다. 예배에 참석해서 하나님의 말씀을 듣는다고 해서, 모두 다 그 심령의 치유를 받는 것이 아니다. 오직 예배에 참석해서 그리스도를 갈급해하는 주리고 목마른 심정을 나타내 보이고, 복음 말씀 속에서 계시된 약속을 믿음으로 붙잡는 자들에게만, 은혜의 성령으로부터 하나님의 능력이 나간다.

제7장

개요

1. 그리스도께서 바리새인들이 자신의 제자들이 씻지 않은 손으로 먹는 것에 대하여 트집을 잡는 것을 보시고, 그들의 위선을 꾸짖으시며, 사람의 전통으로 하나님의 계명을 폐하고 있다고 책망하심(1-13).
2. 사람을 부정하게 만드는 것은 사람 안으로 들어가는 것이 아니라 사람으로부터 나오는 것이라고 가르치심(14-23).
3. 수로보니게 여자의 딸을 고치심(24-30).
4. 귀 먹고 말 더듬는 자를 고치심(31-37).

**1-13. 1바리새인들과 또 서기관 중 몇이 예루살렘에서 와서 예수께 모여들었다가
2그의 제자 중 몇 사람이 부정한 손 곧 씻지 아니한 손으로 떡 먹는 것을 보았더라
3(바리새인들과 모든 유대인들은 장로들의 전통을 지키어 손을 잘 씻지 않고서는
음식을 먹지 아니하며 4또 시장에서 돌아와서도 물을 뿌리지 않고서는 먹지 아니하
며 그 외에도 여러 가지를 지키어 오는 것이 있으니 잔과 주발과 놋그릇을 씻음이
러라) 5이에 바리새인들과 서기관들이 예수께 묻되 어찌하여 당신의 제자들은 장로
들의 전통을 준행하지 아니하고 부정한 손으로 떡을 먹나이까 6이르시되 이사야가
너희 외식하는 자에 대하여 잘 예언하였도다 기록하였으되 이 백성이 입술로는 나
를 공경하되 마음은 내게서 멀도다 7사람의 계명으로 교훈을 삼아 가르치니 나를
헛되이 경배하는도다 하였느니라 8너희가 하나님의 계명은 버리고 사람의 전통을
지키느니라 9또 이르시되 너희가 너희 전통을 지키려고 하나님의 계명을 잘 저버리
는도다 10모세는 네 부모를 공경하라 하고 또 아버지나 어머니를 모욕하는 자는 죽
임을 당하리라 하였거늘 11너희는 이르되 사람이 아버지에게나 어머니에게나 말하
기를 내가 드려 유익하게 할 것이 고르반 곧 하나님께 드림이 되었다고 하기만 하
면 그만이라 하고 12자기 아버지나 어머니에게 다시 아무 것도 하여 드리기를 허락
하지 아니하여 13너희가 전한 전통으로 하나님의 말씀을 폐하며 또 이같은 일을 많
이 행하느니라 하시고.**

마태복음 15:1-9에 대한 설명을 보라. 여기에 나오는 "전통"은 하나님이 자신의 율법을 통해서 우리에게 전해 주신 것들을 가리키는 것이 아니라, 이전 시대들에 교

회의 지도자들이었던 "장로들"이 유대인들에게 전해 준 것들을 가리킨다. 왜냐하면, 우리 구주께서는 "사람의 전통"을 "하나님의 계명"과 대비시키시고(9절), 그들이 전자에 대한 열심 때문에 후자를 소홀히 하고 무시하였다고 말씀하시기 때문이다. 교황주의자들이 그리스도께서 성경에 나오지 않는 것들을 자신의 사도들에게 입으로 전해 주셨고, 그것들이 사도들에 의해서 초대 교회에 전해져서 대대로 교회에 전해져 내려오게 되었다고 주장하며, 우리로 하여금 그러한 전통들을 믿게 하고자 하는 것과 마찬가지로, 유대인의 장로들은 하나님이 오직 모세에게만 자신의 은밀한 뜻을 전해 주셨고, 모세가 사람들에게는 공표하지 않은 것들이 존재하는 것처럼 사람들을 미혹시켰다. 또한, 교황주의자들이 그리스도께서 제의들을 결정할 권한을 교회에 주신 것처럼 사람들을 속이고 있는 것과 마찬가지로, 바리새인들(실제로는 여기에서 "장로들"이라 불린 그들의 조상들)도 유대 교회에 그러한 권한이 주어진 것처럼 사람들을 속였다. 사도가 말하고 있듯이, "먹고 마시는 것과 여러 가지 씻는 것"은 "육체의 예법일 뿐"이어서, 하나님께서 그것들을 "개혁할 때까지" 잠정적으로 시행하게 하신 것들이었을 뿐인데도(히 9:10), 그들은 하나님의 율법을 보호하기 위한 울타리를 친다는 명목으로(sepimenta legis – '세피멘타 레기스,' "율법의 울타리들") 수많은 결례들을 만들어 내었다. 그래서 그들은 시장에서 돌아왔을 때에나 식사를 하기 전에 반드시 손을 씻었는데, 이것은 위생상의 목적으로 청결하게 하기 위한 것이 아니라, 사람들이 많이 있는 곳에서 혹시라도 이교도들이나 다른 부정한 것들과 접촉이 있어서 부정하게 되었을 수 있다고 생각해서 결례를 행하여 다시 정결하게 하고자 하는 종교적인 목적을 위한 것이었다. 또한, 그들은 손만이 아니라 대접과 잔, 침상과 식탁, 놋그릇도 부지런히 씻었다. 일단 사람들이 하나님이 제정하신 규례들을 보호하기 위하여 울타리를 치기 시작하면, 그 울타리는 한없이 늘어나게 되는데, 이것은 로마 가톨릭이 아주 차고 넘치게 보여 준다. 그리고 그렇게 되면, 거대하게 쌓인 쓰레기더미 같은 사람의 미신적인 전통들 속에서 하나님의 올바른 규례를 분별해 내는 것은 어렵게 된다. 우리는 미신적인 사람들은 언제나 하나님을 예배하고 섬길 때에 하나님이 친히 말씀하신 계명들을 지키는 것보다는 사람들이 정해 놓은 전통들을 더 좋아해서 그 전통들을 지키는 데 더 큰 열심을 내는 것을 비일비재하게 볼 수 있다. 교황주의자들은 안식일을 범하는 것보다 사순절을 범하는 것을 더 극악무도한 범죄로 여기고, 사제가 음행을 저지르는 것보다 결혼하는 것을 더 큰 죄악으로 여긴다. 사람의 전통에 대한 이러한 열심은 통상적으로 너무나 분명한 하나님의 계명들을 경시하거나 무시하는 결과로 이어진다. 바로 바리새인들이 그러하였다(9절). 우리 구주께서는 그들을 "외식하는 자"(6절)라고 부르시고, 하나님을 그런 식으로 예배하고 섬기는 것은 헛되고 죄악되며 쓸데없고 주제넘고 뻔뻔스러우며 건방진 것이라고 말씀하신다. 사람의 전통을 앞세우는 것은 종교 지도자들이 자신들의 명령을 통해서 사람들이 반드시 지켜야 하는 것이 아닌 것들을 마치 하나님의 계명인 양 반드시 지켜야 하는 것들로 만드는 것이기 때문에, 하나님의 권위를 깎아내리는(derogate) 것임과 동시에 사람의 권위를 부당하게 높이는(arrogate) 것이다. 게다가, 그런 일이 일어나게 되면, 사람들이 만들어 내고 고안해 낸 것들이 강제성을 띨 뿐만 아니라 그 수가 점점 더 늘어나서, 하나님의 율법을 파괴하고 훼손하지 않을 수 없게 되는데, 바로 그러한 일들이 바리새인들에게서 일어나고 있었다. 이것을 보여 주는 전형적인 예가 우리가 앞에서 자세하게 언급한 바 있는 다섯째 계명과 관련된 전통이었는데, 이것에 대해서는 마태복음 15:4-6에 대한 설명을 보라. 우리 구주께서는 사람이 씻지 않은 손으로 먹으면 부정하게 될 수 있다고 생각하는 그들이 얼마나 무지하고 눈먼 자들인지를 계속해서 보여 주신다.

14. 무리를 다시 불러 이르시되 너희는 다 내 말을 듣고 깨달으라.

우리 구주께서 이후에 이어지는 말씀을 하시기 전에, 사람들을 자기에게로 부르셔서, "너희는 다 내 말을 듣고 깨달으라"고 먼저 말씀하셨다는 것은, 그가 지금부터 하시는 말씀은 아주 중요한 것이어서, 그들이 반드시 주목해서 듣고 깨달아야 할 말씀이라는 것을 우리에게 알게 해준다.

15-16. [15]무엇이든지 밖에서 사람에게로 들어가는 것은 능히 사람을 더럽게 하지 못하되 [16]사람 안에서 나오는 것이 사람을 더럽게 하는 것이니라 하시고.

16절에 나오는 "들을 귀 있는 자는 들을지어다"라는 말씀(한글개역개정에는 나오지 않음)은 내가 앞에서 한 말, 즉 우리 구주께서 자신이 여기에서 하신 말씀을 아주 중요한 진리로 여기셨다는 것을 확증해 주는 말씀이다. 육적인 마음과 미신적인 생각을 지닌 사람들은 "들을 귀"가 없는 자들이다. 여기에서 주님이 역설하신 진리는 하나님 앞에서 사람은 오직 안에서 나오는 것에 의해서만 부정하게 될 수 있다는 것인데, "하나님 앞에서"라고 말한 것은 부정함과 정함을 판단하는 것은 오직 하나님만이 하실 수 있으시기 때문이다. 로마 가톨릭의 박사들은 이런 말을 들으면, "교회의 명령에 불순종하는 것이야말로 바로 우리 안에서 나오는 것"이라고 기다렸다는 듯이 대답할 것이다. 하지만 우리 구주께서 말씀하신 "사람 안에서 나오는 것들"은 하나님의 명령에 불순종하여 안에서 나오는 것들을 가리키고, 주님은 그런 것들을 21-22절에서 구체적으로 예를 드신다. 왜냐하면, 안에서 나오는 모든 것들이 사람을 더럽히고 부정하게 하는 것이 아니기 때문이다. 어떤 권위가 공민적인 것이든 교회적인 것이든, 그것이 하나님으로부터 온 권위인 경우에는, 그 권위의 명령에 불순종하는 것은 하나님께 불순종하는 것이 되지만, 그것이 하나님으로부터 온 권위가 아닌 경우에는 불순종이 되지 않는다.

17. 무리를 떠나 집으로 들어가시니 제자들이 그 비유를 묻자온대.

우리 구주께서 방금 하신 말씀은 너무나 분명하게 명백해서 누구나 다 알아들었어야 하는 그런 말씀이었지만, 제자들에게는 마치 성경에 종종 나오는 비유처럼(시 49:4) 애매모호하여 잘 깨달을 수 없는 말씀으로 들렸다. 제자들로 하여금 주님의 이렇게 분명한 말씀조차도 깨달을 수 없게 만든 원흉은 바로 습관(custom)이었다. 그들은 미신적인 생각들을 지니고 있던 선생들로부터 늘 가르침을 받아 왔기 때문에, 거기에서 생겨난 편견들과 선입견들이 습관으로 굳어져, 영적으로 그들의 눈이 멀어서, 참되고 신령한 가르침들을 깨닫거나 받아들일 수 없게 되어 버린 것이었다. 우리는 이 동일한 일을 매일 같이 본다. 눈먼 교황주의자들은 사순절이나 금육재일(fish day)에 고기를 먹는 것은 정말 가증스럽고 흉악무도한 일이라고 생각하지만, 하나님이 우리에게 주신 어떤 법에 의거해서 사람들에게 그런 규제를 행하는 것인지에 대해서는 전혀 생각하지 않는다. 우리 구주께서는 18-23절에서 그들의 눈멂을 질책하신다.

18-23. [18]예수께서 이르시되 너희도 이렇게 깨달음이 없느냐 무엇이든지 밖에서 들어가는 것이 능히 사람을 더럽게 하지 못함을 알지 못하느냐 [19]이는 마음으로 들어가지 아니하고 배로 들어가 뒤로 나감이라 이러므로 모든 음식물을 깨끗하다 하시니라 [20]또 이르시되 사람에게서 나오는 그것이 사람을 더럽게 하느니라 [21]속에서 곧 사람의 마음에서 나오는 것은 악한 생각 곧 음란과 도둑질과 살인과 [22]간음과 탐욕과 악독과 속임과 음탕과 질투와 비방과 교만과 우매함이니 [23]이 모든 악한 것이 다 속에서 나와서 사람을 더럽게 하느니라.

그리스도께서는 자신의 제자들조차 자기가 한 말씀을 깨닫지 못하는 것을 보시고 그들을 책망하신다. 하나님과 그리스도를 아예 모르는 자들이야 주님의 말씀을 깨닫지 못한다고 해도 변명의 여지가 있지만, 하나님과 그리스도를 알고 따르는 자들이 주님께서 하신 말씀을 깨닫지 못하는 것은 변명의 여지가 없다. 우리 구주께서 마음에서 나오는 것들이라고 열거하신 것들 중에 몇 가지는 혀와 눈과 손에 의해서 행해지는 외적인 행위들이라고 할 수 있지만, 우리 구주께서는 이 모든 것들이 마음에서 나온 것이라고 말씀하신다. 왜냐하면, 사람의 외적인 행위들은 결단에 의한 행위들, 즉 생각과 이해의 과정을 거쳐 결단에 의해 선택과 배제를 통해 일어난 행위들일 뿐이기 때문이다. 주님이 여기에서 열거하신 죄들은 무수히 많은 것들 중에서 일부에 불과하다. 왜냐하면, 우리가 어떤 악한 일을 하고자 할 때에는, 먼저 그 일을 마음에 품고서 이해하고 생각하는 과정을 거친 후에, 우리의 의지에 의한 선택과 결정이 이루어지고, 그런 후에야 우리의 마음이 육신의 지체들에게 그 일을 행하라고 명령한다는 것은 우리의 모든 악한 행위들에 다 그대로 적용되기 때문이다. 마가는 마태보다 더 많은 죄들을 열거하고 있기는 하지만, 주님께서 모든 악한 행위들 중에서 일부만을 열거하셨다는 데에는 변함이 없다. 죄 외에는 그 어떤 것도 사람을 더럽히지 못하고 부정하게 하지 못한다. 그리고 죄는 마음에서 먼저 생겨나고, 거기로부터 밖으로 흘러나온다. 마태복음 15:18-20에 대한 설명을 보라.

**24-30. [24]예수께서 일어나사 거기를 떠나 두로 지방으로 가서 한 집에 들어가 아
무도 모르게 하시려 하나 숨길 수 없더라 [25]이에 더러운 귀신 들린 어린 딸을 둔 한
여자가 예수의 소문을 듣고 곧 와서 그 발 아래에 엎드리니 [26]그 여자는 헬라인이요
수로보니게 족속이라 자기 딸에게서 귀신 쫓아내 주시기를 간구하거늘 [27]예수께서
이르시되 자녀로 먼저 배불리 먹게 할지니 자녀의 떡을 취하여 개들에게 던짐이 마
땅치 아니하니라 [28]여자가 대답하여 이르되 주여 옳소이다마는 상 아래 개들도 아
이들이 먹던 부스러기를 먹나이다 [29]예수께서 이르시되 이 말을 하였으니 돌아가라
귀신이 네 딸에게서 나갔느니라 하시매 [30]여자가 집에 돌아가 본즉 아이가 침상에
누웠고 귀신이 나갔더라.**

마태는 마가의 기사에 몇 가지 중요한 내용들을 첨가해서 이 이야기를 우리에게 들려준다. 마태복음 15:21-28에 대한 설명을 보라. 우리는 거기에서 이 이야기를 자세하게 다루었다.

**31-37. [31]예수께서 다시 두로 지방에서 나와 시돈을 지나고 데가볼리 지방을 통과
하여 갈릴리 호수에 이르시매 [32]사람들이 귀 먹고 말 더듬는 자를 데리고 예수께 나
아와 안수하여 주시기를 간구하거늘 [33]예수께서 그 사람을 따로 데리고 무리를 떠
나사 손가락을 그의 양 귀에 넣고 침을 뱉어 그의 혀에 손을 대시며 [34]하늘을 우러러**

탄식하시며 그에게 이르시되 에바다 하시니 이는 열리라는 뜻이라 35그의 귀가 열
리고 혀가 맺힌 것이 곧 풀려 말이 분명하여졌더라 36예수께서 그들에게 경고하사
아무에게도 이르지 말라 하시되 경고하실수록 그들이 더욱 널리 전파하니 37사람들
이 심히 놀라 이르되 그가 모든 것을 잘하였도다 못 듣는 사람도 듣게 하고 말 못하
는 사람도 말하게 한다 하니라.

이 이야기는 마가만이 기록하고 있다. **예수께서 다시 두로 지방에서 나와 시돈을 지나고.** 우리는 24절에서 주님께서 두로의 해변 지역으로 가셨다는 말을 들었다. 어떤 이들은 우리 구주께서 이방 땅이었던 두로와 시돈의 해변 지역으로 가시기는 하셨지만, 유대 땅을 벗어나신 것은 아니었을 것이라고 생각한다. **데가볼리 지방을 통과하여 갈릴리 호수에 이르시매.** "데가볼리"가 열 개의 성읍들이 모여 있는 지방이어서 그런 이름으로 불렸다는 것은 그 명칭이 잘 보여 준다(데가볼리[Decapolis]는 헬라어로 10개의 성읍이라는 뜻이다 — 역주). 그러나 이 성읍들이 구체적으로 어떠어떠한 성읍들로 이루어져 있었는지, 그리고 갈릴리와 마찬가지로 요단 강을 건너기 전에 있었는지, 아니면 요단 강 건너편에 있었는지는 확실하지 않다. 대부분의 해석자들은 이 성읍들이 요단 강을 건너기 전 갈릴리가 있던 곳 옆에 있었다고 생각한다. **사람들이 귀 먹고 말 더듬는 자를 데리고 예수께 나아와 안수하여 주시기를 간구하거늘.** 어떤 이들은 이 사람이 말을 전혀 하지 못하는 자였다고 생각하지만, 본문은 이 사람이 말을 하기는 했지만 말을 더듬는 사람이었다고 말한다. 따라서 이 사람이 귀가 먹은 것은 선천적인 것이 아니었을 가능성이 크다. 왜냐하면, 사람은 들음으로써 말하는 법을 배우는 까닭에, 선천적으로 귀가 먹은 사람은 모두 말도 할 수 없기 때문이다. 게다가, 본문은 이 사람이 고침을 받은 후에는 "말이 분명하여졌다"고 말한다. 따라서 이 사람은 말을 배운 후에 어떤 사고로 귀가 먹게 된 것일 가능성이 크다. 사람들이 그리스도께 이 사람에게 "안수하여" 주시기를 간구한 것은 주님이 병자들을 고치실 때에 "안수"라는 의식을 사용하시는 것을 아주 자주 보아 왔기 때문이었다. **예수께서 그 사람을 따로 데리고 무리를 떠나사.** 이것은 주님께서 자신의 영광을 구하지도 않으시고, 사람들에게 과시하려고 하지도 않으셨다는 것을 보여 주는 것이다. **손가락을 그의 양 귀에 넣고 침을 뱉어 그의 혀에 손을 대시며.** 주님께서 하신 이 모든 행위들은 이 사람을 고치는 데 반드시 필요한 행위들도 아니었고, 그 자체에 어떤 효력이나 효능을 지니고 있는 행위들도 아니었다. 그러나 우리 주님께서는 병자들을 고치실 때에 어떤 눈에 보이는 의식들이나 행위들을 전혀 사용하지 않으신 경우도 있고, 그때그때 자신의 뜻에 따라 이런저런 의식이나 행위를 사용하시는 경우도 있다. 하늘을 우러러 탄식하시며. 주님께서는 이 사람을 바라보고 생각하실 때에, 무수히 많은 참상들과 결핍들과 연약함들로 인해서 고통을 겪을 수밖에 없는 인간 본성의 상태를 불쌍히 여기시는 심정이 되셨다. 그에게 이르시되 에바다 하시니 이는 열리라는 뜻이라. 주님은 자신의 권능의 말씀으로 천지만물을 창조하셨고, 자신의 권능의 말씀으로 천지만물을 붙들고 계시며, 바로 그 동일한 권능의 말씀으로 천지만물의 결핍들을 회복시키신다. 그가 말씀하시면, 그대로 이루어진다. 그의 귀가 열리고 혀가 맺힌 것이 곧 풀려 말이 분명하여졌더라. 천지만물은 그 천지만물을 창조하신 하나님께 순종한다. 예수께서 그들에게 경고하사 아무에게도 이르지 말라 하시되 경고하실수록 그들이 더욱 널리 전파하니. 주님께서 그들에게 이 일을 아무에게도 발설하지 말라고 당부하신 것과 그럼에도 불구하고 사람들이 거기에 불순종한 것에 대해서는, 내가 앞에서도 이미 여러 번 설명하였지만, 나는 내 자신의 생각에 의해서나 다른 사람들의 글을 통해서나 이 문제에 대해서 만족할 정도의 설명을 제시할 수 없다. 사람들이 심히 놀라 이르되 그가 모든 것을 잘하였도다 못 듣는 사람도 듣게 하고 말 못하는 사람도 말하게 한다 하니라. 주님께서 베푸신 이 이적에 대하여 사람들이 보인 반응은 그저 깜짝 놀랐다는 것과 주님이 하신 일이 잘 하신 일이라고 시인한 것뿐이었고, 그들은 그 이상으로 나아가지 않았는데, 이것은 주님이 말씀을 전하고 이적들을 행하셨을 때에 대부분의 사람들이 공통적으로 보인 반응이었다.

제8장

개요

1. 그리스도께서 사천 명을 먹이시는 이적을 베푸심(1-9).
2. 바리새인들이 요구한 표적을 거하심(10-13).
3. 바리새인들과 헤롯의 누룩을 조심하라고 제자들에게 경고하시고, 그 의미를 설명해 주심(14-21).
4. 한 맹인을 보게 해 주심(22-26).
5. 그리스도에 대한 사람들의 생각들과 베드로의 고백(27-30).
6. 그리스도께서 자기가 장차 죽게 될 것을 미리 말씀하시고, 그것을 만류하는 베드로를 꾸짖으심(31-33).
7. 그리스도를 따라오려는 자들은 자신을 부인하고 그리스도와 그의 복음을 부끄러워해서는 안 된다고 말씀하심(34-38).

**1-9. 1그 무렵에 또 큰 무리가 있어 먹을 것이 없는지라 예수께서 제자들을 불러
이르시되 2내가 무리를 불쌍히 여기노라 그들이 나와 함께 있은 지 이미 사흘이 지
났으나 먹을 것이 없도다 3만일 내가 그들을 굶겨 집으로 보내면 길에서 기진하리
라 그 중에는 멀리서 온 사람들도 있느니라 4제자들이 대답하되 이 광야 어디서 떡
을 얻어 이 사람들로 배부르게 할 수 있으리이까 5예수께서 물으시되 너희에게 떡
몇 개나 있느냐 이르되 일곱이로소이다 하거늘 6예수께서 무리를 명하여 땅에 앉게
하시고 떡 일곱 개를 가지사 축사하시고 떼어 제자들에게 주어 나누어 주게 하시니
제자들이 무리에게 나누어 주더라 7또 작은 생선 두어 마리가 있는지라 이에 축복
하시고 명하사 이것도 나누어 주게 하시니 8배불리 먹고 남은 조각 일곱 광주리를
거두었으며 9사람은 약 사천 명이었더라 예수께서 그들을 흩어 보내시고.**

마가는 6:30-44에서 보도하였던 것과 동일한 성격의 이적을 우리 구주께서 또 한 번 베푸신 것에 대하여 여기에서 보도하는데, 거기에서는 오병이어로 여자와 아이를 제외하고 오천 명을 먹이신 후에 남은 것을 열두 광주리에 거두었는데, 여기에서는 일곱 개의 떡과 두어 마리의 생선으로 사천 명을 먹이신 후에 남은 것을 일곱 광주리에 거둔 것만이 차이가 있을 뿐이다. 우리는 이 동일한 이야기를 마태복음 15:32-38에서도 만난다. 마태복음 15:32-38에 대한 설명을 보라. 그리스도께서 이

두 이적을 행하신 것은 자기가 하나님의 권능을 힘입어서 행해 오셨다는 것과 그들에게 전하신 말씀들과 가르침들이 하나님으로부터 온 것임을 증거하기 위한 것이었음에 틀림없다. 이 두 이적은 인생들에 대하여 주님께서 지니고 계셨던 불쌍히 여기시는 마음을 보여준 것들로서, 주님께서는 그들의 영적인 결핍들과 연약함들만이 아니라 육신적인 것들과 관련해서 그들을 불쌍히 여기셨다. 또한, 주님께서 떡과 생선을 사람들에게 나누어 주시기 전에 축사하시고 축복하신 위대한 모범으로부터, 우리는 식사할 때마다 우리가 먹을 음식에 하나님이 복을 주시기를 기도하고, 하나님이 우리에게 주신 양식을 감사함으로 먹는 우리의 식사 예법이 좋은 관습이라는 것을 확인하게 된다. 또한, 이 두 이적을 통해서 우리는 무엇을 먹을까, 무엇을 마실까에 대하여 지나치게 걱정하지 말고, 우리가 마땅히 행해야 할 일들을 행해 나가는 것이 중요하다는 것을 배우게 된다. 하나님께서는 자기를 따르기 위하여 먹고 마시는 것을 구하는 일을 소홀히 하는 사람들에게 이런저런 방식으로 그들이 먹고 마실 것을 공급해 주실 것이다. 또한, 이 두 이적을 통해서 우리는 하나님이 우리에게 빌려 주신 좋은 것들을 낭비하지 않도록 주의를 기울이는 것이 우리의 본분임을 배우게 된다. 이러한 것들은 이 이야기가 우리에게 가르쳐 주는 주된 교훈들이다.

10-13. [10]**곧 제자들과 함께 배에 오르사 달마누다 지방으로 가시니라 [11]바리새인들이 나와서 예수를 힐난하며 그를 시험하여 하늘로부터 오는 표적을 구하거늘 [12]예수께서 마음속으로 깊이 탄식하시며 이르시되 어찌하여 이 세대가 표적을 구하느냐 내가 진실로 너희에게 이르노니 이 세대에 표적을 주지 아니하리라 하시고 [13]그들을 떠나 다시 배에 올라 건너편으로 가시니라.**

마태는 "예수께서 무리를 흩어 보내시고 배에 오르사 마가단 지경으로 가시니라"(마 15:39)고 말하고 있기 때문에, "달마누다 지방"과 "마가단 지경"은 서로 인접해 있던 두 지역이었을 가능성이 크다. 우리는 바리새인들이 우리 구주께 와서 표적을 구하는 장면을 종종 보게 된다. 그렇다면, 정말 주님께서는 그들에게 표적들을 보여 주지 않으셨다는 것인가? 주님께서 지금까지 베풀어 오셨던 모든 이적들은 주님이 하나님으로부터 보내심을 받으셔서 하나님의 권능을 행하고 계시다는 것을 보여 주는 표적들이 아니고 무엇이란 말인가? 그러나 바리새인들은 "하늘로부터 오는 표적," 즉 모세와 여호수아와 엘리야가 그들에게 주었던 것과 같은 그런 표적을 구하였는데, 이것은 주님이 지니신 하나님의 권능을 시험하고자 한 것이었다. 우리 구주께서는 사람들의 호기심을 만족시켜 주시기 위해서가 아니라 오직 그들의 믿음을 확증해 주시기 위한 목적으로만 이적들을 행하셨기 때문에, 그들이 원하는 그런 표적을 그들에게 보여 주시기를 거절하시고 해변을 떠나신다.

14-21. **14제자들이 떡 가져오기를 잊었으매 배에 떡 한 개밖에 그들에게 없더라 15**
예수께서 경고하여 이르시되 삼가 바리새인들의 누룩과 헤롯의 누룩을 주의하라
하시니 16제자들이 서로 수군거리기를 이는 우리에게 떡이 없음이로다 하거늘 17예
수께서 아시고 이르시되 너희가 어찌 떡이 없음으로 수군거리느냐 아직도 알지 못
하며 깨닫지 못하느냐 너희 마음이 둔하냐 18너희가 눈이 있어도 보지 못하며 귀가
있어도 듣지 못하느냐 또 기억하지 못하느냐 19내가 떡 다섯 개를 오천 명에게 떼어
줄 때에 조각 몇 바구니를 거두었더냐 이르되 열둘이니이다 20또 일곱 개를 사천 명
에게 떼어 줄 때에 조각 몇 광주리를 거두었더냐 이르되 일곱이니이다 21이르시되
아직도 깨닫지 못하느냐 하시니라.

우리는 이 이야기 전체에 몇 가지 내용을 첨가한 기사를 마태복음 16:5-12에서 이미 살펴본 바 있다. 마태복음 16:5-12에 대한 설명을 보라. 이 이야기는 우리에게 인간이 얼마나 연약한지와 우리 그리스도인들의 본분이 무엇인지에 관한 교훈을 우리에게 가르쳐 준다. 먼저, 우리 인간은 주님께서 우리를 위해 행하신 일들이 주는 교훈들을 마음에 깊이 새겨서 장래에 그 교훈들을 활용하여야 하는데도 그렇게 하지 못한다는 점에서 연약하다고 할 수 있다. 하나님께서 우리로 하여금 자신의 섭리 가운데서 행하신 크신 일들을 기억하기를 바라시는 것은, 단지 우리가 그 일들을 기억하고서 하나님께 영광을 돌리고 하나님을 기쁘하게 하시기 위한 것이 아니라, 또다시 그런 어려운 곤경들에 처했을 때, 하나님이 그런 곤경에서 우리를 건지셨던 일을 기억하고서 하나님을 믿고 의지하여 절망하거나 낙심하지 않게 하시기 위한 것이다. 다음으로, 우리가 현재적으로 어떤 곤경에 처했을 때에 마땅히 해야 할 본분은 전에 하나님이 그런 경우에 우리를 어떻게 건져내셨는지를 기억하고서 염려와 걱정을 떨쳐내고 하나님을 의지하는 것이다. 그런데도 우리가 그렇게 하지 않는다면, 우리는 하나님께서 섭리를 통해서 우리에게 그런 곤경을 주시는 뜻과 의미를 깨닫거나 알지 못하는 것이다. 우리가 기억해야 할 것을 제대로 기억하지 않을 때, 하나님이 우리에게 주신 기억력의 은사는 우리에게 아무런 유익도 주지 못하는 쓸모없는 것이 되어 버리고, 우리는 눈이 있어도 보지 못하고 귀가 있어도 듣지 못하게 된다.

우리 구주께서는 여기에서 육신의 양식에 대하여 말씀하신 것이 전혀 아니었다. 주님이 그들에게 "바리새인들의 누룩과 헤롯의 누룩"을 조심하라고 하신 것은 바리새인들과 사두개인들의 교훈을 조심하라고 말씀하신 것이었다. 따라서 마태는 제자들이 여기에서 주님께서 평소처럼 비유적으로 말씀하신 것을 깨닫지 못하고서 책망을 들은 후에 "그제서야 떡의 누룩이 아니요 바리새인과 사두개인들의 교훈을 삼가라고 말씀하신 줄을 깨달으니라"(마 16:12)고 말한다. 주님은 이렇게 말씀하신 것이다: 너희가 떡을 가져오는 것을 잊어버리고 가지고 오지 못했다고 할지라도, 내가 두 번의 이적을 통해서 너희에게 떡이 없거나 또는 아주 적은 양의 떡을 가지고 있을 때에라도 너희를 배부르게 먹일 수 있다는 것을 가르쳐 주었다는 것을 너희가 알고 있는데, 그런 것을 걱정할 이유가 어디 있느냐? 하나님께서는 우리가 그의 섭리 가운데서 어떤 곤경이나 어려움에 처하게 되었을 때에는, 거기에서 벗어나기 위하여 합당한 수단들을 사용하기는 하되, 전에 우리에게 그런 일이 있었을 때에 하나님이 섭리를 통해 우리를 어떻게 건져내셨는지를 기억하고서, 또다시 하나님이 섭리를 통해 우리를 이 곤경이나 어려움에서도 건져 주시게 될 것임을 믿고 의지하기를 바라신다. 그래서 다윗은 골리앗과 맞서 싸우러 나아갈 때에, 하나님께서 전에 그를 사자와 곰에게서 건져 주셨던 일을 기억하고서(삼상 17:31-58), 그 일을 자신의 자신감의 근거로 삼았다(시 116:8). 바울도 하나님께서 전에 그를 건지셨기 때문에 장래에도 그를 건지실 것이라고 확신하였다. 하나님께서 "리워야단의 머리를 부수시고 그것을 사막에 사는 자에게 음식물로 주신"(시 74:14) 것은, 자기 백성이 곤경과 어려움을 겪을 때마다, 자기가 이전에 그들에게 베푼 긍휼의 역사들을 그들의 "음식물"로 삼게 하고자 하신 것이었다.

22-26.
**[22]벳새다에 이르매 사람들이 맹인 한 사람을 데리고 예수께 나아와 손 대
시기를 구하거늘 [23]예수께서 맹인의 손을 붙잡으시고 마을 밖으로 데리고 나가사
눈에 침을 뱉으시며 그에게 안수하시고 무엇이 보이느냐 물으시니 [24]쳐다보며 이르
되 사람들이 보이나이다 나무 같은 것들이 걸어 가는 것을 보나이다 하거늘 [25]이에
그 눈에 다시 안수하시매 그가 주목하여 보더니 나아서 모든 것을 밝히 보는지라 [26]
예수께서 그 사람을 집으로 보내시며 이르시되 마을에는 들어가지 말라 하시니라.**

이것은 오직 마가만이 기록하고 있는 이적이다. 왜냐하면, 이 이적 속에는 두 가지 특이한 내용이 들어 있기 때문이다. 하나는 주님이 이 맹인을 고치실 때에 사용하신 수단과 방법에 관한 것이고, 다른 하나는 치유가 점진적으로 일어났다는 것이

다. 우리 구주께서는 이적들을 행하실 때에 어떤 외적인 수단들을 사용하실 때도 있으셨고, 오직 권능의 말씀으로만 사람들을 고치실 때도 있으셨다. 주님은 자기가 사용하신 수단이나 방법 자체에 어떤 능력이나 효험이 있지 않다는 것을 사람들에게 보여 주시기 위하여 어떤 때에는 병자들에게 안수하기도 하시고, 어떤 때에는 손을 잡기도 하시는 등, 그때그때마다 다른 수단과 방법을 사용하셨다.

주님께서는 여기에서 다음과 같은 방법으로 한 맹인을 고치신다: (1) 주님은 "맹인의 손을 붙잡으셨다." (2) 마을의 주민들이 이 이적을 보기에 합당하지 않은 자들이었기 때문에, 주님은 맹인을 "마을 밖으로 데리고 나가셨다." 이 마을은 우리 구주께서 자신의 죄악을 회개할 줄 모르고 불신앙을 고집한다고 꾸짖으셨던 여러 성읍들 중의 한 곳이었다: "화 있을진저 고라신아 화 있을진저 벳새다야 너희에게 행한 모든 권능을 두로와 시돈에서 행하였더라면 그들이 벌써 베옷을 입고 재에 앉아 회개하였으리라"(마 11:21). (3) 주님은 맹인의 "눈에 침을 뱉으셨다." 주님께서는 앞서 "귀 먹고 말 더듬는 자"를 고치실 때에도 이렇게 하셨다(막 7:33). (4) 주님은 맹인에게 두 번 "안수하셨다." 주님께서는 대체로 단번에 즉시 고치시곤 하셨는데, 여기에서는 점진적으로 고치신다. 따라서 주님께서 이 맹인을 고치신 과정은 그가 사람들의 영적인 눈멂을 고치시는 과정이 어떠한 것인지를 가시적으로 보여 주시는 하나의 모형 역할을 한다. 왜냐하면, 영적인 눈멂이 치유되는 과정은 통상적으로 점진적으로 이루어지지만, 육신적인 눈멂을 고치는 것과 마찬가지로 나중에는 온전하게 되기 때문이다.

27-28. [27]예수와 제자들이 빌립보 가이사랴 여러 마을로 나가실새 길에서 제자들에게 물어 이르시되 사람들이 나를 누구라고 하느냐 [28]제자들이 여짜와 이르되 세례 요한이라 하고 더러는 엘리야, 더러는 선지자 중의 하나라 하나이다.

헤롯과 그의 추종자들은 그리스도가 죽은 자 가운데서 다시 살아난 "세례 요한"이라고 생각하거나, 세례 요한의 영혼이 다른 육신을 입고 나타난 것이라고 생각하였다. 또한, 어떤 사람들은 그리스도가 자신들이 메시야가 오시기 전에 먼저 오게 되어 있다고 믿은 "엘리야"일 것이라고 생각하였고, 어떤 사람들은 그리스도가 "선지자 중의 하나"(마가) 또는 "예레미야"(마 16:14)라고 생각하였다. 사람들은 사람의 모양으로 그들에게 나타나셔서, 사람으로서는 아무도 할 수 없었던 일들을 행하심으로써, 인간의 육신을 통해서 하나님의 권능을 직간접적으로 나타내시는 그리스도의 정체를 도무지 알 수가 없었다.

29-30. [29]또 물으시되 너희는 나를 누구라 하느냐 베드로가 대답하여 이르되 주는 그리스도시니이다 하매 [30]이에 자기의 일을 아무에게도 말하지 말라 경고하시고.

누가는 마가의 보도에 더해 주는 것이 없지만, 마태는 이 부분을 훨씬 더 자세하게 보도함으로써, 그리스도께서 베드로에게 추가적으로 대답하신 내용이 무엇이었는지를 우리에게 전해 준다. 마태복음 16:15-20에 대한 설명을 보라. 이 기사에 대해서는 우리가 거기에서 이미 자세하게 살펴본 바 있기 때문에, 여기에서는 단지 이것만을 말해 두고자 한다. 만일 그리스도의 제자들이 당시에 우리 구주의 이러한 대답을 베드로의 수장권에 대하여 확증하신 말씀으로 이해하였다면, 그것은 너무나 중요한 문제였기 때문에, 복음서 기자들은 이 문제를 보도하는 것을 결코 생략하지 않았으리라는 것이다. 또한, 만일 그들이 이 문제를 보도하는 것을 깜빡 잊어버린 것이라면, 그리스도의 다른 제자들 중에서 어떤 사람들이 그들에게 이 문제를 상기시켜 주었을 것임에 틀림없다. 우리 구주께서 자신의 제자들에게 자기가 누구인지를 아무에게도 말하지 말라고 명하신 것을 보면, 주님은 사람들이 자기를 한 명의 선지자로 인식하는 것은 상관없다고 생각하셨지만, 사람들이 자기가 메시야 또는 "하나님의 아들"(마태는 베드로가 이 어구를 자신의 신앙 고백에 더하였다고 보도한다)이라는 것을 알게 되는 것을 원하지 않으신 것으로 보인다. 아마도 마가와 누가는 이후의 보도 속에서 우리에게 그 이유를 설명해 주고 있는 것 같다. 왜냐하면, 주님께서는 베드로의 이 신앙 고백 직후에, 자기가 하나님이라는 것에 대하여 아직은 약한 믿음밖에 지니고 있지 않은 자신의 제자들이 아무런 예고도 없이 갑자기 자기가 수난당하는 것을 보게 되었을 때에 그 믿음마저 무너질 수 있다고 생각하셔서, 자기가 머지않아 수난을 당하게 될 것이라고 제자들에게 말씀해 주시는 것을 우리가 보기 때문이다. 그래서 주님께서는, 사도 바울이 말한 것처럼, 자기가 "성결의 영으로는 죽은 자들 가운데서 부활하사 능력으로 하나님의 아들로 선포되실"(롬 1:4) 때까지는, 자기가 하나님의 아들이라는 것을 알리는 것을 보류해 두셨다.

31. 인자가 많은 고난을 받고 장로들과 대제사장들과 서기관들에게 버린 바 되어 죽임을 당하고 사흘 만에 살아나야 할 것을 비로소 그들에게 가르치시되.

우리는 다른 곳에서 우리 구주께서는 자신의 제자들이 자기가 말한 것을 알아듣거나 감당할 수 있을 정도만큼만 가르치셨다는 것을 본 바 있다. 주님은 처음에는 그들에게 자기가 죽어야 한다는 것을 가르치지 않으셨다. 그리스도의 십자가에 관한 가르침은 헌 가죽부대에 넣을 수 없는 새 포도주 같은 것이었기 때문이다. 하지만 머지않아 그들이 주님께서 죽으시는 것을 보고 실족하지 않도록 하기 위해서는 이것을 반드시 알아야 했다. 실제로, 우리는 그들이 이렇게 주님의 죽으심에 대하여 미리 예고를 받았음에도 불구하고, 잠시 실족하는 모습을 머지않아 보게 될 것이다. 주님께서는 자신이 죽으실 것에 대하여 말씀하시면서 아울러 "제삼일에"(마 16:21) 다시 살아나실 것에 대해서도 말씀하신다. 마태가 "제삼일에"라고 표현한 것을 마가는 '메타'(μετὰ, "후에")라는 전치사를 사용해서 "사흘 만에"라고 표현하는데, 두 복음서 기자 간의 이러한 차이는 하나의 난점을 불러일으키는 것으로 보인다. 왜냐하면, 우리 구주께서는 꼬박 삼일 밤낮을 무덤에 누워 계신 것은 아니었음이 분명하기 때문이다. 따라서 이것은 마가는 주님께서 배신을 당하고 붙잡히신 때를 기산점으로 삼아서 "사흘 만에"라고 한 것이고, 마태는 주님께서 무덤에 누워 계셨다가 삼일째 되는 날에 다시 살아나신 것만을 계산해서 "제삼일에"라고 한 것이거나, 아니면 여기에서 사용된 전치사 '메타'는 흔히 "후에"를 의미하기 때문에, 우리의 번역자들이 "사흘 만에"로 번역하였지만, 이 전치사는 종종 "~에"도 의미하고, 이렇게 번역할 때에 이 본문의 의미가 통하고 마태 본문과도 일치하기 때문에, 여기에서 이 전치사를 후자의 의미로 번역하는 것이 옳다는 것을 보여 준다는 것이다. 이 두 번째 견해는 그로티우스(Grotius)와 베자(Beza)의 주장으로서(이 본문에 대한 그의 설명을 보라), 마태복음 27:64은 이 견해가 옳다는 것을 충분히 입증해 준다. 거기에서 주님의 대적들은 빌라도에게 주님이 살아 있는 동안 자기가 "삼일 후에 다시 살아나리라"(μετὰ τρεῖς ἡμέρας ἐγείρομαι - '메타 트레이스 헤메라스 에게이로마이')고 말했기 때문에, "제삼일까지"(ἕως τῆς τρίτης ἡμέρας - 헤오스 테스 트리테스 헤메라스') 무덤을 굳게 지켜 줄 것을 요청한다. 그런데 만일 그들이 주님이 말씀하신 "삼일 후에"를 삼일 밤낮을 꼬박 다 채운 후라는 의미로 이해하였더라면, 제삼일까지만 무덤을 굳게 지켜 달라고 빌라도에게 요청하지 않았을 것이기 때문에, 그들은 주님이 제삼일이 되는 날에 다시 살아날 것이라고 말한 것으로 이해하였음이 분명하다. 따라서 여기에서 "사흘 만에"는 "제삼일이 다 지난 후"가 아니라 "제삼일이 도래한 후"를 의미하고, 그렇게 해석할 때에만 마태와도 일치하고 사실과도 일치하게 된다. 이 문제에 대해서 더 알고 싶은 독자들은 이 절에 대한 박식한 베자(Beza)의 좀 더 자세한 설명을 읽어 보면 될 것이다.

32-33. [32]드러내 놓고 이 말씀을 하시니 베드로가 예수를 붙들고 항변하매 [33]예수

께서 돌이키사 제자들을 보시며 베드로를 꾸짖어 이르시되 사탄아 내 뒤로 물러가라 네가 하나님의 일을 생각하지 아니하고 도리어 사람의 일을 생각하는도다 하시고.

본문이 보도하고 있는 사건은, 베드로가 주님을 "그리스도"라고 고백하였음에도 불구하고, 제자들은 그리스도의 피로 말미암은 인류의 대속에 대해서 매우 불완전한 지식을 갖고 있었고, 구속주의 한 인격 속에 신성과 인성이 실체적으로 연합되어 있다는 것에 대한 매우 불완전한 믿음을 지니고 있었다는 것을 분명하게 보여 준다. 만일 베드로가 그러한 것들을 알고 있었더라면, 인류의 대속과 구원을 위해서는, 그리스도께서 죽으셨다가 죽은 자 가운데서 부활하시는 것이 꼭 필요하다는 것을 알았을 것이기 때문에, 우리 구주에게 죽어서는 안 된다고 만류하지도 않았을 것이고, "진리" 자체이셔서 결코 거짓말을 하실 수 없으신 주님께서 하신 말씀을 의심하지도 않았을 것이다. 우리 구주께서 베드로에게 하신 말씀 중에서 '우 프로네이스'(οὐ φρονεῖς)는 "이해하지 못하다, 생각하지 않다, 마음에 두지 않다" 등을 의미하기 때문에, 전적인 무지나 전혀 유념하지 않는 것을 가리키는 것이 아니라, 하나님의 일을 부분적으로 알고 있거나 불완전하게 유념하고 있는 것을 가리킨다: 너는 나에 대한 너의 육정을 앞세우고, 네 자신이 원하는 것에만 골몰해서, 내가 이 땅에 와서 이러한 나의 수난을 통해서 이루고자 하는 하나님의 존귀와 영광, 그리고 인류의 구원을 훼방하고 있다. 그러므로 너는 "사탄," 즉 내 아버지의 뜻을 이루려 온 나를 대적하는 자이다. 이렇게 오직 자기 자신이 기뻐하는 일을 구하고 거기에만 신경을 쓰고 있는 너의 말에 내가 귀 기울일 이유가 전혀 없다. 주님께서 이 사건을 계기로 다음과 같은 가르침을 베푸신다.

34. 무리와 제자들을 불러 이르시되 누구든지 나를 따라오려거든 자기를 부인하고 자기 십자가를 지고 나를 따를 것이니라.

우리 구주께서는 나중에 제자들이 실족하지 않도록 하시기 위하여, 자기가 감당해야 할 십자가에 대하여 베드로를 비롯한 제자들에게 말씀하셨지만, 베드로가 지나치게 자신이 원하는 것을 지키려고 고집을 부리며 훨씬 더 큰 유익과 선을 저버리는 모습을 보시고 나서, 이제 자기 자신을 기쁘게 하고자 하는 자나, 복음을 위하여 환난을 당하는 것을 거부하는 자는 그 누구도 그를 따라오지 못할 것이라고, 그들에게 제자도를 말씀해 주신다. 즉, 그리스도를 따라오고자 하는 자들은 누구든지 자기 자신을 부인하고 십자가를 지고 그를 따라오지 않으면 안 된다는 것이다. 이

것이 그리스도의 제자들의 확실한 운명이라는 말씀은 혈과 육이 받아들이기 힘든 말씀이었기 때문에, 주님께서는 이 장의 끝에 이르기까지 여러 가지 논거들을 드셔서 그들에게 이것을 역설하신다. 마태복음 10:38과 16:24에 대한 설명을 보라.

35. 누구든지 자기 목숨을 구원하고자 하면 잃을 것이요 누구든지 나와 복음을 위하여 자기 목숨을 잃으면 구원하리라.

우리는 이 논거를 마태복음에서 두 번 만난 적이 있는데, 독자들은 거기에 나오는 설명들을 참조하기 바란다. 마태복음 10:39에 대한 설명을 보라. 마가는 마태 본문에 나오는 말씀에 "~와 복음"이라는 어구를 첨가함으로써, 그리스도께서 우리가 복음을 위하여 받는 고난, 그러니까 복음의 진리들을 시인하고 고백하거나 복음의 명령들에 따라 살아간다는 이유로 받는 고난을 그리스도를 위하여 받는 고난으로 여기신다는 것을 우리에게 가르쳐 준다. 여기에서 '프쉬켄'(ψυχὴν)은 "영혼"이 아니라 "목숨"을 의미한다. 왜냐하면, 사람이 그리스도와 복음을 위하여 자신의 영원한 생명을 잃을 수는 없기 때문이다. 이 본문의 의미는 이것이다: 이 세상에서 자신의 목숨을 건지기 위하여 나와 나의 복음을 부인하고 버리는 자는 더 나은 영원한 삶을 잃게 될 것이다. 그러나 나를 시인하고 고백하며 내 복음을 믿고 복음의 명령들에 따라 살아가기 위하여 자신의 목숨을 잃거나 그럴 위험성을 감수하는 자는 나의 섭리의 특별한 역사들에 의해서 박해자들의 손에서 건짐을 받아 그 목숨을 구원하게 되거나, 이 세상에서의 목숨보다 훨씬 더 값진 영원한 생명으로 보상을 받게 될 것이다.

36-37. [36]사람이 만일 온 천하를 얻고도 자기 목숨을 잃으면 무엇이 유익하리요 [37]사람이 무엇을 주고 자기 목숨과 바꾸겠느냐.

누가는 "자기를 잃든지 빼앗기든지 하면"이라고 말한다(눅 9:25). '프쉬켄'(ψυχὴν)은 앞 절에서는 "목숨"으로 번역하는 것이 옳지만, 여기에서는 "영혼"으로 번역하는 것이 옳다. 왜냐하면, 사람들이 자신의 목숨이나 명예나 재산만큼 소중히 여기는 많은 것들이 있고, 아니 실제로는 사람들은 자신의 욕망들을 자신의 목숨보다 더 소중히 여기기 때문이다. 그리스도께서는 여기에서 자신의 제자들은 그리스도의 존귀와 영광, 그들 자신의 견고한 신앙 고백과 성결한 삶을 그들 자신의 목숨보다 더 소중히 여기는 것이 마땅하다는 것을 우리에게 가르쳐 주신다. 왜냐하면, 그런 것들을 위하여 자신의 목숨을 잃는 자는 영생을 얻게 될 것이기 때문이다. 이 본문에 대해서는 마태복음 16:26에 대한 설명을 보라.

38. 누구든지 이 음란하고 죄 많은 세대에서 나와 내 말을 부끄러워하면 인자도 아버지의 영광으로 거룩한 천사들과 함께 올 때에 그 사람을 부끄러워하리라.

이 본문은 마태복음에서 이미 두 번 나온 말씀이고, 우리는 거기에서 충분히 설명을 했다. 마태복음 10:33과 16:27에 대한 설명을 보라. 누가는 마가 본문에 기록된 내용을 거의 그대로 되풀이한다. 마가 본문에서 "인자도 아버지의 영광으로 거룩한 천사들과 함께 올 때에"는 누가 본문의 "인자도 자기와 아버지와 거룩한 천사들의 영광으로 올 때에"(눅 9:26)라는 구절의 의미를 설명하고 있다. 즉, "거룩한 천사들의 영광으로" 온다는 것은 거룩한 천사들과 함께 온다는 것을 의미한다는 것인데, 이것은 마태복음 13:41과 데살로니가전서 4:16 등의 성경 본문들에 의해서 확증된다. 마태복음 16:27은 "인자가 아버지의 영광으로 그 천사들과 함께 오리니 그 때에 각 사람이 행한 대로 갚으리라"고 말하고, 마태복음 10:33은 "누구든지 사람 앞에서 나를 부인하면 나도 하늘에 계신 내 아버지 앞에서 그를 부인하리라"고 말한다. 사람들로 하여금 시험의 날에 배교하게 만드는 두 가지 감정이 있는데, 그것은 두려움과 부끄러움이다. 첫 번째 감정인 두려움은 베드로로 하여금 대제사장의 관정에서 주님을 부인하게 만든 것이었고, 두 번째 감정인 부끄러움은 우리가 성경에서 그 어떤 믿음 좋은 사람이 범한 예를 발견할 수 없는 것이지만, 부패하고 타락한 마음에서 나오는 것임은 거의 분명하다. 하나님의 진리와 도가 사람들 가운데서 멸시받고 비난을 받는 상황에서, 어떤 사람이 그 진리와 도를 시인하는 것이 자신의 명예와 긍지를 손상시킨다고 생각한다면, 그것은 단지 그리스도의 도를 부인하는 것에서 그치는 것이 아니고, 결코 변명의 여지가 없이 그리스도를 부인하는 것이 된다. 그런 사람은 오직 그리스도께서 장차 심판의 날에 그 사람을 시인하는 것을 자신의 존귀와 위엄을 손상시키는 일이라고 생각하시게 될 것만을 기대할 수 있을 뿐이다.

제9장

개요

1. 그리스도께서 변형되심(2-10).
2. 엘리야가 이미 왔다는 것을 제자들에게 가르치심(11-13).
3. 말 못하고 귀 먹은 귀신을 쫓아내심(14-29).
4. 그리스도께서 자신의 죽음과 부활에 대하여 미리 예고하심(30-32).
5. 제자들의 야심을 제지하심(33-37).
6. 누구라도 그리스도의 이름으로 이적을 베푸는 것을 금하지 말고, 실족하게 하는 일이 없도록 조심하라고 제자들에게 경고하심(38-50).

1. 또 그들에게 이르시되 내가 진실로 너희에게 이르노니 여기 서 있는 사람 중에는 죽기 전에 하나님의 나라가 권능으로 임하는 것을 볼 자들도 있느니라 하시니라.

여기에서 "죽기"로 번역된 '규손타이 타나투'(γεύσωνται θανάτου)는 직역하면 "죽음을 맛보다, 죽음을 겪다"가 되지만, "죽다"를 의미하는 표현이다. 이 본문과 시편 34:8; 누가복음 14:24; 요한복음 8:52; 히브리서 2:9; 6:4-5; 베드로전서 2:3과 비교해 보라. "하나님의 나라가 권능으로 임하는 것"은 문맥상으로 심판의 날을 의미할 수는 없다. 따라서 많은 해석자들은 이 어구가 심판의 날의 모형으로서 예루살렘의 멸망의 날을 가리키는 것으로 이해한다. 왜냐하면, 주님께서 하신 이 말씀을 들은 사도들, 특히 그 밖의 다른 제자들 중에는, 한때 유명하였던 저 도성의 멸망을 살아서 목격한 자들도 있었을 것임에 틀림없기 때문이다. 어떤 이들은 여기에서 "하나님의 나라"는 그리스도께서 죽은 자 가운데서 부활하심으로써 그리스도의 나라가 온전히 알려지기 시작하게 된 것을 의미하는 것으로 이해하기도 한다(행 10:42).

2-10. [2]**엿새 후에 예수께서 베드로와 야고보와 요한을 데리시고 따로 높은 산에**
올라가셨더니 그들 앞에서 변형되사 [3]**그 옷이 광채가 나며 세상에서 빨래하는 자가**
그렇게 희게 할 수 없을 만큼 매우 희어졌더라 [4]**이에 엘리야가 모세와 함께 그들에**
게 나타나 예수와 더불어 말하거늘 [5]**베드로가 예수께 고하되 랍비여 우리가 여기**
있는 것이 좋사오니 우리가 초막 셋을 짓되 하나는 주를 위하여, 하나는 모세를 위
하여, 하나는 엘리야를 위하여 하사이다 하니 [6]**이는 그들이 몹시 무서워하므로 그**

가 무슨 말을 할지 알지 못함이더라 [7]마침 구름이 와서 그들을 덮으며 구름 속에서
소리가 나되 이는 내 사랑하는 아들이니 너희는 그의 말을 들으라 하는지라 [8]문득
둘러보니 아무도 보이지 아니하고 오직 예수와 자기들뿐이었더라 [9]그들이 산에서
내려올 때에 예수께서 경고하시되 인자가 죽은 자 가운데서 살아날 때까지는 본 것
을 아무에게도 이르지 말라 하시니 [10]그들이 이 말씀을 마음에 두며 서로 문의하되
죽은 자 가운데서 살아나는 것이 무엇일까 하고.

마태와 누가도 마가와 마찬가지로 이 이야기의 진실을 기록하고 있다. 마태복음 17:1-9에 대한 설명을 보라. 우리 구주께서는 자신의 제자들 중에서 세 사람을 데리고 가셔서 이 사건을 목격하게 하셔서, 그들이 머지않아 보게 될 자신의 수난이 하나님이 정하신 것임을 확인함과 동시에, 자신의 신성에 대한 믿음도 더욱 확고하게 하심으로써, 장차 그들이 자신의 죽음을 볼 때에 넉넉히 그들 자신의 믿음을 견고하게 지킬 수 있게 하시기를 기뻐하셨다. 왜 다른 인물들이 아니라 모세와 엘리야가 이 변화산에 나타난 것인가 하는 것은 흥미로운 문제이기는 하지만, 해결하기 불가능한 문제일 뿐더러, 해결한다고 해도 우리에게 별 유익이 없는 문제이다. 어쨌든 이 세 제자들은 유대인들 가운데서 지대한 명성을 얻고 있었던 율법의 수여자 모세와 선지자들 중의 대표자 엘리야가 나타나서 우리 구주를 인정하고 함께 대화를 나누는 장면을 목격하게 되었다. 이 세 제자들은 자신들보다 몇 천 년 또는 몇 백 년이나 앞서 활동하였던 모세와 엘리야를 알아볼 수 없었지만, 아마도 계시를 통해서 이 두 사람을 계시로 알게 되었거나, 그리스도께서 그들에게 이 두 사람이 누구인지를 말씀해 주셨을 것이다. 이 두 사람이 나타나서 그리스도와 더불어 하신 말씀의 내용의 요지는 마태가 우리에게 전해 준다. 마가 본문에 나오는 내용들 중에서 우리가 마태 본문을 다룰 때에 살펴보지 않은 중요한 내용은 없기 때문에, 우리는 여기에서 굳이 또다시 설명하는 수고를 하지 않아도 될 것 같다.

11-13. [11]이에 예수께 묻자와 이르되 어찌하여 서기관들이 엘리야가 먼저 와야 하
리라 하나이까 [12]이르시되 엘리야가 과연 먼저 와서 모든 것을 회복하거니와 어찌
인자에 대하여 기록하기를 많은 고난을 받고 멸시를 당하리라 하였느냐 [13]그러나
내가 너희에게 이르노니 엘리야가 왔으되 기록된 바와 같이 사람들이 함부로 대우
하였느니라 하시니라.

그리스도께서는 자신의 제자들에게 자기가 고난을 받아야 한다는 것을 이미 말씀하셨는데, 유대인들에게는 메시야가 오실 뿐만이 아니라 "기름 부음을 받은 자가 끊어져 없어질 것"(단 9:26)이라는 예언이 주어져 있었다. 따라서 주님이 그리스도시라는 것을 그들이 확실하게 확신하지 못하게 방해한 것은 단 한 가지, 즉 성경에는 엘리야가 먼저 올 것이라고 되어 있는데(말 4:5), 그들은 아직 엘리야가 오지 않았다고 생각하고 있었던 것이었다. 그들의 이러한 오해는, 그들은 엘리야가 친히 올 것이라고 생각하고 있었던 반면에, 사실 천사가 세례 요한의 아버지인 사가랴에게 설명하였듯이, 말라기 선지자의 예언은 "엘리야의 심령과 능력으로"(눅 1:17) 올 자에 대한 것이었던 까닭에 빚어진 것이었다. 또한, 그들은 엘리야가 와서 그들의 세계에 큰 변화를 일으켜서 모든 것을 다시 제자리로 돌려놓고 회복시킬 것이라고 믿고 있었다. 그러나 그들은 여전히 그러한 예언을 세속적인 관점에서의 변화로 보고서, 엘리야가 그들에게 자유를 회복시켜 주고 그들의 나라를 이전처럼 회복시킬 것이라고 생각하였던 반면에, 사가랴를 찾아온 천사는 말라기 4:6의 예언이 "이스라엘 자손을 주 곧 그들의 하나님께로 많이 돌아오게" 하고 "아버지의 마음을 자식에게, 거스르는 자를 의인의 슬기에 돌아오게 하고 주를 위하여 세운 백성을 준비하리라"(눅 1:16-17)는 것을 의미하는 것이라고 알려 준다. 주님의 제자들도 유대인들이었기 때문에, 엘리야에 대하여 유대 교회의 랍비들과 대부분의 유대인들이 갖고 있던 그런 잘못된 편견을 공유하고 있었다. 그런 제자들에게 우리 구주께서는 말라기의 예언대로 엘리야, 즉 "엘리야의 심령과 능력"을 지닌 인물이 이미 메시야보다 먼저 왔지만, 그들이 그를 알아보지 못한 것이라고 대답해 주신다. 즉, 실제로 이 엘리야가 와서(마 11:14), 죄 사함을 얻게 하는 회개를 선포하여, 유대인들의 마음과 삶을 크게 변화시켜서, 모든 것들을 회복시키려고 애썼지만, 그런 그를 그들은 죽였다는 것이었다. 또한, 주님께서는 계속해서 세례 요한이 인자에 대하여 그들에게 말하면서, 인자가 많은 고난을 받고 죽어야 한다고 말해 주었다고 말씀하신다. 실제로 세례 요한은 자기에게로 나아오시는 그리스도를 가리키며, "보라 세상 죄를 지고 가는 하나님의 어린 양이로다"(요 1:29)라고 말하였었다. 따라서 엘리야가 먼저 오리라고 한 예언은 그들이 그가 참 메시야라는 것을 믿는 데 걸림돌이 될 수 없었다.

14-16. [14]이에 그들이 제자들에게 와서 보니 큰 무리가 그들을 둘러싸고 서기관들이 그들과 더불어 변론하고 있더라 [15]온 무리가 곧 예수를 보고 매우 놀라며 달려와 문안하거늘 [16]예수께서 물으시되 너희가 무엇을 그들과 변론하느냐.

그리스도께서 변화산에서 내려오셔서, 그 산에 올라가실 때에 산자락에 남겨 두셨던 자신의 제자들에게 다시 돌아오셨을 때, 큰 무리가 제자들을 둘러싸고 있는 것을 보셨고, 몇몇 서기관들(바리새인들의 동료들이자 율법 교사들)이 자신의 제자들과 논쟁을 벌이고 있는 모습을 보셨다. 서기관들은 종종 우리 구주를 모욕주고 꺾어놓기 위해서 주님을 상대로 논쟁을 벌였지만, 번번이 그들 자신이 창피를 당하고 당혹해하며 물러나야 하였기 때문에, 주님이 계시지 않는 틈을 타서, 아직 믿음이 미숙한 그의 제자들과 논쟁을 벌이면 그 제자들의 코를 납작하게 해 놓을 수 있을 것이라고 생각해서, 이렇게 논쟁을 벌이고 있었던 것이었다. 복음서 기자는 그들이 어떤 주제를 놓고 논쟁을 벌이고 있었던 것인지를 우리에게 분명하게 말해 주지 않는다. 서기관들은 그리스도와 그의 제자들을 중상모략하고 비방하여 백성들로부터 떼어놓는 것이 목적이었기 때문에, 그러한 목적을 달성하기 위하여, 우리 구주께서 계시지 않는 동안, 그동안 문제가 된 여러 주제들을 놓고 제자들과 논쟁을 벌였을 것임에 틀림없지만, 칼빈 목사님은 우리 구주께서 안 계시는 동안에 사람들이 제자들에게로 귀신 들린 아이를 데려왔는데, 제자들이 귀신을 쫓아내지 못하고 당혹해하며 쩔쩔 매는 상황이 벌어지자, 서기관들이 우리 구주께서 귀신을 쫓아내신 그 능력이 어디로부터 온 것인지를 주된 주제로 삼아서 제자들과 논쟁을 벌였을 가능성이 크다고 판단한다. 나는 그러한 판단이 일리가 있다고 보는데, 그 이유는 우리 구주께서 귀신들을 쫓아내신 일들은 다른 어떤 이적들보다도 더 많이 바리새인들과 서기관들을 골치 아프게 하고 당혹스럽게 한 문제였다는 것이다. 왜냐하면, 그들이 이 일이 있기 얼마 전에 어쩔 수 없이 우리 주님이 귀신들의 왕인 바알세불을 힘입어서 귀신들을 쫓아내는 것이라고 궁여지책을 생각해 내서 우리 주님을 공격했지만, 우리 주님으로부터 여지없이 반박당하는 수모를 겪게 된 것이 그러한 사정을 잘 보여 주기 때문이다. 그리고 또 한 가지 이유는 우리 구주께서 제자들이 곤경에 처해 있을 바로 그 때에 마침 나타나셔서 큰 무리에게 "너희가 무엇을 그들과 변론하느냐"고 물으셨고, 거기에 대한 무리들의 대답은 "말 못하게 귀신 들린" 아이에 관한 것이었다는 사실이다.

17-29. **[17]무리 중의 하나가 대답하되 선생님 말 못하게 귀신 들린 내 아들을 선생님께 데려왔나이다 [18]귀신이 어디서든지 그를 잡으면 거꾸러져 거품을 흘리며 이를 갈며 그리고 파리해지는지라 내가 선생님의 제자들에게 내쫓아 달라 하였으나 그들이 능히 하지 못하더이다 [19]대답하여 이르시되 믿음이 없는 세대여 내가 얼마나 너희와 함께 있으며 얼마나 너희에게 참으리요 그를 내게로 데려오라 하시매 [20]이**

에 데리고 오니 귀신이 예수를 보고 곧 그 아이로 심히 경련을 일으키게 하는지라
그가 땅에 엎드러져 구르며 거품을 흘리더라 21예수께서 그 아버지에게 물으시되
언제부터 이렇게 되었느냐 하시니 이르되 어릴 때부터니이다 22귀신이 그를 죽이려
고 불과 물에 자주 던졌나이다 그러나 무엇을 하실 수 있거든 우리를 불쌍히 여기
사 도와 주옵소서 23예수께서 이르시되 할 수 있거든이 무슨 말이냐 믿는 자에게는
능히 하지 못할 일이 없느니라 하시니 24곧 그 아이의 아버지가 소리를 질러 이르되
내가 믿나이다 나의 믿음 없는 것을 도와 주소서 하더라 25예수께서 무리가 달려와
모이는 것을 보시고 그 더러운 귀신을 꾸짖어 이르시되 말 못하고 못 듣는 귀신아
내가 네게 명하노니 그 아이에게서 나오고 다시 들어가지 말라 하시매 26귀신이 소
리 지르며 아이로 심히 경련을 일으키게 하고 나가니 그 아이가 죽은 것 같이 되어
많은 사람이 말하기를 죽었다 하나 27예수께서 그 손을 잡아 일으키시니 이에 일어
서니라 28집에 들어가시매 제자들이 조용히 묻자오되 우리는 어찌하여 능히 그 귀
신을 쫓아내지 못하였나이까 29이르시되 기도 외에 다른 것으로는 이런 종류가 나
갈 수 없느니라 하시니라.

이 유명한 이야기는 다른 두 복음서 기자, 즉 마태와 누가에 의해서도 기록되었다. 우리는 마태복음 17:14-21을 다룰 때에 마가와 누가에 나오는 내용들까지 다 종합해서 이 이야기에 대하여 자세하게 설명하였기 때문에, 독자들은 거기에 나오는 설명을 보면 될 것이다. 우리는 이 이야기 속에서 몇 가지 교훈을 배울 수 있다: (1) 우리는 하나님께서 날마다 자신의 섭리의 역사들을 통해서 우리를 지켜 주시고, 악한 귀신들의 힘으로부터도 우리를 보호해 주시는 것 속에서, 하나님의 선하심이 얼마나 큰지를 본다. 귀신이 이 아이를 자주 불과 물 속으로 던져 넣어 죽이고자 하는 상황에서, 하나님의 그러한 지극히 선하신 섭리가 아니었다면, 이 아이가 어떻게 살아남을 수 있었겠는가? (2) 마귀는 자신의 시간이 얼마 남지 않은 것을 알았을 때에는 더욱더 광분한다는 것이다(20절). 이것은 마귀만이 아니라 마귀가 사용하는 도구들에게도 해당된다: "그러므로 하늘과 그 가운데에 거하는 자들은 즐거워하라 그러나 땅과 바다는 화 있을진저 이는 마귀가 자기의 때가 얼마 남지 않은 줄을 알므로 크게 분내어 너희에게 내려갔음이라 하더라"(계 12:12). 그래서 그리스도인들은 흔히 회심의 순간에 가장 강력한 시험과 갈등을 겪게 된다. (3) 우리가 그리스도께 있는 저 긍휼하심이 필요해서 "무엇을 하실 수 있거든 우리를 불쌍히 여기사 도와 주옵소서"라고 간구하였는데도, 그 긍휼하심을 받지 못했다면, 그 잘못은 그리스도께 있는 것이 아니라 우리 자신에게 있다는 것이다. 즉, 우리 주님께서는 그렇게 간구하는 우리에게 "할 수 있거든이 무슨 말이냐 믿는 자에게는 능히 하지 못할 일이 없느니라"고 말씀하신다. (4) 어떤 사람이 비록 약한 믿음을 지니고 있다고 할지라도, 자신의 믿음이 더 커지기를 진정으로 바랄 때에는, 하나님께서 그의 믿음에 응답해 주신다는 것이다. 귀신 들린 아들을 둔 이 가엾은 사람은 "무엇을 하실 수 있거든"이라고 말함으로써 아주 불완전한 믿음을 보였지만, 그 믿음 속에는 일정 정도 진심이 들어 있었기 때문에, 우리 주님은 그 믿음에 응답해 주신다. 왜냐하면, 하나님께서는 비록 약한 믿음을 지닌 자들일지라도 그들이 진정으로 자신들의 믿음이 더 커지기를 원할 때에는, 자신의 선하심으로 말미암아 그들의 믿음 속에 결여되거나 결핍되어 있는 것들을 보충해 주시기 때문이다. (5) 우리의 육신과 심령의 치유를 받고자 할 때, 어떤 경우들에 있어서는 일반적인 경우들보다 더 간절하고 끈질기게 하나님께 간구하고 매달려야 하는데, 특히 귀신들이 어떤 사람들 속에 오랫동안 자리를 잡고 그 사람들을 지배해 온 경우는 더욱더 그러하다. 이 이야기와 관련된 다른 것들은 마태복음 17:14-21에 대한 설명을 보라.

30-32. [30]그 곳을 떠나 갈릴리 가운데로 지날새 예수께서 아무에게도 알리고자 아니하시니 [31]이는 제자들을 가르치시며 또 인자가 사람들의 손에 넘겨져 죽임을 당하고 죽은 지 삼 일만에 살아나리라는 것을 말씀하셨기 때문이더라 [32]그러나 제자들은 이 말씀을 깨닫지 못하고 묻기도 두려워하더라.

우리 구주께서는 자신이 죽으실 때가 가까이 다가옴에 따라, 자신의 제자들에게 자신의 죽음으로 인한 시험에 대비해야 한다는 것을 더 자주 역설하시며 미리 경고하신다. 하지만 누가복음 24:21은 그들 모두가 이 시험에 너무나 대비되어 있지 않았다는 것을 우리에게 보여 준다. 왜냐하면, 그들은 이러한 일들이 일어나는 것을 보았을 때, 그들의 믿음은 흔들리기 시작해서, "우리는 이 사람이 이스라엘을 속량할 자라고 바랐노라"고 말하였기 때문이다. 우리 구주께서는 그들에게 "인자가 사람들의 손에 넘겨질" 것이라고 말씀하신다. 마태는 "인자가 팔릴"(KJV) 것이라고 이것을 풀어 설명한다(마 17:22-23). 하나님의 계획 속에서는 그리스도께서 사람들의 손에 넘겨지실 것은 확실한 것이었기 때문에, 여기에서는 미래의 일이 아니라 현재의 일로 표현되고 있다. 성경에서는 하나님이 장차 행하실 것이라고 계시하신 일은 이미 일어난 과거의 일처럼 말하는 경우가 흔하다. 31절의 '테 트리테 헤메라' (τῇ τρίτῃ ἡμέρα, "제삼일에," 한글개역개정에는 "삼일 만에")는 8:31에 나왔던 '메타 트레이스 헤메라스'(μετὰ τρεῖς ἡμέρας, "사흘 만에")의 의미를 설명해 준다. 즉, 우리가 이미 앞에서 살펴보았듯이, 후자는 "사흘 후에"로 흔히 번역되지만, 사실은 "사흘째 되는 날에"를 의미한다는 것을 여기에서 복음서 기자가 직접 확인해 주고 있는 것이다.

33-34. [33]**가버나움에 이르러 집에 계실새 제자들에게 물으시되 너희가 길에서 서로 토론한 것이 무엇이냐 하시되** [34]**그들이 잠잠하니 이는 길에서 서로 누가 크냐 하고 쟁론하였음이라.**

제자들의 이러한 야심에 대해서는 우리가 이미 앞에서 자세하게 살펴본 바 있다. 마태복음 18:1에 대한 설명을 보라. 이 야심은 메시야의 나라가 지닌 참된 성격에 대한 오해에서 비롯된 것이었다. 그들은 이 때는 물론이고 한참 후에도(사도행전 1:6은 그리스도께서 승천하실 때까지도 그들은 이런 오해를 가지고 있었음을 보여 준다) 그리스도께서 유대인들을 온갖 종살이와 속박으로부터 건져내셔서 이 땅에 세속적인 나라를 세워 다스리실 것이라고 생각하였기 때문에, 자신들이 그 나라에서 높은 자리에 앉아서 권세를 행사하게 될 것이라는 기대를 자주 내비쳤다. 세배대의 아들들의 어머니가 주님께 그녀의 두 아들에게 그 나라에서 높은 자리를 달라고 부탁한 것도 그 한 예였다.

35-37. [35]**예수께서 앉으사 열두 제자를 불러서 이르시되 누구든지 첫째가 되고자 하면 뭇 사람의 끝이 되며 뭇 사람을 섬기는 자가 되어야 하리라 하시고** [36]**어린 아이 하나를 데려다가 그들 가운데 세우시고 안으시며 제자들에게 이르시되** [37]**누구든지 내 이름으로 이런 어린 아이 하나를 영접하면 곧 나를 영접함이요 누구든지 나를 영접하면 나를 영접함이 아니요 나를 보내신 이를 영접함이니라.**

마태 본문은 마가 본문의 의미가 무엇인지를 설명해 준다. 마태는 그리스도께서 "너희가 돌이켜 어린 아이들과 같이 되지 아니하면 결단코 천국에 들어가지 못하리라 그러므로 누구든지 이 어린 아이와 같이 자기를 낮추는 사람이 천국에서 큰 자니라 또 누구든지 내 이름으로 이런 어린 아이 하나를 영접하면 곧 나를 영접함이니"(마 18:3-5)라고 말씀하셨다고 보도한다. 누가도 이 말씀을 좀 더 짧게 보도하고 있지만, 마태와 마가가 보도한 것과 모순되는 것은 전혀 없다. 이 말씀의 의미는 분명하고, 이 말씀을 하신 우리 구주의 의도는 자신의 수난의 때가 코 앞에 닥쳐 온 이 때에 자신의 제자들이 드러낸 말도 안 되는 야심을 억제하고 무지를 일깨워 주는 것이었다. 먼저, 주님께서는 말씀으로 그 야심을 억제하시고 무지를 일깨워 주시기 위하여, "누구든지 첫째가 되고자 하면 뭇 사람의 끝이 되며"라고 말씀하신다. 즉, 그들이 자신들의 눈으로 보기에 첫째 가는 사람이 되고자 한다면, 하나님이 보시기에 가장 꼴찌인 사람이 되리라는 것이다. 스스로 낮아진 심령은 그리스도의 눈에 보기에 가장 존귀한 심령이 된다. 그러나 우리가 주목할 것은 우리 주님께서는 "누구든지 첫째인 사람은"이라고 말씀하신 것이 아니라, "누구든지 첫째가 되고자 하면"이라고 말씀하셨다는 것이다. 하나님은 혼란이 아니라 질서의 하나님이시고, 질서가 있다는 것은 꼴찌도 있고 첫째도 있다는 것을 의미한다. 그러나 그리스도인들(주님은 여기에서 열두 제자에게 말씀하고 계신다는 점에서 특히 사역자들)은 높은 자리를 구해서는 안 된다. 높은 자리를 구하는 데 첫째인 사람은 그 높은 자리에 있을 자격에 있어서 꼴찌인 사람인 것이 보통이기 때문에, 높은 자리는 스스로 낮은 자리를 찾아가 있는 사람에게 돌아가는 것이 마땅하다.

다음으로, 주님께서는 "어린 아이 하나를 데려다가 그들 가운데 세우시고," 모든 일에서가 아니라 현세에서 대단하게 여기는 것들에 대한 야심을 버리는 일에 있어서는 "이 어린 아이들과 같이"(마태) 되어야 한다고 말씀하심으로써, 어린 아이를 모형으로 삼으셔서 자신의 제자들에게 낮아질 것을 가르치신다. 또한, 주님께서는 주님의 이름으로 이런 어린 아이 같은 자를 "영접하거나" 호의를 베푼 자는 누구든지 자기에게 그렇게 한 것으로 여기실 것이라고 말씀하신다. 주님의 이름으로 어린 아이 하나에게 베풀어진 호의는 주님만이 아니라 주님을 이 땅에 보내신 성부 하나님께 베풀어진 호의가 될 것이다. 성경에서는 어린 아이를 모형으로 해서 다른 여러 교훈들도 우리에게 주고 있지만, 여기에서 우리 구주께서 의도하신 교훈은 바로 그런 것임에 틀림없다. 마태복음 18:1-5에 대한 설명을 보라.

38-40. [38]요한이 예수께 여짜오되 선생님 우리를 따르지 않는 어떤 자가 주의 이름으로 귀신을 내쫓는 것을 우리가 보고 우리를 따르지 아니하므로 금하였나이다 [39]예수께서 이르시되 금하지 말라 내 이름을 의탁하여 능한 일을 행하고 즉시로 나를 비방할 자가 없느니라 [40]우리를 반대하지 않는 자는 우리를 위하는 자니라.

여기에서 우리가 논의해 보아야 할 한 가지 질문이 생겨난다: 이 이적들이 하나님의 권능에 의해 일어났고 그리스도의 신성을 확증하기 위한 목적으로 행해진 것이라고 할 때, 어떻게 그런 이적들을 행하는 자가 그리스도의 이름으로 귀신들을 쫓아내고서도 그리스도와 그의 제자들을 따르지 않을 수 있는 것인가? (1) 우리 구주께서 39-40절에서 하신 말씀을 보면, 이 사람이 그리스도 또는 그의 복음을 대적하는 원수가 아니었다는 것은 분명하다. (2) 이 사람이 귀신들을 쫓아낸 것은 성령의 구원 사역이 아니었다는 것은 분명하다. 그리스도께서는 심판의 날에 "많은 사람이 주여 주여 우리가 주의 이름으로 선지자 노릇 하며 주의 이름으로 귀신을 쫓아내며 주의 이름으로 많은 권능을 행하지 아니하였나이까"라고 말하겠지만, "그 때에 내가 그들에게 밝히 말하되 내가 너희를 도무지 알지 못하니 불법을 행하는 자들아 내게서 떠나가라 하리라"고 말씀하신다(마 7:22). (3) 이 사람이 사도행전 19:14-15에 나오는 "유대의 한 제사장 스게와의 일곱 아들" 같은 인물이 아니었다는 것은 분명하다. 왜냐하면, 그 일곱 아들들도 마찬가지로 그리스도의 이름으로 귀신들을 쫓아내고자 하였지만, 귀신들이 도리어 그들을 공격하였기 때문이다. 당시는 성령의 은사들이 아주 강하게 나타났던 대단히 특별한 시기였다는 점을 감안하면, 이 시기에 그리스도의 원수들은 아니었지만 온전한 제자도 아니었던 일부 사람들이 하나님의 영광을 위하여 그러한 강력한 은사의 부스러기를 받아서 그 은사를 행할 수 있었다는 것은 전혀 놀랄 일이 아니다. 가야바는 예언을 하였고(요 11:51-52), 나는 마태복음 12:27에서 주님께서 언급하신 "너희의 아들들"은 주님께서 파송하신 열두 사도와 칠십인의 제자들을 가리킨다고 보는 것이 가장 좋은 해석이라고 여기지만, 어떤 이들은 귀신들을 쫓아내는 은사를 지니고 있었던 유대인들을 가리키는 것이라고 생각한다. 따라서 어떤 해석자들은 여기에 나오는 이 사람은 그리스도와 그의 제자들을 늘 따라다니던 사람은 아니었지만, 복음에 호의를 가지고 복음을 받아들였던 사람이었거나, 세례 요한의 제자들 중에서 공식적으로 그리스도의 제자로 합류하지는 않았지만, 저 위대한 신랑의 친구였던 사람이었을 것이라고 본다.

여기에서 요한을 비롯한 제자들은 이 사람이 주님의 이름으로 귀신을 쫓아내는 것을 금지함으로써 두 가지 결코 작지 않은 잘못을 범한 것으로 보인다: (1) 여호수아가 모세를 위하여 그랬고(민 11:28), 세례 요한의 제자들이 자신들의 선생을 위하여 그랬듯이(요 3:26), 그들은 그리스도를 위한 시기심이 발동해서, 이러한 이적들로 인한 모든 영광을 그리스도와 그가 파송한 자들이 독차지하여야 한다고 여겼고, 그렇게 하고자 하였다. (2) 그들은 그리스도의 은혜를 주님을 따르는 회중들과 열두 사도만으로 제한하고자 하였는데, 이것은 믿음이 좋은 사람들이 흔히 저지르기 쉬운 잘못이다. 바울은 "어떤 이들은 투기와 분쟁으로, 어떤 이들은 착한 뜻으로 그리스도를 전파하나니 … 그러면 무엇이냐 겉치레로 하나 참으로 하나 무슨 방도로 하든지 전파되는 것은 그리스도니 이로써 나는 기뻐하고 또한 기뻐하리라"(빌 1:15,

18)고 말하는데, 이러한 태도가 여기에서 제자들이 보인 태도보다 훨씬 더 좋다는 것은 두말할 필요가 없다. 그리스도께서는 자신의 모든 백성들이 바울과 같은 태도를 지니고서, 어떤 사람들이 주님의 이름으로 이적을 행하거나 귀신들을 쫓아낼 때에, 시기심을 발동해서, 그들이 그리스도를 따르느냐 따르지 않느냐를 따지는 것이 아니라, 모든 시기심을 버리고서, 그들이 선을 행하는 것을 방해하지 말고 도리어 기뻐하고 장려하게 되기를 원하신다. 어떤 이들은 당시에 하나님께서는 그리스도는 물론이고, 그를 따르지 않는 다른 사람들에게도 그리스도의 이름으로 귀신들을 쫓아내고 이적을 행하게 하심으로써, 자기 아들 예수 그리스도로 하여금 영광을 받게 하시기를 기뻐하신 것이라고 생각한다.

그리스도께서는 요한을 비롯한 제자들을 꾸짖으시면서, 자기를 따르지 않는 자들이 자신의 이름으로 귀신들을 쫓아내는 것을 금하지 말라고 그들에게 명령하시면서, 그런 자들이 그리스도의 이름으로 이적을 행하였다면, 적어도 그들은 자기에 대하여 호의를 지니고 있을 수밖에 없기 때문에, 자신의 원수가 되어 자신을 비방하는 일은 없으리라는 것을 그 이유로 제시하시는데, 이것은 사도 바울이 고린도전서 12:3에서 말한 것과 부합한다: "하나님의 영으로 말하는 자는 누구든지 예수를 저주할 자라 하지 아니하고 또 성령으로 아니하고는 누구든지 예수를 주시라 할 수 없느니라." 우리를 반대하지 않는 자는 우리를 위하는 자니라. 어떤 사람이 그리스도의 공개적인 원수가 아니라면, 그 사람은 그리스도의 친구이기 때문에, 그런 사람이 선을 행하는 것을 가로막아서는 안 된다.

41. 누구든지 너희가 그리스도에게 속한 자라 하여 물 한 그릇이라도 주면 내가 진실로 너희에게 이르노니 그가 결코 상을 잃지 않으리라.

우리는 마태복음 10:42에서 이것과 동일한 내용을 이미 살펴보았다. 마가는 거기에 나오는 "제자의 이름으로"라는 어구를 여기에서 "너희가 그리스도에게 속한 자라 하여"로 풀어 설명하고 있다. "내 이름으로"(KJV)라는 것은 "너희가 나와 관계가 있다고 믿고서 나로 인하여"라는 의미이다.

42. 또 누구든지 나를 믿는 이 작은 자들 중 하나라도 실족하게 하면 차라리 연자맷돌이 그 목에 매여 바다에 던져지는 것이 나으리라.

마태복음 18:6에 대한 설명을 보라.

43-48. [43]만일 네 손이 너를 범죄하게 하거든 찍어버리라 장애인으로 영생에 들어가는 것이 두 손을 가지고 지옥 곧 꺼지지 않는 불에 들어가는 것보다 나으니라 [44](없

음) [45]만일 네 발이 너를 범죄하게 하거든 찍어버리라 다리 저는 자로 영생에 들어가는 것이 두 발을 가지고 지옥에 던져지는 것보다 나으니라 [46](없음) [47]만일 네 눈이 너를 범죄하게 하거든 빼버리라 한 눈으로 하나님의 나라에 들어가는 것이 두 눈을 가지고 지옥에 던져지는 것보다 나으니라 [48]거기에서는 구더기도 죽지 않고 불도 꺼지지 아니하느니라.

이것과 동일한 내용이 나오는 마태복음 5:29-30에 대한 설명을 보라. 마태는 단지 손과 눈만을 언급하지만, 의미는 여기에서와 동일하다. 즉, 우리 자신의 어떤 특정한 욕구를 만족시키기 위하여 영원한 구원을 위태롭게 하는 것보다는 그 욕구를 포기하는 편이 더 낫다는 것이다.

49. 사람마다 불로써 소금 치듯 함을 받으리라.

이 본문은 아주 어렵고 난해해서, 그 의미를 이해하기 위해서는, 많은 해석자들의 역할이 중요하였기 때문에, 다양한 해석이 제시되어 왔지만, 우리가 이 본문을 올바르게 제대로 이해하고자 한다면, 다음과 같은 것들이 필수적이다: (1) 우리는 이 본문 직전의 여섯 절을 반드시 고려하여야 한다. 거기에서 우리 주님께서는 우리가 가장 좋아하거나 우리에게 유익이나 즐거움을 가져다주는 욕구들을 그대로 충족시킴으로써 그 벌로 장차 영원히 꺼지지 않는 불 속에 던져지지 않기 위해서는, 그러한 범죄들을 불러일으키는 손이나 발을 잘라 버리고 눈을 빼버리는 방식으로 그 욕구들을 죽여야 한다고 역설하셨다. 레위기 2:13에는 이렇게 규정되어 있다: "네 모든 소제물에 소금을 치라 네 하나님의 언약의 소금을 네 소제에 빼지 못할지니 네 모든 예물에 소금을 드릴지니라." (2) 우리는 소금과 불의 역할을 고려하여야 한다. 소금의 역할은 소금을 치는 대상 속에 있는 지나치게 많은 습기를 제거해서 부패를 막거나 따갑고 쑤시고 아프게 만드는 것이고, 불의 역할은 여러 가지 요소들이 복합되어 있는 물체 속에서 그 여러 요소들을 따로 분리해 내는 것인데, 이 때에도 고통스럽고 따갑고 아픈 것을 수반한다. (3) 우리는 전반절에 나오는 "사람마다"라는 어구가 후반절에 나오는 "모든 제물에"와 동일하다는 것을 알아야 한다(KJV에는 이 본문이 "사람마다 불로써 소금 치듯 함을 받겠고, 모든 제물에 소금이 쳐지리라"로 되어 있다 — 역주). 왜냐하면, 모든 살아 있는 사람은 하나님께 드려지는 예물이 될 것이기 때문이다. 경건한 사람들은 제사장들일 뿐만 아니라(벧전 2:5, 9; 계 1:6; 5:10), 제물들이기도 하다(롬 12:1). 악인들은 제사장들이 아니고, 그들 자신을 자발적으로 하나님께 드리지도 않을 것이지만, 성경이 "여호와를 위한 희생이 보스라에 있고"(사 34:6) "주 만군의 여호와께서 북쪽 유브라데 강 가에서 희생제물을 받으실"(렘 46:10) 것이라고 말씀하고 있듯이, 하나님께 드려지는 제물들이 될 것이다. 에스겔서 39:17과 스바냐서 1:7도 보라. 성도들은 제사장임과 동시에 제물이다.

이러한 것들을 전제하면, 이 본문의 난해함은 많이 줄어든다. 우리 주님께서는 앞에 나온 절들에서 오른손이나 발을 잘라 버리거나 오른쪽 눈을 뽑아 버리는 한이 있더라도 사람들이 가장 좋아하는 욕구들을 죽이라고 강력하게 권면하시면서, 구더기도 결코 죽지 않고 불도 영원히 꺼지지 않을 지옥에 던져지는 것보다 그렇게 하는 편이 훨씬 더 낫다는 것을 그 이유로 드셨는데, 이제 여기에서는 "사람마다 불로써 소금 치듯 함을 받겠고, 모든 제물에 소금이 쳐지리라"고 말씀하신다. 하나님께는 불과 소금이 있고, 모든 사람은 그 불과 소금을 감내하여야 한다. 하나님께는 모든 사람의 찌꺼기를 제거하시고 정화시키시는 불이 있다. 하나님은 어떤 사람들에게는 "성령과 불로" 세례를 주시지만(마 3:11; 눅 3:16), 악인들은 "대적하는 자를 태울 맹렬한 불"(히 10:27)로 인해 엄청난 괴로움을 영원토록 겪게 된다. 하나님이 보내신 성령의 거룩한 불은 우리의 욕망들을 정화시키는 동안에, 여기에 언급된 불과 소금처럼, 우리의 오른손이나 발을 잘라 버리는 것과 같은 고통을 우리에게 안겨줄 것이지만, 그 고통은 지옥 불에 던져져서 받게 될 고통에 비하면 아무것도 아니다. 모든 사람은 이 둘 중의 한 가지를 겪게 되어 있다. 즉, "사람마다 불로써 소금 치듯 함을 받게" 되어 있다는 것이다. 성도들은 은혜의 감화력으로 소금 치듯 함을 받게 될 것이다(엡 4:29; 골 4:6). 그들은 하나님의 성령에 의해서 믿음으로 말미암아 하나님의 권능을 통해 보호하심을 받아 구원에 이르게 될 것이고, 그들의 정화된 마음과 성결한 삶은 영원히 썩지 않는 복된 삶을 그들에게 가져다줄 것이다(고전 15:52-54). 성도들이 "불로써 소금 치듯 함을 받는다"는 것은 그들이 하나님의 성령의 거룩한 불에 의해서 보존되리라는 것이다. 원래 세례는 물로 받는데, 거기에 빗대어 하나님의 성령을 받는 것에 대하여 불로 세례를 받는다는 표현을 사용한 것과 마찬가지로, 하나님의 성령으로 보존되는 것에 대해서도 불로써 소금 치듯 함을 받는다는 표현을 사용한 것은 그리 어려운 비유가 아니다. 반면에, 악하고 경건하지 않은 자들은 이 거룩한 불로 소금 치듯 함을 견디지 못할 것이기 때문에, 다른 불과 다른 소금, 즉 위의 44, 46, 48절에 언급된 영원히 꺼지지 않을 불로 소금 치듯 함을 받게 될 것이고, 이것은 그들로부터 그들이 즐기던 온갖 쾌락들을 분리해냄으로써, 그들에게 엄청난 고통과 괴로움을 가져다줄 것인데, 이런 식으로 그들은 하나님의 영원한 진노와 공의의 대상들이 될 것이다. 왜냐하면, 모든 사람은 이 둘 중 어느 한 쪽의 불을 통과하여야 하고, 이 둘 중의 어느 한 쪽의 소금이 쳐지게 될 것이기 때문이다. 그러므로 너희는 지옥 불에 던져져서 거기에서 영원히 타는 불 속에서 소금 치듯 함을 받는 것보다는 성령의 불로써 소금 치듯 함을 받아서 자신의 욕망들을 죽이고 자신을 부인하는 과정에서 오는 고통을 감내함으로써, 영원히 죽지 않고 고통당하지 않도록 보존되기 위하여 고통을 겪는 쪽을 선택하는 것이 더 바람직하지 않겠는가. 왜냐하면, 옛적에 모든 제물들에 소금을 쳐야 했듯이, 호흡이 있는 모든 사람은 반드시 이 둘 중의 하나의 불로써 소금 치듯 함을 받아야 하기 때문이다.

50. 소금은 좋은 것이로되 만일 소금이 그 맛을 잃으면 무엇으로 이를 짜게 하리요 너희 속에 소금을 두고 서로 화목하라 하시니라.

우리는 이 절의 전반부를 마태복음 5:13에서 이미 살펴보았다. 거기에 나오는 설명을 보라. 이 본문에서 우리 주님께서는 자신의 제자들을 소금에 비유하신 이유는 그들은 자신들의 교훈과 거룩한 삶과 모범을 통해서 세계를 부패하지 않게 하고 그 맛을 보전하게 하기 때문이다. 나는 주님께서 여기에서 그리스도의 교훈을 아는 지식으로 소금이 쳐져서 하나님을 경외하고 사랑하는 사람들을 "소금"으로 표현하신 것이라고 이해하지 못할 이유가 없다고 본다. 그런 사람들은 "좋은" 사람들이다. 그러나 그런 사람들이라고 하여도, 그들이 배교하거나 나태하거나 무기력하게 살아간다면, 우리는 그들을 좋다고 할 수가 없게 될 것이다. 또한, 그런 사람들이 무엇으로 다시 짜게 될 수 있겠는가?

너희 속에 소금을 두고 서로 화목하라. 여기에서는 "소금"이 전반부에서와는 약간 다른 의미로 사용되고 있다. 전반부에서는 그들 자신이 소금이었지만, 여기에서는 주님께서 그들에게 그들 속에 소금을 두라고 명령하신다. 그들 스스로가 먼저 은혜 가운데서 하나님을 알고 믿으며 사랑하고 경외하는 소금이 몸에 배어 짜게 되어 있지 않다면, 어떻게 그들이 다른 사람들을 짜게 하는 소금이 될 수 있겠는가. 이제 우리 구주께서는 이 소금을 너희 자신 속에 두어서, 이 거룩한 불이 제단에서 꺼지지 않게 하여, 너희가 지닌 맛을 잃지 않도록 조심하라고 말씀하신다. 서로 화목하라. 어떤 대상에 소금을 쳤을 경우에, 소금은 그 대상의 구성요소들을 하나로 결합시키는 속성을 지니고 있다. 따라서 우리가 서로 화목하고 하나가 되어 있다는 것은 우리 속에 소금을 두고 있음을 보여 주는 분명한 증거가 된다. 사도는 우리가 형제들을 사랑하면, 그것으로써 우리가 사망에서 생명으로 옮겨졌다는 것을 안다고 말한다. 그렇게 되기 위해서는, 시기심과 경쟁심, 남보다 더 높고 우월하게 되고자 하는 야심을 버려야 한다. 우리는 제자들의 야심이 주님께서 이 말씀을 하신 계기가 되었다는 것을 기억하여야 한다.

제10장

개요

1. 그리스도께서 유대 지방에서 가르치심(1).
2. 이혼에 관한 바리새인들의 질문에 대답하심(2-12).
3. 사람들이 자기에게 데려온 어린 아이들을 축복하심(13-16).
4. 한 부자에게 어떻게 해야 영생을 얻을 수 있는지를 가르치심(17-22).
5. 부자가 하나님의 나라에 들어가는 것이 얼마나 어려운지를 보여 주심(23-27).
6. 자신의 복음을 위하여 어떤 것을 버린 모든 사람들에게 상을 약속하심(28-31).
7. 자신의 죽음과 부활을 예고하심(32-34).
8. 세베대의 아들들의 야심만만한 요청을 물리치시고, 그들에 대하여 다른 제자들이 화내는 것을 제지하심(35-45).
9. 맹인 바디매오를 보게 해 주심(46-52).

1. 예수께서 거기서 떠나 유대 지경과 요단 강 건너편으로 가시니 무리가 다시 모여들거늘 예수께서 다시 전례대로 가르치시더니.

이 장 전체에 나오는 것들 중에서 마태복음 19장과 20장에 나오지 않은 것은 아무것도 없다. 그리스도께서 앞 장에 나온 말씀들을 하셨을 때에는 갈릴리에 계셨지만, 이제 여기에서는 갈릴리를 떠나셔서 사마리아를 거쳐 "유대 지경"으로 들어가시는데, 이 곳은 예루살렘이 있는 가장 중요한 지역으로서, 주님은 여기에서 서기관들과 바리새인들로부터 이전보다 더 심한 괴로움을 겪으시게 된다. 그들은 이제 주님을 고발할 빌미를 찾아내기 위해서, 주님의 언행을 하나도 놓치지 않고 다 면밀하게 감시한다.

2. 바리새인들이 예수께 나아와 그를 시험하여 묻되 사람이 아내를 버리는 것이 옳으니이까.

마태는 "어떤 이유가 있으면"이라는 어구를 더하는데, 이것은 간음 이외의 다른 사유로 이혼하는 것이 가능하냐고 물은 것이다. 왜냐하면, 바리새인들은 이혼을 허용한 율법 조문인 신명기 24:1("사람이 아내를 맞이하여 데려온 후에 그에게 수치되는 일이 있음을 발견하고 그를 기뻐하지 아니하면 이혼 증서를 써서 그의 손에 주고 그를 자기 집에서 내보낼 것이요")을 해석할 때, "수치되는 일"을 남편의 마음에 들지 않는 모든 것들을 가리키는 것으로 보고서, 그런 이유로 인해서 남편이 자신의 아내를 "기뻐하지 아니하면" 언제라도 이혼 증서를 주어 내보낼 수 있다고 해석하였기 때문이었다.

3-9. [3]대답하여 이르시되 모세가 어떻게 너희에게 명하였느냐 [4]이르되 모세는 이
혼 증서를 써주어 버리기를 허락하였나이다 [5]예수께서 그들에게 이르시되 너희 마
음이 완악함으로 말미암아 이 명령을 기록하였거니와 [6]창조 때로부터 사람을 남자
와 여자로 지으셨으니 [7]이러므로 사람이 그 부모를 떠나서 [8]그 둘이 한 몸이 될지니
라 이러한즉 이제 둘이 아니요 한 몸이니 [9]그러므로 하나님이 짝지어 주신 것을 사
람이 나누지 못할지니라 하시더라.

마가가 기록한 이 대화의 순서는 마태 본문에 기록된 것과는 차이가 있지만, 복음서들은 어떤 사건을 기록하거나 보도할 때에 시간적 순서를 아주 정확하게 지킨 것이 아니었고, 오직 그 사건의 핵심적인 내용을 전달하는 데에만 집중하였는데, 이 이야기의 다른 여러 부분들에 관한 보도가 이것을 잘 보여 준다. 독자들은 이 본문과 관련하여 필요한 모든 것들을 이미 우리가 자세하게 설명한 바 있는 마태복음 19:3-6에서 발견할 수 있을 것이다. 마태복음 19:3-6에 대한 설명을 보라.

10-12. [10]집에서 제자들이 다시 이 일을 물으니 [11]이르시되 누구든지 그 아내를 버
리고 다른 데에 장가 드는 자는 본처에게 간음을 행함이요 [12]또 아내가 남편을 버리
고 다른 데로 시집 가면 간음을 행함이니라.

마태복음 5:32과 19:9은 "음행한 이유 외에"라는 어구를 더함으로써 마가의 이 본문을 해석한다. 아내에 관하여 말하고 있는 12절에 나오는 내용은 오직 마가 본문에만 나오는데, 어떤 해석자들은 이것을 근거로 해서, 남편이 간음을 행한 경우에는 아내가 남편을 상대로 이혼 소송을 제기할 수 없었던 것이 아닌가 하는 주장을 제기해 왔지만, 가장 사려 깊고 지혜로운 해석자들은 남편이나 아내나 동등한 권리를 지니고 있었다고 말하고, 나도 이혼 사유는 남편이나 아내에게 동등하게 적용되었다는 것을 확신한다. 따라서 아내의 간음과 마찬가지로, 남편의 간음도 혼인계약과 그 계약에 의한 결합을 무효화시킬 수 있는 사유가 되었다. 어떤 이들은 이 본문 및 병행본문들에 근거해서, 이혼한 사람들은 다시 혼인해서는 안 되었다고 주장하지만, 그런 주장은 하나님께서 간음의 경우에 이혼할 수 있게 한 율법을 제정하신 목적이 마치 아내와 남편을 서로 떨어지게 해서 독신으로 살게 하는 데 있었다는 듯이 말하는 것으로서, 한층 더 근거 없고 이치에 맞지 않는 것이다. 하지만 이혼의 원인을 제공한 사람이 다시 혼인하는 것이 허용되었느냐 하는 것은 논란이 될 수 있다. 왜냐하면, 그런 사람들은 하나님의 율법에서 이미 죽은 사람들이나 다름없었기 때문이기도 하지만, 그런 경우에 있어서 재혼의 허용은 간음의 범죄가 범람하도록 부추기는 역할을 하게 되는 것은 물론이고, 자신의 배우자에게 싫증이 난 사람들이 이 제도를 이용해서 자신들의 정욕을 채우는 동시에 자신들이 원하던 것도 얻을 수 있게 되기 때문이다. 그러나 나는 이 문제에 대해서 어떤 결론을 내리지 않을 것이다. 확실한 것은 우리 구주께서는 여기에서 단지 하나님의 율법이 이혼 사유로 규정하고 있지 않은 사소한 이유들을 들어서 이혼하는 경우에 대해서만 말씀하고 계신다는 것이다. 그리고 그런 경우에는 인간적으로는 이혼이 성립되었다고 할지라도, 하나님의 율법에 의하면, 이전의 부부관계는 여전히 유효하기 때문에, 이렇게 이혼하고 다시 혼인한 사람은 간음을 범하는 자가 될 수밖에 없다. 간음 이외의 사유로 이혼하는 것은 어떤 경우에도 다 불법인가 하는 문제에 대해서는 마태복음 5:31-32과 19:3-11에 대한 설명을 보라.

13-16. [13]사람들이 예수께서 만져 주심을 바라고 어린 아이들을 데리고 오매 제자들이 꾸짖거늘 [14]예수께서 보시고 노하시어 이르시되 어린 아이들이 내게 오는 것을 용납하고 금하지 말라 하나님의 나라가 이런 자의 것이니라 [15]내가 진실로 너희에게 이르노니 누구든지 하나님의 나라를 어린 아이와 같이 받들지 않는 자는 결단코 그 곳에 들어가지 못하리라 하시고 [16]그 어린 아이들을 안고 그들 위에 안수하시고 축복하시니라.

마태와 누가도 이 일을 보도하고 있지만, 15절에 나오는 내용은 둘 다 생략한다. 여기에서 "하나님의 나라"는 하나님의 말씀, 아니 복음 안에서의 그리스도의 은혜를 가리키는 것으로 이해해야 한다는 것은 의심의 여지가 없다. 즉, 복음 안에서 계시된 그리스도의 은혜를 어린 아이처럼 낮고 겸손한 마음으로 아무런 이의나 악의 없이 받아들이지 않는 자는 결코 천국에 들어가지 못하리라는 것이다.

17. 예수께서 길에 나가실새 한 사람이 달려와서 꿇어 앉아 묻자오되 선한 선생님이여 내가 무엇을 하여야 영생을 얻으리이까.

누가는 그가 "관리"였다고 말한다(눅 18:18). 이 사람의 질문은, 그가 선한 심령들은 영원히 복된 삶을 누리게 된다는 것을 믿었고, 그런 삶을 원하였으며, 그런 삶에 참여하기 위하여 무엇인가를 하고자 하였다는 것을 잘 보여 준다.

18. 예수께서 이르시되 네가 어찌하여 나를 선하다 일컫느냐 하나님 한 분 외에는 선한 이가 없느니라.

우리 주님께서 "선한 이가 없다"고 하셨을 때, 그것은 본래적으로 선하고, 지극히 선하거나 온전히 선한 사람은 없다는 의미였다. 여기에서 우리 구주께서는 자기가 하나님이라는 것을 부인하신 것이 아니라, 단지 그가 하나님이라는 것을 믿지도 않으면서 그를 선하다고 한 것을 문제 삼으신 것이었다.

19-20. [19]네가 계명을 아나니 살인하지 말라, 간음하지 말라, 도둑질하지 말라, 거짓 증언 하지 말라, 속여 빼앗지 말라, 네 부모를 공경하라 하였느니라 [20]그가 여짜오되 선생님이여 이것은 내가 어려서부터 다 지켰나이다.

이 사람이 "내가 어려서부터 다 지켰나이다"라고 대답한 것은 당시에 유대 교회의 랍비들이 가르친 범위와 정도에 있어서는 그 계명들을 어김없이 다 지켰다는 의미이다.

21-22. [21]예수께서 그를 보시고 사랑하사 이르시되 네게 아직도 한 가지 부족한 것이 있으니 가서 네게 있는 것을 다 팔아 가난한 자들에게 주라 그리하면 하늘에서 보화가 네게 있으리라 그리고 와서 나를 따르라 하시니 [22]그 사람은 재물이 많은 고로 이 말씀으로 인하여 슬픈 기색을 띠고 근심하며 가니라.

마태복음 19:21-22에 대한 설명을 보라. 그리스도께서는 도덕적으로 너무나 올바르게 살아온 이 사람에 대하여 인간적인 연민을 지니고 계셨지만, 사랑은 율법의 완성이고, 그 사랑은 하나님의 뜻에 대하여 전면적으로 순종하고자 결단하고 행할 때에 드러나게 된다는 것을 그에게 보여 주신다. 우리 구주께서는 그리스도의 모든 제자들에게 해당되는 일반적인 명령들과 더불어서, 이 사람에게 특별한 명령도 함께 주시는데, 결국 이 사람은 이 특별한 명령에 순종하지 않는다. 뿐만 아니라, 자기가 어릴 때부터 모든 계명들을 다 지켜 왔다고 한 그의 대답은 잘못된 오해에서 비롯된 것으로서, 그가 바리새인들에 의해서 해석된 율법의 계명들을 어김없이 지켜 온 것은 사실이라고 할지라도, 하나님의 율법을 진정으로 지켜 온 것은 아니기 때문에, 그가 두 가지 일반적인 명령들에도 순종하지 않아 왔다는 것을 잘 보여 준다.

23-27. [23]예수께서 둘러 보시고 제자들에게 이르시되 재물이 있는 자는 하나님의 나라에 들어가기가 심히 어렵도다 하시니 [24]제자들이 그 말씀에 놀라는지라 예수께서 다시 대답하여 이르시되 얘들아 하나님의 나라에 들어가기가 얼마나 어려운지 [25]

낙타가 바늘귀로 나가는 것이 부자가 하나님의 나라에 들어가는 것보다 쉬우니라
하시니 [26]제자들이 매우 놀라 서로 말하되 그런즉 누가 구원을 얻을 수 있는가 하니
[27]예수께서 그들을 보시며 이르시되 사람으로는 할 수 없으되 하나님으로는 그렇지
아니하니 하나님으로서는 다 하실 수 있느니라.

마태복음 10:23-26에 대한 설명을 보라. 거기에는 이것과 동일한 기사가 나오고, 우리는 마가 본문에 덧붙여진 것들까지 포함해서 이 이야기를 거기에서 자세하게 살펴보았다.

28-31. [28]베드로가 여짜와 이르되 보소서 우리가 모든 것을 버리고 주를 따랐나이
다 [29]예수께서 이르시되 내가 진실로 너희에게 이르노니 나와 복음을 위하여 집이
나 형제나 자매나 어머니나 아버지나 자식이나 전토를 버린 자는 [30]현세에 있어 집
과 형제와 자매와 어머니와 자식과 전토를 백 배나 받되 박해를 겸하여 받고 내세
에 영생을 받지 못할 자가 없느니라 [31]그러나 먼저 된 자로서 나중 되고 나중 된 자
로서 먼저 될 자가 많으니라.

마태복음 19:27-30에 대한 설명을 보라. 우리 구주께서 가난한 자들, 특히 그리스도와 그의 복음을 위하여 모든 것을 버린 자들이 복되다고 하시자, 베드로는 자기에게는 의지할 재물도 없었고, 자신의 마음이 재물에 연연하지도 않았으며, 그리스도를 따르기 위해서 얼마 안 되는 것까지도 다 버렸다는 사실로 인해서, 그 마음이 한껏 고무되어서, 자기는 어떻게 될 것인지를 주님께 묻는다. 그러자 주님께서는 베드로를 비롯해서 그리스도와 그의 복음을 위하여 무엇인가를 버린 자들은 그 어떤 것도 잃지 않게 될 것이라고 확실하게 말씀해 주신다. 왜냐하면, 그런 자들은 현세에서 박해를 받는다고 할지라도, 이 세상에서 그런 것들로 보상을 받지 않는다고 하여도, 그런 것들보다 훨씬 귀한 것들로 차고 넘치게 상을 받게 될 것이고, 내세에서는 영생의 삶을 사는 가운데 무한한 행복을 누리게 될 것이기 때문이었다.

32-34. [32]예루살렘으로 올라가는 길에 예수께서 그들 앞에 서서 가시는데 그들이
놀라고 따르는 자들은 두려워하더라 이에 다시 열두 제자를 데리시고 자기가 당할
일을 말씀하여 이르시되 [33]보라 우리가 예루살렘에 올라가노니 인자가 대제사장들
과 서기관들에게 넘겨지매 그들이 죽이기로 결의하고 이방인들에게 넘겨 주겠고 [34]
그들은 능욕하며 침 뱉으며 채찍질하고 죽일 것이나 그는 삼 일 만에 살아나리라 하
시니라.

마태복음 20:17-19에 대한 설명을 보라. 이것은 우리 구주께서 자신의 제자들에게 자신의 수난에 대하여 적어도 세 번째로 말씀하신 것이다. 주님은 자기가 죽음을 향하여 나아가고 있다고 이렇게 말씀하시고서는, 아무런 주저함도 없이, 제자들보다 앞장서서 길을 재촉하셨기 때문에, 제자들은 그저 놀라고 두려워할 뿐이었다. 주목할 만한 것은 여기에서는 그리스도께서 자신의 수난을 이전보다 좀 더 구체적으로 설명하고 계신다는 것이다: 주님은 먼저 "대제사장들과 서기관들에게 넘겨질" 것이고, 그들은 그를 "죽이기로 결의하고" 단죄할 것이다. 그런 후에, 그들은 주님을 본디오 빌라도를 비롯한 "이방인들에게 넘겨" 줄 것이고, 그 이방인들은 "능욕하고 침 뱉으며 채찍질하고 죽일" 것이지만, 주님은 제삼일에 다시 살아나실 것이다. 누가는 "제자들이 이것을 하나도 깨닫지 못하였으니 그 말씀이 감취었으므로 그들이 그 이르신 바를 알지 못하였더라"(눅 18:34)는 말을 덧붙인다. 우리는 우리에게 불리한 것 같아 보이는 것들을 좀처럼 믿지 않으려 하는 성향이 있다! 그들도 마찬가지였지만, 머지않아 주님이 지금 하신 말씀을 믿게 될 것이었다. 그러니까 주님이 이렇게 미리 예고하시고 경고하신 것은 그들에게 나중에 유익이 되게 하신 것이었다. 실제로 그들은 주님이 말씀하신 일들이 일어났을 때에 주님의 말씀을 기억하였다. 사람들이 설교자들이 전한 말씀을 현재는 믿지 않고 경청하지 않는다고 하여도, 그 말씀은 결코 없어져 버리는 것이 아니다.

35-41. [35]세베대의 아들 야고보와 요한이 주께 나아와 여짜오되 선생님이여 무엇이든지 우리가 구하는 바를 우리에게 하여 주시기를 원하옵나이다 [36]이르시되 너희에게 무엇을 하여 주기를 원하느냐 [37]여짜오되 주의 영광중에서 우리를 하나는 주의 우편에, 하나는 좌편에 앉게 하여 주옵소서 [38]예수께서 이르시되 너희는 너희가 구하는 것을 알지 못하는도다 내가 마시는 잔을 너희가 마실 수 있으며 내가 받는 세례를 너희가 받을 수 있느냐 [39]그들이 말하되 할 수 있나이다 예수께서 이르시되 너희는 내가 마시는 잔을 마시며 내가 받는 세례를 받으려니와 [40]내 좌우편에 앉는 것은 내가 줄 것이 아니라 누구를 위하여 준비되었든지 그들이 얻을 것이니라 [41]열 제자가 듣고 야고보와 요한에 대하여 화를 내거늘.

마태복음 20:20-24에 대한 설명을 보라. 거기에 나오는 내용은 여기에 나오는 것과 거의 차이가 없고, 단지 마가는 야고보와 요한이 직접 주님께 이런 청탁을 한 것이라고 보도하는 반면에, 마태는 그들의 어머니가 한 것이라고 보도하는 점만이 다를 뿐이다. 하지만 우리의 일상적인 대화 속에서조차도, 우리는 우리의 명령이나 부탁을 받고 다른 사람이 우리를 대신해서 한 일에 대해서는 우리 자신이 한 것으로 말하는 것이 보통이라는 점을 고려하면, 이것은 서로 다른 것이 아니다. 두 복음서 기자는 이 이야기의 다른 부분에 있어서는 모두 일치하고, 그 다음에 나오는 이야기도 거의 일치한다.

42-45. [42]예수께서 불러다가 이르시되 이방인의 집권자들이 그들을 임의로 주관하고 그 고관들이 그들에게 권세를 부리는 줄을 너희가 알거니와 [43]너희 중에는 그렇지 않을지니 너희 중에 누구든지 크고자 하는 자는 너희를 섬기는 자가 되고 [44]너희 중에 누구든지 으뜸이 되고자 하는 자는 모든 사람의 종이 되어야 하리라 [45]인자가 온 것은 섬김을 받으려 함이 아니라 도리어 섬기려 하고 자기 목숨을 많은 사람의 대속물로 주려 함이니라.

마태복음 20:25-28에 대한 설명을 보라. 마태와 마가 본문은 사용한 단어들까지 거의 동일하다. 여기에서 "집권자들"로 번역된 '호이 도쿤테스 아르케인'(οἱ δοκοῦντες ἄρχειν)이라는 어구에 대하여 비평학자들이 어떤 말을 하고 있는지를 살펴볼 필요가 있다고 생각하는 사람들은 나의 『주석집요』(*Synopsis Criticorum*)를 참조하면 될 것이다. 모든 것을 종합해 볼 때, 마태의 '아르콘테스'(ἄρχοντες), 마가의 '호이 도쿤테스 아르케인'(οἱ δοκοῦντες ἄρχειν), 누가의 '호이 바실레이스'(οἱ βασιλεῖς)는 모두 동일한 인물들을 가리킨다. '도쿤테스'는 능동분사이어서 수동으로 번역하는 것은 적절하다고 볼 수 없기 때문에, 우리의 번역자들이 이 어구를 "집권자들"로 번역한 것은 옳다.

46-52. [46]그들이 여리고에 이르렀더니 예수께서 제자들과 허다한 무리와 함께 여리고에서 나가실 때에 디매오의 아들인 맹인 거지 바디매오가 길 가에 앉았다가 [47]나사렛 예수시란 말을 듣고 소리 질러 이르되 다윗의 자손 예수여 나를 불쌍히 여기소서 하거늘 [48]많은 사람이 꾸짖어 잠잠하라 하되 그가 더욱 크게 소리 질러 이르되 다윗의 자손이여 나를 불쌍히 여기소서 하는지라 [49]예수께서 머물러 서서 그를 부르라 하시니 그들이 그 맹인을 부르며 이르되 안심하고 일어나라 그가 너를 부르신다 하매 [50]맹인이 겉옷을 내버리고 뛰어 일어나 예수께 나아오거늘 [51]예수께서 말씀하여 이르시되 네게 무엇을 하여 주기를 원하느냐 맹인이 이르되 선생님이여 보기를 원하나이다 [52]예수께서 이르시되 가라 네 믿음이 너를 구원하였느니라 하시니 그가 곧 보게 되어 예수를 길에서 따르니라.

이 이야기는 단순히 사실을 서술하는 것이기 때문에, 특별한 설명을 필요로 하는 어려운 부분은 나오지 않는다. 마태와 마가와 누가가 이 이야기를 보도하고 있는

데, 그들 간에 주목할 만한 차이점들은 두 가지이다. 첫 번째 차이점은 마태의 기사에는 맹인이 두 명 등장하는 반면에, 다른 두 복음서 기사들에는 오직 한 명만이 등장한다는 것이다. 이 이야기에는 원래 두 명의 맹인이 나왔는데, 그 중 한 명은 그의 아버지가 꽤 유명한 사람이어서 사람들에게 더 잘 알려져 있어서, 세 기사에 모두 등장하지만, 또 다른 한 명은 별로 알려지지 않은 사람이어서 마가와 누가의 기사에서는 생략되었을 가능성이 크다. 두 번째 차이점은 누가는 이 일이 주님 일행이 "여리고에 가까이 가셨을 때에"(눅 18:35) 일어났다고 보도하는 반면에, 마태와 마가는 "그들이 여리고에서 떠나 갈 때에"(마 20:29; 막 10:46) 일어났다고 보도한다는 것이다. 하지만 누가는 주님의 일행이 여리고에 가까이 가셨을 때에 이 맹인이 길가에 앉아 구걸을 하고 있었다고 말하기는 하지만, 주님이 이 맹인을 고쳐 주시는 이적이 그 때에 일어났다고 말하지는 않는다. 따라서 이 맹인은 여리고로 들어가시는 주님을 보고서 그의 뒤에서 계속 소리치며 따라왔고, 마태와 마가가 보도하고 있듯이, 주님께서는 여리고에서 나가실 때에야 이 맹인을 부르셔서 치유해 주셨을 가능성이 높다. 마태복음 20:29-34에 대한 설명을 보라.

제11장

개요

1. 그리스도께서 나귀 새끼를 타시고 예루살렘으로 입성하심(1-11).
2. 열매 맺지 못한 무화과나무를 저주하심(12-14).
3. 성전에서 매매하는 자들을 쫓아내심(15-19).
4. 그리스도께서 저주하신 무화과나무가 말라 버림; 기도하고 구한 것은 받은 줄로 믿고, 자신의 원수들을 용서하라고 권면하심(20-26).
5. 그리스도께서 자신의 권위에 이의를 제기한 대제사장들과 서기관들과 장로들을 침묵시키심(27-33).

1. 그들이 예루살렘에 가까이 와서 감람 산 벳바게와 베다니에 이르렀을 때에 예수께서 제자 중 둘을 보내시며.

마가와 누가가 언급한 "베다니"에 대해서 마태 본문에는 아무런 말도 없다. 베다니는 나사로가 사는 동네였다(요 11:1). 어떤 이들은 베다니가 동네라기보다는 감람산의 한 구역이었고, "벳바게"는 예루살렘의 교외 지역이었으며, 벳바게의 가장 외곽에서 베다니가 시작되었고, 베다니로 불린 이 동네는 예루살렘에서 대략 3km 거리에 있었다. 베다니는 그리스도께서 승천하신 곳이었고(눅 24:50), 예루살렘으로부터 안식일에 허용된 여행 거리 내에 있었다(행 1:12). 지금도 여전히 베다니로 불리고 있는 이 곳, 즉 벳바게의 접경 지역에서 주님께서는 두 제자를 보내셨다.

2. 이르시되 너희는 맞은편 마을로 가라 그리로 들어가면 곧 아직 아무도 타 보지 않은 나귀 새끼가 매여 있는 것을 보리니 풀어 끌고 오라.

다른 복음서 기자들은 "나귀 새끼"만을 언급하고 있지만, 마태는 "나귀와 나귀 새끼"라고 말한다. 이교도들은 자신들에게 있던 본성의 빛을 따라서, 어떤 짐승을 신을 위한 용도로 사용하는 경우에는 세속적인 용도로 이전에 사용한 적이 없는 짐승을 골라서 사용하는 것이 신을 섬기는 데 합당한 공경심을 나타내 보이는 것이라고 생각하였다. 그래서 블레셋 사람들은 법궤를 이스라엘에 돌려보낼 때에 "새 수레를 하나 만들고 멍에를 메어 보지 아니한 젖 나는 소 두 마리"를 사용하였다(삼상 6:7). 그러나 우리 구주께서는 나귀 새끼가 사람을 처음으로 태울 때에는 말을 잘 듣지 않는데 이 나귀 새끼는 주님을 처음으로 태웠는데도 고분고분하였다는 점을 부각시킴으로써 이 이적을 더욱 돋보이게 하기 위한 목적으로, 또는 우리가 알지 못하는 어떤 지혜로운 목적으로 나귀 새끼를 사용하신 것으로 보인다.

3-6. [3]만일 누가 너희에게 왜 이렇게 하느냐 묻거든 주가 쓰시겠다 하라 그리하면 즉시 이리로 보내리라 하시니 [4]제자들이 가서 본즉 나귀 새끼가 문 앞 거리에 매여 있는지라 그것을 푸니 [5]거기 서 있는 사람 중 어떤 이들이 이르되 나귀 새끼를 풀어 무엇 하려느냐 하매 [6]제자들이 예수께서 이르신 대로 말한대 이에 허락하는지라.

마태복음 21:3-6에 대한 설명을 보라. 우리는 우리 구주의 삶과 행위에 관한 이야기를 따라가다 보면, 도처에서 주님의 신성과 권능을 보여주는 확실한 증표들을 발견하게 된다. 주님은 사람들이 무슨 생각을 하고 있는지를 아시고서, 그들의 생각이 어떠한지를 그들에게 알려 주시기도 하고, 장래에 일어날 일들을 확실하게 예고하시며, 아무도 알 수 없는 구체적인 내용들을 사람들에게 말씀하실 수 있으셨다. 주님께서 하나님이 아니셨다면, 자신의 제자들에게, "맞은편 마을"로 들어가면 사람이 한 번도 탄 적이 없는 나귀 새끼를 보게 될 것이고, "주가 쓰시겠다"고 말하면, 그 임자가 아무 말 않고 순순히 내어줄 것이라고 말씀하실 수 있으셨겠는가? 그런데도 제자들은 주님이 죽은 자 가운데서 다시 살아나실 때까지는, 주님이 하나님이시라는 것을 매우 불완전하게 믿고 있었다. 왜냐하면, 그리스도께서 이 모든 것을 분명하게 선포하실 때가 아직 도래하지 않았던 까닭에, 주님이 그들로 하여금 이 일에 대해서 온전한 확신을 갖게 하실 때까지는, 이 모든 이성적인 근거들만으로는 그들의 마음속에 온전한 확신을 만들어 내기에 충분하지 않았기 때문이었다. 당시의 그리스도인들의 믿음은 다음과 같은 세 가지 단계를 거쳤던 것으로 보인다: (1) 그들은 주님을 하나님으로부터 큰 능력을 받은 위대한 선지자라고 믿었다. (2) 그들은 주님을 다윗의 자손 메시야로 고백하였고, 그들의 입에서는 종종 주님이 하나님의 아들이시라는 확신을 보여 주는 말들이 흘러나오곤 하였다. (3) 마지막으로, 주님께서 죽은 자 가운데서 다시 살아나셔서, 사도 바울이 말하고 있듯이, 능력으로 하나님의 아들로 선언된 후에는, 그들은 주님이 참 하나님이시자 참 인간이심을 굳게 믿게 되었다. 하지만 사실 그들에게는 주님이 하나님이시라는 증거들이 충분히 주어져 있었다: (1) 주님이 하나님의 아들이심을 증언해 준 하늘로부터 들려 온 음성. (2) 성령이 눈에 보이는 형태로 내려 오신 것. (3) 주님이 바람과 바다를 명하여 잠잠하게 하시고, 불치병들을 비롯한 각양 질병들을 합리적인 수단을 사용하지도 않으시고 즉시 고치시며, 죽은 자를 다시 살리시는 등, 바다와 육지에서 행하신 큰 이적들. (4) 주님께서 사람들의 생각을 아시고, 장래에 일어날 일들을 미리 말씀하신 것. 그런데도 대다수의 사람들은 이 모든 것을 보고 들었으면서도 단지 깜짝 놀라고 경이로워만 할 뿐이었고 주님을 믿지는 않았다. 심지어 사도들조차도 이 모든 것을 보고 들으면서도 주님이 하나님의 아들이라는 확고한 믿음을 갖지 못하고, 기껏해야 주님이 하나님의 아들일지도 모른다는 불확실하고 아주 연약한 믿음만을 가졌을 뿐이었다.

**7-10. 7나귀 새끼를 예수께로 끌고 와서 자기들의 겉옷을 그 위에 얹어 놓으매 예
수께서 타시니 8많은 사람들은 자기들의 겉옷을, 또 다른 이들은 들에서 벤 나뭇가
지를 길에 펴며 9앞에서 가고 뒤에서 따르는 자들이 소리 지르되 호산나 찬송하리
로다 주의 이름으로 오시는 이여 10찬송하리로다 오는 우리 조상 다윗의 나라여 가
장 높은 곳에서 호산나 하더라.**

마태복음 21:7-9에 대한 설명을 보라. 우리 구주께서 제자들을 보내셔서 나귀 새끼를 끌고 오게 하셔서, 그 나귀 새끼를 타시고서, 많은 사람들의 환호 속에 예루살렘에 입성하신 것은 다음과 같은 것들을 사람들에게 보여 주시기 위한 것이었던 같다: (1) 주님은 하나님께서 전에 자신의 성산 시온에 세우시기로 약속하셨던 바로 그 왕이셨다. (2) 주님의 나라는 이 세상에 속한 것이 아니었다. 왜냐하면, 주님이 나중에 말씀하셨듯이, 만일 그의 나라가 이 세상에 속한 것이었다면, 그가 겟세마네 동산에서 잡히실 때에, 그의 종들로 하여금 그를 위해 싸우도록 하셨을 것이었기 때문이다. 이것으로부터 우리는 주님이 말씀하신 나라가 이 세상에 속한 나라가 아니라는 것을 알 수 있다. 또한, 만일 주님의 나라가 이 세상에 속한 나라였다면, 주님은 나귀 새끼보다 더 당당하고 풍채 있는 짐승을 타시고 화려한 안장도 준비하셔서 많은 사람들 앞에서 자신의 위엄을 나타내셨을 것이고, 자신이 입성하는 바로 그 길에 가난한 자들의 "겉옷"이 아니라 양탄자를 깔게 하셨을 것이며, 어린 아이들과 가난한 자들이 "호산나"라고 외치며 환호하는 소리가 아니라, 많은 시종들을 세워 나팔을 울리며 입성하셨을 것이다. 하지만 실제로 주님의 예루살렘 입성은 정부 당국이 두려워하기는커녕 비웃으며 코웃음을 칠 일이었고, 당시 예루살렘에 있던 로마 총독 본디오 빌라도에게 보고조차 되지 않았던 일이었다. 하지만 이 일은 예루살렘의 교회 지도자들이었던 서기관들과 바리새인들의 권세를 약화시키는 일로 여겨져서, 그들은 상당히 초조해하였다. 주님께서는 자신이 왕이시라는 것을 선언

하시기 위하여 이런 식으로 세상 사람들의 눈에 보기에는 조롱을 받을 정도로 초라하게 예루살렘에 입성하셨고, 따라서 이 일로 인해서 주님이 고발당하실 이유가 전혀 없으셨지만, 저 고상한 척하였던 서기관들과 바리새인들은 이 일을 빌미로 주님이 자신을 왕으로 자처하였다는 죄목을 주님께 뒤집어 씌운다.

11-19. **11예수께서 예루살렘에 이르러 성전에 들어가사 모든 것을 둘러 보시고 때가 이미 저물매 열두 제자를 데리시고 베다니에 나가시니라 12이튿날 그들이 베다니에서 나왔을 때에 예수께서 시장하신지라 13멀리서 잎사귀 있는 한 무화과나무를 보시고 혹 그 나무에 무엇이 있을까 하여 가셨더니 가서 보신즉 잎사귀 외에 아무것도 없더라 이는 무화과의 때가 아님이라 14예수께서 나무에게 말씀하여 이르시되 이제부터 영원토록 사람이 네게서 열매를 따 먹지 못하리라 하시니 제자들이 이를 듣더라 15그들이 예루살렘에 들어가니라 예수께서 성전에 들어가사 성전 안에서 매매하는 자들을 내쫓으시며 돈 바꾸는 자들의 상과 비둘기 파는 자들의 의자를 둘러엎으시며 16아무나 물건을 가지고 성전 안으로 지나다님을 허락하지 아니하시고 17이에 가르쳐 이르시되 기록된 바 내 집은 만민이 기도하는 집이라 칭함을 받으리라고 하지 아니하였느냐 너희는 강도의 소굴을 만들었도다 하시매 18대제사장들과 서기관들이 듣고 예수를 어떻게 죽일까 하고 꾀하니 이는 무리가 다 그의 교훈을 놀랍게 여기므로 그를 두려워함일러라 19그리고 날이 저물매 그들이 성 밖으로 나가더라.**

마태복음 21:12-17에 대한 설명을 보라. 거기에서 우리는 이 이야기의 이 부분을 마가와 누가 본문에 나오는 것들까지도 다 포함해서 아주 자세하게 살펴보았기 때문에, 여기에서는 덧붙일 말이 별로 없다. 마가는 그리스도께서 첫째 날에는 성전에 가셔서 둘러보기만 하시고, 밤에 베다니로 가셨다가 다음 날 다시 성전에 오실 때까지는 아무 일도 하지 않으신 것처럼 보도하고 있는 반면에, 다른 복음서 기자들은 그렇게 보도하고 있지 않는다. 또한, 해석자들도 우리 구주께서 첫째 날에 성전에 가셔서, 사람들이 성전을 철저히 유린하여 장사하는 곳으로 만들어 버린 것을 보시고서도 꾹 참으시고 단지 둘러만 보시고 그냥 돌아오셨을 가능성은 희박하다고 생각한다. 따라서 대부분의 해석자들은 우리 구주께서 성전에서 매매하는 자들을 쫓아내신 것이 첫째 날이었을 것이라고 생각한다. 우리는 마태 본문을 살펴볼 때, 성전의 바깥뜰, 곧 이방인들의 뜰에 시장이 있었다고 설명한 바 있다. 어떤 이들은 이 시장이 명절을 맞아 임시로 세워진 것이 아니라, 제사장들의 탐욕으로 인해서 상시적으로 거기에 있던 시장이었다고 말한다. 성전에는 오직 제사장들만이 들어갈 수 있었던 지성소가 있었고, 유대인이든 개종자이든 모든 할례 받은 자들이 들어갈 수 있었던 성소가 있었는데, 그들은 이 두 곳만을 거룩한 곳으로 여겼다. 그 밖에도 성전에는 이방인들의 뜰이라는 곳이 있었지만, 그들은 이 곳에 대해서는 거룩한 곳이라고 생각하지 않았기 때문에, 사람들이 거기에서 장사하는 것을 허용하였고, 유월절 직전에는 특히 이 시장은 아주 북적거렸다. 우리 구주께서 거기에서 매매하는 자들을 쫓아내신 것에 대해서는 마태복음 21:12-13에 대한 설명을 보라.

또한, 우리는 마태의 해당 본문을 살펴볼 때, 우리 구주께서 열매 맺지 못한 무화과나무를 저주하신 일에 대해서도 자세하게 설명하였고, 13절로부터 생겨나는 난점에 대해서 해석자들이 어떤 설명들을 제시하고 있는지도 이미 말하였기 때문에, 여기에서는 특별히 추가할 것이 없고, 나는 단지 여기에서 "이는 무화과의 때가 아님이라"로 번역된 '우 가르 엔 카이로스 쉬콘' (οὐ γὰρ ἦν χαιρὸς συχῶν)이라는 어구가 단지 "이는 무화과가 없었음이라"를 의미하는 것으로 보아서, 마치 이 어구가 '우 가르 에산 쉬카' (οὐ γὰρ ἦσαν σύχα)의 다른 표현인 양 해석하는 것이 괜찮은 것인지만을 박식한 사람들에게 묻고자 한다. 우리가 "잎사귀 외에 아무 것도 없더라 이는 무화과의 때가 아님이라"는 어구를 무화과 열매는 없었고 잎사귀만 있었다는 뜻으로 해석하는 경우에는, 여기에서 '카이로스'는 한 해 중에서 무화과가 열매가 맺히는 때를 가리키는 것이 아니라, 주님이 그 나무에 열매가 맺혀 있는지를 보시기 위하여 그 무화과나무 앞으로 가셨을 때를 가리키는 것이 될 것이다. 이 문제에 대해서는 우리가 마태의 해당 본문을 다룰 때에 이미 충분히 살펴보았기 때문에, 거기에 나오는 설명을 참조하라.

20-23. [20]그들이 아침에 지나갈 때에 무화과나무가 뿌리째 마른 것을 보고 [21]베드로가 생각이 나서 여짜오되 랍비여 보소서 저주하신 무화과나무가 말랐나이다 [22]예수께서 그들에게 대답하여 이르시되 하나님을 믿으라 [23]내가 진실로 너희에게 이르노니 누구든지 이 산더러 들리어 바다에 던져지라 하며 그 말하는 것이 이루어질 줄 믿고 마음에 의심하지 아니하면 그대로 되리라.

마태복음 21:21에 대한 설명을 보라. 내가 존경하는 많은 뛰어난 해석자들은 우리 구주께서 이 무화과나무를 저주하시고 말라 죽게 하신 주된 목적은 영적으로 열매를 맺지 못하게 될 때의 결과가 어떠한 것인지를 자신의 제자들에게 하나의 모형으로 보여 주시기 위한 것이었다고 말한다. 영적으로 열매를 맺지 못하는 것이 얼마나 위험한 일인지는 의문의 여지가 없다. 우리 구주께서는 무화과나무에 관한 또 하나의 비유(눅 13:6-9)를 통해서 우리에게 이것을 분명하게 가르쳐 주시고, 사도도 이것을 우리에게 가르쳐 준다(히 6:7-8). 그러나 나는 우리 주님의 이러한 행위를 그런 식으로 해석할 만한 근거를 전혀 보지 못하기 때문에, 주님께서 이 이적을 행하신 목적은 자신이 지니신 하나님으로서의 권능을 분명하게 보여 주시는 것이었다고 생각한다. 따라서 이 본문은 주님께서 자기 백성들에게 믿음의 능력, 즉 그들이 온전한 확신 가운데서 하나님의 뜻을 따라 하나님의 영광을 위하여 구하는 것들은 무엇이든지 그들에게 이루어질 것임을 보여 주시고자 하신 것이 주님의 의도였다는 것을 우리에게 말해 준다. 우리 구주께서 행하신 이 일을 어떤 식으로 해석하여야 이 이야기와 관련된 모든 난점들을 해결할 수 있는지를 놓고, 해석자들은 지금까지 많은 고민을 해왔다.

24-26. [24]그러므로 내가 너희에게 말하노니 무엇이든지 기도하고 구하는 것은 받은 줄로 믿으라 그리하면 너희에게 그대로 되리라 [25]서서 기도할 때에 아무에게나 혐의가 있거든 용서하라 그리하여야 하늘에 계신 너희 아버지께서도 너희 허물을 사하여 주시리라 하시니라 [26](없음).

마태복음 21:22; 6:14-15; 7:7에 대한 설명을 보라. 우리는 마태의 이 본문들에서 여기에 나오는 내용들을 앞서 만나 보았는데, 이 본문은 하나님으로부터 응답을 받는 기도를 하고자 하는 자들은 이미 받은 줄로 믿는 믿음을 가져야 하고 자신에게 해를 끼친 자들을 용서하여야 한다는 것을 우리에게 가르쳐 준다. 또한, 이것은 우리가 기도로 하나님께 구하는 것들이 하나님의 뜻에 합당한 것들이라는 온전한 확신이 필요하다는 것도 우리에게 가르쳐 준다. 이러한 확신이 없다면, 우리가 하나님께 기도로 구한 것들을 하나님으로부터 받게 될 것이라는 온전한 확신을 가지고서 기도하는 것이 불가능하고, 우리가 구하는 것들이 구원에 꼭 필요한 일들이라는 하나님의 계시가 없는 경우에는 우리의 확신은 온전할 수 없는 까닭에, 우리의 믿음이나 확신이 우리가 우리의 유익이나 하나님의 영광을 위하는 것이라고 생각하여 기도로 하나님께 구하는 것들을 하나님으로부터 받게 될 것이라는 온전한 확신에 도달할 수 없기 때문이다. 이것은 그리스도로부터 이적들을 행할 능력을 받은 자들에게도 그대로 적용된다. 그들은 이적을 베풀고자 할 때에는 그 이적이 하나님의 뜻임을 알고 확신한 가운데 그렇게 하여야 한다. 만약 그렇게 하지 않고, 이적을 베푸는 것이 하나님의 뜻인지에 대하여 어떤 의심이 있는데도 그렇게 행하였다면,

그들은 의심하며 행한 것이기 때문에 죄를 지은 것이 된다.

27-28. [27]그들이 다시 예루살렘에 들어가니라 예수께서 성전에서 거니실 때에 대제사장들과 서기관들과 장로들이 나아와 [28]이르되 무슨 권위로 이런 일을 하느냐 누가 이런 일 할 권위를 주었느냐.

우리 주님께서는 매일 밤 예루살렘에서 3km 정도 떨어져 있던 베다니로 가셨다가, 아침이 되면 다시 예루살렘으로 돌아오셔서, 성전에서 거니시며 가르치셨다. 마태는 주님께서 "성전에 들어가 가르치실새" 제사장들과 서기관들이 주님께 나아왔다고 말하고(마 21:23), 마가는 주님이 "성전에서 거니실 때에" 그들이 주님께 나아 왔다고 말하고 있기 때문에, 아마도 주님께서는 성전에서 거니시는 동안에도 계속해서 가르치셨던 것으로 보인다. 왜냐하면, 주님의 언행에 관한 모든 이야기 속에서 우리는 주님께서 길을 걸으실 때에나 집에 머물러 계실 때에나 조금의 시간도 허비하지 않으시고 늘 가르치시는 것을 보기 때문이다. 이 동일한 일에 대하여 보도하고 있는 마태복음 21:23에 대한 설명을 보라.

29-33. [29]예수께서 이르시되 나도 한 말을 너희에게 물으리니 대답하라 그리하면 나도 무슨 권위로 이런 일을 하는지 이르리라 [30]요한의 세례가 하늘로부터냐 사람으로부터냐 내게 대답하라 [31]그들이 서로 의논하여 이르되 만일 하늘로부터라 하면 어찌하여 그를 믿지 아니하였느냐 할 것이니 [32]그러면 사람으로부터라 할까 하였으나 모든 사람이 요한을 참 선지자로 여기므로 그들이 백성을 두려워하는지라 [33]이에 예수께 대답하여 이르되 우리가 알지 못하노라 하니 예수께서 이르시되 나도 무슨 권위로 이런 일을 하는지 너희에게 이르지 아니하리라 하시니라.

마태복음 21:24-27에 대한 설명을 보라. 거기에는 이 본문이 자세하게 설명되어 있다. 32절에 언급된 "선지자"는 하나님으로부터 그의 영으로 특별히 충만함을 입어 그의 뜻을 전하도록 보내심을 받은 사람을 뜻하기 때문에, 요한이 사람들에게 베푼 세례는 하늘로부터 온 것일 수밖에 없었다. 세례 요한에 대한 이러한 평판은 널리 알려져 있어서, 만일 대제사장들과 서기관들과 장로들이 요한의 세례가 하늘로부터 온 것이 아니라고 부정한다면, 그들은 백성들의 분노를 사서 빗발치는 비난을 받을 것이 뻔한 일이었기 때문에, 그들은 그런 꼴을 당하게 될 것을 두려워하였다. 하지만 만일 그들이 요한의 세례가 "하늘로부터" 온 것이라고 말한다면, 그들은 세례 요한을 믿지 않은 그들 자신을 스스로 정죄하는 꼴이 되고 말 것이었다(요 7:48). 따라서 그들은 명확한 대답을 회피하는 쪽을 택할 수밖에 없었고, 이것은 우리 구주께서 그들이 주님께 물은 것에 대해서 마찬가지로 대답하지 않아도 되는 정당한 근거를 제공해 주었다.

제12장

개요

1. 악한 농부들에게 세를 준 포도원에 관한 비유를 통해서 그리스도께서는 유대인들은 배제되고 이방인들이 부르심을 받게 될 것임을 예고하심(1-12).
2. 가이사에게 세금을 바치는 문제에 관한 기만적인 질문에 대하여 대답하심(13-17).
3. 부활에 관하여 이의를 제기한 사두개인들을 반박하심(18-27).
4. 율법의 두 큰 계명이 무엇인지를 보여 주심(28-34).
5. 그리스도에 관한 서기관들의 관점에 모순이 있음을 지적하심(35-37).
6. 바리새인들과 서기관들의 야심과 위선을 사람들에게 경고하심(38-40).
7. 가난한 과부가 헌금한 두 렙돈이 부자들의 모든 헌금보다 더 많이 헌금한 것이라고 말씀하심(41-44).

1-12. 1예수께서 비유로 그들에게 말씀하시되 한 사람이 포도원을 만들어 산울타
리로 두르고 즙 짜는 틀을 만들고 망대를 지어서 농부들에게 세로 주고 타국에 갔
더니 2때가 이르매 농부들에게 포도원 소출 얼마를 받으려고 한 종을 보내니 3그들
이 종을 잡아 심히 때리고 거저 보내었거늘 4다시 다른 종을 보내니 그의 머리에 상
처를 내고 능욕하였거늘 5또 다른 종을 보내니 그들이 그를 죽이고 또 그 외 많은 종
들도 더러는 때리고 더러는 죽인지라 6이제 한 사람이 남았으니 곧 그가 사랑하는
아들이라 최후로 이를 보내며 이르되 내 아들은 존대하리라 하였더니 7그 농부들이
서로 말하되 이는 상속자니 자 죽이자 그러면 그 유산이 우리 것이 되리라 하고 8이
에 잡아 죽여 포도원 밖에 내던졌느니라 9포도원 주인이 어떻게 하겠느냐 와서 그
농부들을 진멸하고 포도원을 다른 사람들에게 주리라 10너희가 성경에 건축자들이
버린 돌이 모퉁이의 머릿돌이 되었나니 11이것은 주로 말미암아 된 것이요 우리 눈
에 놀랍도다 함을 읽어 보지도 못하였느냐 하시니라 12그들이 예수의 이 비유가 자
기들을 가리켜 말씀하심인 줄 알고 잡고자 하되 무리를 두려워하여 예수를 두고 가
니라.

이 비유는 마태와 누가도 보도하고 있다. 마태복음 21:33-46에 대한 설명을 보라. 마가와 누가는 단지 유대 교회의 지도자들이 주님의 이 비유가 자기들을 가리켜 하신 것임을 알았다고만 보도하고 있는 반면에, 마태가 주님께서 “그러므로 내가 너희에게 이르노니 하나님의 나라를 너희는 빼앗기고 그 나라의 열매 맺는 백성이 받으리라”(43절)고 그들에게 말씀하셨다고 보도한 것을 보면, 그들은 이 비유의 의미를 확실하게 알았을 것임에 틀림없다. 이 비유 속에 나오는 포도원을 만든 사람은 하나님을 가리킨다. 시편 80:8-11은 “주께서 한 포도나무를 애굽에서 가져다가 민족들을 쫓아내시고” 가나안 땅에 “그것을 심으셨나이다 주께서 그 앞서 가꾸셨으므로 그 뿌리가 깊이 박혀서 땅에 가득하며 그 그늘이 산들을 가리고 그 가지는 하나님의 백향목 같으며 그 가지가 바다까지 뻗고 넝쿨이 강까지 미쳤거늘”이라고 말하고, 예레미야서 2:21은 “내가 너를 순전한 참 종자 곧 귀한 포도나무로 심었거늘”이라고 말하며, 이사야서 5:1-2은 “나는 내가 사랑하는 자를 위하여 노래하되 내가 사랑하는 자의 포도원을 노래하리라 내가 사랑하는 자에게 포도원이 있음이여 심히 기름진 산에로다 땅을 파서 돌을 제하고 극상품 포도나무를 심었도다 그 중에 망대를 세웠고 또 그 안에 술틀을 팠도다 좋은 포도 맺기를 바랐더니”라고 말한다. 이렇게 유대 교회는 하나님께서 자신의 섭리로 울타리를 두르시고 열매를 맺는 데 필요한 모든 여건들을 다 조성해 주신 포도원이었다. 그리고 하나님의 보내심을 받고 “소출 얼마”(열매)를 받기 위하여 갔다가 “농부들”에게 얻어 맞고 능욕과 죽임을 당한 “종들”(2-5절)은 선지자들을 가리킨다. 역대하 36:16은 이 본문에 대한 간결한 해설이다: “그의 백성이 하나님의 사신들을 비웃고 그의 말씀을 멸시하며 그의 선지자를 욕하여.” 또한, 하나님께서 농부들에게서 소출을 받으시기 위하여 마지막으로 보내신 “아들”은 그리스도를 가리킨다. 이 비유의 후반부는 예언적인 것으로서, 장차 그들이 그 아들에게 그렇게 하리라는 것, 유대 민족과 교회의 멸망, 복음이 이방인들에게로 넘어가게 될 것이고, 이방인들은 그리스도를 더 기꺼이 믿고 복음을 받아들이고자 하게 되리라는 것, 유대인들은 결국 자신들의 목적을 이루지 못하게 되리라는 것, 결국 시편 118:22의 예언을 따라 유대인들에 의해서 배척당하신 그리스도는 훨씬 더 크고 영화로운 교회의 머리가 되시리라는 것을 예고한다. 자세한 것은 마태복음 21:33-46을 보라.

13-17. [13]그들이 예수의 말씀을 책잡으려 하여 바리새인과 헤롯당 중에서 사람을 보내매 [14]와서 이르되 선생님이여 우리가 아노니 당신은 참되시고 아무도 꺼리는 일이 없으시니 이는 사람을 외모로 보지 않고 오직 진리로써 하나님의 도를 가르치심이니이다 가이사에게 세금을 바치는 것이 옳으니이까 옳지 아니하니이까 [15]우리

가 바치리이까 말리이까 한대 예수께서 그 외식함을 아시고 이르시되 어찌하여 나를 시험하느냐 데나리온 하나를 가져다가 내게 보이라 하시니 [16]가져왔거늘 예수께서 이르시되 이 형상과 이 글이 누구의 것이냐 이르되 가이사의 것이니이다 [17]이에 예수께서 이르시되 가이사의 것은 가이사에게, 하나님의 것은 하나님께 바치라 하시니 그들이 예수께 대하여 매우 놀랍게 여기더라.

마태복음 22:15-22에 대한 설명을 보라.

18. 부활이 없다 하는 사두개인들이 예수께 와서 물어 이르되.

사두개파라는 명칭은 안티고누스 소카이우스(Antigonus Sochaeus)의 제자였던 사독(Sadoc)이 창시한 종파로서 그 창시자의 이름에서 유래한 것으로 보인다. 그들의 이단성은 그들의 스승이 그들에게 어떤 상을 기대하고서 종들로서 하나님을 섬겨서는 안 된다고 가르친 데서 비롯된 것으로 전해진다. 그들은 이러한 가르침을 토대로 해서, 내세에는 부활도 없고 상이나 벌도 없다는 교리를 확립하였다. 그들은 영혼불멸과 몸의 부활, 천사와 영의 존재를 부정하였고(행 23:8), 운명도 부정하고, 모든 것을 자유의지로 돌렸다. 그들은 전통들을 배척하였고, 모세 오경만을 성경으로 인정하였다. 그들은 오직 자신들의 이성으로 이해할 수 있는 것들이나 자신들의 지각에 분명하게 드러난 것들만을 인정하고 믿었다는 점에서, 이성을 토대로 한 신앙인들이었던 것으로 보인다. 그들의 교리는 내세에 관한 가르침으로 인해서 그 어떤 방해도 받고 싶어 하지 않는 속성을 지닌 인간의 욕망에 최적화된 것이었다. 그들은 현세의 것들과 관련된 자신들의 육적인 욕망들을 마음껏 충족시키는 짐승 같은 삶을 살기 위하여, 영원한 삶과 행복에 대한 모든 소망을 부정하고, 인간은 죽으면 무(無)로 돌아가는 것이라는 교리적인 토대를 확립하였다 — 죽으면 무로 돌아간다는 교리는 심하게 타락하지 않은 인간 본성을 지닌 사람이라면 누구나 두려워하는 것이다.

여기 본문에서 사두개인들은 부활을 가르치신 주님과 그 가르침을 듣고 믿은 청중들에게 부활 교리가 지닌 극복될 수 없는 치명적인 맹점과 난점들을 폭로해서 주님과 청중들을 당혹스럽게 만들고 조롱할 생각으로 우리 구주께 나아온 것이었다. 그러나 주님께서는 스스로 지혜롭다고 여기는 사두개인들에게 그들의 모든 지혜는 단지 우매함에 지나지 않고, 부활을 부정하는 그들의 논거는 전적으로 그들이 논하고 있는 부활이라는 문제의 본질을 제대로 이해하지 못한 무지에서 나온 것임을 보여 주신다.

19-27. [19]선생님이여 모세가 우리에게 써 주기를 어떤 사람의 형이 자식이 없이 아
내를 두고 죽으면 그 동생이 그 아내를 취하여 형을 위하여 상속자를 세울지니라 하
였나이다 [20]칠 형제가 있었는데 맏이가 아내를 취하였다가 상속자가 없이 죽고 [21]둘
째도 그 여자를 취하였다가 상속자가 없이 죽고 셋째도 그렇게 하여 [22]일곱이 다 상
속자가 없었고 최후에 여자도 죽었나이다 [23]일곱 사람이 다 그를 아내로 취하였으
니 부활 때 곧 그들이 살아날 때에 그 중의 누구의 아내가 되리이까 [24]예수께서 이르
시되 너희가 성경도 하나님의 능력도 알지 못하므로 오해함이 아니냐 [25]사람이 죽
은 자 가운데서 살아날 때에는 장가도 아니 가고 시집도 아니 가고 하늘에 있는 천
사들과 같으니라 [26]죽은 자가 살아난다는 것을 말할진대 너희가 모세의 책 중 가시
나무 떨기에 관한 글에 하나님께서 모세에게 이르시되 나는 아브라함의 하나님이
요 이삭의 하나님이요 야곱의 하나님이로라 하신 말씀을 읽어보지 못하였느냐 [27]하
나님은 죽은 자의 하나님이 아니요 산 자의 하나님이시라 너희가 크게 오해하였도
다 하시니라.

부활과 관련된 논쟁에서 진정한 핵심은 죽은 자들의 몸이 장차 다시 살아나게 되는가 그렇지 않은가 하는 것이었고, 동일한 속성들과 욕구들과 힘 등등으로 다시 살아나게 되는가 그렇지 않은가 하는 것이 아니었다. 부활은 육적인 몸이 썩어져서 영적인 몸으로 다시 살아나는 것이다. 육적인 몸을 입고 있는 동안에 우리가 지닌 여러 속성들과 욕구들은, 굶주림이나 목마름 등과 같은 육적인 삶을 유지하고, 혼인의 욕구 같이 한 세대가 지나가고 다음 세대가 대를 이어갈 수 있게 하여 세상과 인류를 보존하는 데에만 필요한 것들일 뿐이다. 따라서 영원한 세계에서 모든 세대가 다 한자리에 모여서 더 이상 대를 이을 필요성이 없어질 때에는 그러한 속성들이나 욕구들은 필요없게 되는 것이 당연하지 않겠는가? 따라서 스스로 지혜자로 자처한 이 박식한 사람들이 부활을 부정한 것은 자신들이 논증하고자 하는 대상에 대하여 아무것도 알지 못하는 얼간이들임을 스스로 드러낸 것이었다. 부활을 부정하고자 한다면, 그들은 이 세상이 끝난 후에도 여전히 남편과 아내라는 부부관계나 혼인 제도 같은 것이 필요하다는 것을 먼저 증명하였어야 했다. 또한, 우리 구주께서는 사두개인들이 성경으로 인정하는 모세의 글들을 근거로 해서 부활을 증명하신다. 즉, 만일 부활이 없다면, 아브라함과 이삭과 야곱은 이미 영원히 사라져 버린 존재하지 않는 인물들일 것인 까닭에, 하나님은 그들에게 아무런 의미도 없는 존재가 되어 버린 것이기 때문에, "아브라함의 하나님," "이삭의 하나님," "야곱의 하나님"

은 공허한 말들일 뿐이라는 것이다. 이 이야기의 이 부분에 대해서는 마태복음 22:24-32에 대한 설명을 보라.

28-34. **28서기관 중 한 사람이 그들이 변론하는 것을 듣고 예수께서 잘 대답하신 줄을 알고 나아와 묻되 모든 계명 중에 첫째가 무엇이니이까 29예수께서 대답하시되 첫째는 이것이니 이스라엘아 들으라 주 곧 우리 하나님은 유일한 주시라 30네 마음을 다하고 목숨을 다하고 뜻을 다하고 힘을 다하여 주 너의 하나님을 사랑하라 하신 것이요 31둘째는 이것이니 네 이웃을 네 자신과 같이 사랑하라 하신 것이라 이보다 더 큰 계명이 없느니라 32서기관이 이르되 선생님이여 옳소이다 하나님은 한 분이시요 그 외에 다른 이가 없다 하신 말씀이 참이니이다 33또 마음을 다하고 지혜를 다하고 힘을 다하여 하나님을 사랑하는 것과 또 이웃을 자기 자신과 같이 사랑하는 것이 전체로 드리는 모든 번제물과 기타 제물보다 나으니이다 34예수께서 그가 지혜 있게 대답함을 보시고 이르시되 네가 하나님의 나라에서 멀지 않도다 하시니 그 후에 감히 묻는 자가 없더라.**

마태복음 22:35-40에 대한 설명을 보라. 여기에서 마가 본문에 나오는 모든 것들은 거기에 자세하게 설명되어 있다.

35-37. **35예수께서 성전에서 가르치실새 대답하여 이르시되 어찌하여 서기관들이 그리스도를 다윗의 자손이라 하느냐 36다윗이 성령에 감동되어 친히 말하되 주께서 내 주께 이르시되 내가 네 원수를 네 발 아래에 둘 때까지 내 우편에 앉았으라 하셨도다 하였느니라 37다윗이 그리스도를 주라 하였은즉 어찌 그의 자손이 되겠느냐 하시니 많은 사람들이 즐겁게 듣더라.**

마태복음 22:41-46에 대한 설명을 보라. 마태는 주님께서 이 말씀을 바리새인들에게 하신 것이라고 보도한다. 바리새인들은 주님을 하나님이자 사람이신 분으로 인정하지도 않았고, 그런 메시야를 기대하지도 않았다. 만일 그들이 그리스도 안에 신성과 인성이라는 두 본성이 실체적으로 연합되어 있다는 것을 인정하였더라면, 그리스도가 어떤 존재인지를 아는 것은 쉬운 일이었을 것이다.

38-40. **38예수께서 가르치실 때에 이르시되 긴 옷을 입고 다니는 것과 시장에서 문안 받는 것과 39회당의 높은 자리와 잔치의 윗자리를 원하는 서기관들을 삼가라 40그들은 과부의 가산을 삼키며 외식으로 길게 기도하는 자니 그 받는 판결이 더욱 중하리라 하시니라.**

마태복음 23:5-7, 14에 대한 설명을 보라. 사람들은 자신의 진정한 실력과 가치가 결여되어 있을수록, 어떤 격식이나 부나 허례허식으로부터 명성을 얻고자 하는 경향이 더욱 강해지고, 높고 존귀한 자리와 사람들로부터 대접받고 존경받는 것을 더 구하게 된다. 반면에, 고귀한 영혼을 지닌 자들은, 마치 잘 그려진 그림에는 사람들에게 그 그림을 설명하는 말이 필요 없는 것과 마찬가지로, 그러한 것들을 멸시하고 하찮게 여긴다. 훌륭한 사람들은 자신의 내실을 다지며 스스로 만족하고, 사람들 가운데서 명성을 얻는 데 관심을 갖거나, 자신에 대한 사람들의 평판에 신경 쓰지도 않는다. 나는 이 마가 본문에 나오는 것들을 마태복음 23장의 해당 본문을 다룰 때에 이미 자세하게 설명하였기 때문에, 독자들은 거기에 나오는 설명을 참조하기 바란다.

41-44. [41]**예수께서 헌금함을 대하여 앉으사 무리가 어떻게 헌금함에 돈 넣는가를 보실새 여러 부자는 많이 넣는데** [42]**한 가난한 과부는 와서 두 렙돈 곧 한 고드란트를 넣는지라** [43]**예수께서 제자들을 불러다가 이르시되 내가 진실로 너희에게 이르노니 이 가난한 과부는 헌금함에 넣는 모든 사람보다 많이 넣었도다** [44]**그들은 다 그 풍족한 중에서 넣었거니와 이 과부는 그 가난한 중에서 자기의 모든 소유 곧 생활비 전부를 넣었느니라 하시니라.**

이 장에 나오는 이야기들 중에서 이것은 우리가 앞서 마태복음에서 만나지 않았던 유일한 이야기이다. 이 이야기는 누가복음 21:1-4에도 기록되어 있다. 이 이야기의 문자적인 내용과 거기에서 도출되는 유익한 교훈을 이해하려면, 우리는 구주께서 활동하셨던 당시에 성전에는 "헌금함들"이 있었다는 것을 알아야 한다. 저 유명한 라이트푸트(Lightfoot) 박사는 '레사코트'(Lesacoth)라 불린 헌금실들과 '쇼페로트'(Shopheroth)라 불린 13개의 헌금함이 있었는데, 이것들은 모두 '코르반'(Corban) 또는 '코르보나'(Corbonah)로 통칭되었다고 말한다. 이 헌금함들 중에서 2개는 모든 이스라엘 사람이 율법을 따라 내게 되어 있던 반 세겔의 성전세를 넣는 곳이었고(출 30:12-13), 나머지 11개의 헌금함에는 어떤 용도의 헌금을 넣는 곳인지가 적혀 있었다. (1) 두 마리의 산비둘기 또는 어린 비둘기와 관련된 헌금함. (2) 번제용의 새들과 관련된 헌금함. (3) 제단의 불을 지필 화목을 구입하는 데 사용될 돈을 넣는 헌금함. (4) 향품을 사는 데 쓰일 돈을 넣는 헌금함. (5) 시은좌(mercy seat)에 사용할 금을 바치는 자들을 위해 마련된 헌금함. (6) 속죄제를 드리고 남은 돈을 넣는 헌금함. (7) 속건제를 드리고 남은 돈을 넣는 헌금함. (8) 새들을 제물로 바치고 남은 돈을 넣는 헌금함. (9) 나실인이 제사를 드리고 남은 돈을 넣는 헌금함.

(10) 나병환자가 속건제를 드리고 남은 돈을 넣는 헌금함. (11) 소나 양을 제물로 바치고자 하는 자들을 위한 헌금함. 이스라엘 사람들은 어떤 제사를 드리고자 할 때에 거기에 필요한 것들을 스스로 준비할 필요가 없이, 거기에 소요되는 돈을 내기만 하면, 제사장들이 다 알아서 제사를 드려 주었고, 그렇게 제사를 드리고 남은 돈은 해당 헌금함에 넣었다.

주님께서는 많은 유대인들이 금화나 은화, 또는 당시에 널리 사용되었던 동화를 헌금함에 "많이" 넣는 것을 보고 계셨는데, 그 때에 한 가난한 과부가 와서, "두 렙돈 곧 한 고드란트를 넣는" 것을 보셨다. 이 과부가 헌금함에 넣은 돈의 가치가 얼마나 되었는지에 대해서 저 박식한 라이트푸트(Lightfoot) 박사는 자신의 저서인 『성전 제사』(*Temple Service*) 제19장에서 이렇게 말한다: "율법에 언급된 은 한 냥의 무게는 보리알 320개의 무게였다. 지혜자들은 거기에 얼마를 더해서, 중간 크기의 보리알 484개의 무게를 4데나리온으로 정하였다. 1데나리온은 6므나였는데, 모세 시대에 므나는 게라로 불렸다. 1므나는 2폰디온(Pondion)이었고, 1폰디온은 2앗사리온이었다. 1앗사리온은 보리알 4개의 무게였고, 1렙돈은 보리알 반 개의 무게였다." 이 계산법에 의하면, 이 과부가 헌금한 두 렙돈은 중간 크기의 보리알 한 개의 무게가 나가는 은의 가치가 있었다. 우리 구주께서는 이 과부가 "자기의 모든 소유 곧 생활비 전부"를 헌금하였다고 말씀하신다. 여기에서 "생활비 전부"로 번역된 헬라어는 직역하면 "그녀의 삶 전체"라는 뜻으로서, 그녀가 자신의 목숨을 유지하는 데 필요한 모든 것을 의미한다. 아리아스 몬타누스(Arias Montanus)는 이것이 그녀가 하루 동안 살아가는 데 드는 돈 전부를 의미한다고 생각한다. 왜냐하면, 당시에 이 정도의 돈은 통상적으로 가난한 사람이 하루를 연명하는 데 필요한 금액으로 생각되었기 때문이다. 그리스도께서 그녀가 "헌금함에 넣는 모든 사람보다 많이 넣었다"고 말씀하신 것은 객관적인 금액을 비교해서 하신 말씀이 아니라, 그녀가 헌금할 수 있었던 돈과 다른 모든 사람들이 헌금할 수 있었던 돈을 서로 비교해서 하신 말씀이었다. 이 이야기는 우리에게 두 가지 큰 교훈을 준다: (1) 가난한 사람이라고 해서 선한 일을 하지 않아도 되는 것은 아니다(고후 8:2-3). (2) 하나님께서는 우리의 선한 일들을 받으실 때에 우리가 행한 일의 양이 아니라, 우리의 마음과 의지와 감정을 보신다: "할 마음만 있으면 있는 대로 받으실 터이요 없는 것은 받지 아니하시리라"(고후 8:12). 하나님께서는 우리가 드리는 것의 헌물의 양이 아니라, 우리의 순종과 사랑을 받으신다.

제13장

개요

1. 성전의 멸망을 예고하심(1-2).
2. 어떤 징조들과 재난들이 먼저 있을 것인지를 보여 주심(3-23).
3. 주님이 다시 오실 때에 어떤 일들이 있을 것인지를 보여 주심(24-31).
4. 그 날이나 그 때는 아무도 모르기 때문에, 우리는 준비되지 않은 상태로 발견되지 않도록 깨어 기도해야 한다고 말씀하심(32-37).

1-2. [1]예수께서 성전에서 나가실 때에 제자 중 하나가 이르되 선생님이여 보소서
이 돌들이 어떠하며 이 건물들이 어떠하니이까 [2]예수께서 이르시되 네가 이 큰 건
물들을 보느냐 돌 하나도 돌 위에 남지 않고 다 무너뜨려지리라 하시니라.

그리스도의 제자들은 이 세상에 속한 화려하고 웅장한 것들을 보았을 때, 특히 그런 것들이 죄악된 사람들의 긍지이고 자부심일 때에는 더더욱, 그 훌륭함에 넋이 나가서 감탄하는 것이 아니라, 그런 것들이 언젠가는 흔적도 없이 사라지게 되리라는 것을 묵상하는 것이 합당하다. 죄는 이 세상에서 가장 유명한 구조물들조차도 서서히 갉아먹어서 흔적도 없이 사라지게 만들어 버릴 것이기 때문에, 그리스도인들은 그런 것들에 마음을 두지 않는 것이 현명한 일이다. 마태복음 24:1-2에 대한 설명을 보라.

3-4. [3]예수께서 감람 산에서 성전을 마주 대하여 앉으셨을 때에 베드로와 야고보
와 요한과 안드레가 조용히 묻되 [4]우리에게 이르소서 어느 때에 이런 일이 있겠사
오며 이 모든 일이 이루어지려 할 때에 무슨 징조가 있사오리이까.

마태는 제자들이 이 질문 외에도 두 가지를 더 주님께 물은 것으로 보도한다: "주의 임하심과 세상 끝에는 무슨 징조가 있사오리이까"(마 24:3). 믿음이 아주 좋은 사람들도 장래에 일어나게 될 일들을 알고자 하는 큰 호기심을 갖고 있다. 이 장의 나머지 부분에는 우리 구주께서 제자들이 여기에서 물은 한 가지 질문(마가와 누가) 또는 세 가지 질문(마태)에 대답하신 내용이 나온다. 어떤 이들은 우리 구주께서 제자들이 물은 각각의 사건과 관련된 징조들을 말씀해 주신 것이라고 보고, 여기에 언급된 많은 징조들을 다 분리하고 구별해서 각각의 사건들과 대응시키려는 시도를 해 왔지만, 나는 우리 구주께서는 예루살렘의 멸망이 마지막 날에 있을 세상의 멸망이 어떠할지를 보여 주는 모형으로서의 역할을 해서, 전자의 직전에 나타날 징조들이 곧 그대로 세상의 멸망 직전에 나타날 징조들이 될 것임을 자신의 제자들에게 알게 해 주고자 하신 것이라고 생각한 해석자들이 옳다고 본다. 예루살렘 멸망 직전에 일어난 일들과 그 후에 일어난 일들에 대하여 기록한 요세푸스의 역사서를 읽어 보면, 우리는 여기에서 주님이 말씀하신 일들은 예루살렘의 끔찍한 멸망 직전에 일어났고, 그 후에는 그런 일들이 거의 또는 전혀 일어나지 않았다는 것을 발견하게 된다. 따라서 우리는 마지막 날에 세상 전체가 멸망하기 직전에도 예루살렘 멸망 직전에 일어났던 그런 일들이 일어나게 될 것임을 의심하지 말아야 한다.

5-6. [5]예수께서 이르시되 너희가 사람의 미혹을 받지 않도록 주의하라 [6]많은 사람이 내 이름으로 와서 이르되 내가 그라 하여 많은 사람을 미혹하리라.

마태복음 24:4-5에 대한 설명을 보라. 이것은 예루살렘이 멸망 직전에 부분적으로 성취되었고, 그 이후로 계속해서 성취되어 온 첫 번째 징조이고, 아마도 심판의 날 직전에도 그리스도를 참칭하는 자들이 많이 나타나게 될 것이다.

7-8. [7]난리와 난리의 소문을 들을 때에 두려워하지 말라 이런 일이 있어야 하되 아직 끝은 아니니라 [8]민족이 민족을, 나라가 나라를 대적하여 일어나겠고 곳곳에 지진이 있으며 기근이 있으리니 이는 재난의 시작이니라.

마태는 여기에 "전염병"(KJV)을 더하고 있고, 누가는 "난리와 소요의 소문"이 들릴 것이고, "큰 지진과 기근과 전염병이 있겠고 또 무서운 일과 하늘로부터 큰 징조들이 있으리라"고 말한다(눅 21:9-11). 마태복음 24:6-8에 대한 설명을 보라. 여기에는 두세 가지의 징조들이 한데 결합되어 나온다: (1) "난리와 난리의 소문." 나라들 간의 전쟁은 늘 있는 일이지만, 심판의 날 직전에는 그 정도가 더 심해질 것이다. (2) "기근과 전염병과 지진." (3) "무서운 일." 이것은 공중과 하늘에 나타나게 될 어떤 두려운 광경들을 의미한다. 요세푸스는 이런 일들이 예루살렘의 멸망 직전에 있었다고 우리에게 말해 준다. 이런 일들은 마지막 날 직전에도 나타나겠지만, 이전에 그 어떤 심판의 날 직전에 나타난 것들보다도 훨씬 더 강도 높게 나타날 것이다. 하나님께서 어떤 곳에 대하여 큰 심판을 행하시기 직전에는 통상적으로 "무서운 광경들과 하늘로부터 큰 징조들"이 있었기 때문에, 리비우스(Livy) 등이 우리에게 보여 주듯이, 이교도들은 그런 것들을 관찰하는 것을 자연종교가 해야 할 일의 일부로 삼았던 것으로 보인다. 그리스도께서 먼저는 예루살렘, 다음으로는 세상의 멸망 직전에 그 징조들로서 이런 일들이 있을 것이라고 말씀해 주신 목적은 생각 있는 그리스도인들로 하여금 이런 징조들을 찾아내어서 멸망이 언제 일어날지를 예측하도록 하시기 위한 것이 아니라, 이런 일들이 장차 일어나게 될 것을 생각해서 더욱 두렵고 경외하는 마음으로 깨어서 살아가게 하시기 위한 것이었다. 따라서 우리는 그런 징조들을 마지막 날에 하나님이 행하실 두렵고 큰 일, 특히 죄인들에 대한 심판을 미리 보여 주시는 것으로 여겨야 한다.

9. 너희는 스스로 조심하라 사람들이 너희를 공회에 넘겨 주겠고 너희를 회당에서 매질하겠으며 나로 말미암아 너희가 권력자들과 임금들 앞에 서리니 이는 그들에게 증거가 되려 함이라.

이것은 그리스도께서 이 말씀을 하실 당시에 살아 있던 사람들에게는 오직 예루살렘의 멸망이 가까웠음을 예고하는 징조일 수 있지만, 그 이후의 사람들에게는 세상의 종말이 가까웠음을 예고해 주는 징조가 된다. 주님이 자신의 제자들에게 말씀해 주신 다섯 번째 징조는 그리스도의 사역자들과 하나님의 성도들이 복음을 고백하고 전파한다는 이유로 박해를 당하게 되리라는 것이었다. 마태복음 24:9에 대한 설명을 보라.

10. 또 복음이 먼저 만국에 전파되어야 할 것이니라.

우리 주님께서는 이것을 단지 예루살렘의 멸망을 예고하는 징조로서만이 아니라 세상의 멸망을 예고해 주는 징조로서도 말씀하셨고, 특히 후자를 더 염두에 두신 것이라고 나는 생각한다. 왜냐하면, 그리스도께서 죽으시고 부활하신 지 채 40년도 안 되어서 예루살렘의 멸망이 일어났고, 그 때에는 복음은 아직 "만국에" 전파되지 않았기 때문이다(물론, 성경의 어법에 따라 "만국"이 "모든 나라"가 아니라 "많은 나라"를 가리키는 것으로 해석하는 경우에는 사정이 달라지겠지만). 그리스도께서 죽으시고 부활하신 지 40년 이내에 많은 나라들에 복음이 전파되었고, 사실 오늘날까지도 모든 나라에 다 복음이 전파된 것은 아니지만, 나는 그런 것들과는 달리 심판의 날 직전에는 문자 그대로 "만국에," 즉 모든 나라에 복음이 전파될 것이라고 생각한다. 성경과 교회사가들은 복음이 유럽과 아시아, 그리고 아프리카에 전파된 것에 대해서는 상당히 자세하게 기록하고 있지만, 아메리카 대륙에 복음이 전파되었다는 것에 대해서는 성경과 교회사가들로부터 거의 그런 말을 듣지 못한다. 물론, 나는 교회사가들이 사도 도마가 인도로 건너가서 인도인들에게 복음을 전한 것 및 트루멘티우스(Trumentius)와 그의 동료들이 한 일에 대해서 쓴 글들을 모르는 바는 아니지만, 그리스도께서 심판하러 다시 오시기 전에 우리가 복음을 인도인들에게도 전해야 한다고 믿음에도 불구하고, 그런 얘기들을 강단에서 말하는 설교자들은 거의 없다.

11. 사람들이 너희를 끌어다가 넘겨 줄 때에 무슨 말을 할까 미리 염려하지 말고 무엇이든지 그 때에 너희에게 주시는 그 말을 하라 말하는 이는 너희가 아니요 성령이시니라.

마태복음 10:19-20에 대한 설명을 보라. 여기에서 주님께서 "미리 염려하지 말라"고 하신 것은 걱정하고 염려하며 불안해하지 말라는 것이다.

12-13. [12]형제가 형제를, 아버지가 자식을 죽는 데에 내주며 자식들이 부모를 대적하여 죽게 하리라 [13]또 너희가 내 이름으로 말미암아 모든 사람에게 미움을 받을 것이나 끝까지 견디는 자는 구원을 받으리라.

이것은 9절에 주어진 다섯 번째 징조에 대한 보충설명으로서 그 박해가 극심할 것임을 보여 주는데, 이것은 예루살렘의 멸망 직전에는 유대인들에 의한 혹독한 박해를 통해서 특히 그대로 이루어졌고, 그리스도께서 죽으시고 부활하신 지 삼백 년 후에는 이교도들에 의한 혹독한 박해를 통해서 이루어졌으며, 오늘날에는 교황주의자들에 의한 혹독한 박해를 통해서 이루어지고 있다. 마태복음 24:9-10에 대한 설명을 보라.

14-20. [14]멸망의 가증한 것이 서지 못할 곳에 선 것을 보거든 (읽는 자는 깨달을진저) 그 때에 유대에 있는 자들은 산으로 도망할지어다 [15]지붕 위에 있는 자는 내려가지도 말고 집에 있는 무엇을 가지러 들어가지도 말며 [16]밭에 있는 자는 겉옷을 가지러 뒤로 돌이키지 말지어다 [17]그 날에는 아이 밴 자들과 젖먹이는 자들에게 화가 있으리로다 [18]이 일이 겨울에 일어나지 않도록 기도하라 [19]이는 그 날들이 환난의 날이 되겠음이라 하나님께서 창조하신 시초부터 지금까지 이런 환난이 없었고 후에도 없으리라 [20]만일 주께서 그 날들을 감하지 아니하셨더라면 모든 육체가 구원을 얻지 못할 것이거늘 자기가 택하신 자들을 위하여 그 날들을 감하셨느니라.

마태복음 24:15-22에 대한 설명을 보라. 거기에서 우리는 여기에 나오는 본문 전체를 이미 자세하게 설명하였다. 이 징조는 분명히 예루살렘의 멸망과 관련되어 있고, 세상의 종말과는 아무런 관계도 없다. 우리는 마태복음 24:13-51을 설명할 때에, "멸망의 가증한 것"이 무엇을 의미하고, 다니엘서에서 그것이 어떤 장소와 연관되어 있는지를 이미 살펴보았다. 누가는 "너희가 예루살렘이 군대들에게 에워싸이는 것을 보거든 그 멸망이 가까운 줄을 알라"(눅 21:20)고 말함으로써 이 구절을 설명해 주고 있다. 로마 군대는 그들이 섬겼던 우상들로 인해서 "가증한" 자들이었다. 따라서 여기에서 말한 징조는 이런 것이었다: 너희는 로마 군대가 예루살렘을 포위하는 것을 볼 때, 다른 사람들이 끝까지 저항하면 얼마든지 로마 군대를 물리칠 수 있다고 허망한 소망을 불어넣는다고 하여도, 머지않아 하나님께서 예루살렘을 로마 군대의 손에 붙이실 것임을 알아야 한다. 따라서 너희는 모든 수단을 동원해서 예루살렘에서 빠져나와 피신하여야 한다. 그 때가 왔을 때, 하나님께서는 반드시 예루살렘 성을 로마 군대에 넘기실 것이고, 그 성이 함락되기 전에 예루살렘 성내에서는 극심한 내분과 알력이 일어나서, 그 주민들은 지금까지 경험해 보지 못했던 극심한 환난과 괴로움을 겪게 될 것이다. 이것들에 대해서 자세한 것은 마태복음 24:15-22에 대한 설명을 보라.

21-23. [21]그 때에 어떤 사람이 너희에게 말하되 보라 그리스도가 여기 있다 보라 저기 있다 하여도 믿지 말라 [22]거짓 그리스도들과 거짓 선지자들이 일어나서 이적과 기사를 행하여 할 수만 있으면 택하신 자들을 미혹하려 하리라 [23]너희는 삼가라 내가 모든 일을 너희에게 미리 말하였노라.

마태복음 24:23-25에 대한 설명을 보라. 예루살렘의 멸망 직전의 시기와 그 함락 과정에 관한 역사서를 쓴 요세푸스(Josephus)와 로마의 역사학자들의 글들이 이 본문에 대한 최고의 주석서들이다. 역사가들은 당시에 유대인들이 메시야가 오기를 대망하고 있었다고 자주 말하였고, 그것은 오늘날에도 마찬가지이다. 하지만 그들은 자신들이 기다리는 메시야를 하나님이자 사람으로서 자기 백성을 죄에서 구하시고 이 세상에 영적인 나라를 세우실 자라고 생각한 것이 아니라, 다윗 가문에서 태어나서 자신들의 시민적인 자유들을 회복시켜 줄 세상의 왕이라고 생각하였다. 따라서 로마를 대항하여 반란을 일으킨 자들은 그 반란을 정당화하고 세력을 끌어모으기 위해서 자기 자신을 "그리스도," 즉 메시야로 자처하였고, 특히 그 반란의 주모자가 다윗 가문의 혈통을 이은 자로 행세할 수 있는 여건이 되는 경우에는 더욱 그러하였다. 예루살렘의 멸망이 가까운 시기에, 유대인들에게 자유를 가져다주기 위한 것이라는 명목으로 반란을 일으켜서 사람들을 끌어 모아 자신의 세력을 불리고자 하였던 몇몇 인물들이 이런 수법을 사용하였다. 우리 구주께서는 자신의 제자들도 유대인들의 이러한 공통적인 잘못에 물들어 있는 것을 아셨고, 그런 잘못된 착각이 장차 어떤 결과를 불러오게 될 것인지를 아셨기 때문에, 그러한 메시야 사상은 허무맹랑한 망상이라고 경고하시면서, 그런 식으로 메시야를 참칭하는 자들을 따라갔다가 파멸을 자초하는 일이 있어서는 안 된다고 제자들에게 경고하신다.

24-27. [24]**그 때에 그 환난 후 해가 어두워지며 달이 빛을 내지 아니하며** [25]**별들이 하늘에서 떨어지며 하늘에 있는 권능들이 흔들리리라** [26]**그 때에 인자가 구름을 타고 큰 권능과 영광으로 오는 것을 사람들이 보리라** [27]**또 그 때에 그가 천사들을 보내어 자기가 택하신 자들을 땅 끝으로부터 하늘 끝까지 사방에서 모으리라.**

해와 달이 어두워지고 별들이 하늘에서 떨어진다는 표현은 한편으로는 이사야서 13:10에서는 바벨론의 멸망을, 에스겔서 32:7에서는 하나님의 섭리에 의해서 애굽의 멸망으로 인하여 생겨날 변화를 나타내는 데 사용되고, 다른 한편으로는 요엘서 2:31에서는 복음이 전파됨으로써 세상에서 이루어질 변화를 나타내는 데 사용되고 있는 데서 우리가 알 수 있듯이, 복음서 기자는 한편으로는 열방들의 멸망과 열방들 가운데서 일어날 변화들을 나타내고, 다른 한편으로는 복음으로 인하여 세상에 일어날 변화들을 나타내기 위하여, 이 표현을 사용하고 있다. 따라서 해석자들은 이 표현이 지닌 그러한 의미범위를 토대로 해서 다음과 같은 해석을 제시해 왔다: (1) 이 본문은 유대 교회와 나라에 큰 변화를 가져다줄 유대인들의 멸망에 관한 것이다. (2) 이 본문은 복음 교회가 세워짐으로써 생겨나게 될 변화에 관한 것이다. 그러나 나는 26절과 27절을 고려하였을 때, 이 본문을 세상의 종말과 연결시켜서 해석하여야 한다고 본다. 왜냐하면, 24-25절의 표현들이 세상과 열방들 가운데서의 큰 격변들을 나타내는 데 사용되기는 하지만, 그러한 격변들과 관련해서 성경은 "그 때에 인자가 구름을 타고 큰 권능과 영광으로 오는 것을 사람들이 보리라 또 그 때에 그가 천사들을 보내어 자기가 택하신 자들을 땅 끝으로부터 하늘 끝까지 사방에서 모으리라"고 말하지는 않기 때문이다. 이러한 표현은 그리스도께서 세상을 심판하시기 위하여 다시 오실 것에 대하여 말하는 본문들과 정확히 일치한다는 점에서, 나는 우리 구주께서 여기에서 자신의 재림에 대하여 말씀하신 것이라고밖에는 생각할 수 없다. 마태복음 13:41; 고린도전서 15:52; 데살로니가전서 4:16; 요한계시록 1:7을 보라.

28-31. [28]**무화과나무의 비유를 배우라 그 가지가 연하여지고 잎사귀를 내면 여름이 가까운 줄 아나니** [29]**이와 같이 너희가 이런 일이 일어나는 것을 보거든 인자가 가까이 곧 문 앞에 이른 줄 알라** [30]**내가 진실로 너희에게 말하노니 이 세대가 지나가기 전에 이 일이 다 일어나리라** [31]**천지는 없어지겠으나 내 말은 없어지지 아니하리라.**

마태복음 24:32-35에 대한 설명을 보라. 여기에 나오는 것들은 거기에 단어들까지도 거의 동일하게 나오고, 우리는 마태 본문을 이미 자세하게 살펴보았기 때문에, 이 본문을 설명하기 위해서 여기에서 또다시 거기에서 다룬 것들을 반복할 필요는 없을 것이다.

32-33. [32]그러나 그 날과 그 때는 아무도 모르나니 하늘에 있는 천사들도, 아들도 모르고 아버지만 아시느니라 [33]주의하라 깨어 있으라 그 때가 언제인지 알지 못함이라.

마태복음 24:36과 24:42에 대한 설명을 보라. 하나님께서는 우리로 하여금 우리가 사는 모든 날 동안에 늘 깨어 있게 하시기 위하여 마지막 날이 언제일지를 우리에게 감추셨다(Ideo latet ultimus dies ut observentur omnes dies). 여기에서 그리스도께서 자기도 마지막 날과 때를 알지 못하신다고 말씀하신 것이 무슨 의미인지에 대해서는 해당 마태 본문에 대한 설명을 보라. "깨어 있는" 것은 잠자고 있는 것과 반대이다. 자연적인 잠이 있고 영적인 잠이 있는데, 사도 바울은 이것들에 대하여 우리에게 말해 준다(롬 13:11; 엡 5:14). 여기에서 주님께서 우리에게 명령하시는 것은 일차적으로 영적인 잠과 반대되는 깨어 있는 것이다. 주님께서 우리에게 "깨어 있으라"고 하시는 것은, 우리가 최후의 심판을 염두에 두고서, 그 날이 언제가 될지를 모른다는 점을 감안하여, 부지런히 죄를 멀리함과 동시에, 우리의 몸도 그러한 목적을 위하여 늘 기도하는 데 적합한 상태로 깨어 있게 하여야 한다는 것이다. 그러나 여기에서 주님이 말씀하시는 깨어 있는 것은 주로 영적으로 잠자는 것을 의미하는 죄에 대항하여 맞서 싸우는 것이다. 따라서 누가복음 21:36은 이 본문에 대한 해설이라고 할 수 있다: "이러므로 너희는 장차 올 이 모든 일을 능히 피하고 인자 앞에 서도록 항상 기도하며 깨어 있으라."

34-37. [34]가령 사람이 집을 떠나 타국으로 갈 때에 그 종들에게 권한을 주어 각각 사무를 맡기며 문지기에게 깨어 있으라 명함과 같으니 [35]그러므로 깨어 있으라 집 주인이 언제 올는지 혹 저물 때일는지, 밤중일는지, 닭 울 때일는지, 새벽일는지 너희가 알지 못함이라 [36]그가 홀연히 와서 너희가 자는 것을 보지 않도록 하라 [37]깨어 있으라 내가 너희에게 하는 이 말은 모든 사람에게 하는 말이니라 하시니라.

헬라어 본문에는 "인자는"이라는 말이 없지만, 이 본문이 제대로 그 의미가 통하기 위해서는 이런 식의 어떤 주어가 반드시 있어야 한다(이것은 이 본문은 "A는 B와 같다"는 식으로 표현되어 있지만, 주어에 해당하는 A가 없기 때문에, 흠정역에서는 "인자는"이라는 주어를 보충해 넣은 것을 설명한 것이다 — 역주). 여기에 두 번 나오는 "깨어 있으라"는 어구를 비롯해서 이 본문 전체는 우리가 방금 앞에서 말한 것과 동일한 의미를 지닌다. 아무도 그리스도께서 언제 심판하러 오실지를 확실히 알 수 없기 때문에, 모든 사람들은 주님께서 언제 오시든 영접할 준비를 갖추어 놓기 위하여 그들 자신을 지켜 범죄하지 않도록 늘 부지런히 힘쓰고 애써야 한다. 주님께서는 죄 가운데서 살아가는 것을 잠자는 것으로 표현하고, 거룩한 삶을 살아가는 것을 깨어 있는 것으로 표현하고 계시기 때문에, 여기에서 밤의 네 경점만을 언급하시는 것이지만, 이것은 늘 깨어 있어야 한다는 의미이다.

제14장

개요

1. 대제사장들과 서기관들이 그리스도를 죽이려고 공모함(1-2).
2. 한 여자가 그리스도의 머리에 매우 값진 향유를 부음(3-9).
3. 유다가 그리스도를 팔기로 대제사장들과 약조함(10-11).
4. 그리스도께서 유월 식사를 하시면서, 자신의 제자들 중 한 사람이 자기를 팔 것임을 보여 주심(12-21).
5. 성찬을 제정하심(22-26).
6. 그리스도께서 모든 제자들이 자기를 버릴 것이고, 베드로도 자기를 부인할 것이라고 예고하심(27-31).
7. 겟세마네 동산에서 몹시 고민하시며 기도하심(32-42).
8. 그리스도께서 유다에게 배신당하여 붙잡히시고, 제자들은 달아남(43-52).
9. 공회 앞에 끌려가셔서, 거짓 고소를 당하시고 심문받으신 후에 유죄판결을 받으시고, 무례한 대우를 받으심(53-65).
10. 베드로가 그리스도를 부인한 후에 회개함(66-72).

1-2. [1]이틀이 지나면 유월절과 무교절이라 대제사장들과 서기관들이 예수를 흉계로 잡아 죽일 방도를 구하며 [2]이르되 민란이 날까 하노니 명절에는 하지 말자 하더라.

마태는 "예수께서 이 말씀을 다 마치시고 제자들에게 이르시되 너희가 아는 바와 같이 이틀이 지나면 유월절이라 인자가 십자가에 못 박히기 위하여 팔리리라 하시더라"(마 26:1-2)고 먼저 보도한 후에, 뒤이어서 여기에 나오는 것과 동일한 내용을 보도한다. 이 주간의 금요일은 무교절을 필두로 해서 유월절이 시작되는 날이었기 때문에, "이틀이 지나면 유월절과 무교절이라"는 구절은 대제사장들과 서기관들이 어떻게 주님을 죽일지를 놓고 모의한 날이 화요일이었음을 보여 준다. 마태복음 26:1-5에 대한 설명을 보라.

3-9. [3]예수께서 베다니 나병환자 시몬의 집에서 식사하실 때에 한 여자가 매우 값진 향유 곧 순전한 나드 한 옥합을 가지고 와서 그 옥합을 깨뜨려 예수의 머리에 부으니 [4]어떤 사람들이 화를 내어 서로 말하되 어찌하여 이 향유를 허비하는가 [5]이 향

유를 삼백 데나리온 이상에 팔아 가난한 자들에게 줄 수 있었겠도다 하며 그 여자
를 책망하는지라 6예수께서 이르시되 가만 두라 너희가 어찌하여 그를 괴롭게 하느
냐 그가 내게 좋은 일을 하였느니라 7가난한 자들은 항상 너희와 함께 있으니 아무
때라도 원하는 대로 도울 수 있거니와 나는 너희와 항상 함께 있지 아니하리라 8그
는 힘을 다하여 내 몸에 향유를 부어 내 장례를 미리 준비하였느니라 9내가 진실로
너희에게 이르노니 온 천하에 어디서든지 복음이 전파되는 곳에는 이 여자가 행한
일도 말하여 그를 기억하리라 하시니라.

마태복음 26:6-13에 대한 설명을 보라. 거기에서 우리는 마태 본문은 물론이고, 마가와 요한에 나오는 다른 내용들까지 종합적으로 자세하게 살펴보았다.

10-16. 10열둘 중의 하나인 가룟 유다가 예수를 넘겨 주려고 대제사장들에게 가매
11그들이 듣고 기뻐하여 돈을 주기로 약속하니 유다가 예수를 어떻게 넘겨 줄까 하
고 그 기회를 찾더라 12무교절의 첫날 곧 유월절 양 잡는 날에 제자들이 예수께 여짜
오되 우리가 어디로 가서 선생님께서 유월절 음식을 잡수시게 준비하기를 원하시
나이까 하매 13예수께서 제자 중의 둘을 보내시며 이르시되 성내로 들어가라 그리
하면 물 한 동이를 가지고 가는 사람을 만나리니 그를 따라가서 14어디든지 그가 들
어가는 그 집 주인에게 이르되 선생님의 말씀이 내가 내 제자들과 함께 유월절 음
식을 먹을 나의 객실이 어디 있느냐 하시더라 하라 15그리하면 자리를 펴고 준비한
큰 다락방을 보이리니 거기서 우리를 위하여 준비하라 하시니 16제자들이 나가 성
내로 들어가서 예수께서 하시던 말씀대로 만나 유월절 음식을 준비하니라.

마태복음 26:17-19에 대한 설명을 보라.

17-21. 17저물매 그 열둘을 데리시고 가서 18다 앉아 먹을 때에 예수께서 이르시되
내가 진실로 너희에게 이르노니 너희 중의 한 사람 곧 나와 함께 먹는 자가 나를 팔
리라 하신대 19그들이 근심하며 하나씩 하나씩 나는 아니지요 하고 말하기 시작하
니 20그들에게 이르시되 열둘 중의 하나 곧 나와 함께 그릇에 손을 넣는 자니라 21인
자는 자기에 대하여 기록된 대로 가거니와 인자를 파는 그 사람에게는 화가 있으리
로다 그 사람은 차라리 나지 아니하였더라면 자기에게 좋을 뻔하였느니라 하시니
라.

마태복음 26:20-25에 대한 설명을 보라. 거기에서 우리는 여기에 나오는 말씀들을 이해하는 데 필요한 모든 것을 이미 자세하게 살펴보았다. 여기에 나오는 것은 마태 본문에 나오는 것과 별 차이가 없고, 단지 마태는 주님께서 유다가 바로 자기를 팔 자라는 것을 이 때에 구체적으로 밝히셨다고 보도하는 것만이 차이가 있을 뿐이다. 요한복음 13장에 나오는 만찬이 여기에 나오는 최후의 만찬과 동일한 것이 아니라면, 요한은 이 최후의 만찬에 대하여 전혀 보도하고 있지 않은 것이 되는데, 이 문제에 대해서는 요한복음의 해당 본문을 다룰 때에 자세하게 살펴볼 것이다.

22-26. **22그들이 먹을 때에 예수께서 떡을 가지사 축복하시고 떼어 제자들에게 주시며 이르시되 받으라 이것은 내 몸이니라 하시고 23또 잔을 가지사 감사 기도 하시고 그들에게 주시니 다 이를 마시매 24이르시되 이것은 많은 사람을 위하여 흘리는 나의 피 곧 언약의 피니라 25진실로 너희에게 이르노니 내가 포도나무에서 난 것을 하나님 나라에서 새 것으로 마시는 날까지 다시 마시지 아니하리라 하시니라 26이에 그들이 찬미하고 감람 산으로 가니라.**

마태복음 26:26-30에 대한 설명을 보라. 거기에서 우리는 마태와 마가와 누가 간의 아주 작은 차이들까지 다 세세하게 살펴보았다.

27-31. **27예수께서 제자들에게 이르시되 너희가 다 나를 버리리라 이는 기록된 바 내가 목자를 치리니 양들이 흩어지리라 하였음이니라 28그러나 내가 살아난 후에 너희보다 먼저 갈릴리로 가리라 29베드로가 여짜오되 다 버릴지라도 나는 그리하지 않겠나이다 30예수께서 이르시되 내가 진실로 네게 이르노니 오늘 이 밤 닭이 두 번 울기 전에 네가 세 번 나를 부인하리라 31베드로가 힘있게 말하되 내가 주와 함께 죽을지언정 주를 부인하지 않겠나이다 하고 모든 제자도 이와 같이 말하니라.**

이 본문과 관련해서 자세한 것은 마태복음 26:31-35에 대한 설명을 보라.

32-42. **32그들이 겟세마네라 하는 곳에 이르매 예수께서 제자들에게 이르시되 내가 기도할 동안에 너희는 여기 앉아 있으라 하시고 33베드로와 야고보와 요한을 데리고 가실새 심히 놀라시며 슬퍼하사 34말씀하시되 내 마음이 심히 고민하여 죽게 되었으니 너희는 여기 머물러 깨어 있으라 하시고 35조금 나아가사 땅에 엎드리어 될 수 있는 대로 이 때가 자기에게서 지나가기를 구하여 36이르시되 아빠 아버지여 아버지께는 모든 것이 가능하오니 이 잔을 내게서 옮기시옵소서 그러나 나의 원대로 마시옵고 아버지의 원대로 하옵소서 하시고 37돌아오사 제자들이 자는 것을 보시고 베드로에게 말씀하시되 시몬아 자느냐 네가 한 시간도 깨어 있을 수 없더냐 38시험에 들지 않게 깨어 있어 기도하라 마음에는 원이로되 육신이 약하도다 하시고 39다시 나아가 동일한 말씀으로 기도하시고 40다시 오사 보신즉 그들이 자니 이는 그들의 눈이 심히 피곤함이라 그들이 예수께 무엇으로 대답할 줄을 알지 못하더라 41**

세 번째 오사 그들에게 이르시되 이제는 자고 쉬라 그만 되었다 때가 왔도다 보라 인자가 죄인의 손에 팔리느니라 [42]일어나라 함께 가자 보라 나를 파는 자가 가까이 왔느니라.

마태복음 26:36-46에 대한 설명을 보라.

43-45. [43]예수께서 말씀하실 때에 곧 열둘 중의 하나인 유다가 왔는데 대제사장들과 서기관들과 장로들에게서 파송된 무리가 검과 몽치를 가지고 그와 함께 하였더라 [44]예수를 파는 자가 이미 그들과 군호를 짜 이르되 내가 입맞추는 자가 그이니 그를 잡아 단단히 끌어 가라 하였는지라 [45]이에 와서 곧 예수께 나아와 랍비여 하고 입을 맞추니.

마태복음 26:47-49에 대한 설명을 보라.

46-50. [46]그들이 예수께 손을 대어 잡거늘 [47]곁에 서 있는 자 중의 한 사람이 칼을 빼어 대제사장의 종을 쳐 그 귀를 떨어뜨리니라 [48]예수께서 무리에게 말씀하여 이르시되 너희가 강도를 잡는 것 같이 검과 몽치를 가지고 나를 잡으러 나왔느냐 [49]내가 날마다 너희와 함께 성전에 있으면서 가르쳤으되 너희가 나를 잡지 아니하였도다 그러나 이는 성경을 이루려 함이니라 하시더라 [50]제자들이 다 예수를 버리고 도망하니라.

우리는 주님의 수난에 관한 이야기를 전체적으로 온전히 설명하기 위하여, 마태의 해당 본문을 다룰 때에, 마태와 마가와 누가가 보도한 것들을 종합적으로 다 살펴보았고, 여기에 나오는 본문에 대해서는 마태복음 26:50-56에 대한 설명에서 이미 자세하게 말하였기 때문에, 여기에서는 굳이 되풀이할 필요가 없을 것이다. 마태복음 26:50-56에 대한 설명을 보라.

51-52. [51]한 청년이 벗은 몸에 베 홑이불을 두르고 예수를 따라가다가 무리에게 잡히매 [52]베 홑이불을 버리고 벗은 몸으로 도망하니라.

이 이야기의 이 부분은 오직 마가만이 기록하고 있다. 나는 어떤 이들이 무슨 근거로 여기에 등장하는 "한 청년"을 사도 요한이라고 단정하는 것인지를 알지 못하겠다. 요한은 유다가 왔을 때에 그리스도와 함께 있던 열한 제자 중 한 명이었다. 우리는 그가 조금 전에 겟세마네 동산에서 주님이 기도하시는 동안에 피곤해서 졸며 깜빡 잠이 들기도 하였다는 말을 듣지만, 유다가 주님을 팔기 위해 왔을 때에 침상으로 가서 잤다거나 침상 근처에 있었다는 말을 듣지 못한다. 본문을 보면, 그가 걸쳤던 옷은 거의 십중팔구 잠옷이었음에 틀림없고, 그가 무리에게 붙잡혔을 때에

"베 홑이불을 버리고 벗은 몸으로 도망한" 것으로 보아 느슨하게 입은 옷이었음에 틀림없다. 또한, 본문은 이 청년을 그리스도의 많은 제자들 중 한 사람이라고 불러 주는 영광도 수여하지 않는다. 따라서 이 청년은 침상에서 잠을 자고 있다가, 주님을 붙잡으러 가는 무리들이 검과 몽치로 무장하고서 자신의 거처 옆을 지나가면서 낸 왁자지껄한 소음을 듣고서, 무슨 일이 일어났는지를 알아보기 위하여, 잠옷만 걸친 채로 얼른 침상을 빠져나와서 무리들을 몰래 따라갔고, 그들이 그리스도를 붙잡아서 끌고 가는 장면을 목격하고서, 그들의 뒤를 좇아갔던 것으로 보인다. 주님의 제자들이 모두 달아난 후에, 이 청년은 자신의 기이한 복장으로 인해서 무리들의 눈에 더 잘 띄었을 것이다. 우리는 마가가 광분한 박해자들에게서 우리가 무엇을 기대할 수 있는지, 즉 우리가 아무리 결백하더라도 그러한 결백함이 우리를 그들로부터 지켜 주지 않을 것임을 경고하고자 한 것이 아니라면, 이 이야기를 여기에 기록한 이유를 찾아내기 힘들다. 이 청년은 그리스도와 어떤 식으로든 연루된 자가 아니었고, 어떤 무장도 하지 않은 채로 단지 무슨 일이 벌어지고 있는지가 궁금해서 이 현장에 있게 된 것일 뿐이었다. 그러나 박해의 칼날은 그런 것을 구별하지 않는다. 헬라 신화에 나오는 바실리스크(basilisk, 노려보거나 그 입김으로 사람들을 죽였다고 하는 전설적인 동물)는 사람의 초상화만 보아도 죽이려 하였다고 한다.

53-65. [53]**그들이 예수를 끌고 대제사장에게로 가니 대제사장들과 장로들과 서기**
관들이 다 모이더라 [54]**베드로가 예수를 멀찍이 따라 대제사장의 집 뜰 안까지 들어**
가서 아랫사람들과 함께 앉아 불을 쬐더라 [55]**대제사장들과 온 공회가 예수를 죽이**
려고 그를 칠 증거를 찾되 얻지 못하니 [56]**이는 예수를 쳐서 거짓 증언 하는 자가 많**
으나 그 증언이 서로 일치하지 못함이라 [57]**어떤 사람들이 일어나 예수를 쳐서 거짓**
증언 하여 이르되 [58]**우리가 그의 말을 들으니 손으로 지은 이 성전을 내가 헐고 손으**
로 짓지 아니한 다른 성전을 사흘 동안에 지으리라 하더라 하되 [59]**그 증언도 서로 일**
치하지 않더라 [60]**대제사장이 가운데 일어서서 예수에게 물어 이르되 너는 아무 대**
답도 없느냐 이 사람들이 너를 치는 증거가 어떠하냐 하되 [61]**침묵하고 아무 대답도**
아니하시거늘 대제사장이 다시 물어 이르되 네가 찬송 받을 이의 아들 그리스도냐
[62]**예수께서 이르시되 내가 그니라 인자가 권능자의 우편에 앉은 것과 하늘 구름을**
타고 오는 것을 너희가 보리라 하시니 [63]**대제사장이 자기 옷을 찢으며 이르되 우리**
가 어찌 더 증인을 요구하리요 [64]**그 신성모독 하는 말을 너희가 들었도다 너희는 어**
떻게 생각하느냐 하니 그들이 다 예수를 사형에 해당한 자로 정죄하고 [65]**어떤 사람**

은 그에게 침을 뱉으며 그의 얼굴을 가리고 주먹으로 치며 이르되 선지자 노릇을 하라 하고 하인들은 손바닥으로 치더라.

우리 구주께서 대제사장 앞에서 심문을 받으시는 것에 관한 이 이야기는 우리가 마태복음 26:57-68에서 이미 살펴보았기 때문에, 이 본문에 대해서는 거기에 나오는 설명을 보라. 그리스도를 단죄하여 죽이는 일은 대제사장들과 공회가 온 힘을 다 기울여서 추진하고 있던 초미의 관심사였던 것으로 보인다. 공회가 그리스도를 단죄한 후에 로마 총독 빌라도에게 넘겼고, 빌라도는 주님에 대한 십자가형을 집행하도록 주님을 열두 시경에 군인들에게 넘겨 준 것으로 보아서, 그들은 밤을 꼬박 새우며 함께 모여 자리를 지켰던 것 같다. 이 가증스러운 위선자들은 주님을 붙잡아서 재판을 열고 심문하고 단죄하기 직전에 유월절 식사를 하였었다. 왜냐하면, 주님이 붙잡히시던 날의 해가 질 때에 무교절을 필두로 해서 유월절이 시작되었기 때문이었다. 따라서 그들이 자신들을 애굽 땅 종 되었던 곳에서 건져주신 하나님께 감사하며 그 날을 기념하는 식사를 한 후에, 가장 먼저 한 일이 바로 그리스도를 죽여 하나님께 제물로 바치는 것이었다. 게다가, 그들이 사형에 해당하는 사건에 대한 재판을 성일이나 밤에 연 것은 규범에 어긋나는 일이었다. 그러나 박해자들의 광분함은 하나님의 율법이나 인간의 법으로 제어가 되지 않는다. 하나님의 종들이 여전히 그런 식으로 취급받고 있다면, 그것은 그리스도께서 겪으신 것을 그들도 겪고 있는 것이다. 주님께서는 "제자가 그 선생보다 높지 못하다"(마 10:24; 눅 6:40)고 말씀하신 바 있다. 자세한 것은 마태복음 26장에 대한 설명을 보라.

**66-72. [66]베드로는 아랫뜰에 있더니 대제사장의 여종 하나가 와서 [67]베드로가 불
쬐고 있는 것을 보고 주목하여 이르되 너도 나사렛 예수와 함께 있었도다 하거늘 [68]
베드로가 부인하여 이르되 나는 네가 말하는 것이 무엇인지 알지도 못하고 깨닫지
도 못하겠노라 하며 앞뜰로 나갈새 [69]여종이 그를 보고 곁에 서 있는 자들에게 다시
이르되 이 사람은 그 도당이라 하되 [70]또 부인하더라 조금 후에 곁에 서 있는 사람들
이 다시 베드로에게 말하되 너도 갈릴리 사람이니 참으로 그 도당이니라 [71]그러나
베드로가 저주하며 맹세하되 나는 너희가 말하는 이 사람을 알지 못하노라 하니 [72]
닭이 곧 두 번째 울더라 이에 베드로가 예수께서 자기에게 하신 말씀 곧 닭이 두 번
울기 전에 네가 세 번 나를 부인하리라 하심이 기억되어 그 일을 생각하고 울었더
라.**

베드로가 주님을 부인한 것에 관한 이 이야기는 네 복음서 기자가 모두 보도한

다. 우리는 이 이야기를 전체적으로 바라보기 위해서, 마태복음 26:69-75을 다룰 때에 나머지 세 복음서 기자의 보도 내용도 모두 다 종합해서 자세하게 살펴보았기 때문에, 단지 다음과 같은 것들만을 간략하게 언급하고, 다른 것들은 여기에서 되풀이하지 않을 것이다. (1) 하나님께서는 우리의 교만과 자만을 낮추시기 위하여 종종 우리로 하여금 이루 말할 수 없는 수치와 멸시를 당하게 하신다. 베드로는 위대한 사도였지만, 여기에서 두 명의 여종에 의해서 낮아진다. (2) 한 가지 죄를 짓게 되면, 자연스럽게 그 죄와 연결된 또 다른 죄들을 줄줄이 짓게 된다. 베드로는 처음에는 거짓말만 하였지만, 그 다음 번에는 맹세하고 저주하는 것을 거기에 추가한다. (3) 죄를 짓지 않기 위해서는, 죄인들의 무리와 어울리지 않는 것이 필수적이다. 다윗은 "나는 주를 경외하는 모든 자들과 주의 법도들을 지키는 자들의 친구라"(시 119:63)고 말하였다. (4) 하나님의 말씀들은 당장에는 별 유익이나 필요가 없어 보여도 나중에는 반드시 필요하고 큰 유익을 가져다준다. (5) 악인들과 성도들은 똑같이 범죄하였어도, 그 결과는 판이하게 다르다. 유다는 죄를 지은 후에 뉘우치고 목을 매어 죽었지만, 베드로는 대제사장의 관정 밖으로 나가서 통곡하였다. 유다의 참회는 사망으로 이어졌지만, 베드로의 회개는 생명으로 이어졌다. 이 이야기와 관련해서 더 자세한 것은 마태복음 26:69-75에 대한 설명을 보라. 이제까지 우리는 그리스도께서 유대인들의 교회 법정에서 재판 받으신 것에 관한 보도를 보았는데, 마가복음 10:33에서 주님께서 미리 예고하신 것이 그대로 이루어졌다는 것을 확인할 수 있다. 거기에서 주님께서는 먼저 "보라 우리가 예루살렘에 올라가노니 인자가 대제사장들과 서기관들에게 넘겨지매 그들이 죽이기로 결의하고"라고 말씀하셨을 뿐만 아니라, 다음으로 "이방인들에게 넘겨주겠고 그들은 능욕하며 침 뱉으며 채찍질하고 죽일 것"이라고도 말씀하셨다. 우리는 이 두 번째 말씀이 다음 장에 나오는 이 이야기의 속편에서 그대로 이루어지고 있음을 보게 될 것이다.

제15장

개요

1. 예수께서 결박되신 채로 빌라도 앞으로 끌려가셔서 고발되셨지만, 총독 앞에서 침묵하심(1-5).
2. 빌라도가 백성들의 아우성에 못 이겨서 바나바를 놓아 주고 예수를 십자가에 못 박도록 내어 줌(6-15).
3. 로마 군인들이 그리스도에게 가시면류관을 씌우고 희롱한 후에 십자가형을 집행할 장소로 끌고 감(16-23).
4. 두 강도 사이에서 십자가에 못 박히심(24-28).
5. 사람들이 지나가며 그리스도를 모욕함(29-32).
6. 하나님의 이름을 부르시며 운명하심(33-37).
7. 성전 휘장이 찢어짐(38).
8. 로마 백부장의 고백(39-41).
9. 아리마대 요셉이 그리스도의 시신을 수습해서 장사 지냄(42-47).

1. 새벽에 대제사장들이 즉시 장로들과 서기관들 곧 온 공회와 더불어 의논하고 예수를 결박하여 끌고 가서 빌라도에게 넘겨 주니.

마태복음 27:1-2에 대한 설명을 보라. 본디오 빌라도는 당시에 유대 속주를 다스리는 로마 총독이었다(눅 3:1). 스데반의 경우에서 볼 수 있듯이(행 7:54-60), 공회는 그들 자신의 권한으로 신성모독죄를 사형으로 다스릴 수 있었는데도 불구하고, 그리스도를 신성모독죄로 단죄한 후에 총독 빌라도에게 끌고 간 이유가 무엇인지에 대해서는 마태의 해당 본문에 대한 설명을 보라. 복음서 기자들은 그들이 우리 주님을 "새벽에" 빌라도 앞에 끌고 갔다고 보도하는데, 빌라도가 주님을 단죄하여 십자가 형에 처하도록 내어 준 때가 "제육시," 즉 우리 시간으로 12시경이었다는 것을 감안하면, 그들이 주님을 총독 앞에 끌고 간 때는 아침 여섯 시 또는 일곱 시였던 것으로 보인다. 이 아침은 그들이 유월절 식사를 한 저녁이 지나고 처음 맞은 아침이었고, 무교절의 첫 날이었다. 이것을 통해서 우리는 그들에게는 하나님의 규례가 안중에도 없었다는 것을 확인하게 된다.

2-20. [2]빌라도가 묻되 네가 유대인의 왕이냐 예수께서 대답하여 이르시되 네 말이

옳도다 하시매 3대제사장들이 여러 가지로 고발하는지라 4빌라도가 또 물어 이르되
아무 대답도 없느냐 그들이 얼마나 많은 것으로 너를 고발하는가 보라 하되 5예수
께서 다시 아무 말씀으로도 대답하지 아니하시니 빌라도가 놀랍게 여기더라 6명절
이 되면 백성들이 요구하는 대로 죄수 한 사람을 놓아 주는 전례가 있더니 7민란을
꾸미고 그 민란 중에 살인하고 체포된 자 중에 바라바라 하는 자가 있는지라 8무리
가 나아가서 전례대로 하여 주기를 요구한대 9빌라도가 대답하여 이르되 너희는 내
가 유대인의 왕을 너희에게 놓아 주기를 원하느냐 하니 10이는 그가 대제사장들이
시기로 예수를 넘겨 준 줄 앎이러라 11그러나 대제사장들이 무리를 충동하여 도리
어 바라바를 놓아 달라 하게 하니 12빌라도가 또 대답하여 이르되 그러면 너희가 유
대인의 왕이라 하는 이를 내가 어떻게 하랴 13그들이 다시 소리 지르되 그를 십자가
에 못 박게 하소서 14빌라도가 이르되 어찜이냐 무슨 악한 일을 하였느냐 하니 더욱
소리 지르되 십자가에 못 박게 하소서 하는지라 15빌라도가 무리에게 만족을 주고
자 하여 바라바는 놓아 주고 예수는 채찍질하고 십자가에 못 박히게 넘겨 주니라 16
군인들이 예수를 끌고 브라이도리온이라는 뜰 안으로 들어가서 온 군대를 모으고 17
예수에게 자색 옷을 입히고 가시관을 엮어 씌우고 18경례하여 이르되 유대인의 왕
이여 평안할지어다 하고 19갈대로 그의 머리를 치며 침을 뱉으며 꿇어 절하더라 20희
롱을 다 한 후 자색 옷을 벗기고 도로 그의 옷을 입히고 십자가에 못 박으려고 끌고
나가니라.

우리 구주께서 빌라도에 의해서 심문을 받으시고 단죄되신 것과 그 후에 군인들로부터 희롱을 당하신 것에 관한 이 이야기는, 정도 차이는 있지만 네 복음서 기자들 모두에 의해서 기록되었는데, 그 중에서 마가는 이 이야기의 많은 중요한 정황들과 부분들을 생략한 것으로 보인다. 우리는 마태복음 27:11-31을 다룰 때에 이 모든 보도들을 비교해 가면서 자세하게 살펴보았기 때문에, 독자들은 거기에 나오는 설명을 참조하기 바란다. 이 본문에서 우리는 다음과 같은 것들을 볼 수 있다. (1) 이교도인 빌라도는 대제사장보다 더 그리스도께 호의를 보여 주었을 뿐만 아니라, 더 공평한 재판을 진행하려고 애를 썼다. (2) 우리 구주께서는 스스로를 고발하지 않으시고, 자신을 보호하고자 하셨다. (3) 이 대제사장들은 아무런 죄도 없는 결백한 그리스도는 죽이고 폭동을 일으켜 사람들을 죽인 바라바는 사면해 달라고 빌라도에게 요청하는 끔찍한 타락상을 보여 주었다. (4) 부패한 심령은 통상적인 시험조차도 이길 수 없을 정도로 허약하다. 빌라도는 대제사장들이 악의적으로 그리스도를 고발한 것이고, 그리스도께는 아무런 죄도 없다는 것을 확신하였지만, 그들의 말을 들어주지 않으면, 그들이 로마 황제에게 자기를 음해할 것을 우려하여, 비열하게도 그들을 만족시켜 주고자 하였다. (5) 그리스도께서 단죄를 당하신 것은 자신의 교회를 통해서 그의 영적인 나라를 유지하고자 하셨기 때문이었다. 왜냐하면, 다른 복음서 기자들이 말해 주듯이, 주님께서는 빌라도 앞에서 자신의 나라는 이 땅에 속한 것이 아님을 분명히 하셨기 때문이다. (6) 그리스도에 관한 옛적의 예언의 말씀들은 하나님의 섭리에 의해서 아주 정확하게 성취되었다. 그 예언의 말씀대로, 우리는 여기에서 그리스도께서 이방인들에게 넘겨져서 희롱을 당하시고 채찍에 맞으시며 침 뱉음을 당하신 후에 이제 죽임을 당하시기 위하여 끌려가시는 모습을 본다. (7) 그리스도께서는 우리의 죄로 인한 질고를 대신 짊어지시고 그 죄의 저주를 제거하시기 위하여 이 모든 쓴 것들을 달게 받으셨다. 주님은 모욕을 당하시고 옥에 갇히셨으며, 희롱과 채찍질과 침 뱉음을 당하신 후에, 결국 죽임을 당하셨다. 주님께서 이렇게 이 모든 쓴 것들을 맛보신 것은 우리를 고치시고 온전하게 하시기 위한 것이었다. 이것을 통해서 주님께서는 우리가 그리스도를 위하여 받는 능욕과 수치와 멸시와 모욕과 고난은 그리스도의 고난과 죽으심을 함께 하는 것이기 때문에 기뻐하고 자랑할 일이라는 것을 우리에게 가르쳐 주셨다. 우리가 주님과 함께 고난을 받는다면, 영광도 함께 받게 될 것이다.

21-37. [21]마침 알렉산더와 루포의 아버지인 구레네 사람 시몬이 시골로부터 와서
지나가는데 그들이 그를 억지로 같이 가게 하여 예수의 십자가를 지우고 [22]예수를
끌고 골고다라 하는 곳(번역하면 해골의 곳)에 이르러 [23]몰약을 탄 포도주를 주었으
나 예수께서 받지 아니하시니라 [24]십자가에 못 박고 그 옷을 나눌새 누가 어느 것을
가질까 하여 제비를 뽑더라 [25]때가 제삼시가 되어 십자가에 못 박으니라 [26]그 위에
있는 죄패에 유대인의 왕이라 썼고 [27]강도 둘을 예수와 함께 십자가에 못 박으니 하
나는 그의 우편에, 하나는 좌편에 있더라 [28](없음) [29]지나가는 자들은 자기 머리를 흔
들며 예수를 모욕하여 이르되 아하 성전을 헐고 사흘에 짓는다는 자여 [30]네가 너를
구원하여 십자가에서 내려오라 하고 [31]그와 같이 대제사장들도 서기관들과 함께 희
롱하며 서로 말하되 그가 남은 구원하였으되 자기는 구원할 수 없도다 [32]이스라엘
의 왕 그리스도가 지금 십자가에서 내려와 우리가 보고 믿게 할지어다 하며 함께 십
자가에 못 박힌 자들도 예수를 욕하더라 [33]제육시가 되매 온 땅에 어둠이 임하여 제
구시까지 계속하더니 [34]제구시에 예수께서 크게 소리 지르시되 엘리 엘리 라마 사

박다니 하시니 이를 번역하면 나의 하나님, 나의 하나님 어찌하여 나를 버리셨나이
까 하는 뜻이라 35곁에 섰던 자 중 어떤 이들이 듣고 이르되 보라 엘리야를 부른다
하고 36한 사람이 달려가서 해면에 신 포도주를 적시어 갈대에 꿰어 마시게 하고 이
르되 가만 두라 엘리야가 와서 그를 내려 주나 보자 하더라 37예수께서 큰 소리를 지
르시고 숨지시니라.

마가는 다른 복음서 기자들이 기록한 많은 중요한 내용들을 생략하고 있기 때문에, 이 이야기를 온전히 살펴보기 위해서는, 다른 모든 복음서 기자들의 보도를 참조하지 않으면 안 되는데, 우리는 마태복음 27:32-50을 다룰 때에 그런 식으로 종합적으로 살펴본 바 있다. 따라서 마태복음 27:32-50에 대한 설명을 보라. 거기에 나오는 설명을 읽으면, 독자들은 마가의 이 본문을 이해할 수 있을 뿐만 아니라, 여러 복음서 기자들의 보도들 간에 존재하는 작은 차이들도 모두 조화롭게 이해할 수 있게 될 것이다.

어떤 이들은 성경에서 "알렉산더와 루포의 아버지인 구레네 사람 시몬"이라는 표현처럼 어떤 사람을 누구의 아버지라고 표현한 경우에는 그 아들들이 아버지보다 더 유명했다는 것을 의미하는 것이라고 말한다. 많은 해석자들은 이 시몬이 이방인이었다고 생각한다. 확실한 것은 아니지만, 여기에 언급된 "알렉산더"가 에베소에서 유대인들에 의해 박해를 받은 "알렉산더"와 동일인이었고(행 19:33), "루포"는 사도 바울이 로마서 16:13에서 "주 안에서 택하심을 입은 루포"라고 부르며 문안인사 한 바로 그 인물이었을 가능성도 없지 않다. 사람들은 로마에서 마가가 이 이야기를 쓸 때에 알렉산더와 루포도 거기에 있었기 때문에, 마가는 이 이야기의 진실성을 증언해 줄 수 있는 증인들로서 이 두 사람을 언급한 것이라고 말한다. 우리가 여기에서 읽을 수 있는 것은 단지 이 두 아들의 아버지가 그리스도의 십자가를 지거나 그 한 쪽 끝을 졌다는 것뿐이다. 그리고 이 일로 인해서 두 아들은 바로 그 십자가에서 죽으신 이를 믿게 되었다. 이렇게 하나님의 은혜는 그의 뜻대로 우리가 예상하지 못한 곳에 임한다. "몰약을 탄 포도주"에 대해서는 우리가 마태복음 27:32-50을 다룰 때에 이미 설명한 바 있다. 어떤 이들은 우리 구주의 친구들이 주님의 힘을 북돋워 드리기 위하여 드린 것이라고 생각하지만, 거기에는 약간의 마취의 효능이 있어서 주님의 감각을 조금 둔하게 하여, 주님이 십자가 위에서 겪으실 고통을 덜어 드리기 위한 것이었을 가능성이 높다. 그들의 의도가 어떤 것이었든, 우리 구주께서는 그들이 알지 못한 포도주가 자신에게 있으셨기 때문에, 몰약을 탄 포도주를 받아 마시는 것을 거부하셨다. 이 이야기와 관련된 다른 것들에 대해서 자세한 것은 마태복음 27:32-50에 대한 설명을 보라.

38-41. 38이에 성소 휘장이 위로부터 아래까지 찢어져 둘이 되니라 39예수를 향하
여 섰던 백부장이 그렇게 숨지심을 보고 이르되 이 사람은 진실로 하나님의 아들이
었도다 하더라 40멀리서 바라보는 여자들도 있었는데 그 중에 막달라 마리아와 또
작은 야고보와 요세의 어머니 마리아와 또 살로메가 있었으니 41이들은 예수께서
갈릴리에 계실 때에 따르며 섬기던 자들이요 또 이 외에 예수와 함께 예루살렘에 올
라온 여자들도 많이 있었더라.

마가는 우리 구주께서 죽으실 때에 일어난 징조들과 우리 주님이 숨을 거두시고 장사되실 때까지 일어난 일련의 사건들을 간단하게 보도하지만, 다른 복음서 기자들은 좀 더 자세하게 보도하고 있다. 우리는 마태복음 27:51-54을 다룰 때, 이미 이것과 관련된 모든 보도들을 종합적으로 함께 살펴본 바 있다. 마태복음 27:51-54에 대한 설명을 보라.

42-47. 42이 날은 준비일 곧 안식일 전날이므로 저물었을 때에 43아리마대 사람 요
셉이 와서 당돌히 빌라도에게 들어가 예수의 시체를 달라 하니 이 사람은 존경 받
는 공회원이요 하나님의 나라를 기다리는 자라 44빌라도는 예수께서 벌써 죽었을까
하고 이상히 여겨 백부장을 불러 죽은 지가 오래냐 묻고 45백부장에게 알아 본 후에
요셉에게 시체를 내주는지라 46요셉이 세마포를 사서 예수를 내려다가 그것으로 싸
서 바위 속에 판 무덤에 넣어 두고 돌을 굴려 무덤 문에 놓으매 47막달라 마리아와
요세의 어머니 마리아가 예수 둔 곳을 보더라.

아리마대 사람 요셉이 우리 구주를 예를 갖추어 장사지낸 것과 관련된 여러 일들에 대하여 이야기는 우리가 마태복음 27:57-66을 다룰 때에 이미 종합적으로 자세하게 살펴보았다. 마태복음 27:57-66에 대한 설명을 보라.

제16장

개요

1. 천사들이 두 마리아와 살로메에게 그리스도의 부활을 알림(1-8).
2. 그리스도께서 친히 막달라 마리아에게 나타나심(9-11).
3. 그리스도께서 시골로 가던 두 제자에게 나타나심(12-13).
4. 그리스도께서 열한 제자에게 나타나셔서, 온 세상에 복음을 전파하라고 명령하심(14-18).
5. 그리스도께서 승천하신 후에, 복음이 도처에 전파되고, 주께서 표적들로 말씀을 확증하심(19-20).

우리는 이제 우리 구주께서 부활하셔서 자신의 제자들에게 여러 차례 나타나셔서 대화하신 것에 관한 이야기에 이르렀다. 주님께서는 죽은 자 가운데서 다시 살아나신 때로부터 승천하실 때까지 40일에 걸쳐 제자들에게 자신의 부활하신 모습을 보이셨다. 모든 복음서 기자들 가운데서 요한은 우리 구주에 관한 이야기의 이 부분을 가장 자세하게 보도하고 있는데, 그 보도에 대해서는 우리가 요한복음을 다룰 때에 살펴보게 될 것이다. 왜냐하면, 요한은 자신의 복음서의 두 장 전체를 이 이야기의 이 부분을 보도하는 데 할애하고 있기 때문이다. 따라서 우리는 앞서 마태복음 28:1-20을 다룰 때에는 마태가 보도하고 있는 내용만을 살펴보았던 것과 마찬가지로, 여기에서도 마태가 이전에 말하였던 것을 전혀 고려하지 않은 채로, 오직 마가가 보도한 내용만을 살펴볼 것이다. 독자들은 이 이야기의 이 부분에 대해서 마태가 보도한 것에 대해서는 마태복음 28:1-20에 대한 설명을 참조하기 바란다. 이렇게 우리는 요한이 보도하고 있는 것은 건드리지 않고, 나중에 요한복음 20장과 21장을 다룰 때에 이 이야기 전체에 대한 좀 더 자세한 보도를 살펴보고자 하고, 이미 우리가 살펴본 마태의 보도도 그대로 둔 채로, 마가의 보도를 살펴보고자 하지만, 단지 마가 본문에 나오는 내용 중에서 누가가 좀 더 자세하게 보도하고 있는 것에 대해서는 여기에서 함께 살펴보고자 한다.

1-2. [1]안식일이 지나매 막달라 마리아와 야고보의 어머니 마리아와 또 살로메가 가서 예수께 바르기 위하여 향품을 사다 두었다가 [2]안식 후 첫날 매우 일찍이 해 돋을 때에 그 무덤으로 가며.

마태는 "안식일이 다 지나고 안식 후 첫날이 되려는 새벽에"(마 28:1)라고 말하고, 요한은 "안식 후 첫날 일찍이 아직 어두울 때에"(요 20:1)라고 말하며, 누가는 "안식 후 첫날 새벽에"(눅 24:1)라고 말한다. 모든 복음서 기자들의 보도를 종합해 보면, 우리는 마가가 여기에서 보도하고 있는 것은 이 여자들이 주님의 무덤을 두 번째로 찾아간 것에 대한 것임을 알 수 있다. 이 여자들은 안식일이 지나기 전에 이미 첫 번째로 주님의 무덤을 찾아 갔었다.

3-4. [3]서로 말하되 누가 우리를 위하여 무덤 문에서 돌을 굴려 주리요 하더니 [4]눈을 들어본즉 벌써 돌이 굴려져 있는데 그 돌이 심히 크더라.

이것은 이 여자들이 주님의 무덤으로 가면서 했던 걱정이었다. 이 날은 유대인들이 매우 엄격하게 지켰던 안식일 후 첫날이었기 때문에, 이 여자들은 대제사장들과 장로들의 끈질긴 요구로 빌라도가 주님의 무덤 앞에 경비병들을 세워 놓은 일에 대해서는 듣지 못하였기 때문에, 경비병들에 대해서는 전혀 걱정하지 않았다. 그러나 이 여자들의 걱정과는 달리, 이 여자들이 주님의 무덤 앞에 도착했을 때에는, 무덤 입구를 막고 있던 돌은 옆으로 굴려져 있었다. 그들은 괜한 걱정을 한 셈이었다. 이 여자들이 도착했을 때에 무덤 앞의 돌이 굴려져 있었다는 것은 그리스도께서 이미 부활하신 것을 보여 주는 것이었다.

5-8. [5]무덤에 들어가서 흰 옷을 입은 한 청년이 우편에 앉은 것을 보고 놀라매 [6]청년이 이르되 놀라지 말라 너희가 십자가에 못 박히신 나사렛 예수를 찾는구나 그가 살아나셨고 여기 계시지 아니하니라 보라 그를 두었던 곳이니라 [7]가서 그의 제자들과 베드로에게 이르기를 예수께서 너희보다 먼저 갈릴리로 가시나니 전에 너희에게 말씀하신 대로 너희가 거기서 뵈오리라 하라 하는지라 [8]여자들이 몹시 놀라 떨며 나와 무덤에서 도망하고 무서워하여 아무에게 아무 말도 하지 못하더라.

누가와 요한은 청년 모습을 한 두 천사가 있었다고 말하고, 마태는 한 천사가 돌 위에 앉아 있었다고 말한다. 이 여자들은 무덤 앞의 돌 위에 앉아 있는 한 천사를 본 후에, 무덤 안으로 들어가서 거기에서도 한 천사를 보았지만, 천사들의 움직임은 우리의 지각으로는 분간할 수 없을 정도로 빠르다는 점을 감안하면, 사실은 그들이 본 것은 한 천사였을 것이다. 유령을 보면 놀라게 되는 것과 마찬가지로, 이 여자들이 천사를 보고 놀라고 무서워한 것은 전혀 이상한 일이 아니다. 천사가 이 여자들에게 한 말에 대해서는 마태복음 28:5-8에 대한 설명을 보라. 이 여자들은 너무나 놀라서 무덤으로부터 즉시 도망치듯 달려나와서, 성내로 들어가서 이 이야기를 제자들에게 할 때까지는 아무에게도 아무 말도 하지 못하였다.

9-11. [9]**예수께서 안식 후 첫날 이른 아침에 살아나신 후 전에 일곱 귀신을 쫓아내어 주신 막달라 마리아에게 먼저 보이시니** [10]**마리아가 가서 예수와 함께 하던 사람들이 슬퍼하며 울고 있는 중에 이 일을 알리매** [11]**그들은 예수께서 살아나셨다는 것과 마리아에게 보이셨다는 것을 듣고도 믿지 아니하니라.**

그리스도께서 막달라 마리아에게 나타나신 것에 대해서는 마태복음 28:9과 요한복음 20:14-17에 대한 설명을 보라. 특히 요한은 이 이야기를 다른 복음서 기자들보다 더 자세하게 보도하고 있다.

12-13. [12]**그 후에 그들 중 두 사람이 걸어서 시골로 갈 때에 예수께서 다른 모양으로 그들에게 나타나시니** [13]**두 사람이 가서 남은 제자들에게 알리었으되 역시 믿지 아니하니라.**

시골로 가던 두 제자에게 그리스도께서 나타나신 것에 대해서는 누가가 아주 자세하게 보도한다. 누가복음 24:13-35에 대한 설명을 보라.

14. **그 후에 열한 제자가 음식 먹을 때에 예수께서 그들에게 나타나사 그들의 믿음 없는 것과 마음이 완악한 것을 꾸짖으시니 이는 자기가 살아난 것을 본 자들의 말을 믿지 아니함일러라.**

이것은 누가복음 24:36과 요한복음 20:19에 보도된 현현 기사와 동일한 것으로 보인다. 누가복음 24:36과 요한복음 20:19에 대한 설명을 보라.

15-18. [15]**또 이르시되 너희는 온 천하에 다니며 만민에게 복음을 전파하라** [16]**믿고 세례를 받는 사람은 구원을 얻을 것이요 믿지 않는 사람은 정죄를 받으리라** [17]**믿는 자들에게는 이런 표적이 따르리니 곧 그들이 내 이름으로 귀신을 쫓아내며 새 방언을 말하며** [18]**뱀을 집어올리며 무슨 독을 마실지라도 해를 받지 아니하며 병든 사람에게 손을 얹은즉 나으리라 하시더라.**

마태복음 28:19-20에 대한 설명을 보라. 거기에서 우리는 여기에 나오는 내용들을 자세하게 설명하였다.

19. **주 예수께서 말씀을 마치신 후에 하늘로 올려지사 하나님 우편에 앉으시니라.**

마태는 우리 구주의 승천에 대해서는 전혀 언급하지 않고, 마가는 아주 짧게 보도하고 있는 반면에, 누가는 "예수께서 그들을 데리고 베다니 앞까지 나가사 손을 들어 그들에게 축복하시더니 축복하실 때에 그들을 떠나 하늘로 올려지시니 그들이 그에게 경배하고 큰 기쁨으로 예루살렘에 돌아가 늘 성전에서 하나님을 찬송하니라"(눅 24:50-53)고 보도하고, 사도행전 1:1-12에서 이 부분을 아주 자세하게 보도한다. 따라서 우리는 이 이야기의 이 부분을 누가복음 24:50-53을 다룰 때에 자세하게 살펴볼 것이다. 사도행전에서는 그리스도께서 부활하신 후에 40일 동안 이 땅에 계셨고(1:3), 구름이 그리스도를 받았다고 보도한다. 주님께서 "하나님 우편에 앉으셨다"는 것은 주님이 천사들과 다르다는 것을 보여 준다. 천사들의 자리는 시중드는 자리이다.

20. 제자들이 나가 두루 전파할새 주께서 함께 역사하사 그 따르는 표적으로 말씀을 확실히 증언하시니라.

마가는 그리스도께서 승천하신 이후에 오랜 기간 동안 일어난 일들을 한 절로 짧게 요약해서 보도한다. 열한 제자들이 가장 먼저 한 일은 예루살렘으로 간 것이었는데(눅 24:52), 이것은 그리스도의 명시적인 명령에 따른 것이었다(눅 24:49). 거기에서 그들은 "늘 성전에서 하나님을 찬송하였다"(눅 24:53). 예루살렘에서 그들은 "다락방"에 머물렀다(행 1:12-13). 거기에서 그들은 "마음을 같이하여 오로지 기도에 힘썼고"(행 1:14), 맛디아를 열두 번째 사도로 택하였다. 성령이 그들에게 임하였고(행 2:4), 그들은 계속해서 유대인들에게 복음을 전하다가, 유대인들이 자신들의 불신앙과 박해를 통해서 그들 자신이 영생에 합당하지 않은 자들임을 분명하게 드러내자, 비로소 이방인들에게 향하였다(행 13:46). 사도행전에 나오는 이야기 전체는 그들이 전한 "말씀"을 하나님께서 "그 따르는 표적으로 확실히 증언하신" 것에 대한 차고 넘치는 증거이다.

MATTHEW POOLE'S COMMENTARY

누가복음

서론

이 복음서의 저자, 이 복음서를 쓴 정확한 때, 이 복음서를 쓰게 된 계기와 관련된 내용은 성경에 거의 나오지 않고, 이것들과 관련된 전승들도 그 신빙성이 아주 낮기 때문에, 사람들이 추측으로 하는 이야기들을 여기에 옮겨 놓는 일은 수고할 가치조차 거의 없다. 이 복음서의 저자가 바나바 또는 칠십인 제자들 중의 한 사람이라고 주장하는 자들은 누가가 1:2에서 직접 한 말, 즉 "처음부터 목격자와 말씀의 일꾼 된 자들이 전하여 준 그대로" 이 복음서를 썼다는 말을 무시하는 것으로 보인다. 누가의 이 말은 이 복음서의 저자가 "목격자"도 아니었고 적어도 "처음부터 말씀의 일꾼 된 자"가 아니었다는 것을 우리에게 암시해 준다. 바울과 동시대의 사람으로서 그의 동역자였던 인물 중에 "누가"는 디모데후서 4:11, 빌레몬서 1:24, 골로새서 4:14에 등장한다. 누가는 빌레몬서와 골로새서에서는 "데마"와 함께 언급되고, 골로새서에서는 "사랑을 받는 의사 누가"로 호칭된다. 이 세 본문은 모두 처음에는 의사를 하다가 나중에 그리스도의 제자가 되어 복음 사역을 행하였던 한 명의 동일한 인물에 대하여 말하고 있는 것으로 보이는데, 해석자들은 일반적으로 바로 이 인물이 누가복음과 사도행전의 저자였다고 생각한다. 그가 아람 사람이었는지 로마 사람이었는지 아니면 다른 어떤 민족의 사람이었는지를 놓고 논쟁을 벌이는 것은 무익한 사변일 뿐이다. 우리가 아는 것은 그가 하나님의 감동을 따라 우리 구주의 출생과 삶과 죽음과 부활과 승천에 관한 이야기, 그리고 바울이 로마에서 죄수의 신분으로 복음을 전하며 살아가고 있던 때까지의 사도들의 활동들에 관한 이야기를 세상에 전하기 위하여 붓을 들어 기록한 복음서 기자였다는 것이다.

그가 우리에게 전해 준 복음서 속에는 다른 복음서 기자들이 기록하지 않은 그리스도의 행적에 관한 많은 주목할 만한 내용들이 들어 있다. 세례 요한의 출생, 요한의 아버지였던 사가랴에 관한 이야기, 천사가 복된 동정녀 마리아를 찾아온 것, 엘리사벳이 하나님을 송축하고 마리아에게 문안인사를 한 것, 천사가 나타나 그리스도의 탄생을 목자들에게 알리면서 한 말들, 성전에서 시므온과 안나가 그리스도에 대하여 한 증언, 요셉과 마리아가 베들레헴으로 가게 된 이유, 우리 구주께서 거기에서 탄생하실 때의 여러 정황들, 주님께서 열두 살 때에 성전에서 랍비들과 토론을 벌이신 일 등은 세례 요한과 그리스도에 관한 이야기를 완결하는 데 아주 중요한 내용들이지만, 다른 복음서 기자들에 의해서는 보도되지 않고, 오직 누가만이 보도한 것들이다. 또한, 누가복음 속에는 다른 복음서들에서 발견할 수 없는 많은 비유들(잃어버린 양에 관한 비유, 잃어버린 드라크마에 관한 비유, 탕자 비유 등)이 나올 뿐만 아니라, 다른 복음서 기자들이 비유들이나 주님의 언행들을 보도하면서 생략한 여러 정황들을 보충해 주는 자세한 내용들도 나온다.

누가는 자신이 쓴 복음서를 "데오빌로"라는 이름을 지닌 어떤 친구에게 헌정하고 있다. "데오빌로"는 "하나님을 사랑하는 자"라는 뜻이기 때문에, 누가는 이 복음서를 그 친구에게 헌정하는 것이 대단히 합당하다고 생각하였다. 누가가 이 복음서를 언제 썼는지는 불확실하다. 해석자들은 우리 구주께서 승천하신 지 15년째 되는 해에 이 복음서가 씌어졌다고 말하기도 하고, 22년째 또는 27년째 되는 해에 씌어졌다고 말하기도 한다. 우리는 누가가 이 복음서를 언제 썼느냐 하는 부수적인 문제보다 그가 어떤 내용을 썼느냐에 훨씬 더 많은 관심을 가져야 한다. 우리는 누가가 보도하고 있는 것들 중에서 마태나 마가가 이미 보도한 것들에 대해서는 짧게 설명하고, 이 복음서에 처음으로 나오는 것들에 대해서는 자세하게 설명하였다.

제1 장

개요

1. 누가의 서문(1-4).
2. 천사가 사가랴에게 나타나서, 이미 노년이 된 그에게 아들이 있을 것이라고 약속함(5-17).
3. 천사가 의심하는 사가랴에게 표적으로 말을 할 수 없게 만듦(18-23).
4. 사가랴의 아내 엘리사벳이 잉태함(24-25).
5. 천사가 마리아를 찾아옴(26-38).
6. 엘리사벳이 마리아의 문안인사를 받고 예언함(39-45).
7. 마리아의 감사 찬송(46-56).
8. 세례 요한이 태어나 할례를 받음(57-63).
9. 사가랴의 입이 열림(64-66).
10. 사가랴의 예언(67-80).

1-4. [1]우리 중에 이루어진 사실에 대하여 [2]처음부터 목격자와 말씀의 일꾼 된 자들이 전하여 준 그대로 내력을 저술하려고 붓을 든 사람이 많은지라 [3]그 모든 일을 근원부터 자세히 미루어 살핀 나도 데오빌로 각하에게 차례대로 써 보내는 것이 좋은 줄 알았노니 [4]이는 각하가 알고 있는 바를 더 확실하게 하려 함이로라.

누가가 쓴 복음 이야기에서 특이한 점은, 다른 복음서 기자들은 자신이 쓴 복음 이야기를 온 세상에 헌정하고 있기 때문에 그들의 복음서에는 어느 특정한 인물에게 바치는 헌정사가 없는 반면에, 누가는 자신의 복음서를 "데오빌로"라는 특정한 인물에게 헌정하고 있다는 것이다. 왜냐하면, "데오빌로"라는 이름은 "하나님을 사랑하는 자"라는 의미를 지니고 있기는 하지만, 일반적으로 하나님을 사랑하는 자들을 가리키는 것이 아니라, 하나의 고유명사로 특정한 인물을 가리킨다고 생각되기 때문이다. 예전에는 부모들이 자신의 자녀들의 이름을 지을 때에는, 자녀들로 하여금 평생토록 기억하고 살아갈 수 있도록 하기 위하여 하나님에 대하여 그 자녀들이 어떻게 행해야 하는지를 보여 주는 이름이나, 그 자녀들을 자신들에게 주신 하나님의 은혜를 감사하는 내용을 담은 이름을 붙이는 경우가 보통이었다.

복음서 기자는 여기에서 유대인들 가운데서 일어난 것이 분명한 일들을 순서대로 설명하는 글을 쓰기 위하여 붓을 든 사람들이 많았다고 말한다. 어떤 이들은 누가는 여기에서 아주 일찍부터 우리 구주에 관한 이야기를 왜곡해서 거짓으로 쓴 자들이 많이 생겨났다는 것을 염두에 두고서 이런 말을 한 것이라고 생각한다. 왜냐하면, 나중에 교회에 의해서 배척된 나사렛파복음, 도마복음, 맛디아복음, 니고데모복음 등과 같은 복음서를 자처하는 글들이 초기부터 많이 유포되었기 때문이다. 그러나 어떤 이들은 누가는 그런 것들을 염두에 두고 이런 말을 한 것이 아닐 뿐만 아니라, 그러한 꾸며낸 이야기들은 그렇게 일찍부터 존재하지 않았을 것이기 때문에, 누가가 한 이 말은 다음과 같은 것을 의미한다고 생각한다: 누가는 많은 사람들이 이 유명한 이야기에 대하여 "처음부터 목격자와 말씀의 일꾼 된 자들이 전하여 준 그대로" 글을 써 내었지만, 제대로 된 정보가 부족해서 부정확하게 기록된 부분들이 꽤 있는 것을 보았다. 이것은 아마도 그들이 정확한 정보를 얻어낼 수 있는 위치에 있지 않았기 때문일 수도 있었고, 그 정보를 제대로 소화해 낼 수 있는 능력이 없었기 때문일 수도 있었을 것이다(대부분의 해석자들은 마태와 마가와 요한은 이러한 부정확한 글들이 나온 후에 씌어진 것으로 본다). 또한, 당시에는 인쇄술이 없었고, 모든 글들은 손으로 필사를 해야 했던 까닭에, 누가는 자신의 친구인 데오빌로가 이런 글을 읽으면 좋아할 것이지만, 아마도 그러한 필사본들을 구하기가 힘들 것이라고 생각하였다. 그래서 누가는 이 이야기를 글로 쓴 다른 많은 사람들의 모범에 의해서 자극을 받은 한편으로, 그들이 잘못된 내용을 사실로 믿고 글을 쓴 것을 보고 책임감을 느껴서, 성령의 감동을 따라, 이 모든 일들을 처음부터 잘 알고 있는 자신의 위치를 활용해서 이 이야기를 제대로 정확하고 주의 깊게 써서 데오빌로에게 보내 주기로 결심하였다. 대부분의 해석자들은 누가가 지닌 이러한 이점은 자기가 직접 겪어서 알게 된 지식이 아니라 사도들을 비롯해서 그리스도의 여러 사역자들과의 교제 및 대화 가운데서 얻게 된 지식으로부터 나온 것이라고 생각한다. 왜냐하면, 누가가 "처음부터 목격자와 말씀의 일꾼 된 자들이 전하여 준 그대로"(2절)라고 말한 것은 그가 "처음부터 목격자와 말씀의 일꾼 된 자"가 아니었다는 것을 우리에게 보여 주는 것으로 생각되기 때문이다. 요한은 그리스도를 "말씀"이라고 지칭하지만(요 1:1), 누가 본문의 2절에 나오는 "말씀"은 그리스도를 가리킨다고 볼 수 없다. 왜냐하면, 복음서 기자들이 "말씀"이라고 할 때, 그것은 요한복음 1장의 경우를 제외하면 그리스도가 아니라 복음을 가리키기 때문이다. 누가가 이렇게 복음서를 쓰기로 결심한 것은 결국 다른 사람들로부터 들어서 데오빌로가 "알고 있는 바를 더 확실하게" 알 수 있도록 해주기 위한 것이었다.

나는 서문에 대한 설명을 마치기 전에, 서문과 관련해서 다음과 같은 것들을 말해 두고자 한다: (1) 교회와 관련된 사실들을 보도하는 것에 있어서 맨 처음부터 거짓되고 왜곡된 것들이 유포되고 있었다. 누가가 그러한 거짓된 복음서들을 염두에 두고 이런 말을 한 것이든 아니든, 우리가 조금이라도 교회사에 관한 글들을 믿을 수 있다면, 초기부터 거짓된 복음서들이 존재하였다는 것은 의심의 여지가 없다. 복음서가 나오기 이전에는 구약성경과 관련된 외경들이 있었다. 성경이 우리에게 전해 주는 일들에 있어서, 우리는 오직 성경만을 믿어야 하고, 그 이외의 글들은 성경과 일치하는 부분들을 제외하고는 결코 믿어서는 안 된다. (2) 누가 시대의 사람들은 복음 이야기를 목격자들이 전해준 그대로 아주 확실하게 믿고 있었다. (3) 어떤 일에 대하여 글을 쓰려면, 그 일을 온전히 알고 있어야 한다. 잘 알지도 못하면서 글을 쓴다면, 그것은 모든 후세 사람들을 상대로 사기를 치고 속이는 일이 된다. (4) 제대로 된 사람들이라면 글을 쓰거나 읽을 때에 확실한 지식을 전하거나 얻는 것을 목표로 삼아야 한다. 비천한 영혼들은 스스로 확실하지도 않은 지식을 섭취하는 데 열심이고, 그런 지식을 사려분별이 있는 영혼들에게 음식으로 제공하는 데 열을 올린다. 하나님이 사람들에게 주신 지각은 고귀한 것이기 때문에, 거짓된 것들을 얻는 데 사용되어서는 안 된다. 있는 그대로의 사실을 전하면 될 것인데, 거기에 온갖 양념을 쳐서 요리하는 데 귀한 시간을 사용하는 영혼들은 참으로 비천한 영혼들이다.

5. 유대 왕 헤롯 때에 아비야 반열에 제사장 한 사람이 있었으니 이름은 사가랴요 그의 아내는 아론의 자손이니 이름은 엘리사벳이라.

성령께서는 무한히 지혜로운 이유들로 인해서 여기에서 세례 요한이 태어난 때와 그가 태어난 가문을 우리에게 설명해 주신다. 세례 요한이 태어난 때는 "유대 왕 헤롯 때"였는데, 여기에 언급된 헤롯은 세례 요한을 죽인 "갈릴리의 분봉 왕 헤롯"(눅 3:1)이 아니라(이 일은 이 때로부터 31년 또는 32년 후에 일어난 일이었다), 안티파테르(Antipater)의 아들 헤롯으로서 통상적으로 헤롯 대왕으로 불렸다. 그는 로마 편에 서서 유대인들의 정부에 맞서 싸웠고, 유대의 산헤드린을 도륙하고 권좌에 올랐으며, 당시까지 유대 나라의 왕통을 잇게 되어 있었던 유다 지파에서 나와서 유대인들을 다스렸던 마카베오 가문을 멸절시킴으로써(이 가문은 유다 마카베오 직후에 등장한 요한에서 그 왕통이 끊겼다), 유대인들의 모든 정부를 소멸시켰다. 따라서 야곱이 임종 시에 유언으로 한 예언(창 49:10, "규가 유다를 떠나지 아니하며 통치자의 지팡이가 그 발 사이에서 떠나지 아니하기를 실로가 오시기까지 이르리니 그에게 모든 백성이 복종하리로다")은 헤롯 시대에 성취되었다. "규," 즉 통치권은 유다에게서 떠났고, 통치자는 유다의 발 사이에서 떠났는데, 이것은 "실로," 즉 메시야가 머지않아 올 것임을 예고해 주는 확실한 표적이었다. 그리고 이 본문은 "아비야 반열에 제사장 한 사람"이었던 "사가랴"를 통해서 이 예언이 "성취되기 시작하였음을 보여 준다.

어떤 이들은 사가랴가 대제사장 또는 그 대리자였을 것이라고 생각하지만, 그랬을 가능성은 전혀 없다. 왜냐하면, 대제사장은 한 명뿐이었고, 아론 자손 중에서 장자의 가문에서 선택되었을 뿐만 아니라, 제사장들의 성전 복무를 위한 반열의 편성에서 제외되었기 때문이다. 누가복음 1:9은 사가랴가 "주의 성전에 들어가 분향하였다"고 말하고 있지만, 이것은 레위기 16:12에서 규정하고 있는 분향, 즉 오직 대제사장만이 행하게 되어 있던 해마다 한 번 찾아오는 속죄일의 분향을 가리키는 것이 아니라, 출애굽기 30:7-8에서 규정하고 있는 분향, 즉 제사장이라면 누구나 자신의 반차를 따라 행할 수 있었던 매일의 분향을 가리키는 것이라고 보아야 한다. 사가랴는 "아비야 반열"에 속한 제사장이었다. 대제사장직은 아론의 장자에게 돌아갔고, 나머지 다른 아들들은 제사장들이었다. 오랜 시간이 흐르자, 아론의 자손들은 그 수가 너무 많아져서, 모두가 다 동시에 성전에서 복무하는 것이 불가능해졌다. 그래서 다윗은 제사장들을 여러 반열들로 나누고, 각 반열이 성전에서 복무할 시기를 정해 놓았다. 역대상 24:4-5은 모든 제사장 가문들이 24개의 반열로 편성되었음을 보여 준다. 다윗 시대에 "아비야 반열"은 여덟 번째 반열이었다. 느헤미야서 12장은, 포로기 이후에도 이러한 반열의 편제는 그대로 유지되었지만, 그 순서가 바뀌었을 가능성이 높다는 것을 보여 준다. 느헤미야서 12:17은 아비야 가문을 언급하지만, 그 당시나 누가가 이 복음서를 쓰던 때에 아비야 가문이 여전히 여덟 번째 반열이었는지는 확실하지 않다. 하지만 사가랴가 아비야 반열에 속한 일반 제사장들 중의 한 사람이었다는 것은 분명하다. 그의 임무는 역대상 24:10에 언급된 아비야로부터 내려온 반열의 차례가 되었을 때에 성전에 가서 복무하는 것이었다.

그의 아내는 아론의 자손이니 이름은 엘리사벳이라. 복음서 기자는 제사장들이 그들 자신의 지파 내에서 혼인을 하여야 한다고 규정한 하나님의 율법을 사가랴가 순종하였음을 보여 주기 위하여 이 구절을 더한 것이 아니었다. 왜냐하면, 그러한 율법은 단지 애초에 여러 지파들에게 할당된 지파 고유의 기업들이 족외혼으로 말미암아 서로 얽히고설키는 일이 없게 하고, 족내혼을 통해서 대대로 보존되게 하고자 하는 하나님의 뜻을 이루기 위한 목적으로 제정된 것이었는데, 레위 지파는 원래부터 지파에 속한 고유한 기업이 없어서 다른 어느 지파와도 통혼할 수 있었고, 실제로도 그랬기 때문이다. 다만, 한 가지 예외적인 제약은 대제사장은 자기 지파 사람과 혼인하여야 한다는 것이었지만(레 21:14), 여호야다는 유다 지파에 속한 여자와 혼인하였다(대하 22:11). 따라서 누가가 이 구절을 더한 것은 엘리사벳의 혈통이 고귀하였음을 보여 주기 위한 것이었다. 모세와 아론은 이스라엘 백성을 다스렸던 최초의 두 통치자들이었는데, 엘리사벳은 레위 지파에 속한 사람이었을 뿐만 아니라, 하나님께서 레위 지파 중에서 가장 고귀한 가문으로 삼으셨던 아론 가문의 자손이었다는 것이다. 그녀의 이름은 엘리사벳이었다. 이것은 히브리식 이름이었고(출 6:23), 우리가 거기에서 볼 수 있듯이, "암미나답의 딸 나손의 누이"였던 아론의 아내의 이름이었다. "엘리세바"로도 철자될 수 있었던 엘리사벳은 "하나님의 안식, 맹세, 회초리"라는 의미를 지니고 있었다.

6. 이 두 사람이 하나님 앞에 의인이니 주의 모든 계명과 규례대로 흠이 없이 행하더라.

그들이 그 어떤 죄도 짓지 않았다는 의미에서의 완전한 율법적인 의를 지닌 의인이었다는 것이 아님은 분명하다. 왜냐하면, 사도 바울은 "의인은 없나니 하나도 없으며"(롬 3:10)라고 성경을 인용해서 말하고 있기 때문이다. 따라서 하나님이 그들을 받으셨고 의로운 자들로 여겨 주셨다는 의미에서, 그들은 "의인"이었다. 따라서 그들이 가진 의는 아브라함이 사라를 자신의 누이라고 속이는 죄를 범하는 등 여러 가지 죄들을 지었음에도 불구하고, 그가 하나님을 믿었기 때문에, 하나님께서 그를 의롭다고 하셨고, 열왕기상 15:5이 "다윗이 헷 사람 우리아의 일 외에는 평생에 여호와 보시기에 정직하게 행하고 자기에게 명령하신 모든 일을 어기지 아니하였다"고 말하고 있는 것과 같은 맥락에서의 의였다. 그들은 "주의 모든 계명과 규례대로 흠이 없이 행하였다." 어떤 사람이 세상 사람들 앞에서 흠 없이 행할 때, 그것은 그 사람의 의를 보여 주는 단편이기는 하지만, 그런 의만으로는 그는 하나님께 받아들여지거나 하나님 앞에서 의로운 자가 될 수는 없다. 하나님 앞에서 의인이 되고자 한다면, 그는 먼저 "하나님의 모든 계명과 규례대로 흠이 없이 행하여야" 한다. 사람들을 향한 본분이 있듯이, 하나님을 향한 본분이 있는데, 그것은 하나님의 모든 계명을 지키는 것이다. 사람들의 계명은 하나님을 경외하라고 우리에게 가르치지 않지만, 하나님의 모든 규례는 하나님의 모든 계명들을 공경하여 간헐적으로가 아니라 늘 변함없이 지켜 행할 것을 우리에게 명령한다. 또한, 하나님 앞에서 의인이 되고자 하는 자는 사람들을 향해서도 흠이 없어야 한다. 여기에 결혼한 부부가 어떠하여야 하는지를 보여 주는 참된 모범이 있는데, 이것은 남편이 제단에서 섬기며 하나님의 거룩한 일을 힘쓰는 경우에는 특히 그러하다. 즉, "감독은 책망할 것이 없어야" 하고 "집사들도 정중하고 일구이언을 하지 아니하고 술에 인박히지 아니하고 더러운 이를 탐하지 아니하고" "책망할 것이 없으며" "여자들도 이와 같이 정숙하고 모함하지 아니하여야" 한다는 것이다(딤전 3:2, 8, 10-11). 사가랴와 엘리사벳이 바로 그런 사람들이었다. 복음의 사역자들과 그들의 아내는 모두 그래야 한다.

7. 엘리사벳이 잉태를 못하므로 그들에게 자식이 없고 두 사람의 나이가 많더라.

우리가 이 세상에서의 그 어떤 복보다도 더욱 원하는 것은 자녀를 두는 복이다. 왜냐하면, 우리에게 자녀가 있다면, 우리는 나중에 우리 자신이 죽더라도, 우리의 자녀를 통해서, 육신적으로 어떤 의미에서 영원히 살아갈 수 있기 때문이다. 그러나 하나님께서는 우리를 시험하시기 위하여 흔히 우리가 가장 원하는 것을 우리에게 주시지 않는 것과 마찬가지로, 자기 백성들에게 자손을 주셔서 대를 잇게 하시는 이 큰 복을 주시지 않는 경우가 종종 있고, 그런 사람들 중 몇몇에게는 오랜 시간이 지난 후에야 자녀를 주시는 경우도 종종 있다. 이스라엘에서 자녀를 두지 못하는 것은 수치였다. 누가복음 1:25과 사무엘상 1:6을 보라. 하나님께서는 아브라함에게 바닷가의 모래 같이 많은 자손을 약속하셨기 때문에, 유대인들 중에서 자녀를 두지 못한 여자는 스스로도 아브라함의 진정한 딸이라고 생각하기 힘들었고, 남들도 그렇게 생각하였다. 사가랴와 엘리사벳은 두 사람 다 "나이가 많았다." 하나님께서 자녀를 낳지 못하였을 뿐만 아니라 나이도 많이 들어서 도저히 자녀를 낳을 수 있으리라고 생각되지 않았던 여자를 세례 요한의 어머니로 택하신 것은 이 이적을 갑절로 두드러져 보이게 하시기 위한 것이었다. 성경에서 주목할 만한 것은, 하나님께서 어떤 여자들에게 오랫동안 자녀를 주지 않으시다가 나중에 그녀들의 태를 열어주셨을 때에는, 그녀들은 하나님께서 크게 쓰신 뛰어난 인물들의 어머니가 되었다는 것이다. 사라, 라헬, 마노아의 아내, 한나(삼상 1장)가 그랬고, 여기에 나오는 엘리사벳이 그랬다.

8-9. [8]마침 사가랴가 그 반열의 차례대로 하나님 앞에서 제사장의 직무를 행할새

9제사장의 전례를 따라 제비를 뽑아 주의 성전에 들어가 분향하고.

제사장들은 아주 많은 수로 늘어났다. 성경에서 우리는 바벨론의 포로생활에서 돌아온 제사장들의 수가 4천 명을 넘었다는 기사를 본다(스 2:36-39). 그들이 그 후로 훨씬 더 많은 수로 늘어났으리라는 것은 의심의 여지가 없다. 요세푸스(Josephus)는 하나의 반열에 속한 제사장들의 수가 천 명이었다고 말한다. 제사장들이 다윗 시대처럼 여전히 24개의 반열로 나뉘어 복무하였는지의 여부는 우리가 알 수 없다. 이 본문은 제사장들의 직무는 여러 종류가 있었기 때문에, 동일한 반열에 속한 제사장들은 "제비를 뽑아" 자신의 직무를 정하였던 것으로 보인다. 제사장들의 직무들 중의 한 가지는 아침과 저녁으로 분향하는 일이었다. 바로 그 일이 이때에 제비를 뽑은 결과 사가랴에게 배정된 직무였던 것 같다.

10. 모든 백성은 그 분향하는 시간에 밖에서 기도하더니.

유대인들이 매일 성전에서 행한 일들은 이런 것이었다. 그 날에 배정된 반열에 속한 제사장들, 또는 그 제사장들 가운데서 제비를 뽑아 배정된 제사장들은 율법에 따라 그 날 아침과 저녁에 분향하기 위하여 성전에 들어갔고(출 30:7), 제사장들이 성전에 들어간 때에는, 기도하는 시간임을 알리기 위하여 종이 울렸다. 또한, 다음과 같은 사람들이 성전에 계속해서 머물러 있었다: (1) 동일한 반열의 나머지 제사장들. (2) 레위인들. (3) 회중 전체를 대표해서 죽인 짐승에 안수하기 위하여 성전에 상주하던 자들. (4) 자원해서 성전에 온 많은 사람들. 성전에는 매일 많은 사람들로 붐비는 것이 보통이었다. 따라서 우리는 사도행전 3:1이 베드로와 요한이 기도 시간에 성전으로 들어갔다는 보도를 읽는데, 여기에서도 제사장들이 분향하는 동안에 "모든 백성"이 "밖에서," 즉 성전 밖이 아니라, 제사장들이 분향하기 위해 들어갔던 성소 밖에 있는 이스라엘의 뜰에서 "기도하였다"고 말한다. 유대인들은 이런 식으로 개인적으로 기도하곤 하였다. 집회서 1:15은 비록 정경에 속한 본문은 아니지만, 여느 일반적인 글들처럼 신뢰할 만해서, 독자들이 유대인들의 성전 제사의 과정 및 이 본문이 말하고 있는 것을 이해하는 데 많은 도움을 줄 것이다.

11. 주의 사자가 그에게 나타나 향단 우편에 선지라.

우리는 "그에게 나타나"라고 번역한 어구는 헬라어로는 그의 눈에 띄었다는 의미이다. 사실 천사는 이미 거기에 있었다. 이 천사가 가브리엘 천사였는지, 또는 어떤 모습을 하고 있었는지에 대해서는 본문이 말해 주지 않는다. 어떤 이들은 우림과 둠밈의 기능이 그칠 때까지는, 자신의 직무를 행하고 있는 제사장에게 천사가 나타난 일이 없었다고 말하고, 어떤 이들은 이 일이 있은 후에 천사들이 제사장들에게 나타난 것은 거의 대부분이 제사장들이 성전에서 복무할 때였다고 말한다.

12. 사가랴가 보고 놀라며 무서워하니.

우리가 갑자기 어떤 특이한 것들을 보거나, 특히 그것이 하나님께서 친히 어떤 모습으로 나타나신 것이든, 아니면 하나님의 명령으로 천사가 나타난 것이든, 영적인 존재의 그 어떤 나타남을 보았을 때, 기겁을 하며 무서워하는 것은 자연스러운 일이다. 다니엘이 그랬고(단 10:7-8), 마노아와 그의 아내가 그랬으며(삿 13:20), 바울이 그랬다(행 9:1-18). 하나님께서는 이러한 나타남들을 통해서 우리를 놀라게 하거나 두렵게 하고자 하시는 의도가 없으시지만, 우리의 연약한 본성으로 말미암아 우리는 그 나타남들을 보았을 때에 겁을 먹고 무서워할 수밖에 없다. 하지만 하나님께서 이러한 나타남들과 거기에 대한 우리의 무서워하는 반응을 통해서 자신의 영광과 위엄을 분명하게 선포하시고, 자신의 가련한 피조물들을 낮추셔서, 그들로 하여금 하나님의 계시를 더욱더 경외함으로 받아들이게 하시는 것은 합당한 일이고, 이런 식으로 해서 우리의 연약함이 드러나는 한편, 하나님의 위엄이 드러나게 되는 것도 합당한 일이다.

13. 천사가 그에게 이르되 사가랴여 무서워하지 말라 너의 간구함이 들린지라 네 아내 엘리사벳이 네게 아들을 낳아 주리니 그 이름을 요한이라 하라.

하나님께서는 앞에서 설명한 방식으로 자기 백성에게 자신의 영광과 위엄을 드러내셔서, 그들로 하여금 자신의 위엄에 대한 신성한 경외심을 갖도록 하시기는 하지만, 자기 백성의 심령이 자신의 위엄을 보고 겁을 집어먹고 눌리게 계속해서 내버려 두지는 않으신다. 천사가 사가랴에게 가장 먼저 한 말은 "사가랴여 무서워하지 말라"였다: 나는 네게 나쁜 소식을 전하러 온 사자가 아니고, "너의 간구함"이 응답되었다는 것을 너에게 전하기 위하여 하나님의 명령으로 너를 찾아 온 선한 사자이다. 이것은 그 누구의 심령에게나 좋은 소식이다. 그러나 천사가 여기에서 말한 "너의 간구함"이 어떤 기도를 가리키는 것인지는 우리가 좀 더 살펴보아야 할 문제이다. 왜냐하면, 천사는 이 말을 한 후에 곧이어서 "네 아내 엘리사벳이 네게 아들을 낳아 주리니"라고 말하고 있고, 사가랴는 분향하는 동안에 기도를 드렸겠지만, 그와 엘리사벳이 이미 나이가 많이 들어서 자녀를 볼 나이가 지났을 것이라는 점에서, 그가 자녀를 달라고 기도했을지는 의문이기 때문이다. 따라서 어떤 이들은 "네 아내 엘리사벳이 네게 아들을 낳아 주리라"는 것은 단지 그의 기도가 응답되었음을 보여 주는 하나의 증표로 주어진 것이고, 이것은 하나님께서 사가랴가 구한 것 이상으로 은혜를 베푸셔서 엘리사벳으로 잉태하게 하신 것을 의미하는 것이라고 생각한다. 또한, 나는 천사가 언급한 기도가 단지 사가랴가 방금 전에 드린 기도를 가리키는 것으로 국한시킬 근거가 없고, 도리어 그가 지금까지 드려 왔던 수많은 기도들까지 가리키는 것으로 보아야 한다고 생각한다. 하나님께서는 그동안에 사가랴의 수많은 기도들에 대하여 응답을 연기해 오셨지만, 이제 천사는 사가랴에게 자녀와 관련된 그의 기도가 응답되었음을 알려 주고 있는 것이다.

그 이름을 요한이라 하라. "요한"은 히브리어로 요하난과 동일한 이름인데, "은혜를 입은 이"라는 뜻이다. 천사는 요셉에게 장차 태어날 아들이 "자기 백성을 그들의 죄에서 구원할 자"이기 때문에 그 이름을 "예수"로 지으라고 지시한 것과 마찬가지로, 여기에서는 사가랴에게 그에게 장차 태어날 아들이 예수 그리스도로 말미암은 은혜의 나라를 열어서 복음의 은혜를 전할 자라는 의미에서 "요한"으로 지으라고 지시한다.

14. 너도 기뻐하고 즐거워할 것이요 많은 사람도 그의 태어남을 기뻐하리니.

우리는 천사가 한 이 말을 천박하게 이해해서, 단지 오랜 시간 동안 자식이 없다가 하나님께서 우리에게 아들을 주셨을 때에 일반적으로 우리가 느끼는 그런 기쁨을 표현한 것이라고 생각해서는 안 되고, 나중에 나오듯이, 세례 요한의 부모를 비롯해서 많은 사람들이 영적인 이유로 이 아들의 출생을 기뻐하게 될 것을 천사가 이 말을 통해 미리 알려준 것으로 생각하여야 한다. 많은 사람도 그의 태어남을 기뻐하리니. 주님께서 나중에 "요한은 켜서 비추이는 등불이라 너희가 한때 그 빛에 즐거이 있기를 원하였다"(요 5:35)고 말씀하신 것처럼, 사람들은 요한이 비쳐 준 "빛," 즉 메시야가 이 세상에 오셨다는 그가 전한 좋은 소식을 들으며 기뻐하고 즐거워하였다. 교황주의자들은 이 본문을 근거로 삼아서, 자신들이 세례 요한의 탄생을 축하하는 성일을 정하여 육신적으로 기뻐하고 즐거워하는 것을 정당화하지만, 그런 식으로 기뻐하고 즐거워하는 것은 천사가 여기에서 미리 말해 준 기쁨을 흉내낸 것에 불과한 것으로서 천사가 말한 기쁨과는 비교할 수 없을 정도로 천박한 것이다. 왜냐하면, 천사가 여기에서 많은 사람들이 세례 요한의 태어남을 기뻐하리라고 말한 것은, 그들이 기쁘고 즐거운 마음으로 세례 요한의 가르침을 받아들여서, 우리 구주께서 말씀하셨듯이, 세례 요한의 때로부터 천국이 침노함을 받아, 침노하는 자들이 천국을 차지하게 되는 일이 벌어지게 될 것을 의미하는 것이었기 때문이다. 천사는 이 본문의 말씀이 무슨 의미인지를 이후의 절들에서 좀 더 자세하게 설명해 나간다.

15-16. [15]이는 그가 주 앞에 큰 자가 되며 포도주나 독한 술을 마시지 아니하며 모태로부터 성령의 충만함을 받아 [16]이스라엘 자손을 주 곧 그들의 하나님께로 많이 돌아오게 하겠음이라.

우리는 본성적으로 "큰 자"가 되고자 하는 야심을 지니고 있지만, 그 야심은 사람들이 보기에 큰 자가 되는 것일 뿐이다. 그래서 어떤 사람들은 재물을 탐하고, 어떤 사람들은 명예와 명성을 탐한다. 그러나 진정으로 큰 자는 가장 참되고 틀림없는 판단으로 판결하시는 하나님이 보시기에 큰 자가 되는 것이다. 하나님이 보시기에 큰 자는 특히 많은 심령들을 하나님께로 돌아오게 하는 일에서 크게 쓰임받는 사람이다. 세례 요한을 그의 사역으로부터도 분리하고, 하나님께서 그와 함께 하셔서 그의 사역을 통해 역사하신 것으로부터도 분리해서 생각해 보라. 그랬을 때, 세례 요한은 지극히 작은 일개 인간에 불과한 존재였고, 세례 요한을 믿지 않은 바리새인들과 서기관들은 그를 그런 식으로 바라보았다. 세례 요한의 아버지는 평범한 제사장이었고, 세례 요한에게는 그럴 듯한 직함이나 높은 신분이나 지위가 주어져 있지 않았다. 세례 요한이라는 것이 그에게 주어진 가장 높인 칭호였다. 그가 입은 옷은 어떠하였는가. 그는 왕실 교회의 목회자들 같이 부드러운 옷을 입고 있지 않았고, "낙타털 옷을 입고 허리에 가죽 띠를 띠었다"(마 3:4). 그렇지만 그리스도께서는 세례 요한에 대하여, "여자가 낳은 자 중에 세례 요한보다 큰 이가 일어남이 없도다"(마 11:11)라고 말씀하셨다. 세례 요한에게는 왕궁도 없었고 으리으리한 저택도 없었다. 그는 사람들이 거의 살지 않는 광야에서 대부분의 시간을 살았다. 자연이 그의 요리사였고, 그의 음식은 "메뚜기와 석청"이었다(마 3:4). 세례 요한의 위대함은, 오직 그가 복음을 전하는 데 신실한 자로서 크게 쓰임을 받았고, 하나님께서 그의 수고에 복을 주셔서 많은 심령들로 하여금 회개하고 하나님께로 돌아오게 하셨다는 데 있었다. 하나님께서 사람들을 이 세상에 보내셔서 하게 하신 일을 자신의 세대에서 별로 한 것이 없는 사람들은 작은 자들이다.

포도주나 독한 술을 마시지 아니하며. "독주"는 사람들을 통상적으로 취하게 만드는 모든 음료를 가리킨다. 포도주와 독주를 마시지 않는 것은 나실인들에 관한 율법에서 규정한 것이었다(민 6:3). 또한, 제사장들도 회막에서 복무할 때에 포도주나 독주를 마시는 것이 금지되었고, 이 율법을 어긴 경우에는 죽음을 면치 못하였다

(레 10:9). 포도주와 독주를 사랑하는 자는 누구든지 하나님이 보시기에 큰 자가 될 수 없다. 복음의 일꾼은 술을 즐겨서는 안 된다(딤전 3:3; 딛 1:7). **모태로부터 성령의 충만함을 받아.** 여기에서 "성령의 충만함"은 예언을 위한 것이기도 하고(예언은 성령의 지극히 특별한 은사이다), 마음을 새롭게 하고 거룩하게 하기 위한 것이기도 하다. **이스라엘 자손을 주 곧 그들의 하나님께로 많이 돌아오게 하겠음이라.** 이것은 사람들을 이교 사상으로부터 돌이키게 하는 회심 이외에 또 다른 회심이 있다는 것을 보여 주는 것으로 보인다. 세례 요한은 성령의 도우심을 힘입어서 이스라엘 사람들 중 많은 수를 돌아오게 하는 데 사용된 하나님의 도구였다. 왜냐하면, 이스라엘 사람들은 입으로는 이미 참 하나님을 고백한 자들이었지만, 잘못된 생각들과 미신들과 방탕한 삶에 푹 빠져 있어서, 회개를 통하여 그들의 주이신 하나님께로 돌이켜야 하였기 때문이었다. 세례 요한은 그들에게 율법과 복음을 선포함으로써 바로 그 일을 행하였다. 이것은 그를 "큰 자"로 만들었다. 왜냐하면, 하나님께서는 "많은 사람을 옳은 데로 돌아오게 한 자는 별과 같이 영원토록 빛나리라"(단 12:3)고 말씀하시기 때문이다.

17. 그가 또 엘리야의 심령과 능력으로 주 앞에 먼저 와서 아버지의 마음을 자식에게, 거스르는 자를 의인의 슬기에 돌아오게 하고 주를 위하여 세운 백성을 준비하리라.

"주 앞에 먼저 와서"라고 번역된 어구에서 "주"는 헬라어로는 "그"라는 대명사이고, 앞 절에서 마지막으로 언급된 것은 "하나님"이기 때문에, 여기에서 "그"는 하나님을 가리킨다. 말라기 4:5-6의 예언을 따라, 세례 요한은 "그"보다 먼저 오게 되어 있었다. 이것은 그리스도가 바로 "주 우리의 하나님"이심을 보여 주는 명백한 증거이다. 세례 요한은 "엘리야의 심령과 능력으로" 주 하나님이신 그리스도 앞에 먼저 왔기 때문에, 그리스도께서 우리에게 설명해 주신 대로(마 11:14; 막 9:13), "엘리야"(말 4:5)로 불린다. 유대인들은 이것을 이해하지 못하였기 때문에, 오늘날까지도 엘리야가 먼저 올 것이고, 그 후에야 메시야가 임할 것이라고 하는 헛된 망상에 사로잡혀 있다. 어떤 박식한 이들은 여기에서 "심령과 능력"으로 번역된 어구를 "성령과 능력"으로 해석해서, 이렇게 "성령"에 "능력"을 덧붙인 것은, 누가복음 1:35, 사도행전 10:38, 고린도전서 2:4, 디모데전서 1:5이 보여 주는 것처럼, 성령의 아주 강력한 능력을 의미하는 것이라고 주장한다. 그러나 나는 여기에서 "엘리야의 심령과 능력"이라는 어구는 엘리야의 심령이 지니고 있었던 것과 동일한 열심과 성향을 의미하는 것이라고 생각한다. 우리는 앞에서 마태복음의 해당 본문을 다룰 때에 세례 요한이 많은 점에서 엘리야를 닮았다는 것을 보여 주었다. 대다수의 유대인들이 타락한 삶을 살았던 시절에 이 두 사람은 입는 옷과 먹는 음식에 있어서 지독하게 검소하고 소박한 삶을 살았을 뿐만 아니라, 자신의 사역에 충성을 다하였고, 왕들의 잘못을 두려움 없이 담대하게 꾸짖는 등, 하나님이 맡기신 일들을 큰 열심을 품고서 행하였다.

아버지의 마음을 자식에게, 거스르는 자를 의인의 슬기에 돌아오게 하고. 말라기 선지자는 "그가 아버지의 마음을 자녀에게로 돌이키게 하고" 다음에 "자녀들의 마음을 그들의 아버지에게로 돌이키게 하리라"는 말을 덧붙이고 있는 반면에(말 4:6), 누가는 그 말을 빼고 대신에 "거스르는 자를 의인의 슬기에 돌아오게 하고"를 덧붙인다. 즉, 나이의 많고 적음을 떠나 모든 사람들을 회개로 이끌 것이라는 뜻이다. 이것은 세례 요한이 유대인들 가운데서 "아버지들"인 자들을 그들의 "자식"에 해당하는 그리스도와 그의 사도들의 가르침으로 돌아오게 하고, 아브라함과 이삭과 야곱과 다윗과 관련해서는 "자녀들"에 해당하는 유대인들의 마음을 "그들의 아버지들"인 이 조상들이 받아들였던 가르침, 이 의인들이 행하였던 하나님의 도에 관한 지혜의 가르침으로 돌아오게 하리라는 것이다. 또한, 이것은 세례 요한이 유대인들 중에서 일부는 비록 배교하여 타락하고 부패한 시절의 미신들로 인하여 미혹되어 행하는 자들이 있을지라도, 다수로 하여금 이 가르침을 받아들여 화해를 이루게 하리라는 것이다.

주를 위하여 세운 백성을 준비하리라. 세례 요한이 할 일은 세계 속의 이 지역에서 살고 있는 사람들에게 메시야를 올바르게 알게 해 주고, 메시야에 대한 그들의 편견들을 제거해 주며, 메시야를 그들에게 천거함으로써, 그들로 하여금 머지않아 나타날 메시야와 그의 가르침을 받아들일 준비를 갖출 수 있게 해 주는 것이었거나, 또는 사람들로 하여금 자신들의 죄를 자각하고 참된 회개에 이를 수 있게 해 줌으로써(이러한 회개가 없이는 메시야의 가르침을 받아들일 수 없을 것이기 때문에), 주 예수 그리스도를 마음으로 영접할 수 있는 준비를 갖출 수 있게 해 주는 것이었다. 왜냐하면, 복음서 기자들은 세례 요한이 "죄 사함을 받게 하는 회개의 세례"(막 1:4; 눅 3:3)를 전파하였고, "회개하라 천국이 가까이 왔느니라"(마 3:2)고 선포하였다고 말하기 때문이다. 또한, 그는 그리스도의 큰 원수들이었던 바리새인들의 위선을 사람들에게 드러내어 그들의 권위를 끌어내리기도 하였다. 이런 식으로 세례 요한은

"주를 위하여 세운 백성을 준비하였다."

18. 사가랴가 천사에게 이르되 내가 이것을 어떻게 알리요 내가 늙고 아내도 나이가 많으니이다.

사가랴가 한 말은 옛적에 아브라함이 했던 말과 아주 흡사하다: "주 여호와여 내가 이 땅," 즉 가나안 땅을 소유로 받을 것을 무엇으로 알리이까"(창 15:8). 나중에 마리아도 이 동일한 천사로부터 자기가 아이를 잉태하게 될 것이라는 말을 들었을 때(눅 1:31), "나는 남자를 알지 못하니 어찌 이 일이 있으리이까"(눅 1:34)라고 말할 것이었다. 또한, 기드온도 표적을 구하였다(삿 6:17). 우리가 보고 판단하기에는, 사가랴가 자신의 지각과 이성을 토대로 천사의 말에 반대하고 있는 것만을 제외한다면, 이러한 전례들과 여기에서 사가랴가 표적을 구한 것 간에는 큰 차이가 없는 것으로 보인다. 하지만 사가랴의 경우에 하나님의 대응은 다른 사례들과는 달랐다.

19-20. [19]천사가 대답하여 이르되 나는 하나님 앞에 서 있는 가브리엘이라 이 좋은 소식을 전하여 네게 말하라고 보내심을 받았노라 [20]보라 이 일이 되는 날까지 네가 말 못하는 자가 되어 능히 말을 못하리니 이는 네가 내 말을 믿지 아니함이거니와 때가 이르면 내 말이 이루어지리라 하더라.

어떤 이들은 바벨론 포로기 이전에는 우리가 성경에서 천사들의 이름을 찾아볼 수 없지만, 그 때에도 자신의 직무의 성격을 나타내는 이름들을 지니고 있었다고 주장하면서, "가브리엘"은 하나님의 능력 또는 힘을 의미하는데, 이 천사는 사도 바울이 "구원을 주시는 하나님의 능력"(롬 1:16)이라고 부른 복음을 선포하는 것이 그의 주된 임무였기 때문에 그런 이름을 갖게 된 것이라고 말한다. 이 가브리엘 천사에 대한 언급은 다니엘서 8:16과 9:21에 나오는데, 우리는 거기에서 이 천사가 메시야가 장차 인류를 속량하실 것임을 예고하는 것을 본다. 여기에서 이 천사가 "나는 가브리엘이라"고 했을 때, 그것은 사가랴에게 그러한 예언들을 상기시켜 주고 있는 것임에 틀림없다. 우리는 이 일이 있은 지 육 개월 후에 이 천사가 동정녀 마리아에게 나타나서, 그녀가 메시야를 낳을 것이라고 전하는 모습을 누가복음 1:26-27에서 다시 보게 될 것이다. 이 천사는 "하나님 앞에 서 있는"이라는 말을 덧붙인다. 우리 구주께서 말씀하신 것처럼, 천사들은 늘 하늘에 계신 우리 아버지 앞에 있다가 하나님으로부터 메시지들을 받아서 사람들에게 전하도록 보내심을 받는(이런 이유로 전갈을 전하는 자라는 의미를 지닌 "천사"라 이름을 얻게 되었다) 하나님의 "사역자들"이다(시 103:21; 104:4). 이 좋은 소식을 전하여 네게 말하라고 보내심을 받았노라. 하나님께서는 이 일을 네게 알리라고 일부러 나를 보내셨다. 사가랴는 천사가 나타난 시간과 장소를 통해서, 하나님이 천사를 보내신 것을 알았을 것이다. 왜냐하면, 성소의 제단 앞에서 기도하고 있을 때, 악한 천사들이 모습을 드러내는 일은 없었기 때문이다.

보라 이 일이 되는 날까지 네가 말 못하는 자가 되어 능히 말을 못하리니. 신학자들은 이 믿음 좋은 의인에게 하나님께서 표적으로 이러한 벌을 주신 것을 제대로 설명해 내기 위하여 애써 왔지만, 그들이 과연 충분히 만족스러운 대답을 제시한 것인지는 나는 솔직히 잘 모르겠다. 아브라함이나 기드온이 사가랴와 동일한 질문을 했을 때에는, 하나님께서는 그들에게 만족스러운 표적을 주셨다(창 15:8-9; 삿 6:17). 하나님께 드린 말씀이나 사실 관계에 있어서는 전자와 후자 간에 차이가 없기 때문에, 우리는 마음 중심 및 내면의 성향과 동기에 큰 차이가 있었을 수 있고, 그들의 입에서 나오는 말에 의거해서 주로 판단할 수밖에 없는 우리는 하나님께서 우리보다 훨씬 더 잘 그들의 마음과 내면을 분별하실 수 있다는 것을 인정하여야 한다. 우리는 아브라함의 때 이전에는 그러한 경우들에 하나님의 능력을 그런 식으로 경험한 사례를 볼 수도 없고, 아브라함은 하나님께서 자기에게 아들을 주시겠다고 하신 약속과 관련해서가 아니라, 오직 자신의 후손들에게 가나안 땅을 주시겠다고 하신 약속과 관련해서 표적을 원하였다는 것도 발견한다. 게다가, 창세기 15:6에서는 "아브람이 여호와를 믿으니 여호와께서 이를 그의 의로 여기시고"라고 말하고, 사도 바울도 아브라함의 믿음을 칭송하며, "그가 백 세나 되어 자기 몸이 죽은 것 같고 사라의 태가 죽은 것 같음을 알고도 믿음이 약하여지지 아니하고 믿음이 없어 하나님의 약속을 의심하지 않고 믿음으로 견고하여져서 하나님께 영광을 돌리며 약속하신 그것을 또한 능히 이루실 줄을 확신하였으니"(롬 4:19-21)라고 말한다. 따라서 아브라함은 자신의 마음속에 믿음이 생겨나도록 하기 위하여 표적을 구한 것이 아니었고, 그 어떤 표적 없이도 하나님께서 하신 약속의 말씀을 믿었지만, 단지 자신의 마음이 어떻게 변할지 알 수 없었기 때문에, 자신의 믿음을 더욱 견고하게 하기 위하여 표적을 구한 것일 뿐이었다. 또한, 하나님께서 사가랴에게 내리신 벌은 천사가 전한 말씀이 이루어질 때까지 말을 할 수 없게 한 것으로서 가벼운 것이었고, 사가랴가 원하는 것에 대한 응답으로서의 성격도 지니고 있었다. **이는 네가 내 말을 믿지 아니함이거니와.** 우리는 하나님께서 자신의 사자들을 통해서 하신 말씀들을 믿어야 하고, 하나님의 보내심을 받은 사자들이 진실하게 대변하여 전한 하나님의 말씀을 믿지 않는 것은 큰 죄이기 때문에, 하나님이 중한 벌로 다스리신다. 하나님이 보내셔서 자신의 뜻을 전하게 하신 자들을 믿지 않는 것은 하나님을 믿지 않는 것과 마찬가지이기 때문이다. 때가 이르면 내 말이 이루어지리라 하더라. 사람들이 믿지 않는다고 해서, 하나님의 말씀과 약속이 무효가 되는 것은 아니고, 반드시 이루어진다. 다만 하나님의 약속들은 하나님이 정하신 때가 되어야 이루어지기 때문에, 우리는 하나님의 약속의 말씀이 그 이전에 이루어지기를 기대해서는 안 된다(합 2:3).

21-23. [21]백성들이 사가랴를 기다리며 그가 성전 안에서 지체함을 이상히 여기더라 [22]그가 나와서 그들에게 말을 못하니 백성들이 그가 성전 안에서 환상을 본 줄 알았더라 그가 몸짓으로 뜻을 표시하며 그냥 말 못하는 대로 있더니 [23]그 직무의 날이 다 되매 집으로 돌아가니라.

제사장이 성소에 있는 동안에, 백성들은 성전 중에서 이스라엘의 뜰 또는 백성의 뜰이라 불리는 곳에서 기도를 하였고, 제사장은 분향을 다한 후에 성소 밖으로 나와서, 민수기 6:23-26에 따라 거기에 나오는 축복문을 사용해서 백성들을 축복하게 되어 있었다. 여기에서 백성들이 집에 가지 않고 뜰에서 사가랴를 기다린 것은 바로 이러한 축복기도를 받기 위한 것이었다. 사가랴가 성소에서 나오는 것이 지체된 것이 천사와의 대화가 길어졌기 때문이었는지, 아니면 환상을 보고서 놀라서 평소보다 더 오래 거기에 머물렀기 때문이었는지는 확실하지 않지만, 어쨌든 그는 평소에 제사장들이 성소에 머문 시간보다 꽤 더 길게 머물렀던 것은 확실하다. 게다가, 사가랴는 성소에서 나와서도 축복 기도는커녕 말도 전혀 할 수 없어서 "몸짓으로" 자신의 뜻을 표시하였기 때문에, 백성들은 그가 환상을 본 것이라고 판단하였다. 하지만 말을 못하게 된 것은 제사장의 직무에서 손을 떼어야 하는 결격사유로 율법에 규정된 것이 아니었기 때문에, 또는 제사장의 주된 직무가 말로 하는 것이 아니라 손으로 하는 일이었기 때문에, 그는 자신이 복무할 날을 다 채우고 나서 집으로 돌아왔다. 제사장들은 성전에서 복무하는 날들에는 성전에 딸린 방들에서 기거하였다.

24-25. [24]이 후에 그의 아내 엘리사벳이 잉태하고 다섯 달 동안 숨어 있으며 이르되 [25]주께서 나를 돌보시는 날에 사람들 앞에서 내 부끄러움을 없게 하시려고 이렇게 행하심이라 하더라.

"이 후에"가 이 일이 있고 나서 얼마 후였는지에 대해서는 성경이 구체적으로 말하고 있지 않지만, 아브라함의 경우나 마노아의 아내의 경우(삿 13:3)에서 볼 수 있듯이, 엘리사벳은 천사가 사가랴에게 나타난 날로부터 얼마 지나지 않아서 곧바로 잉태하게 되었을 것이라고 보아야 한다. **숨어 있으며.** 이것은 그녀가 사람들을 낯을 피하여 숨어 있었다는 의미가 아니라, 자기가 곧 아이를 낳게 될 것임을 사람들에게 아직 알리지 않았다는 것을 의미한다. 남편인 사가랴는 자기가 천사로부터 받은 계시를 글로 써서 그녀에게 그렇게 하라고 전하였을 것이다. 그녀는 자기가 아이를 잉태한다는 것이 이치에 맞지 않는 일이기는 하였지만, 하나님께서 그 표적으로 자신의 남편으로 하여금 말을 못하게 하신 것을 직접 눈으로 보았기 때문에, 이 일을 의심하지 않았다. 도리어 그녀가 25절에서 한 말은 이 일에 대하여 그녀에게 추호의 의심도 없었음을 보여 준다. 하지만 사람들이 이 말을 듣는다면, 그들은 그녀가 너무나 아이가 갖고 싶어서 인간으로서 도저히 불가능한 일을 실없이 말하고 다닌다고 생각할 것이 뻔하였기 때문에, 이 일을 사람들에게는 숨긴 것이었다. 반면에, 그녀는 하나님께는 이 일에 대해서 마음을 터놓고 감사를 드리면서, "주께서 나를 돌보시는 날에 사람들 앞에서 내 부끄러움을 없게 하시려고 이렇게 행하심이라"고 고백하며, 이 모든 일을 태의 열쇠를 자신의 손에 쥐고 계시고 태의 열매를 상으로 주시는 하나님의 능력으로 돌린다. **주께서 나를 돌보시는 날에.** 이것은 누가복음 1:48의 "그의 여종의 비천함을 돌보셨음이라"와 동일한 의미이다. 하나님께서 자신의 피조물들에게 베푸신 은총은 흔히 이런 식으로 표현된다(시 25:18; 84:9; 119:132). **사람들 앞에서 내 부끄러움을 없게 하시려고.** 자녀가 없는 것은 사람들 사이에서 "부끄러운" 일이다. 이것은 유대인 여자들에게는 특히 더 큰 "부끄러움"이었다. 왜냐하면, 메시야의 어머니가 될 기대는 그만두고라도(메시야의 어머니가 될 가능성이 있는 여자들은 동정녀여야 하였고[사 7:14], 메시야가 약속된 유다 지파 사람이어야 하였으며, 그 중에서 다윗 가문에 속한 여자여야 하였다는 점에서), 하나님께서 아브라함의 자손들을 땅의 티끌과 하늘의 별들처럼 무수히 많게 하실 것이라고 특별히 약속하셨는데, 자녀가 없는 여자들은 거기에 아무런 기여도 할 수 없었기 때문이다. 하나님께서 자기 백성이 사람들 가운데서 겪는 부끄러움을 없게 해 주시고, 도리어 감사할 일을 베풀어 주시는 것은 큰 은혜이다.

26-27. [26]여섯째 달에 천사 가브리엘이 하나님의 보내심을 받아 갈릴리 나사렛이란 동네에 가서 [27]다윗의 자손 요셉이라 하는 사람과 약혼한 처녀에게 이르니 그 처녀의 이름은 마리아라.

"여섯째 달에"는 엘리사벳이 잉태한 지 여섯째 달이 된 시점을 가리킨다. 누가복음 1:36에서는 이것을 그렇게 설명하고 있다. "천사 가브리엘"은 성전에서 사가랴에게 나타났던 바로 그 천사인데, 특히 메시야를 예고하는 일과 관련된 하나님의 뜻을 전하는 것을 주된 직무로 갖고 있었던 것으로 보인다. 가브리엘은 "하나님의 보내심을 받아"(천사들은 하나님의 명령 없이는 움직이지 않는다) "갈릴리 나사렛이란 동네에" 갔고, 거기에는 요셉이 살고 있었다. 요셉이 베들레헴으로 갈 때에 그 출발지가 바로 갈릴리 나사렛이었다(눅 2:4). 가브리엘 천사는 동정녀 마리아에게 갔는데, 여기에서 마리아는 "다윗의 자손"이라고 설명된 "요셉이라 하는 사람과 약혼한 처녀"로 소개된다. 마태는 그리스도의 족보를 설명할 때에 요셉의 가계를 중심으로 설명해 나감으로써, 그리스도가 다윗의 자손이라는 것을 증명한다.

28. 그에게 들어가 이르되 은혜를 받은 자여 평안할지어다 주께서 너와 함께 하시도다 하니.

약속한 처녀들은 혼인이 이루어질 때까지는 통상적으로 친구들의 집에 기거하였다. 이 천사는 거기로 가서, 마리아에게 "은혜를 받은 자여 평안할지어다"라고 말한다. "평안할지어다"로 번역된 단어는 "기뻐하라"는 의미로서, 교황주의자들이 사용하는 것과는 달리, 기도의 한 형태가 아니라, 단지 통상적인 인사말일 뿐이다. "은혜를 받은 자여"로 번역된 '케카리토메네'(κεχαριτωμένη)는 '카리스'(χάρις)에서 유래한 단어인데, '카리스'는 성경에서는 두 가지를 의미한다: (1) 어떤 사람이 다른 사람에게 거저 베푼 사랑과 은혜. 누가복음 1:30의 "네가 하나님께 은혜를 입었느니라"와 에베소서 1:6의 "이는 그가 사랑하시는 자 안에서 우리에게 거저 주시는 바 그의 은혜의 영광을 찬송하게 하려는 것이라"에서 이 단어는 이런 의미로 사용되었다. (2) 심령의 선한 상태. 이 단어가 이런 의미로 사용된 예로는 베드로후서 3:18의 "오직 우리 주 곧 구주 예수 그리스도의 은혜와 그를 아는 지식에서 자라 가라"와 골로새서 3:16의 "은혜 안에서 마음으로 하나님을 찬양하고"(한글개역개정에는 "감사하는 마음으로 하나님을 찬양하고") 등이 있다. 따라서 여기에서 분사형으로 사용된 이 동사는 두 가지 중 어느 하나를 의미할 수 있다: (1) 너는 하나님으로부터 은혜 또는 은총을 받아 왔다는 것. 또는, (2) 은혜가 충만한 너. 이 절의 끝에 "너는 여자들 가운데 복 있는 자로다"(KJV)라는 말씀이 나오는 것을 볼 때, 여기에서 이 동사는 전자의 의미로 사용된 것으로 보인다. 또한, 30절에 나오는 "네가 하나님께 은혜를 입었느니라"는 말씀도 이것을 뒷받침해 준다. 따라서 동정녀 마리아는 우리와 마찬가지로 하나님의 은혜의 대상이었기 때문에, 우리는 교황주의자들처럼 마리아를 은혜의 원천으로 생각하여 동정녀에게 기도해서는 안 된다. 그녀가 가지고 있었던 모든 것은 다 하나님으로부터 받은 것이었고, 그렇지 않은 것은 아무것도 없었다. 이 절 전체는 단지 인사말에 불과한 것으로 보이고, 거기에는 기도는 전혀 없다. 천사는 단지 그녀를 하나님의 은총을 입은 자이자 하나님께 사랑스러운 자, 즉 특별히 하나님으로부터 다른 여자들이 받은 통상적인 복들보다 더 큰 복을 받은 자라고 말하고 있는 것이다.

29. 처녀가 그 말을 듣고 놀라 이런 인사가 어찌함인가 생각하매.

마리아는 단지 천사의 음성만을 들은 것이 아니라, 천사의 모습도 보았던 것으로 보인다. 천사의 모습 속에는 하나님의 영광이 부분적으로 나타나 있었기 때문에, 그녀는 하나님께서 천사를 자기에게 보내셔서 이런 인사를 건네게 하시는 것이 도대체 어떻게 된 영문인지를 몰라 당혹해하였다.

30. 천사가 이르되 마리아여 무서워하지 말라 네가 하나님께 은혜를 입었느니라.

천사는 이 말로써 28절에 나오는 "은혜를 받은 자여"를 설명해 주는 한편, 그녀로 하여금 자기가 어떤 나쁜 의도를 가지고 그녀를 찾아온 것도 아니고, 어떤 인간적인 심부름을 하기 위해 온 것도 아니며, 하나님으로부터 받은 어떤 나쁜 소식을 전하기 위해 찾아온 것도 아니라는 것을 알게 해준다. 왜냐하면, 하나님께 은혜를 입은 그녀에게 천사가 나타난 목적이 그런 것들일 수는 없었기 때문이다.

31-33. [31]보라 네가 잉태하여 아들을 낳으리니 그 이름을 예수라 하라 [32]그가 큰 자가 되고 지극히 높으신 이의 아들이라 일컬어질 것이요 주 하나님께서 그 조상 다윗의 왕위를 그에게 주시리니 [33]영원히 야곱의 집을 왕으로 다스리실 것이며 그 나라가 무궁하리라.

이 세 절은 천사가 동정녀 마리아에게 전한 메시지의 핵심을 담고 있는데, 그녀가 "한 아들"의 어머니가 되리라는 것, 그 아들이 "예수"라는 이름으로 불리게 되리라는 것, 그리고 그 아들이 장차 하게 될 일들이 바로 그것이다. 천사는 그녀가 스스로 말하고 있듯이(34절) 남자를 모르는 처녀인 그녀에게 이러한 메시지를 전하면서, 이사야서 7:4의 예언이 그녀에게서 성취될 것임을 분명하게 상기시킨다. 따라서 천사가 전한 메시지는 약속을 의미한다. **그 이름을 예수라 하라.** 천사는 요셉에게도 이 동일한 메시지를 전하면서, 그가 자기 백성을 그들의 죄에서 구원할 것이라는 말을 덧붙인다(마 1:21). 이사야 선지자는 그의 이름이 "임마누엘"이라 불리게 될 것이라고 말함으로써(사 7:14), 이것을 설명한다. 이전에는 이 이름을 지닌 두 인물이 있었는데, "여호수아"와 "예수아"가 바로 그들이다. 이 두 인물은 이스라엘 백성을 크게 구원한 자들로서 그리스도의 전형적인 모형이었다. 여호수아는 이스라엘 백성을 가나안 땅으로 인도한 인물이었고, 예수아는 이스라엘 백성을 바벨론으로부터 이끌고 나온 인물이었다(스 2:2). 그러나 예수는 이 이름을 지닌 이 두 인물보다 비교할 수 없을 정도로 뛰어난 존재로서, 자기 백성을 그들의 죄로부터 구원하는 일을 이루실 분이었다. 천사는 계속해서 그를 소개해 나가면서, "그가 큰 자가 되고"라고 말한다. 이사야 선지자는 그의 이름이 "기묘자"라 불리게 될 것이라고 말한 바 있고(사 9:6), 엠마오로 가던 두 제자는 그리스도를 "말과 일에 능하신 선지자"(눅 24:19)라고 말한다. **지극히 높으신 이의 아들이라 일컬어질 것이요.** "지극히 높으신 이의 아들"은 성경에서 하나님의 아들을 가리키기 위하여 흔히 사용하는 표현이다(창 14:19; 시 83:18; 92:1; 막 5:7). "그가 아들이라 일컬어질 것"이라는 것은 그가 하나님의 아들이 되리라는 것이다. 이 어구는 흔히 그런 의미를 지닌다(사 1:26; 요 1:12). 왜냐하면, 그는 "하나님의 아들로" 알려지고 "선포되실" 것이기 때문이다(롬 1:4). 베드로는 예수를 하나님의 아들이라고 불렀고, 예수께서 십자가 위에서 죽으시는 모습을 지켜 본 백부장도 그를 하나님의 아들이라고 불렀다. 하나님께서도 친히 그를 하나님의 아들이라고 부르셨다(시 2:7). 하나님의 아들로 불릴 수 있는 자는 오직 예수뿐이었고, 성도들은 말할 것도 없고 천사들도 그렇게 불릴 수 없다(히 1:5).

주 하나님께서 그 조상 다윗의 왕위를 그에게 주시리니. 예수는 자신의 조상 다윗이 다스렸던 바로 그 동일한 백성을 세상 나라에서가 아니라 영적인 나라에서 다스리시는 왕이 되실 것이다. 예언서들에 나오는 많은 구절들은 다윗의 나라가 그리스도의 나라의 모형이었다는 것을 보여 준다(삼하 7:13; 시 2:6; 132:11; 사 9:6-7; 암 9:11). 그런 까닭에, 우리는 선지자들이 다윗의 이름을 그리스도에게 돌리는 것을 발견한다(렘 30:9; 겔 34:23; 37:24; 호 3:5). **영원히 야곱의 집을 왕으로 다스리실 것이며.** 야곱은 이스라엘의 열두 지파의 조상이었다. 따라서 "야곱의 집"은 일차적으로 이 훌륭한 감람나무에 선천적으로 속한 가지들인 유대인들을 가리킨다. 그리스도의 나라는 야곱의 집을 넘어서서 확장되었지만, 거기에서 시작되었고, 그리스도의 법은 처음에 시온으로부터 나왔으며, 그리스도는 무엇보다도 먼저 이스라엘의 잃어버린 양들에게로 보내심을 받으셨다. 그리스도는 "할례의 추종자"(롬 15:8)이셨다. 이방인들은 이 야곱의 집에 더해지기로 예정되어 있던 자들이었다(사 14:1). 또는, "야곱" 또는 "야곱의 집"은 그리스도를 믿는 모든 사람들로 이루어진 교회 전체를 가리키는 것일 수도 있다. 그리스도의 나라는 야곱에게 국한되지 않았지만, 그의 "권능의 규"는 시온으로부터 나왔다(시 110:2). 사도 바울은 "하나님의 성령으로 봉사하며 그리스도 예수로 자랑하고 육체를 신뢰하지 아니하는 우리가 곧 할례파라"(빌 3:3)고 말하고, "오직 이면적 유대인이 유대인이며"(롬 2:29)라고 말한다. **그 나라가 무궁하리라.** 이 구절은 방금 전에 나온 "영원히"를 설명해 주는 동시에, 그리스도의 나라는 일정한 기간 동안 존재하다가 사멸되는 모든 세상 나라들과 다르다는 것을 말해 주며, 아울러 이 땅에 있는 그리스도의 나라인 복음 교회가 그의 영광의 나라가 나타날 때까지 중단 없이 지속될 것임을 우리에게 확신시켜 준다. 이것은 메시야의 나라와 그 모형인 다윗의 나라에 관한 구약의 예언들과 일치한다(시 145:13; 사 9:7; 단 7:14; 미 4:7).

34. 마리아가 천사에게 말하되 나는 남자를 알지 못하니 어찌 이 일이 있으리이까.

어떤 이들은 마리아를 옹호하면서, 그녀가 천사가 한 말을 의심해서, 그 말한 일들이 일어날 수 없다고 생각해서 이런 말을 한 것이 아니라, 단지 인간의 힘으로는 불가능한 일이 일어날 것이라는 말에 경탄해서, 또는 하나님께서 어떤 방법으로 그렇게 놀라운 일을 행하시는 것인지를 더 자세하게 알고 싶어서 이런 말을 한 것이라고 생각한다. 반면에, 어떤 이들은 마리아가 이런 말을 한 것은, 인간 세상에서 처녀가 하나님의 권능에 의해서 잉태하여 아들을 낳은 전례가 없다는 점에서는 정상참작의 여지가 있기는 하지만, 어쨌든 불신앙의 죄로부터 자유로울 수는 없다고 생각한다. 마리아가 "나는 남자를 알지 못하니"라고 말한 것은 천사가 한 말을 자기가 이미 잉태하였거나 곧 잉태하게 될 것이라는 말로 알아듣고서, 자기는 어떤 남자와도 육체적으로 안 적이 없기 때문에, 그런 일은 불가능하다는 의미인 것으로 보인다. 그런데도 일부 교황주의자들은 마리아가 여기에서 자기는 평생토록 남자를 알지 않기로 결심하였다고 동정녀 서원을 한 것이라고 주장하는 것은 상식적인 분별력을 지닌 사람이라면 그 누구도 받아들일 수 없는 너무나 어처구니없는 짓이다. 왜냐하면, 우리는 이스라엘 가운데서 그런 종류의 서원이 있다는 것을 들어본 적이 없고, 하나님의 율법에도 없는 그런 서원을 어떤 처녀가 자기 아버지의 집에 있는 동안에 한 경우에는 그 서원은 취소될 수 있을 뿐만 아니라, 자녀가 없는 것을 큰 수치로 여겼던 유대인 여자가 그러한 서원을 했을 까닭이 없고, 도리어 어떤 이유로 혼인할 수 없어서 독신으로 지내게 되었다면, 그것을 저주로 여겼을 것이기 때문이다. 이러한 이유들은 그만두고라도, 복된 동정녀 마리아가 그런 서원을 한 후에 요셉과 혼인한 것이라면, 요셉을 우롱한 것인데, 그녀가 그런 어처구니없는 짓을 했을 것이라고 어떻게 우리가 생각할 수 있겠는가? 따라서 그녀는 천사가 "네가 잉태하여 아들을 낳으리니"라고 한 말을 자기가 이미 아들을 잉태하였거나 곧 잉태하게 될 것이라는 말로 알아들었고, 천사가 말한 것을 그대로 믿기는 하였지만, 자연의 순리를 벗어나서 어떻게 그런 일이 일어날 수 있는지를 좀 더 알고 싶어서 이런 말을 한 것임에 틀림없다.

35. 천사가 대답하여 이르되 성령이 네게 임하시고 지극히 높으신 이의 능력이 너를 덮으시리니 이러므로 나실 바 거룩한 이는 하나님의 아들이라 일컬어지리라.

성령이 네게 임하시고 지극히 높으신 이의 능력이 너를 덮으시리니. 성령은 여기에서 "지극히 높으신 이의 능력"으로도 불린다. 이것은 성령에 특유한 특별한 감화력을 보여 주는 구절이다. 따라서 우리는 주의 영이 선지자들에게 임하였다는 말을 자주 듣게 되는데(대하 20:14), 이것은 그들이 성령의 특별한 감화력을 입어서 예언을 할 수 있게 되었다는 의미이다. 모태에서 아기가 만들어지는 과정에는 하나님의 일반적인 감화력이 작용한다(욥 10:8; 시 139:15). 그러나 이 구절은 성령께서 자연의 순리를 변화시켜, 자신이 거룩하게 한 동정녀의 피에 힘을 가하여 남자 없이 단독으로 아기의 몸을 만들 수 있게 하는 이례적으로 특별한 감화력을 가리킨다. 천사는 "능력이 너를 덮는다"는 말을 사용함으로써, 이 과정을 더욱 신비롭게 표현하는데, 나는 이 말은 남자의 행위를 대신해서 하나님의 창조의 권능이 지극히 기적적인 방식으로 개입하게 될 것을 의미하는 것이라고 본다. 이러므로 나실 바 거룩한 이는 하나님의 아들이라 일컬어지리라. 하나님께서 자신의 창조의 권능으로 아버지와 어머니의 역할을 대신하게 하셔서 자신의 아들인 아담을 만드셨던 것과 마찬가지로(눅 3:38), 이제 여기에서는 하나님의 창조의 권능이 아버지의 역할을 대신하게 된다. 다만, 어머니의 역할은 마리아가 할 것이었기 때문에, 천사는 이 아들이 "네게서 나실" 것이라고 말한다. 육에서 난 것은 육일 수밖에 없기 때문에, 마리아의 선천적인 육신에서 태어난 아이는 육일 수밖에 없을 것이지만, 성령께서는 먼저 그녀에게 임하여 그녀를 덮어서 그녀의 육신을 거룩하게 하실 것이기 때문에, 그녀의 육신에서 난 저 살덩이도 거룩한 것이 될 것이다. 그리고 영원한 출생에 의해서 존재하신 성자(천사는 이 성자에 대해서는 여기에서 말하지 않는다)가 아니라, 태초부터 계셨지만 이런 식으로 마리아의 육신과 인격적으로 결합되어 태어나 육신이 되신 "말씀"이신 하나님의 영원하신 아들이 "하나님의 아들"이라 일컬어지게 될 것이다.

36-37. [36]보라 네 친족 엘리사벳도 늙어서 아들을 배었느니라 본래 임신하지 못한다고 알려진 이가 이미 여섯 달이 되었나니 [37]대저 하나님의 모든 말씀은 능하지 못하심이 없느니라.

하나님께서 각 사람을 얼마나 주의깊게 살피시고 잘 아시는지를 보라! 하나님은 우리의 친척관계까지도 다 아신다: **네 친족 엘리사벳**. 여기에서 어떤 이들은 민수기 36:6-7의 규정을 들어서, 아론의 딸들 중의 한 사람(눅 1:5)으로서 레위 지파에 속하였던 엘리사벳이 다윗 가문의 한 사람으로서 유다 지파에 속하였던(눅 1:3) 마리아가 어떻게 서로 "친족"이 될 수 있는지에 대하여 의문을 제기한다. 그러나 바울이 모든 유대인들을 자신의 "친척"이라고 불렀듯이(롬 9:3), 우리는 여기에 나오는 "친족"이라는 말도 넓은 의미로 해석할 수 있다. 또는, 레위 지파의 딸들에게는 지켜야 할 기업이 없었고, 민수기 36장의 율법은 각 지파의 기업들이 서로 뒤섞이는 것을 방지하기 위한 규정이었기 때문에, 그 딸들은 어느 지파 사람과도 혼인할 수 있었다는 점에서, 마리아와 엘리사벳은 엄밀한 의미에서도 친족이었을 가능성이 있다. **본래 임신하지 못한다고 알려진 이가** 아들을 밴 지 **이미 여섯 달이 되었나니**. 임신한 지 여섯 달 정도가 되면, 여자들은 아기의 태동을 어느 정도 확실하게 느낄 수 있다고 한다. 따라서 우리는 엘리사벳이 자녀가 없이 나이가 들었지만, 하나님으로 말미암아 잉태하게 되었다는 것을 이미 알고 있지만, 그녀의 임신 사실이 이 때쯤 해서 확실히 드러났다고 보아야 한다. **대저 하나님의 모든 말씀은 능하지 못하심이 없느니라**. 나는 모든 일이 가능하신 하나님이 주신 메시지를 너에게 가져왔다. "대저 하나님께는 불가능한 일이 없다"는 것은 유대인들 사이에서 널리 통용되던 말이었다. 우리 구주께서는 이 말씀을 여러 차례 사용하신다(마 19:26; 막 10:27). 또한, 우리는 최초의 존재이시고 최초의 원인이시며 모든 능력의 원천이시고 만물이 복속되어 있는 하나님께 불가능한 일은 없다는 것을 증명하기 위하여 굳이 성경 본문들을 들먹일 필요도 없다. 그렇다고 해서, 분별 있는 사람이라면 그 누구도 이러한 사실을 근거로 해서, 하나님께서는 완전한 상태에서 타락하셔서 우리 같이 불완전한 존재가 되시는 것도 가능하다고 말하지는 않을 것이다. 또한, 하나님께서는 자신이 한 번 하시기로 정하신 것과 반대되게 행하시는 것도 불가능하다. 하지만 하나님은 자기가 하고자 하시는 것들은 무엇이든지 다 하실 수 있으시다.

38. 마리아가 이르되 주의 여종이오니 말씀대로 내게 이루어지이다 하매 천사가 떠나가니라.

욥은 "내가 한 번 말하였사온즉 다시는 더 대답하지 아니하겠나이다"(욥 40:5)라고 말하였다. 마찬가지로, 동정녀 마리아도 여기에서 그런 식으로 말한다: 나는 이제 더 이상 이의를 제기하지 않겠습니다. 나는 주의 종이오니, 주께서 원하시는 대로 내게 행하십시오. 교황주의자들은 "주의 여종이오니"라는 어구가 동정녀 마리아가 하늘의 여왕이라는 것을 말해 주는 것이라고 주장하지만, 이 어구는 그런 의미가 아니라, 그녀가 자신을 철저히 낮추고서 하나님의 뜻을 전적으로 받들어서 자기 자신을 기꺼이 주께서 원하시는 일에 드릴 것이라고 말하고 있는 것이다. 그녀는 자신의 그러한 결심에다가, 하나님께서 천사를 보내셔서 그녀에게 말씀하신 그대로 행하시라는 기도를 덧붙인다. 이렇게 해서, 가브리엘 천사는 마리아의 이러한 결단으로 인해서 하나님이 자기에게 맡기신 소임을 다 이루었기 때문에 하늘로 올라갔다.

39-40. [39]이 때에 마리아가 일어나 빨리 산골로 가서 유대 한 동네에 이르러 [40]사가랴의 집에 들어가 엘리사벳에게 문안하니.

많은 해석자들은 사가랴가 살고 있던 이 동네가 전에는 "기럇 아르바"(수 14:15)로 불렸던 헤브론이었을 것이라고 생각한다. 왜냐하면, 헤브론은 유다의 산지에 있던 동네였고, 도피성들 중의 하나였으며, 제사장들이 살던 곳이었기 때문이다(수 20:7). 그러나 이것의 사실 여부는 확실하게 알 수 없다. 마리아가 이렇게 엘리사벳을 찾아간 것은 자신의 친족인 엘리사벳과 기쁨을 함께 나누기 위한 것이기도 하였겠지만, 천사가 엘리사벳에 대하여 한 말이 사실임을 확인함으로써, 자신이 받은 계시에 대한 그녀 자신의 믿음을 더욱 강화하기 위한 목적이 컸던 것으로 보인다.

41. 엘리사벳이 마리아가 문안함을 들으매 아이가 복중에서 뛰노는지라 엘리사벳이 성령의 충만함을 받아.

복중의 아기가 태동을 시작한 뒤에 모태에서 뛰노는 것, 그리고 특별히 아주 기쁜 때에는 평소보다 더 활발하게 뛰노는 것은 아이를 임신한 여자들에게서 특별한 일이 아니지만, 여기에 언급된 태동은 그런 것보다 훨씬 더 특별한 것이었고, 아기가 이렇게 태동하게 된 이유도 하나님의 성령으로 인한 것이었기 때문에 아주 특별한 것이었다. 그래서 최고의 해석자들은 그 다음에 나오는 "엘리사벳이 성령의 충만함을 받았다"는 말은 예언의 영이 그녀에게 임하여 그녀가 예언하게 된 것을 가리키는 것이라고 생각한다.

42. 큰 소리로 불러 이르되 여자 중에 네가 복이 있으며 네 태중의 아이도 복이 있도다.

엘리사벳은 천사가 자기에 대하여 사용하였던 것(눅 1:28)과 동일한 말을 마리아에게 사용한다: 너는 장차 온 세상에서 유명해질 것이기 때문만이 아니라, 하나님으로부터 지극히 큰 은총과 복을 받은 사람이기 때문에, 지극히 행복한 여자이다. 네 태중의 아이도 복이 있도다. 동정녀 마리아와 그리스도에 대하여 "복이 있다"는 동일한 말이 사용되고 있기는 하지만, 우리는 그 복의 정도는 결코 동일하지 않다는 것을 알아야 한다. 그리스도께서는 자신의 동류들과는 비교할 수 없을 정도로 무한히 기쁨의 기름으로 기름 부음을 받으셨고, 하나님으로부터 복을 받은 그 어떤 피조물과 비교할 수 없을 정도로 여러 가지 면에서 다른 복을 받으셨다. 왜냐하면, 그에게는 신성의 충만이 육체로 거하였기 때문이다.

43. 내 주의 어머니가 내게 나아오니 이 어찌 된 일인가.

엘리사벳은 이 말을 통해서, 한편으로는 그리스도의 성육신, 다른 한편으로는 중보자의 한 인격 속에 신성과 인성이 결합되어 있다는 것을 둘 다 고백한다. 또한, 그녀의 이 말은 그리스도를 그녀의 주로 고백하고 마리아를 그리스도의 어머니로 고백하는 말이기도 하다.

44. 보라 네 문안하는 소리가 내 귀에 들릴 때에 아이가 내 복중에서 기쁨으로 뛰놀았도다.

이 말은 엘리사벳이 마리아가 그녀에게 문안인사를 할 때에 자신의 복중에서 아기가 뛰는 것을 자연스러운 현상 이상의 것으로 인식하였다는 것을 보여 준다.

45. 주께서 하신 말씀이 반드시 이루어지리라고 믿은 그 여자에게 복이 있도다.

어떤 이들은 누가복음 11:27-28에서 어떤 여자가 그리스도를 낳은 태가 복이 있고 그리스도를 먹인 젖이 복이 있다고 말하였을 때, 그리스도께서 "오히려 하나님의 말씀을 듣고 지키는 자가 복이 있느니라"고 하신 것을 근거로 삼아서, 여기에서도 엘리사벳이 마리아가 하나님께서 하신 말씀을 믿은 것을 보고, 그녀의 믿음대로 그 말씀이 이루어질 것임을 알았기 때문에, 그녀를 복이 있다고 선언한 것이라고 말한다. 마리아가 하나님의 말씀을 믿은 것은 그녀가 그리스도를 낳은 것보다 더 복된 것이었음은 두말할 필요가 없다. 엘리사벳이 자신에게 강력하게 임한 예언의 영을 힘입어 한 말은 천사가 앞서 마리아에게 전해 주었던 것을 확고하게 확증해 주는 것이었기 때문에, 마리아는 자기가 천사로부터 들은 말을 자신의 친족인 여자로부터 다시 한 번 확증 받은 것을 크게 기뻐하고 만족하였을 것임에 틀림없다.

46-47. [46]마리아가 이르되 내 영혼이 주를 찬양하며 [47]내 마음이 하나님 내 구주를 기뻐하였음은.

우리는 이제 여기에서 주의 성령이 복된 동정녀 마리아에게 임하여, 그녀의 입에서 흘러나오게 된 저 유명한 찬양을 듣게 된다. 그녀는 먼저 정식으로 하나님께 찬송을 올려드리고, 그런 후에 여러 가지 표현들을 사용해서, 하나님의 능력과 선하심을 선포함으로써, 하나님이 찬송 받아 마땅하신 분이심을 보이고, 마지막으로는 그녀가 말한 것들을 좀 더 일반적으로 인류의 속량이라는 구체적인 일에 적용한다. 하나님께서는 우리를 큰 자로 만드실 수 있으시지만(눅 1:49), 우리는 하나님을 더 크신 분으로 만들 수 없고, 단지 하나님의 크심을 선포하고 나타내 보이며 찬양할 수 있을 뿐이다. 그녀는 자신의 영혼이 주를 높였고, 자신의 마음이 주를 기뻐하였다고 말한다. 여기에서 "영혼"과 "마음"은 서로 다른 단어들이지만 동일한 것을 가리킨다. 즉, 그녀는 자신의 온 마음과 영혼을 다하여 하나님께 영광을 돌렸다는 것이다. 이것은 우리가 입술로만 하나님을 찬송하는 것은 아무 소용이 없고, 반드시 진실된 마음이 수반되어야 한다는 것을 우리에게 가르쳐 준다. **하나님 내 구주.** 한나는 "내 마음이 여호와로 말미암아 즐거워하며 내 뿔이 여호와로 말미암아 높아졌으며"(삼상 2:1)라고 말하였다. 우리가 기뻐하는 주된 것이 우리에게 좋은 어떤 것들이 아니라, 우리에게 그런 좋은 것들을 주신 데서 드러난 우리를 향하신 주님의 선하심일 때, 그것은 진정으로 영적인 기쁨이다.

48. 그의 여종의 비천함을 돌보셨음이라 보라 이제 후로는 만세에 나를 복이 있다 일컬으리로다.

우리의 번역자들(흠정역을 번역한 사람들)은 여기에서 '타페이노신' (ταπείνωσιν)을 "비천함"으로 올바르게 번역하였다. 마리아는 여기에서 자신의 겸손함을 자화자찬하는 것이 아니라(일부 교황주의자들은 이 본문을 그렇게 해석한다), 너무나 비천한 그녀를 돌아보신 하나님을 높이고 있는 것임은 의심의 여지가 없다. 왜냐하면, 그녀는 비록 다윗 가문의 사람이긴 하였지만, 다윗 가문은 이미 오래 전에 몰락하여 오랜 세월 동안 곤궁한 삶을 살아 왔고, 그녀도 이제 목수와 약혼할 정도로 형편없는 처지가 되어 있었기 때문이었다. 그녀가 목수인 요셉과 약혼하였다는 사실 하나만으로도, 우리는 그녀가 비록 다윗 왕가의 후손이었지만 얼마나 비천한 삶을 살아 왔는지를 알 수 있다. 하나님께서 자기 자신을 높이시고 영광을 받으시는 방식은 통상적으로 그런 것이었기 때문에, 양을 치던 비천한 다윗을 택하셔서 이스라엘을 다스리는 왕으로 세우셨다. 하나님은 비천한 자들을 높이시는 것을 무척 기뻐하신다. "하나님께서 세상의 미련한 것들을 택하사 지혜 있는 자들을 부끄럽게 하려 하시고 세상의 약한 것들을 택하사 강한 것들을 부끄럽게 하려 하시며 하나님께서 세상의 천한 것들과 멸시 받는 것들과 없는 것들을 택하사 있는 것들을 폐하려 하시나니 이는 아무 육체도 하나님 앞에서 자랑하지 못하게 하려 하심이라"(고전 1:27-29). **보라 이제 후로는 만세에 나를 복이 있다 일컬으리로다.** 하나님께서 우리의 이름이 이 세상에서 한 세대만이 아니라 모든 세대에서 유명하게 해주시는 것은 결코 작은 은총이 아니다.

49. 능하신 이가 큰 일을 내게 행하셨으니 그 이름이 거룩하시며.

이 절은 말할 것도 없고 이 찬양 전체에서 주목할 만한 것은, 복된 동정녀 마리아가 모든 공을 하나님께 돌리고, 자기 자신에게는 그 어떤 공도 돌리지 않는 모습이 그녀의 조상인 다윗을 꼭 빼닮았다는 것이다. 다윗은 시편 115:1에서 "여호와여 영광을 우리에게 돌리지 마옵소서 우리에게 돌리지 마옵소서 오직 주는 인자하시고 진실하시므로 주의 이름에만 영광을 돌리소서"라고 말한다. 그녀는 자신의 이러한 모습과 태도를 통해서, 그녀를 복이 있다고 말할 세대들이 그녀를 어떻게 보아야 하는지를 가르쳐 준다. 즉, 그녀는 하나님의 크신 은총을 받은 자이고, 하나님이 진정으로 큰 일들을 그녀를 위하여 베풀어 주신 자이지만, 하나님으로부터 어떤 공로를 인정받은 자도 아니고, 그녀의 아들보다 더 큰 공경을 받아야 할 자도 아니며, 사람들의 청탁을 받고 그녀의 아들을 움직여 그 청탁을 들어주게 하는 자도 아니라는 것이다. 따라서 교황주의자들이 동정녀 마리아를 우상화시켜서, 사람들로 하여금 그녀에게 기도하도록 한 것은 신성모독을 자행하는 것일 뿐이다. 마리아는 자기가 한 말들을 빌미로 삼아서 후세 사람들이 미신을 만들어 내지 못하도록 하기 위하여 무척 주의를 기울인다. **그 이름이 거룩하시며.** 하나님의 이름이 "거룩하다"는 것은 그 이름이 영광스럽고 공경하기에 합당하다는 의미이다. 하나님의 이름은 곧 하나님 자신이기 때문에, 하나님의 거룩하심과 영화로우심은 미천한 피조물들이 깨닫고 이해하는 것을 훨씬 뛰어넘는다.

50. 긍휼하심이 두려워하는 자에게 대대로 이르는도다.

마리아는 앞에서 하나님의 영광과 위엄을 송축하고 난 후에, 이제 여기에서는 모든 사람에게 미치지만 특히 하나님을 경외하는 자들에게 베풀어지는 그의 "긍휼하심"을 송축한다. 그녀는 하나님께서 아브라함과 그 자손의 하나님이 되실 것이라는 약속을 존중하면서도, 진정으로 경건한 자들에게 그 약속이 아주 뚜렷하게 성취될 것이라고 선언한다. 성경, 특히 구약에서는 모든 경건을 하나님을 두려워한다는 개념으로 표현한다. 시편 103:17에도 거의 동일한 말씀이 나온다: "여호와의 인자하심은 자기를 경외하는 자에게 영원부터 영원까지 이르며 그의 의는 자손의 자손에게 이르리니." 하나님의 선하심이 자신의 모든 백성에게 미칠 뿐만 아니라, 영원히 지속될 것임을 나타낼 때, 성경에서는 "대대로"라는 표현을 사용한다: "나를 사랑하고 내 계명을 지키는 자에게는 천 대까지 은혜를 베푸느니라"(출 20:6).

51-52. [51]그의 팔로 힘을 보이사 마음의 생각이 교만한 자들을 흩으셨고 [52]권세 있는 자를 그 위에서 내리치셨으며 비천한 자를 높이셨고.

동정녀 마리아는 앞에서 하나님의 거룩하심과 긍휼하심과 선하심을 송축하고 나서, 이제 여기에서는 하나님의 권능과 공의를 송축한다. **그의 팔로 힘을 보이사.** 사람의 힘은 많은 부분 팔을 통해 나타나기 때문에, 하나님은 우리와는 달리 몸의 그런 지체들을 갖고 있지 않으시지만, 마치 팔이 있으신 것처럼 이런 비유를 사용해서, 모든 일을 행하시는 하나님의 지극히 큰 능력을 나타낸다(출 15:16; 시 89:13; 98:1; 사 40:10 등). **마음의 생각이 교만한 자들을 흩으셨고.** 모세의 장인 이드로는 "이제 내가 알았도다 여호와는 모든 신보다 크시므로 이스라엘에게 교만하게 행하는 그들을 이기셨도다"(출 18:11)고 말함으로써, 하나님께서 교만한 자들을 이기신 것을 보고, 모든 신보다 크시다는 것을 알았다고 고백한다. 성경에서 "교만한 자들"은 흔히 악인들을 가리키고, "겸손한 자들"은 선하고 거룩한 자들을 가리킨다. 그러나 엄밀한 의미에서 "교만한 자들"은 자기 자신을 대단한 존재로 여기는 사람들을 의미한다. 그리고 가장 교만한 자는 자신의 "마음의 생각"이 최고인 줄 알고 오직 자신의 생각대로만 하는 자이다. 마리아는 하나님께서 그런 교만한 자들의 생각이 어리석은 것임을 드러내시고, 그들로 하여금 자신의 꾀에 빠져 어쩔 줄 모르고 당혹하게 만드심으로써 그들을 "흩으셨다"고 찬양한다. **권세 있는 자를 그 위에서 내리치셨으며.** 하나님께서는 애굽 왕 바로, 느부갓네살 등과 같은 "권세 있는 자들"에게 그렇게 하셨다. 하나님은 사람들을 권좌에서 끌어내리기도 하시고 권좌에 앉히기도 하신다. 권좌에 오르는 것은 사람들의 생각대로 되는 것이 아니다. 비천한 자를 높이셨고. 이것이 하나님의 방식이다. 하나님께서는 비천한 처지에 있던 모세와 요셉과 야곱과 다윗을 높이셨다. 하나님은 이렇게 자신의 지극히 크신 능력을 보이시고, 인간사를 관장하시는 이는 자신이시라는 것을 보이신다. 하나님께서는 각 사람에 대하여 자신의 뜻대로 행하시지만, 하나님이 사람들에게 행하시는 일들은 무한히 지혜로우시고 의로우시며 선하시다.

53. 주리는 자를 좋은 것으로 배불리셨으며 부자는 빈 손으로 보내셨도다.

이 본문에서 거룩한 동정녀 마리아는, 일부 사람들이 탐욕을 부려 모든 것을 자신들에게로 끌어모아서, 다른 사람들에게는 돌아가는 것이 없게 되는 일이 벌어지지 않고, 모든 것이 사람들에게 일정 정도 골고루 돌아가도록, 세상을 공평하게 다스리시고 주관하시는 것을 송축한다. "주리는 자들"은 삶에 필요한 것들이 없고 궁핍하여 그런 것들을 갖기를 간절히 원하는 사람들을 가리키고, "부자들"은 그런 것이 차고 넘치는 사람들을 가리킨다. 하나님께서는 가난한 자들에게 복 주시고 궁핍한 자들을 불쌍히 여기시지만, 부자들에게는 큰 관심을 두지 않으신다. 어떤 이들은 여기에서 "주리는 자들"은 그리스도께서 산상수훈에서 복이 있다고 말씀하신 자들(마 5:3-11) 중에서 "의에 주리고 목 마른 자들"을 가리키고, "부자들"은 그리스도의 의가 자신들에게는 필요하지 않다고 생각하는 자들을 가리킨다고 생각한다. 이 본문은 그런 식으로도 충분히 해석될 수 있기는 하겠지만, 동정녀 마리아가 여기에서 과연 그렇게 생각하였던 것인지에 대해서는 나는 잘 모르겠다.

54-55. [54]그 종 이스라엘을 도우사 긍휼히 여기시고 기억하시되 [55]우리 조상에게 말씀하신 것과 같이 아브라함과 그 자손에게 영원히 하시리로다 하니라.

이 절들에서 복되신 동정녀 마리아는 하나님께서 이스라엘을 기억하시고 구속주를 보내 주심으로써 선하심과 긍휼하심을 베풀어 주신 것과 관련해서, 하나님의 긍휼하심과 진실하심을 송축한다. 여기에서 하나님께서 "그 종 이스라엘을 도우셨다"는 것은 하나님이 자신의 종 이스라엘, 또는 자신의 자녀 이스라엘을 자신의 손으로 붙들어 주셨다거나 들어올리셨다는 것을 의미한다. 하나님은 "에브라임"을 "나의 사랑하는 아들 기뻐하는 자식"이라고 부르신다(렘 31:20). 그러나 여기에서 "이스라엘"은 신자들, 즉 아브라함의 자손들 중에서 메시야에 대한 믿음과 소망 가운데서 살아간 자들을 가리킨다. 그들은 "약속의 자녀들"(롬 9:8)이고 "이면적 유대인"(롬 2:29)이며 진짜 "할례파"(빌 3:3)이고 "참 이스라엘 사람"(요 1:47)이다. 마리아는 하나님께서 이스라엘 백성의 공로를 "기억하셔서"가 아니라 오로지 자신의 "긍휼히 여기심"으로 말미암아 이 일을 하신 것이고(겔 36:32), 자신의 선하심과 긍휼하심을 값없이 베푸셔서 아브라함에게 하신 약속(창 17:15)을 이루신 것이라고 송축한다. 사도 바울은 이 약속이 어떤 사람들에게 미치는지를 로마서 9:6-9에서 분명하게 밝힌다. 이 약속을 따라 믿는 자들의 조상인 "아브라함과 그 자손들"은 영원할 것이고, 이 약속은 그들 모두에게 영원히 효력이 있을 것이다.

56. 마리아가 석 달쯤 함께 있다가 집으로 돌아가니라.

마리아는 엘리사벳이 산고를 겪을 즈음에 그녀 곁을 떠난 것이 아니라, 본격적으로 해산 준비를 할 때쯤 해서 집으로 돌아왔을 것이다. 이 때쯤에는 마리아 자신도 자신의 뱃속에 아기가 있다는 것을 알았을 것임에 틀림없다. 이 이야기를 시간적인 순서로 배열한다면, 이 본문 다음에 마태복음 1:18-25에 나오는 이야기가 와야 한다. 마태복음 1:18-25에 대한 설명을 보라.

57-58. [57]엘리사벳이 해산할 기한이 차서 아들을 낳으니 [58]이웃과 친족이 주께서 그를 크게 긍휼히 여기심을 듣고 함께 즐거워하더라.

천사가 마리아에게 나타나서 수태고지를 할 때가 엘리사벳이 임신한 지 이미 "여섯 달"이 된 때였고(눅 1:36), 마리아가 그녀의 집으로 가서 "석 달쯤" 함께 있다가, 그녀가 해산할 때가 가까워지자 집으로 돌아왔기 때문에, 엘리사벳은 그 후에 곧 아들을 낳았다. 이것은 하나님의 약속의 말씀들이 진실하시다는 것을 보여 주는 것이기 때문에, 우리는 모두 하나님의 말씀을 믿고 신뢰하는 법을 배워야 한다. 엘리사벳의 이웃들과 친척 여자들이 와서 함께 기뻐해 준 것은 당시의 일반적인 관습을 따른 것으로서, 이 관습은 아마도 세상 끝날까지 계속될 것이다. 그러나 당시에 신앙이 좋은 사람들은 단지 그런 식으로 관습을 따라 찾아와서 엘리사벳을 축하해 준 것이 아니라, 엘리사벳을 향하신 하나님의 선하심과 그 은총을 알아차리고서 진심으로 축하해 주고 함께 기뻐하였을 것이라고 나는 생각한다. 하지만 우리는 오늘날 어떤 사람에게 좋은 일이 생겼을 경우에는 친구들이 찾아와서 축하해 주고 그런 기회를 빌려서 함께 모여 즐겁게 시간을 보내는 것이 하나의 세속적인 관습으로 자리를 잡았지만, 거기에서 태를 열어 주시고 자녀를 상으로 주신 하나님께 진심으로 감사하고 송축하는 일은 거의 찾아볼 수 없고, 그런 모임 속에서 그런 섭리를 베풀어 주신 하나님의 권능과 선하심을 알아차리고서 대화의 주제로 삼는 일도 거의 찾아볼 수 없다! 엘리사벳의 "이웃들과 친족들"은 "주께서 그를 크게 긍휼히 여기심을 듣고 함께 즐거워하였다." 한 아이를 주시고, 그 아이가 무사히 태어날 수 있게 해 주신 것은 하나님이 자신의 크신 긍휼하심을 베풀어 주신 것이기 때문에, 그렇게 함께 모여 기뻐하는 곳에서 가장 먼저 얘기되고 감사하여야 할 일이어야 한다. 그렇게 하지 않는다면, 그 모임은 그리스도인들의 모임이 아니라 이교도들의 모임과 다름없게 되어 버릴 것이다.

59-61. [59]팔 일이 되매 아이를 할례하러 와서 그 아버지의 이름을 따라 사가랴라 하고자 하더니 [60]그 어머니가 대답하여 이르되 아니라 요한이라 할 것이라 하매 [61]그들이 이르되 네 친족 중에 이 이름으로 이름한 이가 없다 하고.

할례에 관한 율법(창 17:12; 레 12:3)은 아들이 태어난 경우에는 "팔 일이 되면" 할례를 행해야 한다고 엄격하게 규정하고 있다. 우리는 성경 속에서 할례를 누가 집례하여야 하는지, 그리고 어디에서 해야 하는지에 대하여 규정하고 있는 본문을 찾아볼 수 없다. 하나님께서 모세가 자신의 아들에게 할례를 행하지 않았다는 이유로 객사로 찾아가셔서 모세를 죽이시려고 하자, 모세의 아내 십보라가 그 아들에게 할례를 행하였다(출 4:24-25). 유대인들은 나중에 회당에서 할례를 베풀었다고 하지만, 하나님의 율법에는 그런 규정이 없다.

또한, 우리는 할례를 행할 때에 아이에게 이름을 지어 준 예도 성경 속에서 찾아볼 수 없다. 창세기에서는 "아브라함이 그에게 태어난 아들 곧 사라가 자기에게 낳은 아들을 이름하여 이삭이라 하였다"고 말한 후에, 그 다음 절에서 "그 아들 이삭이 난 지 팔 일 만에 그가 하나님이 명령하신 대로 할례를 행하였더라"고 말하고(창 21:3-4), 십보라가 자신의 아들에게 할례를 행하면서 이름을 지어 주었다는 말도 출애굽기에 나오지 않는다. 그러나 세례 요한의 이름은 그가 할례를 받을 때에 주어졌다. 요한은 자기 아버지의 집에서 할례를 받았을 것이 거의 틀림없다. 왜냐하면, 본문은 산후조리를 위해서 밖으로 나갈 수 없는 상태에 있었던 엘리사벳이 자기 아들이 할례를 받는 자리에 함께 있었다고 말하고 있기 때문이다. 옛 사람들은 갓 태어난 아이에게 아버지나 친족의 이름을 붙여 주는 것이 오랜 관행이었기 때문에, 친족들은 이 아들에게 아버지의 이름을 따라 "사가랴"라는 이름을 붙여 주려고 하였다. 아마도 이러한 관행으로 인해서, 그리스도인들 가운데서 이교의 신들이나 여신들 같은 합당하지 않은 이상한 이름을 가진 사람들이 아주 많이 있게 된 것으로 보인다. 우리는 이교도들의 후손들이고, 일부 이교도들은 그리스도인으로 개종했을 때에 자신의 이름을 바꾸고 개명하였지만, 대다수의 이교도들은 개종하고나서도 개명하지 않았기 때문에, 부모의 이름을 자녀에게 붙여 주는 오랜 전통과 지극히 천박한 관행으로 인해서, 그리스도인들이 운명의 여신인 포르투나(Fortune), 달의 여신인 디아나(Diana) 등과 같은 이교의 우상들의 이름을 갖게 되는 일이 여전히 비일비재하게 일어나고 있는데, 이것은 반드시 고쳐져야 할 일이다. 왜냐하면, 우리가 존경하고 공경하는 사람의 이름을 우리의 자녀에게 붙여 주었을 때, 그것은 그 사람을 높이고 공경심을 표현하는 것이듯이, 우상들의 이름을 자녀들에게 붙여 주는 것은 그 우상들을 높이고 공경하는 마음을 표현하는 것이 되기 때문이다. 유대인들 사이에서는 아주 옛날부터 자신들의 신앙심으로 인해서, 하나님께서 자신들이나 자녀들에게 베풀어 주신 긍휼하심이나 하나님에 대한 그들 자신의 본분을 나타내는 이름을 자녀들에게 붙여 주는 관행이 있었던 것으로 보이고, 또한 그런 경우에 부모나 친족을 기리고 공경하는 의미에서 그들의 이름을 자녀에게 붙여 주는 관행도 있었던 것으로 보인다. 따라서 엘리사벳은 이 아이에 대한 하나님의 뜻을 사가랴를 통해서 알고 있었기 때문에(사가랴는 글을 써서, 또는 어떤 식의 의사표시를 사용해서 자신의 아내에게 이것을 알렸을 것이다), 친족들이 아이의 이름을 "사가랴"로 지으려고 하자, 그 이름을 거부하고 "요한"이라고 해야 한다고 말하였고, 그들은 친족 중에 그런 이름을 지닌 사람이 없다고 이의를 제기하였다.

62-63. [62]그의 아버지께 몸짓하여 무엇으로 이름을 지으려 하는가 물으니 [63]그가 서판을 달라 하여 그 이름을 요한이라 쓰매 다 놀랍게 여기더라.

자녀에게 이름을 붙여 주는 일은 부모, 특히 아버지의 몫이었다. 사가랴는 아직 말을 못하는 상태에 있었기 때문에, 그들은 사가랴에게 아이의 이름을 무엇으로 하고 싶냐고 몸짓으로 물었다. 그러자 사가랴는 서판에 "요한"이라고 썼다. 이 이름은 천사가 이미 알려준 것이었기 때문에, 그에게는 거기에 대해서 그 어떤 이견도 있을 수 없었다. 그 자리에 모여 있던 사람들은 부모가 둘 다 똑같이 친족 중의 어떤 이름을 아이에게 붙여 주는 것을 거부하고, "요한"이라는 이름을 말하자, 어떻게 이런 일이 있을 수 있는가 생각해서 깜짝 놀란다.

64. 이에 그 입이 곧 열리고 혀가 풀리며 말을 하여 하나님을 찬송하니.

천사가 사가랴에게 한 말이 다 이루어지자마자, 그 즉시 사가랴에게 내려졌던 벌(눅 1:20)이 해제되어서, 그의 혀가 풀리며, 그는 다시 말을 할 수 있게 되었다. 하나님께서는 자신이 계획하셨던 일이 이루어지자 사가랴의 혀를 풀어 주셨고, 사가랴는 하나님을 찬송하기 시작하는데, 이제 우리는 그가 어떻게 하나님을 찬송하였는지를 듣게 될 것이다.

65-66. [65]그 근처에 사는 자가 다 두려워하고 이 모든 말이 온 유대 산골에 두루 퍼지매 [66]듣는 사람이 다 이 말을 마음에 두며 이르되 이 아이가 장차 어찌 될까 하니 이는 주의 손이 그와 함께 하심이러라.

그 근처에 사는 자가 다 두려워하고. 여기에서 사람들이 "두려워하였다"는 것은 세례 요한의 출생을 둘러싼 여러 이적들로 인해서 사람들 사이에서 하나님을 두려워하고 경외하는 마음이 생겼다는 것을 의미한다. "사람마다 두려워하는데 사도들로 말미암아 기사와 표적이 많이 나타나니"(행 2:43). 여기에서 "이 모든 말"로 번역된 '레마타 타우타' (ῥήματα ταῦτα)는 히브리식 표현으로서 "이 모든 일들"을 의미한다. 즉, 이 모든 일들에 관한 소문이 사가랴가 살고 있던 동네(눅 1:39)와 인접해 있던 "온 유대 산골에 두루 퍼져" 나갔다는 것이다. 듣는 사람이 다 이 말을 마음에 두며 이르되 이 아이가 장차 어찌 될까 하니 이는 주의 손이 그와 함께 하심이러라. 사람들은 이 아이가 평범한 아이가 아님을 알고, 장차 어떤 아이가 될 것인지를 궁금해 하였다. "주의 손"은 하나님의 권능, 그의 섭리와 사랑과 은총을 의미한다. 이런 의미에서 성경은 하나님께서 사무엘과 함께 하셨다고 말한다(삼상 3:19). "주의 손"은 흔히 여호와 하나님의 권능과 도우심을 의미하기도 하기 때문에(대상 28:19; 시 80:17), 어떤 사람에게 주의 손이 임하였다는 것은 종종 예언의 영이 임하였다는 것을 의미한다(겔 1:3; 40:1, 한글개역개정에서는 "주의 손"을 "여호와의 권능"으로 번역하였다). 그러나 여기에서 사용된 "주의 손"은 전자의 의미로서, 요한에게 하나님의 특별한 은총이 함께 하여, 그를 지켜 보호하시고 잘 자라나게 하시며 지식과 총명에서 뛰어나게 하신 것을 가리킨다.

67. 그 부친 사가랴가 성령의 충만함을 받아 예언하여 이르되.

우리는 사가랴에게 이전에는 성령이 없었다고 생각해서는 안 되는데, 누가복음 1:6은 도리어 그 반대였다는 것을 우리에게 말해 준다. 하지만 성령께서는 이 때에 이전보다 특별히 더 강력하게 임하였다. 이것은 성령이 거룩하게 하는 영으로서 선지자들 속에 거하여 늘 역사하였지만, 그들이 예언을 해야 할 특별한 때에는 더욱 강력하게 역사한 것과 마찬가지였다. 이것은 본문에 나오는 "예언하여"라는 어구에 의해서 더 확실하게 확증된다. "예언한다"는 것은 어떤 사람이 다른 사람을 대신해서 말하는 것을 의미하기 때문에, 나중에 일어날 일들을 미리 예고하는 말을 하는 것만이 아니라, 하나님을 대신해서 그의 뜻을 우리에게 전하는 말을 하는 것에도 이 표현이 사용된다. 여기에 나오는 사가랴의 예언 속에는 세례 요한과 그리스도에게 장차 일어나게 될 일들을 미리 예고하는 말도 나오고, 선지자들이 옛적에 세례 요한과 그리스도에 대하여 했던 예언들을 적용하는 말도 나온다. 어떤 이들은 사가랴의 예언은 옛적의 모든 예언들의 정수이고, 거기에는 복음의 교훈 전체가 요약되어 있다고 지적한다.

68-70. [68]찬송하리로다 주 이스라엘의 하나님이여 그 백성을 돌보사 속량하시며 [69]우리를 위하여 구원의 뿔을 그 종 다윗의 집에 일으키셨으니 [70]이것은 주께서 예로부터 거룩한 선지자의 입으로 말씀하신 바와 같이.

찬송하리로다 주 이스라엘의 하나님이여 그 백성을 돌보사 속량하시며. 하나님은 단지 이스라엘의 하나님이신 것이 아니라, 땅의 모든 민족들의 하나님이시지만, 하나님이 이스라엘과 맺으신 특별한 계약 및 이스라엘에게 주신 특권들로 인해서, 이 본문을 비롯해서 성경의 많은 본문들에서 "이스라엘의 하나님"으로 불린다(시 41:13; 72:18; 106:48 등). 사도 바울은 이스라엘의 특권들에 대해서, "그들이 하나님의 말씀을 맡았고"(롬 3:2), "그들에게는 양자 됨과 영광과 언약들과 율법을 세우신 것과 예배와 약속들"(롬 9:4)이 있다고 말한다. 사가랴는 하나님은 자기 "백성을 돌보사 속량하셨기" 때문에, "찬송 받기에 합당하신" 분이라고 선언한다. 즉, 하나님은 높임과 송축과 찬양을 받으셔야 할 분이라는 것이다. 하나님께서 자기 백성을 돌아보시고 속량하셨다는 것은 하나님이 이스라엘을 구원하신 모든 일들을 가리키는 것으로 볼 수도 있겠지만, 이후에 이어지는 내용을 보면, 여기에서는 특히 하나님이 그리스도를 보내셔서 자기 백성을 속량하신 것을 가리키는 것으로 보인다.

우리를 위하여 구원의 뿔을 그 종 다윗의 집에 일으키셨으니. "구원의 뿔"은 강력하고 권능 있는 구원을 의미하는 것으로서, 짐승들이 자신의 힘의 많은 부분을 뿔을 통해서 발휘하는 데서 가져온 비유이다. 다니엘서에서는 세상의 열 왕을 짐승의 열 뿔로 나타내고(단 7:7, 24), 다윗은 "악인들의 뿔을 다 베고"(시 75:10)라고 말하며, 예레미야 애가에서는 하나님께서 "맹렬한 진노로 이스라엘의 모든 뿔을 자르셨음이여"(애 2:3)라고 말한다. 이것은 예레미야가 그리스도를 "다윗"으로 지칭하면서, "그들은 그들의 하나님 여호와를 섬기며 내가 그들을 위하여 세울 그들의 왕 다윗을 섬기리라"(렘 30:9)고 한 예언과 일치한다. 또한, 예레미야는 하나님께서 "다윗에게 한 의로운 가지를 일으킬 것이라"(렘 23:5)고 예언한다. 사가랴는 여기에서 하나님이 "우리를 위하여 구원의 뿔을 그 종 다윗의 집에 일으키셨다"고 말한다. 당시에 다윗의 집은 이미 몰락한 상태였다. 그런데도 하나님은 다윗의 집으로부터 이스라엘 백성을 위한 강력한 구원을 일으키실 것이라고 약속하시는데, 이 예언은 그리스도 안에서 이루어졌다. 이것은 주께서 예로부터 거룩한 선지자의 입으로 말씀하신 바와 같이. 모든 선지자들, 또는 적어도 다수의 선지자들은 그리스도를 다윗의 자손이라 불렀고, 하나님이 다윗의 집으로부터 그리스도를 일으키셔서 이스라엘에 큰 구원을 가져다주실 것이라고 예언하였다.

71-72. [71]우리 원수에게서와 우리를 미워하는 모든 자의 손에서 구원하시는 일이라 [72]우리 조상을 긍휼히 여기시며 그 거룩한 언약을 기억하셨으니.

하나님께서 다윗의 집으로부터 그들을 위한 강력한 구원을 일으키셔서, 그들을 그들의 원수들로부터 구원하시리라는 것은 자신의 선지자들을 통해서 그들에게 말씀해 오셨던 것이었다. 대다수의 유대인들은 여기에 언급된 "원수들"을 이 세상에서 혈과 육을 지닌 자신들의 대적들을 의미하는 것으로 이해하였다. 그러나 사가랴는 예언의 영으로 예언하면서, 여기에 나오는 "원수들"은 영적인 원수들을 가리킨다는 것을 알았을 것임에 틀림없다. 또한, 사가랴는 이 모든 것을 하나님의 긍휼하심과 신실하심, 즉 곤경에 처하여 고통하는 자신의 피조물들을 아무런 조건 없이 불쌍히 여기시는 그의 긍휼하심 및 아담과 아브라함과 다윗 등과 맺으신 자신의 거룩한 언약을 기억하시는 그의 신실하심으로 돌리면서, 이것을 좀 더 구체적으로 언급해 나간다.

73. 곧 우리 조상 아브라함에게 하신 맹세라.

하나님께서는 먼저 아브라함에게 약속을 주셨고(창 18:10), 그런 후에 다시 "맹세"로써 그 약속을 확증하셨다(창 22:16). 사도 바울은 히브리인들을 향하여, "하나님이 아브라함에게 약속하실 때에 가리켜 맹세할 자가 자기보다 더 큰 이가 없으므로 자기를 가리켜 맹세하여"(히 6:13)라고 말한다.

74-75. [74]우리가 원수의 손에서 건지심을 받고 [75]종신토록 주의 앞에서 성결과 의로 두려움이 없이 섬기게 하리라 하셨도다.

사가랴는 이렇게 무오하신 성령을 힘입어서, 하나님이 아브라함 및 다윗과 맺으신 언약들과 그들에게 하신 맹세들을 표면적으로 보이는 것과 다르게 해석한다. 당시에 모든 서기관들과 바리새인들은 물론이고, 대다수의 유대인들은 하나님의 언약들과 맹세들에 대하여 말하는 본문들을 표면적이고 피상적으로 이해해서, 메시야가 오시면 자신들의 원수들을 다 무찌르시고 온 세상을 다스리는 휘황찬란한 나라를 세우실 것이고 거기에 그들도 참여하게 될 것을 의미하는 것으로 해석하였다. 반면에, 사가랴는 하나님께서 유대인들에게 구주를 보내시는 목적은, 구주로 하여금 그들을 그들의 죄들로부터 건지시고, 그들에 대한 죄의 지배를 제거하시며, 음부의 권세를 멸하시고, 그들에게 영적인 자유함을 주게 하셔서, 그들이 "종신토록 주의 앞에서 성결과 의로 두려움이 없이 섬기게" 하시기 위한 것이라고 선언한다. 이것이 메시야가 오시는 진정한 목적이었다. 이렇게 이 거룩한 사람의 찬양은, 하나님께서 자신의 은혜와 긍휼하심에 의해서 조상들에게 맹세로써 하신 약속들을 따라 자신의 진실하심과 신실하심을 나타내시기 위하여 그리스도를 보내셔서, 그리스도로 하여금 자기 백성을 그들의 원수들로부터 건지시고, 그의 피로 영적인 자유함을 사서 그들에게 주게 하심으로써, 이제 다시는 죄의 노예가 되지 아니하고, 영원토록 "성결함과 의로 두려움이 없이" 하나님을 섬기도록 하실 것임을 보여 주는 것이었다. 사가랴의 이 예언의 후반부는 이 제사장의 갓 태어난 아이이자 하늘로부터 보내심을 받은 선지자인 세례 요한에 관한 것이다.

76. 이 아이여 네가 지극히 높으신 이의 선지자라 일컬음을 받고 주 앞에 앞서 가서 그 길을 준비하여.

사가랴는 여기에서 30년 후에 일어나게 될 일을 미리 말하고 있다. 왜냐하면, 그리스도께서도 30세가 되어서야 공생애를 시작하셨다는 점을 고려하면(눅 3:23), 세례 요한도 제사장으로서의 직무를 맡을 수 있는 나이가 된 후에야 자신의 사역을 시작하였을 것이라고 생각되기 때문이다. **네가 지극히 높으신 이의 선지자라 일컬음을 받고.** 이것은 세례 요한이 "지극히 높으신 이의" 선지자가 될 것이라는 의미이거나(마 5:9; 요 1:12), 그런 선지자로 인정받게 될 것이라는 의미일 것이다. 이 두 가지는 다 세례 요한에게서 이루어졌다. 그는 메시야를 의미하는 "그 선지자"(요 1:21)는 아니었지만 선지자였고, 우리 구주의 말씀을 빌리면, "선지자보다 더 나은 자"(마 11:9)였다. **주 앞에 앞서 가서 그 길을 준비하여.** 이것은 이사야서 40:3과 말라기 4:5의 예언을 따른 것이었고, 세례 요한이 자기 자신에 대하여 말한 것을 따른 것이었다(마 3:3; 막 1:3). 마태복음 3:3에 대한 설명을 보라.

77. 주의 백성에게 그 죄 사함으로 말미암는 구원을 알게 하리니.

이 본문은 세례 요한이 사람들에게 죄 사함을 얻게 하는 회개의 가르침을 전할 것임을 의미하는 것으로 볼 수도 있지만, 그들이 구원을 얻을 수 있는 유일한 길은 그들 자신의 어떤 의를 통해서가 아니라, 그리스도와 그의 의를 힘입어 용서하심과 그들의 죄 사하심을 얻는 것이라고 가르칠 것임을 의미하는 것으로 보는 것이 더 자연스러운 것 같다. 요컨대, 그것은 "모든 믿는 자에게 구원을 주시는 하나님의 능력"인 "복음"을 전하는 것이었다. 왜냐하면, "복음에는 하나님의 의가 나타나서 믿음으로 믿음에 이르게 하기" 때문이다(롬 1:16-17).

78. 이는 우리 하나님의 긍휼로 인함이라 이로써 돋는 해가 위로부터 우리에게 임하여.

여기에서 "긍휼"로 번역된 헬라어는 직역하면 "긍휼의 창자"로서, 크고 깊고 긍휼을 나타내기 위하여 흔히 아주 자연스럽게 사용되었던 표현이다(창 43:30; 왕상 3:26). 우리의 죄 사함은 하나님의 긍휼의 창자로부터 흘러나오고, 교황주의자들의 몽상과는 달리, 우리의 보속 때문이 아니라 하나님이 값없이 베푸시는 자애로우신 사랑 때문에 우리에게 주어진다. 하지만 하나님께서 불경건한 자들을 의롭다고 하실 때, 그것은 의로우신 일이어야 하였고, 하나님의 의를 드러내는 것이어야 하였다. 이로써 돋는 해가 위로부터 우리에게 임하여. "돋는 해가 위로부터"로 번역된 '아나톨레 엑스 휩수스' (ἀνατολὴ ἐξ ὕψους)에서 어떤 이들은 '아나톨레'가 예레미야 23:5과 스가랴 3:8에서 "가지"로 번역된 히브리어에 해당한다고 생각한다. 실제로 칠십인역 번역자들은 그 본문들에 나오는 "가지"를 '아나톨렌' (ἀνατολὴν)으로 번역하였다. 이 본문들이 그리스도에 관한 것임은 분명하고, 거기에서 그리스도는 "가지"라 불린다. 한편, 어떤 이들은 여기에 언급된 '아나톨레'는 "빛"으로 번역되는 히브리어 '오르' (אור)에 해당한다고 생각하기도 하고, 어떤 이들은 "동방"으로 번역되어야 한다고 생각하기도 한다. 그들은 스가랴 3:8과 6:12에서 그리스도를 그렇게 부르고 있다고 말한다. 하지만 앞에서 말했듯이, 우리는 이 두 본문에 나오는 '아나톨렌'을 "가지"로 번역한다. '아나톨레'가 "가지," "빛," "돋는 해," "동방" 중 어느 것으로 번역되든, 확실한 것은 이 단어는 "공의로운 해"(말 4:2)라 불리는 그리스도를 가리킨다는 것이다. 따라서 이 본문은 하나님께서 우리의 죄를 사하시는 것이 의로우신 일이 되게 하시기 위하여, 그리스도로 하여금 우리와 같은 본성을 입으시고 우리에게로 오셔서 우리를 위하여 죽게 하실 것임을 말하고 있다.

79. 어둠과 죽음의 그늘에 앉은 자에게 비치고 우리 발을 평강의 길로 인도하시리로다 하니라.

여기에서 사가랴는 하나님께서 "가지"와 "빛"과 "돋는 해"와 "공의로운 해"이신 자신의 아들 그리스도를 우리에게 보내시는 목적을 우리에게 보여 준다. 사람들은 죄와 무지의 "어둠" 속에서 죄로 인한 "죽음의 그늘"에 앉아서 하나님을 대적하여 싸우고 있었는데, 그리스도께서는 사람들에게 복음 계시의 빛, 영적인 평안과 구원의 빛을 주셔서, 하나님과 화목하게 되고 마침내 평화 속으로 들어갈 수 있는 길을 어떻게 하면 걸을 수 있는지를 가르쳐 주시기 위하여 그들에게 오셨다. 주님은 이 일을 먼저 유대인들에게 행하셨고, 다음으로는 이방인들에게도 행하셨다(사 9:1-2; 60:1, 19).

80. 아이가 자라며 심령이 강하여지며 이스라엘에게 나타나는 날까지 빈 들에 있으니라.

복음서 기자는 사가랴의 예언적인 찬송을 다 들려준 후에, 이제 여기에서는 세례 요한이 태어난 후에 어떻게 지내게 되었는지를 우리에게 알려 준다. 누가는 "아이가 자라며 심령이 강하여졌다"고 말한다. 요한은 키와 몸집만 자란 것이 아니라, 심령의 자질들도 성장하였다. 이스라엘에게 나타나는 날까지 빈 들에 있으니라. 세례 요한은 30세쯤에 요단 강 근방에서 사역을 시작해서, 아주 짧은 기간 동안만 이스라엘 백성을 상대로 공적으로 말씀을 전하는 사역을 하였는데, 이것에 대해서는 우리가 나중에 좀 더 듣게 될 것이다. "빈 들"은 사람들이 거의 살지 않는 곳을 가리키는데, 어떤 이들은 세례 요한이 지냈던 곳이 "십"과 "마온" 광야였을 것이라고 생각한다.

제2장

개요

1. 아구스도가 로마 제국 전체에 호적하라고 영을 내리고, 요셉은 마리아와 함께 호적하기 위하여 베들레헴으로 감(1-5).
2. 그리스도의 탄생(6-7).
3. 천사가 목자들에게 이 탄생 소식을 전하고, 수많은 천군이 하나님을 찬송함(8-14).
4. 목자들은 천사가 말한 것이 사실임을 확인하고 하나님께 영광을 돌림(15-20).
5. 그리스도께서 할례를 받으심(21).
6. 마리아가 정결예식을 치름(22-24).
7. 그리스도를 본 시므온의 예언(25-35).
8. 안나의 예언(36-38).
9. 예수께서 키와 지혜가 자라심(39-40).
10. 열두 살 때에 부모와 함께 예루살렘에 올라가셔서 성전에서 랍비들과 듣기도 하시고 묻기도 하심(41-50).
11. 부모에게 순종하는 삶을 살며 성장해 가심(51-52).

1-3. [1]그 때에 가이사 아구스도가 영을 내려 천하로 다 호적하라 하였으니 [2]이 호적은 구레뇨가 수리아 총독이 되었을 때에 처음 한 것이라 [3]모든 사람이 호적하러 각각 고향으로 돌아가매.

자신의 탁월한 업적으로 인해서 아우구스투스(Augustus, "아구스도")로 불린 옥타비우스 카이사르(Octavius Caesar)는 진정한 의미에서의 최초의 로마 황제였다. 왜냐하면, 그의 양아버지였던 율리우스 카이사르(Julius Caesar)는 단지 종신 집정관이라는 직함을 지니고 있었기 때문이다. "가이사 아구스도"의 재위 제42년에 그리스도께서 태어나셨다(요세푸스는 자신의 『유대고대사』 제10장에서 그리스도께서 태어나신 것은 아구스도 재위 제31년이었다고 말한다). 이 때에 헤롯 대왕은 로마 원로원에 의해서 유대의 왕으로 임명되어 40년 가까이 유대 땅을 다스리고 있었다. 로마인들은 세금을 거두어들이기 위해서, 자신들이 통치하는 지역에 거주하는 모든 사람들의 수와 그들이 어떤 사람들인지를 자세하게 조사하는 것이 관례였는데, 그리스도께서 태어나실 즈음에, 로마 황제가 로마 제국에 속한 모든 지역에서 인구조사를 실시하라는 영을 내렸다. 하지만 어떤 이들은 여기에서 "천하"는 단지 유대 지역만을 가리키는 것으로서, 이 인구조사는 유대인들을 대상으로 한 것이었다고 생각한다. 이 인구조사의 책임은 수리아 총독 "구레뇨"에게 맡겨진 것으로 보이지만, 그가 이 때에 이미 총독이 되어 있었던 것인지, 아니면 나중에 총독이 되었고, 이 당시에는 단지 이 일을 총괄하는 책임자로 있었던 것인지는 확실하지 않다. 여기에 언급된 "구레뇨"가 로마 역사가들이 퀴리니우스(Quirinius)라고 부른 인물과 동일 인물이었다는 것은 거의 이견이 없다. 요세푸스와 로마 역사들은 이 때에 수리아 총독이 구레뇨가 아니라 바루스(Varus)였다고 말하고 있기 때문에, 해석자들은 누가가 여기에서 말한 것과 그들이 말한 것을 조화시키기 위하여 상당한 노력을 기울여 왔다. 이 문제에 관심이 있는 독자들은 저자가 쓴 『주석집요』의 해당 부분을 참조하면 될 것이다. 세속의 역사가들이 기록한 것과 성경에 나오는 것이 서로 다를 때에는, 우리는 무오하신 성령의 인도하심을 받은 성경의 기자들이 아니라 세속의 역사가들이 틀렸다고 믿어야 한다. 세속의 역사가들 중에서 어떤 이들은 구레뇨가 이 때에는 가이사에 의해서 인구조사의 책임자로 임명되어 활동하다가, 10년이 채 못 되어 바루스의 뒤를 이어 수리아 총독이 되었다고 말하고 있다는 점에서, 구레뇨가 수리아 총독으로 있을 때에 "처음" 인구조사가 실시되었다고 누가가 말한 것을 둘러싼 논쟁은 별 실익이 없기 때문에, 우리는 그러한 문제는 넘어가고, 여기에서 하나님께서 자신의 말씀을 이루시기 위하여 세계사를 이끌어 가시는 놀라운 섭리를 주목하는 것이 중요하다.

사람들은 당시에 가이사 아구스도가 인구조사를 명령하였을 때에, 그것을 하나님이 하신 일이라고 생각하지 않았겠지만, 복음서 기자는 이 일 속에서 하나님의 놀라운 섭리를 발견하였기 때문에, 이 이야기를 먼저 여기에서 꺼낸 것임은 의심의 여지가 없다. 선지자들이 밝힌 하나님의 계획에 의하면(미 5:2), 그리스도께서는 유대의 중요한 성읍이었던 베들레헴에서 태어나시게 되어 있었다. 그래서 대제사장들과 서기관들도 헤롯 대왕에게 그렇게 말한다(마 2:5). 그리스도의 어머니였던 마리아와 법적인 아버지였던 요셉은 베들레헴에서 아주 멀리 떨어져 있던 갈릴리의 한 동네인 나사렛에 살고 있었다. 그래서 하나님께서는 로마 황제로 하여금 제국을 운영하는 데 드는 비용을 세금으로 거두어들이기 위하여, 자신의 통치 지역 또는 적어도 유대 내에 거주하는 사람들의 수와 그들이 어떤 사람들인지를 자세하게 조사할 목적으로 각자 고향으로 돌아가서 호적을 하라는 명령을 내리게 하신다. 따라서 유대인들은 각각 자신이 속한 지파가 있었기 때문에, 그 지파에서 가장 중요한 성읍으로 가서 호적을 하도록 명령을 받았고, 요셉과 마리아는 둘 다 유다 지파에 속한 사람들이어서, 황제가 보낸 관리들 앞에서 호적을 위한 조사를 받기 위하여, 유다 지파의 주요 성읍이었던 베들레헴으로 갈 수밖에 없었다. 이렇게 해서, 그리스도께서는 일점일획도 이루어지지 않는 것이 없는 하나님의 말씀대로 베들레헴에서 태어나시게 되었고, 베들레헴은 유다의 수많은 성읍들 중에서 결코 작지 않은 성읍이 되었다. 왜냐하면, "베들레헴 에브라다야 너는 유다 족속 중에 작을지라도 이스라엘을 다스릴 자가 네게서 내게로 나올 것이라 그의 근본은 상고에, 영원에 있느니라"는 말씀이 성취되었기 때문이다.

4-6. [4]요셉도 다윗의 집 족속이므로 갈릴리 나사렛 동네에서 유대를 향하여 베들레헴이라 하는 다윗의 동네로 [5]그 약혼한 마리아와 함께 호적하러 올라가니 마리아가 이미 잉태하였더라 [6]거기 있을 그 때에 해산할 날이 차서.

요셉은 유다 지파 사람이었기 때문에 원래 유대 땅에 살고 있었지만, 헤롯 대왕이 두려워서, 또는 자신의 직업상의 편리를 위해서 갈릴리로 이사했었는데, 이제 호적하러 베들레헴으로 올 수밖에 없었다. 그는 관리들의 명령에 순종하여, 다윗의 동네인 베들레헴으로 와서, 로마 제국에 속한 관리들이 있는 관청으로 가서 호적을 작성하기 위한 조사를 받았는데, 이것은 그와 그의 아내 마리아가 유다 지파 사람들이자 다윗 가문의 사람들이라는 것을 만천하에 선포하는 행위이기도 하였다. 호적을 작성할 때에 남자들만이 아니라 여자들과 아이들까지도 다 작성하게 하는 것이 로마인들의 관행이었지만, 만일 그리스도로 하여금 베들레헴에서 태어나게 하고자 하시는 것이 하나님의 계획이 아니었다면, 아마도 마리아는 해산할 때가 거의 다 되어서 배가 남산만 하였기 때문에 직접 베들레헴으로 가는 것을 면제받았을 수도 있었을 것이다. 그러나 하나님의 섭리로, 요셉은 천사의 지시를 받은 후에(마 1:20, 24) 자신의 아내로 맞은 마리아를 데리고 함께 베들레헴으로 갔고, "거기 있을 그 때에 해산할 날이 찼다." "해산할 날이 찼다"는 표현은 창세기 25:24에도 나온다.

7. 첫아들을 낳아 강보로 싸서 구유에 뉘었으니 이는 여관에 있을 곳이 없음이러라.

첫아들을 낳아. 부처(Bucer)는 여기에서 "첫아들"로 번역된 헬라어 '톤 휘온 아우테스 톤 프로토토콘' (τὸν ὕιον αὐτῆς τὸν πρωτότοκον)은 "그녀가 첫 번째로 낳은 아들"이라는 의미가 아니라, "그녀의 아들, 장자"라는 의미라고 지적한다. 그리스도는 진정으로 그녀의 아들이었고 그녀의 장자였지만, 단지 그러한 이유만으로 '프로토토코스'(πρωτότοχος, "장자")로 불리신 것은 아니었다. 그리스도는 "모든 피조물보다 먼저 나신 이"(골 1:15)였다. 또한, 우리는 그리스도가 마리아의 장자였다는 이 말씀을 근거로 해서, 그녀에게는 그리스도 외에 다른 아들들이 있었다는 결론을 이끌어낼 수 없다. 왜냐하면, 단 한 명의 아들을 두었다고 할지라도, 그 아들은 장자로 불렸기 때문이다.

강보로 싸서 구유에 뉘었으니 이는 여관에 있을 곳이 없음이러라. 이 여관이 성내에 있었던 것인지, 아니면 성에서 가까운 교외에 있었던 것인지는 별로 중요하지 않다. 이 날은 베들레헴에 호적하러 온 사람들이 타지에서 많이 몰려들었을 것을 감안하면, 목수라는 변변치 않은 사회적 신분을 지닌 요셉 일행이 여관에 방을 잡지 못하고 마구간으로 내몰리게 된 것도 전혀 이상한 일이 아니다. 또한, 타지에서 온 사람들이 많은 경우에, 그러한 시골 지역에서 사람들이 가축들을 키우는 곳에 거처를 마련한 것도 드문 일이 아니었다. 심지어 유럽의 일부 지역들에서는 오늘날까지도 그렇게 하고 있다. 마구간에 자리를 잡았을 때, 마리아는 산고를 겪고 아들을 낳아서 "구유"에 누인다. 이것을 통해서 하나님께서는 모든 그리스도인들에게 이 세상에서의 안락한 삶을 멸시하여야 한다는 것을 가르치신다. 사도 바울이 말한 것처럼, 그리스도께서는 "근본 하나님의 본체시나 하나님과 동등됨을 취할 것으로 여기지 아니하시고 오히려 자기를 비워 종의 형체를 가지사 사람들과 같이 되셨고 사람의 모양으로 나타나사" 이런 식으로 "자기를 낮추셨다"(빌 2:6-8).

8. 그 지역에 목자들이 밤에 밖에서 자기 양 떼를 지키더니.

베들레헴은 목초지가 풍부해서 양 떼를 치기에 적합한 곳이어서, 사무엘상 17:15에서는 "다윗은 베들레헴에서 그의 아버지의 양을 쳤다"고 말한다. 그 밤에 거기에서는 목자들이 밖에서 양 떼를 지키고 있었다. 목자들이 군인들이나 제사장들처럼 순번을 정해 차례로 불침번을 선 것인지, 아니면 모두 함께 자지 않고 양들을 지키고 있었던 것인지는 확실하지 않다. 어쨌든 이 구절을 근거로 해서, 일부 해석자들은 목자들이 밤에 들에서 자신들의 양 떼를 지키고 있었다고 성경이 말하고 있는 것으로 보아서, 우리 구주께서 한겨울인 12월에 태어나셨을 가능성은 거의 없다고 생각한다.

9. 주의 사자가 곁에 서고 주의 영광이 그들을 두루 비추매 크게 무서워하는지라.

하나님께서는 목자가 직업인 사람들에게 그리스도를 약속하셨다: "바로가 요셉의 형들에게 묻되 너희 생업이 무엇이냐 그들이 바로에게 대답하되 종들은 목자이온데 우리와 선조가 다 그러하니이다 하고"(창 47:3). 그리스도께서도 목자장이셨고 참되고 선하신 목자이셨다(요 10:11). 하나님은 자신의 천사를 보내셔서, 그리스도의 탄생을 목자들에게, 즉 한가롭게 놀고 있었던 것이 아니라 자신들의 양 떼를 지키며 정직하게 자신의 직업에 충실하였던 목자들에게 가장 먼저 알리셨는데, 이 천사가 앞에서 언급된 가브리엘 천사였는지 또 다른 천사였는지는 확실하지 않다. 그리스도의 탄생에 대해서는 꿈에도 생각하지 않고 오로지 자신들에게 맡겨진 일에만 몰두하고 있던 목자들에게 이 천사는 갑자기 찾아왔다. 본문이 "주의 영광이 그들을 두루 비추매"라고 말하고 있는 것으로 보아서, 천사는 영광스러운 모습, 즉 찬란한 빛을 발하며 임하였던 것으로 보인다. 우리는 그러한 찬란한 빛을 발하는 모습을 변화산 위에서 변모되신 그리스도의 모습 속에서 발견한다(눅 9:31-32). 따라서 그들이 "크게 무서워한" 것은 자연스러운 일이었다. 평소에 보지 못한 어떤 존재가 갑자기 나타나면, 깜짝 놀라 두려워하는 것은 인지상정이다.

10-12. [10]천사가 이르되 무서워하지 말라 보라 내가 온 백성에게 미칠 큰 기쁨의 좋은 소식을 너희에게 전하노라 [11]오늘 다윗의 동네에 너희를 위하여 구주가 나셨으니 곧 그리스도 주시니라 [12]너희가 가서 강보에 싸여 구유에 뉘어 있는 아기를 보리니 이것이 너희에게 표적이니라 하더니.

천사가 이르되 무서워하지 말라 보라 내가 온 백성에게 미칠 큰 기쁨의 좋은 소식을 너희에게 전하노라. 하나님께서는 자기 백성에게 나타나실 때에 그들로 하여금 자신의 위엄에 경외감을 느끼도록 나타나시기는 하지만, 그럴 때마다 그들의 심령이 대경실색하여 넋이 나가지 않도록 하시기 위하여 언제나 그들을 다독거려 주시고 붙들어 주신다. 천사는 그들에게 "무서워하지 말라"고 말한다. 왜냐하면, 천사는 그들을 두렵게 할 만한 소식을 전하러 온 것이 아니라, "큰 기쁨의 좋은 소식," 즉 오직 그들만 아니라 유대인과 이방인을 모두 포괄하는 "온 백성에게 미칠 큰 기쁨의 좋은 소식"을 전하러 온 것이어서, 그들이 무서워할 이유가 전혀 없었기 때문이었다. 이렇게 우리는 11절을 감안할 때, 여기에 언급된 "온 백성"을 유대인들만이 아니라 이방인들까지 포함하는 것으로 이해하여야 한다. 그렇다면, 그 "좋은 소식"은 무엇이었는가?

오늘 다윗의 동네에 너희를 위하여 구주가 나셨으니 곧 그리스도 주시니라. 너희는 메시야에 관한 약속들, 즉 장차 다윗의 집으로부터 그리스도께서 나오실 것임을 들어 왔을 것인데, 바로 그 약속들이 오늘 성취되어서, 그리스도께서 "오늘 나셨다." 여기에서 "다윗의 동네"는 앞에서 말한 대로 "베들레헴"을 가리킨다. "너희를 위하여"는 단지 거기에 있던 목자들만을 가리키는 것이 아니다. 왜냐하면, 천사는 앞에서 자기가 전하는 "큰 기쁨의 좋은 소식"은 만민에게 미칠 것이라고 이미 말하였기 때문이다. 너희가 가서 강보에 싸여 구유에 뉘어 있는 아기를 보리니 이것이 너희에게 표적이니라. 내가 오늘 태어나신 그리스도를 어디에서 찾을 수 있는지를 너희에게 말해 줄 것인데, 너희가 거기에서 그리스도를 찾는다면, 내가 한 말이 사실이라는 것을 알게 될 것이고, 이것이 그리스도를 알아보는 "표적"이 될 것이다. 너희는 "강보에 싸여 구유에 뉘어 있는 아기"를 볼 것인데, 바로 그 아이가 그리스도이신 줄을 알고, 오늘 태어나신 그리스도께서 처하신 비천한 상태가 너희에게 걸림돌이 되지 않아야 한다.

13-14. [13]홀연히 수많은 천군이 그 천사와 함께 하나님을 찬송하여 이르되 [14]지극히 높은 곳에서는 하나님께 영광이요 땅에서는 하나님이 기뻐하신 사람들 중에 평화로다 하니라.

홀연히 수많은 천군이 그 천사와 함께 하나님을 찬송하여 이르되. 우리 구주의 탄생은 한 천사가 먼저 알렸지만, 이 일은 수많은 천군천사들에 의해서 송축되는 것이 마땅한 일이었기 때문에, 천군천사들은 하나님 앞에서 이 일로 인하여 하나님을 찬송하였다. 그들이 여호와의 "천군"이라 불리는 것(시 103:20-21)은 단지 하나님이 그들을 자신의 팔들로 사용하셔서 원수들을 멸하시기 때문만이 아니라, 그들 가운데 있는 위계질서 때문이기도 하다. 그들이 하나님을 어떻게 찬송하였는지는 14절에 나온다.

지극히 높은 곳에서는 하나님께 영광이요 땅에서는 하나님이 기뻐하신 사람들 중에 평화로다. 우리는 이 본문을 그 날에 즉시 이루어진 일을 선포하는 것으로 해석해서, 하나님의 섭리로 인한 이 일로 인해서 하나님이 영광을 받으셨고, 사람들은 평화를 갖게 되었으며, 인생들에 대한 하나님의 선하신 뜻이 극명하게 선포되었다는 것을 의미하는 것으로 볼 수도 있고, 단지 선언적이거나 기원하는 것으로 해석해서, 천사들이 이 일로 인해서 하나님께서 영광을 받으시고, 땅에서는 평화가 이루어지며, 하나님의 선하신 뜻이 인생들에게 널리 알려지게 되기를 바라는 마음을 표현한 것으로 볼 수도 있다. 라틴어 역본인 불가타가 "선한 뜻을 지닌 사람들 중에 평화로다"라고 번역한 것은 최악의 번역이다. 수많은 천군들이 여기에서 하나님을 찬송하고 있는 것임을 감안하면, 우리는 이 본문을 이미 이루어진 일을 선포한 것으로 해석하는 것이 이치에 맞는 것으로 보인다. 여기에서 천군천사들은 단지 하나님의 권능과 지혜와 선하심으로 인하여 하나님은 영광을 받으실 만하고, 사람들을 향하신 하나님의 선하신 뜻으로 인하여 땅에 평화가 있을 것이라고 일반적으로 선포하고 있는 것이 아니라, 하나님이 이 날에 행하신 일이 어떤 일이었는지 그 진상을 구체적으로 제시하며 하나님을 찬송하고 있는 것이다. 우리가 여기에 언급된 "평화"를 유대인들과 이방인들이 하나가 되는 것으로 이해하든, 아니면 그리스도를 믿는 믿음으로 말미암아 의롭게 됨으로 인해서 흘러나오는 각 심령들의 평안을 의미하는 것으로 보든, 천군천사들은 여기에서 하나님이 그 일을 구체적으로 이루시기 시작하신 것을 송축하고 있다. 천군천사들이 송축하고 있는 것은 표면적으로는 세 가지, 곧 "하나님께 영광, 땅에서는 평화, 사람들을 향하신 하나님의 선하신 뜻"인 것으로 보이지만, 후자의 두 가지는 단지 원인과 결과의 관계에 있다는 점에서, 실제로는 두 가지이다. 즉, 사람들을 향하신 하나님의 선하신 뜻은 원인이고, 사람들 가운데서의 평화는 결과이다(롬 5:1; 엡 2:14-15, 17).

15-18. [15]천사들이 떠나 하늘로 올라가니 목자가 서로 말하되 이제 베들레헴으로 가서 주께서 우리에게 알리신 바 이 이루어진 일을 보자 하고 [16]빨리 가서 마리아와 요셉과 구유에 누인 아기를 찾아서 [17]보고 천사가 자기들에게 이 아기에 대하여 말한 것을 전하니 [18]듣는 자가 다 목자들이 그들에게 말한 것들을 놀랍게 여기되.

천사들이 떠나 하늘로 올라가니 목자가 서로 말하되 이제 베들레헴으로 가서 주께서 우리에게 알리신 바 이 이루어진 일을 보자 하고 빨리 가서. 때는 밤이었지만, 그들은 천사가 말해 준 것을 가서 확인해 보는 일을 지체하지 않았고, 그런 수고가 헛되지 않아서, "마리아와 요셉과 구유에 누인 아기를 찾았다." 하나님의 계시들은 그것들을 믿는 사람들을 결코 속이지 않는다. 천지는 없어질 수 있지만, 하나님께서 말씀하신 것들은 그 어떤 것도 다 이룸이 없이 사라지는 일은 없다. 보고 천사가 자기들에게 이 아기에 대하여 말한 것을 전하니 듣는 자가 다 목자들이 그들에게 말한 것들을 놀랍게 여기되. 목자들은 천사에게서 자기가 말한 것을 비밀에 붙이라는 명령을 받지 않았기 때문에, 모든 사람들이 알아야 할 이 일을 알린 것은 잘한 것이었다. 영적인 양식들은 혼자 먹으려고 해서는 안 된다. 목자들이 이 일을 얘기하였을 때, 이 일을 들은 사람들이 대체로 보인 반응은 사람들이 그리스도께서 베푸신 이적들을 보왔을 때에 흔히 보였던 반응, 즉 깜짝 놀라며 기이하게 여기는 것이었다. 하지만 우리는 그들이 그리스도를 믿었다는 말을 듣지 못한다. 전자의 반응은 신기한 이야기를 들었을 때에 사람들이 보이는 자연스러운 반응인 반면에, 후자의 믿음은 하나님의 특별한 역사에 의해서 일어난다.

19-20. [19]마리아는 이 모든 말을 마음에 새기어 생각하니라 [20]목자들은 자기들에게 이르던 바와 같이 듣고 본 그 모든 것으로 인하여 하나님께 영광을 돌리고 찬송하며 돌아가니라.

마리아는 이 모든 말을 마음에 새기어 생각하니라. 우리는 이 일에 대하여 대다수의 사람들과 마리아와 목자들이 서로 다른 반응을 보인 것을 주목할 필요가 있다. 사람들은 목자들이 들려준 이야기를 신기하다고 생각해서, 단지 놀랍게 여기는 반응을 보였을 뿐이다. 그러나 마리아는 목자들에게서 들은 이야기를 그냥 흘려듣거나 단지 감정적으로 받아들여서 잠시 흥분하다가 곧 아무 일도 없었다는 듯한 태도를 취한 것이 아니라, 그 이야기를 자신의 마음에 새겨 두고 곰곰이 곱씹어 보았다. 그녀는 남편으로부터 들어 알게 된 것과 천사로부터 직접 들은 것에 비추어서, 목자들로부터 들은 이야기를 깊이 생각해 보았을 것이다.

목자들은 자기들에게 이르던 바와 같이 듣고 본 그 모든 것으로 인하여 하나님께 영광을 돌리고 찬송하며 돌아가니라. 목자들은 자신들이 할 일을 다한 후에, 다시 자신들의 양 떼를 돌보기 위하여 제자리로 돌아갔다. 일반적인 신자들이 신앙을 이유로 각자에게 맡겨진 일상적인 본분들을 게을리하는 것은 합당하지 않다. 사도들은 주님으로부터 특별한 부르심과 명령을 받아서, 자신들의 그물을 그대로 놓아두고, 부모를 떠나, 그리스도를 따랐지만, 목자들은 단지 이 한 번의 경우에 한하여 메시지를 전하는 일을 위임받은 자들이었기 때문에, 그 일을 마치고서는, "자기들에게 이르던 바와 같이 듣고 본 그 모든 것으로 인하여 하나님께 영광을 돌리고 찬송하며 돌아갔다." 이것은 그들이 천사가 전해 준 말을 온전히 굳게 믿은 자들로서, 복음의 경륜 아래에서 첫 열매들인 신자들이었음을 보여 준다. 참된 믿음은 기쁨과 하나님에 대한 감사를 낳는데, 믿음은 한 심령의 소원을 만족시켜 주기 때문에, 거기에서 기쁨이 생겨날 수밖에 없다.

21. 할례할 팔 일이 되매 그 이름을 예수라 하니 곧 잉태하기 전에 천사가 일컬은 바러라.

할례할 팔 일이 되매. 하나님의 율법에는 남자 아이가 태어났을 때에는 "여덟째 날에" 할례를 행하도록 되어 있었다(창 17:12; 레 12:3). 그리스도께서는 율법의 주인이셨기 때문에, 사실 율법 규정에 얽매이실 필요가 없으신 분이었다. 하지만 하나님께서는 주님을 "여자에게서 나게 하시고 율법 아래에 나게 하셨고"(갈 4:4), "여인이 임신하여 남자를 낳으면 … 여덟째 날에는 그 아이의 포피를 벨 것이요"(레 12:2-3)라는 것이 율법이었기 때문에, 주님께서는 "팔 일이 되매" 할례를 받으셨다. 또한, 주님께서 할례를 받으신 것은 자기가 아브라함의 자손이라는 것을 나타내 보이시기 위한 것이기도 하였다. 왜냐하면, "너희 중 남자는 다 할례를 받으라"(창 17:10)는 것은 하나님께서 아브라함 및 그의 자손들과 맺으신 언약이었기 때문이다. 따라서 그리스도께서는 이 율법을 지키셔야 하였고, 그렇게 하심으로써 자기가 "율법 전체를 행할 의무를 가진 자"(갈 5:3)라는 것을 보여 주심과 동시에, 우리에게 우리 각자의 본분을 지켜야 한다는 것을 가르쳐 주시고자 하셨다. 또한, 그리스도께서는 할례를 받으심으로써, "할례의 추종자"(롬 15:8), 즉 할례를 받은 자들을 섬기는 자가 되고자 하셨다. 만일 주님이 할례를 받지 않으셨다면, 그들은 결코 주님이 자신들을 상대로 일하시는 것을 허용하지 않았을 것이었다. 이런 이유로 사도 바울도 "디모데를 데려다가 할례를 행하였다"(행 16:3). 또한, 이렇게 그리스도께서 할례를 받으셨기 때문에, 우리는 그리스도 안에서 "손으로 하지 아니한 할례"를 받고 "육의 몸을 벗는 것"이 가능해졌다(골 2:11). 이런 이유들로 인해서 그리스도께서는 "팔 일이 되매" 할례를 받으셔야 했다.

그 이름을 예수라 하니 곧 잉태하기 전에 천사가 일컬은 바러라. "예수"라는 이름은 할례 때에 증인들이 공개적으로 이 이름을 선포하기 이전에 이미 정해진 것이었다. 왜냐하면, 하나님께서는 이미 한참 전에 요셉에게 천사를 보내셔서 장차 태어날 아이의 이름을 "예수"라 하라고 말씀하셨기 때문이다(마 1:21). 구약성경에는 태어나기 전에 하나님으로부터 이름을 받은 인물이 네 명 나온다: 이삭(창 17:19), 요시야(왕상 13:2), 이스마엘(창 16:11), 고레스(사 44:28). 그리고 신약성경에는 세례 요한과 예수 그리스도가 있다. 이것은 하나님께서는 장래 일어날 일들을 분명하게 다 알고 계신다는 것을 알게 해준다. 왜냐하면, 이스마엘과 이삭과 세례 요한과 예수 그리스도의 부모가 하나님의 명령에 순종하여 이러한 이름들을 자신의 자녀들에게 붙여 주기는 하였지만, 하나님께서 그 이름들을 주신 때와 그들이 태어난 때의 간격은 얼마 되지 않는다고 하더라도, 요시야와 고레스의 경우에는 그렇지 않았기 때문이다.

22-24. [22]모세의 법대로 정결예식의 날이 차매 아기를 데리고 예루살렘에 올라가니 [23]이는 주의 율법에 쓴 바 첫 태에 처음 난 남자마다 주의 거룩한 자라 하리라 한 대로 아기를 주께 드리고 [24]또 주의 율법에 말씀하신 대로 산비둘기 한 쌍이나 혹은 어린 집비둘기 둘로 제사하려 함이더라.

이 본문은 동정녀 마리아가 두 가지 율법에 순종하였음을 보여 주는데, 하나는 아이를 낳은 여자의 정결예식에 관한 것이었고, 다른 하나는 남자 아이를 하나님 앞에 봉헌해 드리는 것에 관한 것이었다. 산모의 정결예식에 관한 율법은 레위기 12:1-8에 자세하게 나오는데, 그 요지는 산모가 남자 아이를 낳은 경우에는 7일 동안 부정하고, 그 피는 그 후에 33일이 지나야 깨끗해지고, 여자 아이를 낳은 경우에는 14일 동안 부정하고, 그 피는 그 후에 66일이 지나야 깨끗해진다는 것이다. 따라서 산모가 정결예식을 행하는 때는 여자 아이를 낳은 경우에는 80일이 지나야 하였고, 남자 아이를 낳은 경우에는 40일이 지나야 하였다. 이렇게 산모는 40일이 지난 후에 번제물로 쓸 1년 된 어린 양 한 마리와 속죄제물로 쓸 산비둘기 또는 집비둘기 한 마리를 제사장에게 가져가야 하였고, 제사장은 그녀를 속죄하기 위하여 그 제물들을 하나님께 드려줄 것이었다. 하지만 산모가 가난해서 어린 양을 구할 수 없는 경우에는, "산비둘기 한 쌍"이나 "어린 집비둘기 둘"을 각각 한 마리씩 번제물과 속죄제물로 드릴 수 있었는데, 여기에서 마리아가 이 경우에 해당하였다. 따라서 복음서 기자는 어린 양에 대해서는 언급하지 않고, 단지 "산비둘기 한 쌍이나 혹은 어린 집비둘기 둘"만을 언급한다. 이것은 그녀가 가난하였다는 것과 율법은 가난한 자들에게는 그들의 처지에 맞는 제물을 요구하였다는 것을 우리에게 알게 해준다. 마리아는 40일이 지나자, 이 율법에 순종하여 성전으로 올라간다.

또한, 마리아는 자신의 아들을 하나님 앞에 드리는 것에 관한 또 다른 율법에도 순종하고자 하였다. 율법은 이것을 두 곳에서 규정하였다. 그 중 하나는 하나님께서 출애굽 때에 애굽의 장자들을 죽이신 반면에 이스라엘 백성들의 장자들은 살리신 것을 기념해서 이스라엘 백성들에게 주어진 율법이었다: "이스라엘 자손 중에서 사람이나 짐승을 막론하고 태에서 처음 난 모든 것은 다 거룩히 구별하여 내게 돌리라 이는 내 것이니라"(출 13:2). 출애굽기 22:29과 34:19도 이것을 규정하고 있다. 이렇게 이스라엘 백성의 모든 장자들은 하나님의 것이었지만, 민수기 8:16은 하나님께서 그 장자들 대신에 레위인들을 자신의 소유로 삼으셨음을 보여 준다: "그들은 이스라엘 자손 중에서 내게 온전히 드린 바 된 자라 이스라엘 자손 중 모든 초태생 곧 모든 처음 태어난 자 대신 내가 그들을 취하였나니." 하지만 이스라엘 백성의 모든 장자들의 수가 레위인들의 수보다 더 많았기 때문에, 율법에서는 장자를 낳은 부모들에게 자신의 장자를 하나님 앞에 보이고, 장자 한 명에 대해서 다섯 세겔씩을 속전으로 내게 하였다(민 3:44-47). 다섯 세겔은 남자 아이의 속전이었다(레 27:6). 요셉과 마리아는 태어난 지 6주 된 아기 예수를 데리고, 이 두 가지 목적을 위하여 예루살렘으로 올라간다.

25-28. [25]예루살렘에 시므온이라 하는 사람이 있으니 이 사람은 의롭고 경건하여 이스라엘의 위로를 기다리는 자라 성령이 그 위에 계시더라 [26]그가 주의 그리스도를 보기 전에는 죽지 아니하리라 하는 성령의 지시를 받았더니 [27]성령의 감동으로 성전에 들어가매 마침 부모가 율법의 관례대로 행하고자 하여 그 아기 예수를 데리고 오는지라 [28]시므온이 아기를 안고 하나님을 찬송하여 이르되.

예루살렘에 시므온이라 하는 사람이 있으니 이 사람은 의롭고 경건하여 이스라엘의 위로를 기다리는 자라. 해석자들은 이 "시므온"이 힐렐의 아들이자 가말리엘의 아버지였던 랍비 시므온이었다는 것을 입증하기 위하여 심혈을 기울여 왔지만, 나는 그들이 아무리 그렇게 애써도 추측에 불과한 일에 왜 그렇게 매달리는 것인지 그 이유를 잘 모르겠다. 이런 신분과 위치에 있는 사람이 아주 공개적으로 대놓고 이렇게 한 것이라면, 사람들이 이 사실을 몰랐을 것이라고 생각하기는 힘들기 때문에, 정말 이 시므온이 랍비 시므온이었다면, 이 일은 사람들 사이에서 널리 퍼져나갔을 것이다. 칼빈과 브렌티우스(Brentius) 등과 같은 종교개혁자들은 이 시므온은 세상에 이름이 알려져 있지 않았던 무명의 평범한 사람이었을 것이라고 생각하는데, 나는 이 견해가 훨씬 더 유력하다고 본다. 당시에는 메시야에 대한 대망이 널리 퍼져 있었지만, 올바른 메시야 사상을 지닌 사람은 극소수였고, 대다수의 유대인들은 대체로 메시야가 와서 원수들을 멸하고 이 땅에 하나님의 나라를 세워서 자신들을 외세의 압제에서 구원해 줄 것이라는 헛된 소망을 품고 있었다. 그리고 제대로 된 메시야 사상을 지닌 이 극소수의 사람들은 랍비들이 아니라, 랍비들이 저주받은 것으로 여긴 가난하고 멸시받는 부류의 사람들 가운데 있었다(요 7:48-49). 그리스도에 관한 계시들은 바리새인들에게는 전혀 주어지지 않았고, 목수였던 요셉, 다윗 가문에 속하였지만 지금은 몰락하여 멸시받고 있던 동정녀 마리아, 평범한 제사장이었던 사가랴, 그리고 목자들에게 주어졌다. 그런데도 해석자들이 왜 여기에 나오는 시므온을 당시에 최고로 유명하였던 랍비와 연결시키는지, 나는 도무지 그 이유를 알지 못하겠다. 복음서 기자는 시므온에게 최고의 찬사를 수여하는데, "이 사람은 의롭고 경건하여 이스라엘의 위로를 기다리는 자"였다는 것이다. 즉, 그는 사도 바울이 말한 은혜의 택하심을 따라 남은 자들 중의 한 사람이었고, 거룩하고 의로운 사람이었으며, "이스라엘의 위로를 기다리고" 있던 사람이었다는 것이다. 복음서 기자가 시므온을 "이스라엘의 위로를 기다리는 자"라고 한 것은 그가 아리마대 사람 요셉에 대하여 "하나님의 나라를 기다리는 자"(눅 23:51)라고 말한 것과 동일한 의미이다. "이스라엘의 위로"는 그리스도를 가리키기 때문에, 시므온은 그리스도를 기다리며 살고 있었다. 왜냐하면, 선지자들은 유대 민족에 대하여 슬픈 소식들을 전하는 가운데서도, 장차 그리스도와 그의 나라가 도래할 것이라는 예언들을 통해서, 그들 가운데 있던 하나님의 백성을 위로하곤 하였기 때문이다(사 66:13; 렘 31:13; 슥 1:17). 나이 든 시므온은 그리스도께서 오실 것을 믿고 기다림으로써 자신의 믿음과 경건이 참되다는 것을 보여 주었다. 그는 올바른 메시야 사상을 지니고서, 메시야가 오실 것이라는 하나님의 약속을 믿고, 그가 오실 날을 기다리며 살아왔다.

그가 주의 그리스도를 보기 전에는 죽지 아니하리라 하는 성령의 지시를 받았더니. 하나님께서는 시므온의 믿음에 대한 상과 그의 기도에 대한 응답으로, 그의 생전에 그리스도를 보게 될 것이라는 이 특별한 계시를 성령을 통해 주셨다. 이 동일한 성령께서는 시므온을 감동시키셔서, 요셉과 마리아가 율법에 따라 아기 예수를 하나님 앞에 드리기 위하여 성전을 들어오는 바로 그 때에 똑같이 성전에 들어가게 하심으로써, 그리스도를 볼 수 있게 하셨다. 본문에는 명시적으로 나와 있지 않지만, 이 동일한 성령께서는 아기 예수가 바로 "주의 그리스도"라는 것을 시므온에게 알게 해주셨을 것임에 틀림없다. 이 노인은 아기 예수를 팔에 안고서 하나님을 찬송하는데, 이 찬송은 29-32절에 나와 있다.

29-32. 29주재여 이제는 말씀하신 대로 종을 평안히 놓아 주시는도다 30내 눈이 주의 구원을 보았사오니 31이는 만민 앞에 예비하신 것이요 32이방을 비추는 빛이요 주의 백성 이스라엘의 영광이니이다 하니.

이 찬송은 한편으로는 그리스도에 대한 찬가, 다른 한편으로는 이제 주께서 자기를 "평안히 놓아 주시라"는 간구로 이루어져 있다. 여기에서 시므온은 그리스도를 다음과 같이 부르며 찬송한다: (1) "주의 구원." (2) "이방을 비추는 빛." (3) "이스라엘의 영광." 하지만 나는 본문의 순서를 따라 시므온의 찬송을 살펴보고자 한다. 주재여 이제는 말씀하신 대로 종을 평안히 놓아 주시는도다. 시므온은 평생을 오직 하나님이 주신 약속의 말씀을 따라 그리스도를 보고자 하는 이 한 가지 일념과 소원으로 살아 왔는데, 이제 자신의 평생의 유일한 소원을 이루었기 때문에, 이제 이 세상을 떠나게 되기를 원한다. 이것은 야곱이 죽은 줄만 알았던 요셉이 살아 있는 것을 보게 되었을 때, "네가 지금까지 살아 있고 내가 네 얼굴을 보았으니 지금 죽어도 족하도다"(창 46:30)라고 말한 것과 비슷하기는 하지만, 시므온의 이 말은 야곱의 말보다 훨씬 더 큰 무게감을 지닌다. 여기에서 "놓아 주다"로 번역된 단어는 "용서하다"(눅 6:37), 속박이나 곤경으로부터 "풀어 주거나 건져 주다"를 의미하는데, 칠십인역에서는 믿음 좋은 사람들의 죽음을 표현하는 데 이 단어를 사용하고(창 15:15; 민 20:29), 사도 베드로도 이 동사에서 유래한 명사를 그런 의미로 사용한다(벧후 1:15). 이러한 간구를 통해서, 시므온은 하나님이 자신의 생사를 주관하시는 분으로서, 오직 하나님만이 자신을 이 땅에서 데려가실 수 있는 권능을 지니고 계신 분이라고 고백하는 한편, 자기는 이미 살 만큼 산 노인이기 때문에, 고난의 연속인 이 땅에서의 삶으로부터 안식하고 싶다는 뜻을 하나님께 전한다. 하지만 그는 자기를 이 땅에서 놓아 주시되, "평안히," 즉 행복하게 죽게 해 달라고 간구한다(창 15:15; 왕하 22:20; 시 4:8을 보라). "말씀하신 대로"에서 "말씀"은 하나님께서 성령을 통해서 시므온에게 약속하신 말씀(26절)을 가리킨다. 시므온이 "말씀하신 대로"라는 어구를 "평안히"라는 어구보다 먼저 말한 것은 하나님이 자기에게 약속하셔서 자기로 하여금 소망을 갖게 하신 그 일을 보기 전에는 자기가 평안히 눈을 감고 죽을 수 없다는 의미인 것으로 보인다.

내 눈이 주의 구원을 보았사오니. "주의 구원"은 주 하나님께서 시므온에게 그의 생전에 보게 해 주시겠다고 약속하셨던 "주의 그리스도"를 가리킨다. 하나님께서는 시므온에게 그의 눈으로 그리스도를 보게 해 주시겠다는 특별한 계시를 주셨기 때문에, 시므온은 그 약속이 성취될 때까지는 결코 평안히 죽을 수 없었다. 마찬가지로, 우리 중 그 누구도 하나님께서 복음의 좀 더 일반적인 계시를 통해서 우리에게 약속해 주신 대로 우리의 영적인 눈으로 "주의 구원"을 볼 때까지는 평안히 죽을 수 없다. **이는 만민 앞에 예비하신 것이요.** 구원은 오직 그리스도로부터만 오기 때문에, 베드로는 "다른 이로써는 구원을 받을 수 없나니 천하 사람 중에 구원을 받을 만한 다른 이름을 우리에게 주신 일이 없음이라"(행 4:12)고 말한다. 시므온은 이 구원은 하나님께서 "만민을 위해 준비하신" 것이라고 선언한다. 그리스도에 대하여 이사야 선지자는 "그 날에 이새의 뿌리에서 한 싹이 나서 만민의 기치로 설 것이요 열방이 그에게로 돌아오리니 그가 거한 곳이 영화로우리라"(사 11:10)고 말하였고, "여호와께서 열방의 목전에서 그의 거룩한 팔을 나타내셨으므로 땅 끝까지도 모두 우리 하나님의 구원을 보았도다"(사 52:10)라고 말하였으며, 시편 기자도 "여호와께서 그의 구원을 알게 하시며 그의 공의를 뭇 나라의 목전에서 명백히 나타내셨도다"(시 98:2)라고 말하였다. 시므온은 32절에서는 이 동일한 것을 좀 더 구체적으로 말한다.

이방을 비추는 빛이요 주의 백성 이스라엘의 영광이니이다. 31절에 언급된 "만민"은 이방인들과 유대인들 모두를 가리키는 것이었다. 시므온은 여기에서 이방인들과 유대인들을 따로 구분해서 구체적으로 다루면서, 먼저 그리스도께서 이방인들에게 빛을 비추실 것이라고 예언한다. 성경에서는 유대인들을 제외한 세상의 다른 모든 민족을 이방인들로 불렀고, 이방인들이 참 하나님을 알지 못하고 우상 숭배와 미신에 빠져서 음란하고 악한 삶을 살아가는 자들이라고 해서, 흔히 이방인들의 상태를 "어둠"으로 표현하였다. 그래서 바울은 이방인들을 "어둠에서 빛으로" 돌아오게 하기 위하여 자기가 이방인들에게 보내심을 받은 것이라고 말한다(행 26:18). 그리스도는 "빛"이라 불린다. 요한은 그리스도께서 "나는 세상의 빛이니 나를 따르는 자는 어둠에 다니지 아니하고 생명의 빛을 얻으리라"(요 8:12)고 말씀하신 것으로 보도하고, 요한복음 9:5에서도 그리스도께서는 "내가 세상에 있는 동안에는 세상의 빛이로라"고 말씀하신다. 이러한 것들은 옛 예언들과 부합한다. 이사야 선지자는 "일어나라 빛을 발하라 이는 네 빛이 이르렀고 여호와의 영광이 네 위에 임하였음이니라 보라 어둠이 땅을 덮을 것이며 캄캄함이 만민을 가리려니와 오직 여호와께서 네 위에 임하실 것이며 그의 영광이 네 위에 나타나리니 나라들은 네 빛으로, 왕들은 비치는 네 광명으로 나아오리라"(사 60:1-3)고 예언하였고, 하나님께서 그리스도에 대하여 "내가 또 너를 이방의 빛으로 삼아 나의 구원을 베풀어서 땅 끝까지 이르게 하리라"(사 49:6)고 말씀하셨고, "너를 세워 백성의 언약과 이방의 빛이 되게"(사 42:6) 할 것이라고 말씀하셨다고 선포하였다. 시편 98:3; 사도행전 13:47을 보라. **주의 백성 이스라엘의 영광.** 온 땅은 주 하나님의 것이지만, 이스라엘은 하나님의 "아들," 하나님의 "장자"라 불린다(출 4:22). 그리스도께서는 "할례의 추종자"(롬 15:8), 즉 할례 받은 자들을 상대로 일하시는 자였다. 그리스도는 그들에게 약속되었고, 그들로부터 탄생하셨으며(롬 9:5), 그들 가운데서 복음을 전하시고 이적들을 행하셨다. 그리스도께서는 "자기 땅에 오셨다"(요 1:11). 하나님께서는 옛적에 "내가 나의 영광인 이스라엘을 위하여 구원을 시온에 베풀리라"(사 46:13)고 말씀하셨다. 그리스도는 모든 민족의 영광이시다. 어떤 민족이 그리스도를 전하고, 그리스도를 고백하며, 그리스도께서 주신 규범을 따라 살아간다면, 그것은 그 민족의 영광이다. 어떤 민족이 다른 민족들보다 이러한 일들을 더 잘한다면, 하나님이 보시기에 그 민족의 영광은 다른 민족들의 영광과 다르다.

33. 그의 부모가 그에 대한 말들을 놀랍게 여기더라.

브렌티우스(Brentius)는 이 본문에 대해서, "그들은 믿지 않았기 때문에 놀란 것이 아니라, 믿었기 때문에 놀란 것이다"(Non admirantur quia non credunt, sed quia credunt ideo admirantur)라고 주석을 달았다. 아기 예수의 부모는 이미 아기 예수가 그리스도로서 어떤 존재인지에 대하여 여러 차례 계시를 받은 상태였다. 천사는 요셉과 마리아, 사가랴와 엘리사벳에게 나타났었고, 박사들이 동방으로부터 왔었다. 그런데도 예수의 부모는 시므온이 한 말을 "놀랍게 여겼다." 그들은 그 말을 무시하거나 코웃음치지 않았다. 그들은 분명히 그 말을 온전히 이해하지는 못하였지만, 그 말이 하나님의 계시라는 것을 믿었다. 나는 그리스도께서 "죽은 자들 가운데서 부활하사 능력으로 하나님의 아들로 선포되시기"(롬 1:4) 전에는, 마리아나 그리스도 자신의 제자들조차도 그리스도가 하나님의 영원하신 아들이시라는 것을 확고하게 믿지 않았을 것이라고 생각한다. 물론, 그들은 부활 사건 이전에도 그리스도가 하나님이 보내신 분이고 위대한 선지자, 아니 약속된 메시야, 하나님의 그리스도이시라는 것을 믿었고, 메시야에 관하여 성경에 기록된 것들이 그에 관한 것들이라는 것을 믿었다는 것은 분명하지만, 그들이 메시야가 하나님이자 사람이시라는 것을 제대로 올바르게 이해할 수 있었는지는 의문이다. 이것은 세례 요한에게서 가장 분명하게 드러나는 것으로 보이고, 베드로도 가이사랴 빌립보에서 저 유명한 고백을 하였지만, 그가 그 후에 한 많은 말들을 살펴보면, 그의 믿음조차도 확고하고 온전한 믿음이었다기보다는 믿음의 단초 정도였다는 것이 드러난다. 그러나 나는 여기에서 독자들에게 이 문제에 대해서 그 어떤 것도 단정적으로 말하고 싶지는 않기 때문에, 독자들이 각자의 이성에 따라 판단하기를 바란다. 이 경우에 예수의 부모가 확고한 믿음을 가지고 있었다고 하더라도, 그들은 얼마든지 시므온이 한 말을 놀랍게 여길 수 있었을 것이다. 왜냐하면, 그리스도는 "모든 믿는 자들에게서 놀랍게 여김을 얻으시는"(살후 1:10) 분이시기 때문이다.

34-35. [34]시므온이 그들에게 축복하고 그의 어머니 마리아에게 말하여 이르되 보라 이는 이스라엘 중 많은 사람을 패하거나 흥하게 하며 비방을 받는 표적이 되기 위하여 세움을 받았고 [35]또 칼이 네 마음을 찌르듯 하리니 이는 여러 사람의 마음의 생각을 드러내려 함이니라 하더라.

시므온이 그들에게 축복하고. 어떤 이들은 사도가 "논란의 여지 없이 낮은 자가 높은 자에게서 축복을 받느니라"(히 7:7)고 말한 것을 근거로 해서, 시므온이 어떻게 그리스도를 축복할 수 있었겠느냐고 의문을 제기한다. 그러나 우리는 다음과 같은 것들을 서로 구별하여야 한다: (1) 예언적인 축복. 야곱이 자신의 아들들을 축복한 것이 그 예이다. 이것은 하나님이 장차 그들을 어떻게 복 주실 것인지를 예언하는 것이다. (2) 권위에 의거한 축복. 제사장들이 주 하나님의 이름으로 백성들을 축복한 것이 그 예이다(민 6장). 이것은 하나님으로부터 받은 권위를 힘입어서 하나님이 복 주신 자들에게 복이 있다고 선언하는 것이다. (3) 기원적인 축복. 이것은 하나님께 그들에게 복 주시기를 기도하는 것이다. 이 세 가지 중에서 두 번째는 오직 높은 자가 낮은 자에게 하는 축복인 반면에, 첫 번째와 세 번째의 경우는 낮은 자가 높은 자에게 해도 되는 것이다. 따라서 우리는 여기에서 시므온이 한 축복은 첫 번째 또는 세 번째에 해당하는 것이었다고 보아야 한다.

그의 어머니 마리아에게 말하여 이르되 보라 이는 이스라엘 중 많은 사람을 패하거나 흥하게 하며 비방을 받는 표적이 되기 위하여 세움을 받았고. 시므온은 요셉이 법적으로만 아기 예수의 아버지라는 것을 알고 있었기 때문에, 요셉이 아니라 마리아를 향하여 이렇게 말한 것이다. 많은 사람을 "패하거나 흥하게" 한다는 것이 여기에서 많은 사람들의 구원과 정죄를 의미한다는 것에 대해서는 유력한 해석자들 사이에서는 이견이 없다. 이사야 선지자는 그리스도께서 장차 "이스라엘의 두 집에는 걸림돌과 걸려 넘어지는 반석이 되실 것이며 예루살렘 주민에게는 함정과 올무가 되시리니 많은 사람들이 그로 말미암아 걸려 넘어질 것이며 부러질 것이며 덫에 걸려 잡힐 것이니라"(사 8:14-15)고 예언하였고, 베드로도 성경에서 그리스도에 대하여 "부딪치는 돌과 걸려 넘어지게 하는 바위가 되었다"(벧전 2:8)고 기록하고 있다. 이것은 그리스도께서 "내가 심판하러 이 세상에 왔으니 보지 못하는 자들은 보게 하고 보는 자들은 맹인이 되게 하려 함이라"(요 9:39)고 말씀하신 것과 동일한 의미이다. 따라서 사도 바울은 그리스도와 그의 복음은 "이 사람에게는 사망으로부터 사망에 이르는 냄새요 저 사람에게는 생명으로부터 생명에 이르는 냄새라"(고후 2:16)

고 말한다. 그 이유는 그리스도를 믿는 자들은 구원을 받게 되는 반면에, 믿지 않는 자들은 정죄를 받게 될 것이기 때문이다(막 16:16; 요 3:18, 36). 이제 그리스도는 많은 사람들이 정죄받게 될 계기가 되셔서, 그를 배척하고 반대하며 믿지 않는 모든 자들은 정죄를 받게 될 것이다. 또한, 이제 그리스도는 많은 사람들의 구원의 계기도 되셔서, 그를 믿는 모든 자들은 구원을 받게 될 것이다. 왜냐하면, 하나님께서는 "천하 사람 중에 구원을 받을 만한 다른 이름을 우리에게 주신 일이 없는" 까닭에, "다른 이로써는 구원을 받을 수 없기" 때문이다(행 4:12). 마태복음 21:44; 베드로전서 2:4-5을 보라. 복음서 기자가 그리스도께서 심령들을 구원하시는 것을 "일으키시는 것"(한글개역개정에는 "흥하게 하며")으로 표현한 것은 주목할 만하다. 이것은 모든 사람은 넘어져 있는 상태라는 것을 보여줌과 동시에(엡 2:1), 그들이 일어나기 위해서는, 즉 그들의 구원을 위해서는 그들이 지닌 선천적인 힘과 의지로는 되지 않고, 그 이상의 어떤 큰 힘이 그들에게 주어져야 한다는 것을 보여 준다.

이 본문에서 해석상으로 큰 문제가 되는 것은 "세움을 받았고"로 번역된 '케이타이' (χεῖται)가 단지 하나의 사건을 가리키는 것인가, 아니면 하나님의 어떤 계획과 안배를 가리키는 것인가 하는 것이다. 이 동일한 단어가 사용된 다른 본문들과 비교해 보라: "이들은 내가 복음을 변증하기 위하여 세우심을 받은 줄 알고 사랑으로 하나"(빌 1:16). "아무도 이 여러 환난 중에 흔들리지 않게 하려 함이라 우리가 이것을 위하여 세움 받은 줄을 너희가 친히 알리라"(살전 3:3). 우리는 사람들의 구원과 정죄라는 이 큰 문제가 하나님이 미리 아심이 없이 일어나거나, 하나님이 이 일을 미리 결정해 놓지도 않으셨는데도 미리 아신다고 생각할 수는 없다. 하지만 그럼에도 불구하고, 그리스도로 말미암아 어떤 심령이 넘어지고 정죄받는 것의 가장 직접적인 원인은 그리스도와 그의 복음에 대한 사람들의 불신앙과 악의와 반대라는 것을 우리는 인정하여야 한다.

"비방을 받는 표적이 되기 위하여"에서 "표적"은 욥이 "내가 평안하더니 그가 나를 꺾으시며 내 목을 잡아 나를 부숴뜨리시며 나를 세워 과녁을 삼으시고"(욥 16:12)라고 말했을 때에 나오는 "과녁"과 동일한 의미이거나, 이사야 선지자가 "보라 나와 및 여호와께서 내게 주신 자녀들이 이스라엘 중에 징조와 예표가 되었나니 이는 시온 산에 계신 만군의 여호와께로 말미암은 것이니라"(사 8:18)고 말했을 때에 나오는 "징조"를 의미한다. 여기에서 시므온은 그리스도와 그의 사역자들과 백성들이 세상 사람들로부터 조롱을 당하게 될 것이고, 불경건한 자들의 온갖 화살들이 그리스도를 겨냥하게 될 것임을 예언한 것인데, 이 예언은 당대에 그리스도와 그의 사도들이 겪은 일들을 통해 사실로 입증되었고, 이후의 세대들에서는 그리스도를 믿은 모든 사람들에게 그대로 이루어졌으며, 앞으로도 세상 끝날까지 이루어지게 될 것이다.

또 칼이 네 마음을 찌르듯 하리니. 옛적에 요셉이 형들에 의해서 노예로 팔려 발에 차꼬를 차고 온 몸이 쇠사슬로 묶였을 때, 그 마음이 쇠꼬챙이로 찌르듯이 아팠을 것인데, 시므온은 이제 마리아도 그런 마음의 고통을 겪게 될 것이라고 말한다. 즉, 시므온은 이 찬송 받으실 아기 예수께서 성장하여 장차 사람들로부터 온갖 모욕과 멸시를 당하시며 욕을 먹고 십자가에 달리실 때, 마리아의 마음도 칼에 찔리기라도 한 것처럼 아프게 될 것이라고 말해 주는데, 이 말은 나중에 사실임이 입증되었다. 이는 여러 사람의 마음의 생각을 드러내려 함이니라. 복음의 때, 특히 박해의 때에는 사람들의 "마음의 생각"이 그대로 드러나기 때문에, 누가 하나님께서 택하신 자들이고 그렇지 않은 자들인지가 드러나게 된다. 메시야를 영접하는 자들과 배척하는 자들, 메시야 편에 서는 자들과 대적하는 자들이 뚜렷하게 갈라지는 것도 바로 그 때이다. '카이' (καὶ)는 원인과 결과로서의 결과가 아니라, 이 모든 일로부터 도출되는 결론을 의미한다(한글개역개정에서는 이것을 목적을 의미하는 것으로 보아서, "이는 … 함이니라"로 번역하였다 — 역주). 복음을 전하는 것은 주 하나님이 "키"를 사용하셔서 자신의 타작마당을 깨끗하게 하시는 것이고, 박해는 하나님이 "체"를 사용하셔서 자신의 교회에서 가라지와 이물질과 겨를 걸러내시고 알곡을 추려내시는 것이다. 복음의 때와 박해의 때는 둘 다 사람들의 숨겨졌던 마음이 크게 드러나는 때이다.

36-38. [36]또 아셀 지파 바누엘의 딸 안나라 하는 선지자가 있어 나이가 매우 많았더라 그가 결혼한 후 일곱 해 동안 남편과 함께 살다가 [37]과부가 되고 팔십사 세가 되었더라 이 사람이 성전을 떠나지 아니하고 주야로 금식하며 기도함으로 섬기더니 [38]마침 이 때에 나아와서 하나님께 감사하고 예루살렘의 속량을 바라는 모든 사람에게 그에 대하여 말하니라.

아셀 지파 바누엘의 딸 안나라 하는 선지자가 있어 나이가 매우 많았더라 그가 결혼한 후 일곱 해 동안 남편과 함께 살다가 과부가 되고 팔십사 세가 되었더라. 하나님께서는 우리 구주의 탄생이 사실임을 충분히 보여 주시는 일에 신경을 많이 쓰셨기 때문에, 천사들과 동방박사들과 목자들과 시므온의 증언에 이어, 여기에서 또다시 한 사람의 증언을 더하시는데, 그 증인은 "안나"라는 선지자였다. 복음서 기자는 이 증인이 속한 지파와 그녀의 아버지를 구체적으로 소개한다. 그녀는 가장 미약한 지파들 중의 하나였던 "아셀 지파" 사람이었는데, 이 지파는 옛적에 여로보암의 영도 아래 변절하여 다윗 왕가와 하나님에 대한 참된 예배로부터 떠나 북왕국을 세웠다가 나중에 앗수르로 끌려가 포로생활을 하였던 열 지파 중의 하나였다. 이렇게 열 지파의 사람들은 대부분 변절하였지만, 꽤 많은 수의 개개인들은 하나님에 대한 참된 예배에 참여하기 위하여 유다로 이주하여 살았다. 예레미야 선지자는 "그 날 그 때에 이스라엘 자손이 돌아오며 유다 자손도 함께 돌아오되 그들이 울면서 그 길을 가며 그의 하나님 여호와께 구할 것이며"(렘 50:4)라고 예언하였다. 안나의 아버지인 "바누엘"이 어떤 사람이었는지는 성경에 나오지 않는다. 또한, 본문은 안나가 "선지자"였다고 말한다. 유대인들 가운데는 여선지자들이 있었는데, 성경에 언급된 여선지들로는 드보라, 미리암, 그리고 요시야 왕이 사람들을 보낸 바 있는 훌다가 있었다. 하나님의 뜻을 백성들에게 드러내는 사람들은 선지자와 여선지로 불렸지만, 구약성경에서는 대체로 선지자들은 하나님의 영의 감동을 받아 장래의 일들을 예언하는 자들을 의미하였다. 예언의 영은 그리스도께서 오시기 전 400년 동안은 유대인들 가운데 거의 임하지 않다가, 그리스도께서 오실 무렵에 다시 임하기 시작하였다. 본문에 언급된 "팔십사 년"이 그녀의 나이가 아니라, 그녀가 과부로 살아 온 기간을 의미한다면, 이 여선지는 당시에 거의 백 세 가량 되었을 것이다. 그녀는 칠 년 동안만 결혼생활을 하였고, 나머지 인생은 과부로 살아 왔다.

이 사람이 성전을 떠나지 아니하고 주야로 금식하며 기도함으로 섬기더니 마침 이 때에 나아와서 하나님께 감사하고 예루살렘의 속량을 바라는 모든 사람에게 그에 대하여 말하니라. 그녀는 성전에 거의 살다시피 하며, 경건 활동들, 즉 기도와 금식에 전념하였는데, 그녀의 금식은 기도를 더 제대로 하기 위한 것이었다. 안나는 시므온이 그리스도를 팔에 안고 감사와 축복의 기도를 하고 있을 "마침 그 때에 나아와서 하나님께 감사하고" 예루살렘에서 이스라엘의 "속량을 바라는 모든 사람에게 그에 대하여 말하였다." 하나님께서 자기 이름을 두신 곳에는, 그 곳이 아무리 타락하고 부패하였다고 할지라도, 하나님을 가까이 하며 살아가는 얼마간의 사람들이 있는 법이다. 하나님께서는 아합의 때에도 이스라엘에 칠천 명을 남겨 두셨고, 이 때도 지극히 타락한 때였음에도 불구하고, 시므온과 안나 등과 같이, 올바른 메시야 사상을 지니고서 메시야를 기다리던 사람들이 있었다. 성령께서는 당시에 유명한 랍비들을 비롯한 모든 서기관들과 바리새인들이 한 말과 행위들이 아니라, 바로 그런 사람들이 말하고 행한 것들을 성경에 기록으로 남기셔서, 세상 끝날까지 복음이 전파되는 곳마다 사람들로 하여금 그들의 언행을 기억하게 하셨다.

39. 주의 율법을 따라 모든 일을 마치고 갈릴리로 돌아가 본 동네 나사렛에 이르니라.

만일 마태복음 2:1에 언급된 동방박사들이 이 때 이전에 이미 예루살렘으로 와서 헤롯을 만난 것이었다면, 헤롯은 이 때에 그리스도를 죽이고자 하였을 것인데, 실제로는 그런 일이 없었던 것으로 보아서, 동방박사들은 이 때 이후에 헤롯을 만났을 것임에 틀림없다. 누가는 요셉이 천사의 지시로 애굽으로 갔다가 헤롯 대왕이 죽었다는 소식을 듣고 다시 돌아온 일을 보도한 마태복음 2:13-15, 19-23의 내용을 전혀 언급하고 있지 않지만, 요셉이 계속해서 살아 왔던(눅 2:4) "본 동네 나사렛"으로 돌아와서 살았다고 보도하는 데에는 마태와 누가가 서로 일치한다. 이렇게 요셉과 마리아와 아기 예수가 나사렛으로 다시 돌아오고 나서 얼마 후에, 그들이 다시 베들레헴을 찾았고, 거기에서 동방박사들을 만나게 되었던 것인지(마 2:1-12)에 대해서는 성경은 우리에게 말해 주지 않는다. 어떤 이들은 요셉이 베들레헴에서 살고 있었다고 주장하지만, 그런 주장은 정말 터무니없는 것이다. 만일 요셉이 거기에 살고 있었더라면, 여관에 묵을 이유도 없었을 것이고, 마리아로 하여금 마구간에서 아이를 낳게 하는 곤란한 일도 겪지 않았을 것이다. 게다가, 이 본문을 비롯해서 누가복음 2:4과 마태복음 2:23은 요셉이 나사렛에서 살았다는 것을 분명하게 보여 준다. 자신의 섭리들을 통해서 동방박사들을 베들레헴으로 이끄셔서 그리스도를 뵈옵고 경배하게 하신 하나님께서 바로 그 때에 맞춰서 요셉으로 하여금 직업상의 이유이든 아니면 자신의 친구들을 만나기 위한 목적이든 다시 가족들을 데리고 베들레헴으로 가 있게 하신 것은 쉬운 일이었을 것이다.

40. 아기가 자라며 강하여지고 지혜가 충만하며 하나님의 은혜가 그의 위에 있더라.

복음서 기자는 우리 구주에 관한 복음 중에서 그의 삶의 최초의 12년에 관한 이야기를 단 한 절로 짧게 요약한다. 그리스도의 신성이 시간이 지나면서 온전하게 되어 가는 일은 있을 수 없었지만, 그리스도의 인성과 연결되어 있는 여러 성향들과 지혜와 지식 등은 성장할 수 있었다. 왜냐하면, 그리스도 안에서 신성과 인성은 인격적으로 서로 연합되어 있기는 하였지만, 속성들 간의 교류는 없었기 때문이다.

41. 그의 부모가 해마다 유월절이 되면 예루살렘으로 가더니.

하나님의 율법은 이스라엘 백성 중의 모든 남자들에게 해마다 세 번씩 예루살렘으로 와서 하나님 앞에 보이도록 규정하고 있었고, 유월절이 그 중의 하나였다. 여자들에게는 이런 의무가 부과되어 있지 않았던 것으로 보이지만, 많은 여자들이 가족을 따라 함께 예루살렘으로 왔는데, 마리아도 그랬다. 그러나 우리는 그리스도께서 열두 살 이전에 예루살렘으로 올라오셨다는 말을 듣지 못한다. 어떤 이들은 엘가나의 아내가 그랬던 것처럼(삼상 1:5-7), 여자들은 일 년에 한 번만 예루살렘으로 올라왔을 것이라고 생각하지만, 엘가나의 아내의 경우가 보편적인 것이었는지의 여부에 대해서는 성경은 말하지 않는다. 한 가지 주목할 만한 것은, 바리새인들과 서기관들과 제사장들은 당시에 자신들의 전통들을 통해서 하나님에 대한 예배를 많이 왜곡시키고 타락시키긴 하였지만, 하나님이 세우신 제도들의 골격은 그대로 유지하고 있었다는 것이다. 우리는 비록 당시의 유대 교회가 많이 타락했다고 할지라도, 우리 구주를 비롯해서 그의 제자들과 그 밖의 다른 하나님의 백성들이 그런 이유로 유대 교회를 전적으로 버리지 않았다는 것을 발견하게 된다. 하지만 우리는 그들이 당시의 타락한 예배에 속한 모든 것들에 함께 하였다고 생각할 수는 없다. 이것으로부터 우리는 교회가 타락하였다고 해서 교회를 완전히 떠나는 것은 극히 조심하여야 한다는 것과 교회의 예배 속에 우상 숭배가 없기만 하다면 비록 거기에 우리가 인정할 수 없는 내용들이 있다고 하더라도 그 예배에 참여하는 것은 합당하다는 것을 배울 수 있다.

42. 예수께서 열두 살 되었을 때에 그들이 이 절기의 관례를 따라 올라갔다가.

유대 문헌에 정통한 이들은 율법에 따르면 남자 아이는 "열두 살"이 될 때까지는 예루살렘에 올라가 절기를 지킬 의무가 없었다고 말하지만, 성경에는 그런 주장을 확증해 줄 만한 것이 전혀 나오지 않는다. 확실한 것은 우리 구주께서는 열두 살 때에 "이 절기의 관례를 따라" 예루살렘에 올라가셨고, 니산월 제14일쯤에는 거기에 계셨다는 것이다.

43-45. [43]그 날들을 마치고 돌아갈 때에 아이 예수는 예루살렘에 머무셨더라 그 부모는 이를 알지 못하고 [44]동행 중에 있는 줄로 생각하고 하룻길을 간 후 친족과 아는 자 중에서 찾되 [45]만나지 못하매 찾으면서 예루살렘에 돌아갔더니.

요셉과 마리아는 유월절과 무교절의 기간인 7일 동안 예루살렘에 머물다가 나사렛으로 출발하였다. 당시에 사람들은 일반적으로 큰 무리를 이루어서 절기에 참여하였다가 돌아가곤 하였기 때문에, 마리아는 그리스도께서 함께 온 무리 중에 있는 줄로 생각하고 출발하였지만, 그리스도께서는 예루살렘에 그대로 머물러 계셨다. 마리아는 "하룻길을 간 후" 무리 속에서 그리스도를 찾았지만 찾지 못하여서 다시 예루살렘으로 돌아올 수밖에 없었다.

46. 사흘 후에 성전에서 만난즉 그가 선생들 중에 앉으사 그들에게 듣기도 하시며 묻기도 하시니.

"사흘 후"는 요셉과 마리아가 예루살렘을 떠난 때로부터 "사흘 후"를 의미하는 것으로 보인다. 즉, 그들은 예루살렘을 출발해서 하룻길을 간 후에야 그리스도께서 보이지 않는 것을 알았고, 그래서 다시 하룻길을 걸어서 예루살렘으로 되돌아와서, 사흘째 되는 날에 그리스도를 만나게 되었다는 것이다. 왜냐하면, 그들은 그리스도께서 가장 계실 만한 곳으로 성전을 생각하였을 것이고, 따라서 예루살렘에 도착하자마자 성전으로 달려가서 거기에서 본문에 나오는 이 장면을 목격하였을 것인 까닭에, 우리는 그들이 예루살렘에 도착해서 "사흘"을 찾아다니다가 그리스도를 만나게 되었을 것이라고 생각할 수 없기 때문이다.

당시에 사람들은 랍비들에게 하나님의 율법에 대하여 자유롭게 물을 수 있었고, 랍비들도 그들에게 기꺼이 대답해 주었던 것으로 보인다. 하지만 여기에서 랍비들은 그리스도를 특별하게 대우하였던 것일 가능성이 크다. 왜냐하면, 바울이 자기가 가말리엘의 발 아래에서 배웠다고 말하고 있는 것에서 볼 수 있듯이, 통상적으로 랍비들은 의자들에 앉고, 청중들은 그들의 발 아래에 앉는 것이 관례였던 반면에, 랍비들은 그리스도를 그들 가운데 앉게 하였기 때문이다.

47. 듣는 자가 다 그 지혜와 대답을 놀랍게 여기더라.

랍비들과 그리스도가 어떤 주제를 놓고서 대화를 나누고 있었던 것일지를 묻는 것은 쓸데없는 짓이다. 우리는 단지 이 대화의 주제가 하나님의 율법에 관한 것이었으리라는 것만을 추측할 수 있을 뿐이다. 구체적으로 어떤 주제가 거론되었는가 하는 것은 우리에게 별로 중요한 문제가 아니다. 중요한 것은 우리 구주께서 그들의 질문들에 대답하셨을 때, 그들은 그 대답을 듣고 다 놀랐고, 우리 구주의 "지혜와 대답"을 놀랍게 여겼다는 것이다.

48. 그의 부모가 보고 놀라며 그의 어머니는 이르되 아이야 어찌하여 우리에게 이렇게 하였느냐 보라 네 아버지와 내가 근심하여 너를 찾았노라.

자녀를 잃어버렸다가 다시 찾았을 때에 어머니로서의 심정이 어떠하였을지는 우리가 충분히 이해해야 하겠지만, 마리아가 그리스도께서 하나님이 육신을 입으시고 사람이 되신 분이시라는 것을 똑똑히 알고 있었고, 그가 어디에서 무엇을 하고 계셨는지를 조금만 생각해 보았더라면, 그에게 이런 식으로 말하지는 않았을 것이다. 그녀는 어머니의 권위를 가지고서 그리스도께 이렇게 말한다: "어찌하여 우리에게 이렇게 하였느냐."

49-50. [49]**예수께서 이르시되 어찌하여 나를 찾으셨나이까 내가 내 아버지 집에 있어야 될 줄을 알지 못하셨나이까 하시니** [50]**그 부모가 그가 하신 말씀을 깨닫지 못하더라.**

"내가 내 아버지의 집에 있어야 될 줄을"은 흠정역에서는 "내가 내 아버지의 일을 하여야 할 줄을"로 읽는다. 전자로 읽었을 경우에, 우리 구주께서는 이렇게 말씀하신 것이 된다: "내가 있어야 할 곳은 '내 아버지 집,' 곧 이 성전밖에 없고, 성전에 있는 것이 바로 내가 할 일인데, 왜 부모님께서는 마치 내가 길을 잃어버린 아이라는 듯이 나를 찾아다니셨습니까." 하지만 이 구절은 후자로 읽는 것이 더 나은 것으로 보인다. 따라서 그리스도께서는 여기에서 하나님이 자신의 아버지라고 말하고 있는 것이다. 마리아는 천사의 수태고지를 통해서만이 아니라, 자기가 남자를 알지 못하였을 때에 예수를 잉태하였기 때문에, 이러한 사실을 알고 있었을 것이고, 그리스도에 관하여 그녀에게 분명하게 계시된 것들을 그대로 믿고 있었다. 그런데도 그녀는 중보자 및 하나님의 뜻을 사람들에게 드러내게 되어 있던 약속된 저 큰 선지자로서의 그리스도의 신적인 직임을 온전히 깨닫지 못하고 있었고, 그리스도가 본성적으로 하나님의 영원하신 아들이시라는 것에 대해서는 더더욱 잘 모르고 있었다. 본문은 "그 부모가 그가 하신 말씀을 깨닫지 못하더라"고 말한다. 그들은 그리스도께서 여기에서 하신 말씀을 분명하게 깨닫지는 못하였다는 것이다. 우리 구주의 이 말씀과 이 사건을 통해서, 우리는 아랫사람이라고 해서 모든 일에서 자신의 선천적인 윗사람의 권세 아래 있는 것은 아니라는 것을 배우는데, 하나님께 불순종함이 없이는 윗사람에게 순종할 수 없는 그런 일들에 있어서는 특히 그러하다. 어떤 일들에 있어서는 우리 구주의 명령을 지키기 위하여 우리의 육신의 아버지와 어머니를 미워해야 할 경우들도 있다.

51. 예수께서 함께 내려가사 나사렛에 이르러 순종하여 받드시더라 그 어머니는 이 모든 말을 마음에 두니라.

우리는 39절에서 마리아가 정결예식을 끝낸 후에 그리스도께서 나사렛으로 돌아가 계셨다는 말을 들었고, 이제 여기에서는 열두 살 되신 그리스도께서 나사렛에서 살아가시는 모습을 다시 보게 되는데, 이후로는 그리스도께서 "삼십 세쯤" 되셔서 공생애를 시작하실 때(눅 3:23)까지는 더 이상 그에 대하여 듣지 못할 것이다. 그리스도께서 이 기간 동안에 어떤 일들을 행하셨는가 하는 것은 사람들이 대단한 호기심을 가지고 알고 싶어 하는 것이지만, 설령 그것을 알아낸다고 하여도 우리에게는 거의 유익이 없는 것들일 뿐이다. 어떤 이들은 그리스도께서 삼십 세가 되실 때까지 아버지를 도와 목수 일을 하셨다고 생각하지만, 나는 그것을 증명하거나 반박할 방법을 알지 못한다. 어떤 이들은 그리스도께서 선지자 학교로 보내지셨을 가능성은 희박해 보인다고 생각한다. 왜냐하면, 그리스도께서는 성령을 한량없이 받으셔서, 이미 열두 살 때에 랍비들과 제대로 된 논쟁을 하실 수 있으실 정도로 그 지혜와 지식이 성장해 있으셨던 까닭에, 요셉과 마리아가 그런 그리스도를 선지자 학교에 보내어 교육을 받게 했을 것이라고 생각하기는 힘들기 때문이라는 것이다. 하지만 나는 사람들이 그렇게 생각하는 이유를 잘 모르겠다. 그리스도께서는 동정녀의 모태나 마구간이나 구유도 마다하지 않으신 것으로 보아서, 빈둥거리며 허송세월하는 삶은 마다하셨겠지만, 평범한 교육을 받으시는 것을 마다하셨을 것이라고 생각되지는 않기 때문이다. 그러나 이 문제는 하나님께서 우리에게 감추시고 모르게 하신 것이기 때문에, 우리가 아무리 갑론을박하며 논쟁을 벌여도 결코 해결할 수 없는 문제인 까닭에, 이 문제를 가지고 왈가왈부하는 것은 의미가 없다.

우리에게 중요한 교훈이 되는 것은 그리스도께서 부모님을 "순종하여 받드셨다"는 것이다. 이것은 아무리 위대하고 높은 인물일지라도 자신의 부모를 공경하여야 한다는 것을 가르쳐 준다. 사도는 이것이 "약속 있는 첫 계명"(엡 6:2)이라고 말한다. 솔로몬은 자신의 어머니를 공경하였고, 솔로몬보다 더 크신 이도 여기에서 자기를 낳아준 어머니와 자기를 돌보아 준 법적인 아버지를 공경하며 순종하는 삶을 사셨다.

그 어머니는 이 모든 말을 마음에 두니라. 마리아는 자기가 들은 것을 무심히 흘려버리는 그런 인물이 아니었기 때문에, 그리스도께서 이 때에 하신 말씀을 온전히 제대로 깨달을 수는 없었지만, 그 말씀을 마음에 간직해 두었다. 하나님의 말씀을 이런 식으로 마음속에 간직해 두는 사람들은 언젠가 때가 되면 그 말씀을 깨닫게 될 것이다.

52. 예수는 지혜와 키가 자라가며 하나님과 사람에게 더욱 사랑스러워 가시더라.

그리스도께서는 유일하게 지혜로우신 하나님의 영원하신 지혜이신데, 어떻게 그의 지혜가 자라갈 수 있느냐고 의문을 갖는 사람들이 있다면, 그들은 성경에서 그리스도에 관하여 말하는 모든 것들은 그의 인격 전체에 대한 것이 아니라, 그의 인격 안에서 연합된 신성이나 인성 중 어느 한 쪽에 대한 것임을 알아야 한다. 즉, 복음서 기자가 그리스도께서 나이가 드시고 키가 자라가신 것과 마찬가지로 지혜가 자라가셨다고 한 것은 그리스도의 신성이 아니라 인성에 대하여 한 말이라는 것이다. 하나님께서는 그리스도에 대하여 자신의 은혜와 은총을 날마다 더하셔서, 그리스도로 하여금 그의 이웃들을 비롯해서 갈릴리 사람들로부터 더욱 사랑을 받게 하심으로써, 그리스도께서 공생애 사역을 시작하실 때쯤에는, 주위의 모든 사람들로부터 좋은 평판을 얻으신 가운데서, 사람들의 영혼을 돌보시고 다스리시는 감독으로 등장하실 수 있게 하신 것이었다. 복음서 기자는 우리 구주께서 열두 살 때부터 삼십 세에 이르기까지 대략 18년 동안에 관한 이야기를 건너뛰고, 이 기간에 대해서는 아무것도 우리에게 전해 주지 않는다.

제3장

개요

1. 요한의 전도와 세례(1-14).
2. 요한이 그리스도를 증거함(15-18).
3. 헤롯이 자신을 거침없이 책망한 요한을 옥에 가둠(19-20).
4. 그리스도께서 세례를 받으시고, 하늘로부터의 증언을 받으심(21-22).
5. 요셉으로부터 거슬러 올라간 그리스도의 족보(23-38).

1-2. [1]디베료 황제가 통치한 지 열다섯 해 곧 본디오 빌라도가 유대의 총독으로, 헤롯이 갈릴리의 분봉 왕으로, 그 동생 빌립이 이두래와 드라고닛 지방의 분봉 왕으로, 루사니아가 아빌레네의 분봉 왕으로, [2]안나스와 가야바가 대제사장으로 있을 때에 하나님의 말씀이 빈 들에서 사가랴의 아들 요한에게 임한지라.

복음서 기자는 세례 요한과 우리 구주의 탄생, 거기에 앞서거나 수반된 모든 예언들을 보도하고, 우리 구주의 어린 시절에 관한 이야기를 잠깐 들려준 후에, 이제 여기에서는 세례 요한이 자신의 공적인 사역을 어떤 식으로 시작하고 수행하였는지에 관한 이야기를 우리에게 들려준다. 세례 요한은 우리 구주보다 6개월 먼저 태어났고, 세상 앞에서의 공적인 사역도 6개월 먼저 시작하였던 것으로 보인다. 그가 공적인 사역을 시작한 때는 "디베료 황제가 통치한 지 열다섯 해"가 되는 때였다. 디베료 가이사는 아구스도의 뒤를 이어 황제가 된 인물이었는데, 애굽의 모든 왕들이 "바로"(파라오)라 불렸던 것과 마찬가지로, 율리우스 가이사 이후로 로마의 모든 황제들은 "가이사"(카이사르)로 불렸다. 디베료 황제는 로마 제국을 통치한 대부분의 황제들과 마찬가지로 악한 인물이었다. 그리스도께서 태어나실 때에 유대의 왕이었던 헤롯 대왕은 그 사이에 죽었고, 아켈라오가 그 뒤를 이어 왕이 되었지만(마 2:22), 로마 당국은 왕정을 폐지하고 이 왕국을 네 지역으로 나누어서 분봉 왕 체제로 전환하고서는, 아켈라오는 유대 지역만을 담당하게 하였고, 헤롯 대왕의 또 다른 아들들인 헤롯 안디바와 빌립을 각각 "갈릴리의 분봉 왕"과 "이두래와 드라고닛 지방의 분봉 왕"으로 삼았으며, "루사니아"를 "아빌레네의 분봉 왕"으로 세웠는데, 이 네 명의 분봉 왕은 모두 유대인이 아닌 이방인들이었다. 이 때에 유대인들은 모두 이방인들의 통치 아래 놓여 있었기 때문에, 유다로부터 "규"는 온전히 떠난 상태였다. 얼마 후에 아켈라오는 프랑스로 근무지를 옮겼고, 그 대신에 본디오 빌라도가 유대와 사마리아의 총독이 되었다.

안나스와 가야바는 대제사장들이었다. 하나님의 율법에 의하면, 아론 가문의 장손이 대제사장이 되게 되어 있었다. 그런데 이 때에 어떻게 두 사람의 대제사장이 있게 된 것인지에 대해서는 해석자들 사이에서 의견이 갈린다. 이 문제에 관심이 있는 사람들은 매튜 풀이 『주석집요』에서 자세하게 설명해 놓은 내용을 보기 바란다. 이 시기에 유대인들은 로마의 지배 아래 있었고, 모든 것들이 질서에서 벗어나 엉망진창이었다는 것을 우리는 알아야 한다. 이 때에 대제사장이 두 명이었던 것과 관련해서, 어떤 이들은 대제사장을 선택할 권한이 공식적으로는 여전히 유대인들에게 주어져 있었지만, 실제로는 정복자들이 뇌물을 받고 기존의 대제사장을 폐하고 다른 사람을 대제사장으로 임명하는 등 대제사장직을 둘러싸고 매관매직을 함으로써, 이런 일이 발생하였다고 말하고, 어떤 이들은 대제사장은 자신의 대리인을 둔 것이었고, 그 대리인도 대제사장이라는 직함으로 불린 것이라고 주장한다. 또한, 어떤 이들은 하나님의 율법에 의하면 대제사장직은 평생직이었지만, 당시에는 대제사장직을 1년의 임기직으로 만들어서 해마다 대제사장을 뽑았기 때문에, 이 때에 전년도의 대제사장과 해당 연도의 대제사장이 함께 중복해서 있게 된 것이라고 생각한다. 하지만 그 어떤 견해도 확실한 것은 없고, 확실한 것은 이 때에 대제사장의 직함을 지닌 사람이 두 명 있었다는 것과 그 이유에 대해서는 우리가 알 수 없다는 것뿐이다. 요한복음 18:13은 이 사람들이 3-4년 전에도 대제사장 직함을 지니고 있었음을 보여 주는데, 그 이유가 그들이 이 때에 다시 대제사장으로 선출되어서 그런 것인지는 우리가 알 수 없다.

하지만 바로 이러한 때에 "하나님의 말씀이 빈 들에서 사가랴의 아들 요한에게 임하였다." 이 요한은 우리가 앞에서 들었던 바로 그 요한이다. 복음을 전하라고 명령하는 하나님의 말씀이 그에게 임하였다. 이 어구는 구약성경에서 하나님의 영이 선지자들을 감동시켜서 사역을 시작하게 한 것을 나타낼 때에 흔히 사용되던 어구였다. 이것은 하나님의 부르심을 받을 때까지는 아무도 복음을 전하는 자로서의 영광을 취해서는 안 되고, 하나님의 말씀이 먼저 자신에게 임할 때까지는 하나님의 이름으로 말씀을 전해서는 안 된다는 것을 우리에게 가르쳐 준다.

3. 요한이 요단 강 부근 각처에 와서 죄 사함을 받게 하는 회개의 세례를 전파하

ㄴ.

세례 요한이 헤롯에 의해서 옥에 갇히게 될 때까지 얼마 동안이나 사역을 계속하였는지에 대해서는 성경은 우리에게 확실하게 말해 주지 않지만, 우리 구주의 공생애 사역이 불과 3년도 채 안 되었다는 것과 우리 구주께서 공생애 사역을 시작하실 때에 그가 옥에 갇히게 되었다는 것을 고려하면, 세례 요한의 사역 기간은 아주 짧았을 것임에 틀림없다. 우리는 세례 요한의 사역에 관한 기사를 오직 이 장과 마태복음 3:1-7, 마가복음 1장, 요한복음 1장과 3장에서만 발견할 수 있다. 이 모든 기사들은 사람들이 죄 사함을 받기 위해서는 회개하고 그리스도를 믿어야 한다는 것이 세례 요한의 가르침의 요지였음을 보여 준다. 세례 요한이 사람들에게 그리스도를 믿으라고 역설하였다는 것은 요한복음 기자가 가장 분명하게 보여 주고, 마태와 마가와 누가는 세례 요한이 "죄 사함을 받게 하는 회개의 세례"(막 1:4; 눅 3:3)를 전파하였고, 그 증거로서 사람들에게 세례를 베풀었다는 것을 더 강조한다. 그는 "하나님의 나라가 가까이 왔다"는 복음적인 이유와 "이미 도끼가 나무 뿌리에 놓였다"는 율법적인 이유에 의거해서 사람들에게 회개하라고 역설하였다. 그는 이렇게 자신의 모범을 통해서, 복음 사역자들이 사람들에게 전해야 할 주된 주제가 무엇인지를 분명하게 보여 주었다. 왜냐하면, 우리는 우리 구주께서도 동일한 가르침을 동일한 방법으로 전하셨음을 발견하게 되기 때문이다. 여기에 나온 것들은 우리가 이미 마태복음 3:2과 마가복음 1:4을 다룰 때에 살펴본 바 있다. 요한은 세례가 곧 회개라거나, 세례를 받으면 동시에 반드시 죄 사함도 받게 된다고 가르친 것이 아니라, 회개가 죄 사함을 받을 수 있는 길이고, 세례는 회개의 외적인 증표와 상징이라고 가르쳤다.

4-6. [4]선지자 이사야의 책에 쓴 바 광야에서 외치는 자의 소리가 있어 이르되 너희는 주의 길을 준비하라 그의 오실 길을 곧게 하라 [5]모든 골짜기가 메워지고 모든 산과 작은 산이 낮아지고 굽은 것이 곧아지고 험한 길이 평탄하여질 것이요 [6]모든 육체가 하나님의 구원하심을 보리라 함과 같으니라.

네 명의 복음서 기자들은 모두 한결같이 이사야서 40:3-5에 나오는 이 예언을 세례 요한에게 적용한다. 여기에서 누가는 4-5절에서는 이사야서 40:3-4을 그대로 인용하지만, 6절에서는 "여호와의 영광이 나타나고 모든 육체가 그것을 함께 보리라 이는 여호와의 입이 말씀하셨느니라"로 되어 있는 이사야서 40:5을 짤막하게 줄여서 인용한다. 그러나 신약성경의 기자들이 구약성경에 나오는 글들을 인용할 때,

있는 그대로 축자적으로 엄격하게 인용하지 않고 단지 그 요지만을 인용하는 것은 비일비재하다.

이 예언을 이해하려면, 이사야서에서 하나님께서 유대인들 가운데서 하나님을 경외하는 자들에게 이사야 선지자를 보내셔서, 한편으로는 장차 그들의 복역의 기간이 끝나고, 고레스가 그들을 본국으로 돌려보냄으로써, 바벨론으로부터 돌아오게 될 것이라는 자신의 약속을 전하게 하시고, 다른 한편으로는 이렇게 고레스를 통해서 모형적으로 보여 주신 메시야를 장차 그들에게 보내셔서 고레스에 의한 것보다 훨씬 더 큰 구원을 주시겠다는 자신의 약속을 전하게 하시는 맥락 속에서, 이사야 선지자는 여기에서 모형 역할을 하는 고레스를 통해서, 그리스도께서 곧 오셔서 그들을 구원하실 것이라고 선포하고 있다는 것을 우리는 알아야 한다.

왕들이나 왕자들이 특히 군대를 이끌고 행차할 때에는, 통상적으로 먼저 선발대를 보내어서, 험한 길을 평탄하게 하고 구덩이들을 메우는 등 그들이 통과할 길들에 있는 장애물들을 제거하여 그 "길을 준비하게" 하였다. 따라서 선발대가 이미 와서 길을 준비하는 작업을 하고 있거나, 그들이 가까이 오는 것이 목격되었다면, 그것은 왕과 그의 군대가 멀지 않은 곳에 있다는 것을 보여 주는 것이었다. 여기에서 세례 요한은 만왕의 왕이신 그리스도께서 도착하셔서, "모든 육체가 하나님의 구원하심을 보게" 하기 위하여, 구덩이들을 메우고 산들을 밀어서 낮추며 험한 길들을 평탄하게 하는 임무를 띠고, 왕보다 먼저 보내심을 받은 선발대로 묘사된다. 왕이 통과해야 할 길이 황무지여서 거기에서 거친 길들이 많은 경우에는 선발대를 먼저 보내어 거친 길들을 잘 닦아서 평탄하게 하는 것이 더욱더 필요한 일인 것과 마찬가지로, 당시에 유대인들의 상태는 황무지처럼 모든 것이 엉망이 되어 있었고 심하게 타락해 있었기 때문에, 하나님은 그리스도께서 공생애 사역을 시작하시기 전에 먼저 세례 요한을 보내셔서 광야에서 외치게 하셨다. 나는 이것이 이 예언의 참된 의미라고 보기 때문에, 이 은유적인 말씀 속에서 이 의미 외의 다른 깊은 의미를 이끌어내기 위해서, "골짜기"와 "산"과 "굽은 것"이 무엇을 가리키는 것인지 그 의미를 일일이 따지며 자의적인 해석을 일삼는 것은 정말 헛된 일이라고 생각한다. 왜냐하면, 여기에서 사용된 "모든 골짜기"와 "모든 산과 작은 산"과 "굽은 것"과 "험한 길" 같은 모든 은유들은 모두 다 동일한 것, 즉 사람들이 그리스도를 영접하는 데 방해가 되는 모든 것들을 가리키고 있다는 것은 거의 의심의 여지 없이 확실한 까닭에, 그런 것들 속에 숨겨져 있는 어떤 심오한 의미를 찾아내고자 하는 것은 단지 우리의 건강한 판단력과 분별력을 넘어서서 우리의 기지와 재능을 뽐내고 과시하고자 하는 일이 될 뿐이기 때문이다. 이 세 절의 취지는, 왕들과 고관대작들과 군대의 사령관들이 먼저 선발대를 보내어서, 자신들이 통과해야 할 길에서 장애물이 될 만한 것들을 제거하여 그 길을 순조롭게 통과할 수 있게 하는 것과 마찬가지로, 하나님께서도 그리스도를 보내시기에 앞서 먼저 그 선발대로 세례 요한을 보내셔서, 사람들에게 회개를 선포하여 자신들의 죄를 깨닫게 하고 그들의 악한 행실에서 떠나게 하며 자신들에게 구주가 필요하다는 것을 알게 해줌으로써, 그리스도께서 나중에 친히 오셔서 복음을 선포하셨을 때, 이미 그 복음을 받아들일 준비가 되어 있던 사람들이 그 복음의 기쁜 소식을 어느 정도 기꺼이 받아들일 수 있게 하셨다는 것이다.

7-9. [7]요한이 세례 받으러 나아오는 무리에게 이르되 독사의 자식들아 누가 너희에게 일러 장차 올 진노를 피하라 하더냐 [8]그러므로 회개에 합당한 열매를 맺고 속으로 아브라함이 우리 조상이라 말하지 말라 내가 너희에게 이르노니 하나님이 능히 이 돌들로도 아브라함의 자손이 되게 하시리라 [9]이미 도끼가 나무 뿌리에 놓였으니 좋은 열매 맺지 아니하는 나무마다 찍혀 불에 던져지리라.

마태복음 3:7-10에 대한 설명을 보라. 거기에서 우리는 여기에 나오는 것과 조금도 다름이 없는 보도를 이미 살펴보았다. 다만 한 가지 차이점이 있다면, 그것은 마태는 세례 요한이 이 말을 "무리"가 아니라 "바리새인들과 사두개인들"을 향하여 했다고 말하고 있다는 것이다. 따라서 세례 요한은 특히 "바리새인들과 사두개인들"을 겨냥해서 이 말을 한 것은 사실일지라도, 무리들이 지켜 보고 듣는 가운데 이 말을 한 것이기 때문에, 우리는 사실상 이 말은 거기에 있던 무리들 전체가 들으라고 한 말이었다고 볼 수 있다.

10-11. [10]무리가 물어 이르되 그러면 우리가 무엇을 하리이까 [11]대답하여 이르되 옷 두 벌 있는 자는 옷 없는 자에게 나눠 줄 것이요 먹을 것이 있는 자도 그렇게 할 것이니라 하고.

율법을 선포하는 것은 우리 속에 직접적으로 그리스도에 대한 믿음을 생겨나게 하는 것은 아니지만, 사람들로 하여금 베드로의 설교를 들은 사람들처럼 "형제들아 우리가 어찌할꼬"(행 2:37)라고 말하거나, 빌립보 감옥의 간수처럼 "선생들이여 내가 어떻게 하여야 구원을 받으리이까"(행 16:30)라고 말하게 한다는 점에서, 사람들 속에서 믿음이 생기게 하는 데 간접적으로 영향을 미친다. 실제로 세례 요한이 하나님이 두려우신 분이시라는 것을 선포하자, 그것은 사람들에게 그러한 효과를 가져와서, 사람들로 하여금 "그러면 우리가 무엇을 하리이까"라고 묻게 하였다. 세례 요한의 대답이 약간 낯설고 이상하다고 생각하는 사람들이 있겠지만, 이것은 다니엘이 느부갓네살에게 "그런즉 왕이여 내가 아뢰는 것을 받으시고 공의를 행함으로 죄를 사하고 가난한 자를 긍휼히 여김으로 죄악을 사하소서"(단 4:27)라고 동일한 대답을 하였고, 세례 요한도 "그러므로 회개에 합당한 열매를 맺고"(눅 3:8)라고 말하였으며, 우리 구주께서도 "그 안에 있는 것으로 구제하라 그리하면 모든 것이 너희에게 깨끗하리라"(눅 11:41)고 거의 동일한 말씀을 하셨고, 베드로도 "무엇보다도 구제를 열심히 할지니 구제는 허다한 죄를 덮느니라"(벧전 4:8, 한글개역개정에서는 "무엇보다도 뜨겁게 서로 사랑할지니 사랑은 허다한 죄를 덮느니라")고 말하였으며, 솔로몬도 "구제는 모든 허물을 가리느니라"(잠 10:12, 한글개역개정에서는 "사랑은 모든 허물을 가리느니라")고 말한 것과 동일한 맥락 속에 있는 대답이었다.

사람들의 질문은 "우리가 무엇을 하리이까"였고, 세례 요한의 대답은 "회개에 합당한 열매"(눅 3:8; 마 3:8)를 맺으라는 것이었다. 그렇다면, 회개에 합당한 열매들, 즉 참된 회개임을 보여 주는 열매들은 무엇인가? 이 질문에 대하여 세례 요한은 이제 여기에서 "옷 두 벌 있는 자는 옷 없는 자에게 나눠 줄 것이요 먹을 것이 있는 자도 그렇게 할 것이니라"고 대답한다. 우리는 이 말을 옷을 두 벌 갖고 있는 모든 사람은 한 벌을 다른 사람에게 반드시 나누어 주어야 한다는 의미로 해석해서는 안 되고, 참된 회개임을 보여 주는 진정한 열매는 당시에 차고 넘치게 행해졌던 종교 의식들을 많은 돈을 들여서 많이 행하는 것도 아니고, 가난한 사람들을 감정적으로 불쌍히 여겨서 단지 춥지 않게 잘 입고 다니라고 말만 하는 것도 아니며, "고르반" 제도를 악용해서 부모를 봉양하거나 다른 사람들을 구제하는 의무를 회피하지 않고, 오직 하나님을 사랑하고 순종하는 마음으로 자신에게 남는 재물을 가난한 자들에게 힘닿는 대로 나누어 주는 참되고 진정한 선행들을 행하는 것임을 가르쳐 주는 것으로 해석하여야 한다. 세례 요한은 여기에서 이 말을 통해서, 누구나 모든 것을 함께 나누며 평등하게 살아야 한다고 말하는 재세례파의 주장을 옹호하고 있는 것이 아니라, 단지 아브라함이 자신들의 조상이라는 사실이나 여러 가지 종교적인 의식들 같은 외적인 특권들에 의지해서 자신들을 하나님의 백성으로 여기고서, 다른 사람들을 긍휼히 여기는 것과 같이 그리스도께서 "율법의 더 중한" 것이라고 말씀하신 것들(마 23:23)을 소홀히 한 바리새인들의 위선을 경고하고 있는 것일 뿐이다.

12-13. [12]세리들도 세례를 받고자 하여 와서 이르되 선생이여 우리는 무엇을 하리이까 하매 [13]이르되 부과된 것 외에는 거두지 말라 하고.

우리는 "세리들"은 나라의 세금을 거두는 일을 하였던 사람들을 가리킨다는 것을 앞에서 여러 번 얘기한 바 있는데, 그런 부류의 사람들은 어느 시대에서나 적정한 세금 이상의 것을 거두어 사람들을 착취하고 있다는 비난을 받아 왔다. 여기에서 세례 요한은 그들의 회개가 참되다는 것을 보여 주는 열매는 사람들로부터 규정된 것 이상의 세금을 뜯어내지 않는 것이라고 말함으로써, "긍휼"과 아울러서 "공의"도 회개의 참된 열매이기 때문에, 사람들이 자기가 회개하였다고 말하면서도 이전에 행해 왔던 죄악된 행실을 계속해서 행해 나가는 경우에는, 그 회개는 거짓된 것이라고 선언한다. 우리 주님께서는 세리라는 직업이 잘못된 것이라거나 정죄받아 마땅한 일이라고 말씀하시지 않으셨다. 방백들이 백성들을 보호하기 위한 정부를 유지하기 위해서 세금을 부과하는 것이 합당한 일이라면, 세금을 거두기 위하여 세리들을 두는 것도 합당한 일일 것임은 의심의 여지가 없다. 그러나 세금을 부과하는 자들이나 거두는 자들은 모두 공의의 법칙을 준수하여야 한다. 전자의 책임을 맡은 자들은 정부를 유지하는 데 필요한 것 이상으로 세금을 부과해서는 안 되고, 후자의 책임을 맡은 자들은 자신들에게 할당된 것 이상을 사람들로부터 거두어들여서는 안 된다.

14. 군인들도 물어 이르되 우리는 무엇을 하리이까 하매 이르되 사람에게서 강탈하지 말며 거짓으로 고발하지 말고 받는 급료를 족한 줄로 알라 하니라.

그리스도의 선하고 충성된 일꾼은 자신의 곳간에서 새 것과 옛 것을 꺼내어서 때를 따라 각 사람에게 각자의 몫을 나누어 줄 수 있어야 하고, 그 어떤 이유로도 그런 일을 하기를 두려워하지 않고 그 일을 중단하지 않을 정도로 담대하고 충성스러워야 하는데, 세례 요한이 바로 그런 인물이었다. 여기에 언급된 "군인들"은 유대 땅을 정복하고서 로마의 지배를 유지하기 위하여 주둔해 있던 로마 군인들이었는데, 그들 중에서도 일부가 말씀을 듣기 위하여 세례 요한을 찾아 왔다. 그들은 세례 요한이 회개해야 한다고 말하면서 참된 회개임을 증명해 줄 열매들을 맺으라고 역설하는 것을 듣고서, 자신들이 무엇을 하여야 하느냐고 물었다. 그랬을 때, 세례 요한이 그들에게 해 준 대답이 바로 이 본문에 나온다: "사람에게서 강탈하지 말며 거짓으로 고발하지 말고 받는 급료를 족한 줄로 알라." 군인들, 특히 정복민들을 통제하기 위하여 주둔해 있는 군인들은 흔히 매우 오만방자해서, 정복자들이 정복민들의 동향에 민감하여 귀가 가벼운 것을 악용하여, 자신들의 이익을 취하기 위하여 무고한 정복민들을 거짓으로 고발하여 그들의 재산을 강탈하거나, 압제를 통해서 사람들의 재산을 수탈하여 자신의 적은 수입을 메우거나, 사치스럽게 살기 위하여 사람들을 착취하는 경우가 비일비재하다는 것은 모든 사람들이 경험으로 다 아는 사실이다. 이 모든 일들은 불의한 일들이었기 때문에, 세례 요한은 군인들에게 그런 일들을 그만두는 것이야말로 회개에 합당한 열매를 맺는 것이라고 말한다. 그는 군대를 두고 군인들을 고용하는 것이 잘못되었다고 말하고 있는 것이 아니라, 단지 군인들이 참된 회개를 하려면 그 행실을 올바르게 해야 한다는 것을 역설하고 있는 것이다. 의롭고 합당한 이유들에 근거한 전쟁은 복음 시대에서도 합법적이라는 것은 의심의 여지가 없고, 따라서 군대를 두고 군인들을 두는 것도 마찬가지로 합법적이다. 우리는 성경 속에서 몇몇 선한 천부장이나 백부장들을 만난다. 그러나 군인들은 다음과 같은 것들을 고도로 주의하고 언제나 자문해 보는 것이 마땅하다: (1) 내가 칼을 뽑는 이유가 과연 선하고 합당한 것인가. (2) 나는 불필요한 폭력을 행사하지도 않고, 단 한 사람도 거짓으로 고발하지도 않으며, 자신의 부족한 수입을 메우거나 사치스럽게 살거나 자신의 지위를 유지하기 위하여 다른 사람들의 재산을 부당하게 강탈하거나 착취하지도 않고, 늘 합당하게 처신하고 있는가.

우리는 세례 요한의 이 가르침으로부터 회개의 본질에 관하여 다음과 같은 몇 가지를 배울 수 있다: (1) 참된 회개의 뿌리가 있는 곳에서는, 회개에 합당한 열매들이 맺힌다. (2) 긍휼과 공의에 의거한 행위들은 참된 회개의 진정하고 합당한 열매들이기 때문에, 그러한 행위들이 없는 곳에는 참된 회개는 있을 수 없다. (3) 우리의 회개가 참되다는 것은, 우리가 이전에 열중해 왔던 죄악된 행실들을 혐오하고 그치며, 하나님의 섭리로 인해서 우리에게 정해진 우리의 삶과 직업과 장소들로부터 날마다 생겨나는 시험들에 대적하는 것을 통해서 증명된다. (4) 회개와 믿음은 우리의 심령이 진정으로 은혜를 입었을 때에 나타나는 합당한 결과물들이기 때문에, 우리의 심령이 은혜 가운데 있지 않다면, 우리의 회개와 믿음은 참된 것이라고 할 수 없다.

15. 백성들이 바라고 기다리므로 모든 사람들이 요한을 혹 그리스도신가 심중에 생각하니.

세례 요한이 공적인 사역을 시작하기 30년 전에 천사가 사가랴에게 나타나 요한에 대하여 한 말과 그가 할례를 받을 때에 일어났던 기적 같은 일과 사가랴가 자신의 아들인 요한에 대하여 예언하였던 것을 기억하고 있었을 뿐만 아니라, 세례 요한이 장성할 때까지 그 살아온 거룩한 금욕적인 삶을 지켜 보아 왔던 많은 사람들은, 유다에게서 규가 떠났고, 다니엘이 말한 일곱 이레가 다 차서, 메시야가 오실 때가 되었다는 것을 알고 있었기 때문에, 당시의 종교 지도자들은 그들에게 장로들의 전통과 종교 예식들만을 가르치고, 회개나 회개에 합당한 열매를 맺어야 한다는 것에 대해서는 거의 말하지 않은 반면에, 세례 요한은 그런 것들과는 전혀 다르면서도, 하나님의 율법과 선지자들의 가르침에 부합하는 것을 능력 있게 가르치며, 스스로 거기에 합당한 삶을 사는 것을 보고서, 세례 요한이 자신들이 그토록 기다리며 열망해 왔던 약속된 메시야가 아닐까 생각하며, 그러한 견해를 서로 나누기 시작하였다. 그러나 세례 요한은 단지 메시야보다 앞서 온 전령에 불과한 자신이 그런 터무니없는 영광을 취하는 오만방자함을 피하기 위하여 이 문제에 대해서 신속하게 그들에게 확답을 주었다.

16-18. [16]요한이 모든 사람에게 대답하여 이르되 나는 물로 너희에게 세례를 베풀거니와 나보다 능력이 많으신 이가 오시나니 나는 그의 신발끈을 풀기도 감당하지 못하겠노라 그는 성령과 불로 너희에게 세례를 베푸실 것이요 [17]손에 키를 들고 자기의 타작 마당을 정하게 하사 알곡은 모아 곳간에 들이고 쭉정이는 꺼지지 않는 불에 태우시리라 [18]또 그밖에 여러 가지로 권하여 백성에게 좋은 소식을 전하였으나.

마태복음 3:11-12과 마가복음 1:7-8에 대한 설명을 보라. 이 본문에서 세례 요한은 자기는 그리스도가 아니라고 그들에게 분명하게 말해 줄 뿐만 아니라, 그리스도께서 곧 그들 가운데 오실 것이며, 그는 자기보다 이루 말할 수 없이 뛰어나셔서, "성령과 불로 세례를 베푸실" 것임을 그들에게 알려 준다. 여기에서 "불"은 성령의 상징이기 때문에, 어떤 이들은 이것을 성령 강림에 대한 예언으로 해석하지만(행 2:3), 성령께서 신자들의 심령 속에서 불로 역사하여 그 정욕들과 부패한 것들을 다 태워서 심령을 정화시키는 것을 가리키는 것으로 해석하는 것이 더 나아 보인다. 또 그밖에 여러 가지로 권하여 백성에게 좋은 소식을 전하였으나. 이 말을 통해서 복음서 기자는 자신을 비롯한 여러 복음서 기자들이 세례 요한이 전한 것들에 관하여 보도한 것은 단지 그 요지에 불과한 것임을 우리에게 알게 해준다.

19-20. [19]분봉 왕 헤롯은 그의 동생의 아내 헤로디아의 일과 또 자기가 행한 모든 악한 일로 말미암아 요한에게 책망을 받고 [20]그 위에 한 가지 악을 더하여 요한을 옥에 가두니라.

이 두 절은 우리가 복음서에 나오는 세례 요한에 관한 몇몇 기사들이 일어난 시간 순서대로 보도되고 있다고 생각해서는 안 된다는 것을 우리에게 충분히 확증해 준다. 왜냐하면, 여기에서 복음서 기자는 우리 구주께서 요한에게 세례를 받으시는 장면을 이후의 두 절에서 보도하는 반면에, 세례 요한이 투옥된 일을 여기에서 먼저 보도하기 때문이다. 요한은 아주 유명해져서, 헤롯도 "크게 번민을 하면서도 달갑게 들었다"(막 6:20). 그러나 요한은 충성되고 신실한 설교자였기 때문에, 헤롯의 악한 행실들, 특히 자신의 형제인 빌립의 아내를 취하는 근친상간의 죄를 범한 것을 책망하지 않을 수 없었다. 세례 요한은 디베료 가이사 제16년에 헤롯에 의해 투옥되었고, 빌립은 제20년까지 죽지 않았다는 역사가들의 말이 사실이라면, 헤롯은 빌립이 아직 시퍼렇게 살아 있을 때에 그의 아내를 빼앗아 취한 것이 된다. 빌립이 자신의 아내인 헤로디아와 이혼을 했다고 하더라도, 둘 사이에는 딸이 하나 있었고(마 14장), 헤롯은 헤로디아와 재혼하기 위해서 자신의 아내를 버려야 하였기 때문에, 헤롯이 헤로디아와 결혼한 것은 불법이었다. 마태는 자신의 복음서 14:3-4에서 이 이야기를 좀 더 자세하게 들려주고 있기 때문에, 독자들은 거기에 나오는 설명을 참조하기 바란다.

그 위에 한 가지 악을 더하여 요한을 옥에 가두니라. 이것은 헤롯이 이 일 이전에도 악행을 저지르며 살아 왔다는 것을 보여 줌과 동시에, 그의 악행이 극에 달하여 그의 악한 행실이 고쳐지거나 그가 변화될 가능성이 없었다는 것을 보여 준다. 위선자들도 하나님의 말씀을 듣고 거기에 따라 많은 일들을 행하지만, 언제나 어떤 특정한 욕심이 있고, 그 욕심은 어떤 일이 있어도 버리려고 하지 않으며, 그 욕심과 관련해서 남에게서 책망을 들을 때는 참을 수 없게 된다.

21-22. [21]백성이 다 세례를 받을새 예수도 세례를 받으시고 기도하실 때에 하늘이 열리며 [22]성령이 비둘기 같은 형체로 그의 위에 강림하시더니 하늘로부터 소리가 나기를 너는 내 사랑하는 아들이라 내가 너를 기뻐하노라 하시니라.

우리 구주께서 요한에게 세례를 받으신 것에 관한 이 이야기는 마태와 마가에 의해서도 보도되고 있고, 그 중에서 가장 자세하게 보도하고 있는 것은 마태이다. 마태복음 3:13-17에 대한 설명을 보라. 누가는 여기에서 단지 "기도하실 때에"라는 어구를 더하고 있는데, 이것은 세례에는 기도가 결합되어야 한다는 것을 우리에게 가르쳐 준다. 본문은 우리 구주께서 어떤 내용의 기도를 하셨는지에 대하여 말해 주지 않지만, 어떤 이들은 이하에 나오는 말씀을 근거로, 그리스도께서는 하나님이 자신에 대하여 하늘로부터 어떤 증언을 해주실 것을 기도하셨을 것이라고 생각하는데, 이러한 견해는 일리가 있어 보인다.

23. 예수께서 가르치심을 시작하실 때에 삼십 세쯤 되시니라 사람들이 아는 대로는 요셉의 아들이니 요셉의 위는 헬리요.

예수께서 가르치심을 시작하실 때에 삼십 세쯤 되시니라. 여기에서 비평가들 사이에서는 우리의 찬송 받으실 주님께서 요한에게서 세례를 받으셨을 때에(주님은 세례를 받으신 후에 곧바로 자신의 공생애 사역을 시작하셨다) 꽉 찬 "삼십 세" 였는지에 대하여 약간의 논란이 있는데, 그러한 의심의 빌미를 제공해 준 것은 '호세이' (ώσεὶ)와 '아르코메노스' (ἀρχόμενος)였다. 이 때에 주님이 완전한 삼십 세였을 것이라고 판단하는 이들은 제사장들과 레위인들이 삼십 세가 될 때까지는 하나님의 성전에서 복무할 수 없었다는 사실을 근거로 제시한다. 실제로 민수기 4:3은 "삼십 세 이상으로 오십 세까지"의 사람들 중에서 회막에서 섬길 제사장들과 레위인들을 선발하라고 명하고 있고, 민수기 4:34 이하를 보면, 우리는 그 율법 규정이 실제로 그대로 행해졌다는 것을 확인할 수 있다. 역대기에서는 다윗이 자신의 생애의 말기에 "레위 사람"을 "삼십 세 이상으로" 계수하였는데, "그 모든 남자의 수가 삼만 팔천 명"이었다고 말한다(대상 23:3). 우리는 역대상 23:24, 27에서는 레위 사람들 중에서 "이십 세 이상" 된 자들이 계수되었다는 것을 보게 되지만, 아마도 이십 세 이상이면서도 삼십 세 이하인 자들에게는 레위인으로서의 본격적인 일이 아닌 좀 더 부차적인 허드렛일들이 맡겨졌을 것이다. 따라서 율법의 이러한 규정에 따라서, 세례 요한과 그리스도께서는 삼십 세가 되셨을 때에 공적인 사역을 시작하신 것이라는 것이 대부분의 해석자들의 생각이다. 그럼에도 불구하고, 그들이 공적인 사역을 시작하신 것이 만 삼십 세가 된 때였는지, 아니면 삼십 세쯤 된 때였는지는 여전히 확실하지 않지만, 이 문제는 사소한 것이기 때문에, 우리가 심혈을 기울여서 연구할 만한 가치가 있는 것은 아니다. 헬라어 본문에서 '호세이'와 '아르코메노스'라는 두 수식어가 사용되고 있는 것은 우리로 하여금 그리스도께서 만으로 삼십 세가 아니라 삼십 세가 시작되는 해에 공적인 사역을 시작하셨을 것이라고 생각하게 만들고, 이것은 유대인들은 통상적으로 아이가 태어나고 나서 2년이 꽉 찬 때가 아니라 2년째가 시작되는 때에 아이의 나이를 두 살이라고 말하는 관행이 있었다는 사실에 의해서 뒷받침된다. 어떤 이들은 우리 구주께서 태어나신 지 29년 10개월이 되신 때에 요한에게 세례를 받으셨고, 그 직후에 마귀에게 40일 동안 시험을 받으시고 나서 공생애 사역을 시작하신 것이라고 생각하지만, 이것은 사소한 문제이다.

사람들이 아는 대로는 요셉의 아들이니. 요셉은 우리 구주의 생부가 아니었지만, 동정녀 마리아와 혼인해서, 우리 구주께서 태어나실 때에 법적으로 아버지였기 때문에(마 1:20), 유대인들은 요셉을 우리 구주의 아버지로 알고 있었다.

24-38. [24]그 위는 맛닷이요 그 위는 레위요 그 위는 멜기요 그 위는 얀나요 그 위는 요셉이요 [25]그 위는 맛다디아요 그 위는 아모스요 그 위는 나훔이요 그 위는 에슬리요 그 위는 낙개요 [26]그 위는 마앗이요 그 위는 맛다디아요 그 위는 서머인이요 그 위는 요섹이요 그 위는 요다요 [27]그 위는 요아난이요 그 위는 레사요 그 위는 스룹바벨이요 그 위는 스알디엘이요 그 위는 네리요 [28]그 위는 멜기요 그 위는 앗디요 그 위는 고삼이요 그 위는 엘마담이요 그 위는 에르요 [29]그 위는 예수요 그 위는 엘리에서요 그 위는 요림이요 그 위는 맛닷이요 그 위는 레위요 [30]그 위는 시므온이요 그 위는 유다요 그 위는 요셉이요 그 위는 요남이요 그 위는 엘리아김이요 [31]그 위는 멜레아요 그 위는 멘나요 그 위는 맛다다요 그 위는 나단이요 그 위는 다윗이요 [32]그 위는 이새요 그 위는 오벳이요 그 위는 보아스요 그 위는 살몬이요 그 위는 나손이요 [33]그 위는 아미나답이요 그 위는 아니요 그 위는 헤스론이요 그 위는 베레스요 그 위는 유다요 [34]그 위는 야곱이요 그 위는 이삭이요 그 위는 아브라함이요 그 위는 데라요 그 위는 나홀이요 [35]그 위는 스룩이요 그 위는 르우요 그 위는 벨렉이요 그 위는 헤버요 그 위는 살라요 [36]그 위는 가이난이요 그 위는 아박삿이요 그 위는 셈이요 그 위는 노아요 그 위는 레멕이요 [37]그 위는 므두셀라요 그 위는 에녹이요 그 위는 야렛이요 그 위는 마할랄렐이요 그 위는 가이난이요 [38]그 위는 에노스요 그 위는 셋이요 그 위는 아담이요 그 위는 하나님이시니라.

마태와 누가에 의해서 기록된 우리 구주의 족보를 둘러싸고 큰 논쟁들이 벌어져 왔다. 기독교 신앙의 대적들은 마태복음과 누가복음에 나오는 족보가 서로 다른 것 같아 보인다는 것으로 인해서 적지 않은 유리한 고지를 점해 왔고, 심지어 많은 건전한 해석자들도 이 두 족보를 서로 조화시키는 일이 결코 쉽지 않은 일이라고 생각해 왔다. 사도 바울은 "신화와 끝없는 족보에 몰두하는" 것은 "믿음 안에 있는 하나님의 경륜을 이룸보다 도리어 변론을 내는 것"이라고 우리에게 경고한 바 있다(딤전 1:4). 하지만 기독교 신앙 전체는 아닐지라도 성경 전체의 진리성을 부정하려고 애를 쓰는 자들의 입을 막고, 성경의 진리성을 입증하여 그들의 중상모략과 비방으로부터 성경을 건져내어, 믿음이 연약한 자들을 견고하게 세우는 일에 우리의 최선을 다하는 것이 우리에게 맡겨진 책무라는 것은 의심의 여지가 없다.

두 복음서 기자가 우리 구주의 족보를 기록한 목적이나 의도가 서로 동일하였고, 그것은 우리 구주께서 혈통적으로 아브라함과 다윗에게서 태어났다는 것을 증명하기 위한 것이었음은 아주 분명하다. 여기에서 그리스도께서 아브라함과 다윗의 혈통이라는 것이 중요했던 이유는 하나님께서 이 두 사람에게 메시야와 그의 영원한 나라를 약속하셨기 때문이다. 따라서 마태가 기록한 첫 번째 열네 대의 이름들과 누가가 다윗부터 아브라함까지 기록한 이름들(31-34절)은 서로 동일하다.

이 두 족보는 네 가지 점에서 서로 다르다. (1) 족보의 형태. 마태는 최초의 조상으로부터 아래로 내려오는 방식으로 시간 순서를 따라 족보를 기록한 반면에, 누가는 가장 최근의 후손으로부터 시작해서 시간을 거슬러 올라가는 방식으로 족보를 기록하였다. 하지만 이것은 한 복음서 기자는 시간 순서대로, 다른 복음서 기자는 시간의 역순으로 기록한 것이기 때문에, 그렇게 중요한 차이라고 할 수 없다. (2) 마태는 족보를 세 개의 시대로 구분해서, 각 시대를 열네 대로 구성하여 제시하는 반면에, 누가는 그러한 시대 구분 자체를 채택하지 않는다. 하지만 이것도 중요한 차이라고 할 수 없다. (3) 마태는 우리 구주의 족보를 제시하고 나서, 우리 구주의 잉태 또는 탄생에 관한 이야기를 우리에게 들려주는 반면에, 누가는 우리 구주의 잉태와 탄생과 수세에 대하여 이야기한 후에 족보를 제시한다. (4) 마태는 우리 구주의 족보를 아브라함으로부터 시작하는 반면에, 누가는 아담으로부터 시작한다. 이 모든 차이들은 두 족보 간의 어떤 근본적인 차이를 주장할 수 있는 근거가 될 수 없다. 누가가 아담으로부터 족보를 시작한 이유에 대해서는 몇 가지 설명이 제시되어 왔는데, 그 중에서 가장 유력한 것은 이것이다. 즉, 마태는 유대인들을 염두에 두고 족보를 기록하였기 때문에, 그리스도께서 "아브라함과 다윗의 자손"(마 1:1)이시라는 것을 증명하는 것으로 충분하다고 생각하였던 반면에, 누가는 온 세상 사람들을 염두에 두고 그들에게 우리 구주를 소개할 목적이었기 때문에, 우리 구주의 족보를 인류의 공통의 조상에 이르기까지 제시하였다는 것이다. 이렇게 함으로써, 누가는 복음이 아주 오래된 것임을 보여 주고, 그리스도는 아브라함 이전에 이미 아담에게 약속된 것이었으며, 복음의 은혜는 아브라함의 자손에게만 국한되지 않는다는 것을 우리에게 알게 해 준다. 또한, 이렇게 함으로써, 누가는 마태의 기사에 결여되어 있었던 것을 보완하는데, 그것은 복음과 관련된 모든 것이 진정으로 우리 주 예수 그리스도와 우리 모두의 아버지이신 하나님으로부터 왔다는 것을 보여 준다.

이러한 차이들(이것은 차이라고 말할 가치조차 없는 것들이다) 외에도, 두 족보 간에는 서로 모순되어 보이는 것들이 몇몇 존재하지만, 우리가 먼저 다음과 같은 것들을 고려한다면, 그것들은 올바르게 제대로 설명될 수 있는 것들이기 때문에, 실제로는 서로 모순되는 것들이 아니다.

(1) 두 족보 간에 서로 모순되어 보이는 것들은 모두 23절의 "요셉"과 "헬리"부터 31절의 "나단"까지와 34절의 "데라"부터 38절의 "하나님"까지에 나오고, 32절의 "다윗"부터 34절의 "아브라함"까지는 서로 동일하다.

(2) 족보에서 "아들"이라는 단어는 헬라어 본문에서는 오직 23절에서 그리스도께서 "요셉의 아들"이시라고 한 때에만 나오고, 이것 외에 흠정역에 나오는 "아들"이라는 단어들은 모두 번역자들이 보충해 넣은 것들이다. 따라서 헬라어 본문은 이렇게 되어 있다: "예수께서 가르치심을 시작하실 때에 삼십 세쯤 되셨으니, 사람들이 아는 대로는 요셉의 아들이니, 헬리에게서 나셨고, 맛닷에게서 나셨으며, 레위에게서 나셨고 …" 이 점을 고려하면, 우리는 요셉이 어떻게 마태가 말한 것처럼 야곱의 아들인 동시에 누가가 말한 것처럼 헬리의 아들이 될 수 있느냐는 첫 번째 비방을 반박할 수 있다. 왜냐하면, 누가는 "예수께서 가르치심을 시작하실 때에 삼십 세쯤 되시니라 사람들이 아는 대로는 요셉의 아들이니 요셉의 위는 헬리요"(23절)라고 말한 것일 뿐이기 때문이다. 즉, 그리스도는 법적으로는 요셉의 아들이었지만, 실제로는 마리아에게서 태어나셨기 때문에, 마리아의 아버지인 헬리에게서 나신 것이었다. 어떤 이들은 야곱이 헬리로도 불렸다고 생각하고(유대인들이 두 개의 이름을 갖는 경우는 아주 흔하였다), 어떤 이들은 요셉이 동정녀 마리아와 혼인해서 헬리의 사위가 되었기 때문에 헬리의 아들로 불린 것이라고 생각하면서, 나오미가 자신의 며느리들을 "내 딸들"이라고 부른 것이 그 예라고 한다(룻 1:11). 대부분의 해석자들은 이 후자의 견해에 동의한다. 그러나 나는 복음서 기자가 여기 23절에서 사람들은 그리스도를 요셉의 아들로 알고 있지만 사실은 헬리에게서 났다고 말하고자 하는 것이라고 생각한다.

(3) 누가는 여기에서 사람들이 우리 구주의 아버지로 알고 있는 요셉이 아니라, 우리 구주의 생모인 마리아를 기준으로 해서 족보를 서술해 나가고 있다. 우리가 누가가 자신의 복음서의 제1장에서 우리에게 동정녀 마리아가 우리 구주를 잉태하였다고 보도하였음에도 불구하고, 이제 여기에서는 마치 그리스도께서 요셉으로부

터 나신 것처럼 보도한 것이라고 생각해서는 안 된다. 이것은 다윗의 때로부터 그리스도의 탄생에 이르기까지의 두 족보가 다른 이유를 잘 설명해 준다. 요셉은 다윗의 아들 중에서 다윗의 뒤를 이어 왕이 된 솔로몬의 후손이었던 반면에, 마리아는 다윗의 또 다른 아들이었던 나단(대상 3:5; 눅 3:31)의 후손이었기 때문에, 요셉을 기준으로 마태의 족보와 마리아를 기준으로 한 누가의 족보가 다윗의 다음 대부터 서로 달라지게 된 것이었다. 이것은 요셉부터 스룹바벨까지 이 두 사람을 제외한 댓수가 서로 다른 이유도 설명해 준다. 이 기간 동안에 마태는 단지 9대를 열거하지만, 누가는 18대를 열거한다(눅 3:23-28). 또한, 스룹바벨부터 다윗까지, 누가는 22대를 열거하지만, 마태는 단지 14대를 열거한다. 우리가 마태복음 1:1을 다룰 때에 이미 설명하였듯이, 마태는 아합의 피를 절반 이어받은 세 명의 왕을 족보에서 제외하고 있기 때문에, 성경에서는 이 기간이 17대로 되어 있지만, 마태의 족보에는 14대만 기록된 것이다. 물론, 마태가 이 기간에 속한 3대를 제외한 것에서 알 수 있듯이, 마태는 모든 댓수를 빠짐없이 다 기록하려고 한 것이 아니었다는 점은 그만두고라도, 이 오랜 기간 동안에 요셉과 마리아의 조상들의 댓수가 서로 달라지게 된 것은 전혀 이상한 일이 아니다.

(4) 유대인들은 통상적으로 두 개의 이름을 지니고 있었고, 심지어 세 개의 이름을 지닌 경우도 종종 있었다. 요시야의 모든 아들들은 각각 적어도 두 개의 이름을 지니고 있었고, 마태는 레위로도 불렸다. 이것은 "레사"가 스룹바벨의 아들이었다고 말하는 누가복음 3:27과 스룹바벨이 "아비훗"을 낳았다고 말하는 마태복음 1:13의 차이를 설명해 준다. 아브라함이 "데라"의 아들이었고, 데라는 "나홀"의 아들이었다는 것은 창세기 11:24, 26이 분명하게 보여 주고, "스룩"이 "르우"의 아들이었다는 것은 창세기 11:20과 역대상 1:25이 보여 준다. "르우"가 "벨렉"의 아들이었고, 벨렉은 "헤버"(에벨)의 아들이었으며, 헤버는 "살라"(셀라)의 아들이었다는 것은 창세기 11:18과 역대상 1:25이 보여 준다. 그러나 창세기 11:12은 "살라"가 "아르박삿"의 아들이었다고 말하는 반면에, 여기에서는 살라가 "가이난"의 아들이었고, 가이난이 "아박삿," 즉 아르박삿의 아들이었다고 말한다. 즉, 누가는 살라가 아박삿의 손자였다고 말하는 반면에, 모세는 "가이난"에 대해서는 전혀 언급하지 않고, "아르박삿"이 "살라"를 낳았다고 말하고 있다는 것이다. 이 난제에 대하여 사람들이 어떤 해법들을 제시해 왔는지에 대하여 흥미가 있는 독자들은 스판헤미우스(Spanhemius)의 『복음의 의문점들(*Dubia Evangelica*)과 매튜 풀의 『주석집요』

(*Synopsis Criticorum*)를 보기 바란다. 이것은 대단히 박식한 많은 사람들이 풀려고 애써 온 난제이지만, 나는 지금까지 이 문제를 만족스럽게 해결한 사람은 아무도 없다고 본다. 하지만 모세가 말한 것을 누가가 수정해서 고쳐 썼을 가능성은 거의 없어 보이기 때문에, 나는 누가가 여기에서 창세기 11:12의 칠십인역 본문을 따른 것이라는 설명이 가장 유력한 설명이라고 생각한다. 누가는 구약성경을 인용할 때에 일반적으로 당시 유대 그리스도인들 사이에서 널리 사용되었던 칠십인역을 따랐음이 분명하다. 베자(Beza)는 자기가 복음서의 고대 사본을 하나 가지고 있는데, 거기에는 "가이난"에 대한 언급이 없다고 말한다. 하지만 살라가 아박삿의 직계 아들이었는지, 아니면 가이난의 직계 아들이었는지는 그리 중요하지 않다. 왜냐하면, 살라가 아박삿의 손자였다고 하더라도, 그리스도께서 아브라함과 다윗의 아들로 불리셨고, 엘리사벳이 아론의 딸로 불렸던 것과 마찬가지로(눅 1:50), 살라는 아박삿의 아들로 불릴 수 있었기 때문이다. 또한, 모세가 가이난을 생략한 것인지, 아니면 누가복음을 필사한 어떤 사람이 당시 유대 그리스도인들 사이에서 널리 사용되던 칠십인역을 참조해서 "가이난"을 이 족보에 추가한 것인지는 확실하지 않지만, 후자일 가능성이 대단히 높다. 누가의 족보에서 아브라함부터 아담까지의 부분에서 나머지(36-38절)는 창세기 5:6; 6:10과 정확히 일치한다.

따라서 우리가 마태는 요셉의 족보를 기록하고 있고, 누가는 마리아의 족보를 기록하고 있다는 것을 인정하면, 이 두 족보를 조화시키는 것은 그리 어려운 일이 아니다. 마리아가 헬리의 딸이었다는 것은 성경에 의해서 증명되지는 않지만, 성경과 모순되지도 않기 때문에, 우리는 충분히 그랬을 것이라고 추정할 수 있다. 또한, 우리는 36절에 언급된 "가이난"이 후대에 나온 누가복음의 필사본들에서 추가된 것이라는 것도 증명할 수 없지만, 그랬을 개연성은 아주 충분하다. 우리가 이 두 가지를 인정하고 받아들인다면, 나머지 문제들은 해결하기가 그리 어려운 것들이 아니고, 두 복음서에 나오는 족보들은 제대로 잘 조화를 이루게 된다. 어떤 이름을 여러 언어로 기록할 때에 그 이름을 후대에 필사할 때에 어떤 글자를 더하고 빼거나, 어떤 이름 자체를 본문 속에 추가하는 일은 비일비재하기 때문에, 나는 이런 일로 인해서 걸려 넘어져 실족하는 일이 아무에게도 일어나지 않기를 바랄 뿐이다.

제4장

개요

1. 그리스도께서 사십 일을 금식하시며 마귀에게 시험을 받으심(1-13).
2. 전도를 시작하심(14-15).
3. 나사렛 사람들이 그리스도의 은혜로운 말씀에 놀라지만, 자신들의 불신앙을 지적받자 화가 나서 그를 죽이려 하였고, 주님께서는 이적을 통해 모면하심(16-32).
4. 귀신을 쫓아내심(33-37).
5. 시몬의 장모를 고치심(38-39).
6. 각색 병든 자들을 고치심(40).
7. 그를 알아보는 귀신들을 침묵시키심(41).
8. 갈릴리 여러 동네를 다니시며 전도하심(42-44).

1. 예수께서 성령의 충만함을 입어 요단 강에서 돌아오사 광야에서 사십 일 동안 성령에게 이끌리시며.

예수께서 성령의 충만함을 입어. 이사야서 11:1-2에 나오는 그리스도에 관한 예언에 비추어서, 우리는 여기에 언급된 "성령"을 성령의 은사들을 가리키는 것으로 이해하여야 한다. 성경에서는 성령의 은사들을 성령이라고 부르는 경우가 흔해서(행 2:4; 8:18; 10:44), 구원을 위한 성령의 은사들과 은혜들을 받은 자들만이 아니라, 예언의 은사, 치유의 은사 등과 같은 성령의 특별한 능력들을 받은 자들도 성령을 받았고 성령의 충만함을 입었다고 말한다. 성경은 그리스도 외에도 여러 사람들에 대해서 성령의 충만함을 입었다고 말하는데(행 6:5), 누가복음 1:15에서는 세례 요한에 대해서 "모태로부터 성령의 충만함을 받게" 될 것이라고 예언한다. 그러나 그런 사람들은 각각 일정한 분량의 성령을 받은 것에 불과한 반면에, 그리스도께는 성령이 "한량 없이" 주어졌다(요 3:34).

요단 강에서 돌아오사 광야에서 사십 일 동안 성령에게 이끌리시며. 요한은 요단 강에서 사람들에게 세례를 주었고, 그리스도께서도 거기에서 요한에게 세례를 받으셨다. 누가가 '에게토' (ἤγετο, "이끌리시며")라고 말한 것을 마태는 '아네크테' (ἀνήχθε, "이끌리어," 마 4:1)라고 말하고, 마가는 '에크발레이' (ἐκβάλλει, "몰아내신지라," 막 1:12)라는 단어로 표현한다. 이 단어들은 성령이 폭력적으로 주님을 광야로 데려가셨다는 것을 의미하지는 않지만(그리스도께서 자원하여 가셨다는 것은 의심의 여지가 없다), 어떤 강력한 힘으로 주님을 몰아가셨다는 것을 나타낸다.

2. 마귀에게 시험을 받으시더라 이 모든 날에 아무 것도 잡수시지 아니하시니 날 수가 다하매 주리신지라.

마태복음 4:2-4에 대한 설명을 보라.

3-4. [3]마귀가 이르되 네가 만일 하나님의 아들이어든 이 돌들에게 명하여 떡이 되게 하라 [4]예수께서 대답하시되 기록된 바 사람이 떡으로만 살 것이 아니라 하였느니라.

마태복음 4:3-4에 대한 설명을 보라. 그리스도께서 여기에서 성경의 권위를 단언하시는 것은 매우 주목할 만하다. 주님은 성령으로 충만하셨음에도 불구하고, 성경을 자신의 행위 준칙으로 삼으신다.

5-8. [5]마귀가 또 예수를 이끌고 올라가서 순식간에 천하 만국을 보이며 [6]이르되 이 모든 권위와 그 영광을 내가 네게 주리라 이것은 내게 넘겨 준 것이므로 내가 원하는 자에게 주노라 [7]그러므로 네가 만일 내게 절하면 다 네 것이 되리라 [8]예수께서 대답하여 이르시되 기록된 바 주 너의 하나님께 경배하고 다만 그를 섬기라 하였느니라.

마태복음 4:8-10에 대한 설명을 보라. 6절의 "이것은 내게 넘겨 준 것이므로 내가 원하는 자에게 주노라"는 말은 오직 누가 본문에만 나온다. 이 말을 통해서 우리는 마귀가 처음부터 거짓말하는 자였다는 것을 알 수 있다. 왜냐하면, 세상의 모든 것들을 다스리는 권세는 천사들에게가 아니라 인간에게 주어졌기 때문이다. 마귀는 여기에서 자기에게 모든 권세가 주어져 있는 것처럼 행세하지만, 실제로는 하나님의 허락 없이는 욥에게 해로운 그 어떤 일도 할 수 없었고, 그리스도에게서 먼저 허락을 받지 않고서는 돼지 떼에게로 들어갈 수도 없었다.

9-12. [9]또 이끌고 예루살렘으로 가서 성전 꼭대기에 세우고 이르되 네가 만일 하나님의 아들이어든 여기서 뛰어내리라 [10]기록되었으되 하나님이 너를 위하여 그 사자들을 명하사 너를 지키게 하시리라 하였고 [11]또한 그들이 손으로 너를 받들어 네 발이 돌에 부딪치지 않게 하시리라 하였느니라 [12]예수께서 대답하여 이르시되 주 너의 하나님을 시험하지 말라 하였느니라.

마태복음 4:5-7에 대한 설명을 보라. 마태가 "거룩한 성"이라고 말하는 것을 누가는 "예루살렘"이라고 구체적으로 설명해 놓는다.

13. 마귀가 모든 시험을 다 한 후에 얼마 동안 떠나니라.

마태는 "마귀는 예수를 떠나고 천사들이 나아와서 수종드니라"(마 4:11)고 말하지만, 누가는 "마귀가 모든 시험을 다 한 후에 얼마 동안 떠나니라"고 말한다. "얼마 동안"이라는 어구는 우리 구주께서 여기에 언급된 것 외에도 앞으로 마귀와 더 많은 싸움들을 하게 되실 것임을 암시하는 것으로 보이고, "모든 시험"이라는 어구는 마귀가 여기에서 복음서 기자가 기록한 시험들 외에도 여러 가지로 더 많은 것으로 주님을 시험하였다는 것을 암시하는 것으로 보인다. 하지만 어떤 이들은 복음서 기자는 자기가 여기에서 보도한 시험들을 마귀가 다 한 것을 "모든 시험을 다 한" 것으로 표현한 것이라고 생각하고, "얼마 동안"이라는 어구도, 우리 주님께서 죽음을 앞두시고서, 마귀가 유다의 마음속으로 들어가고, 우리의 구원의 대장을 죽이는 데 사용할 모든 도구들을 철저히 무장시키게 될 때까지를 가리키는 것으로 본다.

14-15. [14]예수께서 성령의 능력으로 갈릴리에 돌아가시니 그 소문이 사방에 퍼졌고 [15]친히 그 여러 회당에서 가르치시매 뭇 사람에게 칭송을 받으시더라.

예수께서 … 갈릴리에 돌아가시니. 마태와 마가는 우리 구주께서 세례 요한이 투옥되었다는 소식을 들으시고서 갈릴리로 물러가셨다고 말한다. 그러나 그것은 주님께서 두 번째로 갈릴리 지역, 즉 헤롯 안디바의 동생 빌립의 영지였던 "이방의 갈릴리"(이두래와 드라고닛 지방)로 가신 것에 대하여 보도한 것임에 틀림없다. 만일 그런 것이 아니라면, 그리스도께서 세례 요한이 헤롯에 의해 옥에 갇혔다는 소식을 전해 들으신 후에 왜 헤롯의 영지인 "갈릴리"로 가셨을까 하고 우리는 의아해할 수밖에 없게 된다. 왜냐하면, 그것은 주님께서 죽으실 날이 아직 되지도 않았는데 성급하게 사지로 뛰어드신 것이나 다름없는 일이었을 것이기 때문이다. 따라서 여기에서 누가는 그리스도께서 마귀에게 시험을 받으신 후에 처음으로 갈릴리로 가신 것을 보도하고 있는 것으로 보인다. 이 때에 주님께서는 먼저 가버나움으로 가셔서 잠시 머무신 후에(요 2:12), 자신의 고향인 나사렛으로 가셨다. 어떤 이들은 모든 복음서 기자들이 주님께서 두 번째로 갈릴리에 가신 것을 보도하고 있는 것이라고 주장하지만, 나사렛이 갈릴리 지역 중에서 하부 갈릴리라 불린 지방 안에 있어서, 갈릴리의 분봉 왕이었던 헤롯 안디바의 영지에 속해 있었고, 헤롯은 이 때에 세례 요한을 잡아다가 옥에 가두었고, 그 후에 참수를 하였다는 것을 고려할 때, 나는 그런 주장에 동의할 수 없다.

친히 그 여러 회당에서 가르치시매 뭇 사람에게 칭송을 받으시더라. 주님께서는 선지자로서의 명성을 얻으셨기 때문에, 그런 자격으로 유대인들이 공적인 예배를 드리는 모든 곳에서 말씀을 가르치실 수 있으셨고, 그의 가르침을 들은 사람들은 모두 다 주님을 칭송하고 공경하였다.

16. 예수께서 그 자라나신 곳 나사렛에 이르사 안식일에 늘 하시던 대로 회당에 들어가사 성경을 읽으려고 서시매.

우리는 앞에서 그리스도께서 나사렛에서 성장하시는 모습에 대하여 들은 바 있고(눅 2:39, 51), 마태는 그리스도께서 "고향으로 돌아가사 그들의 회당에서 가르치시니 그들이 놀라" "이 사람의 이 지혜와 이런 능력이 어디서 났느냐"고 말했다고 보도한다(마 13:54). 그러나 마태가 거기에서 보도한 것과 누가가 여기에서 보도하고 있는 것이 동일한 때에 일어난 일에 대한 것인지는 의심스럽다. 유대인들의 "회당"의 성격과 거기에서의 예배 순서, 그리고 예배 때의 성경 봉독에 대해서는 우리가 앞에서 마태복음 4:23을 다룰 때에 이미 살펴보았기 때문에, 거기에 나오는 설명을 참조하기 바란다.

17-19. [17]선지자 이사야의 글을 드리거늘 책을 펴서 이렇게 기록된 데를 찾으시니 곧 [18]주의 성령이 내게 임하셨으니 이는 가난한 자에게 복음을 전하게 하시려고 내게 기름을 부으시고 나를 보내사 포로 된 자에게 자유를, 눈 먼 자에게 다시 보게 함을 전파하며 눌린 자를 자유롭게 하고 [19]주의 은혜의 해를 전파하게 하려 하심이라 하였더라.

누가 본문에 인용된 말씀은 이사야 선지자가 말한 것(사 61:1)과는 약간 다르지만 (히브리어 본문에는 눈 먼 자가 다시 본다는 내용이 없다), 칠십인역 본문과는 정확히 일치한다. 다만 한 가지 차이점이 있다면, 여기 19절에서는 '케뤽사이' (κηρύξαι, "전파하다")를 사용하고 있는 반면에, 칠십인역 본문에는 '칼레사이' (καλέσαι, "부르다")로 되어 있다는 것인데, 이것은 아마도 누가가 당시에 사용한 칠십인역 사본이 현재의 사본과 달랐기 때문인 것으로 보인다. 회당 예배에서는 성경을 봉독하는 순서를 맡은 자가 책을 맡은 사람(20절)으로부터 그 날에 봉독하기로 되어 있는 율법서나 예언서를 받아서 봉독한 후에 다시 그 책을 맡은 자에게 주어서 보관하게 하는 것이 관례였다. 유대인 저술가들은, 모세 오경은 한 번에 봉독해야 할 분량과 순서가 정해져 있었지만, 예언서의 경우에는 성경을 봉독하기로 되어 있던 자가 어느 부분을 어느 분량만큼 봉독할지를 자유롭게 정할 수 있었다고 말한다. 우리 주님께서는 이사야서 61:1을 봉독하시는데, 누가는 그 칠십인역 본문을 여기에서 인용한다. 신약성경의 기자들이 헬라어로 글을 쓰면서 구약성경을 인용할 때에 칠십인역 본문을 사용한 이러한 관행은 먼저 우리로 하여금 누가복음 3장에 나오는 족보와 관련된 문제를 해결할 수 있게 해 준다. 즉, 모세가 창세기 11장에서 "가이난"을 전혀 언급하고 있지 않은데도, 누가가 우리 주님의 족보를 기록하면서, "살라"를 가이난의 아들이자 아르박삿의 손자라고 말한 이유는 창세기 11:12에 "가이난"이 추가된 칠십인역 사본을 따랐기 때문이라는 것이다. 다음으로, 이것은 우리에게 성경에 나오는 세세한 부분에 대해서까지 지나치게 호기심을 갖고 파고들지 않아야 한다는 것을 가르쳐 준다. 왜냐하면, 만일 주님의 족보와 관련해서 "살라"가 "가이난"의 아들이었는지, 아니면 "아르박삿"의 아들이었는지가 중요한 문제였다면, 성령께서는 틀림없이 누가로 하여금 이 부분을 정확히 기록하게 하였을 것이기 때문이다. 하나님께서는 어느 곳에 교회에 세워지면, 누군가를 감동시키셔서 그들의 언어로 성경을 번역하게 하시고, 그 번역본들이 세세한 부분에서 히브리어 본문이나 헬라어 본문과 차이가 있다고 할지라도, 우리가 구원받기 위하여 반드시 알아야 하고 믿어야 하는 중요한 부분들에 있어서는 결코 서로 다르지 않게 하신다. 신약성경의 기자들이 구약성경을 인용할 때에 칠십인역 본문을 자주 사용하는 것은 우리로 하여금 교인들이 서로 큰 차이가 없는 여러 역본들을 성경으로 받아들여 사용하는 것이 하나님의 뜻이라고 생각하게 만든다. 또한, 성경을 다른 언어로 번역하는 일은 하나님의 감동을 받아 수행하는 특별한 은사이고, 하나님께서 다른 일들보다도 특히 더 도우시는 일이기 때문에, 많은 역본들이 있더라도, 중요한 부분에서는 서로 다르지 않게 된다. 이것을 인정한다면, 우리는 누가가 사용한 칠십인역 사본을 필사한 사람들을 책망할 필요가 없다. 이제 본문으로 들어가 보기로 하자.

내게 기름을 부으시고. 기름 부음은 두 가지를 의미할 수 있다: (1) 기름 부음은 하나님께서 어떤 사람에게 어떤 특정한 일을 하기에 적합한 은사들과 능력들을 수여해 주신 것을 의미하였다. 따라서 요한일서 2:27에서는 "그의 기름 부음이 모든 것을 너희에게 가르칠" 것이라고 말한다. 또한, 히브리서 기자는 시편 45:7을 인용해서, "주의 하나님이 즐거움의 기름을 주께 부어 주를 동류들보다 뛰어나게 하셨도다"(히 1:9)고 말하는데, 세례 요한이 "하나님이 보내신 이는 하나님의 말씀을 하나니 이는 하나님이 성령을 한량 없이 주심이니라"(요 3:34)고 말한 것은 그 시편 말씀을 해석한 것으로 보인다. (2) 기름 부음은 하나님께서 어떤 사람을 불러내시고 파송하셔서 어떤 직임을 수행하게 하셨음을 나타내는 상징이었다(왕하 9:6). (3) 기름 부음은 하나님께서 어떤 사람에게 당장에 어떤 일을 하게 하시지는 않으시더라도, 장차 어떤 특정한 일을 위하여 그 사람을 사용하시겠다는 뜻을 미리 알리시는 것을 나타내는 상징으로 사용되기도 하였다. 다윗이 기름 부음을 받은 것이 바로 그러한 예였다(삼상 16:13).

주의 성령이 내게 임하셨으니. 나는 이것은 하나님께서 주님에게 기름을 부어 그리스도의 직임을 맡기시고서는, 주님으로 하여금 그 일을 현재적으로 수행하게 하시기 위하여, 성령으로 주님을 충만하게 하신 것을 의미하는 것이라고 본다. (1) 하나님께서는 옛적부터 주님을 그리스도로 세우시기로 작정하셨었다. (2) 하나님께서는 이제 주님에게 성령을 한량 없이 주셔서 그리스도의 직임을 담당하실 수 있게 하셨다. (3) 하나님께서는 이제 성령으로 주님을 사로잡으시고 충만하게 하심으로써 주님으로 하여금 그 일을 현재적으로 수행하게 하셨다. 즉, 하나님께서는 주님을 그리스도로 세우기로 작정하시고 모든 준비를 마치시고 부르신 후에, 이제 성령으로 주님을 강력하게 사로잡으신 것이었다. 하나님은 어떤 사람을 부르셔서 특정한 직임을 수행할 수 있는 은사들을 주신 후가 아니면, 그 사람으로 하여금 그 특정한 직임을 수행하도록 자신의 성령으로 강력하게 사로잡지 않으신다.

그렇다면, 하나님께서 그리스도에게 기름을 부으셔서 맡기신 일은 무엇이었는가? 그것은 '유앙겔리제스타이' (εὐαγγελίζεσθαι), 즉 "가난한 자에게 복음을 전하게 하시기" 위한 것이었다. 우리의 주님이시자 구주이신 분에게 맡겨진 저 큰 일은 바로 "전하시는" 것이었다. 무엇을? 복음, 곧 구원의 기쁜 소식. 누구에게? '프토코이스' (πτωχοῖς, "가난한 자"). 이 헬라어는 세상에서 비천한 자들, 비유적으로는 비참한 곤경 속에서 환난을 당하는 자들을 가리키는 데 사용되었다. 나는 이것이 여기에서 이 단어의 의미라고 보고, 우리 구주께서 세례 요한의 제자들에게 하신 말씀 중에 나오는 "가난한 자"(마 11:5)와 사도 바울이 말한 "세상의 천한 것들과 멸시 받는 것들과 없는 것들"(고전 1:28)도 동일한 의미를 지닌다고 본다. 그리스도께서는 먼저 "이스라엘 집의 잃어버린 양에게로" 보내심을 받으셨는데, 이 때에 그들은 모두 가난하고 곤고한 상태에 있었지만, 그들 중에서 특히 좀 더 비천한 자들에게 보내심을 받으셨다. "당국자들과 바리새인들," 즉 종교 지도자들이 그리스도를 믿지 않았다는 것(요 7:48)은 사역자들에게 에라스무스(Erasmus)가 한 말을 상기시켜 준다: "가난한 자들을 멸시하는 자들은 너무나 교만한 자들이다. 영광의 주께서 모든 사람을 위하여 기꺼이 죽으셨기 때문에, 우리는 그 어떤 사람도 혐오스러운 자로 여겨서는 안 된다"(Nulla nobis anima vilis videri debet, pro qua Dominus gloriae mori non est dedignatus). 우리는 여기에 "할례의 추종자"이신 주님께서 누구에게 전도하라고 기름 부음을 받으셨는가 하는 질문을 추가할 수 있을 것이고, 이 질문에 대하여 "심령이 가난한 자들에게"라고 대답할 수 있을 것이다. "가난한 자에게 복음을 전하게 하시려고" 다음에 나오는 "마음이 상한 자를 고치시고"(한글개역개정에는 없다 — 역주)가 이것을 보여 주는 것으로 보인다. "마음이 상한 자"는 자신의 죄를 깨닫고 마음 아파하는 자일 수도 있고, 하나님의 긍휼하심을 깨닫고서 그 마음이 녹아내린 자일 수도 있다. 마음이 상하지 않고 온전한 자들은 회개의 필요성을 느끼지 못하고 구주를 필요로 하지도 않는다. 그리스도께서는 마음이 온전한 자들을 고치시기 위하여 오신 것이 아니다. "건강한 자에게는 의사가 쓸 데 없다"(눅 5:31). "포로 된 자에게 자유를 전파한다"는 것은 그들이 아직 죄와 정욕의 노예가 되어 있다는 것과 거기에서 건짐을 받을 길이 있다는 것을 알게 하시기 위한 것이고, "눈 먼 자에게 다시 보게 함을 전파한다"는 것은 모든 눈 먼 죄인들에게 그들의 영적인 눈을 뜨게 해주고 회복시켜 줄 안약이 있다는 것을 알게 하기 위한 것이다. "눌린 자를 자유롭게 한다"는 것은 상한 마음을 싸매어 준다는 것과 동일한 의미이다. "주의 은혜의 해를 전파한다"는 것은 모든 심령이 죄의 속박에서 자유롭게 될 참된 희년(고후 6:17), 하나님께서 "각 나라 중 하나님을 경외하며 의를 행하는 사람은 다 받으시는" 때(행 10:35)가 이제 도래하였다는 것이다.

20-21. [20]책을 덮어 그 맡은 자에게 주시고 앉으시니 회당에 있는 자들이 다 주목하여 보더라 [21]이에 예수께서 그들에게 말씀하시되 이 글이 오늘 너희 귀에 응하였느니라 하시니.

회당에는 책 맡은 사람이 있어서, 책을 서고에서 가져다가 봉독을 담당한 사람에게 넘겨 준 후에 다시 돌려받아서 서고에 가져다 놓는 일을 하였는데, 회당 예배에서 특정한 날에 성경을 봉독하게 되어 있는 사람은 책을 맡은 사람으로부터 율법서나 예언서를 넘겨받아서 율법서의 경우에는 정해진 부분을, 예언서의 경우에는 자신이 선택한 특정 부분을 봉독한 후에 다시 그 책을 책 맡은 사람에게 넘겨주게 되어 있었다. 그리스도께서는 이러한 순서를 그대로 지키셨다. 즉, 주님께서는 책 맡은 사람으로부터 예언서를 넘겨받으셔서, 이사야서의 해당 본문을 봉독하신 후에, "책을 덮어 그 맡은 자에게 주시고" 자리에 앉으셔서, 그 본문을 토대로 한 강론과 권면을 시작하셨다. 그리스도께서 이렇게 앉으신 것은 예배에 참석한 사람들이 자기가 말씀하시는 것을 주의 깊게 듣게 하시기 위한 것이었다. 주님께서는 이 이사야서 본문이 자기에 관한 예언이라고 말씀하시며, "이 글이 오늘 너희 귀에 응하였느니라"고 하신다: 이 예언에서 말하고 있는 고레스는 나의 모형이고, 이제 이 예언은 내게서 성취되었다. 우리는 이것이 그리스도께서 말씀하신 모든 것이라고 생각해서는 안 되지만, 그리스도께서는 이렇게 자신의 강론을 시작하셨다.

22. 그들이 다 그를 증언하고 그 입으로 나오는 바 은혜로운 말을 놀랍게 여겨 이르되 이 사람이 요셉의 아들이 아니냐.

회당에서 우리 구주의 강론을 들은 모든 사람들은 "다 그를 증언하였다." 그렇다면, 그들은 우리 구주에 대해 무엇을 증언하였다는 것인가? 그들은 주님이 메시야라거나 하나님의 아들이시라는 것을 증언한 것은 아니었고, 이사야의 예언을 해설하시는 주님의 강론을 모두 다 입을 모아 칭송한 것이었다. 그들은 주님이 하신 말씀을 믿지는 않았지만, 강론을 하시는 주님의 지혜와 경건에 탄복하였고, 주님의 "은혜로운 말," 즉 주님께서 하시는 말씀 속에 하나님의 은혜가 충만히 임해 있는 것을 느끼고 감탄하였다. 그러나 육신적인 심령들의 절망적인 모습을 보라. 왜냐하면, 그들은 이렇게 주님이 전하시는 말씀 속에서 지혜와 경건의 능력과 은혜를 다 느끼고 깨달았음에도 불구하고, 즉시 그러한 믿음의 단초를 자신들의 편견과 선입견으로 가리고 덮어 버리는 모습을 보였기 때문이다. 그들은 하나님의 나라가 사람들의 눈에 보이는 형태로 도래할 것이고, 메시야는 외적으로 지극히 화려하고 찬란한 영광 중에 오실 것이라고 생각하는 망상에 빠져서, 하나님의 은혜의 능력이 아주 강력하게 역사해서, 배운 것이 별로 없다는 것을 그들이 너무나 잘 알고 있었던 주님을 이렇게까지 놀랍도록 지혜롭고 능력 있게 하셨다고 생각하지 못하고, 주님의 부모가 비록 다윗 가문의 사람들이기는 하지만 비천한 사람들이라는 것 때문에 걸려 넘어져 실족하고 만다.

23-24. [23]예수께서 그들에게 이르시되 너희가 반드시 의사야 너 자신을 고치라 하는 속담을 인용하여 내게 말하기를 우리가 들은 바 가버나움에서 행한 일을 네 고향 여기서도 행하라 하리라 [24]또 이르시되 내가 진실로 너희에게 이르노니 선지자가 고향에서는 환영을 받는 자가 없느니라.

그리스도께서는 여기에서 나사렛 사람들에게 그들이 마음속으로 어떤 생각을 하고 있는지를 말씀하신다. 즉, 그들은 그의 가문이 보잘것없다는 이유로 마음속으로 그를 무시하고 멸시하면서, 나사렛이 그의 고향이고, 의사라면 모름지기 자기 자신과 자신의 가족들 및 친구들을 먼저 고치는 것이 합당하다는 속담을 인용하여, 이적들을 행하여 그의 가르침이 옳음을 확증하는 것이 마땅하다고 여겨서, 그가 가버나움에서 행하였다고 하는 것과 같은 이적들을 여기 고향에서도 한 번 행해 보라고 속으로 말하고 있다는 것이었다. 그런 후에, 그리스도께서는 자기가 그들 가운데서 그 어떤 이적도 행하지 않으시는 이유를 그들에게 말씀하시는데, 그것은 "선지자가 고향에서는 환영을 받는 자가 없다"는 속담대로, 그들도 여느 사람들과 마찬가지로 큰 선지자인 자기를 멸시하고 있다는 것을 아셨기 때문이라는 것이었다. 여기에서 그리스도께서 이 일 이전에 가버나움에서 행하신 이적들에 대한 언급이 나오는 것으로 보아서, 주님께서는 광야에서 시험을 받으신 후에 먼저 갈릴리 가나로 가셔서 물을 포도주로 변화시키시는 자신의 첫 번째 이적을 행하시고(요 2:1), 다음으로 가버나움에서 잠시 머무르셨다가(요 2:12) 나사렛에 오신 것으로 보인다. 그러나 주님은 세례 요한이 헤롯에 의해 옥에 갇혔다는 소식을 들으시고서는, 헤롯의 영지였던 나사렛을 떠나셔서 그의 동생 빌립이 좀 더 온건한 통치를 펼치고 있던 지역에 속한 가버나움으로 가셨다.

25-27. [25]내가 참으로 너희에게 이르노니 엘리야 시대에 하늘이 삼 년 육 개월간 닫히어 온 땅에 큰 흉년이 들었을 때에 이스라엘에 많은 과부가 있었으되 [26]엘리야가 그 중 한 사람에게도 보내심을 받지 않고 오직 시돈 땅에 있는 사렙다의 한 과부에게 뿐이었으며 [27]또 선지자 엘리사 때에 이스라엘에 많은 나병환자가 있었으되 그 중의 한 사람도 깨끗함을 얻지 못하고 오직 수리아 사람 나아만뿐이었느니라.

우리 구주께서 여기에서 언급하시는 두 가지 이야기는 열왕기상 17장과 열왕기하 5장에 나온다. 그러나 문제는 우리 구주께서는 이러한 이야기들을 통해서 나사렛 사람들에게 무엇을 가르치고자 하셨는가 하는 것이다. 다음 절에서 알 수 있듯이, 주님께서 이 이야기들을 언급하시며 하신 말씀에, 그들은 몹시 격분하였다. 주님께서는 이 이야기들을 통해서 여러 가지를 그들에게 교훈하셨는데, 그 교훈들은 하나 같이 그들을 화나게 하는 것들이었다.

(1) 하나님께서는 오로지 자신의 뜻을 따라 특별한 은혜를 베푸신다는 것. 하나님께서는 모든 사람에게 동일한 은혜와 도우심을 주시지 않으신다. 이것은 세상 사람들이 들으면 결코 참을 수 없는 가르침이다. 우리에게는 하나님을 우리에게 빚진 자로 만들고자 하는 속성이 있다. 따라서 나사렛 사람들은 그리스도께서 가버나움

에서 이적들을 행하였듯이 그의 고향인 나사렛에서는 당연히 더 많은 이적들, 또는 최소한 동일한 정도의 이적들을 베푸는 것이 마땅하다고 생각하였다. 그러나 그리스도께서는 이렇게 말씀하신다: 하나님은 주권적으로 자신이 원하시는 대로 은혜를 베푸시는 분이시기 때문에, 내가 너희에게 분명히 말해 두고자 하는 것은 하나님께서 원하시지 않는 곳에서는 내가 그 어떤 이적도 행할 수 없다는 것이다.

(2) 사람들이 하나님의 은혜로 말미암은 은택을 받지 못한다면, 그것은 다 사람들의 잘못 때문이라는 것. 만일 이스라엘 사람들이 엘리야를 받아들이고 영접하였다면, 하나님께서는 "사렙다의 한 과부"에게와 마찬가지로 그들에게도 엘리야를 보내셨을 것이다. 만일 이스라엘에 있는 나병환자들이 엘리사를 찾아 왔더라면, 그들도 "수리아 사람 나아만"처럼 고침을 받았을 것이다. 마찬가지로, 만일 너희가 나를 영접하고 믿었더라면, 너희는 내가 가버나움에서 행한 이적들을 여기에서도 볼 수 있었을 것이다. 내가 너희에게 아무런 이적도 보일 수 없는 것은 너희가 나를 멸시하고 믿지 않기 때문이다. 어떤 사람들은 이렇게 말할 것이다: 만일 하나님께서 이스라엘의 과부들과 나병환자들의 마음을 감동시키시고 움직이셨다면, 그들도 엘리야를 영접하고 엘리사를 찾아 갔을 것인데, 왜 하나님께서는 그들의 마음을 감동시키지 않으신 것인가? 이 질문에 대한 대답은 사도 바울이 이미 해 주었다: "이 사람아 네가 누구이기에 감히 하나님께 반문하느냐 지음을 받은 물건이 지은 자에게 어찌 나를 이같이 만들었느냐 말하겠느냐"(롬 9:21). 네가 아무리 그렇게 말할지라도, 하나님께서는 자신의 기쁘신 뜻을 따라 행하신다는 사실은 변함이 없다. 하지만 우리는 이스라엘의 나병환자들과 과부들과 나사렛 사람들이 했어야 하는 일들은 대체로 하나님께서 모든 사람에게 주시는 일반적인 은혜를 힘입어서 할 수 있는 일들이었다는 것을 알아야 한다. 사람들이 하나님의 보편적이고 일반적인 은혜를 사용해서 해야 할 일들을 게을리할 때, 하나님께서 그런 자들에게 특별한 은혜를 베풀어 주지 않으시는 것은 합당하다.

(3) 어느 민족에 속한 사람이든, 하나님께서는 그를 경외하고 의를 행하는 자를 언제나 받으셨다는 것. 하나님께서는 어떤 사람이 어느 민족에 속하였는지를 보지 않으시고 따지지 않으셨다. 그래서 하나님은 시돈 사람에게 엘리야를 보내셔서 선한 일을 하게 하시고, 수리아 사람에게 엘리사를 보내셔서 선한 일을 하게 하셨으면서도, 배은망덕하고 불순종하는 이스라엘 사람들에게는 은혜를 베풀지 않으셨다. 주님께서는 이렇게 말씀하심으로써, 유대인들이 계속해서 그를 믿지 않고 배척

하며 불순종하면, 하나님께서는 그들을 버리시고 자신의 복음을 이방인들에게 주실 것임을 꽤 분명하게 암시하신 것인데, 이것은 몇 년 후에 실제로 그대로 되었다.

주님의 이러한 교훈들은 그 어느 하나도 나사렛 사람들의 귀에 좋게 들리지 않았다. 왜냐하면, 우리 구주께서는 이렇게 말씀하신 것이기 때문이다: 너희가 내게 내가 가버나움에서 행한 일들을 왜 여기 나사렛에서는 행하지 않는 것이냐고 반문하는데, 내가 그러한 반문에 대하여 해줄 수 있는 대답은 나는 너희에게 보내심을 받지 않았다는 것이다. 너희는 자신들도 이스라엘의 잃어버린 양들 중의 일부이기 때문에, 내가 너희 가운데서 이적들을 행하여야 한다고 말하겠지만, 옛적에 엘리야가 이스라엘의 모든 과부들에게 보내심을 받은 것이 아닌 것과 마찬가지로, 나도 온 이스라엘에게 보내심을 받은 것이 아니다. 나는 이스라엘 모든 사람들을 상대로 전도는 하겠지만, 나를 교만하게 배척하고 멸시하는 자들이 아니라, 오직 나를 영접하는 자들에게만 특별한 은혜를 베풀도록 보내심을 받았다.

28-30. [28]회당에 있는 자들이 이것을 듣고 다 크게 화가 나서 [29]일어나 동네 밖으로 쫓아내어 그 동네가 건설된 산 낭떠러지까지 끌고 가서 밀쳐 떨어뜨리고자 하되 [30]예수께서 그들 가운데로 지나서 가시니라.

회당에 있는 자들이 이것을 듣고 다 크게 화가 나서. 그리스도께서는 나사렛에서 삼십 년 가까운 세월 동안 살아 오셨지만, 여기에서 나사렛 사람들은 참으로 볼썽사나운 꼴을 보인다. 그들은 그리스도께서 그들 가운데서 성장하시는 동안 "지혜와 키가 자라가며 하나님과 사람에게 더욱 사랑스러워 가시는"(눅 2:52) 것을 보아 왔고, 그리스도의 사역의 첫 열매들에 참여하여, "다 그를 증언하고 그 입으로 나오는 바 은혜로운 말을 놀랍게" 여겼었다(눅 4:22). 그들은 그리스도께서 제대로 교육을 받지 않으신 것을 다 알고 있었기 때문에, 그 지혜와 지식이 교육에 의한 것이 아니라 하늘로부터 온 것임을 깨달아야 했지만, 주님께서 은연중에 그들을 아합 시대에 그들의 조상들의 모습에 비유해서, 그들이 자기를 멸시하고 배척하고 있기 때문에, 하나님은 자신의 뜻을 따라 주권적으로 은혜를 베푸시는 분이심을 강조하며, 하나님이 그들을 버리시고 이방인들에게 은혜를 주실 것이라고 선포하시자, 격분해서 주님에 대한 증언을 거두고 도리어 주님을 죽이고자 하였다. 마찬가지로, 유대인들은 바울이 전하는 말씀을 잠자코 듣고 있다가, 하나님이 자기에게 "내가 너를 멀리 이방인에게로 보내리라"고 하셨다고 말하는 순간, "이러한 자는 세상에서 없애 버리자 살려 둘 자가 아니라"고 소리를 질러댔다(행 22:21-22). 이것은 "그들이 하나님이 아닌 것으로 내 질투를 일으키며 허무한 것으로 내 진노를 일으켰으니 나도 백성이 아닌 자로 그들에게 시기가 나게 하며 어리석은 민족으로 그들의 분노를 일으키리로다"(신 32:21)라는 예언에 따른 것이었다(사도 바울은 로마서 10:19에서 이 예언을 유대인들에게 적용한다). 우리가 여기에서 주목할 만한 것은 비열하고 치사한 죄인들은 자신들의 욕심과 정욕으로 인해서 다른 사람들만큼 하나님의 은혜를 입지 못하는 것인데도 대체로 아주 교만해서, 다른 사람들이 자신들보다 더 낫다거나, 하나님으로부터 자신들보다 더 특별한 은혜를 입을 것이라는 말을 들으면 참지를 못한다. 회당에 있던 나사렛 사람들은 주님으로부터 이러한 말씀을 듣자, "다 크게 화가 나서," 마치 주님이 그들 가운데 함께 살아서는 안 될 사람인 것처럼 "동네 밖으로 쫓아내어 그 동네가 건설된 산 낭떠러지까지 끌고 가서 밀쳐 떨어뜨려서" 죽이고자 하였다.

예수께서 그들 가운데로 지나서 가시니라. 나사렛 사람들이 주님을 붙잡고 끌고 간 와중에서, 주님께서 어떻게 그들의 손아귀에서 빠져 나오실 수 있었는지에 대해서는 성경이 우리에게 말해 주지 않고, 그런 것에 호기심을 느끼고서 파헤치는 것은 우리가 해야 할 일도 아니다. 우리는 요한복음 8:59에서도 여기에서와 비슷한 것을 볼 수 있는데, 거기에서 유대인들은 주님을 "돌을 들어 치려" 하였지만, 주님께서는 그들을 피하여 성전에서 나가셨다. 우리는 주님께서는 사람이자 하나님이셨기 때문에, 원수들의 손아귀에서 빠져 나오시는 것은 쉬운 일이었다는 것은 알지만, 어떤 방법을 사용하셨는지에 대해서는 알지 못한다. 주님께서는 그들의 눈을 잠시 멀게 하실 수도 있으셨을 것이고, 자신의 몸의 성격을 변화시키셨을 수도 있으며, 사람들이 자기를 못 알아보게 하셨을 수도 있고, 신성에 의해 공급된 인성의 엄청난 힘으로 그들을 뿌리치시고 나오실 수도 있으셨을 것이지만, 주님이 어떤 방법을 사용하셨는지를 누가 알 수 있겠는가?

31-32. [31]갈릴리의 가버나움 동네에 내려오사 안식일에 가르치시매 [32]그들이 그 가르치심에 놀라니 이는 그 말씀이 권위가 있음이러라.

갈릴리의 가버나움 동네에 내려오사 안식일에 가르치시매. 가버나움은 하부 갈릴리에 속한 동네로서, 빌립의 영지였다. 마태와 마가는 우리 구주께서 세례 요한이 헤롯에 의해 투옥되었다는 소식을 들으시고서는 가버나움으로 가셨다고 말한다. 역사가들은 빌립은 그의 형인 헤롯보다는 온건한 성품을 지니고 있었다고 말하지만, 헤롯이 그의 아내를 빼앗아 갔기 때문에, 두 사람의 사이는 아주 나빴을 가능성이 크다. 따라서 다음의 두 가지 요인은 우리 구주로 하여금 빌립의 영지에서 별 소란 없이 조용히 지내실 수 있게 해주었다: (1) 빌립의 좀 더 온건한 성품. (2) 빌립과 헤롯의 적대관계. 누가복음 4:33은 주님께서 가버나움에서도 회당에서 말씀을 전하셨다는 것을 보여 준다.

그들이 그 가르치심에 놀라니. 본문은 주님의 말씀을 들은 사람들이 "그 가르치심에 놀랐다"고 말한다. "놀라는" 것과 믿는 것은 별개의 것이다. 사람들은 이런저런 방식으로 어느 정도 하나님의 말씀에 감화를 받지만, 믿음과는 거리가 멀 수 있는데, 이 가버나움 사람들이 대체로 그랬다. 만일 그렇지 않았다면, 그리스도께서는 마태복음 11:23에 나오는 것과 같은 책망을 그들에게 하지 않으셨을 것이다. **이는 그 말씀이 권위가 있음이러라.** 어떤 이들은 이 구절은 그리스도께서 자신이 가르치신 말씀이 하나님으로부터 온 것임을 확증하시기 위하여 권능 있는 이적들을 행하신 것을 가리키는 것이라고 이해하지만, 나는 그런 견해에 동의할 수 없고, 마가복음 1:22에서 말하고 있는 것처럼, "그가 가르치시는 것이 권위 있는 자와 같고 서기관들과 같지 아니하였다"는 의미로 해석하는 것이 더 낫다고 본다. 주님의 가르침 속에는 영적인 능력과 위엄과 생명이 있었고, 이렇게 주님께서 가르치시는 말씀에 하나님의 능력이 함께 하였기 때문에, 그 말씀은 죄인들에게 자신들의 죄를 깨닫게 해 줄 수 있었다. 하나님께서는 거기에다가 이적들을 더하셔서, 주님이 전하시는 말씀을 확증해 주셨는데, 이것에 대해서는 복음서 기자가 뒤이어서 좀 더 구체적으로 우리에게 자세히 들려준다.

33-37. [33]회당에 더러운 귀신 들린 사람이 있어 크게 소리 질러 이르되 [34]아 나사렛 예수여 우리가 당신과 무슨 상관이 있나이까 우리를 멸하러 왔나이까 나는 당신이 누구인 줄 아노니 하나님의 거룩한 자니이다 [35]예수께서 꾸짖어 이르시되 잠잠하고 그 사람에게서 나오라 하시니 귀신이 그 사람을 무리 중에 넘어뜨리고 나오되 그 사람은 상하지 아니한지라 [36]다 놀라 서로 말하여 이르되 이 어떠한 말씀인고 권위와 능력으로 더러운 귀신을 명하매 나가는도다 하더라 [37]이에 예수의 소문이 그 근처 사방에 퍼지니라.

우리는 주님께서 가버나움의 회당에서 동일한 상황 속에서 행하신 이 이적을 마가복음에서 이미 살펴본 바 있기 때문에, 독자들은 마가복음 1:21-27에 대한 설명을 참조하기 바란다.

38-39. [38]예수께서 일어나 회당에서 나가사 시몬의 집에 들어가시니 시몬의 장모

가 중한 열병을 앓고 있는지라 사람들이 그를 위하여 예수께 구하니 [39]예수께서 가까이 서서 열병을 꾸짖으신대 병이 떠나고 여자가 곧 일어나 그들에게 수종드니라.

우리는 이 이야기를 마태복음과 마가복음에서 이미 살펴보았다. 마태복음 8:14-15과 마가복음 1:29-31에 대한 설명을 보라.

40-41. **[40]해 질 무렵에 사람들이 온갖 병자들을 데리고 나아오매 예수께서 일일이 그 위에 손을 얹으사 고치시니 [41]여러 사람에게서 귀신들이 나가며 소리 질러 이르되 당신은 하나님의 아들이니이다 예수께서 꾸짖으사 그들이 말함을 허락하지 아니하시니 이는 자기를 그리스도인 줄 앎이러라.**

마가복음 1:32-34에 대한 설명을 보라. 거기에서 우리는 여기에 나오는 것과 동일한 기사를 살펴보았다.

42-44. **[42]날이 밝으매 예수께서 나오사 한적한 곳에 가시니 무리가 찾다가 만나서 자기들에게서 떠나시지 못하게 만류하려 하매 [43]예수께서 이르시되 내가 다른 동네들에서도 하나님의 나라 복음을 전하여야 하리니 나는 이 일을 위해 보내심을 받았노라 하시고 [44]갈릴리 여러 회당에서 전도하시더라.**

마가복음 1:35-39에 대한 설명을 보라. 마가는 여기에서 누가가 말하고 있는 것과 동일한 내용을 보도하면서, 정황과 관련된 내용만 약간 추가하고 있다. 마가는 주님께서 날이 새기 한참 전에 한적한 곳으로 가셔서 기도하셨다고 보도하고, 시몬 등이 주님을 좇아와서 발견하고서는, 모든 사람들이 주님을 찾고 있다고 말하였다고 보도하는 반면에, 누가는 무리들이 주님께 "자기들에게서 떠나시지 못하게 만류하였다"는 말을 덧붙인다. 그들이 주님을 못 가시게 붙잡은 것은 주님께서 자신들과 함께 있으셔서 이적들도 행해 주시고 병자들도 고쳐 주시며 귀신들도 쫓아내 주시기를 원하였기 때문이었다. 마가는 그리스도께서 "우리가 다른 가까운 마을들로 가자 거기서도 전도하리니 내가 이를 위하여 왔노라"(막 1:38)고 대답하시고 나서 곧이어 귀신들을 쫓아내셨다고 보도하고, 누가는 그리스도께서 "내가 다른 동네들에서도 하나님의 나라 복음을 전하여야 하리니 나는 이 일을 위해 보내심을 받았노라"고 그들에게 말씀하신 후에 "갈릴리 여러 회당에서 전도하셨다"고 보도한다. 그리스도께서 여기에서 자기는 "전도하기" 위하여 오셨다고 분명하게 밝히셨고, 요한도 "예수께서 친히 세례를 베푸신 것이 아니요 제자들이 베푼 것이라"(요 4:2)고 말하였으며, 바울은 "그리스도께서 나를 보내심은 세례를 베풀게 하려 하심이 아니요 오직 복음을 전하게 하려 하심이로다"(고전 1:17)고 말하였는데도, 복음을 전하는 것은 그리스도의 사역자들이 해야 할 중요한 일이 아니고, 복음을 전하는 것보다 기도하거나 성례전을 집례하는 것이 사역자들에게 더 크고 중요한 일이라고 말하는 사람이 어떻게 있을 수 있단 말인가? 사람들이 그리스도께서 전도하러 가시는 것을 만류하며 자신들에게 이적들을 베푸시고 병자들을 고쳐 주시며 귀신들을 쫓아내 주시기를 바랐는데도, 그리스도께서는 그것을 뿌리치시고 다른 동네들로 전도하러 가셨고, 오직 자신이 전하신 말씀을 증거하고 확증하시는 목적으로만 이적들을 행하셨다. 우리는 복음서에서 주님께서 두루 다니시며 전도하시고 가르치시는 모습은 아주 자주 목격하지만, 제자들과 함께, 또는 산이나 한적한 곳으로 가셔서 홀로 기도하시는 모습은 아주 가끔씩만 본다(물론, 주님께서는 제자들과 함께 회당예배에 참석하셔서 거기에서 기도하셨을 것임은 의심의 여지가 없지만). 전도의 목적이 사람들을 유대교나 이교 신앙으로부터 돌이켜서 기독교로 개종하게 하는 것이기 때문에, 그들이 개종한 후에 복음의 교훈에 대하여 아무것도 알지 못하고 여전히 방탕한 삶을 산다고 해도 그런 것은 별 문제가 되지 않는다고 생각할 정도로 정신 나간 사람들이 있다면, 그들은 수많은 유대인들이나 이교도들보다 갑절은 더 마귀의 자식들이 아니겠는가? 그리스도께서 가장 중시하신 일은 하나님 나라의 복음을 전하는 일이었기 때문에, 그리스도의 사역자들이 가장 중시해야 할 일도 복음을 전하는 일이 되어야 한다는 것은 두말할 필요조차 없다.

제5장

개요

1. 그리스도께서 시몬의 배에 오르셔서 사람들을 가르치심(1-3).
2. 시몬이 그리스도의 말씀을 따라 그물을 던져서 엄청난 양의 물고기를 잡고, 시몬과 세베대의 두 아들이 그리스도를 따름(4-11).
3. 나병환자를 깨끗하게 하심(12-15).
4. 한적한 곳에 가셔서 기도하심(16).
5. 그리스도께서 죄를 사하실 권세가 있는지에 대하여 의구심을 품은 서기관들과 바리새인들에게 대답하시고, 중풍병자를 고치심(17-26).
6. 세관에 앉아 있던 레위를 부르심(27-28).
7. 그리스도께서 자기가 세리들 및 죄인들과 함께 먹는 것이 합당함을 말씀하심(29-32).
8. 자신의 제자들이 지금 금식하지 않는 것이 합당함을 말씀하심(33-35).
9. 두 가지 비유를 드셔서 자신의 말씀을 밑받침하심(36-39).

1-2. [1]무리가 몰려와서 하나님의 말씀을 들을새 예수는 게네사렛 호숫가에 서서 [2]호숫가에 배 두 척이 있는 것을 보시니 어부들은 배에서 나와서 그물을 씻는지라.

많은 해석자들은 누가복음 5:1-11까지에 나오는 이야기는 마태복음 4:18과 마가복음 1:16에 짤막하게 나오는 이야기를 좀 더 자세하게 보도하고 있는 것이라고 생각한다. 갈릴리 바다와 게네사렛 호수는 동일한 곳인데, 이쪽 해변과 저쪽 해변에서 서로 맞은편에 사는 사람들이 이 바다 또는 호수를 서로 다르게 부르는 이름들이었다. 여기에서 "호숫가에"로 번역된 '파라 텐 림넨'(παρὰ τὴν λίμνην)은 "호수에서"로 번역하는 것이 더 좋을 것이다. 왜냐하면, 여기에 언급된 두 척의 배는 비록 해변에 묶여져 있기는 하였지만 호수 위에 떠 있었을 것이고, 주님께서는 바로 그 배 위에 서 계셨기 때문이다.

3-11. [3]예수께서 한 배에 오르시니 그 배는 시몬의 배라 육지에서 조금 떼기를 청하시고 앉으사 배에서 무리를 가르치시더니 [4]말씀을 마치시고 시몬에게 이르시되 깊은 데로 가서 그물을 내려 고기를 잡으라 [5]시몬이 대답하여 이르되 선생님 우리들이 밤이 새도록 수고하였으되 잡은 것이 없지마는 말씀에 의지하여 내가 그물을

내리리이다 하고 6그렇게 하니 고기를 잡은 것이 심히 많아 그물이 찢어지는지라 7
이에 다른 배에 있는 동무들에게 손짓하여 와서 도와 달라 하니 그들이 와서 두 배
에 채우매 잠기게 되었더라 8시몬 베드로가 이를 보고 예수의 무릎 아래에 엎드려
이르되 주여 나를 떠나소서 나는 죄인이로소이다 하니 9이는 자기 및 자기와 함께
있는 모든 사람이 고기 잡힌 것으로 말미암아 놀라고 10세베대의 아들로서 시몬의
동업자인 야고보와 요한도 놀랐음이라 예수께서 시몬에게 이르시되 무서워하지 말
라 이제 후로는 네가 사람을 취하리라 하시니 11그들이 배들을 육지에 대고 모든 것
을 버려 두고 예수를 따르니라.

여기에서 여러 가지 정황들을 보여 주면서 명확하고 정연하게 전개되고 있는 이 이야기는 사람들이 자신의 정직하고 통상적인 생업들에서 성공하려면 하나님의 능력의 역사가 필요하다는 것과 바다의 물고기들도 하나님의 명령에 순종한다는 것을 우리에게 보여 주는 가운데, 그리스도께서 바로 그러한 이적의 역사를 배경으로 시몬 베드로를 복음 전도자로 부르셨음을 보여 준다. 단 한 가지 난점은 누가의 이 기사를 마태의 기사와 조화시키는 것이다. 마태의 기사는 이렇게 되어 있다: "갈릴리 해변에 다니시다가 두 형제 곧 베드로라 하는 시몬과 그의 형제 안드레가 바다에 그물 던지는 것을 보시니 그들은 어부라 말씀하시되 나를 따라오라 내가 너희를 사람을 낚는 어부가 되게 하리라 하시니 그들이 곧 그물을 버려 두고 예수를 따르니라"(마 4:18-20). 마가의 기사는 마태의 기사와 많은 부분 일치한다. 세 복음서 기자의 보도들은 다음과 같은 점들에서 차이가 있다: (1) 마태와 마가는 그리스도께서 해변을 다니시다가 이 제자들을 부르셨다고 말하는 반면에, 누가는 배에서 그들을 부르셨다고 말하고 있는 것으로 보인다. 대답: 누가는 그리스도께서 배에서 시몬을 제자로 부르셨다고 말하고 있는 것이 아니다. 즉, 시몬 등이 배를 뭍에 대기 전에 이미 주님이 시몬에게 그런 말씀을 하셨지만, 여기에서 누가는 그리스도께서 행하시거나 말씀하신 모든 것을 한데 모아서 압축해서 보도한 것일 뿐이라는 것이다. (2) a) 야고보와 요한이 배에서 나와서 해변을 거닐고 있을 때, 그리스도께서 그들을 부르셨는데, 누가는 이 일을 보도하지 않았고, 오직 마태와 마가만이 보도한 것일 수도 있다. b) 마태와 마가의 기사 속에는, 배들이나 그리스도께서 그 중 하나의 배에 타셨다거나, 물고기들이 엄청나게 잡힌 일에 대한 언급이 전혀 나오지 않는다. 대답: 마태는 주님께서 시몬과 안드레가 바다에 그물을 던지는 것을 보셨다고 말하고 있고, 한 복음서 기자가 자세하게 보도하고 있는 내용을 다른 복음서 기자가 짧게 요약해서 보도하는 일은 복음서들에서 비일비재하다는 것이다. (3) 마태와 마가는 안드레가 시몬과 함께 있었다고 말하는 반면에, 누가는 오직 시몬에 대해서만 언급한다. 대답: 누가는 안드레가 거기에 있었다는 것을 명시적으로 부인하고 있지 않다. 우리는 시몬이 혼자서는 물고기가 엄청나게 많이 잡힌 그물을 다룰 수 없었을 것이기 때문에, 거기에 틀림없이 안드레가 있었을 것임을 확신할 수 있다. (4) 마태와 마가는 주님께서 시몬과 안드레, 야고보와 요한을 부르셨다고 말하는 반면에, 누가는 단지 시몬을 부르신 것만을 언급한다. 대답: 우리는 누가의 본문으로부터, 그리스도께서 배에서 나오셔서 해변을 걸으시는 동안에 이 네 사람을 부르시지 않으셨다는 결론을 도출해낼 수 없다는 것이다. 마태와 마가는 이 네 사람이 이 때에 모두 부르심을 받았다는 것을 분명하게 말해 준다. (5) 마태와 마가는 야고보와 요한이 그물을 손질하고 있었다고 말한다. 대답: 누가는 시몬이 부르심을 받을 때에 그들도 부르심을 받았다고 말하지는 않지만, 그렇다고 해서 그것을 정면으로 부인하는 것은 아니다. 물고기가 엄청나게 많이 잡힌 직후에, 그물들을 손질할 필요가 있었기 때문에, 마태와 마가가 야고보와 요한이 그 일을 하고 있었다고 보도한 것은 전혀 이상한 것이 아니다. 베드로가 부르심을 받은 때와 다른 세 사람이 부르심을 받은 때는 약간의 시간차가 있었을 것이다. 누가는 마태와 마가가 보도한 여러 상황들을 생략한 반면에, 그들이 생략한 내용을 이 이야기에 많이 추가한다. 특히, "그들이 배들을 육지에 대고 모든 것을 버려두고 예수를 따르니라"는 구절은 누가가 주님께서 이 네 제자를 부르신 것과 관련해서 많은 정황들을 생략하였음을 보여 준다. 이 모든 것들은, 우리가 그리스도께서 해변에 오셔서 잠시 걸으시면서 야고보와 요한을 부르셨다는 것을 인정하기만 하면, 세 복음서 기자들은 전체적으로 하나의 일관된 이야기를 우리에게 들려준다는 것을 알게 해 준다.

이 이야기는 우리에게 다음과 같은 교훈을 가르쳐 준다: (1) 사람이 아무리 비천한 일이라고 하여도 정직한 직업을 갖고 일하는 것은 지극히 선하다. 하나님께서는 그런 자들에게 복 주셔서 그들의 일을 잘되게 해 주신다. (2) 하나님의 명령이 아무리 우리의 이성이나 지각에 반대되어 보일지라도, 그 명령에 순종하는 것이 우리의 본분이고, 그렇게 하였을 때에 우리가 큰 유익을 얻을 수 있다. (3) 우리의 복은 하나님께 달려 있기 때문에, 우리는 하나님이 원하시는 일에 힘쓰고 수고하여야 한다. (4) 복음의 사역자들에게 맡겨진 일은 사람들을 낚아서 그 심령들을 하나님께 드리는 것이다. (5) 하나님의 부르심은 아주 강력한 힘이 있다. "그들이 모든 것을 버려두고" 그리스도를 "따랐다"는 것이 이것을 잘 보여 준다.

요한이 주님께서 안드레와 시몬을 부르신 것에 관하여 보도하고 있는 것(요 1:40-41)이 다른 세 복음서 기자들이 말하는 것과 서로 차이가 있는 것에 대해서는, 우리가 마태복음 4:18을 다룰 때에 이미 어느 정도 살펴보았고, 나중에 요한복음의 해당 본문을 다룰 때에 좀 더 살펴볼 것이지만, 한 마디로 말하자면, 요한은 안드레나 시몬이 그리스도를 따르도록 부르심을 받기 이전에 일어난 일에 대해서 보도하고 있다는 것이다.

12-15. [12]예수께서 한 동네에 계실 때에 온 몸에 나병 들린 사람이 있어 예수를 보고 엎드려 구하여 이르되 주여 원하시면 나를 깨끗하게 하실 수 있나이다 하니 [13]예수께서 손을 내밀어 그에게 대시며 이르시되 내가 원하노니 깨끗함을 받으라 하신대 나병이 곧 떠나니라 [14]예수께서 그를 경고하시되 아무에게도 이르지 말고 가서 제사장에게 네 몸을 보이고 또 네가 깨끗하게 됨으로 인하여 모세가 명한 대로 예물을 드려 그들에게 입증하라 하셨더니 [15]예수의 소문이 더욱 퍼지매 수많은 무리가 말씀도 듣고 자기 병도 고침을 받고자 하여 모여 오되.

마태복음 8:2-5과 마가복음 1:40-45에 대한 설명을 보라. 마태는 그리스도께서 "산에서 내려 오셔서" 이 이적을 행하셨고, 그런 후에 가버나움으로 들어가셨다고 보도한다. 마가도 자신의 복음서의 첫 번째 장을 이 이야기로 끝내고 나서, "수 일 후에 예수께서 다시 가버나움에 들어가시니"라는 말로 두 번째 장을 시작한다. 따라서 어떤 이들은 주님께서 가버나움의 인근에서 이 이적을 행하신 것으로 보지만, 이것과 관련해서 확실한 것은 없다.

16. 예수는 물러가사 한적한 곳에서 기도하시니라.

우리는 그리스도께서 마태복음 6장에서 말씀하신 것처럼 친히 하나님과만 은밀하게 기도하시는 본을 보여 주심으로써, 우리에게도 그렇게 하라고 권면하시는 모습을 자주 본다. 주님이 언제나 가장 은밀하고 인적이 드문 곳들을 찾아 가셔서, 오직 은밀한 중에 보시는 아버지 하나님께만 기도하셨다는 것은 우리에게도 그렇게 하라고 가르치시는 것이다. 그리스도께서 보이신 이러한 기도의 모범은 사실 우리에게 더 절실하게 필요한 것이다. 왜냐하면, 주님보다 우리가 사실 하나님께 훨씬 더 많은 볼 일이 있기 때문이다. 주님은 고백할 죄도 없으셨고, 죄 사하심을 구하실 필요도 없으셨으며, 자신의 성품을 은혜로써 성결하게 해 주시라고 간구하실 필요도 없으셨다. 또한, 주님께서는 온갖 과시나 소란의 위험을 피하시고, 홀로 어느 정도 안식을 누리시기 위한 목적으로, 자주 한적한 곳들을 찾아 물러가셨을 수도 있다. 하지만 주님이 한적한 곳들을 찾아가신 목적이 자신의 남은 시간을 아버지 하나님과 은밀하게 교제하는 데 사용하시기 위한 것이었다는 사실은 우리가 마땅히 본받아야 한다. 그리스도께서는 단 한 시간도 헛되이 보내시는 것이 없으셨다. 주님은 전도하시든지 병자들을 고치시든지 다른 사람들에게 선한 일들을 행하시는 데 시간을 사용하시거나, 하나님께 온 마음과 뜻을 드려 기도하시는 데 시간을 사용하셨다. 사람들은 로마인들의 학구열과 관련해서, 그들은 혼자 있다고 해서 결코 혼자 있는 것이 아니었고 공적인 일들로부터 가장 자유로울 때라고 해서 그 때가 결코 가장 한가한 때가 아니었다고 말하는데, 그런 말은 그리스도인들에게 더욱더 잘 어울리는 말인 것 같다.

17. 하루는 가르치실 때에 갈릴리의 각 마을과 유대와 예루살렘에서 온 바리새인과 율법교사들이 앉았는데 병을 고치는 주의 능력이 예수와 함께 하더라.

우리는 서기관들과 바리새인들이 우리 구주를 중상모략 할 빌미를 얻기 위해서, 또는 주님이 행하시는 이적들을 보고자 하는 호기심에서, 주님께서 가시는 곳마다 끈질기게 따라다니는 모습을 앞으로도 계속해서 보게 될 것인데, 이 때에도 그들 중 다수가 그 자리에 있었던 것으로 보인다.

여기에서 한두 가지 질문이 생겨난다. (1) 복음서 기자가 "병을 고치는 주의 능력이 예수와 함께 하더라"고 말한 것은 도대체 무슨 의미인가? 그리스도께서는 병을 고치는 능력을 언제나 갖고 계신 것이 아니었다는 말인가? 대답: 우리 구주께서 병을 고치시는 능력을 언제나 갖고 계셨다는 것은 의심의 여지가 없다. 왜냐하면, 그리스도께서는 언제나 "우리를 치료하는 여호와"이셨기 때문이다(출 15:26). 일단 인성과 연합된 신성은 그리스도로부터 결코 분리되지 않았지만, 언제나 발현된 것은 아니었고, 그리스도의 의지와 뜻에 의해서 통제되었다. 그리고 그리스도께서 이적들을 행하시는 목적은 자신의 가르침을 확증하시기 위한 것이었기 때문에, 우리는 주님께서 대체로 말씀을 전하신 후에 이적들을 행하시는 것을 보게 된다. (2) 본문은 "병을 고치는 주의 능력"이라고 할 때에 주님께서는 누구의 병을 고쳐 주신 것인가? 문맥상으로 보면, 주님께서 "바리새인과 율법교사들" 중에서 병든 자들을 고쳐 주신 것으로 해석하는 것이 자연스러워 보이지만, 복음서들 속에는 그들 중에 병자들이 있었다거나, 주님께서 그들 중에 있는 병자들을 고쳐 주셨다는 말이 전혀 나오지 않는다. 대답: 우리는 성경에서는 이러한 관계사들을 전후 맥락과 상관 없이 사용하는 경우가 종종 있다는 것을 알아야 한다. 예를 들면, 마태복음 11:1은 "예수께서 열두 제자에게 명하기를 마치시고 이에 그들의 여러 동네에서 가르치시며 전도하시려고 거기를 떠나 가시니라"로 되어 있지만, 거기에서 "그들의 여러 동네"는 "열두 제자의 동네"를 가리키는 것이 결코 아니다. 이 동네들은 열두 제자와 관련된 동네들이 아니라, 유대인들이 살고 있던 그 지역의 여러 동네들을 가리킨다. 하지만 이 절에는 예수와 열두 제자 외에는 인칭대명사로 받을 만한 다른 사람들에 대한 언급이 전혀 나오지 않는다. 마찬가지로, 여기에서도 이 절에서는 바리새인들과 율법교사들이 거기에 있었다고 말할 뿐이고 다른 사람들에 대해서는 전혀 언급하고 있지 않지만, 거기에는 다른 많은 사람들이 있었을 것임은 의심의 여지가 없기 때문에, 우리는 여기에서 주님께서 바로 그 무리들 중에서 만성적인 질병들로 고생하는 자들을 "주의 능력으로" 고치신 것으로 이해하여야 한다.

18-26. [18]**한 중풍병자를 사람들이 침상에 메고 와서 예수 앞에 들여놓고자 하였으나** [19]**무리 때문에 메고 들어갈 길을 얻지 못한지라 지붕에 올라가 기와를 벗기고 병자를 침상째 무리 가운데로 예수 앞에 달아 내리니** [20]**예수께서 그들의 믿음을 보시고 이르시되 이 사람아 네 죄 사함을 받았느니라 하시니** [21]**서기관과 바리새인들이 생각하여 이르되 이 신성모독 하는 자가 누구냐 오직 하나님 외에 누가 능히 죄를 사하겠느냐** [22]**예수께서 그 생각을 아시고 대답하여 이르시되 너희 마음에 무슨 생각을 하느냐** [23]**네 죄 사함을 받았느니라 하는 말과 일어나 걸어가라 하는 말이 어느 것이 쉽겠느냐** [24]**그러나 인자가 땅에서 죄를 사하는 권세가 있는 줄을 너희로 알게 하리라 하시고 중풍병자에게 말씀하시되 내가 네게 이르노니 일어나 네 침상을 가지고 집으로 가라 하시매** [25]**그 사람이 그들 앞에서 곧 일어나 그 누웠던 것을 가지고 하나님께 영광을 돌리며 자기 집으로 돌아가니** [26]**모든 사람이 놀라 하나님께 영광을 돌리며 심히 두려워하여 이르되 오늘 우리가 놀라운 일을 보았다 하니라.**

마태복음 9:2-8과 마가복음 2:3-12에 대한 설명을 보라. 마태와 마가가 기록하고 있는 이 동일한 이야기는 내용은 말할 것도 없고 자구까지도 누가의 기사와 거의 차이가 없다. 단지 누가는 이 이야기의 끝부분에서 모든 사람이 "오늘 우리가 놀라운 일을 보았다"고 말한 것으로 보도하지만, 마태는 무리가 "이런 권능을 사람에게 주신 하나님께 영광을 돌렸다"고 보도한다. 이러한 보도들은 이 이적이 사람들에게 끼친 모든 효과는 다음과 같은 것들이었음을 보여 준다: (1) 모든 사람들이 놀랐다. 중풍병자가 고침을 받아서 자신의 침상을 가지고 집으로 돌아가게 된 이적이 행해

졌는데, 사람들은 그런 일이 도대체 어떻게 해서 일어날 수 있었는지를 이해할 수 없었다. (2) 사람들은 그 결과를 보고서 하나님의 권능이 역사하였다는 사실을 인정하였다. 그래서 그들은 "이런 권능을 사람에게 주신 하나님께 영광을 돌렸다." 사람들이 보인 이 반응은, 하나님께서 옛적에 엘리야와 엘리사에게 큰 권능을 주셨던 것과 마찬가지로, 동일한 맥락 속에서 그리스도께도 그런 큰 권능을 주셨다고 본 것이기 때문에, 그들은 그리스도를 단지 위대한 선지자로 여긴 것임을 분명하게 보여 준다.

본문에서 사람들이 "지붕에 올라가 기와를 벗기고 병자를 달아내렸다"고 말하고 있는 것에 대하여, 유대인들의 집의 지붕도 우리들의 집의 지붕 같이 지어졌다고 상상해서, 그런 일이 어떻게 가능했겠느냐고 생각하여 실족할 사람들이 없도록 하기 위하여, 우리는 유대인들의 집의 지붕들은 대체로 평평하게 되어 있었고, 거기에 기와나 돌이 덮여 있었기 때문에, 사람들이 손쉽게 지붕의 기와를 들어내고서 병자를 달아 내릴 수 있었다는 것을 알아야 한다. 이것은 "네가 새 집을 지을 때에 지붕에 난간을 만들어 사람이 떨어지지 않게 하라 그 피가 네 집에 돌아갈까 하노라"(신 22:8)고 하신 하나님의 명령이 잘 보여 준다.

여기에 언급된 그들의 "믿음"의 대상은 하나님의 권능과 선하심이었음이 틀림없다. 그들은 그리스도께서 영원하신 하나님이고, 그렇기 때문에 그리스도에게서 그러한 권능과 선하심이 나오는 것이라고 믿었던 것은 아니고, 하나님께서 그리스도를 자신의 도구로 사용하셔서 이 중풍병자 같은 가련한 처지에 있는 자들에게 자신의 권능과 선하심을 베풀어 주실 것이라고 믿은 것이었다.

27-32. [27]그 후에 예수께서 나가사 레위라 하는 세리가 세관에 앉아 있는 것을 보
시고 나를 따르라 하시니 [28]그가 모든 것을 버리고 일어나 따르니라 [29]레위가 예수
를 위하여 자기 집에서 큰 잔치를 하니 세리와 다른 사람이 많이 함께 앉아 있는지
라 [30]바리새인과 그들의 서기관들이 그 제자들을 비방하여 이르되 너희가 어찌하여
세리와 죄인과 함께 먹고 마시느냐 [31]예수께서 대답하여 이르시되 건강한 자에게는
의사가 쓸 데 없고 병든 자에게라야 쓸 데 있나니 [32]내가 의인을 부르러 온 것이 아
니요 죄인을 불러 회개시키러 왔노라.

마태복음 9:9-13과 마가복음 2:14-17에 대한 설명을 보라. 마태와 마가도 이렇게 둘 다 주님께서 "레위"를 부르신 일을 기록해 놓았는데, 첫 번째 복음서 기자는 그를 "마태"라고 부르고, 마가와 누가는 "레위"라고 부른다. 유대인들 사이에서는 한 사람이 두 개의 이름을 가지고 있는 것은 아주 흔한 일이었다. 마가는 레위를 "알패오의 아들"이라고 부르심으로써, 레위의 아버지가 누구였는지도 우리에게 말해 준다. 모든 복음서 기자들은 마태 또는 레위의 직업이 세리였다는 것, 즉 그가 공적인 세금을 거두는 일을 하는 사람이었다고 보도한다. 세금 중에는 물품들을 들여오거나 내보낼 때에 내게 되어 있던 관세가 있었는데, 레위가 "세관에 앉아" 있었다고 하는 것으로 보아서, 그는 관세를 받는 일을 하고 있었던 것으로 보인다. 그리스도께서는 세관에 앉아 있는 레위를 부르셨고, 레위는 "모든 것을 버리고 일어나" 그리스도를 따르는 제자가 되었다. 레위는 이 일에 대하여 감사하는 마음에서, 그리스도를 위하여 자신의 집에서 잔치를 열었고, 거기에는 몇몇 세리들과 그 밖의 다른 사람들도 참석하였다. 다른 두 복음서 기자들은 레위가 자기 집에서 이 잔치를 베풀었다는 말을 하지 않지만, "예수께서 마태의 집에서 앉아 음식을 잡수실 때에"(마 9:10)라는 구절과 "그의 집에 앉아 잡수실 때에"(막 2:15)라는 구절 속에도 그러한 의미가 함축되어 있고, 서기관들과 바리새인들이 주님께서 레위의 집에 앉아 함께 식사하시는 모습을 보고서, 왜 세리들 및 죄인들과 함께 식사를 하느냐고 트집을 잡았고, 우리 구주께서 그들의 그 말을 들으시고서, 자기가 그렇게 하는 것이 왜 합당한지를 설명하신 것 속에도 그런 의미가 함축되어 있다. 자세한 것은 앞에서 언급된 마태복음과 마가복음의 해당 본문에 나오는 설명을 보라. 또한, 오직 마태만이 우리 주님께서 그들에게 "너희는 가서 내가 긍휼을 원하고 제사를 원하지 아니하노라 하신 뜻이 무엇인지 배우라"(마 9:13)고 말씀하셨다는 보도를 추가한다. 우리 구주께서 그들에게 하신 대답 전체에 대하여 자세한 것은 마태복음 9:9-13에 대한 설명을 보라.

**33-39. 33그들이 예수께 말하되 요한의 제자는 자주 금식하며 기도하고 바리새인
의 제자들도 또한 그리하되 당신의 제자들은 먹고 마시나이다 34예수께서 그들에게
이르시되 혼인 집 손님들이 신랑과 함께 있을 때에 너희가 그 손님으로 금식하게 할
수 있느냐 35그러나 그 날에 이르러 그들이 신랑을 빼앗기리니 그 날에는 금식할 것
이니라 36또 비유하여 이르시되 새 옷에서 한 조각을 찢어 낡은 옷에 붙이는 자가 없
나니 만일 그렇게 하면 새 옷을 찢을 뿐이요 또 새 옷에서 찢은 조각이 낡은 것에 어
울리지 아니하리라 37새 포도주를 낡은 가죽 부대에 넣는 자가 없나니 만일 그렇게
하면 새 포도주가 부대를 터뜨려 포도주가 쏟아지고 부대도 못쓰게 되리라 38새 포
도주는 새 부대에 넣어야 할 것이니라 39묵은 포도주를 마시고 새 것을 원하는 자가**

없나니 이는 묵은 것이 좋다 함이니라.

이 이야기는 마태복음과 마가복음에도 나온다. 마태복음 9:14-17과 마가복음 2:18-22에 대한 설명을 보라. 마태와 마가는 둘 다 여기에서 우리 구주께 와서 이런 말을 한 사람들이 "요한의 제자들"이었다고 말한다. 우리는 이 이야기를 마태와 마가의 기사를 다룰 때에 이미 자세하게 살펴본 바 있다. 우리 구주께서는 좀 더 자유분방한 삶을 보이셨던 반면에, 세례 요한은 훨씬 더 절제되고 금욕적인 신앙생활을 견지하고 있어서, 바리새인들의 종교적인 관행들과 더 쉽게 어울릴 수 있었기 때문에(물론, 세례 요한은 바리새인들과는 달리 훨씬 더 진지하고 진실하였지만), 세례 요한의 제자들과 바리새인들이 함께 우리 구주께 이런 말을 할 수 있었다. 하지만 세례 요한의 제자들은 사정을 잘 모르고 연약해서 이 말을 한 것이었지만, 바리새인들은 백성들 사이에서 그리스도의 명성을 깎아내리기 위한 악의적인 목적으로 이런 말을 한 것이었다. 이것은 선한 자들이라고 할지라도 연약한 가운데 있는 경우에는, 자신도 모르는 사이에 악의적이고 교활한 자들에 의해서 그들의 목적을 달성하는 데 이용당하는 경우가 흔하다. 게다가, 사람들에게는 자신이 행하는 것이 모든 사람에게 기준이 되고 표준이 되어서, 다른 사람들도 자신들이 행하는 것과 똑같이 행하게 되기를 바라는 마음이 있기 때문에, 세례 요한의 제자들은 우리 구주와 그 제자들이 자신들의 스승인 세례 요한의 지침을 따르지 않는 것을 못마땅하게 생각하였는데, 요한복음 3:26에서 그들이 "랍비여 선생님과 함께 요단 강 저편에 있던 이 곧 선생님이 증언하시던 이가 세례를 베풀매 사람이 다 그에게로 가더이다"라고 말한 것에서 알 수 있듯이, 그 이면에는 우리 구주를 시기하는 마음이 자리 잡고 있었다.

우리 구주께서는 그러한 시기하는 마음으로 자신에게 이런 말을 한 요한의 제자들에게, 그가 그들을 모범으로 삼아야 하는 것이 아니라, 그들이 그를 모범으로 삼는 것이 마땅하다고 대답하셨을 만한 데도, 실제로는 그렇게 대답하지 않으시고, 그들을 좀 더 온유하게 대하셔서, 왜 자기가 자신의 제자들에게 그러한 금욕적인 종교 행위를 하라고 명하지 않았는지, 그 이유를 충분히 그들에게 설명해 주신다: (1) 그리스도께서는 지금은 자기가 자신의 제자들과 함께 있기 때문에, 그들이 기뻐하고 즐거워하는 것은 합당하다고 하시면서, 하지만 머지않아 자기가 그들 곁을 떠날 때가 올 것인데, 그 때에는 그들이 자연스럽게 애곡하게 될 것이라고 말씀하신다. (2) 그리스도께서는 그들은 이제 막 제자가 되었기 때문에, 처음부터 혹독한 경건훈련을 받게 되면, 그것을 견디지 못하고 시험에 들어서, 제자도를 시작하자마자 떠나 버리고 싶은 유혹을 받게 될 것이기 때문이라고 말씀하신다. 자세한 것은 마태와 마가의 해당 본문에 대한 설명을 보라.

제6장

개요

1. 그리스도께서 성경을 인용하셔서, 안식일에 이삭을 잘라 먹은 자신의 제자들을 옹호하심(1-5).
2. 그리스도께서 이성에 호소하시는 가운데, 안식일에 손 마른 사람을 고치심(6-11).
3. 밤새워 기도하시고 나서, 열두 사도를 택하심(12-16).
4. 각종 병자들을 고치심(17-19).
5. 복과 화를 선언하심(20-26).
6. 악을 선으로 갚으라는 것을 비롯해서 여러 도덕적인 교훈들을 가르치심(27-45).
7. 말로만이 아니라 행동으로 자신의 제자임을 보이라고 권면하심(46-49).

**1-5. [1]안식일에 예수께서 밀밭 사이로 지나가실새 제자들이 이삭을 잘라 손으로
비비어 먹으니 [2]어떤 바리새인들이 말하되 어찌하여 안식일에 하지 못할 일을 하느
냐 [3]예수께서 대답하여 이르시되 다윗이 자기 및 자기와 함께 한 자들이 시장할 때
에 한 일을 읽지 못하였느냐 [4]그가 하나님의 전에 들어가서 다만 제사장 외에는 먹
어서는 안 되는 진설병을 먹고 함께 한 자들에게도 주지 아니하였느냐 [5]또 이르시
되 인자는 안식일의 주인이니라 하시더라.**

마태복음 12:1-8과 마가복음 2:23-28에 대한 설명을 보라. 여기에서 "첫 번째 안식일 후의 두 번째 안식일"(한글개역개정에는 "안식일")이 어떤 날을 의미하는지에 대해서는 몇 가지 추측이 제시되고 있다. 유대인들에게는 여러 가지 안식일들이 있었다. 그들은 한 주간의 일곱 번째 날만을 "안식일"이라고 부른 것이 아니라, 모든 절기 동안의 날들도 "안식일"이라 불렀다. 유월절은 첫 번째 달 제14일 저녁에 시작되었고, 무교절은 제15일에 시작되어 7일 동안 계속되었는데, 그 하루하루가 다 안식일로 불렸다. 그러나 첫 번째 날과 일곱 번째 날은 성회로 모이는 날이었고, 이 날에는 그 어떤 "노동"도 해서는 안 되었다(레 23:7). 유월절과 무교절 다음에는 초실절이 있었고, 초실절이 끝나고 나서 50일 후에는 오순절이 있었다. 어떤 이들은 "첫 번째 안식일 후의 두 번째 안식일"이 무교절의 일곱 번째 날을 가리키는 것으로 이

해하고, 어떤 이들은 유대인들의 두 번째 큰 절기를 가리키는 것으로 이해하는데, 이 문제를 풀기는 매우 어렵고, 우리가 꼭 알아야 할 만큼 중요하지도 않다. 이 본문에 나오는 이야기 자체에 대해서는 마태복음 12:1-8에 대한 설명을 보라.

6-11. [6]또 다른 안식일에 예수께서 회당에 들어가사 가르치실새 거기 오른손 마른
사람이 있는지라 [7]서기관과 바리새인들이 예수를 고발할 증거를 찾으려 하여 안식
일에 병을 고치시는가 엿보니 [8]예수께서 그들의 생각을 아시고 손 마른 사람에게
이르시되 일어나 한가운데 서라 하시니 그가 일어나 서거늘 [9]예수께서 그들에게 이
르시되 내가 너희에게 묻노니 안식일에 선을 행하는 것과 악을 행하는 것, 생명을
구하는 것과 죽이는 것, 어느 것이 옳으냐 하시며 [10]무리를 둘러보시고 그 사람에게
이르시되 네 손을 내밀라 하시니 그가 그리하매 그 손이 회복된지라 [11]그들은 노기
가 가득하여 예수를 어떻게 할까 하고 서로 의논하니라.

마태복음 12:10-13과 마가복음 3:1-5에 대한 설명을 보라. 이 두 본문에는 여기에 보도된 것과 동일한 이야기가 나오고, 이 이야기와 관련된 상황이 좀 더 자세하게 나온다. 누가는 11절에서 그들이 "예수를 어떻게 할까" 하고 의논하였다고 말하는 반면에, 마가는 그들이 "어떻게 하여 예수를 죽일까" 의논하였다고 말한다. 누가는 그들이 이런 식으로 예수를 죽이려고 의논을 하게 된 것에 대해서, 그들이 "노기가 가득하여" 제정신이 아니게 되었기 때문임을 보여 주기 위하여, 여기에서 '아노이아스' (ἀνόιας)라는 단어를 사용하는데('아노이아스'는 미친 것과 광분한 것을 동시에 의미한다 — 역주), 이것은 지극히 적절하다. 왜냐하면, 사람들이 이치를 따져 대화로 풀어야 할 문제를 폭력적인 방법으로 해결하고자 하는 것은 이성을 지닌 인간이 아니라 미친 사람처럼 행동하는 것이기 때문이다. 하지만 인간의 본성은 깊이 타락하였기 때문에, 사람들은 다른 사람이 이치를 따져서 올바른 말을 하였을 때에 이치에 의거해서는 그 말을 승복할 수밖에 없는 상황이 되면, 다른 사람의 말을 그대로 인정하고 받아들이는 것이 아니라, 자신이 이치를 따져서는 풀 수 없었던 매듭을 폭력적인 방법에 의지해서 칼로 잘라내 버리는 쪽을 택하는 것은 비일비재하게 일어나는데, 그들의 이러한 행동은 그들이 어리석고 야만적인 심령을 지니고서 이치상으로 잘못된 주장을 고집하고 있다는 것을 보여 주는 가장 확실한 증거가 된다.

12. 이 때에 예수께서 기도하시러 산으로 가사 밤이 새도록 하나님께 기도하시고.

어떤 이들은 여기에서 "기도하시러"로 번역된 '엔 테 프로슈케' (ἐν τῇ προσευχῇ)

를 "기도의 장소에서"로 해석해서, 주님께서는 이 산에 있던 기도의 집에 가셔서 기도하신 것이라고 이 본문에 대하여 왜곡된 주장을 펴지만, 우리는 성경에서 성전 외에는 그 어떤 곳도 기도의 집이라고 부른 예를 찾아볼 수 없고, 만일 주님께서 성전을 비롯해서 사람들이 많이 모이는 곳들을 피하여 홀로 한적한 곳으로 물러나셔서 기도하실 생각이 아니셨다면, 이렇게 "기도하시러 산으로 가신" 이유를 찾기 어렵다. 우리 구주께서는 누구를 열두 사도로 세우실 것인가 하는 것은 아주 중요하고 중대한 일이었기 때문에 진지하게 기도함이 없이 행해져서는 안 될 일이라고 생각하셨기 때문에, 홀로 은밀하게 기도하실 곳을 찾아가셔서, 평소에 기도하셨던 시간보다 훨씬 더 많은 시간을 할애하여, 복음서 기자가 말한 대로 "밤이 새도록" 기도하신 것이라고 보는 해석자들의 견해가 더 합당하다는 것은 의심의 여지가 없는 것으로 보인다. 주님께서는 이렇게 친히 모범을 보이심으로써, 교회에서 어떤 사람들에게 중요한 직분을 맡기거나 어떤 중요한 일을 위해 파송하는 등 큰 일들을 하려고 할 때에는 전심을 다하여 기도하고 난 후에 그런 일들을 결정하고 행하여야 한다는 것을 가르쳐 주신다. 나중에 바울도 우리에게 "모든 기도와 간구를 하되 항상 성령 안에서 기도하고 이를 위하여 깨어 구하기를 항상 힘쓰며 여러 성도를 위하여 구하라"(엡 6:18)거나 "기도를 계속하고 기도에 감사함으로 깨어 있으라"(골 4:2)고 명령한다.

13-16. [13]밝으매 그 제자들을 부르사 그 중에서 열둘을 택하여 사도라 칭하셨으니
[14]곧 베드로라고도 이름을 주신 시몬과 그의 동생 안드레와 야고보와 요한과 빌립
과 바돌로매와 [15]마태와 도마와 알패오의 아들 야고보와 셀롯이라는 시몬과 [16]야고
보의 아들 유다와 예수를 파는 자 될 가룟 유다라.

우리 구주께서는 자기와 함께 있으면서 자기와 좀 더 특별한 교제를 하게 하실 뿐만 아니라, 능력을 주어 파송하셔서 전도하고 세례를 베풀며 이적들을 행하도록 하시기 위하여, 자신의 제자들 중에서 열두 명을 "사도"로 택하셨는데, 우리는 그들의 이름을 이미 두 차례나 앞에서 만나본 적이 있다. 마태복음 10:2-4과 마가복음 3:14-19에 대한 설명을 보라. 그들 중에는 "시몬"이라는 이름을 지닌 사람이 두 명 있었다. 그 중 한 명은 그리스도께서 "베드로"라는 이름을 지어 주신 시몬 베드로였고, 다른 한 명은 "셀롯이라는 시몬"(마태와 마가에서는 "가나나인 시몬")이었다. 또한, 그들 중에는 "야고보"라는 이름을 지닌 사람도 두 명 있었다. 그 중 한 명은 "세베대의 아들 야고보"였고, 다른 한 명은 "알패오의 아들 야고보"였다. 마찬가지로, "유다"라는 이름을 지닌 사람도 두 명이었다. 그 중 한 명을 마가는 "다대오"라고 불렀고, 마태는 "레배오"라고도 불린 "다대오" 였다고 말하며, 누가는 "야고보의 아들 유다"라고 부르는데, 유다서를 쓴 사람이 바로 이 유다였다. 그리고 또 한 명의 유다는 "예수를 파는 자 될 가룟 유다" 였다. 그 밖에 나머지 여섯 명은 각기 다른 이름을 지니고 있었다. 열두 사도들의 이름과 관련해서 생겨난 난점에 대해서는 마태복음 10:2-4과 마가복음 3:14-19에 대한 설명을 보라.

17-19. [17]**예수께서 그들과 함께 내려오사 평지에 서시니 그 제자의 많은 무리와 예수의 말씀도 듣고 병 고침을 받으려고 유대 사방과 예루살렘과 두로와 시돈의 해안으로부터 온 많은 백성도 있더라** [18]**더러운 귀신에게 고난 받는 자들도 고침을 받은지라** [19]**온 무리가 예수를 만지려고 힘쓰니 이는 능력이 예수께로부터 나와서 모든 사람을 낫게 함이러라.**

지금까지 우리는 여기에 나오는 것과 같은 보도를 복음서들에서 이미 여러 차례 접해 왔다. 왜냐하면, 복음서 기자들은 우리 구주께서 행하신 이적들이나, 사람들을 가르치시며 하신 말씀들을 일일이 다 구체적으로 자세하게 보도한 것이 아니라 전체적으로 요약해서 보도하는 경우가 종종 있어 왔기 때문이다. 어떤 이들은 누가의 이 보도는 마가가 3:7-8에서 보도한 것과 같은 것이라고 생각하지만, 마가는 주님께서 산으로 올라가시기 전에 주님을 따라온 무리들에 대하여 보도한 것이고, 여기에서 누가는 주님께서 산에서 내려오셨을 때에 만난 무리들에 대하여 보도한 것으로 보인다. 하지만 주님께서 산에 올라가시기 전에 만났던 무리들이 다음날 아침에 다시 와서, 주님이 산에서 내려오시기를 기다리고 있었던 것일 가능성이 크다.

20-23. [20]**예수께서 눈을 들어 제자들을 보시고 이르시되 너희 가난한 자는 복이 있나니 하나님의 나라가 너희 것임이요** [21]**지금 주린 자는 복이 있나니 너희가 배부름을 얻을 것임이요 지금 우는 자는 복이 있나니 너희가 웃을 것임이요** [22]**인자로 말미암아 사람들이 너희를 미워하며 멀리하고 욕하고 너희 이름을 악하다 하여 버릴 때에는 너희에게 복이 있도다** [23]**그 날에 기뻐하고 뛰놀라 하늘에서 너희 상이 큼이라 그들의 조상들이 선지자들에게 이와 같이 하였느니라.**

많은 해석자들은 누가복음의 이 절들부터 이 장의 끝까지 나오는 내용들은 마태복음 5장부터 7장까지에 나오는 내용을 짧게 요약한 것이기 때문에, 마태와 누가는 주님께서 동일한 때에 행하신 동일한 설교를 보도하고 있는 것이라고 생각한다. 이러한 견해를 밑받침해 주는 것으로 볼 수 있는 것들로는 다음과 같은 것들이 있다:

(1) 마태는 주님께서 "산에 올라가 앉으셔서" 이 말씀을 하셨다고 말하고, 누가는 "예수께서 그들과 함께 내려오사 평지에 서셔서"(17절) 이 말씀을 하셨다고 말하지만, 누가가 말한 "평지"는 일반적인 평지를 가리키는 것이 아니라, 산 아래 부분의 좀 더 평평한 곳을 가리키는 것으로 보인다. (2) 누가의 이 장의 나머지 부분에 나오는 아주 많은 내용들은 분명히 마태복음의 저 세 장에 걸쳐 나오는 내용들과 동일하다.

하지만 나는 다음과 같은 이유들로 인해서 그러한 견해에 동의할 수 없다: (1) 누가는 여기에서 "예수께서 그들과 함께 내려오사 평지에 서시니"라는 표현을 사용하는데, 나는 만일 그 평지가 산 꼭대기에 있던 어떤 평지거나 산에서 좀 더 평평한 곳을 가리키는 것이라면, 누가는 주님께서 "내려오셨다"는 표현을 사용하기는 힘들었을 것이라고 보기 때문이다. (2) 마태는 "갈릴리와 데가볼리와 예루살렘과 유대와 요단 강 건너편에서 수많은 무리"가 왔다고 말하는 반면에, 누가는 "유대 사방과 예루살렘과 두로와 시돈의 해안으로부터 … 많은 백성"이 왔다고 말하고 있다. (3) 마태의 보도와 누가의 보도 간의 가장 크고 주된 차이는 이런 것들이다. a) 누가는 마태 본문에 나오는 아주 많은 내용들을 다루지 않고 있다. 즉, 그리스도께서 율법에 대한 올바른 해석에 대하여 말씀하신 것들과 구제, 기도, 금식에 관한 말씀들(마 6장)이 누가에는 나오지 않는다. b) 누가는 여기에서 주님께서 복에 대하여 하신 말씀들만이 아니라 화에 대하여 하신 말씀들까지 한데 보도하고 있지만, 마태 본문에는 화에 대한 말씀이 전혀 나오지 않는다. 복음서 기자들이 동일한 강론들과 이적들을 서로 약간 다른 상황과 맥락 속에서 보도하는 경우는 흔하지만, 이 정도까지 상당한 차이를 보이는 경우는 없다. 마태는 그리스도께서 선언하신 아홉 가지의 복된 일들을 기록하고 있는 반면에, 누가는 단지 네 가지만을 기록하고 있고, 그 네 가지도 마태의 보도와는 상당한 차이를 보인다.

또한, 나는 마태의 보도와 누가의 보도가 동일하다는 것을 뒷받침해 주는 것으로 제시되는 근거들도 결정적인 것들이 되지 못한다고 본다. 주님께서 이 강론을 행하신 장소에 대한 두 복음서 기자의 표현은 두 기자의 보도가 동일하다는 것을 증명해 주는 것이 아니라, 도리어 동일하지 않다는 것을 증명해 주는 것으로 여겨진다. 왜냐하면, 마태는 주님께서 산에 올라가 앉으셔서 강론을 행하셨다고 말하는 반면에, 누가는 산에서 내려오셔서 평지에 서서 말씀하셨다고 말하기 때문이다. 또한, 누가복음의 이 장에 나오는 대부분의 내용들이 마태복음 5-7장에 나온다는 사실도 이 두 본문이 동일하지 않다는 것을 보여 주는 증거가 될 수 있다. 왜냐하면, 누가가 여기에서 마태가 보도한 것들을 대부분 정확하게 반복해서 보도하고 있지 않다는 것은 우리 구주께서 또 다른 때에 또 다른 청중 앞에서 누구에게나 해당되는 이 동일한 강론을 하셨을 가능성이 높다는 것을 보여 주는 것이기 때문이다. 따라서 나는 다른 사람들이 어떻게 판단하든, 누가복음의 이 본문에 나오는 강론이 주님께서 동일한 때에 동일한 무리 앞에서 전하신 동일한 강론을 짧게 요약한 것이라고 생각할 이유가 전혀 없다고 생각한다. 나는 이러한 전제 아래에서 이제 누가복음에 나오는 말씀들을 마태복음에 나오는 말씀들과 비교해 가면서 좀 더 자세하게 살펴보고자 한다.

너희 가난한 자는 복이 있나니 하나님의 나라가 너희 것임이요. 마태는 "심령이 가난한 자는 복이 있나니 천국이 그들의 것임이요"(마 5:3)라고 말한다. 부나 가난이 어떤 사람에게 복이나 화를 가져다주는 것이 아니라는 것은 너무나 분명한 사실이다. 가난한 자라고 해도, 그 마음이 높아져서 교만하다면, 복이 있는 사람이 아니고, 부자라고 해도, 자신의 소망과 위로를 부에 걸지 않는다면, 화 있을 사람이 아니다. 하지만 여기에서 그리스도께서는 세상 사람들이 자신의 제자들을 어떻게 생각하든, 그들이 그를 믿고 따르는 제자들이라는 것이 이 세상에서 부자로서 재물과 부에서 인생의 낙과 위로를 찾는 자들보다 더 나은 상태라는 것을 이러한 대비를 통해 말씀해 주심으로써, 이 세상에서 가난하고 비천한 처지로 인해 낙심하고 있는 자신의 제자들을 위로해 주시는 데 이 강론의 초점을 좀 더 구체적으로 맞추고 계신 것으로 보인다. **지금 주린 자는 복이 있나니 너희가 배부름을 얻을 것임이요.** 마태는 "의에 주리고 목마른 자는 복이 있나니 그들이 배부를 것임이요"(마 5:6)라고 말한다. "주리고 목마른" 것이 "복"이 아니라는 것은 사실이지만, 그런 것들이 진정으로 의로운 심령이나, 진정으로 의를 구하고 의를 행하기를 힘쓰는 심령에게 "화"가 아니라는 것도 마찬가지로 사실이다. **지금 우는 자는 복이 있나니 너희가 웃을 것임이요.** 마태는 "애통하는 자는 복이 있나니 그들이 위로를 받을 것임이요"(마 5:4)라고 말한다. 의미는 거의 동일하다: 나의 제자들처럼, 서글프고 곤고한 상태에 있는 너희는 복이 있는 자들이다. 왜냐하면, 하나님께서 너희의 눈에서 눈물을 닦아 주실 때가 반드시 올 것이기 때문이다.

인자로 말미암아 사람들이 너희를 미워하며 멀리하고 욕하고 너희 이름을 악하다 하여 버릴 때에는 너희에게 복이 있도다. 마태는 "의를 위하여 박해를 받은 자는 복이 있나니 천국이 그들의 것임이라 나로 말미암아 너희를 욕하고 박해하고 거짓으로 너희를 거슬러 모든 악한 말을 할 때에는 너희에게 복이 있나니"(마 5:10-11)라고 말한다. 이 두 본문은 그리스도의 이름을 위하여 고난을 받는 자들은 복이 있다고 선언하고 있다는 점에서 전체적으로는 의미가 동일한 것은 사실이지만, 사용되고 있는 단어들은 매우 다르다. 또한, 마태는 박해에 대하여 일반적으로만 말하고 있는 반면에, 누가는 박해의 구체적인 몇 가지 예들을 들고 있다: (1) 그리스도의 제자들을 "멀리하는" 것. (2) 그들의 "이름을 악하다 하여 버리는" 것. 여기에서 "멀리하는" 것은 아마도 감옥에 가두거나 추방하는 것을 의미하는 것으로 보인다. 왜냐하면, 사람이 투옥되거나 추방당하면, 자기가 지금까지 함께 있어 왔던 혈육들이나 친지들과 고향 사람들로부터 떨어지게 되기 때문이다. 그러나 이것은 출교를 가리키는 것일 수도 있다. 이러한 후자의 해석은 우리 구주께서 "사람들이 너희를 출교할 뿐 아니라 때가 이르면 무릇 너희를 죽이는 자가 생각하기를 이것이 하나님을 섬기는 일이라 하리라"(요 16:2)고 하신 예언이나, "이미 유대인들이 누구든지 예수를 그리스도로 시인하는 자는 출교하기로 결의하였으므로"(요 9:22)라는 보도와 일치한다. 어떤 이들은 에스라 시대 때까지는 유대인들을 다스리던 자들은 유대 민족을 정복하였던 이방 민족의 왕의 꼭두각시에 불과하였기 때문에, 유대인들에게는 좀 더 가벼운 벌을 내릴 수 있는 권한만이 주어졌고, 사형을 내릴 권한은 주어지지 않았기 때문에, 출교의 권한도 없었다고 생각한다. 하지만 나는 그렇게 생각하는 박식한 사람들의 견해에 동의할 수 없다. 왜냐하면, 그것은 한편으로는 어느 사회나 모임이든 자신의 구성원으로서 적합하지 않은 자들을 쫓아내어 스스로 정결하게 할 수 있는 권한은 천부적으로 주어진 것인데, 하나님께서 유대 교회에 그러한 권한이 없게 내버려 두셨을 리가 없기 때문이기도 하고, 다른 한편으로는 어떤 사람이 마치 무할례자처럼 자기 백성으로부터 끊어져서 예루살렘에서 지켜지는 유월절에 참여할 수 없고, 하나님께서 유대인들에 대한 그러한 출교를 죽음에 빗대어서 말씀하셨다고 해도, 그것이 그 사람에 대하여 실제로 사형을 선고하는 것과 같은 것이라고 볼 수는 없기 때문이기도 하다. 나는 후대의 유대인들이 인간이 제정한 제도가 아니라 하나님의 율법에 근거해서 출교를 행하였다고 생각한다. 유대인들에게는 세 가지 등급의 출교가 있었다고 한다. 첫 번째는 단순히 유대인들의 교제에서 배제시키는 출교였고, 두 번째는 저주를 선고한 후에 출교시키는 것이었으며, 세 번째는 하나님께서 자신의 원수 갚으심의 본보기로 삼으신 자들에 대해서는 출교시키는 것은 물론이고 그들을 위하여 기도하는 것조차 금지되었다. 어떤 이들은 요한이 "누구든지 형제가 사망에 이르지 아니하는 죄 범하는 것을 보거든 구하라 그리하면 사망에 이르지 아니하는 범죄자들을 위하여 그에게 생명을 주시리라 사망에 이르는 죄가 있으니 이에 관하여 나는 구하라 하지 않노라"(요일 5:16)고 말하였을 때, 이 세 번째의 출교 선고를 받은 자들이 바로 "사망에 이르는 죄"를 범한 자들이었다고 생각하지만, 나는 그것은 단지 추측에 불과하다고 본다. 유대인들은 그리스도인들에 대해서는 최저 등급의 출교가 아니라 최고 등급의 출교를 선언하였고, 유대인들이 전 세계에 걸쳐서 문서로나 구두로나 그리스도인들을 반대하는 것은 일상화되어 있었음이 분명하다(행 28:22). 이제 그리스도께서는 그러한 상황 아래에 있는 자들, 즉 그리스도의 이름을 위하여 그러한 일들을 겪는 자들은 복이 있다고 선언하신다. 그들의 이름을 악하다고 말하며 버린다는 것은 단지 그들의 이름을 교회의 명부에서 지워 버리는 것만이 아니라, 앞에서 말한 방식으로 그들을 미워하고 욕하고 저주한다는 것을 의미하고, 이것은 주님의 제자들에게 큰 시험이 될 수 있었다. 그래서 주님께서는 "그 날에 기뻐하고 뛰놀라 하늘에서 너희 상이 큼이라 그들의 조상들이 선지자들에게 이와 같이 하였느니라"고 말씀하심으로써, 자신의 제자들을 더욱더 견고하게 무장시키시는데, 이 구절에 대해서는 마태복음 5:12에 대한 설명을 보라.

24. 그러나 화 있을진저 너희 부요한 자여 너희는 너희의 위로를 이미 받았도다.

너희는 부자이기 때문이 아니라, 하나님에 대하여 부요하지 못하고, 너희의 재물을 너희의 분깃과 "위로"로 삼으며, 너희 자신을 의롭다고 여기고 마음이 부요해져 있기 때문에, 화가 있을 것이다.

25. 화 있을진저 너희 지금 배부른 자여 너희는 주리리로다 화 있을진저 너희 지금 웃는 자여 너희가 애통하며 울리로다.

우리는 주님께서 여기에서 죄악으로 배부른 자들, 또는 적어도 영적으로 빈곤한 자들에 대하여 말씀하시는 것으로 이해하여야 한다. "배부른" 자들은 앞에 나온 "주린" 자들과 반대되는 자들이다. 우리가 "주린 자들"을 마태가 말하고 있듯이 의에 주리고 목마른 자들을 가리키는 것으로 이해한다면, "배부른 자들"은 그들 자신을 의롭게 여기고서 마음이 크게 부풀어서 허세로 가득 차 있는 자들이다. 우리가 "주린 자들"을 이 세상에서의 삶에서 필요한 것들에서 궁핍한 자들을 가리키는 것으로 이해한다면, "배부른 자들"은 죄악과 불의로 먹고 마실 것이나 물건들을 풍족하게 쌓아 놓고 사는 자들, 또는 영적으로 궁핍하여 하나님을 아는 지식이나 은혜에 있어서 빈곤한 자들이다. 복음서에 나오는 거지 나사로에 관한 비유 속에 나오는 부자가 죽어서 자신의 혀를 식힐 물 한 모금을 원하였듯이, 그런 자들에게는 장차 궁핍하여 주리게 될 때가 올 것이다. 마찬가지로, 우리는 여기에서 "웃는 자들"을 죄악으로 즐거워하는 자들, 또는 적어도 영적으로 기뻐해야 할 이유가 없는 자들을 가리키는 것으로 이해하여야 한다. 주님께서 그런 자들에 대하여 "애통하며 울리로다"라고 경고하신 것은, 하나님께서 현세에서나 내세에서 그들에게 응분의 벌을 내리실 것인데, 그 때에 그들이 통곡하며 이를 갈게 될 것임을 의미한다.

26. 모든 사람이 너희를 칭찬하면 화가 있도다 그들의 조상들이 거짓 선지자들에게 이와 같이 하였느니라.

모든 사람, 심지어 외인들에게까지 칭찬을 듣는 것은 바람직한 일이고, 모든 믿음 좋은 사람들은 다른 사람들로부터 욕먹을 짓을 삼가고, 사람들에 대하여 온갖 자비로운 일들과 구제하고 돕는 일들을 행하여, 신앙인은 다르구나 하는 칭찬을 듣도록 애쓰는 것이 마땅하다. 그러나 세상은 너무나 타락하고 부패해 있어서, 가장 신앙이 좋은 사람들이 통상적으로 가장 심하게 욕을 먹는데, 그 중에서도 가장 욕을 먹는 것은 복음의 일꾼들이다. 옛적의 선지자들이나 세례 요한, 그리스도와 그의 사도들 중에서 자신의 세대에서 악인들의 무리로부터 좋은 말을 듣고 칭찬을 들은 사람은 아무도 없었다. 하나님의 선지자들보다도 옛적의 거짓 선지자들이 대부분의 유대인들로부터 훨씬 더 큰 신뢰와 명성을 얻었다. 율법과 복음의 교훈들은 대부분의 사람들의 욕심이나 정욕을 거스르고 대적하는 것들이어서, 대다수의 세상 사람들이 그 교훈들이나, 그러한 교훈들을 신실하고 충성되게 가르치고 선포하는 자들을 좋게 보고 칭찬하는 것은 불가능하다. 기독교의 초기에는 바리새인들, 우리 시대에는 교황주의자들과 그들의 친구들은 이러한 사실을 너무나 잘 알고 있었기 때문에, 하나님의 율법을 가르칠 때에는, 사람들이 여러 가지 욕심과 정욕으로 살아가는데도, 마치 그들에게 아무런 문제가 없는 것처럼, 그들의 마음을 편하게 해 주는 방식으로 율법을 강론하고, 복음을 전할 때에는, 마치 천국으로 가는 길은 아주 넓어서, 그 어떤 사람도 아주 쉽게 들어갈 수 있다는 듯이, 그들의 마음을 만족시켜 주는 방식으로 복음을 해석하는 것이 바리새인들이나 교황주의적인 궤변론자들의 일이었다.

27-29. [27]그러나 너희 듣는 자에게 내가 이르노니 너희 원수를 사랑하며 너희를 미

위하는 자를 선대하며 [28]너희를 저주하는 자를 위하여 축복하며 너희를 모욕하는 자를 위하여 기도하라 [29]너의 이 뺨을 치는 자에게 저 뺨도 돌려대며 네 겉옷을 빼앗는 자에게 속옷도 거절하지 말라.

우리는 이 절들에 나오는 것과 거의 흡사한 말씀을 마태복음 5:39-40을 다룰 때에 이미 살펴보았는데, 거기에서 나는 이 본문의 전체적인 요지는 사적인 복수를 금지하는 것이라고 말한 바 있다. 따라서 마태 본문에는 "악한 자를 대적하지 말라"는 좀 더 일반적인 명령이 다른 명령들보다 먼저 앞에 제시되어 있다. 그러나 이 본문 속에서 주님께서는 사적인 복수만을 금지하시는 것이 아니라, 그 외에도 자기가 피해를 보았다고 하여 화가 나서 율법과 정의라는 명목으로 소송을 하거나 남들을 괴롭히는 것도 금지하시는 것으로 보인다. 그래서 마태 본문에서 주님께서는 "너를 고발하여 속옷을 가지고자 하는 자에게 겉옷까지도 가지게 하며"라고 말씀하신다. 우리는 이것이 당시가 이방인 방백과 관리들의 통치 아래 있던 시기와 관련된 좀 더 특별한 명령으로서, 그리스도인들이 불신자들이 주관하는 재판정에 가서 옳고 그름을 다투는 볼썽사나운 일이 벌어짐으로써 복음에 대한 평판이 나빠지는 일이 벌어지지 않게 하기 위한 것일 수 있다. 고린도전서 6:7에서 사도 바울이 "너희가 피차 고발함으로 너희 가운데 이미 뚜렷한 허물이 있나니 차라리 불의를 당하는 것이 낫지 아니하며 차라리 속는 것이 낫지 아니하냐"고 말한 것이 이 본문을 어느 정도 설명해 주는 것으로 보인다. 이것이 우리가 우리의 정당한 권리들을 옹호하거나 회복하기 위하여 법을 활용하는 것을 금지하는 것이 아니고, 오직 법을 이용해서 자신의 이득을 지키거나 얻으려고 추한 모습을 보이는 것을 금지하는 것일 뿐이라는 것은 아주 분명하다. 마태복음 5:39-40에 대한 설명을 보라.

30. 네게 구하는 자에게 주며 네 것을 가져가는 자에게 다시 달라 하지 말며.

마태복음에도 거의 동일한 말씀이 나오지만, 거기에는 "네게 구하는 자에게 주며 네게 꾸고자 하는 자에게 거절하지 말라"로 되어 있어서, 마태 본문이 율법에서 "네 하나님 여호와께서 네게 주신 땅 어느 성읍에서든지 가난한 형제가 너와 함께 거주하거든 그 가난한 형제에게 네 마음을 완악하게 하지 말며 네 손을 움켜 쥐지 말고 반드시 네 손을 그에게 펴서 그에게 필요한 대로 쓸 것을 넉넉히 꾸어주라"(신 15:7-8)고 한 것과 좀 더 일치하는 것으로 보인다. 우리는 우리 구주의 이러한 명령들을 엄격한 의미로 해석해서, 마치 어떤 사람이 달라고 하면, 자신의 능력이나 그런 부탁을 하는 사람의 사정을 고려하지도 않고, 누구에게나 다 그가 달라는 대로 주라고 명하신 것처럼 이해해서는 안 되고, 하나님이 우리에게 명하신 순서를 따라 먼저 우리 가족을 부양하고, 다음으로는 믿음의 권속들을 도운 후에, 여전히 우리에게 여력이 있을 때에는, 우리의 가난한 이웃들이 정말 곤궁하고 딱한 처지에 놓여 있어서, 우리가 꼭 도와주어야 하는 경우에, 우리의 힘이 닿는 대로 그들을 후하게 돕고 구제하여야 한다는 의미로 이해하여야 한다. 또한, 우리는 후반절에 나오는 명령에 대해서도, 마치 주님께서 그리스도인들에게 자신들의 것을 도둑질해 가거나 강탈해 가더라도 뒤좇아 가서 다시 빼앗아 오지 말라고 명령하신 것처럼 해석해서는 안 되고, 오직 사적인 복수를 하거나, 작은 것들을 가지고 지나치게 다투지 말라는 의미로 해석하여야 한다. 마태복음 5:42에 대한 설명을 보라.

31. 남에게 대접을 받고자 하는 대로 너희도 남을 대접하라.

마태복음 7:12에 대한 설명을 보라. 이것은 자연법이고 모든 정의의 황금률인 동시에, 앞에 나온 절들이나 이 장에 나오는 구제와 관련된 다른 명령들을 해석하는 지침으로서의 역할을 한다. 이 모든 경우에 있어서 사람들은 자기가 그런 처지에 있고, 다른 사람들이 자기를 도와 줄 수 있는 능력이 있다고 가정했을 때, 그들이 자기에게 어떻게 해주어야 자기가 기뻐하고 합당하다고 여기게 될지를 생각하여야 한다. 사람들이 이런 식으로 처지를 바꾸어서 생각하면, 자기가 행하는 것이 공의이고 사랑인지 그렇지 않은지를 헤아릴 수 있게 된다.

32-34. [32]너희가 만일 너희를 사랑하는 자만을 사랑하면 칭찬 받을 것이 무엇이냐 죄인들도 사랑하는 자는 사랑하느니라 [33]너희가 만일 선대하는 자만을 선대하면 칭찬 받을 것이 무엇이냐 죄인들도 이렇게 하느니라 [34]너희가 받기를 바라고 사람들에게 꾸어 주면 칭찬 받을 것이 무엇이냐 죄인들도 그만큼 받고자 하여 죄인에게 꾸어 주느니라.

마태복음 5:46-47에 대한 설명을 보라. 우리 구주께서 이 논증 속에서 강조하시는 것은, 하나님께서는 자기에게서 다른 사람들보다 더 많은 은혜와 은총을 받고 다른 사람들보다 더 깊이 신앙 고백을 한 자들은 하나님의 적극적인 명령들과 그의 말씀 속에 나타나 있는 그의 뜻에 순종하여, 단순히 본성의 빛과 자연법에 따라 살아가는 자들보다 더 많이 사람들을 사랑하고 선대하며 후히 주라는 것이다.

35-36. [35]오직 너희는 원수를 사랑하고 선대하며 아무 것도 바라지 말고 꾸어 주라 그리하면 너희 상이 클 것이요 또 지극히 높으신 이의 아들이 되리니 그는 은혜를 모르는 자와 악한 자에게도 인자하시니라 [36]너희 아버지의 자비로우심 같이 너

희도 자비로운 자가 되라.

많은 해석자들이 이 본문을 이자를 받고 돈을 꾸어 주는 것을 금지하는 것으로 해석하지만, 나는 거기에 동의할 수 없고, 이 본문을 사람들의 사정을 헤아려서 긍휼과 자비를 베풀어야 한다는 명령으로 좀 더 넓게 해석하여야 한다고 본다. 즉, 우리는 우리가 어떤 사람에게 돈을 꾸어 주었을 때에 그 돈을 떼이게 될 것을 염려해서 자비를 베푸는 손을 거두어들여서는 안 된다. 어떤 사람이 우리에게 남아 있는 일정 정도의 돈이나 물건이 꼭 필요해서 빌려 주기를 바랄 때, 우리는 그 돈이나 물건을 빌려 주었다가 되돌려 받지 못한다고 하여도, 그것은 하나님이 자신의 섭리에 의해서 그 사람으로 하여금 그것을 갚을 수 없게 하신 것이기 때문에, 그런 손해를 넉넉히 감수할 수 있어야 하고, 그런 손해를 염려하여 그 사람에게 그 돈이나 물건을 빌려 주기를 거절해서는 안 되며, 도리어 하나님께서 그 사람으로 하여금 우리에게 갚을 수 없게 하시기를 기뻐하신다면, 기꺼이 그 손해를 감당하겠다고 결심하고 그 사람에게 필요한 것을 빌려 주어야 한다.

많은 해석자들이 이 본문을 이자를 받고 돈을 꾸어 주는 것을 금지하는 것으로 해석하고자 하지만, 나는 이 본문은 그런 문제를 주제로 다루고 있지 않다고 생각하고, 하나님께서 유대인들에게 그런 식으로 이자를 받고 돈을 꾸어 주는 것을 절대적으로 금지하셨다고 생각하지 않는다. 유대인들도 "가나안 사람"으로 대표되는 외인들을 상대로 해서는 돈을 꾸어 주고 이자를 받는 것이 불법이 아니었다. 어떤 이들은 심지어 유대인들은 가나안 사람들을 죽여도 괜찮았다고 말하기까지 한다(사람들은 나중에 유대인들이 가나안 사람과의 평화로운 동거에 동의하였다고 말하지만, 나는 그렇지 않았을 것이라고 생각한다). 이것은 이자를 받고 돈을 꾸어 주는 것은 그 자체가 악한 일(malum per se)로 여겨졌던 것이 아니라, 단지 율법에서 금지한 경우에만 악한 일이 되는 것(malum prohibitum)으로 여겨졌음을 보여 주고, 절대적이고 보편적으로 금지된 것이 아니라, 동일한 교회와 민족에 속한 형제들과 관련해서만 금지되었음을 보여 준다. 따라서 우리는 이자를 받고 돈을 꾸어 주는 것을 불법으로 규정한 율법을 온 인류에게 적용되는 하나님의 보편적인 법이 아니라 유대인들의 시민법으로 생각하여야 한다. 게다가, 유대인들 사이에게는 한편으로는 희년 제도가 있었고, 다른 한편으로는 그들이 종사한 일이 주로 장사하는 것만큼 그렇게 큰 목돈이 들어가지 않는 농업과 목축업이었기 때문에, 이자를 내고 돈을 빌릴 필요가 별로 없었다.

또한, 우리는 이 본문을 십계명과 결부시켜서는 안 되지만, 어떤 이들은 여덟 번째 계명인 "도둑질하지 말라"(출 20:15)와 연결시켜서, 이자를 받지 말고 그냥 꾸어 주라는 명령을 어기고서 이자를 받는 것은 다른 사람의 것을 정당한 이유 없이 그 사람의 뜻에 반하여 가져가는 도둑질이라고 말한다. 하지만 나는 적절한 이자를 받고 돈을 꼭 필요한 이웃에게 빌려 주어서 그 이웃을 곤경에서 벗어나게 해 주고, 그런 계약을 하는 데 돈을 빌려 주는 사람의 선의가 분명하게 드러나 있는 경우에, 어떻게 그것이 도둑질이 되는지를 알지 못하겠다. 또한, 돈을 빌려 주는 사람은 그렇게 이웃에게 빌려 줌으로써 자신이 입게 되는 손해를 보전할 목적으로 이자를 받는 것이기 때문에, 거기에는 불의한 것이 있을 수 없다. 그런데도 그것은 하나님의 율법을 어기는 것이기 때문에 불법이고 불의한 일이라고 말한다면, 나는 지금 그것이 하나님의 율법을 어기는 것이 아니라는 것을 증명하고 있는 것이라고 말하고 싶다. 물론, 우리의 형제가 궁핍과 빈곤에 처해 있고 돈을 빌린다고 해도 갚을 힘이 없다는 것이 분명한 경우에도 많든 적든 이자를 받고 돈을 꾸어 준다면, 그것은 "아무 것도 바라지 말고 꾸어 주라"는 구제의 명령과 우리의 형제들에게 자비를 베풀어야 한다는 사랑의 명령(36절)을 어기는 죄가 되기 때문에 불법적인 것으로서 금지될 수 있다. 하지만 이자를 받지 말고 돈을 꾸어 주라는 신명기 23:19-20의 하나님의 율법은 "네가 형제에게 꾸어주거든 이자를 받지 말지니 곧 돈의 이자, 식물의 이자, 이자를 낼 만한 모든 것의 이자를 받지 말 것이라"고 규정하고 있기 때문에 모든 경우에 다 적용되었다고 한다면, 유대인들은 일년 열두 달 동안 내내 자신의 물건들을 누구에게나 그 즉시 현금이나 현물로 받지 않고 외상으로 판 경우에는 거기에 대한 그 어떤 이자도 받을 수 없었을 것이다. 따라서 이 율법은 유대인들 사이에서만 적용되었고, 외인들과의 거래에는 적용되지 않았다. 이것은 누가복음 6:20이 분명하게 보여 주고, 출애굽기 22:25에서도 "네가 만일 너와 함께 한 내 백성 중에서 가난한 자에게 돈을 꾸어 주면 너는 그에게 채권자 같이 하지 말며 이자를 받지 말 것이며"라고 말함으로써, 이것을 분명하게 보여 준다. 또한, 우리는 시편 기자가 "이자를 받으려고 돈을 꾸어 주지 아니하며 뇌물을 받고 무죄한 자를 해하지 아니하는 자이니 이런 일을 행하는 자는 영원히 흔들리지 아니하리이다"(시 15:5)라고 말한 것도 유대인들 사이에서의 일을 다룬 것으로 해석하여야 한다. 하나님의 율법의 이러한 취지에 따라, 우리는 다른 사람들, 특히 그리스도인이 아닌 자들보다 우리와 동일한 민족과 교회에 속한 자들을 더 많이 돕는 것이 마땅하고, 그리스도인들 가운데서는 재산이 많고 형편이 나은 자들보다는 가난한 자들을 더 많이 돕는 것이 합당하다. 그러나 나는 처음에 말하였듯이, 이 본문을 좀 더 넓게 해석해서, 주님께서는 여기에서 하늘에 계신 우리 아버지의 모범을 들어 널리 긍휼과 자비를 베풀라고 보편적으로 명하신 것으로 이해하는 것이 좋다고 본다.

37. 비판하지 말라 그리하면 너희가 비판을 받지 않을 것이요 정죄하지 말라 그리하면 너희가 정죄를 받지 않을 것이요 용서하라 그리하면 너희가 용서를 받을 것이요.

마태복음 7:1과 6:14에 대한 설명을 보라. 거기에서 우리는 여기에서 금지된 사적인 "비판"과 여기에서 요구하고 있는 "용서"가 무엇인지를 자세하게 설명하였다.

38. 주라 그리하면 너희에게 줄 것이니 곧 후히 되어 누르고 흔들어 넘치도록 하여 너희에게 안겨 주리라 너희가 헤아리는 그 헤아림으로 너희도 헤아림을 도로 받을 것이니라.

하나님께서는 우리가 구제와 의로운 일들을 행하는 것을 자기가 얼마나 좋아하시는지를 알게 하시기 위하여, 여기에서 다른 그 어떤 것들보다도, 그런 일들에 대해서는 반드시 거기에 걸맞은 상을 내리시고, 그렇게 하지 않는 자들에게는 그 죄에 걸맞는 벌을 내리심으로써, 응보의 법칙을 엄격하게 적용하실 것이라고 말씀하신다. 이 절은 구제에 대하여 말한다. 주라 그리하면 하나님께서 너희에게 너희가 남들에게 준 바로 그 만큼만 주시는 것이 아니라 후히 되어 누르고 흔들어 넘치도록 하여 너희에게 안겨 주리라. 됫박에 곡식을 넣고 흔들어서 빈틈이 없게 하고, 거기에다가 손으로 그 곡식을 꼭꼭 힘 있게 눌러서, 됫박이 넘치도록 고봉으로 채워서 우리에게 주시리라는 것은 하나님께서 우리에게 주실 수 있는 한도 내에서 최대한으로 후하게 주시겠다는 것이다. 따라서 여기에서 주님께서 약속하시는 것은, 우리가 다른 사람들에게 자비를 베풀고 구제한 일에 대하여 풍성한 보상을 해 주시겠다는 것이다. 하나님께서는 좀 더 직접적으로는 친히 자신의 손으로 우리에게 그러한 상을 주시거나, 다른 사람들을 감동시키시고 움직이셔서, 우리가 남들에게 베푼 그런 자비를 우리에게 베풀게 하시고, 간접적으로는 우리가 생각하지도 않았던 섭리를 통해서 우리에게 복을 주신다. 이러한 취지의 말씀은 성경에 풍부하게 나온다(신 24:19; 시 41:1-3; 잠 11:25; 28:27; 고후 9:6). 사람들은 너무나 악하고 불의해서, 남들로부터 도움을 받았고 거기에 보답할 능력이 있더라도, 보답하고자 하지 않는 경우가 비일비재하지만, 하나님께서는 자신이 하신 약속들에 신실하셔서, 단지 인간적인 육정을 따라 곤궁한 사람들을 측은히 여기는 마음에서가 아니라, 하나님의 뜻에 순종하는 마음에서 다른 사람들을 구제하고 긍휼을 베푼 사람들에게 자신의 섭리를 따라 반드시 그 상을 받게 하신다. 하나님께서는 그런 사람들이 남들에게 베푼 긍휼과 자비들이 자신의 명령으로 비록 오랜 시간이 지난 후에라도 반드시 다시 그들에게 돌아가게 하심으로써, 그들의 그런 행위들에 대하여 풍성하고 차고 넘치게 상을 주신다.

39. 또 비유로 말씀하시되 맹인이 맹인을 인도할 수 있느냐 둘이 다 구덩이에 빠지지 아니하겠느냐.

복음서 기자는 이것을 "비유"라고 말하고 있는데, 우리는 이것을 그 안에 표면적으로 말하는 것보다 더 깊은 의미를 담고 있는 속담 또는 격언으로 보아야 한다. 속담이나 격언은 하나의 경우에만 적용되는 것이 아니라, 여러 경우에 적용될 수 있다. 또한, 우리는 복음서 기자들이 그리스도의 말씀들이라고 제시하는 모든 것 속에서 분명한 연결관계를 발견해낼 수 있을 것이라고 기대해서는 안 된다. 왜냐하면, 그들이 적어도 많은 부분을 자신들의 기억에 의존해서 썼고, 우리 구주께서 언제 어떤 주제를 다루시는 가운데 하신 말씀인지를 밝히지 않고 많은 말씀들을 기록해 놓았다는 것은 의심의 여지가 없기 때문이다. 따라서 우리는 여기에 나오는 말씀과 주님이 앞에서 하신 말씀들 간의 연결 관계를 밝히려고 애쓸 필요가 없다. 병행본문인 마태복음 15:14에서는 우리 구주께서 이 말씀을 당시에 유대인들의 선생들이자 지도자들이었던 서기관들과 바리새인들에게 적용하셔서, 그들은 하나님의 율법의 참된 의미를 알지 못하기 때문에, 다른 사람들을 제대로 올바르게 인도할 수 없고, 함께 "구덩이에 빠져" 멸망하고 파멸할 수밖에 없다고 말씀하고 계시다는 것은 너무나 분명하다. 이것을 토대로, 우리는 이 말씀이 앞에 나온 말씀들과 서로 연결되어 있을 가능성이 매우 크다는 것을 알 수 있다. 왜냐하면, 마태복음 5장은 바리새인들은 "네 이웃을 사랑하고 네 원수를 미워하라"(마 5:43)고 가르쳤지만, 주님께서는 "네 이웃을 네 자신 같이 사랑하라"는 하나님의 계명을 그들의 가르침과는 판이하게 다르게 "이웃"의 범위를 훨씬 넓혀서, "너희 원수를 사랑하며 너희를 박해하는 자를 위하여 기도하라"(마 5:44)는 의미로 해석하셨다는 것을 보여 주기 때문이다. 주님께서는 이것이 하늘에 계신 내 아버지의 뜻이고 법이라고 말씀하신다. 너희를 현재 가르치는 선생들인 서기관들과 바리새인들은 하나님의 뜻에 훨씬 못 미치는 것을 가르치고 있는 것이기 때문에, 너희가 하나님을 기쁘시게 해드리고자 한다면, 그들의 말을 청종하지 말라. 그들은 눈이 멀어서 하나님의 뜻을 알지 못하는 자들인데, 너희가 그들을 따라간다면, 너희는 "맹인이 맹인을 인도할" 때에 벌어지는 일 외에 거기에서 무엇을 기대할 수 있겠는가?

40. 제자가 그 선생보다 높지 못하나 무릇 온전하게 된 자는 그 선생과 같으리라.

이것은 또 하나의 속담이었는데, 앞에서 우리 구주께서는 자신의 제자들이 장차 고난을 받게 될 것을 생각하셔서, 이 속담을 인용하여, 자기가 먼저 고난을 받을 것이고, 그들은 고난을 받는다고 해도 자기보다 더한 고난은 받지 않을 것이라고 말씀하심으로써, 그들을 위로하셨다(마 10:24; 요 15:20). 하지만 여기에서 주님께서는 이 속담을 자신의 제자들이 마땅히 해야 할 본분에 적용하신다. 어떤 이들은 주님께서 바리새인들과 관련해서 이 속담을 인용하신 것이라고 말하면서, 맹인이 맹인을 인도하면 둘 다 구덩이에 빠질 것이라고 하신 앞 절과 이 절을 서로 연결시켜서 해석한다. 즉, 여기에서 "제자가 그 선생보다 높지 못하다"는 것은 어떤 선생에게서 그 선생이 스스로 알고 있는 것 이상으로 배울 수 있을 것이라고 기대해서는 안 된다는 의미라는 것이다. 그러나 이 말씀을 그리스도와 연결시켜서 해석해서, 우리 주님께서 이렇게 말씀하신 것으로 보는 것이 더 낫다: 나는 너희의 선생이고, 너희는 나의 제자들이다. 너희는 바로 그러한 관계 속에서 내게서 배우고 나를 따랐다. 나는 내가 친히 행하고 있는 것만을 너희에게 가르쳐 왔다. 나는 다른 사람들로부터 아무 보답도 바라지 않고, 긍휼을 베풀고 용서하고 준다. 나는 너희가 나보다 더한 것들, 내가 너희에게 모범을 보인 것들 이상으로 행하기를 기대하는 것이 아니다. 너희가 너희의 선생인 내가 행해 온 만큼만 행할 수 있다면, 너희는 온전하게 된 것이다.

41-42. [41]어찌하여 형제의 눈 속에 있는 티는 보고 네 눈 속에 있는 들보는 깨닫지 못하느냐 [42]너는 네 눈 속에 있는 들보를 보지 못하면서 어찌하여 형제에게 말하기를 형제여 나로 네 눈 속에 있는 티를 빼게 하라 할 수 있느냐 외식하는 자여 먼저 네 눈 속에서 들보를 빼라 그 후에야 네가 밝히 보고 형제의 눈 속에 있는 티를 빼리라.

마태복음 7:3-5에 대한 설명을 보라.

43-45. [43]못된 열매 맺는 좋은 나무가 없고 또 좋은 열매 맺는 못된 나무가 없느니라 [44]나무는 각각 그 열매로 아나니 가시나무에서 무화과를, 또는 찔레에서 포도를 따지 못하느니라 [45]선한 사람은 마음에 쌓은 선에서 선을 내고 악한 자는 그 쌓은 악

에서 악을 내나니 이는 마음에 가득한 것을 입으로 말함이니라.

마태복음 7:16-20에 대한 설명을 보라. 43절과 44절은 45절에서 설명되고 있다. 성경의 다른 본문들에서와 마찬가지로, 여기에서도 사람들은 나무의 뿌리와 열매의 관계, 즉 나무의 열매는 그 뿌리와 본성이 어떠하냐에 따라 달라진다는 것에 비유된다. 나무의 뿌리가 열매의 원천인 것과 마찬가지로, 사람의 마음은 사람들의 행위라는 열매의 원천이 된다는 의미에서 뿌리이다. 왜냐하면, 사람의 삶의 모든 외적인 행위들은 마음과 의지가 명령하는 것이 겉으로 표출되는 것이기 때문이다. 따라서 어떤 사람 안에서 의지가 새로워지고 거룩해져서 하나님의 뜻에 순복하게 되면, 그 사람은 하나님의 뜻을 사랑하여 행하고자 하고 기뻐하게 될 뿐만 아니라, 자신의 혀에게 명령해서 하나님의 뜻에 합당한 말들을 하게 하고, 몸의 모든 지체들에게 명령해서 하나님의 뜻에 합당하게 움직이게 한다. 반대로, 어떤 사람의 의지가 새로워지지 않고 거룩해지지 않은 경우에는, 그 사람은 하나님의 뜻을 배척하고 거부할 뿐만 아니라, 자신의 혀에게 명령하여 하나님의 뜻을 거스르는 말을 하게 하고, 몸의 모든 지체들에게 명령하여 하나님의 뜻을 공경하거나 경외함이 없는 행위들을 하게 만든다.

46-49. [46]**너희는 나를 불러 주여 주여 하면서도 어찌하여 내가 말하는 것을 행하지 아니하느냐** [47]**내게 나아와 내 말을 듣고 행하는 자마다 누구와 같은 것을 너희에게 보이리라** [48]**집을 짓되 깊이 파고 주추를 반석 위에 놓은 사람과 같으니 큰 물이 나서 탁류가 그 집에 부딪치되 잘 지었기 때문에 능히 요동하지 못하게 하였거니와** [49]**듣고 행하지 아니하는 자는 주추 없이 흙 위에 집 지은 사람과 같으니 탁류가 부딪치매 집이 곧 무너져 파괴됨이 심하니라 하시니라.**

마태복음 7:24-27에 대한 설명을 보라. 거기에서 우리는 이미 여기에 나오는 것과 동일한 말씀을 살펴보았다. 이 말씀의 요지는 그리스도 외의 다른 어떤 것 위에 세워지거나 그리스도의 명령들을 지키고자 하는 진지하고 진실한 노력이 없는 가운데 그리스도 위에 세워진 구원에 대한 사람들의 소망은 헛된 소망들이라는 것이다. 환난이나 시험의 폭우가 내리기 전까지는 그들의 그러한 소망들은 꽤 괜찮아 보일 수 있지만, 그들이 죽음을 맞게 되었거나, 어떤 조금 강력한 시험이 공격해 왔거나, 어떤 큰 환난이 그들에게 닥쳤을 때에는, 그 소망들은 허무하게 무너져 내리게 될 것이고, 그들은 그러한 소망들이 얼마나 어리석고 허망한 것이었는지를 알게 될 것이다. "하나님이 그의 영혼을 거두어 가실 때, 외식하는 자의 소망이 무슨 소용이 있으랴"(욥 27:8, 한글개역개정에는 "불경건한 자가 이익을 얻었으나 하나님이 그의 영혼을 거두실 때에는 무슨 희망이 있으랴").

제7장

개요

1. 그리스도께서 백부장의 특별한 믿음을 칭찬하시고, 멀리서 말씀만으로 그의 종을 고쳐 주심(1-10).
2. 나인 성 과부의 아들을 다시 살리심(11-17).
3. 세례 요한의 제자들에게 그들이 본 자기가 행한 이적들에 대하여 요한에게 설명해 주라고 하시며 돌려보내심(18-23).
4. 세례 요한에 대한 그리스도의 증언(24-30).
5. 세례 요한이나 자신의 가르침을 받아들이려고 하지 않는 이 세대의 사람들의 뒤틀린 심령을 책망하심(31-35).
6. 그리스도께서 죄인인 여자가 자기 발에 향유를 붓고 머리털로 닦아 주는 것을 보시고서, 아무리 악한 죄인도 진실하게 회개하기만 하면 죄 사함을 받을 수 있다는 것을 비유로 보여 주심(36-50).

**1-10. [1]예수께서 모든 말씀을 백성에게 들려 주시기를 마치신 후에 가버나움으로
들어가시니라 [2]어떤 백부장의 사랑하는 종이 병들어 죽게 되었더니 [3]예수의 소문을
듣고 유대인의 장로 몇 사람을 예수께 보내어 오셔서 그 종을 구해 주시기를 청한
지라 [4]이에 그들이 예수께 나아와 간절히 구하여 이르되 이 일을 하시는 것이 이 사
람에게는 합당하니이다 [5]그가 우리 민족을 사랑하고 또한 우리를 위하여 회당을 지
었나이다 하니 [6]예수께서 함께 가실새 이에 그 집이 멀지 아니하여 백부장이 벗들
을 보내어 이르되 주여 수고하시지 마옵소서 내 집에 들어오심을 나는 감당하지 못
하겠나이다 [7]그러므로 내가 주께 나아가기도 감당하지 못할 줄을 알았나이다 말씀
만 하사 내 하인을 낫게 하소서 [8]나도 남의 수하에 든 사람이요 내 아래에도 병사가
있으니 이더러 가라 하면 가고 저더러 오라 하면 오고 내 종더러 이것을 하라 하면
하나이다 [9]예수께서 들으시고 그를 놀랍게 여겨 돌이키사 따르는 무리에게 이르시
되 내가 너희에게 이르노니 이스라엘 중에서도 이만한 믿음은 만나보지 못하였노
라 하시더라 [10]보내었던 사람들이 집으로 돌아가 보매 종이 이미 나아 있었더라.**

마태복음 8:5-13에 대한 설명을 보라. 거기에서 우리는 이 이적에 대한 마태와 누가의 보도 간의 모든 차이들을 다 살펴보았다. 이 이야기가 우리에게 주는 주된 교

훈들은 다음과 같은 것들이다: (1) 백부장이 자신의 종에 대하여 보여 준 따뜻한 인간미. 이것은 우리 그리스도인들이 본받아야 할 만한 모범이다. (2) 선행의 유익성. 백부장은 유대인들을 사랑하여 회당을 지었기 때문에, 유대인들은 그리스도께 이 백부장을 적극 추천하였다. (3) 백부장의 겸손함. 그는 자기가 그리스도 앞에 나서거나, 그리스도를 자신의 집으로 모실 자격조차 없는 사람이라고 생각하였다. (4) 하나님으로서의 그리스도의 능력과 선하심을 믿은 백부장의 믿음. 백부장이 그리스도가 하나님의 영원하신 아들이라고 믿었던 것으로 보이지는 않지만, 적어도 그리스도께서 하나님의 권능을 덧입으셨거나, 하나님으로부터 신적인 능력을 수여받으셔서, 인간적으로 합리적인 수단을 사용하지 않으시고도, 멀리서 단지 말씀만으로 자신의 종에게서 병이 떠나가게 명하실 수 있으시다고 믿었다. (5) 하나님을 믿는 믿음이 지닌 힘과 그 믿음으로 말미암아 백부장이 하나님께 받아들여짐. 그리스도께서는 백부장의 믿음을 보시고서 그의 종의 병을 고쳐 주셨을 뿐만 아니라, 당시에 유일하게 하나님의 백성이었던 유대인들 가운데서도 보지 못한 큰 믿음을 백부장이 지녔다고 그의 믿음을 칭찬하셨다. 유대인들에게는 이 로마 백부장보다 훨씬 더 많은 계시의 빛과 은혜의 방편들이 주어져 있었기 때문에, 그리스도가 하나님이 인류의 유익을 위하여 보내신 분이라는 것에 대한 그들의 믿음은 이 백부장이 보여준 믿음보다 훨씬 더 커야 하였지만, 실제로는 그렇지가 못했다.

11-15. [11]그 후에 예수께서 나인이란 성으로 가실새 제자와 많은 무리가 동행하더
니 [12]성문에 가까이 이르실 때에 사람들이 한 죽은 자를 메고 나오니 이는 한 어머니
의 독자요 그의 어머니는 과부라 그 성의 많은 사람도 그와 함께 나오거늘 [13]주께서
과부를 보시고 불쌍히 여기사 울지 말라 하시고 [14]가까이 가서 그 관에 손을 대시니
멘 자들이 서는지라 예수께서 이르시되 청년아 내가 네게 말하노니 일어나라 하시
매 [15]죽었던 자가 일어나 앉고 말도 하거늘 예수께서 그를 어머니에게 주시니.

우리 구주께서 행하신 이 이적에 대해서는 오직 누가만이 보도한다. 마태는 주님께서 야이로의 죽은 딸을 다시 살리신 이적만을 보도할 뿐이다. 하지만 누가는 거기에 이 이적을 더한다. 또한, 요한은 주님께서 나사로를 다시 살리신 이적을 추가함으로써(요 11:57), 우리 주님께서 다른 곳에서 말씀하신 것처럼 자기가 부활이요 생명이시라는 것을 선언하심과 동시에, 자신의 신적인 권능을 강력하게 나타내셨고, 장차 있을 모든 사람들의 부활을 예고해 주는 몇몇 첫 열매들을 우리에게 주셨다는 것을 보여 준다. 복음서 기자는 주님께서 이 이적을 행하신 곳이 "나인"이라 불리는 "성"이었다고 말한다. 스테파누스(H. Stephen)가 편찬한 『히브리어, 갈대아어, 헬라어, 라틴어의 인명과 지명 사전(*Heb., Chald., Gr. et Lat. nomina*)에 의하면, 나인 성은 다볼 산에서 3km 가량 떨어진 헐몬 산 자락에 자리 잡은 헨돌(Hendor) 근방의 성읍이었다고 한다. 죽은 자들을 성 밖에 매장하는 것이 유대인들의 관습이었는데, 그리스도께서는 나인 성 과부의 아들의 시신이 든 관을 메고 가던 행렬과 마주치셨다. 그녀는 "과부"였고, 이 아들은 그녀의 "독자"였으며, 하나님께서는 자신의 섭리를 통해서 그녀가 이스라엘에 남긴 유일한 숯불을 꺼버리셨기 때문에, 그녀의 고통은 극심하였다.

주께서 과부를 보시고 불쌍히 여기사 울지 말라 하시고. 우리는 본문에서 다른 어떤 사람이 이 과부를 위해서 간청하였다거나, 이 과부가 직접 주님께 간청하였다는 말을 듣지 못한다. 오직 우리 구주께서 그녀의 슬픔을 보시고 그녀의 상실감을 생각하시고서는 불쌍히 여기는 마음이 동하신 것이었다. 우리 구주께서 다음과 같은 경우에 치유의 이적을 행하셨다는 것은 주목할 만하다: (1) 치유받고자 하는 사람이 간청한 경우. (2) 다른 사람들이 병자를 고쳐 주시라고 병자 대신에 간청한 경우. (3) 병자나 병자 대신에 다른 사람들이 긍휼을 베풀어 달라고 간청하지 않았는데도, 주님께서 친히 스스로 고쳐 주고자 하신 경우. 주님께서 저 유명한 산상수훈을 마치신 후에, 마태와 누가가 마태복음 8장과 여기에서 보도하고 있는 대로, 처음으로 행하신 세 가지 이적들은 이 세 가지 유형의 모든 예를 보여 준다. 즉, 주님께서는 첫 번째 이적에서는 나병환자가 직접 자기에게 간청하였을 때에 그 나병환자를 고쳐 주셨고, 두 번째 이적에서는 유대인의 장로들이 백부장을 대신해서 간청하였을 때에 백부장의 종을 고쳐 주셨으며, 세 번째 이적에서는 아무도 주님께 고쳐 달라고 간청하지 않았는데도, 주님께서는 길을 가다 마주치신 장례행렬에서 슬퍼하고 괴로워하는 과부를 보시고 그녀의 죽은 독자를 다시 살려 주신다. 이것은 우리 앞에 우리가 선을 행할 대상들과 기회들이 있을 때에는, 누가 간청하거나 부탁하지 않더라도, 자발적으로 나서서 선을 행하는 것이 마땅하다는 것을 우리에게 가르쳐 준다. 그리스도께서 과부에게 "울지 말라"고 하신 것은 그녀가 자신의 자연스러운 감정을 표출하는 것을 금지하신 것이 아니라, 그녀의 아들이 예기치 않게 곧 다시 살아나게 될 것이기 때문에, 그녀가 소망 없는 자처럼 그저 울고만 있지 말라는 의미로 말씀하신 것이었다.

복음서 기자는 여기에서 주님께서 "가까이 가서 그 관에 손을 대시니 멘 자들이

서는지라," "청년아 내가 하나님의 이름으로 말하노니 일어나라"고 말씀하신 것이 아니라, "청년아 내가 네게 말하노니 일어나라"고 말씀하셨다고 보도한다. 이것은 주님께서 자기가 하나님의 아들이고, 이 땅에 계시는 동안에도 오직 자신의 입의 말씀으로 죽은 자에게 명령하여 다시 살리시는 권능을 스스로 갖고 계신다는 것을 그들에게 선포하신 것이었고, 그들은 아마도 그것을 깨달았을 것이다. 주님의 말씀에 능력이 있다는 것은 금방 증명되었다. 왜냐하면, 복음서 기자는 "죽었던 자가 일어나 앉고 말도 하거늘 예수께서 그를 어머니에게 주시니"라고 보도하기 때문이다. 이 때에 죽었던 자가 말을 하기 시작한 것은 주님께서 이적을 행하셨다는 것을 누구나 다 알 수 있게 하였고 아무도 부정할 수 없게 하였다. 주님께서 다시 살아난 아들을 과부에게 주신 것은, 그 아들에게 어머니에게 순종하는 것이 그의 본분이고, 그녀에게는 그를 주관할 권세가 주어져 있다는 것을 알게 하시기 위한 것이었다.

16-17. [16]모든 사람이 두려워하며 하나님께 영광을 돌려 이르되 큰 선지자가 우리 가운데 일어나셨다 하고 또 하나님께서 자기 백성을 돌보셨다 하더라 [17]예수께 대한 이 소문이 온 유대와 사방에 두루 퍼지니라.

사람들은 여기서 하나님의 권능이 뚜렷하게 나타난 것을 보았다. 왜냐하면, 그들의 선생들은 구름 곳간의 열쇠와 모태의 열쇠와 무덤의 열쇠는 오직 하나님의 손에만 있다고 그들에게 가르쳐 왔기 때문이다. 우리가 하나님의 임재를 느끼는 순간 두려움에 휩싸이게 되는 것은 자연스러운 일이다. 어떤 사람들, 즉 악한 자들은 대경실색하며 겁에 질리고 공포에 휩싸이는 반면에, 경건한 사람들은 하나님을 경외하고 두려워하는 마음으로 충만하게 되는데, 우리는 경건한 자들이 느끼는 그러한 두려움을 누가복음 1:65에서 볼 수 있다. 여기에서 사람들이 느낀 것은 후자였다. 왜냐하면, 그들은 하나님의 이름을 언급하며, 하나님께 찬송과 영광을 돌렸고, 그들 가운데 큰 선지자가 일어났다고 말하였기 때문이다. 이렇게 하나님께서는 이 이적에 복을 더하셔서, 사람들로 하여금 그리스도를 "큰 선지자"로 보게 만드시고, 하나님이 그를 보내신 것을 유대인들에게 큰 자비를 베푸신 일로 여기게 만드셨다. 누가복음 1:68에서 사가랴가 성령의 충만함을 받아 예언할 때처럼, 여기에서도 사람들이 "하나님께서 자기 백성을 돌보셨다"고 말한 것이 이것을 잘 보여 준다. 이 소문은 "온 유대"는 물론이고 사방으로 널리 퍼져 나갔다.

18-23. [18]요한의 제자들이 이 모든 일을 그에게 알리니 [19]요한이 그 제자 중 둘을 불러 주께 보내어 이르되 오실 그이가 당신이오니이까 우리가 다른 이를 기다리오

리이까 하라 하매 [20]그들이 예수께 나아가 이르되 세례 요한이 우리를 보내어 당신께 여쭈어 보라고 하기를 오실 그이가 당신이오니이까 우리가 다른 이를 기다리오리이까 하더이다 하니 [21]마침 그 때에 예수께서 질병과 고통과 및 악귀 들린 자를 많이 고치시며 또 많은 맹인을 보게 하신지라 [22]예수께서 대답하여 이르시되 너희가 가서 보고 들은 것을 요한에게 알리되 맹인이 보며 못 걷는 사람이 걸으며 나병환자가 깨끗함을 받으며 귀먹은 사람이 들으며 죽은 자가 살아나며 가난한 자에게 복음이 전파된다 하라 [23]누구든지 나로 말미암아 실족하지 아니하는 자는 복이 있도다 하시니라.

마태복음 11:2-6에 대한 설명을 보라.

24-28. [24]요한이 보낸 자가 떠난 후에 예수께서 무리에게 요한에 대하여 말씀하시되 너희가 무엇을 보려고 광야에 나갔더냐 바람에 흔들리는 갈대냐 [25]그러면 너희가 무엇을 보려고 나갔더냐 부드러운 옷 입은 사람이냐 보라 화려한 옷을 입고 사치하게 지내는 자는 왕궁에 있느니라 [26]그러면 너희가 무엇을 보려고 나갔더냐 선지자냐 옳다 내가 너희에게 이르노니 선지자보다도 훌륭한 자니라 [27]기록된 바 보라 내가 내 사자를 네 앞에 보내노니 그가 네 앞에서 네 길을 준비하리라 한 것이 이 사람에 대한 말씀이라 [28]내가 너희에게 말하노니 여자가 낳은 자 중에 요한보다 큰 자가 없도다 그러나 하나님의 나라에서는 극히 작은 자라도 그보다 크니라 하시니.

마태복음 11:7-15에 대한 설명을 보라. 거기에서 우리는 우리 구주께서 여기에서보다도 더 자세하게 세례 요한에 대하여 증언하신 것을 살펴보았다.

29-30. [29]모든 백성과 세리들은 이미 요한의 세례를 받은지라 이 말씀을 듣고 하나님을 의롭다 하되 [30]바리새인과 율법교사들은 그의 세례를 받지 아니함으로 그들 자신을 위한 하나님의 뜻을 저버리니라.

마태는 우리 구주께서 세례 요한을 증언하시는 말씀에 이 내용을 더하지 않지만, 이것은 우리 구주께서 이하에서 하시는 강론의 도입부로서 아주 중요한 역할을 한다. 복음서 기자는 여기에서 청중을 두 부류로 나눈다. 첫 번째 부류는 "모든 백성들과 세리들"이었는데, 전자는 유대인 선생들과 랍비들에 의해서 글자도 읽을 줄 모르는 무식하고 야만적인 자들로 멸시를 당하였고, 후자는 그 중에서도 더욱 사악한 자들로 취급을 받았다. 두 번째 부류는 "바리새인들과 율법교사들"이었다. 복음서 기자는 첫 번째 부류에 속한 사람들은 "이미 요한의 세례를 받았기" 때문에, 주님께서 하신 말씀을 듣고서 "하나님을 의롭다"고 하였다. 여기에서 "하나님을 의롭다"고 하였다는 것은 하나님의 선하심과 의로우심을 공개적으로 시인하고 선언하였다는 것이다. 그들은 하나님이 하신 일들을 옳다고 인정하였고, 세례 요한 같은 선지자를 그들 가운데 보내신 하나님의 이름을 찬송하였으며, 세례 요한을 인정하고 받아들여서 그에게서 세례를 받았다. 하나님이 보내신 메시지를 믿고 순종하는 자들은 하나님을 의롭다고 하는 자들이고, 그렇지 않은 자들은 하나님을 고소하고 비난하며 정죄하는 자들이다. 요한복음 3:33은 "그의 증언을 받는 자는 하나님이 참되시다는 것을 인쳤느니라"고 말하고, 요한일서 5:10은 "하나님의 아들을 믿는 자는 자기 안에 증거가 있고 하나님을 믿지 아니하는 자는 하나님을 거짓말하는 자로 만드나니 이는 하나님께서 그 아들에 대하여 증언하신 증거를 믿지 아니하였음이라"고 말한다.

반면에, "바리새인과 율법교사들은 … 그들 자신을 위한 하나님의 뜻을 저버렸다." "율법교사들"은 서기관들, 즉 글을 읽고 쓸 줄 알아서 공문서를 담당했던 관리들인 서기들이 아니라, 율법을 해석하는 일을 하는 서기관들을 가리킨다. 여기에서 "저버렸다"로 번역된 단어는 멸시하는 것을 의미하기도 하고(눅 10:16; 살전 4:8; 히 10:28), 폐하는 것을 의미하기도 하며(갈 3:15), 배척하는 것을 의미하기도 하는데(막 6:26; 7:9), 여기에서는 "그의 세례를 받지 아니함으로"라는 어구에 의해서 해석되고 있다. 우리는 "하나님의 뜻"으로 번역된 '불렌 투 테우'(βουλὴν τοῦ θεοῦ)가 여기에서 무엇을 의미하는지를 고려해서, "저버렸다"로 번역된 '에테테산'(ἠθέτησαν)의 의미를 이해하여야 한다. 어떤 이들은 '불렌 투 테우'를 하나님이 원래 가지고 있으신 뜻을 가리키는 것으로 이해하고, 어떤 이들은 하나님의 계시된 뜻, 즉 우리에게 계시된 하나님의 뜻을 가리키는 것으로 이해한다. 내게는 이 문제가 어떤 때에는 이런 의미로, 어떤 때에는 저런 의미로 해석되는 한 단어를 두고 입씨름 하는 것으로 보일 뿐이다. 우리는 누구든지 우리의 생각 중에서 일부는 마음속에 간직해 두고 일부는 우리의 종들이나 자녀들에게 밝히지만, 어느 것이나 우리의 뜻이기는 마찬가지인 것과 같이, 하나님께서도 자신의 뜻을 따라 모든 일들을 결정하시지만, 그 뜻 중 일부는 자신의 피조물들에게 숨기시고 일부는 드러내신다. 이런저런 특정한 사람들이 믿고 구원을 받게 하시는 것은 하나님의 뜻이다. 하나님께서는 그들이 구원을 받을 수 있도록 하시기 위하여, 이것과 관련해서 자신의 뜻 중 많은 부분을 계시하신다. 그러나 하나님께서는 이런저런 특정한 사람들에게 복음을 믿고 받아들일 수 있는 힘을 주신 후에야, 그들로 하여금 믿을 수 있도록 하시기 위하여, 자신의 뜻을 그들에게 계시하신다. 그렇다면, 우리가 여기에서 '불렌 투 테우'를 하나님의 은밀하신 뜻을 가리키는 것으로 이해한다고 하더라도, 그것이 그들의 구원을 위한 하나님의 은밀하신 뜻을 가리킨다는 것을 어떻게 증명할 수 있는가? 우리는 '불렌 투 테우'를 그들에게 생명과 구원의 방편들을 주시는 하나님의 은밀하신 뜻과 계획을 가리키는 것으로 이해할 수는 없는 것인가? 하나님께서는 영원 전부터 유대인들에게 그들의 구원을 위한 방편들로 세례 요한과 그리스도의 사역을 주시기로 계획하셨다. 이 방편들은 그들에게 반드시 구원을 가져다주게 되어 있었던 것이 아니라, 그들이 그것들을 거부하거나 반대하지 않고 받아들이기만 한다면, 그들에게 구원의 효력을 발휘할 것이었기 때문에, 그들을 구원할 수 있는 적절하고 합당한 방편들로서의 고유한 속성을 지니고 있었다. 그러나 그들은 그들을 위한 구원의 방편들로 영원 전부터 계획된 것들인 그 방편들을 배척하고 거부하며 멸시함으로써, 하나님의 뜻을 배척하고, 하나님의 뜻이 이루어지는 것을 가로막았고, 그들 자신이 영생을 얻기에 합당하지 않은 자들이라는 것을 스스로 증명하였다. 복음서 기자는 그들이 하나님의 이러한 뜻을 "저버리고" 그들 자신을 해롭게 하였다고 말한다. 그들이 세례 요한의 세례를 하나님의 뜻에 의해 그들의 구원을 위해 주어진 방편이라는 것을 인정하고 받아들였다면, 그 방편은 그들에게 유익을 가져다주었을 것이지만, 그들은 그것을 배척하였기 때문에 그들 자신을 해롭게 한 것이었다. 우리가 여기에서 "그들 자신을 해롭게 하였다"로 번역된 어구가 그들이 요한의 세례를 배척하고 거부한 것을 가리키는 것으로 본다면, 이 어구는 그들이 그들 자신을 영생에 합당하지 않은 자들임을 스스로 증명한 것을 의미한다고 할 수 있다. 우리는 여기에서 "저버렸다"로 번역된 단어를 갈라디아서 3:15에서처럼 하나님의 뜻을 "폐하였다"로 번역할 수는 없다. 왜냐하면, 하나님의 뜻으로 인한 결과가 어떤 사람의 의지에 달려 있는 경우에는, 그 사람이 그 결과를 폐할 수는 있을 것이지만, 하나님의 뜻은 하나님 안에 있는 까닭에, 제3자가 그 뜻을 폐한다는 것은 있을 수 없는 일이기 때문이다. 게다가, 우리는 그 다음에 나오는 "그의 세례를 받지 아니하였다"는 구절, 즉 그들이 죄 사함을 위하여 회개하고 그러한 회개의 증거로서 세례를 받아 회개에 합당한 열매를 맺는 삶을 살아가라는 요한의 가르침을 받아들이지 않았다고 말하는 구절이 그들이 하나님의 뜻을 저버리고 그들 자신을 해롭게 하였다는 구절을 설명해 주고 있기 때문에, 실제로 이 구절에 대한 그 어떤 추가적인 설명도 필요하지 않다는 것을 알아야 한다. 왜냐하면, 본문에서 "요한의 세례"는 단지 요한이 베푼 세례만을 의미하는 것이 아니라, 그가 전한 가르침을 포함한 그의 사역 전체를 가리키는 것이었기 때문이다. 따라서 우리 구주께서 바리새인들에게 요한의 세례가 땅으로부터 온 것이냐 하늘로부터 온 것이냐고 물으시자, 그들은 자신들이 그 세례가 하늘로부터 온 것이라고 말하면, 주님께서 그들에게 그러면 왜 세례 요한을 믿지 않았느냐고 말할 것임을 알고서, 감히 그렇게 말하지 못하였다고 하였을 때에도, 우리가 거기에서 "요한의 세례"가 요한의 가르침을 포함한 그의 사역 전체를 가리킨다고 해석할 때에만, 그 맥락이 통하게 된다. 요한의 세례를 받지 않았다는 것은 요한의 제자가 되고자 하지 않았다는 것과 동일하다.

31-35. [31]또 이르시되 이 세대의 사람을 무엇으로 비유할까 무엇과 같은가 [32]비유하건대 아이들이 장터에 앉아 서로 불러 이르되 우리가 너희를 향하여 피리를 불어도 너희가 춤추지 않고 우리가 곡하여도 너희가 울지 아니하였다 함과 같도다 [33]세례 요한이 와서 떡도 먹지 아니하며 포도주도 마시지 아니하매 너희 말이 귀신이 들렸다 하더니 [34]인자는 와서 먹고 마시매 너희 말이 보라 먹기를 탐하고 포도주를 즐기는 사람이요 세리와 죄인의 친구로다 하니 [35]지혜는 자기의 모든 자녀로 인하여 옳다 함을 얻느니라.

마태복음 11:16-19에 대한 설명을 보라. 거기에도 서기관들과 바리새인들, 그리고 대다수의 유대인들에 관한 이러한 영리한 성찰이 나온다. 그들은 세례 요한이 와서 금식하는 것도 마음에 들어 하지 않았고, 그리스도께서 오셔서 배불리 먹고 마시는 것도 마음에 들어 하지 않았다. 그들이 한 것은 오직 세례 요한과 그리스도의 서로 다른 생활방식을 비판하는 것이었다. 세례 요한이 금욕적이고 절제된 모습을 보여 주며 은둔자처럼 살아가는 것을 보았을 때, 너희는 그가 "귀신이 들렸다"는 말만 하였다. 반면에, 너희는 내가 그 어떤 죄도 짓지 않는 가운데 온갖 부류의 사람들과 자유롭게 어울리며 다른 사람들처럼 먹고 마시며 살아가는 것을 보고서는, 나를 "먹기를 탐하고 포도주를 즐기는 사람이요 세리와 죄인의 친구"라고 말한다. 그들이 그런 식으로 왜곡해서 한 말들은 세례 요한과 그리스도의 가르침에 대한 그들의 적대감에서 나온 것이다.

36. 한 바리새인이 예수께 자기와 함께 잡수시기를 청하니 이에 바리새인의 집에 들어가 앉으셨을 때에.

바리새인이 우리 구주를 식사에 초대한 것은 적지 않은 호의였다. 왜냐하면, 대체로 바리새인들은 주님에 대하여 다른 모든 사람들보다 더 큰 증오심을 갖고 원수로 여겼던 자들이었기 때문이다. 그러나 하나님의 백성은 모든 민족의 온갖 부류의 사람들 속에 있다. 앞에서 말하였듯이, 우리 구주께서는 온갖 부류의 사람들과 자유롭게 대화하셨고, 사람들에게 유익을 끼칠 기회가 왔을 때에는 그 어떤 기회도 거절하지 않으셨다. 우리도 그러한 의도를 지니고서 죄인들과 함께 먹고 마시는 것은 합당하다.

37-38. [37]그 동네에 죄를 지은 한 여자가 있어 예수께서 바리새인의 집에 앉아 계심을 알고 향유 담은 옥합을 가지고 와서 [38]예수의 뒤로 그 발 곁에 서서 울며 눈물로 그 발을 적시고 자기 머리털로 닦고 그 발에 입맞추고 향유를 부으니.

나는 해석자들이 어떤 근거로 이 본문에 나오는 이야기가 마태복음 26:6-13, 마가복음 14:3-9, 요한복음 12:1-3에 나오는 이야기와 동일하다고 말해 왔는지를 알지 못하겠다. 한 여자가 옥합에 담긴 향유를 가져와서 우리 구주의 발에 부었다는 것 외에는, 이 두 이야기 간에 일치하는 것이 거의 없는데, 사실 향유를 손님의 발에 붓는 일은 그 땅에서는 드문 일이 아니었다. 다른 복음서들에서 보도한 일은 예루살렘에서 3km도 채 떨어져 있지 않은 베다니에서 일어난 일이었던 반면에, 여기에 보도된 일은 갈릴리에서 일어난 일이었다. 전자는 나병환자 시몬의 집이 배경이었고, 후자는 바리새인 시몬의 집이 배경이었다. 전자는 우리 구주께서 죽으시기 얼마 전에 일어났고, 후자는 주님이 죽으시기 한참 전에 일어났다. 전자에서는 유다가 실족하였고, 후자에서는 바리새인 시몬이 실족하였다. 그리스도께서 이 일을 행한 여자를 옳다고 하신 이유도 전자와 후자가 서로 다르다. 따라서 전자와 후자는 서로 완전히 다른 이야기라는 것은 의심의 여지가 없다.

그 동네에 죄를 지은 한 여자가 있어. "죄인"이라는 단어가 여자에게 사용될 때, 그것은 일반적으로 창녀를 가리키거나, 적어도 정절과 관련하여 나쁜 평판을 받는 여자라는 것을 의미한다. 본문이 "죄를 지은"이라고 과거형으로 표현한 것은 그녀가 비교적 최근에 그런 죄를 지어서 사람들 가운데서 나쁜 평판을 얻게 되었다는 것을 보여 준다. 그러나 이하에 나오는 내용은 그녀가 지금도 사람들로부터 나쁜 평판을 받고 있기는 하지만, 지금은 그렇게 문란한 삶을 살고 있지는 않았다는 것을 보여 준다. 사람들은 하나님의 은혜의 능력으로 사람의 마음이 좋은 쪽으로 변할 수 있다는 것을 모르거나, 그런 식으로 마음이 선하게 변한 것을 시기하는 악의로 인해서, "어떤 사람을 한 번 나쁘게 보기 시작하면 끝까지 나쁘게 보는"(Quae semel fuit mala, semper praesumitur esse mala in eodem genere mali) 일이 흔한데, 이것은 정말 무자비한 짓이다. 이 여자가 과거에 어떤 사람이었든지 간에, 하나님은 그리스도께서 전하신 말씀을 통해 그녀의 마음을 감동시키셔서, 이전의 더럽고 추한 사랑으로 가득하였던 마음을 하나님과 그리스도를 순전하게 사랑하는 마음으로 가득 채우셨고, 자신이 이전에 즐겼던 죄들을 몸서리치게 싫어하게 만드셨다.

그녀는 그리스도께서 바리새인 시몬의 집에서 식사를 하신다는 말을 듣고서, "향유 담은 옥합을 가지고 와서 예수의 뒤로" 조용히 와서 "그 발 곁에 서서 울며 눈물로 그 발을 적시고 자기 머리털로 닦고 그 발에 입맞추고 향유를 부었다." 그녀가 자신의 죄를 생각하며 눈물로 그리스도의 발을 적실 정도로 많이 울었다는 것은 그녀의 통회하는 심령을 대변해 주는 것이었다. 그녀는 이전에는 자신의 머리를 곱게 빗어 땋아서 단장하여 자신의 연인들을 유혹하는 데 사용하였지만, 지금은 그 "머리털로" 주님의 발을 닦아 드림으로써, 자신의 이전의 더럽고 추한 행실을 혐오하는 자신의 마음을 드러낸다. "입맞춤"은 사랑의 상징이지만, 여기에서는 사랑만이 아니라 순종과 경배의 상징이기도 하다. 이 입맞춤을 통해서 그녀는 그리스도를 향한 자신의 사랑과 순종, 둘 모두를 표현하였다. 시편 기자는 "여호와를 경외함으로 섬기고 떨며 즐거워할지어다 그의 아들에게 입 맞추라 그렇지 아니하면 진노하심으로 너희가 길에서 망하리니 그의 진노가 급하심이라 여호와께 피하는 모든 사람은 다 복이 있도다"(시 2:12)라고 노래하였는데, 그녀가 그리스도의 발에 입을 맞춘 것은 그런 의미를 지니고 있었다. 그것은 요셉이 야곱에게 입 맞추고(창 50:1), 모세가 이드로에게 입 맞춘(출 18:7) 것과 마찬가지로, 단지 사랑의 입맞춤이었던 것이 아니라, 공경하고 순종하는 마음을 담은 입맞춤이었다. 아니, 그것은 발에 입을 맞춘 것이었기 때문에, 최고의 공경심을 표현한 것이었다. 그것은 주님을 경배하는 자신의 마음을 증거하기 위한 입맞춤이었다. 우상 숭배자들도 금송아지들(호 13:2)과 바알(왕상 19:18)에게 그런 식으로 입을 맞추어 우상들을 경배하는 자신들의 마음을 표현하였다. 손님의 발에 감람유를 붓고 씻어서 그 발을 깨끗하게 하고 시원하게 해 주는 일은 이 지역들에서 손님을 반갑게 맞을 때에 흔히 사용되던 것이었지만, 큰 죄인이었던 이 여자는 주님의 발에 향유를 붓고 자신의 머리털로 닦아 드리고 입을 맞춤으로써, 자신의 이전의 죄악된 삶에 대한 그녀의 지극히 깊은 슬픔이나 회한, 주님을 향한 지극히 큰 사랑과 겸손과 순종을 보여 주었다.

그러나 어떤 이들은 이 여자가 어떻게 식사하고 계시는 주님의 뒤로 와서 이런 일을 할 수 있었겠느냐고 반문한다. 왜냐하면, 우리는 식사할 때에 발이 앞으로 오기 때문이다. 나는 그러한 반문에 대해서 내가 앞에서 마태복음 26:20을 다룰 때에 했던 설명을 다시 한 번 얘기할 수밖에 없는데, 그것은 유대인들은 식사할 때에 비스듬히 앉아서 발을 뒤로 뻗은 자세로 먹는 것이 관행이었다는 것이다. 이것을 알면, 우리는 이 본문에서 이 여자가 한 모든 일을 다 이해할 수 있다. 즉, 주님께서는 발을 뒤로 뻗으셨고, 발바닥은 위로 향해 있었기 때문에, 그녀는 아무런 문제 없이 주님 뒤로 와서 발에 향유를 붓고 씻어 드릴 수 있었다는 것이다. 만일 주님께서 우리와 같은 방식으로 식탁에 앉아 발을 앞으로 뻗으신 채로 식사를 하셨다면, 그녀는 이렇게 할 수 없었을 것이다.

39. 예수를 청한 바리새인이 그것을 보고 마음에 이르되 이 사람이 만일 선지자라면 자기를 만지는 이 여자가 누구며 어떠한 자 곧 죄인인 줄을 알았으리라 하거늘.

아무리 겉보기에는 교양이 있고 대단한 인품을 지니고 있는 사람처럼 보인다고 할지라도, 그 마음속에 하나님의 사랑이 뿌리내리고 있지 않은 사람들은 실족하여 걸려 넘어지기가 무척 쉽다. 그렇다면, 선지자들은 모두 어떤 사람을 한 번 보고 그 사람이 어떤 사람인지 알았던 것인가? (1) 선지자들은 하나님께서 그들에게 계시해 주신 정도만큼만 사람들의 마음과 삶을 알 수 있었고, 사람들과 대화를 나누고 관찰하는 것을 통해서 그들이 어떤 사람들인지를 알았다는 것은 분명하다. (2) 이 여자가 과거에는 죄인이었다고 하더라도, 지금은 회개하고 다른 사람이 되어 있을지도 모르는 일이 아닌가? 그리고 앞에서 말하였듯이, 그녀가 그리스도에 대하여 행한 일은 그녀의 마음이 변화되었음을 증명해 주는 것이 아닌가? (3) 설령 그녀가 죄인이었다고 하더라도, 그리스도를 만지면 안 되는 것이었는가? 바리새인들이 자신들과 똑같은 신앙을 가지지 않은 모든 사람들, 특히 자신들이 중대한 죄로 규정한 죄를 범한 모든 사람들을 나병환자 같이 율법적으로 부정한 자들로 취급해서, 아무도 그들을 만져서는 안 되고, 그들을 만지면 부정하게 된다고 여긴 것은 잘못이었다. 사마리아인들은 유대인이나 그리스도인을 만났을 때, 먼저 "나를 만지지 마시오"라고 소리쳐야 했다고 한다. 이사야서는 옛적에 유대인들 중에는 "너는 네 자리에 서 있고 내게 가까이 하지 말라 나는 너보다 거룩함이라"(사 65:5)라고 소리친 분파가 있었음을 분명하게 보여 준다.

40-48. [40]예수께서 대답하여 이르시되 시몬아 내가 네게 이를 말이 있다 하시니 그가 이르되 선생님 말씀하소서 [41]이르시되 빚 주는 사람에게 빚진 자가 둘이 있어 하

나는 오백 데나리온을 졌고 하나는 오십 데나리온을 졌는데 [42]갚을 것이 없으므로
둘 다 탕감하여 주었으니 둘 중에 누가 그를 더 사랑하겠느냐 [43]시몬이 대답하여 이
르되 내 생각에는 많이 탕감함을 받은 자니이다 이르시되 네 판단이 옳다 하시고 [44]
그 여자를 돌아보시며 시몬에게 이르시되 이 여자를 보느냐 내가 네 집에 들어올 때
너는 내게 발 씻을 물도 주지 아니하였으되 이 여자는 눈물로 내 발을 적시고 그 머
리털로 닦았으며 [45]너는 내게 입맞추지 아니하였으되 그는 내가 들어올 때로부터
내 발에 입맞추기를 그치지 아니하였으며 [46]너는 내 머리에 감람유도 붓지 아니하
였으되 그는 향유를 내 발에 부었느니라 [47]이러므로 내가 네게 말하노니 그의 많은
죄가 사하여졌도다 이는 그의 사랑함이 많음이라 사함을 받은 일이 적은 자는 적게
사랑하느니라 [48]이에 여자에게 이르시되 네 죄 사함을 받았느니라 하시니.

우리 구주께서는 자기를 식사에 초대한 주인을 정중하게 대하시면서도, 자기가 그 주인의 마음과 그 주인이 그토록 무자비하게 무시하였던 이 가련한 여자의 마음을 둘 다 알고 있다는 것을 그에게 보여 준다. 바리새인 시몬은 속으로 말하였지만(39절), 그리스도께서는 자기가 그의 속마음을 다 아신다는 것을 보여 주신다. 시몬아 내가 네게 이를 말이 있다 하시니. 주님께서는 먼저 정중하게 시몬에게 자기가 말을 해도 좋겠느냐고 허락을 구하신다. "그가 이르되 선생님 말씀하소서"라고 하자, 우리 구주께서는 비로소 하나의 비유를 드시는 것으로 말씀을 시작하신다. 우리 구주께서 이 비유를 적용하신 대목(44-47절)을 보면, 그리스도께서는 여기에서 하나님을 "빚 주는 사람"으로 표현하시고, 이 여자를 "오백 데나리온"이라는 거금을 빚진 자로 표현하셨다는 것은 분명하지만, "오십 데나리온"을 빚진 자가 바리새인 시몬을 가리키는 것이었는지는 분명하지 않다. 그러나 후자를 '호 데이나'(ὁ δεῖνα), 즉 죄인이기는 하지만 그렇게 악명 높은 죄인은 아닌 자를 가리키는 것임은 분명하다. 하나님께서는 전자와 후자를 둘 다 거저 값없이 사해 주신다. 그리스도께서는 둘 중에서 누가 더 자신의 빚을 탕감해 준 사람을 사랑하겠느냐고 물으셨고, 시몬이 "많이 탕감함을 받은 자"가 더 사랑할 것이라고 대답하자, 올바르게 잘 판단하였다고 말씀하신다.

이것으로부터 우리는 다음과 같은 것들을 알 수 있다: (1) 하나님께서는 모든 죄와 죄인들을 다 똑같이 보시는 것이 아니다. 모든 사람이 죄인이기는 하지만, 죄책에 있어서는 정도의 차이가 있다. (2) 사람들의 죄는 상대적으로 작기도 하고 크기도 하며 많기도 하고 적기도 하지만, 그 죄가 아무리 작고 적은 사람들일지라도 하나님의 긍휼하심을 입어 죄 사함을 받을 필요가 있다. (3) 사람들의 죄가 많든 적든, 하나님께서는 모든 죄를 거저 값없이 사해 주신다. 하나님은 "둘 다 탕감하여" 주셨다. (4) 그리스도께서는 먼저 이 두 명의 "빚진 자"를 둘 다 탕감해 주셨다는 말씀을 하신 후에, 그들이 하나님을 많이 사랑하는 것에 대하여 말씀하시고, 그런 다음에 그들이 많이 사랑하게 되는 원인이 자신들의 빚을 탕감 받은 데 있다고 말씀하신다. (5) 많이 탕감 받은 것이 많이 사랑하는 것으로 이어진다. 큰 죄인이었던 자가 탕감 받았다면, 그의 마음속에서는 하나님을 향한 뜨거운 사랑이 생겨나지 않을 수 없게 된다. (6) 하나님과 그리스도를 향한 참된 사랑은 반드시 모든 행위들 속에서 드러나고, 이 모든 행위들은 그 사랑을 나타내고 선언하게 된다.

그리스도께서는 여자를 돌아보시며 시몬을 향하여 계속해서 말씀해 나가시는데, 입 맞추는 것, 발을 씻어 주는 것, 향유를 부어 주는 것은, 이 지역들에서 손님이나 친구가 찾아 왔을 때, 그들을 환대하는 데 흔히 사용되던 방법들이었다. 발을 씻어 주는 것에 대해서는 창세기 18:4; 19:2; 사사기 19:21; 사무엘상 25:41; 디모데전서 5:10을 보고, 기름을 부어 주는 것에 대해서는 시편 23:5; 45:7을 보라. 하지만 그리스도에게 이 여자가 한 일은 이 지역에서 행해진 손님에 대한 통상적인 영접을 훨씬 뛰어넘는 것이었다. 사람들은 친구가 찾아오면 발 씻을 물과 닦을 수건을 내오는 것이 보통이었다. 하지만 이 여자는 주님의 발에 향유를 붓고, 자신의 눈물로 주님의 발을 씻어 드렸으며, 자신의 머리털로 주님의 발을 닦아 드렸다. 사람들은 찾아온 친구의 머리에 감람유를 부어 주었지만, 그녀는 주님의 발에 향유를 부어 드렸다. 사람들은 자신의 집에 찾아온 손님이나 친구의 뺨이나 입술에 입맞춤을 하는 것이 관례였지만, 그녀는 주님의 발에 입을 맞추었다. 사람들은 손님에게 한 번 입맞춤을 하였지만, 그녀는 쉬지 않고 주님의 발에 입맞춤을 하였다.

그리스도께서는 이전에 이미 그녀의 죄를 사하셨지만, 이 말씀을 하신 후에 또다시 "그녀의 많은 죄가 사하여졌도다"라고 선언하시는데, 이것은 첫 번째로는 시몬으로 하여금 듣게 하기 위한 것이었고, 두 번째로는 그녀에게 그녀의 죄가 사하여졌음을 다시 한 번 확인해 주시기 위한 것이었다. 주님께서는 앞에서 시몬에게 "빚 주는 자"가 두 명의 "빚진 자" 모두를 탕감해 주었다고 말씀하셨었는데, 이제 여기에서 "그녀의 많은 죄"라고 표현하심으로써, 앞의 비유에서 많이 빚진 자가 이 여자를 가리키는 것임을 분명히 하신다. 이것으로부터 우리는 교황주의자들이 이 본문을 근거로 해서, 사람은 자신의 공로와 보속에 의해서 죄 사함을 얻는 것이라고 가르치는 것이 얼마나 허무맹랑한 것인지를 알 수 있다. 왜냐하면, 주님께서는 여기에서 하나님을 향한 이 여자의 사랑을 죄 사함의 원인이 아니라 결과로 말씀하시기 때문이다. 우리 구주께서 여기에서 시몬에게 교훈하고자 하신 것은 다음과 같은 것들이었다. (1) 이 여자가 전에는 어떤 사람이었든지 간에, 지금은 시몬이 생각하는 것과 같은 그런 흉악한 죄인이 아니다. 그녀의 죄는 사해졌다. (2) 하나님께서 그녀에게 은혜를 베푸셔서 그녀의 죄를 사해 주심으로써, 그녀의 마음속에는 하나님을 향한 사랑이 타오르게 되었다. (3) 그녀의 마음속에 생겨난 하나님을 향한 사랑은 하나님이 앞서 그녀에게 베풀어 주신 사랑과 어느 정도 비례하는 것이었다. 따라서 그녀는 하나님을 많이 사랑하였다. (4) 사람들이 하나님과 그리스도에 대하여 갖게 될 사랑은 그들이 앞서 그리스도로부터 받은 사랑으로 말미암을 것이고, 먼저 사랑을 받지 않고서는 그들의 마음속에 사랑이 생겨날 수 없다. (5) 하나님을 많이 사랑하게 된 사람은 하나님이 자기를 얼마나 많이 사랑하시는지를 깨닫게 될 것이다(요 14:21, "나의 계명을 지키는 자라야 나를 사랑하는 자니 나를 사랑하는 자는 내 아버지께 사랑을 받을 것이요 나도 그를 사랑하여 그에게 나를 나타내리라"). 47절의 "이는 그의 사랑함이 많음이라"는 구절에서 사용된 '호티'(ὅτι)는 여기에서 "이는 … 이라"고 이유를 나타내는 것으로 번역되었지만, 성경에서 이 불변사는 언제나 이유를 나타내는 것이 아니고, "그러므로, 그런 까닭에"로 번역되기도 한다. 요한복음 14:17이 그 예이다. 우리는 그 본문의 후반절을 "너희는 그를 아나니 그는 너희와 함께 거하심이요 또 너희 속에 계시겠음이라"로 번역하지만, 성령이 신자들 안에 거하시는 것은 그들이 성령을 알게 되는 것의 원인이 아니라 결과이기 때문에, "너희는 그를 아는 까닭에 그가 너희와 함께 거하시고 또 너희 속에 계시리라"로 번역하는 것이 옳다. 마가복음 9:28도 마찬가지여서, 거기에서 '호티'는 "무슨 까닭으로, 무슨 이유로, 어찌하여"를 의미하기 때문에, "우리는 어찌하여 능히 그 귀신을 쫓아내지 못하였나이까"라고 번역한다. 따라서 여기에서도 "그녀의 많은 죄가 사하여졌도다 이는 그녀의 사랑함이 많음이라"로 번역된 구절은 "그녀의 많은 죄가 사하여졌고, 그런 까닭에 그녀가 많이 사랑하는 것이다"로 번역되어야 한다.

49. 함께 앉아 있는 자들이 속으로 말하되 이가 누구이기에 죄도 사하는가 하더라.

이것은 바리새인들이 그리스도가 오직 하나님께만 속한 권세를 자신이 가지고 있다고 자처하는 신성모독을 저지르고 있다고 생각해서 한 말이거나, 사람들이 그리스도께서 하신 말씀을 듣고 놀라고 탄복해서 한 말일 수 있지만, 여기에서는 전자일 가능성이 높다.

50. 예수께서 여자에게 이르시되 네 믿음이 너를 구원하였으니 평안히 가라 하시니라.

"하나님의 은사는 그리스도 예수 우리 주 안에 있는 영생이니라"(롬 6:23)는 말씀처럼, 구원은 전적으로 그리스도로 말미암는 것이지만, 주님께서는 여기에서 이 여자에게 이렇게 말씀하신다: 네가 나를 이 땅에서 죄를 사하시는 권세를 지닌 자로 믿고 나를 의탁하며, "사랑으로써 역사하는 믿음"(갈 5:6)으로 너의 죄들을 진심으로 슬퍼하고 아파하며 내게 순종하며, 네가 할 수 있는 모든 것을 동원해서 나에 대한 너의 사랑을 증명한 것이 네가 내게서 흘러나가는 저 구원을 얻게 된 계기가 되었다. 우리는 주님께서 이 여자에게 하신 이러한 말씀을 마태복음 9:22과 마가복음 5:34에서도 발견한다 — 물론, 여기에 언급된 구원은 거기에 언급된 것보다 훨씬 더 무게 있는 구원을 가리키는 것이기는 하지만. "믿음"은 현세의 좋은 것들과 내세의 좋은 것들을 얻는 데 유익하다. 주님께서는 여기에서 현세와 내세에 있어서의 구원의 수단이 된 원인은 순종이나 사랑이 아니라 믿음이라고 말씀하신다 — 물론, 우리에게 구원을 가져다주는 믿음은 사랑으로써 역사하고 거룩한 행실에 의해서 증명되는 것이어야 하지만.

"평안히 가라"는 유대인들이 만났다가 헤어질 때에 흔히 사용하던 인사말로서, 우리가 사용하는 "잘 가"라는 말과 비슷한데, 여기에서 "평안"은 모든 좋은 것을 다 포괄적으로 의미하는 단어이다. 하지만 이 말씀을 하신 분이 주님이셨고, 방금 무슨 일이 있었는지를 고려하면, 우리는 이 말씀 속에 단순한 작별인사 이상의 의미가 담겨 있는 것으로 보아야 한다. 앞에서 말했듯이, "평안"이라는 단어는 모든 좋은 것을 포괄하는 말이기는 하지만, 여기에서는 특별히 사도 바울이 로마서 5:1에서 말한 것과 같은 평안, 즉 믿음의 결과로서 "우리 주 예수 그리스도로 말미암아 하나님과" 누리게 된 "화평"을 의미하는 것으로 이해할 수 있을 것이다. 복되고 행복한 여자여, 네 자신이 복된 자라는 것을 염두에 두고서, 네가 과거에 큰 죄인이었다는 이유로 너를 멸시하고 깔보는 거만한 자들로부터의 비난과 중상모략을 개의치 말고 네 길을 가라. 하나님께서는 이미 진작에 네 죄를 사해 주셨고, 나는 이제 네게 그것을 다시 한 번 확인해 주었으니, 오직 그 평안을 지키는 데만 신경을 써라.

제8장

개요

1. 그리스도께서 자신의 제자들을 데리시고 성읍들을 두루 다니시며 전도하시고, 경건한 여자들이 자신들의 소유로 그들을 섬김(1-3).
2. 씨 뿌리는 자의 비유(4-8).
3 그리스도께서 왜 비유로 가르치시는지를 설명해 주심(9-10).
4. 씨 뿌리는 자의 비유를 설명해 주심(11-15).
5. 등불은 빛을 비추는 데 사용하라고 주어진 것이라고 하심(16-18).
6. 그리스도께서 어떤 자들을 자신의 혈육으로 여기시는지를 보여 주심(19-21).
7. 호수의 풍랑을 말씀으로 잔잔하게 하심(22-25).
8. 군대 귀신을 쫓아내셔서 돼지 떼 속으로 들어가게 하심; 거라사인들이 주님께 떠나 주시기를 요청함; 귀신 나간 자가 함께 있겠다고 한 것을 거하심(26-40).
9. 회당장 야이로가 자기 집으로 오셔서 딸을 고쳐 주시라고 간청함(41-42).
10. 그리스도께서 야이로의 집으로 가시는 길에 혈루증 앓던 여자를 고치심(43-48).
11. 야이로의 딸을 다시 살리심(49-56).

**1-3. [1]그 후에 예수께서 각 성과 마을에 두루 다니시며 하나님의 나라를 선포하시
며 그 복음을 전하실새 열두 제자가 함께 하였고 [2]또한 악귀를 쫓아내심과 병 고침
을 받은 어떤 여자들 곧 일곱 귀신이 나간 자 막달라인이라 하는 마리아와 [3]헤롯의
청지기 구사의 아내 요안나와 수산나와 다른 여러 여자가 함께 하여 자기들의 소유
로 그들을 섬기더라.**

여기에서도 우리는 복음을 전하여 구원의 기쁜 소식을 알리는 것은, 현세에서의 은혜의 나라이든, 아니면 내세에서의 영광의 나라이든, 하나님의 나라로 사람들을 들어오게 하는 주된 수단이기 때문에, 그리스도께서 바로 그러한 전도를 가장 중요하고 주된 사역으로 여기셨음을 볼 수 있다. 주님께서 행하신 이적들은 단지 자기가 가르치신 것들을 확증하기 위한 보조적인 수단에 불과한 것이었다. 그런 까닭에, 주님께서는 사람들이 자신의 가르침을 멸시하는 태도를 보이는 경우에는 그들 앞에서 그 어떤 이적도 행하지 않으셨다. 어떤 사람이 그리스도의 사역자들이 해야

할 주된 일은 전도가 아니라 기도하고 치리하며 성례전을 집례하는 것이라고 주장한다면, 복음서를 진지하게 읽은 심령들은 누구든지 어이없어하는 것이 당연하다. 그리스도께서는 두루 다니시며 "하나님의 나라를 선포하시며 그 복음을 전하실새 열두 제자가 함께 하였다." 그의 제자들은 그리스도의 가르침을 듣기도 하고, 보내심을 받아 말씀을 전하기도 하였다.

또한, "어떤 여자들"도 주님과 함께 하였는데, 이 여자들은 전에 "악귀를 쫓아내심과 병 고침을 받은" 여자들이었다. 그 중에서 "막달라인이라 하는 마리아"는 "일곱 귀신이 나간 자"였다. 즉, 주님께서는 마리아에게 들렸던 많은 귀신들을 쫓아내 주셨다. 대부분의 해석자들은 그녀가 막달라 마리아라고 불리게 된 것은 갈릴리에 있던 한 동네인 막달라에서 그녀가 자라거나 살았기 때문일 것이라고 생각한다. 그녀가 요한복음 11장에 언급된 나사로의 누이 마리아와 동일인이라고 생각하는 것은 한참 잘못된 것이다. 나사로의 누이인 마리아는 예루살렘에서 가까운 베다니에서 살았다. 하지만 마가복음 16장은 그리스도께서 죽으시고 부활하실 때, 막달라 마리아가 예루살렘에 있었다는 것을 분명하게 보여 준다. 하지만 막달라 마리아만이 아니라, 이 때에 갈릴리로부터 그리스도를 따라온 사람들이 많았다(막 15:41; 눅 23:49).

헤롯의 청지기 구사의 아내 요안나와 수산나와 다른 여러 여자가 함께 하여 자기들의 소유로 그들을 섬기더라. 그리스도께서 택하신 자들은 도처에 있었다. 요셉은 애굽 왕 바로의 궁정에, 다니엘과 그의 세 친구는 느부갓네살의 궁정에 있었고, 네로의 권속 중에서도 그리스도의 성도들이 있었으며(빌 4:22), 헤롯의 가신들 중에는 "요안나"가 있었다. 여기에 언급된 "헤롯"은 갈릴리의 분봉 왕 헤롯 안디바로서, 세례 요한을 죽이고, 자신의 군인들과 함께 그리스도를 희롱하였던 바로 그 인물이었다. 아마도 그의 "청지기"였던 "구사"는 그만큼이나 악한 자였겠지만, 그의 아내는 그리스도를 따르는 자였다. 그녀의 남편은 그녀의 몸은 주관하였지만, 그녀의 심령은 주관할 수 없었다. 이 여자들은 "자기들의 소유로" 주님을 "섬겼다." 이 여자들은 틀림없이 사람들로부터 많은 비웃음을 샀을 것이지만, 그리스도를 따르는 것을 부끄러워하지 않았다. 그녀들은 자신들의 이전의 잘못된 삶을 드러내는 것을 부끄러워하지 않았고, 그리스도께서도 그녀들의 이전의 삶을 이유로 그녀들이 자기를 따르는 것을 부끄러워하지 않으셨다. 큰 죄인들이 그리스도와 그의 교회로 나아오는 것은 그리스도와 그의 교회에 부끄러운 일이 아니라 영광스러운 일이다. 그리스도와 그의 교회가 정말 부끄러워하는 자들은 교회에 몸담고 있거나 적어도 그리스도인인 체하면서도 여전히 방탕한 삶을 사는 자들이다. 그리스도께서는 한 점의 흠이나 주름진 것이 없는 순전하고 거룩한 자들을 위해서 자기 자신을 주신 것이 아니라, 더럽고 추한 자들을 "물로 씻어 말씀으로 깨끗하게 하사 거룩하게 하시고 자기 앞에 영광스러운 교회로 세우사 티나 주름 잡힌 것이나 이런 것들이 없이 거룩하고 흠이 없게" 하시려고 자기 자신을 주신 것이었다(엡 5:25-27). 이 여자들은 그리스도를 따라다니며 "섬겼는데," 이것은 그리스도의 가르침(마 10:10)과 그의 사도들의 가르침(고전 9:11; 고후 8:9; 갈 6:6)을 따른 것이었다. 이 여자들 중에는 처녀와 과부들도 있었을 것이고, 남편으로부터 부양을 받는 아내들도 있었을 것이다. 하지만 그녀들이 남편의 소유를 만유의 주이신 그리스도께 드린 것은 도둑질이라고 할 수 없었다. 그리스도께서는 모든 사람의 영혼에 신령한 양식을 공급해 주시는 일을 하시면서, 그들의 바구니에 의지해서 살아가시는 것을 부끄러워하지 않으셨다: "우리 주 예수 그리스도의 은혜를 너희가 알거니와 부요하신 이로서 너희를 위하여 가난하게 되심은 그의 가난함으로 말미암아 너희를 부요하게 하려 하심이라"(고후 8:9).

4-15. 4각 동네 사람들이 예수께로 나아와 큰 무리를 이루니 예수께서 비유로 말
씀하시되 5씨를 뿌리는 자가 그 씨를 뿌리러 나가서 뿌릴새 더러는 길 가에 떨어지
매 밟히며 공중의 새들이 먹어버렸고 6더러는 바위 위에 떨어지매 싹이 났다가 습
기가 없으므로 말랐고 7더러는 가시떨기 속에 떨어지매 가시가 함께 자라서 기운을
막았고 8더러는 좋은 땅에 떨어지매 나서 백 배의 결실을 하였느니라 이 말씀을 하
시고 외치시되 들을 귀 있는 자는 들을지어다 9제자들이 이 비유의 뜻을 물으니 10이
르시되 하나님 나라의 비밀을 아는 것이 너희에게는 허락되었으나 다른 사람에게
는 비유로 하나니 이는 그들로 보아도 보지 못하고 들어도 깨닫지 못하게 하려 함
이라 11이 비유는 이러하니라 씨는 하나님의 말씀이요 12길 가에 있다는 것은 말씀을
들은 자니 이에 마귀가 가서 그들이 믿어 구원을 얻지 못하게 하려고 말씀을 그 마
음에서 빼앗는 것이요 13바위 위에 있다는 것은 말씀을 들을 때에 기쁨으로 받으나
뿌리가 없어 잠깐 믿다가 시련을 당할 때에 배반하는 자요 14가시떨기에 떨어졌다
는 것은 말씀을 들은 자이나 지내는 중 이생의 염려와 재물과 향락에 기운이 막혀
온전히 결실하지 못하는 자요 15좋은 땅에 있다는 것은 착하고 좋은 마음으로 말씀
을 듣고 지키어 인내로 결실하는 자니라.

우리는 이 비유를 마태복음 13장과 마가복음 4장에서 이미 살펴보았다. 이 두 장에 대한 설명을 보라.

16. 누구든지 등불을 켜서 그릇으로 덮거나 평상 아래에 두지 아니하고 등경 위에 두나니 이는 들어가는 자들로 그 빛을 보게 하려 함이라.

마태복음 5:15과 마가복음 4:21에 대한 설명을 보라.

17. 숨은 것이 장차 드러나지 아니할 것이 없고 감추인 것이 장차 알려지고 나타나지 않을 것이 없느니라.

이 말씀도 우리는 앞에서 이미 두 번이나 만난 적이 있다. 마태복음 5:15과 마가복음 4:22에 대한 설명을 보라.

18. 그러므로 너희가 어떻게 들을까 스스로 삼가라 누구든지 있는 자는 받겠고 없는 자는 그 있는 줄로 아는 것까지도 빼앗기리라 하시니라.

마가복음 4:24과 마태복음 13:12; 25:29에 대한 설명을 보라.

19-21. [19]예수의 어머니와 그 동생들이 왔으나 무리로 인하여 가까이 하지 못하니 [20]어떤 이가 알리되 당신의 어머니와 동생들이 당신을 보려고 밖에 서 있나이다 [21]예수께서 대답하여 이르시되 내 어머니와 내 동생들은 곧 하나님의 말씀을 듣고 행하는 이 사람들이라 하시니라.

마태복음 12:46-50과 마가복음 3:31-35에 대한 설명을 보라.

22-25. [22]하루는 제자들과 함께 배에 오르사 그들에게 이르시되 호수 저편으로 건너가자 하시매 이에 떠나 [23]행선할 때에 예수께서 잠이 드셨더니 마침 광풍이 호수로 내리치매 배에 물이 가득하게 되어 위태한지라 [24]제자들이 나아와 깨워 이르되 주여 주여 우리가 죽겠나이다 한대 예수께서 잠을 깨사 바람과 물결을 꾸짖으시니 이에 그쳐 잔잔하여지더라 [25]제자들에게 이르시되 너희 믿음이 어디 있느냐 하시니 그들이 두려워하고 놀랍게 여겨 서로 말하되 그가 누구이기에 바람과 물을 명하매 순종하는가 하더라.

우리는 이 이야기 전체를 이미 마태복음 8:23-27과 마가복음 4:35-41에서 살펴본 바 있기 때문에, 거기에 나오는 설명을 보라.

26-40. [26]그들이 갈릴리 맞은편 거라사인의 땅에 이르러 [27]예수께서 육지에 내리시매 그 도시 사람으로서 귀신 들린 자 하나가 예수를 만나니 그 사람은 오래 옷을 입지 아니하며 집에 거하지도 아니하고 무덤 사이에 거하는 자라 [28]예수를 보고 부르짖으며 그 앞에 엎드려 큰 소리로 불러 이르되 지극히 높으신 하나님의 아들 예

**수여 당신이 나와 무슨 상관이 있나이까 당신께 구하노니 나를 괴롭게 하지 마옵소
서 하니 29이는 예수께서 이미 더러운 귀신을 명하사 그 사람에게서 나오라 하셨음
이라 (귀신이 가끔 그 사람을 붙잡으므로 그를 쇠사슬과 고랑에 매어 지켰으되 그
맨 것을 끊고 귀신에게 몰려 광야로 나갔더라) 30예수께서 네 이름이 무엇이냐 물으
신즉 이르되 군대라 하니 이는 많은 귀신이 들렸음이라 31무저갱으로 들어가라 하
지 마시기를 간구하더니 32마침 그 곳에 많은 돼지 떼가 산에서 먹고 있는지라 귀신
들이 그 돼지에게로 들어가게 허락하심을 간구하니 이에 허락하시니 33귀신들이 그
사람에게서 나와 돼지에게로 들어가니 그 떼가 비탈로 내리달아 호수에 들어가 몰
사하거늘 34치던 자들이 그 이루어진 일을 보고 도망하여 성내와 마을에 알리니 35
사람들이 그 이루어진 일을 보러 나와서 예수께 이르러 귀신 나간 사람이 옷을 입
고 정신이 온전하여 예수의 발치에 앉아 있는 것을 보고 두려워하거늘 36귀신 들렸
던 자가 어떻게 구원 받았는지를 본 자들이 그들에게 이르매 37거라사인의 땅 근방
모든 백성이 크게 두려워하여 예수께 떠나가시기를 구하더라 예수께서 배에 올라
돌아가실새 38귀신 나간 사람이 함께 있기를 구하였으나 예수께서 그를 보내시며
이르시되 39집으로 돌아가 하나님이 네게 어떻게 큰 일을 행하셨는지를 말하라 하
시니 그가 가서 예수께서 자기에게 어떻게 큰 일을 행하셨는지를 온 성내에 전파하
니라 40예수께서 돌아오시매 무리가 환영하니 이는 다 기다렸음이러라.**

우리는 이 이야기 전체를 마태복음 8:28-34과 마가복음 5:1-21에서 이미 살펴보았다. 거기에 나오는 설명을 보라.

41-56. **41이에 회당장인 야이로라 하는 사람이 와서 예수의 발 아래에 엎드려 자
기 집에 오시기를 간구하니 42이는 자기에게 열두 살 된 외딸이 있어 죽어감이러라
예수께서 가실 때에 무리가 밀려들더라 43이에 열두 해를 혈루증으로 앓는 중에 아
무에게도 고침을 받지 못하던 여자가 44예수의 뒤로 와서 그의 옷 가에 손을 대니 혈
루증이 즉시 그쳤더라 45예수께서 이르시되 내게 손을 댄 자가 누구냐 하시니 다 아
니라 할 때에 베드로가 이르되 주여 무리가 밀려들어 미나이다 46예수께서 이르시
되 내게 손을 댄 자가 있도다 이는 내게서 능력이 나간 줄 앎이로다 하신대 47여자가
스스로 숨기지 못할 줄 알고 떨며 나아와 엎드리어 그 손 댄 이유와 곧 나은 것을 모
든 사람 앞에서 말하니 48예수께서 이르시되 딸아 네 믿음이 너를 구원하였으니 평
안히 가라 하시더라 49아직 말씀하실 때에 회당장의 집에서 사람이 와서 말하되 당
신의 딸이 죽었나이다 선생님을 더 괴롭게 하지 마소서 하거늘 50예수께서 들으시**

고 이르시되 두려워하지 말고 믿기만 하라 그리하면 딸이 구원을 얻으리라 하시고
51그 집에 이르러 베드로와 요한과 야고보와 아이의 부모 외에는 함께 들어가기를
허락하지 아니하시니라 52모든 사람이 아이를 위하여 울며 통곡하매 예수께서 이르
시되 울지 말라 죽은 것이 아니라 잔다 하시니 53그들이 그 죽은 것을 아는 고로 비
웃더라 54예수께서 아이의 손을 잡고 불러 이르시되 아이야 일어나라 하시니 55그 영
이 돌아와 아이가 곧 일어나거늘 예수께서 먹을 것을 주라 명하시니 56그 부모가 놀
라는지라 예수께서 경고하사 이 일을 아무에게도 말하지 말라 하시니라.

우리는 두 부분으로 구성된 이 이야기를 이미 마태복음 9:18-26과 마가복음 5:22-43에서 좀 더 추가된 내용들과 함께 자세하게 살펴보았기 때문에, 독자들은 거기에 나오는 설명을 보기 바란다. 여기에서 그리스도께서 "내게 손을 댄 자가 누구냐"(45절)라고 말씀하시고 "내게 손을 댄 자가 있도다 이는 내게서 능력이 나간 줄 앎이로다"(46절)라고 말씀하셨다는 것은, 그리스도께서 이 여자가 다가와서 자기를 만지는 것을 알지 못하셨다거나, 그녀로 하여금 고침 받게 해 준 "능력"을 그리스도께서 자신의 뜻을 따라 나가게 하신 것이 아니라는 것을 보여 주는 것이 아니다. 경건하고 분별력 있는 사람들이라면 절대로 그러한 생각을 하지 않아야 한다. 이 여자는 주님의 옷 가를 만져서 고침을 받은 것이 아니라, 이 여자를 고치시고자 하신 주님의 강력한 의지에 의해서 고침을 받은 것이다. 다만 주님께서는 자신의 옷 가를 만짐으로써 믿음을 나타낸 이 여자를 은밀하게 치유해 주시고 나서, 나중에야 이 이적을 드러내셨기 때문에, 사람들이 그것을 눈치채지 못한 것일 뿐이다. 주님에게서 치유의 능력이 나간 것은 주님의 의지의 행위였고, 결코 자동적으로 이루어진 일이 아니었다.

55절의 "그 영이 돌아와"라는 구절은 영혼을 단지 인간의 육신의 부속물이나 어떤 작용에 불과하다고 여기는 무신론적 사고를 정면으로 반박하고, 영혼은 육신과 분리된 상태에서 독자적으로 존재할 수 있는 실체라는 것을 증명해 준다. 왜냐하면, "그 영이 돌아와" 야이로의 딸이 다시 살아나게 된 것이고, 그리스도께서 그 딸에게 새로운 영을 주신 것이 아니기 때문이다. 그리스도께서는 여기에서 창조의 능력을 사용하신 것이 아니라, 단지 자신이 덧입으신 능력을 사용하셔서 죽은 자를 다시 살리신 것이다. 이 이야기와 관련해서 우리가 살펴보아야 할 다른 것들에 대해서 자세한 것은 앞에 언급된 병행 본문들에 나오는 설명을 보라.

제9장

개요

1. 그리스도께서 자신의 사도들을 보내셔서 이적들을 행하고 복음을 전하게 하심(1-6).
2. 헤롯이 그리스도를 보기를 원함(7-9).
3. 사도들이 전도를 마치고 돌아옴(10-11).
4. 오병이어로 오천 명을 먹이심(12-17).
5. 그리스도에 관한 여러 견해들; 베드로의 신앙 고백; 그리스도께서 자신의 죽음과 부활에 대하여 예고하심(18-22).
6. 그리스도를 따르는 자가 되려면, 자기를 부인하고, 복음을 시인하는 것을 부끄러워해서는 안 된다고 말씀하심(23-27).
7. 그리스도께서 변화산에서 변모되심(28-36).
8. 귀신 들린 자를 고치심(37-42).
9. 자신이 장차 고난받게 되실 것을 또다시 예고하심(43-45).
10. 제자들이 야망을 드러내며 다투는 것을 저지하심(46-48).
11. 사람들이 그리스도의 이름으로 이적을 행하는 것을 금지하지 말라고 제자들에게 말씀하심(49-50).
12. 사마리아인들이 그리스도를 영접하지 않았다는 이유로 불같이 화를 낸 야고보와 요한을 책망하심(51-56).
13. 그리스도를 따르겠다고 하는 세 사람에게 각각 합당한 교훈을 주심(57-62).

**1-6. [1]예수께서 열두 제자를 불러 모으사 모든 귀신을 제어하며 병을 고치는 능력
과 권위를 주시고 [2]하나님의 나라를 전파하며 앓는 자를 고치게 하려고 내보내시며
[3]이르시되 여행을 위하여 아무 것도 가지지 말라 지팡이나 배낭이나 양식이나 돈이
나 두 벌 옷을 가지지 말며 [4]어느 집에 들어가든지 거기서 머물다가 거기서 떠나라
[5]누구든지 너희를 영접하지 아니하거든 그 성에서 떠날 때에 너희 발에서 먼지를
떨어 버려 그들에게 증거를 삼으라 하시니 [6]제자들이 나가 각 마을에 두루 다니며
곳곳에 복음을 전하며 병을 고치더라.**

우리는 주님께서 열두 제자를 사도로 세우셨다는 것과 그들의 이름을 누가복음 6:13-16과 마가복음 3:14-19에서 이미 들은 바 있다. 우리 구주께서 열두 사도를 세

우신 것은 그들로 하여금 자기와 함께 있고 자기에 대하여 자기로부터 배우며, 자기가 말씀하고 행하신 모든 것들에 대한 증인들로 삼으시기 위한 것이었다. 주님께서는 그들을 사도로 세우시고 나서 얼마쯤 지난 후에, 그들이 전하는 가르침을 확증하기 위하여 그들에게 몇몇 이적들을 행할 수 있는 능력을 주시고, 복음을 전하도록 파송하신다. 마태는 주님께서 열두 사도를 택하신 것에 대해서는 아무런 보도도 하지 않고, 오직 열두 사도를 전도하도록 파송하신 것에 대해서만 언급하는 반면에, 마가와 누가는 이 두 가지를 모두 보도한다. 누가는 여기 3-6절에서 주님께서 열두 사도를 파송하시면서 그들에게 주신 지시사항들을 기록해 놓는다. 우리는 이 모든 것들을 거기에 추가된 내용들까지 포함해서 이미 마태복음 10장과 마가복음 6:7-11을 다룰 때에 살펴본 바 있다. 거기에 나오는 설명을 보라.

**7-9. 7분봉 왕 헤롯이 이 모든 일을 듣고 심히 당황하니 이는 어떤 사람은 요한이
죽은 자 가운데서 살아났다고도 하며 8어떤 사람은 엘리야가 나타났다고도 하며 어
떤 사람은 옛 선지자 한 사람이 다시 살아났다고도 함이라 9헤롯이 이르되 요한은
내가 목을 베었거늘 이제 이런 일이 들리니 이 사람이 누군가 하며 그를 보고자 하
더라.**

"분봉 왕 헤롯"은 세례 요한을 참수한 갈릴리의 분봉 왕 헤롯 안디바였다. 복음서 기자는 헤롯이 그리스도께서 행하신 이 큰 일들을 듣고, "심히 당황하였다" (διηπόρει, '디에포레이')고 말한다. '디에포레이'는 사람이 너무나 당황해서 의심과 두려움에 사로잡혀서 어떻게 해야 할 줄을 모르는 상태를 나타내는 단어인데, 누가복음 24:4; 사도행전 2:12; 5:24; 10:17에서 사용되고 있다. 다른 복음서 기자들은 헤롯 자신이 그리스도에 대하여 자기가 참수한 세례 요한이 다시 살아났다고 추측해서 말한 것으로 보도한다. 죄책감을 느끼는 양심의 힘은 얼마나 놀라운 것인가! 세례 요한을 죽인 헤롯은 지금 여기에서 요한의 귀신이 나타나서 자기를 괴롭히거나, 요한의 영혼이 다른 사람의 몸으로 들어가서 자기에게 복수할지도 모른다고 생각하고서 두려워하고 있다. 다른 사람들은 그리스도에 대하여 여러 가지 다양한 추측을 제시하였다. 헤롯은 마음에 갈피를 잡지 못하고, 그리스도에 대한 자신의 생각을 정리하기 위해서 그리스도를 보고자 한 것일 수도 있고, 아니면 단순한 호기심에서 그리스도를 만나고자 한 것일 수도 있다. 그러나 우리는 빌라도가 그리스도를 심문한 후에 헤롯에게 보낼 때까지는(눅 23:8), 헤롯이 그리스도를 만났다는 말을 복음서에서 듣지 못한다.

10-11. [10]사도들이 돌아와 자기들이 행한 모든 것을 예수께 여쭈니 데리시고 따로 벳새다라는 고을로 떠나 가셨으나 [11]무리가 알고 따라왔거늘 예수께서 그들을 영접하사 하나님 나라의 일을 이야기하시며 병 고칠 자들은 고치시더라.

복음서 기자들은 그리스도께서 하신 일들을 간단하게 요약해서 보도하는 경우가 종종 있다. 우리는 1절에서 주님께서 열두 사도들을 전도하도록 파송하셨다는 것을 읽었는데, 여기에서는 그들이 돌아와서, 주님이 그들에게 맡기신 일을 어떻게 수행하였는지를 보고하는 모습을 본다. 열두 사도들이 돌아오자, 우리 구주께서는 그들과 함께 "벳새다라는 고을" 근방에 사람들이 별로 살지 않는 "한적한 곳"으로 가신다. 주님께서는 자기를 따라온 사람들을 내치신 적이 한 번도 없으셨고, 언제나 그런 사람들을 따뜻하게 맞으셔서 어떻게든 선한 일을 행하실 기회를 놓치지 않으려 하셨다. 많은 사람들이 주님을 따라왔고, 주님께서는 그들을 "영접하셔서," 그들의 영혼에 유익한 말씀을 그들에게 전하시고, 그들 중에서 병든 자들을 고치시는데, 이것은 우리에게 영적인 치유와 육신의 치유를 병행해야 하고, 영적인 구제와 육신의 구제를 함께 해야 함을 가르쳐 준다. 사람의 영혼이 육신보다 더 중요한 것과 마찬가지로, 교훈과 책망과 권면 같은 영적인 구제는 육신의 구제보다 훨씬 더 중요하기 때문에, 영적인 사람들에게는 육신의 구제 없이 영적인 구제를 베푸는 것이 합당하다. 그러나 영적인 것에 무지하고 육신적인 사람들은 영적인 일들에 대한 지각이 없어서 어린 아이와 같기 때문에, 그런 사람들에게는 먼저 그들에게 필요한 육신적인 구제를 행하여, 하나님의 것들과 하나님의 도에 대하여 호감을 갖도록 이끌어서, 하나님을 알게 하여야 한다.

12-17. [12]날이 저물어 가매 열두 사도가 나아와 여짜오되 무리를 보내어 두루 마을과 촌으로 가서 유하며 먹을 것을 얻게 하소서 우리가 있는 여기는 빈 들이니이다 [13]예수께서 이르시되 너희가 먹을 것을 주라 하시니 여짜오되 우리에게 떡 다섯 개와 물고기 두 마리밖에 없으니 이 모든 사람을 위하여 먹을 것을 사지 아니하고서는 할 수 없사옵나이다 하니 [14]이는 남자가 한 오천 명 됨이러라 제자들에게 이르시되 떼를 지어 한 오십 명씩 앉히라 하시니 [15]제자들이 이렇게 하여 다 앉힌 후 [16]예수께서 떡 다섯 개와 물고기 두 마리를 가지사 하늘을 우러러 축사하시고 떼어 제자들에게 주어 무리에게 나누어 주게 하시니 [17]먹고 다 배불렀더라 그 남은 조각을 열두 바구니에 거두니라.

이 이적에 관한 이야기는 네 복음서 기자가 모두 기록하고 있다. 마태복음 14:15-

22과 마가복음 6:35-44에 대한 설명을 보라. 또한, 요한복음 6:5-14에도 여기에 나오는 기사에 몇 가지 것들이 추가된 보도가 나온다. 누가 본문에 나오는 것은 우리가 이미 마태복음과 마가복음의 해당 본문을 다룰 때에 빠짐없이 다 살펴보았다.

18-22. [18]예수께서 따로 기도하실 때에 제자들이 주와 함께 있더니 물어 이르시되 무리가 나를 누구라고 하느냐 [19]대답하여 이르되 세례 요한이라 하고 더러는 엘리야라, 더러는 옛 선지자 중의 한 사람이 살아났다 하나이다 [20]예수께서 이르시되 너희는 나를 누구라 하느냐 베드로가 대답하여 이르되 하나님의 그리스도시니이다 하니 [21]경고하사 이 말을 아무에게도 이르지 말라 명하시고 [22]이르시되 인자가 많은 고난을 받고 장로들과 대제사장들과 서기관들에게 버린 바 되어 죽임을 당하고 제 삼일에 살아나야 하리라 하시고.

마태와 마가는 주님께서 이 모든 것 또는 그 일부를 가이사랴 빌립보에서 말씀하셨다고 말한다. 또한, 마태는 이 이야기와 관련된 좀 더 자세한 정황을 우리에게 전해 준다. 마태복음 16:13-23에 대한 설명을 보라. "예수께서" 무리들을 떠나 "따로 기도하실 때에 제자들이 주와 함께 있었다." 22절은 다른 복음서들에는 나오지 않는다. 누가가 여기에 나오는 말씀들을 올바른 시간 순서대로 보도한 것이라면, 우리는 21절에서 주님께서 자기가 그리스도 또는 하나님의 아들이신 것을 아무에게도 말하지 말라고 제자들에게 명령하신 합당한 이유를 발견할 수 있다. 만일 주님께서 그리스도이시고 하나님의 아들이신 것이 널리 알려지고, 사람들이 그것을 믿은 상태에서, 주님이 장로들과 대제사장들과 서기관들에 의해서 많은 고난을 받고 모욕을 당한 후에 죽임을 당하시는 것을 보게 된다면, 주님에 대한 사람들의 신앙은 무너져 내릴 가능성이 높았기 때문에, 주님께서는 자기가 죽은 자 가운데서 부활하심으로써 능력으로 하나님의 아들로 선언되실 때까지는, 자신의 수난과 죽음에 관한 일을 사람들에게 비밀로 해두고자 하신 것이었다.

23-24. [23]또 무리에게 이르시되 아무든지 나를 따라오려거든 자기를 부인하고 날마다 제 십자가를 지고 나를 따를 것이니라 [24]누구든지 제 목숨을 구원하고자 하면 잃을 것이요 누구든지 나를 위하여 제 목숨을 잃으면 구원하리라.

우리는 이 말씀을 이미 앞에서 살펴보았다. 마태복음 16:24-25; 10:38-39과 마가복음 8:34-35에 대한 설명을 보라.

25. 사람이 만일 온 천하를 얻고도 자기를 잃든지 빼앗기든지 하면 무엇이 유익하리요.

마태복음 16:26과 마가복음 8:36에 대한 설명을 보라.

26-27. 26누구든지 나와 내 말을 부끄러워하면 인자도 자기와 아버지와 거룩한 천
사들의 영광으로 올 때에 그 사람을 부끄러워하리라 27내가 참으로 너희에게 이르
노니 여기 서 있는 사람 중에 죽기 전에 하나님의 나라를 볼 자들도 있느니라.

마태복음 16:28과 마가복음 9:1에 대한 설명을 보라. 누가는 우리 구주께서 서로 다른 여러 시기에 하신 몇몇 말씀들을 여기에 기록해 둔 것으로 보인다.

28-36. 28이 말씀을 하신 후 팔 일쯤 되어 예수께서 베드로와 요한과 야고보를 데
리고 기도하시러 산에 올라가사 29기도하실 때에 용모가 변화되고 그 옷이 희어져
광채가 나더라 30문득 두 사람이 예수와 함께 말하니 이는 모세와 엘리야라 31영광중
에 나타나서 장차 예수께서 예루살렘에서 별세하실 것을 말할새 32베드로와 및 함
께 있는 자들이 깊이 졸다가 온전히 깨어나 예수의 영광과 및 함께 선 두 사람을 보
더니 33두 사람이 떠날 때에 베드로가 예수께 여짜오되 주여 우리가 여기 있는 것이
좋사오니 우리가 초막 셋을 짓되 하나는 주를 위하여, 하나는 모세를 위하여, 하나
는 엘리야를 위하여 하사이다 하되 자기가 하는 말을 자기도 알지 못하더라 34이 말
할 즈음에 구름이 와서 그들을 덮는지라 구름 속으로 들어갈 때에 그들이 무서워하
더니 35구름 속에서 소리가 나서 이르되 이는 나의 아들 곧 택함을 받은 자니 너희는
그의 말을 들으라 하고 36소리가 그치매 오직 예수만 보이더라 제자들이 잠잠하여
그 본 것을 무엇이든지 그 때에는 아무에게도 이르지 아니하니라.

마태복음 17:1-9과 마가복음 9:2-10에 대한 설명을 보라.

37-45. 37이튿날 산에서 내려오시니 큰 무리가 맞을새 38무리 중의 한 사람이 소리
질러 이르되 선생님 청컨대 내 아들을 돌보아 주옵소서 이는 내 외아들이니이다 39
귀신이 그를 잡아 갑자기 부르짖게 하고 경련을 일으켜 거품을 흘리게 하며 몹시 상
하게 하고야 겨우 떠나 가나이다 40당신의 제자들에게 내쫓아 주기를 구하였으나
그들이 능히 못하더이다 41예수께서 대답하여 이르시되 믿음이 없고 패역한 세대여
내가 얼마나 너희와 함께 있으며 너희에게 참으리요 네 아들을 이리로 데리고 오라
하시니 42올 때에 귀신이 그를 거꾸러뜨리고 심한 경련을 일으키게 하는지라 예수
께서 더러운 귀신을 꾸짖으시고 아이를 낫게 하사 그 아버지에게 도로 주시니 43사
람들이 다 하나님의 위엄에 놀라니라 그들이 다 그 행하시는 모든 일을 놀랍게 여
길새 예수께서 제자들에게 이르시되 44이 말을 너희 귀에 담아 두라 인자가 장차 사
람들의 손에 넘겨지리라 하시되 45그들이 이 말씀을 알지 못하니 이는 그들로 깨닫

지 못하게 숨긴 바 되었음이라 또 그들은 이 말씀을 묻기도 두려워하더라.

마태복음 17:14-21과 마가복음 9:14-29에 대한 설명을 보라. 우리는 그리스도께서 행하신 이적들을 보고서, 사람들이 놀랐다고 하는 보도들은 자주 듣지만, 그들이 주님을 그리스도로 고백하고 그들 자신의 구주로 영접하였다는 보도는 거의 듣지 못한다. 이 때에도 "큰 무리"가 있었고, 그들 중에서 서기관들과 바리새인들과 사두개인들을 제외한 거의 모든 사람들은, 그리스도가 하나님으로부터 보내심을 받아 하나님의 뜻을 사람들에게 계시하고 원래 하나님만이 행하실 수 있는 능력을 하나님으로부터 받아서 많은 이적들을 행하시는 큰 선지자이시라는 것을 믿었다. 그 중의 일부는 거기에서 한 걸음 더 나아가서, 우리 주님이 선지자이실 뿐만 아니라 모세가 예언한 바로 "그 선지자"이시고(신 18:15; 요 1:21, 45), 베드로가 말한 대로 "이스라엘을 속량할" 하나님의 그리스도이시라고 믿었다(눅 24:21). 하지만 그들이 그리스도의 신분과 관련해서 참된 메시야 개념을 지니고 있지도 못하였고, 그리스도의 사역과 관련해서 그리스도 안에 신성과 인성이 연합되어 있다는 사실도 알지 못하였으며, 그리스도께서는 그들이 생각한 것 같이 이스라엘을 이방의 종살이에서 속량하시기 위해서가 아니라 오직 그들의 죄에서 그들을 구원하시기 위하여 오셨다는 것은, 복음서의 이야기 전체가 누구에게나 분명하게 보여 준다. 그리스도께서는 그들이 그러한 잘못된 메시야 사상을 지니고 있기 때문에, 만일 그들이 자기가 메시야라는 것을 아는 상태에서, 그토록 수치스럽게 사람들로부터 온갖 모욕과 수치를 당하신 후에, 십자가에 매달려 죽는 것을 본다면, 자신에 대한 그들의 믿음이 크게 흔들릴 것을 아셨던 까닭에, 그들로 하여금 여기에서 자신이 밝힌 계시를 당장에 믿도록 재촉하지 않으시고, 장차 자기가 자신의 능력으로 죽은 자 가운데서 부활한 것을 보고서, 자신의 부활에 대하여 하신 말씀이 참된 것이었음을 깨닫고서, 그 믿음이 견고해지게 하신 것이었다. 그래서 주님께서는 베드로를 비롯한 여러 사람들이 자기를 인간 이상의 존재로 고백하는 것 속에서 보배로운 믿음의 씨앗이 자라나고 있는 것을 보시고, 그들의 믿음이 약하다고 책망하시는 것이 아니라, 크게 칭찬해 주신다. 이렇게 그리스도께서는 그들의 믿음을 당장에 강화시켜서, 그들로 하여금 모든 의심을 다 떨쳐 버리게 하신 것이 아니라, 자주 그들에게 그러한 믿음을 다른 사람들에게 알리지 말라고 당부하시고, 오직 장차 그들에게 큰 걸림돌이 될 수 있는 자신의 수난에 대비하여 그들을 준비시키시는 일만을 여러 차례에 걸쳐서 하신다. 주님께서 자신의 수난에 대하여 제자들에게 말씀하신 것은 이 장에서

만 두 번째였다. 주님께서는 이렇게 여러 차례에 걸쳐 자신의 수난에 대하여 제자들에게 말씀해 주실 필요가 있으셨다. 왜냐하면, 복음서 기자는 "그들이 이 말씀을 알지 못하니 이는 그들로 깨닫지 못하게 숨긴 바 되었음이라"고 우리에게 말해 주기 때문이다. 그들은 평범한 선지자라면 얼마든지 사람들의 손에 넘겨져서 죽임을 당할 수 있다고 생각해서 충분히 이해할 수 있었겠지만, 메시야이자 그리스도, 모세가 예언한 "그 선지자," 단순한 사람 이상의 존재이신 그들의 주님께서 어떻게 사람들의 손에 넘겨져서 고난을 당하시고 죽으실 수 있는 것인지에 대해서는 도무지 이해할 수가 없었다. 그들은 그리스도께서 이 말씀을 철저히 비밀에 부치고 아무에게도 말해서는 안 된다고 신신당부하시는 것을 보았기 때문에, 이 말씀과 관련한 자세한 내용을 그리스도께 물어보기도 두려워하였다.

46-48. [46]제자 중에서 누가 크냐 하는 변론이 일어나니 [47]예수께서 그 마음에 변론하는 것을 아시고 어린 아이 하나를 데려다가 자기 곁에 세우시고 [48]그들에게 이르시되 누구든지 내 이름으로 이런 어린 아이를 영접하면 곧 나를 영접함이요 또 누구든지 나를 영접하면 곧 나를 보내신 이를 영접함이라 너희 모든 사람 중에 가장 작은 그가 큰 자니라.

마태복음 18:1-6과 마가복음 9:33-37에 대한 설명을 보라. 이 단락은 왜 우리 구주께서 앞에서 자신의 수난에 관하여 예고하심으로써, 자신의 제자들을 준비시킬 필요가 있다고 생각하셨던 것인지를 잘 보여 준다. 즉, 그들은 당시의 대부분의 유대인들이 갖고 있던 잘못된 메시야 기대, 즉 메시야가 오시면 그들을 이방 민족의 치하에서 건져 주셔서, 그들로 하여금 이스라엘 나라를 회복하여 시민적이거나 군사적인 세속 권력을 행사할 수 있게 해 주실 것이라는 잘못된 생각을 지니고 있었던 까닭에, 우리 구주를 메시야로 믿고 있던 그들이 미리 아무런 예고도 듣지 않은 채로 주님께서 고난을 당하고 죽으시는 모습을 본다면, 그들의 신앙이 무너져 내릴 수 있을 것이었기 때문에, 주님께서는 자신의 수난을 미리 그들에게 예고하신 것이었다. 그들은 이렇게 잘못된 메시야 기대를 토대로, 머지않아 이스라엘 나라가 회복될 것이라고 믿고서, 그 때가 되면 자신들이 높은 자리에 오를 것이라고 생각하였던 까닭에, 우리는 그들이 그 나라에 누가 더 높은 자리에 오르게 될 것인지를 놓고 자주 입씨름을 벌이는 모습을 발견하게 된다. 우리 주님께서는 그들에게서 자신과 자신의 나라에 대한 잘못된 생각과 기대를 떨쳐내시기 위해서, "어린 아이 하나를 데려다가" 그들 앞에 세우시고, "누구든지 내 이름으로 이런 어린 아이를 영접하면 곧 나를 영접함이요 또 누구든지 나를 영접하면 곧 나를 보내신 이를 영접함이라 너희 모든 사람 중에 가장 작은 그가 큰 자니라"고 말씀하신다. 우리는 누가가 여기에서 보도하고 있는 것을 우리가 앞에서 마태와 마가 본문에서 살펴보았던 것에 의거해서 해석하여야 하는데, 여기에서 "어린 아이"는 어린 아이같이 낮아진 자를 의미한다. 자세한 것은 마태와 마가의 해당 본문에 대한 설명을 보라.

49-50. [49]요한이 여짜오되 주여 어떤 사람이 주의 이름으로 귀신을 내쫓는 것을 우리가 보고 우리와 함께 따르지 아니하므로 금하였나이다 [50]예수께서 이르시되 금하지 말라 너희를 반대하지 않는 자는 너희를 위하는 자니라 하시니라.

마가는 그리스도께서 "내 이름을 의탁하여 능한 일을 행하고 즉시로 나를 비방할 자가 없느니라"(39절)는 말씀을 덧붙이셨다고 좀 더 자세하게 보도한다. 마가복음 9:38-39에 대한 설명을 보라.

51. 예수께서 승천하실 기약이 차가매 예루살렘을 향하여 올라가기로 굳게 결심하시고.

이 절부터 56절까지에 나오는 이야기는 오직 누가만이 기록하고 있고 다른 복음서 기자들은 기록하고 있지 않은데, 사람들이 강제로 우리 구주의 목숨을 빼앗은 것이 아니라, 우리 구주께서 자원해서 우리를 위하여 자신의 목숨을 내어 주신 것임을 알게 해 주고, 대단히 훌륭한 사람들에게서도 신앙상의 기복이 있어서 종종 절제하지 못하고 격분하게 되기도 한다는 것과 그러한 경우에 우리의 심령을 절제하는 것이 우리의 크신 주님의 뜻이라는 것을 알게 해 준다는 점에서, 우리에게 큰 유익을 준다. 우리 구주께서는 이 때에 예루살렘으로 올라가시기로 결심하셨는데, 이것은 주님께는 예루살렘으로의 마지막 여행이었다.

예수께서 승천하실 기약이 차가매. 이 구절의 헬라어 본문은 '엔 토 쉼플레루스타이 타스 헤메라스 테스 아나렘프세오스 아우투'(ἐν τῷ συμπληροῦσθαι τὰς ἡμέρας τῆς ἀναλήψεως αὐτοῦ)로 되어 있다. 이것은 "그가 승천하실 때가 가까이 왔을 때"로 번역되는데, "승천"을 의미하는 '아나렘프세오스'는 마가복음 16:19; 사도행전 1:11; 디모데전서 3:16에서 사용되고 있다. 그렇다면, 복음서 기자는 그리스도와 관련된 장래의 운명을 이렇게 표현한 이유는 무엇인가? 왜 복음서 기자는 "예수께서 고난당하실 때가 가까이 왔을 때"라고 말하지 않고, 주님의 죽으심은 건너뛰고, 오직 주님의 승천만을 언급하고 있는 것인가? (1) 주님의 승천에 대한 언급 속에는 주님이 죽으실 것이라는 의미가 내포되어 있다. 그리스도께서는 먼저 죽음을 겪으시고, 그런 후에 자신의 영광 속으로 들어가시게 될 것이기 때문이다. (2) 그리스도의 죽음은 땅에서 들어올려지시는 것으로 불린다(요 12:32). (3) 그리스도께서는 자신의 죽음을 생각하실 때에 그 죽음 이후에 즉시 자기가 영광 속으로 들어가시게 될 것에 시선이 가 계셨기 때문에, 자신의 죽음을 승천을 위해 들어올려지시는 것이라고 부르시는 것임을 우리에게 알게 해 주시고, 고난이나 죽음은 입에 올리거나 언급할 가치조차 없는 것이기 때문에 그런 것들은 생각하지 말고, 오직 모든 믿는 자들의 분깃인 하늘에 계신 우리 아버지의 영광 속으로 들어올려지게 될 것만을 바라보아야 한다는 것을 우리에게 가르치기 위하여, 복음서 기자는 그리스도의 죽음을 그런 식으로 표현한 것이다. 믿는 자들이 죽은 것은 땅에서 들어올려지는 것이다. 사망이 우리의 몸을 잠시 주관하여, 우리의 몸은 한동안 이 땅에 남겨진다고 해도, 언젠가는 그 몸도 들어올려지게 될 것이다. 우리가 눈을 들어 우리의 영혼과 육신이 들어올려지게 될 것을 바라본다면, 이 땅에서 우리가 겪는 모든 고난과 죽음은 거론할 가치조차 없게 될 것이다.

예루살렘을 향하여 올라가기로 굳게 결심하시고. 어떤 이들은 이것이 우리 구주께서 자신의 수난 전에 예루살렘으로 가는 마지막 여행이 아니었다고 생각하지만, 만일 그랬다면, 복음서 기자는 주님께서 예루살렘으로 올라가시기로 "굳게 결심하셨다"(πρόσωπον ἐρτήριξε, '프로소폰 에스테릭세')는 표현을 사용하지 않았을 것이다. 그리스도께서는 지금 갈릴리에 계셨고, 선지자들이 죽었던 곳인 예루살렘은 그리스도께서 수난을 당하시기로 예정되어 있던 곳이었다. 갈릴리와 예루살렘 사이에는 사마리아가 있었기 때문에, 주님께서는 사마리아를 통과하셔야 했다.

52-53. [52]**사자들을 앞서 보내시매 그들이 가서 예수를 위하여 준비하려고 사마리아인의 한 마을에 들어갔더니** [53]**예수께서 예루살렘을 향하여 가시기 때문에 그들이 받아들이지 아니 하는지라.**

여호수아서가 말해 주듯이, 여호수아는 가나안 땅을 이스라엘의 열두 지파에게 분배하였고(수 14-17장), 여호수아와 사사들과 사무엘이 죽고 난 후에, 사울과 다윗과 솔로몬은 열두 지파에게 분배된 가나안 땅 전체를 다스렸다. 그러나 솔로몬의 뒤를 이어 왕이 된 그의 아들 르호보암이 자신의 젊은 참모들의 말을 따르자, 열 지파는 다윗 가문에 반기를 들고 북왕국을 세웠고(왕상 12:16-19), 여로보암은 단과 벧엘에 금송아지 우상을 세워서, 열 지파를 우상 숭배로 이끌었다(왕상 12:28-29). 이렇게 해서, 북왕국 이스라엘 사람들과 다윗 가문에 충성하였던 자들 사이에는 공민적이고 종교적인 삶에 있어서 영속적인 차이가 생겨났고, 그러한 상태는 260년가량 지속되었다. 북왕국의 마지막 왕이었던 호세아 때에, 앗수르 왕은 삼 년 간의 포위공격 끝에 수도였던 사마리아를 함락시켰다. 북왕국의 멸망에 관한 이야기와 하나님을 격노하시게 하여 그들을 앗수르 왕의 손에 붙이게 만든 그들의 죄악들은 열왕기하 17장에 나와 있다.

앗수르 왕은 "사마리아를 점령하고 이스라엘 사람을 사로잡아 앗수르로 끌어다가 고산 강 가에 있는 할라와 하볼과 메대 사람의 여러 고을에 두었고"(왕하 17:6), "바벨론과 구다와 아와와 하맛과 스발와임에서 사람을 옮겨다가 이스라엘 자손을 대신하여 사마리아 여러 성읍에 두매 그들이 사마리아를 차지하고 그 여러 성읍에 거주하였다"(왕하 17:24). 이 일 후에 이 지역의 통치와 관련해서 몇몇 변화들이 있었다. 이 때에 모든 유대인들이 아니라 주로 지배층들과 유력인사들이 다른 곳들로 강제이주를 당하였다. 앗수르 왕은 사마리아에 새롭게 이주한 자들에게 그 땅의 하나님을 어떻게 예배해야 하는지를 가르치도록 하기 위하여 제사장 한 명을 다시 돌려보냈는데, 이것은 거기에 새로 이주한 자들이 그 땅의 하나님을 섬기는 법을 몰랐던 것이 그 지역에 사자들이 들끓게 된 원인이라고 생각하였기 때문이었다(왕하 17:26-27). 하지만 열왕기하 17:29이 "그러나 각 민족이 각기 자기의 신상들을 만들어 사마리아 사람이 지은 여러 산당들에 두되 각 민족이 자기들이 거주한 성읍에서 그렇게 하여"라고 말하고 있듯이, 사마리아로 강제이주 된 여러 민족의 사람들은 각각 자신들이 원래부터 섬기던 우상들을 사마리아로 가져와서 계속해서 섬겼다. 이 일이 있고 나서 대략 160년이 지난 후에 이 지역들은 고레스의 지배 아래 들어갔고, 고레스는 유대인들에게 본국으로 돌아가도 좋다는 영을 내렸다. 하지만 에스라서 1:5이 "이에 유다와 베냐민 족장들과 제사장들과 레위 사람들과 그 마음이 하나님께 감동을 받고 올라가서 예루살렘에 여호와의 성전을 건축하고자 하는 자가 다 일어나니"라고 말하고 있듯이, 이 때에 본국으로 돌아온 사람들은 주로 남왕국 유다에 속한 자들이었다. 사마리아인들은 유다 사람들이 성전을 재건하는 일을 방해하였다(스 4:4-5). 이 일 후에, 사마리아는 처음에는 헬라인들, 다음으로는 로마인들에게 복속되었고, 이 때에도 계속해서 로마인들의 통치 아래 있었다.

공민적인 차이, 그리고 특히 종교적인 차이로 인해 유다 사람들과 사마리아 사람들 사이에 생겨난 해묵은 악감정은 그대로 지속되어서, 유다와 베냐민 지파에 속한 사람들과 사실상 우상 숭배자들이었던 사마리아인들 사이에는 큰 적대감이 존재하였다. 당시에 다윗 가문에 충성한 자들은 "유대인"으로 불렸는데, 그들은 사마리아인들과 상종을 하지 않았다(요 4:9). 물론, 어떤 이들은 그들 사이에 통상적인 교류는 있었고, 상대방을 상종하고자 하지 않는 경향은 사마리아인들보다는 유대인들이 훨씬 더 강했다고 말하기도 한다. 갈릴리는 사마리아 너머에 있었고, 거기에는 대체로 태생적인 유대인들이 살고 있었던 것으로 보인다. 좀 더 엄격하게 사마리아로 불리는 지역은 그 땅의 심장부에 위치해 있었기 때문에, 앗수르 왕은 자신의 식민지들을 바로 그 사마리아 땅에 집중적으로 건설하였고, 이것은 지금 사마리아로 불리는 지역의 주민들이 그리스도께서 아주 오랫동안 전도하셨던 갈릴리의 주민들보다 하나님을 비정상적이고 이상하게 섬기게 된 이유였던 것 같다.

앞에서 말하였듯이, 그리스도께서는 이제 유월절을 앞두고 갈릴리를 떠나 예루살렘으로 가는 길에 사마리아를 통과하고자 하셨다. 하지만 사마리아인들은 주님 일행을 받아들이지 않았다. 사마리아인들은 대체로 평범한 행인들을 거부하지 않았는데, 이렇게 주님 일행을 거부한 이유는, 아마도 주님 일행이 유월절 절기를 위해 예루살렘으로 가고 있다는 것을 알았기 때문이거나, 주님과 함께 한 사람들의 수가 그들이 감당할 수 있는 것보다 더 많았기 때문이었을 것이다. 요한복음 4장에서 우리는 유대인들과 사마리아인들 간의 종교적 차이들에 대해서 좀 더 자세하게 듣게 되겠지만, 여기에서는 이 정도의 설명으로 충분할 것이다.

54. 제자 야고보와 요한이 이를 보고 이르되 주여 우리가 불을 명하여 하늘로부터 내려 저들을 멸하라 하기를 원하시나이까.

제자들은 여기에서 옛적에 엘리야가 한 일을 염두에 두고 이렇게 말한 것임에 틀림없다. 북왕국 아하시야 왕이 엘리야를 붙잡으려고 오십부장과 그의 군사 오십 명을 보내자, 엘리야는 그 오십부장에게 "내가 만일 하나님의 사람이면 불이 하늘에서 내려와 너와 너의 오십 명을 사를지로다"라고 말하였고, 그러자 "불이 곧 하늘에서 내려와 그와 그의 군사 오십 명을 살랐다"(왕하 1:10).

55-56. [55]예수께서 돌아보시며 꾸짖으시고 [56]함께 다른 마을로 가시니라.

흠정역에는 55절과 56절이 "예수께서 돌아보시며 꾸짖으시고, 너희는 너희의 영이 어떤 상태에 있는지를 알지 못하고 있노니 인자는 사람들의 목숨을 멸하기 위해서가 아니라 구원하기 위하여 왔다고 말씀하시며 함께 다른 마을로 가시니라"로 되어 있다. "영"이라는 단어는 종종 하나님의 성령 또는 악한 영의 감화를 받아 심령이 지니게 된 내적인 움직임들과 성향들과 끌림들을 가리키는데, "하나님이 우리에게 주신 것은 두려워하는 마음이 아니요 오직 능력과 사랑과 절제하는 마음이니"라고 말하고 있는 디모데후서 1:7이 그 예이다("영"이 거기에서는 "마음"으로 번역되었다 — 역주). 즉, 우리 구주께서는 "너희는 너희가 빠져 있는 영적 상태가 어떤 종류의 것인지를 생각하지 않고 있다"고 말씀하신 것이다.

엘리야의 경우와 이 경우는 세 가지 점에서 큰 차이가 있었다. (1) 엘리야 시대에는 이스라엘 사람들이 배교 가운데 있었던 기간은 이 사마리아인들과 비교하면 아주 짧은 것이었다. 그들은 당시에 유다에서 행해지고 있던 하나님에 대한 참된 예배를 뻔히 보면서도 배교하여, 우상 숭배를 고집했을 뿐만 아니라, 엘리야가 하나님께서 그들에게 선포하라고 명하신 것을 선포하였다고 해서, 그들의 왕은 오십부장들을 보내어 엘리야를 붙잡으려 하였다. 반면에, 이 사마리아인들은 아주 오랜 세월 동안 잘못된 예배와 우상 숭배에 빠져 있었기 때문에, 그들의 잘못된 신앙은 오래된 것이었다. 역사가들의 말에 의하면, 그리심 산에 세워진 사마리아의 성전은, 다리우스 치하에서 사마리아 총독이었던 산발랏이라는 인물이 유대인들이 자신의 사위인 므낫세를 예루살렘의 제사장직에서 축출한 것에 대하여 보복하기 위하여 세운 것이라고 하는데, 이것이 사실이라면, 사마리아인들은 오백 년 이상 하나님에 대한 잘못된 예배에 빠져 살아온 것이 된다. 또한, 주님의 일행을 거부한 것은 사마리아 지역의 두령들이나 관원들이 아니라, 평범한 일반 사람들이었던 것으로 보인다. 그들은 이렇게 잘못된 예배에 아주 오랫동안 익숙해져 있었기 때문에, 그리심 산에 있는 그들의 성전을 위한 열심으로 인해서, 예루살렘에 있는 성전에 가고자 하는 자들에게 냉정한 태도를 보였던 것 같다. 따라서 그리스도께서는 그들의 예배를 인정하지는 않으셨지만, 그들이 그러한 잘못된 편견 속에서 살아 온 것을 불쌍히 여기셨기 때문에, 그들의 마음을 바꾸는 방법이 하늘로부터 불을 내려 그들을 살라 버리는 것이라고 생각하지 않으셨고, 그들에게 그렇게 가혹한 일을 행하고자 하는 마음도 없으셨다. 우리가 잘못된 예배를 드리는 자들을 인정하고 거기에 함께 하는 것이 하나님의 뜻이 아닌 것과 마찬가지로, 잘못된 예배를 드리는 자들을 불과 칼로 제압해서 거기로부터 끌어내는 것도 하나님의 뜻이 아니다. 우리의 조상들이 오랫동안 그렇게 예배해 왔다는 사실은 그 예배가 옳다는 것을 보증해 주는 충분한 근거가 되지 않는다(이것은 사마리아인들이 내세운 항변이었다, 요 4:20). 하지만 진리를 거스르는 그러한 편견이 존재하는 곳에 사는 자들은 진리를 받아들이는 데 애로를 겪을 수밖에 없다는 것을 생각해서, 그런 자들을 온유하게 대하는 것이 마땅하다.

(2) 엘리야의 부르심에 차이가 있었다. 엘리야는 탁월한 선지자였기 때문에, 어떤 즉흥적인 충동에 의해서 하늘로부터 불을 내려서 오십부장과 그의 군사 오십 명을 살라 버린 것이 결코 아니었고, 하나님을 향한 열심 가운데서 하나님의 뜻을 아는 지식의 인도함을 받아서 그렇게 한 것이었다. 반면에, 제자들에게는 그러한 부르심이 없었다.

(3) 시대가 서로 달랐다. 엘리야는 좀 더 엄격하였던 율법 시대 아래에서 행하였다. 반면에, 제자들은 좀 더 온건하고 온유한 복음 시대에 있었으면서도, 이 일에 있어서 혈기가 충천해서 보복하고자 하는 죄악된 욕망에 사로잡혀 있었다. 그래서 우리 구주께서는 "너희는 너희의 영이 어떤 상태에 있는지를 알지 못하고 있다"고 말씀하신 것이다. 주님께서는 "인자는 사람들의 목숨을 멸하기 위해서가 아니라 구원하기 위하여 왔다"고 자신의 예를 들어 설명해 주심으로써, 그들이 좀 더 온건하고 온유한 시대 아래에 있다는 것을 알게 해 주신다. 여기에서 "목숨"으로 번역된 단어는 "영혼"을 의미하기도 하지만, 사도들이 말한 것은 하늘로부터 불을 내려서 그들의 영혼을 멸하는 것이 아니라 그들의 목숨을 멸하는 것이었기 때문에, 이 대목에서 이 단어에 대한 우리의 번역을 충분히 옳다고 할 수 있다. 우리 구주께서는 이렇게 말씀하신다: "너희는 내가 병자들을 고치고 죽은 자들을 다시 살리는 것을 보고 알고 있겠지만, 나의 일은 사람들이 자신들의 관점에서 볼 때에 내가 전하는 복음에 반감이나 편견을 갖지 않게 하는 것이다." 하지만 우리가 여기에서 "목숨"으로 번역된 단어를 "영혼"으로 번역한다고 해도, 이 말씀 속에서 큰 진리의 교훈을 얻을 수 있다: 그리스도께서는 사람들의 영혼을 멸하기 위해서가 아니라 그들에게 구원과 영원한 행복을 가져다줄 방편들을 전하기 위하여 오셨다. 그들이 이 방편들을 거부하고 배척한다면, 그들은 스스로 자멸하게 될 것이다.

57-58. [57]길 가실 때에 어떤 사람이 여짜오되 어디로 가시든지 나는 따르리이다 [58]예수께서 이르시되 여우도 굴이 있고 공중의 새도 집이 있으되 인자는 머리 둘 곳이 없도다 하시고.

마태는 이 사람이 "서기관"이었다고 말한다. 마태복음 8:19에 대한 설명을 보라. 웅장한 저택에서 살면서, 자신이 그러한 저택을 갖고 있다는 것은 자랑할 만한 일이며, 그런 저택을 갖고 있는 자신은 대단한 사람이라고 생각하고, 그런 집을 갖고 있지 않은 가난한 형제들을 멸시하는 자들은 이 본문을 깊이 되새겨 보아야 한다.

59-60. [59]또 다른 사람에게 나를 따르라 하시니 그가 이르되 나로 먼저 가서 내 아버지를 장사하게 허락하옵소서 [60]이르시되 죽은 자들로 자기의 죽은 자들을 장사하게 하고 너는 가서 하나님의 나라를 전파하라 하시고.

마태복음 8:21-22에 대한 설명을 보라. 우리는 여기에서 하나님께서는 자신의 뜻대로 은혜를 베푸시는 분이심을 다시 한 번 확인하게 된다. 앞에서 한 서기관은 "어디로 가시든지 나는 따르리이다"라고 말하며, 그리스도를 따르겠다는 결연한 의지를 보였지만, 그리스도께서는 그러지 말라고 그 의지를 꺾어 놓으시는 반면에, 그런 제안을 전혀 하지 않은 어떤 사람에게는 먼저 다가가셔서 "나를 따르라"고 말씀하시고서는, 그 말씀을 따르지 않으려 하는 그 어떤 변명도 용납하지 않으신다.

61-62. [61]또 다른 사람이 이르되 주여 내가 주를 따르겠나이다마는 나로 먼저 내 가족을 작별하게 허락하소서 [62]예수께서 이르시되 손에 쟁기를 잡고 뒤를 돌아보는 자는 하나님의 나라에 합당하지 아니하니라 하시니라.

마태는 앞의 나온 두 사람에 대해서는 언급하면서도, 이 세 번째 사람에 대해서는 언급하지 않는다. 어떤 이들은 우리가 '아포탁사스타이 토이스 에이스 톤 오이콘 무'(ἀποτάξασθαι τοῖς εἰς τὸν οἶκόν μου)를 "내 가족을 작별하게"로 번역한 것이 옳은 것이었는지에 대하여 의문을 제기하면서, "내 집과 관련된 물건들이나 사람들을 정리하게"로 번역하는 것이 더 좋지 않겠느냐고 말한다. 어느 쪽으로 번역하든, 이 구절은 이 제자 속에서 세상적인 생각이 너무나 많이 있음을 보여 준다. 따라서 우리 구주께서는 이 제자의 그러한 생각을 다스리시기 위하여, "손에 쟁기를 잡고 뒤를 돌아보는 자는 하나님의 나라에 합당하지 아니하니라"고 말씀하신다. 여기에서 "뒤를"로 번역된 '에이스 타 오피소'(εἰς τὰ ὀπίσω)는 "뒤에 있는 것들을" 의미한다. 어떤 이들은 주님께서 엘리사의 부르심에 관한 이야기(왕상 19:19-20)를 염두에 두시고 이 말씀을 하신 것이라고 생각한다: "엘리야가 거기서 떠나 사밧의 아들 엘리사를 만나니 그가 열두 겨릿소를 앞세우고 밭을 가는데 자기는 열두째 겨릿소와 함께 있더라 엘리야가 그리로 건너가서 겉옷을 그의 위에 던졌더니 그가 소를 버리고 엘리야에게로 달려가서 이르되 청하건대 나를 내 부모와 입맞추게 하소서 그리한 후에 내가 당신을 따르리이다."

그러한 주장이 옳든 그르든, 여기에서 우리 구주께서 복음 사역을 하는 자의 일을 쟁기를 잡고 밭을 가는 자의 일에 비유하고 계신다는 것은 분명하다. 쟁기를 잡은 자는 오로지 앞만 보고 집중해서 밭을 갈아야 한다. 만약 그렇게 하지 않으면, 밭이 똑바로 갈리거나 적절한 깊이로 갈리지 않게 되어, 밭이랑들이 꾸불꾸불해지고 그 깊이도 들쑥날쑥해진다. 복음의 사역자가 하는 일도 마찬가지이다. 일단 어떤 사람이 세속의 일을 그만두고 하나님을 섬기는 사역을 하도록 부르심을 받았다면, 그는 오직 그 사역에만 몰두하고 온 힘을 쏟아야 한다. 그는 자신의 모든 힘과 시간을 하나님을 섬기는 일에 다 쏟아야 하고, 이미 "뒤에 있는 것들"이 된 세상일들에는 더 이상 신경을 쓰거나 돌아보지 않아야 한다. 이것은 하나님께서 자신의 사역자들이 필요한 경우에 바울처럼 자신의 손으로 일해서 먹을 것을 얻는 것을 금하시는 것이 아니라, 꼭 필요한 경우가 아니라면, 이 세상일들에 얽히고 얽매여서 하나님의 부르심에 온 힘을 쏟지 못하는 일이 생겨서는 안 된다고 하신 것이다.

제10장

개요

1. 그리스도께서 칠십 인의 제자들을 보내셔서 이적들을 행하고 전도하게 하심(1-12).
2. 고라신과 벳새다와 가버나움에 화를 선언하심(13-16).
3. 칠십인의 제자들이 기쁨으로 돌아오고, 그리스도께서는 그들이 무엇을 기뻐해야 하는지를 보여 주심(17-20).
4. 자신의 복음을 오직 어린 아이 같은 자들에게만 나타내시는 것을 하나님 아버지께 감사하심(21-22).
5. 자신의 교회로 부르심을 받은 자들이 복이 있다는 것을 보여 주심(23-24).
6. 어떻게 해야 영생을 얻을 수 있는지를 율법교사에게 가르치시고, 선한 사마리아인의 비유를 통해서 우리의 이웃이 누구인지를 보여 주심(25-37).
7. 자신을 영접하기 위한 준비로 바쁜 마르다보다 자신의 가르침에 집중하는 마리아를 칭찬하심(38-42).

1. 그 후에 주께서 따로 칠십 인을 세우사 친히 가시려는 각 동네와 각 지역으로 둘씩 앞서 보내시며.

우리는 앞에서 그리스도께서 열두 사도를 택하신 후에 전도를 위하여 파송하셨다는 것에 대하여 들었고(눅 6:13-16; 9:1-6), 그들이 돌아와서 주님께 경과보고를 한 것에 대해서도 들었다(눅 9:10). 우리는 사도들이 구체적으로 어떤 보고를 하였는지를 알지 못하지만, 그 보고를 들으신 우리 구주께서는 추수할 것이 너무나 많아서 일꾼들의 일손이 부족하다고 판단하셨기 때문에, 이제 여기에서는 칠십 인의 제자들을 보내어 전도하게 하고자 하셨다. 복음서 기자는 그들의 이름을 기록해 놓지는 않고, 단지 그리스도께서 그들을 "둘씩" 짝지어서 보내셨다고만 보도한다. 주님이 두 사람을 한 조로 해서 보내신 것은, 아마도 사람들로 하여금 두 명의 증언을 듣게 하여 더 신뢰할 수 있게 하고, 두 제자가 서로를 도울 수 있게 하시기 위한 것이었던 것 같다. 하나님께서 자기 백성에게 최초의 인도자들을 보내셨을 때에도 모세와 아론, 이렇게 두 사람을 함께 보내셨고, 세례 요한은 자신의 제자들 중에서 두 명을 그리스도께 보내어 사정을 알아보게 하였으며, 그리스도께서는 두 제자를 보내셔서 유월절을 준비하게 하셨다(눅 22:8). 따라서 주님께서 "둘씩" 보내신 것 속에는 신비하고 비밀스러운 그 어떤 것도 숨겨져 있는 것으로 보이지 않는다. 사람은 사회적인 존재이기 때문에, 혼자 있는 것은 좋지 않다.

우리는 주님께서 어떤 생각과 의도로 "열둘"과 "칠십"이라는 숫자를 택하신 것인지를 알 수 없다. 하지만 이 두 가지 숫자가 유대인들에게는 평범한 숫자가 아니었다는 것은 분명해 보인다. "열둘"은 하나님의 약속에 따른 이스라엘 지파의 수였고(창 17:20; 49:28), 이스라엘 백성은 엘림에서 "물 샘 열둘"을 발견하였으며(출 15:27), 모세는 율법을 이스라엘 백성에게 전한 후에 지파의 수대로 "열두 기둥"을 세웠고(출 24:4), 대제사장의 흉패에는 열두 보석이 있었다(출 28:21). 이스라엘의 지휘관은 열두 명이었고(민 1:44), 모세는 가나안 땅을 정탐하기 위하여 열두 명을 정탐꾼으로 보내었다(신 1:23). 많은 것들과 관련해서 열둘이라는 숫자에 대한 이러한 전통은 계속해서 지켜져서, 요한은 환상 중에 본 새 예루살렘을 묘사할 때, 열두 대문이 있었고, 각 문에는 열두 천사가 있었으며, 열두 대문에는 열두 지파의 이름이 씌어 있었다고 말하고(계 21:12), 성곽에는 "열두 기초석이 있고 그 위에는 어린 양의 열두 사도의 열두 이름"이 있었다고 말한다(계 21:14).

칠십이라는 숫자과 관련해서는, 야곱의 권속이 애굽으로 내려갔을 때, 그들의 수는 칠십 명이었다(창 46:27). 야곱이 죽자, 그들은 칠십 일 동안 애곡하였다(창 50:3). 그들은 엘림에서 칠십 그루의 종려나무를 만났다(민 33:9). 야곱의 후손들이 바벨론에서 포로생활을 한 기간은 칠십 년이었다. 이드로의 조언에 의해서 모세가 구성한 산헤드린 또는 최고법정은 처음에는 70인으로, 나중에는 72인으로 구성되었다고 한다.

이렇게 열둘과 칠십이라는 숫자는 유대인들에게 길한 숫자였던 것으로 보인다. 우리 구주께서 처음으로 복음을 전도하게 하기 위하여 사람들을 택하셨을 때, 유대인들이 그러한 숫자들을 길하게 여긴다는 점을 고려하신 것인지, 아니면 자기가 세울 새로운 나라는 유대인들이 기존에 생각했던 것과는 다르지만 어떤 점들에서는 기존의 이스라엘 나라를 계승하는 것임을 보여 주시고자 하신 것인지는 확실하지 않다. 주님께서는 이 칠십 인의 제자들을 파송하실 때에도 전에 열두 사도를 파송하실 때와 마찬가지로 그들에게 동일한 능력과 권세를 주셨고, 동일한 지시사항을 전달하셨다. 그런데도 칠십 인의 제자들과 열두 사도 간의 어떤 서열을 논하는 사람들이 있다는 것을 나는 어떻게 생각해야 좋을지를 모르겠다. 주님께서 이 두 부류의 제자들을 파송하실 때에 주신 지시사항들을 보면, 우리는 거기에서 두 부류 간의 어떤 서열이나 차별을 찾을 수 없다.

2. 이르시되 추수할 것은 많되 일꾼이 적으니 그러므로 추수하는 주인에게 청하여 추수할 일꾼들을 보내 주소서 하라.

마태복음 9:37-38에 대한 설명을 보라. 거기에서는 주님께서 열두 사도를 파송하기 직전에 이 말씀을 하신 것으로 보도한다. 열두 사도와 칠십 인의 제자들은 모두 그리스도께서 주 하나님의 추수를 위해 밭에 보내신 일꾼들이었다.

**3-4. 3갈지어다 내가 너희를 보냄이 어린 양을 이리 가운데로 보냄과 같도다 4전
대나 배낭이나 신발을 가지지 말며 길에서 아무에게도 문안하지 말며.**

우리는 주님께서 그들에게 주신 이러한 지시사항들을 이미 앞에서 자세하게 살펴본 바 있다. 마태복음 10:9-10, 16에 대한 설명을 보라. 다만, 거기에는 "길에서 아무에게도 문안하지 말며"라는 말씀이 나오지 않는데, 이 말씀은 오직 주님께서 명하신 본연의 일에만 집중하여 신속하게 행하라는 의미이다. 열왕기하 4:29이 그것을 잘 보여 준다: "엘리사가 게하시에게 이르되 네 허리를 묶고 내 지팡이를 손에 들고 가라 사람을 만나거든 인사하지 말며 사람이 네게 인사할지라도 대답하지 말고 내 지팡이를 그 아이 얼굴에 놓으라 하는지라."

**5-7. 5어느 집에 들어가든지 먼저 말하되 이 집이 평안할지어다 하라 6만일 평안
을 받을 사람이 거기 있으면 너희의 평안이 그에게 머물 것이요 그렇지 않으면 너
희에게로 돌아오리라 7그 집에 유하며 주는 것을 먹고 마시라 일꾼이 그 삯을 받는
것이 마땅하니라 이 집에서 저 집으로 옮기지 말라.**

마태복음 10:11과 마가복음 6:10에 대한 설명을 보라. 거기에 나오는 것과 여기에 나오는 것은 표현상으로 약간의 차이가 있기는 하지만, 그 의미와 골자에 있어서는 서로 동일하다.

**8-12. 8어느 동네에 들어가든지 너희를 영접하거든 너희 앞에 차려놓는 것을 먹고
9거기 있는 병자들을 고치고 또 말하기를 하나님의 나라가 너희에게 가까이 왔다
하라 10어느 동네에 들어가든지 너희를 영접하지 아니하거든 그 거리로 나와서 말
하되 11너희 동네에서 우리 발에 묻은 먼지도 너희에게 떨어버리노라 그러나 하나
님의 나라가 가까이 온 줄을 알라 하라 12내가 너희에게 말하노니 그 날에 소돔이 그
동네보다 견디기 쉬우리라.**

우리는 이것과 동일한 주님의 지시사항들을 마태복음과 마가복음에서 이미 살펴

보았다. 마태복음 10:11-15과 마가복음 6:10-11에 대한 설명을 보라. 사용한 단어들에 있어서는 복음서들 간에 약간 차이가 있다. 마태는 "그 중에 합당한 자를 찾아내어"(11절) 거기에 머물고, "그 집이 이에 합당하면"(13절) 그들이 빈 평안이 거기 임할 것이라고 말하지만, 누가는 "만일 평안을 받을 사람이 거기 있으면"(6절)이라고 말한다. 하지만 둘 다 동일한 것을 의미한다. 즉, 하나님께서 자신의 은혜로 택하신 자들에 속한 자여서, 너희를 통해서 불러서 복음의 평안에 참여하게 하고자 하시는 자가 그 집에 있다면, 그들이 빈 평안이 그 집에 임하게 되리라는 것이다. 이 본문과 관련해서 그 밖의 다른 자세한 것은 마태와 마가의 해당 본문에 대한 설명을 보면 될 것이기 때문에, 여기에서는 단지 주님의 이러한 지시사항들로부터 우리가 얻을 수 있는 교훈들을 몇 가지 살펴보고자 한다.

(1) 그리스도께서는 자신의 일꾼들이 어떻게 먹고 살아야 할지를 지나치게 걱정하지 않기를 원하신다. 일꾼들이 삯을 받는 것이 마땅한 것과 마찬가지로, 자기 밭에서 추수하라고 그들을 보내신 분이 그들을 먹이시고 입히실 것이기 때문에, 그들은 오직 주님의 부르심을 따라 어떻게 해야 자신들의 사역을 충실히 감당할 수 있을지만을 고민하면 된다. 나머지는 하나님께서 책임져 주실 것이다. (2) 여러 동네와 성읍에서 복음을 위해 일하는 사람들은 방탕한 자들과 어울려서는 안 되고, 인간으로서 판단할 수 있는 한도 내에서 "합당한" 자들과 어울리는 것이 마땅하다. 주님의 친구들과 종들 같은 사람들이 그들이 함께 하는 사람들이어야 한다. (3) 평강의 아들이신 그리스도와 함께 하는 자들, 그리스도를 가장 잘 알고 사랑하는 자들이 있는 곳이 가장 합당한 곳이다. (4) 그리스도의 일꾼들은 모든 사람을 대하여 지극히 공손하고 정중하며, 모든 사람이 잘되기를 바라고, 모든 사람에게 선을 행하여야 한다. (5) 그리스도의 일꾼들은 자신의 배를 신으로 삼아서는 안 되기 때문에, "그들 앞에 차려 놓는 것을 먹어야" 한다. (6) 그들은 사람들이 그들에게 주는 것들을 가지고 살아가도록 하나님의 허락을 받은 자들이다. (7) 그리스도께서는 자신의 백성들이 일꾼들을 부양하기를 기대하시고, 일꾼들에게 삯을 주지 않거나, "곡식을 밟아 떠는 소에게 망을 씌우는" 일이 없기를 바라시며(고후 9:9-10), 일꾼들로 하여금 하나님의 사자로서 자신들의 영혼을 위한 일이 아니라 자신들의 세상적인 이익을 위해 일하도록 하지 말고, 무엇보다도 우선적으로 자신의 종들을 그들의 영혼을 살피는 일에 사용하기를 바라신다. (8) 사람들이 일꾼들이 일할 수 있도록 여러 가지를 공급해 줄 수 있는 데도 그렇게 하지 않는 것은 그 일꾼들을 영접하지 않는 것

이다. (9) 신실한 일꾼들이 평안의 복음을 전하였는데, 사람들이 받아들이지 않은 경우에도, 일꾼들에게는 아무런 해가 없고, 그 평안은 일꾼들에게 돌아오게 된다. 일꾼들이 비는 평안은 망하는 자들을 상대로 빌 때조차도 하나님께는 향기가 된다. 그들의 수고가 비록 아무런 열매를 맺지 못하더라도, 그들의 심판에도 하나님이 함께 하시고, 그들의 사역에도 하나님이 함께 하신다. 이스라엘이 모이지 않을지라도, 일꾼들은 영광을 받게 될 것이다. 사람들은 자신의 종들이 이룬 성과에 비례해서 상을 주는 반면에, 하나님께서는 인간보다 훨씬 더 의로우셔서, 자신의 종들이 각자에게 맡겨진 일을 얼마나 진실하고 부지런하게 일하였느냐에 따라 상을 주신다. (10) 사람들이 당장에는 복음을 거부한다고 하여도, 결국에는 하나님의 나라가 그들에게 가까이 다가와 있음을 알게 될 것이다. 사람들이 하나님의 은혜의 나라에 순복하지 않고자 할지라도, 결국에는 하나님의 권능과 공의의 나라에 의해 굴복하게 될 것이다. (11) 평안의 복음을 듣고도 거부하며, 복음과 그 일꾼들을 무시하고 멸시한 자들이 장차 불과 유황 속으로 던져졌을 때에는 차라리 소돔에서 살았다면 더 좋을 뻔하였다고 생각하게 될 날이 반드시 올 것이다. 심판의 날에 그들이 받게 될 하나님의 진노의 몫은 소돔 사람들이 받게 될 몫보다 더 크고 쓸 것이다. 나는 우리 시대에 살아가는 모든 사람들이 이 말씀을 듣고서 두려워하여, 나중에 최악의 상황에서 지옥에 떨어지지 않기 위해서, 아직 기회가 있을 때에 참된 회개를 통해서 자신의 죄들을 끊게 되기를 바란다.

13-15. [13]화 있을진저 고라신아, 화 있을진저 벳새다야, 너희에게 행한 모든 권능을 두로와 시돈에서 행하였더라면 그들이 벌써 베옷을 입고 재에 앉아 회개하였으리라 [14]심판 때에 두로와 시돈이 너희보다 견디기 쉬우리라 [15]가버나움아 네가 하늘에까지 높아지겠느냐 음부에까지 낮아지리라.

마태복음 11:21-24에 대한 설명을 보라.

16. 너희 말을 듣는 자는 곧 내 말을 듣는 것이요 너희를 저버리는 자는 곧 나를 저버리는 것이요 나를 저버리는 자는 나 보내신 이를 저버리는 것이라 하시니라.

마태복음 10:40에 대한 설명을 보라.

17. 칠십 인이 기뻐하며 돌아와 이르되 주여 주의 이름이면 귀신들도 우리에게 항복하더이다.

우리는 앞에서 전도를 위해 파송되었던 열두 사도가 돌아와서 자신들의 성공적인 사역을 그리스도께 보고한 것을 들었듯이, 여기에서는 마찬가지로 전도를 위해 파송하셨던 칠십 인의 제자들이 그리스도께 보고한 것을 듣는다. 칠십 인의 제자들이 여기에서 자신들이 그리스도로부터 받은 저 새로운 능력을 사람들 가운데서 발휘한 것에 대하여 육신적으로 기뻐한 것이었는지, 아니면 자신들의 그러한 이적 사역을 통해서 그리스도의 신적인 능력이 나타나서, 복음의 가르침이 확증된 것을 기뻐한 것인지는 확실하지 않다. 왜냐하면, 그들의 그러한 말에 대하여 주님께서 20절에서 하신 대답은 그들을 억제하는 측면이 있는 것으로 보이기는 하지만, 주님은 그들의 말이 잘못되었다고 정면으로 부정하신 것이 아니라, 그들의 말도 옳지만, 그것보다 더 기뻐할 것이 있다고 말씀하신 것이라는 점에서, 칠십 인의 제자들이 육신적으로 기뻐한 것이라고 단정적으로 결론을 내리기는 어려운 것으로 보이기 때문이다. 우리가 주목할 것은, 귀신들을 쫓아내신 일과 관련해서, 그리스도께서 하신 것과 그의 제자들이 한 것 간에는 차이가 있다는 것이다. 그리스도께서는 자신의 이름으로 자신의 명령의 말씀과 능력과 권위에 의거해서 귀신들을 쫓아내신 것인 반면에, 제자들은 그리스도로부터 위임받은 능력과 권위에 의거해서 그리스도의 이름으로 귀신들을 쫓아내었다.

18. 예수께서 이르시되 사탄이 하늘로부터 번개 같이 떨어지는 것을 내가 보았노라.

우렛소리와 함께 번개는 순식간에 떨어진다. 복음의 우렛소리가 울려 퍼질 때, 마귀는 번개 같이 떨어진다. 여기에서 우리가 주목할 것은 마귀는 복음의 기쁜 소리가 울려 퍼지지 않는 곳에서가 아니라 복음이 울려 퍼지는 곳에서 더 바쁘다는 것이다. 왜냐하면, 마귀는 사람들의 육신만이 아니라 영혼까지 장악하고자 하는데, 복음이 전파되면, 그 복음을 견딜 수 없는 까닭에, 이교도들 같은 무지한 자들만이 아니라 세례를 받고 그리스도인이라 자처하지만 실제로는 이교도들과 차이가 없는 자들을 포함해서 온 인류를 속이려고 바쁘게 움직여야 하기 때문이다. 마귀가 하늘로부터 떨어지는 것은 인간의 지각으로는 볼 수 없는 것이었지만, 그리스도께서는 하나님으로서 그것을 보신 것이었다. 그런데도 저 사기꾼 교황은 독일에서 면죄부를 산 자들의 영혼은 연옥에 가지 않고 곧바로 천국으로 날아가는 것을 사람들이 직접 볼 수 있다고 속이는 뻔뻔스러운 행태를 보여 주었다. 그러나 그리스도께서는 마귀가 떨어지는 것을 자신의 신성으로서 보신 것이었고, 그것을 통해서 복음의 복된 효과가 이미 나타나고 있는 것을 분명하게 아신 것이었다.

19. 내가 너희에게 뱀과 전갈을 밟으며 원수의 모든 능력을 제어할 권능을 주었

으니 너희를 해칠 자가 결코 없으리라.

그리스도께서 여기에서 이렇게 말씀하신 것은 다음과 같은 것들을 확증하시기 위한 것이었다: (1) 주님께서 전도를 위하여 칠십 인의 제자들을 파송하시면서 그들에게 주신 이적을 행하는 능력은 그들의 첫 번째 전도 사역이 끝나면 사라지는 것이 아니라, 앞으로도 계속될 것이다. (2) 이것은 주님께서 그들과 함께 하셔서 그들을 지키시고 보호하시겠다는 자신의 약속을 확증해 주신 것이었다. 해석자들은 주님께서는 여기에서 시편 91:13을 염두에 두시고 이 말씀을 하신 것이라고 생각한다: "네가 사자와 독사를 밟으며 젊은 사자와 뱀을 발로 누르리로다." 우리는 이 말씀을 비유적인 것으로 해석해서, 그 어떤 것도 그들을 해치지 못할 것임을 의미하는 것으로 이해하여야 한다. 주님의 이 약속은 복음의 최초의 사역자들이 그들에게 맡겨진 일을 완수하는 기간 동안에 하나님께서 그들을 철저하게 보호하신 것을 통해서 특히 분명하게 성취되었지만, 시편 91:13의 약속의 말씀을 따라 세상 끝날까지 유효하다. 그들의 심령이 하나님의 은총과 영원한 행복을 누리는 것은 물론이고, 하나님께서 자신의 지혜로 합당하다고 판단하시는 한, 그들의 육신과 관련해서도, 그 어떤 것도 그들을 해치지 못할 것이다. 또한, 그들에게는 그리스도께서 보내신 모든 복음의 일꾼들과 모든 그리스도인들에게 좀 더 공통적으로 주어지는 권능도 갖고 있었다. 즉, 그들에게는 "원수의 모든 능력을 제어할 권능"이 주어져 있었다. 하나님께서는 그들에게 마귀를 대적할 능력을 주신다고 약속하셨기 때문에, 그 약속에 따라 그들이 마귀에게 대적하기만 하면, 마귀는 그들에게서 도망치게 될 것이다.

20. 그러나 귀신들이 너희에게 항복하는 것으로 기뻐하지 말고 너희 이름이 하늘에 기록된 것으로 기뻐하라 하시니라.

성경에서는 제한적인 의미로 이해해야 할 금령들을 일반적인 의미로 표현하고 있는 경우가 흔하다. 이 본문이 바로 그런 경우라는 것은, 후반절에 "차라리"로 번역될 수 있는 '데'(δὲ)라는 부사가 나오는 것이 분명하게 보여 준다. 이 부사로 인해서, 이 본문은 이렇게 번역된다: "그러나 귀신들이 너희에게 항복하는 것으로 기뻐하지 말고, 차라리 너희 이름이 하늘에 기록된 것으로 기뻐하라." 왜냐하면, 기뻐하는 것도 여러 등급이 있어서, 무한히 더 기뻐해야 할 일도 있고, 어느 정도 기뻐해야 할 일도 있듯이, 그리스도께서 귀신들을 제어하는 놀라운 은사와 권능을 주셔서 그들을 높이신 것은 마땅히 기뻐하고 즐거워해야 할 일이기는 하지만, 그들의 이름이 생명책에 기록되어 있는 것을 아는 것만큼 기뻐해야 할 일은 아니기 때문이다. "하늘에 기록되었다"는 것은 "생명책에 기록되었다"는 것과 동일한 의미이고, 이것은 어떤 사람이 확실하게 영생을 얻게 된 것을 가리키거나, 실효적인 부르심을 받은 것을 가리킨다. "생명책"에 대한 것은 요한계시록 3:5; 20:12, 15; 21:27; 22:19에 나온다. 요한계시록 13:8에서는 이 책은 "어린 양의 생명책"으로 불리고, "창세 이후로" 기록되었다고 말한다. 이것은 사람들에 대한 택하심은 영원 전에 이루어졌다고 말하는 신학자들의 견해가 옳다는 것을 증명해 주는 것일 수도 있지만, 열두 사도 중에 "멸망의 자식"(요 17:12)이 끼어 있었던 것이 보여 주듯이, 칠십 인의 제자들도 모두 택함 받은 그릇들이라고 생각하는 것은 잘못이라는 반론도 있다. 여기에서 우리 구주께서는 칠십 인의 제자들이 모두 택함 받은 자들이라는 전제 아래 말씀하신 것이 아니기 때문에, 그들 중의 대다수가 택함 받은 자들인 경우에도, 그 말씀은 참되다고 할 수 있다. 즉, 우리는 주님께서 그들 모두의 이름이 생명책에 기록되어 있다고 단언하고 계시는 것이 아니라, 단지 하나님으로부터 자기가 택하심을 받았다는 것이야말로 사람이 가장 기뻐해야 할 일이라고 말씀하신 것일 뿐이다.

우리는 주님의 이 말씀으로부터 다음과 같은 것들을 알 수 있다: (1) 생명책이 있고, 은혜로 말미암은 택하심이 있다. (2) 생명책에 기록된 이름들이 있다. 즉, 하나님이 택하신 사람들이 있다. (3) 사람들은 자기 이름이 생명책에 기록되어 있다는 것을 알 수 있고, 자기 이름이 거기에 기록되어 있지 않은 경우에는 기뻐할 수 없다. 생명책이 자기와 아무 관계가 없는 사람은 그 누구도 기뻐하지 못한다. (4) 귀신들을 쫓아내는 능력을 가지고 있는 것보다 생명책에 자기 이름이 기록되어 있다는 것이 더 크게 기뻐해야 할 일이다. 사람들은 그리스도의 이름으로 귀신들을 쫓아내는 일에 사용되다가, 결국에는 마귀에게로 가는 일도 얼마든지 일어날 수 있다(마 7:22-23). 하지만 생명책에 그 이름이 기록된 자들이 마귀에게로 가는 일은 결코 일어날 수 없다. 그러나 나는 우리 구주께서 하신 이 말씀을, 칠십 인의 제자들의 이름이 모두 다 생명책에 기록되어 있다는 것을 단언하신 것이라고 이해할 수는 없다. 도리어, 주님께서는 그들의 이름이 생명책에 기록되는 큰 기쁨을 누리기 위하여 정신을 차리고 부지런히 수고하고 애쓰라는 의미로 이 말씀을 하신 것으로 보인다.

21-22. [21]그 때에 예수께서 성령으로 기뻐하시며 이르시되 천지의 주재이신 아버지여 이것을 지혜롭고 슬기 있는 자들에게는 숨기시고 어린 아이들에게는 나타내심을 감사하나이다 옳소이다 이렇게 된 것이 아버지의 뜻이니이다 [22]내 아버지께서

모든 것을 내게 주셨으니 아버지 외에는 아들이 누구인지 아는 자가 없고 아들과 또 아들의 소원대로 계시를 받는 자 외에는 아버지가 누구인지 아는 자가 없나이다 하시고.

마태복음 11:25-27에 대한 설명을 보라. 거기에서 우리는 우리 구주께서 여기에서 하신 말씀을 자세하게 살펴보았다.

23-24. [23]제자들을 돌아 보시며 조용히 이르시되 너희가 보는 것을 보는 눈은 복이 있도다 [24]내가 너희에게 말하노니 많은 선지자와 임금이 너희가 보는 바를 보고자 하였으되 보지 못하였으며 너희가 듣는 바를 듣고자 하였으되 듣지 못하였느니라.

마태복음 13:16-17에 대한 설명을 보라.

25-28. [25]어떤 율법교사가 일어나 예수를 시험하여 이르되 선생님 내가 무엇을 하여야 영생을 얻으리이까 [26]예수께서 이르시되 율법에 무엇이라 기록되었으며 네가 어떻게 읽느냐 [27]대답하여 이르되 네 마음을 다하며 목숨을 다하며 힘을 다하며 뜻을 다하여 주 너의 하나님을 사랑하고 또한 네 이웃을 네 자신 같이 사랑하라 하였나이다 [28]예수께서 이르시되 네 대답이 옳도다 이를 행하라 그러면 살리라 하시니.

이 네 절을 읽으면, 우리는 누가가 마태복음 22:35-40과 마가복음 12:28-34에 나오는 것과 동일한 이야기를 여기에 기록해 놓은 것이 아니겠는가 하고 생각하게 된다. 내가 마태와 마가의 해당 본문을 다룰 때에 설명한 것을 보라. 하지만 두 복음서 기자는 어느 누구도 여기에 나오는 이 이야기의 일부를 보도하고 있지 않기 때문에, 그것은 나로 하여금 과연 누가가 다른 두 복음서 기자에 의해서 언급된 바로 그 동일한 사람이 그리스도께 나아와서 질문하고 그리스도께서 그 질문에 대하여 대답하신 것을 여기에서 보도하고 있는 것인지를 의심하게 만든다. 누가는 여기에 등장하는 "율법교사"가 우리 구주께서 모세 율법에 어긋나는 것을 가르치지는 않는지를 시험하기 위한 목적으로 나아와서 이런 질문을 한 것이라고 말한다. 이 율법교사는 그리스도께서 말씀하신 영생은 율법이 요구한 것을 행할 때에 얻어질 수 있다고 생각했음이 분명하다. 우리 구주께서는 이 율법교사가 대답한 대로 율법이 요구한 것을 행한다면, 그가 살게 될 것이라고 말씀하시며, 그의 생각에 동의하신다. 우리 구주께서 율법이 요구한 것을 다 행하면 영원히 살게 될 것이라고 말씀하신 것은 결코 잘못된 것이 아니었다. 도리어, 우리 구주께서 율법교사의 질문에 제대로 대답하지 않으신 것이라고 생각하는 것이야말로 잘못된 것이다. 율법으로 말미암은 구원이 불가능한 이유는 율법 자체가 생명을 줄 수 없기 때문이 아니라, 우리의 육신이 연약하여 율법이 요구한 것을 다 행할 수 없기 때문이다. 따라서 우리의 연약함을 고려하면, 율법은 우리를 그리스도께로 인도하는 "초등교사"(갈 3:24) 역할만을 할 수 있을 뿐이다. 그런 까닭에, 율법은 우리가 정조준해서 맞추어야 할 과녁이라는 것은 분명하지만, 우리는 그 과녁을 맞출 수 없고, 우리가 마땅히 해야 할 일들을 우리에게 올바르게 가르쳐 주고 있는 것은 분명하지만, 우리는 그 일들을 해낼 수 없다.

29. 그 사람이 자기를 옳게 보이려고 예수께 여짜오되 그러면 내 이웃이 누구니이까.

이 율법교사는 자신이 의롭다는 것을 보여 주기 위하여 위선적인 질문을 하였다. 왜냐하면, 서기관들과 바리새인들은 율법에서 말하는 "이웃"의 개념을 친구들과 은인들, 그리고 적어도 그들 자신의 민족이나 분파에 속한 자들만을 가리키는 것으로 이미 정의해 놓고, 유대 백성들에게도 그런 식으로 가르쳐서, 자신의 원수들을 미워할 수 있는 길을 열어 놓은 상태에서, 이 율법교사는 "내 이웃이 누구니이까"라고 질문한 것이었기 때문이다. 우리 구주께서는 하나님의 율법에 대한 공인된 해석이 서기관들과 바리새인들 사이에서 확립되어 있었다는 점을 고려하였을 때, 이것은 단지 자신을 올무에 걸리게 하고자 하는 질문이라는 것을 아셨기 때문에, 이 율법교사의 질문에 직접적으로 대답하는 것은 적절하지 않다고 생각하셔서, 그에게 하나의 이야기를 들려주시고, 그로 하여금 스스로 대답하게 하신다.

30-37. [30]예수께서 대답하여 이르시되 어떤 사람이 예루살렘에서 여리고로 내려가다가 강도를 만나매 강도들이 그 옷을 벗기고 때려 거의 죽은 것을 버리고 갔더라 [31]마침 한 제사장이 그 길로 내려가다가 그를 보고 피하여 지나가고 [32]또 이와 같이 한 레위인도 그 곳에 이르러 그를 보고 피하여 지나가되 [33]어떤 사마리아 사람은 여행하는 중 거기 이르러 그를 보고 불쌍히 여겨 [34]가까이 가서 기름과 포도주를 그 상처에 붓고 싸매고 자기 짐승에 태워 주막으로 데리고 가서 돌보아 주니라 [35]그 이튿날 그가 주막 주인에게 데나리온 둘을 내어 주며 이르되 이 사람을 돌보아 주라 비용이 더 들면 내가 돌아올 때에 갚으리라 하였으니 [36]네 생각에는 이 세 사람 중에 누가 강도 만난 자의 이웃이 되겠느냐 [37]이르되 자비를 베푼 자니이다 예수께서 이르시되 가서 너도 이와 같이 하라 하시니라.

우리 구주께서 이 이야기 또는 비유를 들려주신 주된 취지는, 어떤 사람들이 우리와 민족이나 신앙이 같든지 다르든지, 하나님께서 우리에게 그 사람들을 위하여 선을 행할 수 있는 기회를 주신다면, 그런 사람들은 누구나 다 우리의 이웃이라는 것을 율법교사에게 깨닫게 해 주시기 위한 것이었음은 분명하다. 우리의 긍휼과 자비를 필요로 하는 모든 사람은 하나님께서 우리에게 우리 자신처럼 사랑하라고 명하신 우리의 이웃이다. 이것은 "네 이웃을 네 몸과 같이 사랑하라"고 한 율법에 대한 서기관들과 바리새인들의 해석 및 가르침과 완전히 상반되는 것이었고, 이 율법교사가 하나님의 율법을 제대로 행해 오지 않은 것은 말할 것도 없고 제대로 깨닫지조차 못했으며 율법을 범하는 삶을 살아왔으면서도 자신의 의로움을 드러내 보이려고 한 것임을 보여 주고자 하신 우리 구주의 의도와도 기가 막히게 잘 들어맞는 것이었다. 또한, 이 비유를 통해서 우리 구주께서는 유대인들이 그토록 혐오해온 사마리아인들이 당시에 유대인들의 선생 노릇을 하였던 유대 교회의 지도자들보다 하나님의 율법을 더 잘 깨닫고 있었다는 것을 보여 주신다. 왜냐하면, 사마리아인들 중에서도 일부는 본성의 빛 또는 모세 율법 안에 있는 계시의 빛에 의거해서 자신들의 도움을 필요로 하는 모든 사람에게 도움의 손길을 베풀어야 한다는 것을 깨닫고 있었던 반면에, 서기관들과 바리새인들은 하나님의 율법에 대한 자신들의 잘못된 해석으로 말미암아 그들 자신은 물론이고 다른 사람들까지도 하나님의 율법이 요구한 본분의 큰 부분을 행할 수 없게 함으로써, 율법을 지켜 의롭다 하심을 얻거나 영생과 구원을 얻을 수 있는 가능성을 그들 자신도 상실하고 다른 모든 유대인에게서도 빼앗아 버렸기 때문이다.

38-39. [38]그들이 길 갈 때에 예수께서 한 마을에 들어가시매 마르다라 이름하는 한 여자가 자기 집으로 영접하더라 [39]그에게 마리아라 하는 동생이 있어 주의 발치에 앉아 그의 말씀을 듣더니.

해석자들은 여기에 등장하는 "한 마을"이 베다니였고, 마르다와 마리아는 요한복음 11:2에 언급된 자매와 동일한 인물들이었을 것이라고 생각한다. 당시에는 여관이 그리 흔치 않아서, 나그네들은 개인 집에서 묵는 경우가 흔하였던 것 같다. 그리스도께서는 복음을 전할 기회를 놓치지 않으신다. 마르다가 식사 준비를 하고 있는 동안에도, 주님께서는 마리아에게 복음을 전하심으로써, "만민을 위하여 기름진 것과 오래 저장하였던 포도주로 연회를 베푸셨다"(사 25:6). "의인의 입술은 여러 사람을 교육하나 미련한 자는 지식이 없으므로 죽느니라"(잠 10:21). 당시에는 제자들이 선생들의 "발치에 앉아" 말씀을 듣는 것이 관행이었기 때문에, 마리아는 "주의 발치에 앉아" 꼼짝하지 않고 주님의 말씀을 듣는 데 집중하였다.

40. 마르다는 준비하는 일이 많아 마음이 분주한지라 예수께 나아가 이르되 주여 내 동생이 나 혼자 일하게 두는 것을 생각하지 아니하시나이까 그를 명하사 나를 도와 주라 하소서.

마르다는 두 가지 점에서 책망 받을 만한 일을 하였다: (1) 그녀가 우리 구주를 환대하여 대접하려고 지나치게 야단법석을 떤 것은 잘못이었다. 즉, 그녀가 우리 구주를 환대한 것은 잘한 일이었지만, 그 일에 지나치게 신경을 쓰고 고민을 한 것은 잘못이었다. 왜냐하면, 그녀는 거기에 너무 몰두하느라고, 선지자를 대접함으로써 그녀가 얻어야 할 유익을 제대로 얻을 수 있는 기회를 놓쳐 버렸기 때문이다. (2) 그녀가 자기가 이렇게 바쁘고 분주하게 식사 준비를 하는데, 자기 동생인 마리아는 그리스도의 발치에 앉아 말씀을 듣느라고, 그녀를 도울 생각조차 하지 않는 것에 화가 나서, 동생을 보내어 자기를 돕게 해달라고 그리스도께 부탁한 것은 잘못이었다.

41-42. [41]주께서 대답하여 이르시되 마르다야 마르다야 네가 많은 일로 염려하고 근심하나 [42]몇 가지만 하든지 혹은 한 가지만이라도 족하니라 마리아는 이 좋은 편을 택하였으니 빼앗기지 아니하리라 하시니라.

우리 구주께서 여기에서 마르다가 자기에게 식사를 대접하기 위하여 지나치게 염려하고 걱정하며 신경을 쓰는 것을 책망하고 계신 것임은 분명하다. 주님께는 그녀가 알지 못하는 먹을 양식이 있으셨는데, 아버지 하나님의 뜻을 행하시고 복음을 전하시는 것이 바로 주님의 양식이었다. 해석자들은 여기에서 우리 구주께서 "족하다"고 하신 "한 가지"가 무엇을 가리키는지를 밝히는 데 애를 먹는다. 어떤 이들은 우리 구주께서는 한 가지 음식만으로 충분하다고 말씀하신 것이라고 생각하지만, 분명히 그런 해석은 지나치게 평범하다. 어떤 이들은 "한 가지"는 묵상의 삶을 가리키고, 그것이 마리아가 "택한" "좋은 편"이었다고 본다. 만일 마리아가 평생을 묵상하는 삶을 산 것이라면, 그들의 그런 해석도 어느 정도 일리가 있을 것이다. 그러나 마리아는 주님을 위하여 식사 준비를 하는 것보다 한두 시간이라도 주님의 발치에서 말씀을 듣는 쪽을 선택한 것을 가지고서, 그런 식으로 해석하는 것은 지나친 것 같다. 따라서 나는 주님께서는 영원한 삶을 염두에 두고서 영혼을 돌보는 일을 "한 가지"로 표현하신 것이라고 좀 더 일반적으로 해석하는 것이 좋다고 본다. 마리아는 주님의 발치에 앉아 집중해서 말씀을 들으면서 자신의 영혼을 생각하였고, 그 결과 그녀의 심령 속에서는 거룩한 소원들이 생겨났는데, 주님께서는 마르다에게 이렇게 말씀하심으로써, 마리아를 옹호하고 낙심하지 않게 하셨고, 그녀의 마음속에 피어오른 거룩한 소원들의 불길을 끄지 않으신 것이기 때문에, 바로 그것이 꼭 필요하고 "족한" "한 가지" 였고 마리아가 택한 "좋은 편" 이었음이 분명하다.

제11장

개요

1. 그리스도께서 하나님이 구하는 자들에게 모든 좋은 것들을 주실 것임을 약속하시며, 어떻게 기도해야 하는지를 가르쳐 주심(1-13).
2. 귀신을 쫓아내시고, 이 이적을 바알세불의 힘으로 돌린 바리새인들의 신성모독을 책망하심(14-26).
3. 진정으로 복이 있는 자들이 누구인지를 보여 주심(27-28).
4. 자신의 복음을 믿지 않는 것은 변명의 여지가 없다는 것을 보여 주심(29-36).
5. 겉으로 거룩하게 보이고자 하는 바리새인들을 꾸짖으시고, 그들과 서기관들과 율법교사들에 대하여 화를 선언하심(37-54).

1. 예수께서 한 곳에서 기도하시고 마치시매 제자 중 하나가 여짜오되 주여 요한이 자기 제자들에게 기도를 가르친 것과 같이 우리에게도 가르쳐 주옵소서.

이것은 마태복음에서 우리 구주께서 자신의 제자들에게 산상수훈을 강론하시면서 그 일부로 어떻게 기도해야 하는지를 가르쳐 주신 것과는 다른 때에 있었던 것으로 보인다. 게다가, 거기에는 "나라와 권세와 영광이 아버지께 영원히 있사옵나이다 아멘"이라는 송영 또는 기도의 결미가 나오는 반면에, 여기에는 빠져 있다. 여기에서 복음서 기자는 "예수께서 한 곳에서 기도하시고"라고 말한다. 그리스도께서는 모든 곳을 기도하기에 충분할 만큼 거룩한 곳으로 여기셨다. 또한, 이 때에 우리 구주께서는 좀 더 은밀하게 혼자 기도하신 것이 아니라, 자신의 가족이나 다름없었던 열두 사도들과 함께 기도하셨던 것으로 보인다.

"마치시매"라는 어구는 기도하거나 말씀을 전하고 있는 사역자들을 성령의 감동이라는 미명 아래 방해하고자 하는 것은 잘못된 것임을 보여 준다는 점에서 매우 주목할 만하다. 이것을 통해서 우리는 그런 자들이 받은 감동이라는 것이 어느 영으로부터 온 것인지를 쉽게 알 수 있다. 제자들은 주님께서 말씀을 마치신 후에는 종종 질문을 하였지만, 주님이 사역하시는 동안에는 방해하지 않았고, 주님이 집으로 물러가신 후에야 질문을 하였다. 제자들은 기도를 가르쳐 주시라고 주님께 청하기 위하여 왔지만, 주님께서 먼저 기도를 마치실 때까지 기다렸다.

복음서들에서는 어떻게 기도해야 하는지를 세례 요한에게 제자들이 가르쳐 달라고 하였다거나 세례 요한이 자신의 제자들에게 가르쳤다는 기사가 나오지 않기 때문에, 누가가 "너희는 기도할 때에 이렇게 하라"(2절)고 하였고 마태도 "너희는 이렇게 기도하라"(마 6:9)고 한 것이 우리 구주께서 자신의 제자들에게 오직 이런 표현들을 사용해서 기도할 것을 원하셨다는 것을 보여 주는 것인지, 그렇지 않은지를 결정하기는 더욱 힘들다. 사실, 분별력이 있는 사람이라면, 누가복음이나 마태복음에 나오는 그러한 구절을 근거로 해서는 그 어떤 결론도 이끌어낼 수 없다는 것을 안다. 왜냐하면, 복음서들에는 그리스도께서 "대답하여 이르시되"라는 어구가 많이 나오지만, 그 어구의 의미는 그리스도께서 그런 취지로 말씀하셨다는 것임이 분명한 것과 마찬가지로(복음서 기자들은 주님이 하신 말씀을 서로 다른 표현을 사용하여 보도한다는 점에서), 우리는 누가와 마태 본문에 나오는 것과 동일한 단어들과 어구들을 사용하지 않고서도, 주님이 여기에서 가르치신 것과 동일한 내용으로 기도할 수 있기 때문이다.

**2-4. [2]예수께서 이르시되 너희는 기도할 때에 이렇게 하라 아버지여 이름이 거룩
히 여김을 받으시오며 나라가 임하시오며 [3]우리에게 날마다 일용할 양식을 주시옵
고 [4]우리가 우리에게 죄 지은 모든 사람을 용서하오니 우리 죄도 사하여 주시옵고
우리를 시험에 들게 하지 마시옵소서 하라.**

마태복음 6:9-13에 대한 설명을 보라. 이 기도문을 마태가 기록한 기도문과 비교해 보면, 누구나 여러 군데에서 사용된 단어들이 서로 다르다는 것을 발견하게 된다. 마태 본문에 나오는 송영 또는 기도의 결미 전체가 누가 본문에는 나오지 않는 것은 물론이고, 마태 본문의 '세메론'(σήμερον, "오늘")은 여기에는 '카트 헤메란'(χαθ' ἡμεραν, "날마다")으로 되어 있으며, 거기에는 '오페일레마타'(ὀφειλήματα, "죄")로 되어 있는 것이 여기에는 '하마르티아스'(ἁμαρτίας, "죄")로 되어 있고, '호스 카이 헤메이스 아피에멘 토이스 오페일레타이스 헤몬'(ὡς καὶ ἡμεῖς ἀφίεμεν τοῖς ὀφειλέταις ἡμῶν, "우리가 우리에게 죄 지은 자를 사하여 준 것 같이")은 '카이 가르 아우토이 아피에멘 판티 오페일론티 헤민'(καὶ γὰρ αὐτοὶ ἀφίεμεν παντὶ ὀφείλοντι ἡμῖν, "우리가 우리에게 죄 지은 모든 사람을 용서하오니")으로 되어 있다. 이것으로부터 분명한 것은 우리 구주께서는 자신의 제자들이 여기에 나오는 것과 동일한 단어들과 어구들을 사용해서 기도하여야 한다고 하신 것이 아니라, 단지 여기에 나오는 기도문과 동일한 취지와 내용으로 기도하기를 원하셨다는 것이다. 그리스도인들에게는 여기에 나오는 기도문에서 사용된 것과 동

일한 단어들을 사용해서 기도할 자유가 있지만, 마찬가지로 이 거룩한 본분을 행하기 위하여 하나님 앞으로 나아갈 때에 이 기도문을 잊지 않고 그 내용과 취지를 명심하고 있기만 하다면, 얼마든지 그 단어들이나 어구들을 바꾸어서 기도할 수 있는 자유도 그들에게 있다는 것은 의문의 여지가 없다.

5-9. [5]또 이르시되 너희 중에 누가 벗이 있는데 밤중에 그에게 가서 말하기를 벗이여 떡 세 덩이를 내게 꾸어 달라 [6]내 벗이 여행 중에 내게 왔으나 내가 먹일 것이 없노라 하면 [7]그가 안에서 대답하여 이르되 나를 괴롭게 하지 말라 문이 이미 닫혔고 아이들이 나와 함께 침실에 누웠으니 일어나 네게 줄 수가 없노라 하겠느냐 [8]내가 너희에게 말하노니 비록 벗 됨으로 인하여서는 일어나서 주지 아니할지라도 그 간청함을 인하여 일어나 그 요구대로 주리라 [9]내가 또 너희에게 이르노니 구하라 그러면 너희에게 주실 것이요 찾으라 그러면 찾아낼 것이요 문을 두드리라 그러면 너희에게 열릴 것이니.

우리 구주께서 이 비유를 말씀하신 의도는 우리가 단지 하나님께 기도하는 것만으로는 부족하고 반드시 끈질기게 기도하여야 한다는 것을 우리에게 가르치시기 위한 것임은 너무나 분명하다. 즉, 사도 바울의 말을 빌리면, "기도를 계속하고"(골 4:2) "깨어 구하기를 항상 힘써야"(엡 6:18) 한다는 것이다. 여기에서 "간청함"으로 번역된 '아나이데이안' (ἀναιδειαν)은 "뻔뻔스러움"(impudence)을 의미하는데, 이 단어는 영어로는 일반적으로 나쁜 의미로 사용되지만, 여기에서는 거룩한 담대함, 또는 지체되거나 거절당하는데도 불구하고 계속해서 끈질기게 간청하는 것을 가리킨다. 9절에 대해서는 여기에서와 동일한 말씀이 나오는 마태복음 7:7에 대한 설명을 보라.

10-13. [10]구하는 이마다 받을 것이요 찾는 이는 찾아낼 것이요 두드리는 이에게는 열릴 것이니라 [11]너희 중에 아버지 된 자로서 누가 아들이 생선을 달라 하는데 생선 대신에 뱀을 주며 [12]알을 달라 하는데 전갈을 주겠느냐 [13]너희가 악할지라도 좋은 것을 자식에게 줄 줄 알거든 하물며 너희 하늘 아버지께서 구하는 자에게 성령을 주시지 않겠느냐 하시니라.

마태복음 7:8-11에 대한 설명을 보라. 우리 구주께서 바로 앞에서 하신 말씀의 취지는 하나님의 손에는 그의 피조물들이 필요로 하는 모든 것들이 가득 있지만, 하나님께서 전에 "이스라엘 족속이 자기들에게 이루어 주기를 내게 구하여야 할지라"(겔 36:37)고 말씀하신 것처럼, 그 좋은 것들을 얻으려면 반드시 끈질기게 구하여야 하고, 좋은 것들을 주시겠다고 하신 하나님의 모든 약속들은 사람들이 하나님께 구한다는 것을 전제로 하신 것으로 해석되어야 하기 때문에, 게으르고 냉랭하게 형식적으로 기도하는 자들은 하나님의 손에서 그런 것들을 얻을 수 없고, 오직 의인들의 간절하고 뜨거운 기도만이 역사하는 힘이 있어 그런 것들을 얻게 되리라는 것이었다. 이제 여기에서 우리 구주께서 하신 말씀의 취지는 앞에서 말씀하신 대로 우리가 끈질기고 뜨겁게 기도하면 하나님께서는 오직 우리에게 좋은 것들만을 주실 것임을 알게 하고자 하시는 것으로 보인다. 왜냐하면, 하나님께서는 우리의 심령이 오직 좋은 것들만을 원한다는 것을 잘 알고 계시기 때문이다. 우리가 해로운 것들을 구한다면, 그것은 우리의 마음이 눈멀고 무지해서 우리의 혀를 잘못 놀린 것일 뿐이다. 어떤 것이 자기에게 해가 될 줄을 뻔히 아는데도, 다른 사람에게 그 해로운 것을 구할 사람은 아무도 없다. 우리의 자녀들이 지식과 분별력이 부족해서 그들의 몸에 좋은 것과 나쁜 것을 구별하지 못한 채 그들에게 해로운 것들을 달라고 우리에게 울며 구한다고 할지라도, 우리는 만일 그 자녀들이 제대로 분별력이 있어서 자기가 구하는 것들이 자신들에게 해로운 것임을 알았더라면 결코 구하지 않았을 것이라는 것을 알기 때문에, 아무리 그들이 떼를 써도 그들이 구하는 해로운 것들을 그들에게 주지 않는다. 마찬가지로, 하늘에 계신 우리 아버지께서도 우리가 우리에게 해로운 것들을 부르짖어 구하는 것을 들으셨다고 하여도, 그런 것들은 단 하나도 우리에게 주고자 하지 않으시고, 우리의 심령이 우리에게 좋은 것만을 가지고자 한다는 것을 아시기 때문에, 우리가 입으로 구하는 것이 아니라 우리의 심령이 진정으로 원하는 것을 우리에게 주신다. 하지만 우리가 처해 있는 상황 속에서 우리에게 좋고 유익하고 건전한 것들을 구할 때에는, 육신의 부모가 울며 구하는 자신의 자녀들에게 자신의 힘이 닿는 한 그 자녀들에게 좋은 것으로 여겨지는 것들은 무엇이든지 다 주고자 하는 것과 마찬가지로, 우리는 하나님께서도 우리에게 그렇게 하실 것임을 확신할 수 있다. 왜냐하면, 우리는 겉보기에 무조건 좋아 보이는 것을 구하는 경우가 많지만, 어떤 것이 우리에게 좋은 것이냐 하는 것은 그것이 지금 우리의 상황과 사정 속에서 우리에게 진정으로 유익이 되고 적절한 것인가에 달려 있기 때문이다. 하지만 우리의 현재의 상황에서 우리에게 진정으로 좋은 것들은 무엇이든지 구하면 주시겠다는 것, "정직하게 행하는 자에게 좋은 것을 아끼지 아니하실 것"(시 84:11)이라는 것이 하나님의 뜻이고 하나님의 약속이다. 하나님이 우리의 아버지시라는 것과 하나님은 거짓말하시거나 후회하실 수 없으신 분이라는 것, 이 두 가지는, 우리가 하나님께 구하고 부르짖으면, 우리에게 모든 좋은 것들을 주시겠다고 하신 하나님의 약속에 대한 보증수표들이다. 그래서 마태는 "하물며 하늘에 계신 너희 아버지께서 구하는 자에게 좋은 것으로 주시지 않겠느냐"(마 7:11)고 말하고, 누가는 "하물며 너희 하늘 아버지께서 구하는 자에게 성령을 주시지 않겠느냐"고 말한다.

14. 예수께서 한 말 못하게 하는 귀신을 쫓아내시니 귀신이 나가매 말 못하는 사람이 말하는지라 무리들이 놀랍게 여겼으나.

여기에 등장하는 귀신은 귀신 들린 자의 혀를 장악하며 말을 할 수 없게 만들었기 때문에 "말 못하게 하는 귀신"이라 불린다.

15-23. [15]그 중에 더러는 말하기를 그가 귀신의 왕 바알세불을 힘입어 귀신을 쫓아낸다 하고 [16]또 더러는 예수를 시험하여 하늘로부터 오는 표적을 구하니 [17]예수께서 그들의 생각을 아시고 이르시되 스스로 분쟁하는 나라마다 황폐하여지며 스스로 분쟁하는 집은 무너지느니라 [18]너희 말이 내가 바알세불을 힘입어 귀신을 쫓아낸다 하니 만일 사탄이 스스로 분쟁하면 그의 나라가 어떻게 서겠느냐 [19]내가 바알세불을 힘입어 귀신을 쫓아내면 너희 아들들은 누구를 힘입어 쫓아내느냐 그러므로 그들이 너희 재판관이 되리라 [20]그러나 내가 만일 하나님의 손을 힘입어 귀신을 쫓아낸다면 하나님의 나라가 이미 너희에게 임하였느니라 [21]강한 자가 무장을 하고 자기 집을 지킬 때에는 그 소유가 안전하되 [22]더 강한 자가 와서 그를 굴복시킬 때에는 그가 믿던 무장을 빼앗고 그의 재물을 나누느니라 [23]나와 함께 하지 아니하는 자는 나를 반대하는 자요 나와 함께 모으지 아니하는 자는 헤치는 자니라.

마태복음 9:34; 12:24-30과 마가복음 3:22-27에 대한 설명을 보라.

24-26. [24]더러운 귀신이 사람에게서 나갔을 때에 물 없는 곳으로 다니며 쉬기를 구하되 얻지 못하고 이에 이르되 내가 나온 내 집으로 돌아가리라 하고 [25]가서 보니 그 집이 청소되고 수리되었거늘 [26]이에 가서 저보다 더 악한 귀신 일곱을 데리고 들어가서 거하니 그 사람의 나중 형편이 전보다 더 심하게 되느니라.

마태복음 12:43-45에 대한 설명을 보라. 이 본문으로부터 우리는 다음과 같은 것들을 알 수 있다: (1) 사람들과 장소들은 귀신의 집이기 때문에, 귀신은 사람들과 장소들 속에서 살아가지만, 거기에서 나갈 수도 있다. 유대인들의 육신과 땅은 귀신의 권세로부터 대체로 건짐을 받았다고 할지라도, 귀신은 그들의 심령을 여전히 장악하고 있을 수 있는데, 이런 일은 통상적으로 복음이 신실하게 전해진 곳들에서 일어난다. 아주 많은 사람들의 심령이 귀신에게 완전히 붙잡혀 있다는 것을 보여 주는 삶을 여전히 살고 있는데도, 그들이 살고 있는 장소들과 거기에 살고 있는 사람들은 다른 좀 더 이교적이고 무지한 자들이 살고 있는 장소들보다 더 주술로부터 자유롭고, (하나님의 허락 하에서) 귀신들이 사람들의 육신과 가축에게 행사하는 힘에서 더 자유로울 수 있다는 것이다. 또한, 악하고 방탕한 삶을 청산하였지만, 하나님께로 나아가지는 않고, 단지 좀 더 개화되어서 악을 억제하는 은혜의 능력을 좀 더 많이 받아 살아가는 사람들은 어떤 의미에서 귀신이 나간 사람들이라고 할 수 있다. 하지만 그들의 심령은 여전히 귀신의 집이 될 수 있다. (2) 사람들에게서 나간 귀신은 이전처럼 사람들을 다시 온전히 지배하게 될 때까지는 안정을 찾지 못한다. (3) 귀신이 다시 들어왔을 때, 그들의 나중 형편은 처음보다 더 나빠진다(히 6:4; 10:26; 벧후 2:20).

27-28. [27]이 말씀을 하실 때에 무리 중에서 한 여자가 음성을 높여 이르되 당신을 밴 태와 당신을 먹인 젖이 복이 있나이다 하니 [28]예수께서 이르시되 오히려 하나님의 말씀을 듣고 지키는 자가 복이 있느니라 하시니라.

어떤 사람이 하나님의 섭리로 말미암아 외적으로 어떤 특권들과 이점들을 지니게 되었다고 해도, 그런 것들이 그 사람의 마음을 변화시키지는 못하는데도, 우리는 사람을 그런 것들에 의거해서 판단하여 복이 있다고 말하기가 너무나 쉽다. 그러나 하나님께서는 우리와는 다른 눈으로 사람들을 보신다. 그리스도께서는 여기에서 자기 어머니 마리아가 복이 있다는 것을 부인하시는 것이 아니다. 그녀의 사촌인 엘리사벳은 그녀를 "여자 중에 네가 복이 있다"고 선언하였고(눅 1:42), 천사는 수태고지를 하러 와서 그녀를 "은혜를 받은 자"라고 부르며, "네가 하나님께 은혜를 입었느니라"고 말하였다(눅 1:28, 30). 그러나 우리 구주께서는 여기에서 그녀의 복은 자기를 밴 태와 자기를 먹인 젖에 있는 것이 아니라, 하나님의 말씀을 듣고 지킨 것에 있다고 분명하게 밝히시면서, 그렇게 하는 자들은 모두 더할 나위 없이 복이 있는 자들이라고 선언하신다. 또한, 우리는 하나님께서 합치신 것을 나누어서는 안 된다. 즉, 주님께서는 단지 하나님의 말씀을 듣는 자가 복이 있다고 하신 것이 아니다. 복이 있는 자나 복이 없는 자나 함께 교회에 가서 함께 말씀을 듣지만(pariter adeunt, pariter audiunt), 오직 "하나님의 말씀을 듣고 지키는 자"만이 복이 있는 자들이다. 야고보서 1:22-23을 보라. 하나님의 말씀은 그 말씀을 듣는 어떤 사람들에게는 "사망으로부터 사망에 이르는 냄새"(고후 2:16)일 수 있다. 동정녀 마리아의 믿음과 성결을 고려함이 없이 단지 그리스도의 어머니라는 이유로 복 있다고 한다면, 은혜로 말미암아 하나님의 뜻에 순종하게 된 사람은 그런 마리아보다 더 복이 있는 사람이다.

**29-32. [29]무리가 모였을 때에 예수께서 말씀하시되 이 세대는 악한 세대라 표적을
구하되 요나의 표적 밖에는 보일 표적이 없나니 [30]요나가 니느웨 사람들에게 표적
이 됨과 같이 인자도 이 세대에 그러하리라 [31]심판 때에 남방 여왕이 일어나 이 세대
사람을 정죄하리니 이는 그가 솔로몬의 지혜로운 말을 들으려고 땅 끝에서 왔음이
거니와 솔로몬보다 더 큰 이가 여기 있으며 [32]심판 때에 니느웨 사람들이 일어나 이
세대 사람을 정죄하리니 이는 그들이 요나의 전도를 듣고 회개하였음이거니와 요
나보다 더 큰 이가 여기 있느니라.**

마태복음 12:38-42에 대한 설명을 보라. 마태는 그리스도께 와서 "하늘로부터 오는 표적"을 보여 달라고 한 사람들은 바리새인들이었다고 말하는데, 복음서들은 바리새인들이 이런 요구를 한 일을 두 번이나 기록하였다(마 16:1). 그리스도께서는 자기가 전하는 말씀을 들은 사람들의 믿음을 격려하고 확증해 주시기 위하여 아주 기꺼이 이적들을 베푸셨지만, 불신자들의 호기심을 충족시켜 주시기 위한 이적은 단호하게 거절하셨다. 따라서 주님은 그들에게 하늘로부터 오는 표적을 보여 주시는 것이 아니라, 도리어 자기를 믿지 않은 그들에 대한 하나님의 의로우신 심판을 선언하신다. 자세한 것은 앞에서 언급한 병행 본문들에 대한 설명을 보라.

33. 누구든지 등불을 켜서 움 속에나 말 아래에 두지 아니하고 등경 위에 두나니 이는 들어가는 자로 그 빛을 보게 하려 함이라.

우리는 이 비유를 누가복음 8:16과 마태복음 5:15에서 이미 살펴보았다. 거기에 나오는 설명을 보라. 이 비유적인 말은 일종의 속담이나 격언 같은 것이어서 여러 경우에 적용될 수 있었다. 어떤 이들은 우리 구주께서 자기가 바리새인들에게 그 어떤 표적도 보여 주고자 하지 않으시는 이유로서 이 비유를 드신 것이라고 생각한다. 즉, 주님께서는 그들에게 하늘로부터 오는 표적을 보여 주는 것은 "등불을 켜서 움 속에나 말 아래에 두는" 것과 같아서, 아무 소용이 없을 것임을 보여 주신 것이라는 것이다. 어떤 이들은 주님께서 자기가 28절에서 말씀을 듣고 지키는 자들이 복이 있다고 선언하신 이유를 설명해 주시기 위하여 이 비유를 말씀하신 것이라고 생각한다. 즉, 말씀을 듣는 목적은 실천하는 것, 즉 다른 사람들에게 빛을 비추는 것이라는 것이다.

34-36. [34]네 몸의 등불은 눈이라 네 눈이 성하면 온 몸이 밝을 것이요 만일 나쁘면 네 몸도 어두우리라 [35]그러므로 네 속에 있는 빛이 어둡지 아니한가 보라 [36]네 온 몸이 밝아 조금도 어두운 데가 없으면 등불의 빛이 너를 비출 때와 같이 온전히 밝으리라 하시니라.

마태복음 6:22-23에 대한 설명을 보라. 우리 구주께서 여기에서 하신 말씀은 문자 그대로 이해되어야 될 직설적인 것임과 동시에 은유적인 것임에 틀림없다. 이 말씀의 의미는 어떤 사람의 심령과 그 사람 전체의 관계는 눈과 몸의 관계와 같다는 것이다. 사람의 눈은 외부에서 빛을 받아서 그 사람의 발걸음을 인도하는 기관이기 때문에, 눈에 그 어떤 이물질도 없고 상한 것도 없이 온전하다면, 몸은 그 눈으로부터 온전하고 올바른 지시를 받아서 제대로 움직이고 행할 수 있게 된다. 그러나 눈에 이물질이 있거나 상한 것이 있다면, 그 사람은 어느 방향으로 어떻게 걸어야 할지를 모르게 된다. 마찬가지로, 이 비유 속에 나오는 육신의 눈에 해당하는 어떤 사람의 심령, 좀 더 구체적으로는 어떤 사람의 분별력이나 판단력이 어둡거나 뒤틀려 있거나 잘못되어 있거나, 그 사람의 감정이 타락해 있거나 왜곡되어 있다면, 그 사람은 자신이 어떻게 행하여야 올바르게 행하는 것인지를 알 수 없게 될 것이다. 그러나 그 사람이 진리들을 깨닫고서 올바른 분별력을 지니고 있어서, 하나님께 속한 일들과 길들에 대하여 올바르게 판단할 수 있고, 그 사람의 감정도 왜곡되어 있지 않다면, 성한 눈을 지닌 사람이 등불의 밝은 빛을 받아들여서 온 몸을 밝게 할 수 있는 것처럼, 그 사람은 자신에게 주어지는 진리의 빛과 계시들을 전인적으로 받아들일 수 있게 될 것이다.

37. 예수께서 말씀하실 때에 한 바리새인이 자기와 함께 점심 잡수시기를 청하므로 들어가 앉으셨더니.

우리는 여기에서 우리 구주께서 바리새인의 집에서 식사하시는 것을 다시 한 번 두 번째로 본다. 주님께서는 자신의 입으로 직접 자기는 "와서 먹고 마셨다"고 말씀하셨다(눅 7:34). 즉, 주님께서는 몇 사람이라도 얻으시기 위하여, 죄를 짓지 않으시는 한도 내에서 온갖 부류의 사람들과 어울려 자유롭게 교제하셨다는 것이다. 대부분의 바리새인들은 그리스도를 철저하고 고집스럽게 미워하는 철천지원수로 행하였지만, 그리스도께서는 바리새인의 집에 가서 함께 식사하는 것을 거절하지 않으셨다.

38. 잡수시기 전에 손 씻지 아니하심을 그 바리새인이 보고 이상히 여기는지라.

마태복음 15:2에서는 바리새인들이 그리스도께 와서 제자들이 떡을 먹을 때에 손을 씻지 않는 것에 대하여 항의하였다고 말하지만, 여기에서는 그리스도께서 식사하시기 전에 손을 씻지 않으신 것이 이 바리새인에게 걸림돌이 되었다고 말한다. 마가는 이 일에 대하여 바리새인들이 이런 반응을 보인 이유를 우리에게 말해 준다: "바리새인들과 모든 유대인들은 장로들의 전통을 지키어 손을 잘 씻지 않고서는 음식을 먹지 아니하며"(막 7:3). 그들의 이러한 전통과 그 근거에 대해서는 마태복음 15:2과 마가복음 7:3에 대한 설명을 보라. 우리는 모두 우리 자신이 틀리지 않고 옳다고 생각하기 때문에, 우리가 지키는 어떤 예식이 하나님의 말씀에 아무런 근거가 없는 것임에도 불구하고, 다른 사람들이 그 예식을 지키지 않는 것을 용납하지 못하고, 다른 사람들이 우리가 보는 눈으로 보지 않고 우리가 행하는 대로 행하지 않은 것을 이상히 여긴다.

39-40. [39]주께서 이르시되 너희 바리새인은 지금 잔과 대접의 겉은 깨끗이 하나 너희 속에는 탐욕과 악독이 가득하도다 [40]어리석은 자들아 겉을 만드신 이가 속도 만들지 아니하셨느냐.

우리는 마태복음 23:25에서 주님께서 바리새인들에게 화를 선언하시는 맥락 속에서 이것과 똑같은 말씀을 하시는 것을 이미 보았다. 우리는 우리 구주께서 여기에서 우리가 음식을 담는 대접들에 대하여 말씀하신 것이라고 생각해서는 안 된다. 왜냐하면, 바리새인들도 음식을 담아 먹는 대접들은 "겉"과 "속"을 둘 다 깨끗하게 씻었을 것임에 틀림없기 때문이다. 여기에 나오는 "속"이라는 단어가 그들이 악행을 일삼아 강탈하고 착취한 그들의 대접 속에 들어 있는 음식을 가리키는 것이라고 생각하는 것은 잘못이다. 왜냐하면, 대접의 "속"이 대접 속에 담겨 있는 음식을 의미하는 것으로 해석하는 것은 억지이기 때문이다. 게다가, 우리 구주께서는 대접의 "속"이 아니라 "너희 속"이라고 말씀하신 것이기 때문에, 여기에서 "속"은 분명히 심령을 가리킨다. 따라서 우리 구주께서는 여기에서 바리새인들을 오직 겉만 깨끗이 씻은 대접에 비유하시고서, 표면적인 정결함을 지키기 위해서는 온갖 애를 쓰고 정성을 다하면서도, 정작 심령의 내적인 정결함을 지키는 일에는 전혀 신경을 쓰지 않는 그들의 위선을 꾸짖고 계시는 것이 분명하다. 그들은 부정하게 되지 않기 위해서 손을 씻는 일은 아주 철저하고 꼼꼼하게 지켰지만, 자신들의 심령과 내면의 힘과 감정이 더러워지는 것은 아무 상관도 하지 않고 아랑곳하지도 않았다. 주님께서는 그들의 그러한 행태는 지독하게 멍청하고 우매한 것이라고 말씀하신다. 왜냐하면, 사람의 몸을 지으신 하나님께서는 사람의 영혼도 지으신 분이시고, 특히 사람의 마음 중심이 진실한 것을 사랑하시는 까닭에, 사람이 외면적으로만이 아니라 내면적으로도 정결할 것을 원하시기 때문이다.

41. 그러나 그 안에 있는 것으로 구제하라 그리하면 모든 것이 너희에게 깨끗하리라.

그러나 그 안에 있는 것으로 구제하라. 이 구절의 헬라어는 '플렌 타 에논타 도테 엘레에모쉬넨' (πλὴν τὰ ἐνόντα δότε ἐλεημοσύνην)으로 되어 있고, 해석자들은 '에논타' 의 통상적인 의미가 여기에서의 문맥에 맞지 않는다고 생각해서, 갖가지 해석을 제시해 왔다. 어떤 이들은 "안에 있는 것들"이라고 번역하기도 하고, 어떤 이들은 "너희가 갖고 있는 것들"이라고 번역하기도 하며, 어떤 이들은 "꼭 필요한 것들"로 번역하기도 하고, 어떤 이들은 '타 에논타' 앞에 '카타' (κατὰ)가 생략된 것으로 보고서, "너희가 갖고 있는 것을 따라," 즉 "너희가 줄 수 있는 만큼" 주어 구제하라는 의미로 번역하기도 한다. 어떤 이들은 너희가 다른 사람들에게 행한 잘못에 대한 정당한 보상으로서, 너희 자신에게 꼭 필요한 것 외의 나머지의 것들로 구제하라는 의미로 해석하기도 하고, 어떤 이들은 우리 구주께서 전후로 하신 말씀의 맥락을 고려할 때, '타 에논타' 를 '토 에논' (τὸ ἐνὸν)의 의미로 해석해서, 이 구절은 "너희가 오직 한 가지 해야 할 것이 있는데, 그것은 구제하는 것이다"라는 뜻을 지니는 것이라고 주장하기도 한다. 그러나 나는 "너희가 가지고 있는 중에서"(KJV)라는 우리의 번역이 다른 번역들과 비교해서 결코 나쁘지 않다고 보는데, 우리의 번역은 헬라어 본문에서 '카타' 가 생략된 것으로 보고서 번역한 것이다. 즉, 너희가 가지고 있는 것, 즉 다른 사람들로부터 강탈하고 착취한 것도 아니고, 남에게서 빌린 것도 아니고, 가족의 것도 아닌, 진정으로 올바르게 너희 자신이 소유하고 있는 것 중에서 너희에게 꼭 필요한 것을 제외하고 나머지 전부로 구제하라는 것이다.

그리하면 모든 것이 너희에게 깨끗하리라. 주님께서는 여기에서 "너희의 심령이 깨끗하리라"고 말씀하지 않으시고, "모든 것이 너희에게 깨끗하리라"고 말씀하신다. 심령이 깨끗한 것이 먼저여야 하지만, 우리 구주께서는 여기에서 그것을 명령하시거나, 심령을 깨끗하게 하는 방법을 말씀해 주고 계시는 것이 아니다. "모든 것이 너희에게 깨끗하다"는 것은 그들이 모든 것을 합법적으로 죄를 짓지 않는 가운데 사용할 수 있다는 것이다. "깨끗한 자들에게는 모든 것이 깨끗하나 더럽고 믿지 아니하는 자들에게는 아무 것도 깨끗한 것이 없고"(딛 1:15). 우리 구주께서 여기에서 하신 말씀은 우리의 마음의 변화를 가져다줄 회개를 권면하시는 말씀임에 틀림없다. 우리의 내면의 마음이 변화되면, 그것은 우리의 행위의 변화로 나타나고, 특히 우리가 잘못한 사람들에 대하여 배상하는 것으로 나타난다는 것이다. 바리새인들은 과부의 가산을 삼키는 등 착취를 일삼는 탐욕스러운 자들이었다. 그런 자들이 회개하면, 그 회개는 정반대의 행위를 통해 나타나야 한다. 즉, 그들이 "공의"와 "긍휼"에 의거하여 행한다면, 그것은 그들이 회개하였음을 보여 주는 증거가 된다는 것이다. 하나님께서는 이스라엘 백성에게는 "공의"를 요구하셨고(사 1:16-17, "너희는 스스로 씻으며 스스로 깨끗하게 하여 내 목전에서 너희 악한 행실을 버리며 행악을 그치고 선행을 배우며 정의를 구하며 학대 받는 자를 도와주며 고아를 위하여 신원하며 과부를 위하여 변호하라"), 그리스도께서는 바리새인들에게 "긍휼"을 요구하신다. 그러한 긍휼의 행위들은 그들의 마음이 진정으로 변화되었음을 보여 주는 증거가 될 것이기 때문에, 우리 구주께서는 그들이 그렇게 행할 때에만, 모든 것이 그들에게 깨끗하게 될 것이고, 그들이 계속해서 자신들의 미신적인 결례 전통을 고수하고자 한다면, 그들에게는 그 어떤 것도 깨끗하지 않을 것이라고 말씀하신다. 그 어떤 심령도 하나님의 은혜의 도우심과 감화 없이는 진정으로 회개할 수 없고, 하나님께서는 그리스도의 피로 씻음 받은 심령들에게만 은혜를 주신다. 따라서 어떤 심령이 참된 회개의 열매를 맺으려면, 먼저 믿음으로 의롭다 하심을 얻고, 성결의 영에 의해 거룩함을 입어야 한다. 또는, 우리가 주님께서 여기에서 단지 의롭다 하심을 얻지 않은 심령이 행하는 회개만을 염두에 두시고 말씀하신 것으로 이해한다면, 이 말씀은 그러한 회개조차도 우리가 지닌 외적인 것들이 우리에게 복이 되게 해 주는 유익을 지니기 때문에, 우리는 우리에게 외적으로 주어진 복들을 부정함이나 죄책 없이 사용할 수 있게 된다는 의미가 된다.

42. 화 있을진저 너희 바리새인이여 너희가 박하와 운향과 모든 채소의 십일조는 드리되 공의와 하나님께 대한 사랑은 버리는도다 그러나 이것도 행하고 저것도 버리지 말아야 할지니라.

마태복음 23:23에 대한 설명을 보라. 위선자에게는 두 가지 두드러진 특징이 있다: (1) 위선자들은 하나님의 도덕법을 지키는 것보다는 사람들이 정한 예식들과 전통들을 지키는 데 더 큰 열심을 내고 꼼꼼하고 깐깐하게 지킨다. (2) 위선자들은 도덕과 관련된 일들에 있어서는 좀 더 중요하고 무게 있는 것들보다는 사소한 것들에 대하여 더 엄격하다. 하나님의 계명들 중에는 우리가 소홀히 하거나 무시하거나 불순종해도 되는 계명은 단 하나도 없지만, 중요성과 무게감에 있어서는 서로 차이가 있기 때문에, 우리는 좀 더 가벼운 것들보다는 더 무겁고 중요한 것들에 더 신경을 쓰는 것이 마땅하다.

43. 화 있을진저 너희 바리새인이여 너희가 회당의 높은 자리와 시장에서 문안 받는 것을 기뻐하는도다.

마태복음 23:6-7에 대한 설명을 보라. 그들의 잘못은 그들이 "회당의 높은 자리"에 앉고 "시장에서 문안 받는 것"에 있었던 것이 아니라, 그들이 그런 것들을 좋아하고 사람들로부터 그렇게 대접받고자 하는 야심 속에서 살아 갔다는 데 있었다. 하나님은 질서의 하나님이시기 때문에, 우리는 존경할 자들을 존경하여야 하지만, 모든 사람들에게 있어서 교만과 야심은 가증스러운 죄악들인데, 특히 스스로 낮아져서 이 세상에 있는 모든 것들을 헛된 것으로 보아야 할 선생들에게 있어서는 더욱더 그러하다.

44. 화 있을진저 너희여 너희는 평토장한 무덤 같아서 그 위를 밟는 사람이 알지 못하느니라.

마태복음 23:27에 대한 설명을 보라. 우리 구주께서는 거기에서는 바리새인들을 "회칠한 무덤"에 비유하시고, 여기에서는 "평토장한 무덤"에 비유하신다. 전자는 겉으로는 희어 보이지만 속에는 온통 썩은 것으로 가득한 무덤에 비유해서 그들의 위선을 보여 주고, 후자는 사람들이 자신도 알지 못하는 사이에 그들의 더러움에 물들게 되는 것을 보여 준다. 우리 구주께서 하신 말씀을 이해하려면, 레위기 율법인 민수기 19:16을 살펴보아야 하는데, 거기에서는 사람의 시체만이 아니라 사람의 뼈나 무덤을 만져도 칠 일 동안 부정하게 된다고 말한다. 그리스도께서는 여기에서 바로 그 율법 규정에 빗대어서, 율법적인 부정이 아니라, 도덕적인 더러움에 대하여 말씀하신다. 바로 그 율법 규정으로 인해서, 유대인들은 죽은 사람들을 매장할 때에 그 무덤을 회로 희게 칠함으로써, 사람들이 금방 무덤이라는 것을 알아보고서 부정하게 되는 위험을 피할 수 있게 하였다. 그리스도께서는 바리새인들을 바로 그러한 "회칠한 무덤"에 비유하신다(마 23:27). 그러나 일부 무덤들은 희게 칠해지지 않았거나, 회칠한 것이 시간이 지나면서 씻겨내려가거나 해서, 사람들이 무덤인 줄을 모르고 무심코 접촉하게 되어 부정하게 되는 경우가 있었다. 주님께서는 여기 누가 본문에서는 바리새인들을 바로 그러한 무덤들에 비유하신다. 즉, 바리새인들은 속에는 썩은 시체가 가득한 자들이지만, 겉으로는 전혀 드러나지 않는 자들이라는 것이다. 바리새인들은 유대인들 중에서 가장 엄격한 종파였기 때문에, 사람들은 바리새인들을 대단히 거룩한 자들로 여겼다. 사실, 바리새인들은 외적이고 형식적인 행위들을 규율하는 자신들의 전통을 아주 철저하고 엄격하게 지킴으로써, 자신들의 강탈과 착취, 탐욕, 악의, 잘못된 가르침들을 은폐한 것이었지만, 사람들은 바리새인들이 그런 사람들이라는 것을 알지 못하였고 그런 의심을 전혀 갖지 않았다.

45. 한 율법교사가 예수께 대답하여 이르되 선생님 이렇게 말씀하시니 우리까지 모욕하심이니이다.

이 율법교사는 서기관들 중 한 사람이었는데, 그들이 하는 일은 율법을 해석하는 것이었고, 바리새인들은 그들이 정하고 해석한 것들을 엄격하게 지켰다. 따라서 이 율법교사가 우리 구주께서 하신 말씀이 서기관들과 어느 정도 연관된 말씀인 것으로 생각한 것은 제대로 본 것이었지만, 자신이 속한 서기관 집단은 책망 받을 만하거나 잘못한 것이 전혀 없다고 생각한 것과 우리 주님의 합당한 책망을 그들을 모욕하는 말씀으로 해석한 것은 지독하게 잘못된 것이었다. 그러나 주님께서는 이 기회를 활용하셔서, 하나님의 말씀을 각 사람에게 필요한 대로 올바르게 나누어 줄 책임을 맡고 있던 율법교사들이 어떤 점에서 바리새인들과 마찬가지로 잘못을 범하고 있는 것인지를 알게 하신다.

46. 이르시되 화 있을진저 또 너희 율법교사여 지기 어려운 짐을 사람에게 지우고 너희는 한 손가락도 이 짐에 대지 않는도다.

마태복음 23:4에 대한 설명을 보라.

47-51. [47]화 있을진저 너희는 선지자들의 무덤을 만드는도다 그들을 죽인 자도 너희 조상들이로다 [48]이와 같이 그들은 죽이고 너희는 무덤을 만드니 너희가 너희 조상의 행한 일에 증인이 되어 옳게 여기는도다 [49]그러므로 하나님의 지혜가 일렀으되 내가 선지자와 사도들을 그들에게 보내리니 그 중에서 더러는 죽이며 또 박해하리라 하였느니라 [50]창세 이후로 흘린 모든 선지자의 피를 이 세대가 담당하되 [51]곧 아벨의 피로부터 제단과 성전 사이에서 죽임을 당한 사가랴의 피까지 하리라 내가 너희에게 이르노니 과연 이 세대가 담당하리라.

바리새인들은 지독한 위선자들의 무리답게, 자신들은 구약 시대에 활동하였던 선지자들을 기리고 추모하는 집단이라는 것을 과시하기 위해서, 선지자들의 무덤을 보존하고 장식하는 데 많은 신경을 썼지만, 사실은 그들의 조상들이 옛적에 선지자들에게 그랬듯이, 그들의 마음도 진리에 대한 악의와 그리스도를 비롯해서 자신들에게 하나님의 뜻을 계시하기 위하여 온 일꾼들에 대한 반감으로 가득 차 있었다. 우리 구주께서는 이렇게 말씀하신다: 하나님의 지혜인 내가 너희에게 말하노니, 나는 너희에게 사도들과 선지자들을 보낼 것인데, 너희는 그들 중 일부는 죽이고 일부는 박해할 것이고, 아벨의 피로부터 사가랴의 피까지 이 땅에 흘려진 모든 의로운 피가 너희에게 임할 것이다. 너희 속에는 선지자들을 박해하였던 너희 조상들과 똑같은 마음이 자리 잡고 있기 때문에, 너희가 옛 선지자들의 무덤을 세우고 장식하더라도, 그것은 너희가 선지자들을 공경한다는 것을 말해 주는 증거가 아니라, 옛적에 하나님의 선지자들을 죽이고 승리를 거둔 너희 조상들을 기리는 일종의 기념비를 세우는 것일 뿐이고, 선지자들을 죽인 너희 조상들이 너희의 자랑스러운 조상들이라는 것을 고백하고 인정하는 행위일 뿐이다. 왜냐하면, 만일 너희가 진정으로 선지자들을 기리고 공경하는 것이라면, 너희 조상들과 똑같은 악의적인 마음을 품고서 그리스도를 비롯한 하나님의 사자들을 죽이려고 하지 않을 것이기 때문이다. 하나님께서 지금 그들에게 보내신 종들, 옛적의 선지자들과 동일한 진리들을 고백하고 동일한 규범에 따라 살아가는 종들에 대하여 악의를 품고 박해하면서도, 옛적의 하나님의 종들을 공경하고 기리는 체하는 것은 지독한 위선이다. 마태복음 23:29-36에 대한 설명을 보라. 거기에서 마태는 여기에 나오는 것과 동일한 말씀을 보도하면서, 다른 여러 가지 내용들도 덧붙여서 좀 더 자세하게 들려주고 있다. 옛적에 순교자들이 살았던 것과 동일한 삶을 살고, 그 순교자들이 죽음을 불사하고 증거하였던 것과 동일한 저 하나님의 진리의 말씀들을 굳게 붙잡고 살아가는 자들이야말로 진정으로 그 순교자들을 공경하고 기리는 자들이다.

52. 화 있을진저 너희 율법교사여 너희가 지식의 열쇠를 가져가서 너희도 들어가지 않고 또 들어가고자 하는 자도 막았느니라 하시니라.

마태는 "화 있을진저 외식하는 서기관들과 바리새인들이여 너희는 천국 문을 사람들 앞에서 닫고 너희도 들어가지 않고 들어가려 하는 자도 들어가지 못하게 하는도다"라고 말한다(마 23:13). 나는 이 말씀의 의미가 이런 것이라고 본다: 너희는 사람들이 하나님의 나라로 들어가고자 할 때에 열쇠가 되는 지식을 가져가 버렸다. 지식 자체는 공통의 선물이고, 지식을 많이 지니고 있는 사람들이라고 해도 영원히 멸망할 수 있지만(고전 13:2), 어쨌거나 지식은 모든 구원의 은혜의 토대이다. 사도 바울은 "그들이 믿지 아니하는 이를 어찌 부르리요 듣지도 못한 이를 어찌 믿으리요 전파하는 자가 없이 어찌 들으리요"(롬 10:14)라고 말한다. 따라서 사람들이 어떤 명령에 순종해야 하는지를 모르는데 어떻게 순종하겠으며, 어떤 죄를 회개해야 하는지도 모르는데 어떻게 회개하겠는가? 그렇기 때문에, 사람들이 하나님의 뜻을 아는 지식으로 나아가는 것을 방해하는 자들은 이 땅에서 사람들의 구원을 훼방하는 가장 사악한 자들이다. 교황주의자들은 평신도들이 자신들이 읽고 이해할 수 있는 언어로 씌어진 성경을 사용하지 못하게 막음으로써 그러한 중죄를 저지르고 있다. 그렇다면, 서기관들은 그러한 죄를 어떤 식으로 짓고 있었던 것일까? 서기관들이 유대인들에게 율법을 읽거나 듣지 못하게 방해한 것은 결코 아니었다. 율법은 안식일마다 그들의 회당에서 읽혀졌다. 그러나 우리는 율법에 나타나 있는 하나님의 마음과 뜻을 제대로 올바르게 해석해 주어야만 사람들은 구원에 필요한 유익한 지식을 얻을 수 있다는 것을 알아야 한다. 서기관들이 도대체 어떻게 하였기에, 주님께서는 그들이 "열쇠를 가져갔다"고 말씀하신 것인가? 그들은 하나님의 율법을 해석해서 사람들에게 강론을 행하였지만, 사람들은 하나님의 율법을 아는 지식에서 조금도 더 지혜로워질 수 없었다. 왜냐하면, 그들은 사람들에게 율법의 참뜻을 알려준 것이 아니고, 오직 그들 자신의 전통들과 예식들만을 가르쳤는데, 그들의 그런 가르침들은 사람들이 만들고 정한 전통들이었기 때문이었다. 그들은 지금 선생의 자리를 차지하고 있었지만, 사람들에게 하나님을 아는 지식을 전해 주는 것이 아니라 도리어 빼앗는 일을 함으로써, 그들 자신이 맹인들을 인도하는 맹인들이라는 것을 스스로 증명하였다. 선생의 자리에 앉아서 선생으로 자처하는 자들이 자신들에게 맡겨진 사람들에게 하나님의 계시된 뜻으로 증명된 것들을 가르치지 않거나, 사람들이 이해할 수 없는 말이나 방법으로 가르친다면, 그들은 이 본문이 단죄하는 그런 사람들에 속한다는 것은 의심의 여지가 없다. 자세한 것은 마태복음 23:13에 대한 설명을 보라.

53-54. [53]거기서 나오실 때에 서기관과 바리새인들이 거세게 달려들어 여러 가지 일을 따져 묻고 [54]그 입에서 나오는 말을 책잡고자 하여 노리고 있더라.

그리스도께서 그들에게 진리를 말씀하셨기 때문에 그들의 원수가 되셨다는 것은 이 비열한 자들이 얼마나 사악한 자들인지를 잘 보여 준다. 주님께서는 그들에게 자신들의 삶을 돌아보며 회개하고 고칠 기회를 주시기 위하여 그들을 책망하신 것이었지만, 그들은 주님의 그런 말씀에 격분하여 주님께 "거세게 달려들며" 광분하였다. 악의적이고 사악한 자들은 어느 때나 다른 사람들을 공평하고 공정하게 대하는 법이 없다: "거기서 나오실 때에 서기관과 바리새인들이 거세게 달려들어 여러 가지 일을 따져 묻고 그 입에서 나오는 말을 책잡고자 하여 노리고 있더라." 그들은 주님께 올무에 빠뜨릴 만한 많은 질문들을 해서, 주님으로 하여금 거기에 대답하여 많은 말씀들을 하게 함으로써, 그 말씀들 속에서 로마 총독 빌라도에게 주님을 고발할 빌미를 얻고자 하였다. 왜냐하면, 그들은 주님의 피에 목말라 있었기 때문이다. 원수들이 푸른 나무에도 이렇게 하였다는 것을 생각하면, 그들이 마른 나무에 대하여 그렇게 한다고 해도, 그것은 전혀 이상한 일이 아니다. 후대의 악의적이고 사악한 자들의 마음과 행실은 이전 세대의 악의적이고 사악한 자들의 마음과 행실을 마치 거울에 비친 것처럼 그대로 빼닮고, 악의는 공의나 공평을 결코 안중에 두지 않는다.

제12장

개요

1. 그리스도께서 자신의 제자들에게 위선을 피하고 자신의 가르침을 널리 전하는 것을 두려워하지 말라고 가르치심(1-12).
2. 유산을 나누는 일과 관련해서 재판장이 되는 것을 거부하시고, 많은 곳간을 자랑하던 부자에 관한 비유를 통해서 사람들에게 탐욕을 조심할 것을 경고하심(13-21).
3. 이 세상에서 먹고 살 것에 대하여 지나치게 염려하지 말고, 하나님의 나라를 구하라고 권면하심(22-32).
4. 구제함으로써 하늘에 보물을 쌓아 두라고 권면하심(33-34).
5. 우리 주님이 오실 날을 늘 대비하라고 권면하심(35-40).
6. 선한 청지기와 악한 청지기의 비유를 통해서, 특히 자신의 일꾼들의 본분을 보여 주심(41-48).
7. 복음으로 인해서 사람들이 분열하게 될 것임을 예고하심(49-53).
8. 사람들이 시대를 분간하지 못하는 것을 책망하심(54-56).
9. 사람들에게 주어진 화해의 수단을 소홀히 했을 때의 위험성을 보여 주심(57-59).

1. 그 동안에 무리 수만 명이 모여 서로 밟힐 만큼 되었더니 예수께서 먼저 제자들에게 말씀하여 이르시되 바리새인들의 누룩 곧 외식을 주의하라.

우리는 우리 구주께서 자신의 제자들에게 이러한 경고를 하신 것을 마태복음 16:6에서도 보았지만, 거기에 나오는 경고는 여기에 나오는 것과 동일하지 않다. 주님께서는 거기에서 바리새인들의 가르침이 다른 사람들에게 아주 쉽고 빠르게 퍼져 나간다는 것을 보여 주시기 위하여, 그들의 가르침을 누룩에 비유하신 것인 반면에, 여기에서는 동일한 이유로 바리새인들의 삶을 누룩에 비유하신다. 하지만 우리 구주께서 말씀하고자 하시는 것은 둘 다 동일한 것으로 보인다. 왜냐하면, 주님은 "외식," 즉 위선이 그들의 누룩이라고 말씀하시기 때문이다. 선량한 사람들에게 쉽게 스며들어서 해악을 끼치기가 가장 쉬운 자들은 겉으로는 진지하고 엄격한 삶을 사는 것 같은 모습을 하고 있으면서도 속으로는 부패하고 사악한 욕망에 빠져 있는 자들이다.

2. 감추인 것이 드러나지 않을 것이 없고 숨긴 것이 알려지지 않을 것이 없나니.

이것은 속담이나 격언적 표현인데, 이러한 비유적인 표현들은 여러 경우들과 여러 가지 일들에 적용될 수 있다. 우리는 앞에서 이 비유가 마태복음 10:26과 마가복음 4:22과 누가복음 8:17에서 다양하게 적용된 것을 이미 살펴보았다. 여기에서 이 비유는 점잖은 표정이나 예의바른 행실이라는 가면 뒤에 추악하고 부패한 마음을 숨기고서 위선적으로 살아도 언젠가는 다 드러나게 되어 있다는 것을 논증하는 데 사용된다. 심판의 날에 죄인들은 벌거벗겨지게 될 것이고, 사람들은 그런 자들의 수치를 보게 될 것이다. 그 날에 하나님께서는 사람들의 마음의 모든 은밀한 것들을 다 드러내셔서, 그들이 자행한 죄악들을 용서하거나 덮어 주지 않으실 것이다.

3. 이러므로 너희가 어두운 데서 말한 모든 것이 광명한 데서 들리고 너희가 골방에서 귀에 대고 말한 것이 지붕 위에서 전파되리라.

우리는 여기에 나오는 것과 아주 흡사한 말씀을 마태복음 10:27에서 보았는데, 거기에는 주님께서 그렇게 하라고 명령하시는 형태로 나온다: “내가 너희에게 어두운 데서 이르는 것을 광명한 데서 말하며 너희가 귓속말로 듣는 것을 집 위에서 전파하라.” 이 말씀도 다양하게 적용되고 사용된 것으로 보인다. 즉, 우리는 여기에 나오는 말씀을, 주님께서 마태복음 10:27에서 복음이 널리 전파될 것임을 약속하시면서, 자신의 제자들에게 명령문의 형태로 이것을 말씀하신 것과 같은 의미로 이해할 수도 있고, 2절에서 하신 말씀의 연장선상에서 이 말씀을 하신 것으로 이해할 수도 있다는 것이다.

4-5. [4]내가 내 친구 너희에게 말하노니 몸을 죽이고 그 후에는 능히 더 못하는 자들을 두려워하지 말라 [5]마땅히 두려워할 자를 내가 너희에게 보이리니 곧 죽인 후에 또한 지옥에 던져 넣는 권세 있는 그를 두려워하라 내가 참으로 너희에게 이르노니 그를 두려워하라.

마태복음 10:28에 대한 설명을 보라. 거기에서 우리는 이것과 동일한 말씀을 만나 보았다. 우리 구주께서는 자기가 하늘로 들려올라가신 후에 자신의 제자들이 박해의 광풍들을 겪게 될 것을 아셨기 때문에, 4절부터 12절에 이르기까지의 말씀을 통해서, 거기에 대비하여 그들을 무장시키신다. 여기에는 그들이 박해를 두려워하지 않아도 되는 두 가지 논거가 나온다: (1) 하나는 아무리 악의적이고 사악한 원수들이라고 할지라도, 그들의 권세는 제한되어 있어서 하지 못하는 일이 있다는 것이다. 그들은 사람들의 “몸을 죽일” 수는 있지만, 그 이상의 것은 할 수 없다. (2) 다른 하나는 하나님께는 사람들을 "지옥에 던져 넣는" 막강한 권세가 있으시다는 것이다. 마태는 "몸은 죽여도 영혼은 능히 죽이지 못하는 자들을 두려워하지 말고 오직 몸과 영혼을 능히 지옥에 멸하실 수 있는 이를 두려워하라"(마 10:28)고 말하는데, 이것은 다음과 같은 것들을 분명하게 보여 준다: (1) 현세 이후에 사람들이 받게 되어 있는 형벌들이 있다. 모든 사람들에 대한 형벌은 단지 현세에서 그들의 몸이 죽은 것으로 끝나지 않는다. (2) 사람들에게는 몸만이 아니라 영혼도 있기 때문에, 장차 모든 사람들이 부활하게 될 때, 죄인들의 영혼과 몸은 둘 다 영원한 형벌을 받게 될 것이다. (3) 하나님의 진노보다 사람들의 진노를 더 두려워하는 것은 그러한 비참한 형벌을 스스로 자초하는 것이다.

6-7. [6]참새 다섯 마리가 두 앗사리온에 팔리는 것이 아니냐 그러나 하나님 앞에는 그 하나도 잊어버리시는 바 되지 아니하는도다 [7]너희에게는 심지어 머리털까지도 다 세신 바 되었나니 두려워하지 말라 너희는 많은 참새보다 더 귀하니라.

마태복음 10:29-31에 대한 설명을 보라. 우리 구주께서 제시하신 세 번째 논거는 하나님의 일반 섭리와 특별 섭리에 의거한 것이다. 일반 섭리와 관련해서, 주님께서는 하나님은 모든 피조물들을 붙잡고 계시는 까닭에, 아주 미미한 존재로서 지극히 하찮아 보이는 "참새 다섯 마리가 두 앗사리온에 팔리거나"(누가) "참새 두 마리가 한 앗사리온에 팔리는"(마태) 것까지도 잊지 않으시고, "너희 아버지께서 허락하지 아니하시면 그 하나도 땅에 떨어지지 아니한다"(마 10:29)고 말씀하신다. 또한, 이것뿐만 아니라, 주님께서는 하나님이 인간의 존귀함을 생각하셔서 인간에 대하여 특별한 섭리를 행하신다고 말씀해 주신다. 즉, "너희는 많은 참새보다 더 귀하다"는 것이다. 너희는 인간이기 때문에 더욱 귀하고, 나의 사역자들이자 대사들인 내 제자들은 특히 더 귀하다. "너희에게는 심지어 머리털까지도 다 세신 바 되었다." 즉, 하나님께서는 너희와 관련된 지극히 작은 것들까지도 다 주목하신다.

8-9. [8]내가 또한 너희에게 말하노니 누구든지 사람 앞에서 나를 시인하면 인자도 하나님의 사자들 앞에서 그를 시인할 것이요 [9]사람 앞에서 나를 부인하는 자는 하나님의 사자들 앞에서 부인을 당하리라.

마태복음 10:32-33에 대한 설명을 보라. 우리 구주께서 제시하신 네 번째와 다섯 번째 논거는 사람들 앞에서 그리스도를 시인하거나 부인하는 자들에 대한 상벌과 관련된 것들이다. 여기에서 "시인한다"는 것은 그리스도인들이 박해와 배척을 당하는 때에 하나님의 도와 진리들을 고백하고 굳게 붙잡는 것을 의미하는데, 그런 사람들에게 약속된 상은 그리스도께서 심판의 날에 그들을 시인하실 것이라는 것이다. 마태는 "하늘에 계신 내 아버지 앞에서"라고 말하고, 누가는 "하나님의 사자들 앞에서"라고 말한다. 우리가 그리스도의 도와 진리를 시인한다고 해서, 그리스도께 득이 되는 것은 없다. 그것은 주님이 아니라 우리 자신에게 득이 되는 것이다. 왜냐하면, 심판의 날에 그리스도께서 우리를 시인해 주시는 것은 우리에게 있어야 할 그 무엇보다도 꼭 필요하고 절실한 것이기 때문이다. 또한, 그리스도를 "부인한다"는 것은 하나님의 도와 진리들이 이 세상에서 참되고 우리에게 구원을 가져다준다는 사실을 부정하고 하나님의 도와 진리로부터 떠나 배교하는 것을 의미한다. 거기에는 하나님의 도를 박해하는 것이 포함되지만, 그것보다 훨씬 덜 한 것, 즉 하나님의 도와 진리를 말로써 부정하거나 버리는 것도 포함된다. 그런 자들에 대한 벌은 심판의 날에 그리스도로부터 부인을 당하게 되리라는 것이다. 이것이 무슨 의미인지는 마태가 우리에게 말해 준다: "그 때에 내가 그들에게 밝히 말하되 내가 너희를 도무지 알지 못하니 불법을 행하는 자들아 내게서 떠나가라 하리라"(마 7:23); "또 왼편에 있는 자들에게 이르시되 저주를 받은 자들아 나를 떠나 마귀와 그 사자들을 위하여 예비된 영원한 불에 들어가라"(마 25:41). 이것은 베드로처럼 큰 시험의 때에 주님을 부인하고 나서, 밖에 나가 심히 통곡하고, 다시 주님께로 돌아온 자들에게는 해당되지 않고, 오직 주님을 부인한 후에 다시 돌아와 시인하는 것이 아니라 끝까지 부인하는 것을 고집하는 자들에게만 해당된다.

10. 누구든지 말로 인자를 거역하면 사하심을 받으려니와 성령을 모독하는 자는 사하심을 받지 못하리라.

마태복음 12:31과 마가복음 3:28-29에 대한 설명을 보라.

11-12. [11]사람이 너희를 회당이나 위정자나 권세 있는 자 앞에 끌고 가거든 어떻게 무엇으로 대답하며 무엇으로 말할까 염려하지 말라 [12]마땅히 할 말을 성령이 곧 그 때에 너희에게 가르치시리라 하시니라.

마태복음 10:19-20과 마가복음 13:11에 대한 설명을 보라.

13-14. [13]무리 중에 한 사람이 이르되 선생님 내 형을 명하여 유산을 나와 나누게 하소서 하니 [14]이르시되 이 사람아 누가 나를 너희의 재판장이나 물건 나누는 자로 세웠느냐 하시고.

복음서 기자가 이 일을 쓸데없이 기록해 놓은 것이 아님은 분명할 것이기 때문에, 본문이 우리에게 가르쳐 주고자 하는 것이 있다면, 그것은 이런 것이다: 민사상의 정의와 관련된 문제들은 그리스도의 보내심을 받아 그의 복음을 전하는 자들의 소관이 아니다. 그런 일은 그들에게 맡겨 두는 것으로 충분하다. 그리스도께서는 여기에서 그런 일과 관련해서 중재자로서의 역할을 맡는 것을 거절하신다. 아주 박식한 한 저자는 민사 문제들에 대하여 교회의 지도자들이 재판관 역할을 하게 된 관행은 바벨론에서 포로생활을 하던 때에 시작되었고, 이것은 유대인들이 자신들 사이에서의 분쟁을 이교도 재판관들 앞에 가지고 가서 노출시키는 위험을 피하기 위한 것이었다고 말하는데, 사도 바울도 고린도전서 6:1-8에서 초기 그리스도인들에게 그렇게 하라고 간곡하게 권면한다. 그러나 사도 바울은 복음의 사역자들에게 그런 일들에 있어서 재판관 역할을 하라고 말하고 있는 것은 아닌 것으로 보인다. 아니, 그는 "너희가 세상 사건이 있을 때에 교회에서 경히 여김을 받는 자들을 세우느냐"(고전 6:4)고 말함으로써, 그 정반대의 것을 말한다. 왜냐하면, 이 말은 교인들 사이에서 세상 사건이 있을 때에 그 재판을 맡은 사람들이 교회의 장로들이 아니었음을 분명히 보여 주기 때문이다. 로마 치하에서는 유대인들에게 좀 더 큰 자유가 주어져서, 그들의 종교를 지닌 사람들로 구성된 민사 법원들이 있었고, 우리 구주께서는 이 사람에게 바로 그 법정으로 가라고 말씀하신다. 복음의 일꾼들은 그리스도의 위임을 받아 복음을 전하는 자들로 부르심을 받은 자들이기 때문에, 세상일들을 판단하는 데 개입해서는 안 된다. 그리스도의 위임을 받은 자들 중에서 사람들의 위임을 받은 자들은 그런 일들을 하고자 하는 야심이 있거나, 그런 일을 할 만한 여유가 있는 자들일 것이기 때문에, 나는 그런 논쟁에는 끼어들고 싶지 않다. 나로서는 복음을 전하는 본래의 일을 하는 것만으로 충분하다.

15. 그들에게 이르시되 삼가 모든 탐심을 물리치라 사람의 생명이 그 소유의 넉넉한 데 있지 아니하니라 하시고.

여기에서 "탐심"으로 번역된 '플레오넥시아'(πλεονεξία)는 이 세상의 것들을 갖고자 하는 지나친 욕망을 가리키고, 이것은 현세의 것들을 얻기 위해서라면 불의한 일들을 서슴지 않고 인간으로서의 도리도 무자비하게 저버리는 것으로 나타난다. 사도는 '필라르귀리아'(φιλαργυρία), 즉 "돈을 사랑함"이 "일만 악의 뿌리"라고 말하는데(딤전 6:10), 이것도 우리가 무엇을 먹고 마시고 입을까 하는 것을 지나치게 염려하고 생각하거나, 우리의 돈주머니를 두둑하게 하는 데 지나치게 몰두하는 것으로 드러난다. 그런 것들은 모두 여기에서 주님께서 금지하신 저 "탐심"에 속한다. 요컨대, 사도 바울이 "우리가 먹을 것과 입을 것이 있은즉 족한 줄로 알 것이니라"(딤전 6:8; 히 13:5)고 말한 것처럼, 우리가 열심히 일하였을 때에 하나님께서 우리에게 주시는 분깃으로는 단지 먹을 것과 입을 것만을 충족할 수 있다고 할지라도, 그런 것으로 만족하는 것을 방해하는 것은 무엇이든지 다 탐심이고, 그리스도께서 자신의 제자들에게 조심하라고 경고하신 것도 바로 그것이다. 주님께서는 우리가 탐심을 물리쳐야 할 이유을 제시하시면서, "사람의 생명이 그 소유의 넉넉한 데 있지 아니하기" 때문이라고 말씀하신다. 우리가 여기에 언급된 "생명"을 우리의 삶을 부지하고 유지해 나가는 것을 가리키는 것으로 이해하든, 아니면 흔히 그런 것처럼 행복하고 즐거운 삶을 가리키는 것으로 이해하든, 이것은 진실이다. 우리의 생명을 유지하는 데 꼭 소유가 풍족해야 할 필요는 없다. 세네카(Seneca)는 "우리의 본성은 적은 것으로 만족하는데, 우리는 단지 여분의 것을 얻기 위하여 땀 흘린다"(Ad manum est quod sat est, sudamus ad supervacanea)라고 말하였다. 또한, 소유의 풍족함이 우리의 생명을 보호해 주는 것도 아니다. 그것은 원수를 멀리 떼어 놓는 것이 아니라, 도리어 불러들인다. 그것은 질병을 막아주지 못하고, 도리어 질병을 불러온다. 왜냐하면, 우리는 우리 자신의 소유를 풍족하게 하거나 지키기 위하여 지나치게 염려하거나 애써야 하고, 소유가 풍족하다고 해서 돈을 물 쓰듯이 하며 허랑방탕하게 살게 되어서, 병에 걸리거나 수명이 단축되는 경우가 흔하기 때문이다. 또한, 삶의 행복이 소유의 풍족함에 있는 것도 아니다. 어떤 철학자들이 우리의 삶이 행복하려면 이 세상의 것들이 어느 정도 있어야 하지만 반드시 풍족할 필요는 없다고 올바르게 말하였다. 가난한 자들도 풍족한 소유를 지닌 자들보다 훨씬 더 즐겁고 만족하며 건강하고 편안한 삶을 산다. 이 말씀은 모든 사람이 자신의 심령 속에 새겨 놓을 만한 가치가 있는 황금 같은 문장이다.

16-21. [16]또 비유로 그들에게 말하여 이르시되 한 부자가 그 밭에 소출이 풍성하매 [17]심중에 생각하여 이르되 내가 곡식 쌓아 둘 곳이 없으니 어찌할까 하고 [18]또 이르되 내가 이렇게 하리라 내 곳간을 헐고 더 크게 짓고 내 모든 곡식과 물건을 거기 쌓아 두리라 [19]또 내가 내 영혼에게 이르되 영혼아 여러 해 쓸 물건을 많이 쌓아 두었으니 평안히 쉬고 먹고 마시고 즐거워하자 하리라 하되 [20]하나님은 이르시되 어리석은 자여 오늘 밤에 네 영혼을 도로 찾으리니 그러면 네 준비한 것이 누구의 것이 되겠느냐 하셨으니 [21]자기를 위하여 재물을 쌓아 두고 하나님께 대하여 부요하지 못한 자가 이와 같으니라.

복음서 기자는 주님께서 "비유"로 말씀하신 것이라고 서두에서 설명함으로써, 이 본문이 사실에 관한 이야기를 담고 있는 것이 아니라, 허구적인 이야기를 통해서 너무나 흔하게 일어나는 일을 보여 주고 있는 것임을 우리에게 알게 해준다. 우리 구주께서 이 비유를 드신 것은 바로 앞 절에서 하신 말씀, 즉 사람의 생명이 소유의 풍족함에 있지 않다는 말씀이 참된 것임을 보여 주시기 위한 것이다. 즉, 어떤 사람이 여러 해 동안 수고해서 큰 재물을 모아 놓고서 이제부터 마음 놓고 편안하게 즐겨보자고 생각할지라도, 하룻밤 사이에 하나님께서 그의 영혼을 도로 찾아가시면, 지금까지 준비해 놓았던 자신의 모든 소유를 버려두고, 맨몸으로 차가운 땅에 머리를 누일 수밖에 없게 된다는 것이다. 그러므로 이 땅에 보화를 쌓아두는 데에만 몰두하고 은혜에 있어서 부요하게 되는 것을 소홀히 하는 사람은 제대로 사리분별을 하는 지혜로운 사람일 수 없다. 우리는 이 비유의 의미를 주님께서 이 비유를 마치신 직후에 덧붙이신 말씀인 21절에서 찾을 수 있다: "자기를 위하여 재물을 쌓아 두고 하나님께 대하여 부요하지 못한 자가 이와 같으니라." 즉, 그런 자는 어리석고 지혜롭지 못하다는 것이다.

우리는 이 비유로부터 몇 가지 교훈을 얻을 수 있다: (1) 하나님께서는 선인에게나 악인에게나 똑같이 햇빛을 비추어 주시고 비를 내려 주시지만, 사람들은 땅에 속한 보화는 많이 쌓아 두면서도, 하나님에 대해서는 지독하게 가난하고 빈곤한 자들이 많다. (2) 재물이 많아지면, 염려도 많아진다. 여기에서 부자는 "어찌할까"라고 말한다. 거지나 부자나 둘 다 "어찌할까"라고 말하는 것은 동일하다. 거지는 "돈을 벌기 위해서 어찌할까"라고 말하고, 부자는 "지금 내게 있는 이 소유를 어찌할까"라고 말하는 것만이 다를 뿐이다. (3) 세상적인 사람들의 열매는 "재물"이다. 그들 자신도 자기가 소유한 재물을 자신의 삶의 열매라고 생각하고, 그들의 재물은 그들이 하나님으로부터 받은 분깃 전체이다. (4) 큰 재물과 현세의 즐거움들을 누리는 것은 사람들을 끄는 대단한 매력을 지니고 있다. (a) 그것들은 우리로 하여금 죽기를 싫어하게 만들고, 어떻게 해서든지 장수하여 오래 살려고 애를 쓰게 만든다. (b) 그것들은 우리로 하여금 영적으로 나태하고 안일하게 살도록 이끌고, 우리의 영혼에 대하여 장송곡을 부르게 만든다. (c) 그것들은 우리를 죄악된 쾌락과 사치로 이끈다. "먹고 마시고 즐거워하자." (5) 어떤 사람이 아무리 재물을 많이 쌓아 놓았어도, 하나님께서는 그의 영혼을 "오늘 밤에" 데려가 버리실 수 있다. (6) 이 땅에 있는 자신의 소유는 영원히 지킬 수도 없고, 그는 영원히 현세에서의 좋은 것들의 주인이 될 수도 없다. (7) 그는 자기가 죽고 나서, 자신의 소유였던 것들이 누구의 손에 들어가게 될지를 알지 못한다. 그의 소유는 자기 아들에게 돌아갈 수도 있고 낯선 타인들에게 돌아갈 수도 있다. 설령 자기 아들이 자신의 소유를 상속받는다고 하여도, 그 아들이 지혜로운 자일지 어리석은 자일지는 두고 보아야 한다. (8) 이것은 이 땅에서 보화를 얻고 이 땅에 보화를 쌓아 두는 일에 온 힘과 시간을 다 들이지만, 정작 하나님에 대하여 부요하게 되는 일은 소홀히 하고 제대로 노력을 기울이지 않는 사람이야말로 가장 지독하게 멍청하고 우매한 사람이라는 것을 보여 준다. 여기에서 하나님에 대하여 부요하다는 것은 (a) 영혼이 풍족한 은혜를 입고 의롭다 하심을 얻어 하나님께 열납됨과 동시에, (b) 은혜 가운데서 하나님께 영광을 돌리는 일에 있어서 부요한 것을 의미한다. 이 후자와 관련해서 사도 바울은 "선을 행하고 선한 사업을 많이 하고 나누어 주기를 좋아하며 너그러운 자가 되게 하라"(딤전 6:18)고 말하는데, 이것은 하나님에 대하여 부요하게 되기 위하여 사람이 해야 할 일들 중에서 오직 한 가지만을 언급하고 있는 것이다. 왜냐하면, 지혜는 최선의 목표를 선택한 후에, 그 목표를 달성하기 위하여 최선의 수단을 선택하고, 그 수단을 사용할 수 있는 최선의 상황을 선택하는 데 있는 까닭에, 세상적인 사람은 최선의 목표를 선택하지 않음으로써 바로 첫 번째에서 실패한 자가 됨으로써, 그 때부터는 어떻게 하여도 영적으로 "어리석은" 자일 수밖에 없기 때문이다. 어리석은 자들 중에서 가장 어리석은 자는 자기 앞에 그로 하여금 지극한 행복을 영원히 누릴 수 있게 해 줄 더 유익되고 고귀하며 훌륭한 목표가 있는데도, 단지 일시적이고 덧없는 행복과 만족을 누리게 해 주는 더 비천하고 추악한 목표를 선택하는 자이다.

22-30. **[22]또 제자들에게 이르시되 그러므로 내가 너희에게 이르노니 너희 목숨을 위하여 무엇을 먹을까 몸을 위하여 무엇을 입을까 염려하지 말라 [23]목숨이 음식보다 중하고 몸이 의복보다 중하니라 [24]까마귀를 생각하라 심지도 아니하고 거두지도 아니하며 골방도 없고 창고도 없으되 하나님이 기르시나니 너희는 새보다 얼마나 더 귀하냐 [25]또 너희 중에 누가 염려함으로 그 키를 한 자라도 더할 수 있느냐 [26]그런즉 가장 작은 일도 하지 못하면서 어찌 다른 일들을 염려하느냐 [27]백합화를 생각하여 보라 실도 만들지 않고 짜지도 아니하느니라 그러나 내가 너희에게 말하노니 솔로몬의 모든 영광으로도 입은 것이 이 꽃 하나만큼 훌륭하지 못하였느니라 [28]오늘 있다가 내일 아궁이에 던져지는 들풀도 하나님이 이렇게 입히시거든 하물며 너희일까보냐 믿음이 작은 자들아 [29]너희는 무엇을 먹을까 무엇을 마실까 하여 구하지 말며 근심하지도 말라 [30]이 모든 것은 세상 백성들이 구하는 것이라 너희 아버지께**

서는 이런 것이 너희에게 있어야 할 것을 아시느니라.

마태복음 6:25-32에 대한 설명을 보라. 거기에서 우리는 여기에 나오는 모든 것을 이미 살펴보았다. 우리 구주께서 여기에서 금지하신 것은 적정한 선에서 현명하게 사리를 따져 곰곰이 생각하는 것이 아니라, 다음과 같은 것들이다: (1) 불신하는 가운데 의혹을 가지고 불안해하고 염려하는 것. (2) 이럴까 저럴까 하며 갈피를 잡지 못하고, 사람으로 하여금 요동하는 가운데 긴장 가운데서 살아가게 만드는 염려. "근심하지 말라"(μὴ μετεωρίζεσθε, '메 메테오리제스테'). (3) 허황되게 높은 것들을 이루려고 염려하는 것. 어떤 이들은 이 단어를 이렇게 해석한다. 그러나 주님께서 여기에서 금지하신 "염려"는 사람의 마음이 안식하지 못하고 끊임없이 요동하는 것을 가리킨다고 보는 것이 더 좋을 것 같다. (4) 먼저 하나님의 나라를 구하는 것을 방해하는 모든 염려.

우리 주님께서는 그러한 염려를 금지하시고, 자신의 제자들을 다음과 같은 생각들로 무장시키신다: (1) 목숨이 음식이나 의복보다 더 중요한데, 그들의 목숨은 하나님께 달려 있다(23절). (2) 하나님의 돌보시는 섭리는 모든 질서의 피조물들에게 미친다. 하나님께서는 식물들과 풀과 꽃들 같이 단지 목숨만을 지니고 있는 피조물들도 돌보시고, 까마귀 같이 목숨과 감각을 지니고 있는 피조물들도 돌보시는데, 하물며 하나님의 형상을 따라 지음 받아서 생명과 지각과 이성을 지니고 있는 까닭에 달 아래에서 가장 고귀한 질서에 속하는 인간을 하나님께서 돌보시지 않으신다는 것은 상상할 수 없는 일이다. (3) 우리가 염려한다고 해서, 우리의 키를 한 자라도 크게 할 수 있는 것이 아니기 때문에, 염려해 보아야 아무 소용이 없다. (4) 이교도들은 "목숨을 위하여 무엇을 먹을까 몸을 위하여 무엇을 입을까 염려하지만," 그리스도인들은 그들보다 더 많은 것을 알고, 더 탁월한 소망과 약속들 아래에서 살아가는 자들이기 때문에, 그들보다 더 나아야 한다. (5) 하나님께서는 그들의 아버지시라는 것이 중요하다. 아버지께서 그들에게 무엇이 필요한지를 아시는데도, 자신의 자녀들에게 필요한 것들을 채워주지 않으시고 그냥 헐벗고 굶주리게 내버려 두신다는 것은 이치상으로 상상도 할 수 없는 일이다. 자세한 것은 앞에서 말한 대로 마태복음 6:25-32에 대한 설명을 보라.

31. 다만 너희는 그의 나라를 구하라 그리하면 이런 것들을 너희에게 더하시리라.

마태는 "너희는 먼저 그의 나라와 그의 의를 구하라 그리하면 이 모든 것을 너희에게 더하시리라"(마 6:33)고 말한다. 누가가 '제테이테'(ζητεῖτε, "구하라") 앞에 붙인 '플렌'(πλὴν, "다만")을 마태는 '프로톤'(πρῶτον)으로 해석하고, 우리 구주께서 이렇게 말씀하신 의미를 "내일 일을 위하여 염려하지 말라 내일 일은 내일이 염려할 것이요 한 날의 괴로움은 그 날로 족하니라"(마 6:34)로 해석한다. 즉, "이런 것들"이 너희의 유일하거나 주된 생각이 되게 하지 말고, 다음 절에 언급된 하나님의 나라를 주로 구하면, "이 모든 것들을 너희에게" 풍족하고 차고 넘치게 "더하셔서" 너희의 마음을 만족하게 해 주시리라는 것이다. 마태복음 6:33에 대한 설명을 보라.

32. 적은 무리여 무서워 말라 너희 아버지께서 그 나라를 너희에게 주시기를 기뻐하시느니라.

우리 구주께서는 31절에서 "나라"를 언급하셨지만, 그것은 어부 출신의 제자들이나 가난하고 미천한 청중들이 받아들이기에는 너무나 엄청난 일이었다. 그래서 주님은 여기에서 그들이 "그 나라"를 갖게 될 것이라고 약속하시고, 그들에게 "그 나라"를 주시는 것이 자기와 그들의 아버지의 뜻이라고 말씀하신다. 그들은 "적은 무리"여서 이 땅에서 한 나라를 이룰 것 같지 않아 보일지라도, 그들의 아버지이신 하나님께서 그들에게 그 나라를 거저 주실 것이기 때문에, 그들은 "그 나라"를 갖게 될 것이다. 우리는 여기에서 주님께서 말씀하신 "나라"를 오직 믿는 자들이 내세에서 갖게 될 저 존귀와 영광과 위엄의 나라로만 이해할 수 있다. 그들은 그 나라를 자신들의 공로가 아니라 선물로 받게 될 것이고, 그들이 그 나라를 받게 되는 것은 자신들이 먼저 원하고 구해서가 아니라, 하나님이 먼저 은혜로 거저 주시기 때문이다. 그러므로 그들은 하나님께서 그들에게 때를 따라 양식을 공급해 주시지 않으시면 어쩌나 하고 염려할 이유가 없었다. 그들을 위해 그 나라를 준비해 두셨다가 언젠가 반드시 그 나라를 그들에게 주실 하나님께서 그들에게 일용할 양식을 공급해 주시리라는 것은 의심의 여지가 없다.

33-34. [33]너희 소유를 팔아 구제하여 낡아지지 아니하는 배낭을 만들라 곧 하늘에 둔 바 다함이 없는 보물이니 거기는 도둑도 가까이 하는 일이 없고 좀도 먹는 일이 없느니라 [34]너희 보물 있는 곳에는 너희 마음도 있으리라.

하나님께서 그리스도의 제자들을 영화롭게 하시고 그 나라와 영광을 거저 값없이 주실 것이라고 해도, 그들은 가만히 앉아서 기다려서는 안 되고, 하나님께서 주신 적절한 수단들을 사용해서, 하나님이 그들에게 약속하시고 의도하신 것들을 얻어야 하는데, 하나님은 그 중의 일부를 여기에서 말씀하시고 제시하신다. 너희 소유를 팔아 구제하여. 이것과 동일한 취지의 명령은 마태복음 19:21과 마가복음 10:21에도 나온다 — 물론, 여기에서 그리스도께서 자신의 제자들에게 주신 일반적인 명령을 거기에서 구체적으로 부자 청년에게 주신 명령처럼 그렇게 엄격하게 해석해서는 안 될 것으로 보이기는 하지만. 왜냐하면, 거기에서 주님께서 부자 청년에게 처방하신 특별한 명령은 그 청년이 실제로 자신의 모든 소유를 팔아 가난한 자들에게 나누어 줄 때에만 그 청년에게 하늘의 보화가 있고 주님을 따를 수 있게 될 것이라는 아주 구체적인 명령이었고, 그 청년도 주님의 명령을 그렇게 이해하였음이 분명해 보이지만, 그 명령은 모든 그리스도인들에게 일반적으로 적용되는 것은 아니기 때문이다. 모든 그리스도인들은 하나님의 부르심과 명령이 있을 때에는 언제라도 자신의 소유를 하나님이 명령하신 용도로 쓸 준비가 되어 있어야 하고, 하나님께서는 제사보다 긍휼을 원하신다는 것을 기억하고서(호 6:6; 마 9:13), 재물에 마음을 두지 말고(시 62:10), "선한 사업을 많이 하고 나누어 주기를 좋아하며 너그러운 자가 되어야" 하며(딤전 6:18), "옷 두 벌 있는 자는 옷 없는 자에게 나눠 줄 것이요 먹을 것이 있는 자도 그렇게 할 것이니라"(눅 3:11)는 말씀처럼 여분의 것들을 나누어 주고, "불의의 재물로 친구를 사귀어야" 한다(눅 16:9). 아니, 하나님의 백성이 먹을 것이 없어서 굶주리거나 살아가는 데 꼭 필요한 것들이 부족한 경우에는, 우리 자신의 소유를 우리의 것이라고 주장하지 말고 우리에게 있는 것들을 팔아 유무상통하여, 하나님의 백성이 함께 살아가는 길을 도모해야 하는 것이 마땅한데, 이것은 초기 교회에서 그리스도인들이 행한 일이었다(행 4:34-37). 누가의 이 본문과 관련해서 나머지 자세한 것은 마태복음 6:20-21에 대한 설명을 보라.

35-36. [35]허리에 띠를 띠고 등불을 켜고 서 있으라 [36]너희는 마치 그 주인이 혼인 집에서 돌아와 문을 두드리면 곧 열어 주려고 기다리는 사람과 같이 되라.

40절의 전반절에 나오는 말씀인 "그러므로 너희도 준비하고 있으라"는 35절에 대한 설명이다. 35절의 말씀은 열왕기상 18:46; 열왕기하 4:29; 9:1; 욥기 38:3; 40:7; 예레미야서 1:17에서 이런 의미로 사용된다. 동방의 나라들에서는 주인들이나 종들은 긴 옷들을 입는 것이 보통이었고, 싸우러 갈 때에나 여행을 갈 때에나(출 12:11; 왕상 18:46) 어떤 일을 하러 갈 때에도 그런 긴 옷을 입었다(눅 17:8; 요 13:4). 35절은 바로 그러한 준비를 갖추는 것을 가리킨다. 에베소서에서는 "진리로 너희 허리 띠를 띠라"(엡 6:14)고 말하고, 베드로도 은혜와 덕목으로 "너희 마음의 허리를 동이고 근신하여 예수 그리스도께서 나타나실 때에 너희에게 가져다주실 은혜를 온전히 바랄지어다"(벧전 1:13)라고 말한다. "등불을 켜고"라는 구절도 마찬가지이다. 그것은 36절에 나와 있는 대로, 주님께서 혼인집에서 돌아오셨을 때에 언제라도 맞을 준비가 되어 있는 것을 의미한다. 왜냐하면, 중동에서 혼인 예식은 밤에 행해졌기 때문이다. 주님께서는 자기가 우리 중 특정한 사람 또는 모든 사람을 심판하러 오시게 될 것을, 여기에서 주인이 혼인집에서 밤중에 집으로 돌아오는 것에 빗대어 말씀하신다. 현세에서 사람들의 영혼은 그리스도와 연합되어 있다는 점에서(엡 5:32), 이것은 부적절한 비유가 아니다. 장차 그리스도께서 이 땅에 그런 성격의 사역을 행하러 오실 때에는 모든 택함 받은 자들을 한데 모으시고 나서, 세상을 심판하실 것이다. 주님께서는 자신의 모든 백성이 그 날을 늘 준비하고 있다가, 그가 오실 때에 영접하게 되기를 바라신다.

37-40. [37]주인이 와서 깨어 있는 것을 보면 그 종들은 복이 있으리로다 내가 진실로 너희에게 이르노니 주인이 띠를 띠고 그 종들을 자리에 앉히고 나아와 수종들리라 [38]주인이 혹 이경에나 혹 삼경에 이르러서도 종들이 그같이 하고 있는 것을 보면 그 종들은 복이 있으리로다 [39]너희도 아는 바니 집 주인이 만일 도둑이 어느 때에 이를 줄 알았더라면 그 집을 뚫지 못하게 하였으리라 [40]그러므로 너희도 준비하고 있으라 생각하지 않은 때에 인자가 오리라 하시니라.

그리스도께서 여기에서 자신의 청중들에게 역설하고 계시는 것은 "깨어 있는 것"인데, 이것은 다음과 같은 것들을 의미한다: (1) 잠을 자지 말라는 것. (2) 어떤 구체적이고 특정한 목적을 가지고서 늘 깨어 있어야 한다는 것. 주님께서 여기에서 그들이 깨어 있어야 하는 목적으로 제시하신 것은 심판하러 오실 그를 영접함으로써 복이 있는 자가 되기 위한 것이다. 이것으로부터 분명한 것은 주님이 여기에서 말씀하신 "깨어 있는 것"은 영적으로 깨어 있는 것을 가리킨다는 것이다. 즉, 우리는 우리의 정욕과 죄악에 취하여 죄의 잠을 자지 말고(죄는 잠에 비유된다, 롬 13:11; 엡 5:14), 언제 오실지 모르는 우리 주님을 언제라도 맞이할 수 있도록 늘 깨어 있어야 한다는 것이다(40절). 주님께서는 우리가 "생각하지 않은 때에" 오실 것이기 때문에, 많은 사람들이 기겁을 하며 놀라게 될 것이다. 주님은 다음과 같은 것들을 그 이유로 드시면서, 자신의 청중들이 그렇게 깨어 있어야 한다고 역설하신다: (1) 주님께서는 그런 자들에게 상을 주실 것이다: "주인이 띠를 띠고 그 종들을 자리에 앉히고 나아와 수종들리라." 대단히 은유적인 표현으로 되어 있는 이 말씀은, 주님께서 그런 자들을 지극히 높이시고 존귀하게 대하심으로써, 그들이 차고 넘치는 행복과 영광을 얻게 되고, 영원히 안식하게 될 것을 의미한다. 영광의 나라는 다른 곳에서는 하나님의 나라에서 새 포도주를 마시거나 그 나라에서 먹고 마신다는 은유로 표현된다. (2) 늘 깨어 있는 자들은 복을 받게 될 것이다. 주님께서 언제 오시든, 즉 주님이 이경에 오시든 삼경에 오시든, 늘 깨어 있는 자들은 언제나 주님을 영접할 준비가 되어 있을 것이기 때문에, 복을 받게 될 것이다. (3) 주님께서는 사람들의 통상적인 지혜에 빗대어 깨어 있을 것을 역설하신다. 즉, 도둑이 언제 올지를 안다면, 사람들은 그 시간에 깨어 있어서, 도둑이 자기 집을 뚫고 들어오지 못하게 막아서 재난을 피할 것은 당연한 일이다. 그러나 주님께서 언제 오실지는 아무도 모르지만 오시리라는 것은 틀림없기 때문에, 늘 깨어 있어야 한다는 것이다. 이 말씀에 대해서는 마태복음 24:43-44에 대한 설명을 보라. 거기에서 우리는 이 말씀이 동일한 맥락 속에서 사용된 것을 이미 살펴보았다.

41-48. [41]베드로가 여짜오되 주께서 이 비유를 우리에게 하심이니이까 모든 사람에게 하심이니이까 [42]주께서 이르시되 지혜 있고 진실한 청지기가 되어 주인에게 그 집 종들을 맡아 때를 따라 양식을 나누어 줄 자가 누구냐 [43]주인이 이를 때에 그 종이 그렇게 하는 것을 보면 그 종은 복이 있으리로다 [44]내가 참으로 너희에게 이르노니 주인이 그 모든 소유를 그에게 맡기리라 [45]만일 그 종이 마음에 생각하기를 주인이 더디 오리라 하여 남녀 종들을 때리며 먹고 마시고 취하게 되면 [46]생각하지 않은 날 알지 못하는 시각에 그 종의 주인이 이르러 엄히 때리고 신실하지 아니한 자의 받는 벌에 처하리니 [47]주인의 뜻을 알고도 준비하지 아니하고 그 뜻대로 행하지 아니한 종은 많이 맞을 것이요 [48]알지 못하고 맞을 일을 행한 종은 적게 맞으리라 무릇 많이 받은 자에게는 많이 요구할 것이요 많이 맡은 자에게는 많이 달라 할 것이니라.

마태복음 24:45-51에 대한 설명을 보라. 우리는 거기에서 동일한 비유를 살펴보았지만, 여기에는 이 비유가 마태의 기사보다 더 자세하게 나와 있고, 여러 정황들이 더 추가되어 있다. 마태의 기사에는 여기 41절에 나와 있는 도입부가 없다. 즉, 베드로가 주님께 "주께서 이 비유를 우리에게 하심이니이까 모든 사람에게 하심이니이까"라고 여쭈어 본 것이 주님께서 이 비유를 말씀하신 계기가 되었다는 것이다: 깨어 있어야 한다는 이러한 명령은 주의 모든 제자들에게 해당되는 것입니까, 아니면 주님의 복음의 일꾼들인 우리 사도들에게만 해당되는 것입니까? 우리 주님께서 베드로에게 주신 대답(42-48절)의 요지는 이런 것이었다: 베드로야, 나는 그 명령을 모든 제자들에게 한 것이다. 나의 제자들 중에는, 내가 오기를 깨어 기다릴 필요가 없어도 되는 그런 하찮은 자는 아무도 없다. 그러나 나의 복음의 일꾼들인 너희는 다른 나머지 제자들보다도 훨씬 더 많이 깨어 있어야 한다. 나의 모든 제자들이 진리와 명철과 근신함과 소망으로 자신들의 마음에 띠를 띠고 등불을 켠 채로 깨어 있어서, 언제 어디서나 죄를 대적하고, 그들 자신의 욕심과 정욕을 따라 행하는 것을 피하며, 내가 심판하러 올 날을 기다리지 않는다면, 그들은 영원한 저주의 벌을 받게 될 것이다. 그러나 복음의 일꾼들인 너희는 다른 나머지 제자들보다 훨씬 더 그래야 한다.

너희는 나의 권속을 다스리며 돌보는 자들이고, "하나님의 비밀을 맡은 자들"(고전 4:1)이다. 너희가 해야 할 일은 나의 백성들에게 "때를 따라 양식을 나누어 주는" 것이다. 너희가 그 일을 충성되고 신실하게 행하며, 너희가 살아 있는 동안 끝까지 변함없이 그렇게 함으로써, 내가 심판하러 왔을 때에 너희가 그렇게 하고 있는 것을 보게 된다면, 너희는 복이 있을 것이다. 그러나 너희 중에서 무신론적인 생각을 품고서, 다른 사람들에게는 복음과 진리를 가르치면서도 스스로는 마음속으로 그것을 믿지 않고, 내가 오지 않을 것이라고 생각하거나, 오신다고 해도 그렇게 빨리 오시지는 않을 것이기 때문에, 한숨 푹 자고 나서 준비해도 늦지 않을 것이라고 생각하여, 내가 왔을 때에 잠자는 모습으로 발견되는 자들, 나의 양 무리를 다스리고 돌보는 자리에 있어서 양 무리에게 모범이 되어야 할 자들인데도 불구하고, 자신의 욕심과 정욕을 채우는 데 급급하여 방탕하게 먹고 마시고 취하며 사는 모습으로 발견되는 자들, 나의 양 무리를 제 때에 잘 먹이고 평안하게 살아가게 해 줄 책무를 맡았음에도 불구하고, 그렇게 하지 않고 도리어 나의 남녀 종들을 때리며 괴롭히는 모습으로 발견되는 자들에 대해서는, 내가 오랫동안 그대로 내버려 두지 않고, 그들이 생각하지도 못한 때에 그들에게 와서, 그들을 엄하게 벌할 것인데, 그들이 받을 벌은 계약을 어기고 배신하고 반역하여 극악무도한 죄악들을 저지른 이방 나라들이 받을 벌과 같을 것이다.

여기에서 "엄히 때리고"로 번역된 '카이 디코토메세이'(καὶ διχοτομήσει)는 두 동강을 내는 것을 의미한다. 그런 자들은 주인의 뜻을 잘 알면서도 그 뜻을 어기고 자기 마음대로 행한 것이기 때문에, 아주 혹독한 처벌을 받아 "많이 맞을" 것이다(47절). 하나님의 뜻을 몰랐다고 해도, 그것은 죄인들을 완전히 사면해 주는 면죄부가 되지는 않을 것이다. 따라서 "알지 못하고 맞을 일을 행한 종들은 적게 맞을" 것이고, 그들에 대한 단죄도 주인의 뜻을 알고서도 행하지 않은 일꾼들에 비해 약할 것이다. 후자는 다른 사람들에게는 하나님의 뜻을 가르치고서도, 정작 자신들은 행하지 않은 자들이기 때문이다. 우리 구주께서는 자신들에게 맡겨진 일을 충성되게 행하지 않고 도리어 방탕하게 살아가며 자신들에게 맡겨진 사람들을 때리고 괴롭힌 자들을 하나님이 이런 식으로 엄하게 처벌하시는 것이 옳다는 것을 "많이 받은 자에게는 많이 요구하고 많이 맡은 자에게는 많이 달라"고 하는 사람들의 통상적인 관행에 비추어 정당화하신다. 하나님께서는 악하고 방탕하며 신자들에게 해를 끼치고 더럽고 추한 삶을 사는 일꾼들을 가장 극악무도한 범죄자들로 여기고서, 그런 자들에게 합당한 벌을 내리실 것이다. 사람들이 내세에서 받을 상에 차등이 있을 것임과 마찬가지로, 벌에도 차등이 있을 것이다. 그리스도의 권속을 다스리는 자리에 있고 그리스도의 비밀을 맡은 자들이 악하여 그리스도의 권속에 속한 종들에게 때를 따라 양식을 나누어 주는 일을 신실하게 행하지 않는다면, 그런 자들은 무저갱 중에서도 가장 깊은 곳에 그들의 자리가 예약되어 있다는 것을 알아야 한다. 그들은 다른 사람들보다 더 많이 알고 있는 자들이고, 다른 사람들보다 더 많은 것을 맡은 자들이며, 그들의 언행은 다른 사람들보다 더 많은 해악을 끼치고, 그들이 자행하는 죄악들은 다른 사람들보다 더 크기 때문에, 그들을 위해 준비된 맹렬한 풀무불은 다른 사람들을 위해 준비된 것보다 일곱 배는 더 뜨거울 것이다.

49. 내가 불을 땅에 던지러 왔노니 이 불이 이미 붙었으면 내가 무엇을 원하리요.

옛 교부들 중에서 어떤 이들은 여기에 언급된 "불"이 성령 또는 복음을 선포하는 것을 가리키는 것으로 이해해서, "이 불이 붙는다"는 것은 성령과 복음으로 말미암아 선한 자들의 심령 속에서 사랑과 거룩한 감정들이 타오르게 되는 것을 의미하는 것으로 해석하였다. 그러나 우리는 이 절을 51-53절 및 그 병행본문인 마태복음 10:34-36에 비추어 읽어 보면, 그러한 해석이 억지스럽고 부자연스러운 것임을 알게 된다. 따라서 여기에서 "불"은 51절에 언급된 "분쟁" 및 그 결과들인 온갖 박해와 싸움을 가리키는 것으로 이해되어야 한다. 성경에서는 박해나 전쟁이나 다툼을 비롯해서 온갖 종류의 분쟁을 예고하거나 경고할 때에 흔히 불이나 물이나 큰 물에 빗대어 표현한다. 왜냐하면, 불과 물은 그 성질이 서로 반대이기는 하지만, 모든 것을 쓸어 버리고 황폐화시키는 결과를 가져 온다는 점에서는 서로 공통되기 때문이다. 그리스도께서는 이 땅에 "불"을 던지러 오셨다고 말씀하신 것은, 분쟁을 일어나게 하는 것은 복음이 지닌 본래의 속성은 아니지만, 이 땅에서 복음이 전파되면 필연적으로 분쟁이 일어날 수밖에 없다는 것을 미리 아셨기 때문이었다. 더러운 거름더미를 치우는 일을 하는 사람이 악취를 퍼뜨리기 위하여 왔다고 말하는 것과 동일한 맥락에서, 그리스도께서는 자기가 불을 던지러 왔다고 말씀하신 것이었다. 왜냐하면, 어떤 사람이 거름더미를 치우기로 작정하고서, 그 일을 했을 때에는, 그 일이 진행되는 동안에는, 거름더미를 가만히 놓아두었던 때보다 훨씬 더 많고 지독한 악취가 사방으로 퍼져나갈 수밖에 없기 때문이다.

이 불이 이미 붙었으면 내가 무엇을 원하리요. 여기에서 사용된 불변화사들이나 어구의 의미에 대하여 비평적인 저자들이 무엇이라고 말하든, 나는 주님께서는 이 불이 이미 붙었다면 더 이상 바랄 것이 없으시다는 의미로 이 말씀을 하신 것이라고 본다. 이것은 금장색이 불이 맹렬하게 잘 타서 금광석으로부터 찌꺼기들이 다 분리되기를 바라거나, 주님께서 자신의 타작마당이 철저하게 정화되는 것을 바라시는 것과 같은 것이기 때문에, 주님의 선하심이나 거룩하심과 양립되지 않거나 모순되지 않는다. 그리스도께서는 사람들 사이에서 분쟁이 일어나도록 하기 위해서가 아니라, 그 불이 던져졌을 때에 자신의 교회에서 선한 자들과 악한 자들이 분리되는 일이 일어나도록 하시기 위하여 불을 던지시고자 하시는 것이다. 주님께서는 자신의 복음이 전파되었을 때에 세상에서 극렬한 반대를 받게 될 것이고, 그러한 분쟁을 겪는 와중에서 일부 사람들이 자신의 복음을 받아들이게 될 것임을 아셨다. 주님은 세상 사람들이 복음을 향하여 자신들의 독을 뿜어내는 일이 속히 일어나서, 하늘에 계신 아버지께서 그들의 그러한 분노를 하나님을 찬양하는 것으로 바꾸시게 되기를 바라셨다. 어떤 이들은 이 구절을 직설법으로 이해해서, "이 불이 이미 붙었으니 내가 무엇을 원하리요"라고 해석하지만, '에이 에데 아네아페' (εἰ ἤδη ἀνήαφη)는 그런 식으로 해석하는 것은 거의 불가능하다.

50. 나는 받을 세례가 있으니 그것이 이루어지기까지 나의 답답함이 어떠하겠느냐.

우리 구주께서 여기에서 말씀하신 "세례"는 마태복음 20:22-23에 언급된 것과 동일한 것으로서, 그리스도의 수난을 가리키는 것으로만 이해될 수 있다. 주님은 방금 앞에서 말씀하신 불이 이 땅에 붙으려면 먼저 자신의 수난이 있어야 한다는 것을 암시하신다. 이것과 관련해서 주님께서는 "그것이 이루어지기까지 나의 답답함이 어떠하겠느냐"고 말씀하신다. 주님은 유다와 빌라도와 악한 유대인들의 마음에 영향을 미치셔서, 그들이 자기를 배신하고 고발하고 단죄하여 십자가에 못 박는 것을 원하셨던 것이 아니라, 자신의 죽음을 통해 세상을 속량하시고 아버지의 영광을 나타내시기 위한 일념으로 그러한 일들이 신속하게 일어나게 되기를 원하셨다. 이것은 아이를 임신해서 배가 많이 불러 온 여인이 아이를 낳을 때가 오기를 진심으로 고대하는 것이 산고를 겪고 싶어서가 아니라, 아이가 세상에 태어나는 기쁨을 누림과 동시에 자신도 편안해지기를 바라서인 것과 마찬가지였다.

51-53. **[51]내가 세상에 화평을 주려고 온 줄로 아느냐 내가 너희에게 이르노니 아니라 도리어 분쟁하게 하려 함이로라 [52]이 후부터 한 집에 다섯 사람이 있어 분쟁하되 셋이 둘과, 둘이 셋과 하리니 [53]아버지가 아들과, 아들이 아버지와, 어머니가 딸과, 딸이 어머니와, 시어머니가 며느리와, 며느리가 시어머니와 분쟁하리라 하시니라.**

마태복음 10:34-35에 대한 설명을 보라. 우리 구주께서는 49절에서 시작하신 말씀을 여기에서도 계속해서 이어나가시면서, 이 땅에 복음이 전파되었을 때에 그 결과가 어떤 것일지를 보여 주시는데, 이것은 메시야가 할 일은 그들이 기대하는 것과 같이 이 땅에 세상적인 나라를 세워서 이스라엘 나라를 회복시키시고 시민적인 평화를 가져다주시는 것이 아니라, 자신의 죽음을 통해서 이 땅에 영적인 나라를 세우셔서 그들을 하나님과 화목을 이루게 하고 믿음으로 말미암는 기쁨과 평화를 누리게 하는 것임을 그들에게 알게 해 주시기 위한 것이었다. 주님께서 그러한 일을 하실 때에 표면적으로는 이전보다 훨씬 더 큰 분쟁이 일어나게 될 것이다. 우리 구주께서는 유대인들과 이교도들이 아주 고집스럽게 우상들을 숭배하고 미신적인 종교예식들과 관습들을 행하게 될 것이고, 이후의 세대들에서는 그리스도인들조차도 자신들의 신앙과 부합하지 않는 그런 것들에 집착하게 되어서, 사람들 사이에서 이전보다 더 큰 증오감과 분쟁들이 생겨나서, 아버지가 아들을 미워하고 아들이 아버지를 미워하는 등 혈육 간에도 분란이 일어나게 될 것임을 미리 아셨다. 복음이 이교도들 사이에 이르기 전에는, 그들은 전적으로 마귀의 나라를 이루고 살고 있었기 때문에, 그들 사이에는 그런 종류의 분쟁은 없었다. 그러나 그리스도께서 은혜로 택하심을 받은 자들을 그들 가운데서 구별해 내실 때, 마귀의 광분함과 사람들의 욕심이 발동하여, 인간 세상에는 적대와 분쟁이 끊이지 않게 될 것이었다.

54-56. **[54]또 무리에게 이르시되 너희가 구름이 서쪽에서 이는 것을 보면 곧 말하기를 소나기가 오리라 하나니 과연 그러하고 [55]남풍이 부는 것을 보면 말하기를 심히 더우리라 하나니 과연 그러하니라 [56]외식하는 자여 너희가 천지의 기상은 분간**

할 줄 알면서 어찌 이 시대는 분간하지 못하느냐.

우리는 이것과 동일한 내용의 말씀을 앞에서 이미 살펴보았다. 마태복음 16:2-3에 대한 설명을 보라. 우리 구주께서 여기에서 하신 말씀은, 하나님께서는 자신의 선지자들을 보내셔서, 메시야가 장차 오시리라는 것과 메시야의 나라의 성격 및 그 결과들과 관련된 계시들과 징조들을, 자연계 속에서 볼 수 있는 온갖 징조들보다 더 확실하게 그들에게 보여 주셨다고 말씀하시며, 그러한 사실을 근거로, 그들이 자연의 징조들은 잘 분별하면서도, 그것보다 훨씬 더 확실한 메시야와 관련된 징조들은 분별하지 못하는 우둔하고 무지한 자들이 되어 불신앙 속에서 살아가는 것을 꾸짖으시는 것이다.

57-59. [57]**또 어찌하여 옳은 것을 스스로 판단하지 아니하느냐** [58]**네가 너를 고발하는 자와 함께 법관에게 갈 때에 길에서 화해하기를 힘쓰라 그가 너를 재판장에게 끌어 가고 재판장이 너를 옥졸에게 넘겨 주어 옥졸이 옥에 가둘까 염려하라** [59]**네게 이르노니 한 푼이라도 남김이 없이 갚지 아니하고서는 결코 거기서 나오지 못하리라 하시니라.**

우리 구주께서는 형제들 간에 화해하라고 권면하시는 데에도 이 말씀을 사용하셨는데(마 5:25-26), 여기에서는 하나님을 알고 하나님과 화해하라고 사람들에게 권면하는 데 사용하신다. 주님께서 여기에서 최후의 심판에 대하여 말씀하시는 것은 사람들에게 회개하고 하나님과 화목하라고 권면하시는 근거와 토대로 사용하실 수 있는 것들 중에서 최후의 심판만큼 적절한 것은 없기 때문이다. 주님은 만약 그들이 회개하고 하나님과 화목하지 않는다면, 그것은 무엇이 옳은지를 스스로 판단해 보지 않은 것이라고 자신의 청중들에게 말씀하신다. 만일 그들이 어떻게 하는 것이 옳은 일인지를 스스로 판단해 보았다면, 그들이 어떤 사람에게 잘못했을 때에 어떻게 해서든지 그 사람과 화해하는 것이 좋은 것과 마찬가지로, 하나님과도 화해하는 것이 좋다고 판단하였을 것이 틀림없다. 왜냐하면, 그들이 어떤 사람에게 잘못하거나 빚진 것이 있다면, 그 사람과 화해하지 않고 끝까지 버티다가, 법정에 불려가서 재판을 받고 옥에 갇혀서, 재판관이 선고한 벌금을 한 푼도 남김없이 다 갚을 때까지는 옥에서 나올 수 없는 처지에 놓이게 될 것을 알고서, 그 사람이 그들을 법정으로 끌고 가는 도중에 그 사람과 합의하여, 법정까지 가서 재판을 받는 일을 피하고자 할 것이기 때문이다. 마찬가지로, 하나님과 그들의 영혼의 관계에 있어서도, 그들이 올바르게 판단한다면, 하나님으로부터 돌이킬 수 없는 정죄의 선고를 받게 될 때까지 버티는 것이 아니라, "길에서," 즉 이 땅에서 살아가는 동안에 하나님과 화해하고, 저 크고 두려운 날이 이르기 전에 자신의 삶을 고치는 것이 좋겠다고 판단하게 될 것이다. 교황주의자들이 이 본문이 "한 푼이라도 남김이 없이 갚지 아니하고서는 결코 거기서 나오지 못하리라"고 한 것이 마치 영혼들이 그 옥에서 빠져나올 출구가 있다고 말하기라도 한 것처럼 생각해서, 이 본문을 연옥의 존재를 증명해 주는 증거라고 주장하는 것은, 그들이 연옥의 존재를 어떻게 증명해야 할지를 전혀 모르고 있음을 보여 주는 증거로서 정말 황당하기 짝이 없는 일이다. 만일 교황주의자들이 그런 식의 논리를 펴는 것이 옳은 것이라면, 우리는 시편 110:1이 "여호와께서 내 주에게 말씀하시기를 내가 네 원수들로 네 발판이 되게 하기까지 너는 내 오른쪽에 앉아 있으라 하셨도다"라고 말하고 있다는 것을 근거로 삼아서, 하나님께서는 원수들이 그리스도의 발판이 될 때까지 우리 주님께 하나님의 오른쪽에 앉아 있으라고 말씀하신 것이기 때문에, 그리스도께서 지금은 하나님의 오른쪽에 앉아 계시지 않다는 것이 증명되었다고 말해야 할 것이고, 마태복음 1:25이 마리아가 "아들을 낳기까지" 요셉이 "동침하지 아니하였다"고 말하고 있다는 것을 근거로 해서, 그리스도께서 태어나신 후에 요셉이 마리아와 동침하였다는 것이 증명되었다고 말해야 할 것이다. 그러나 우리는 이런 구절들에서 사용된 "~까지"는 과거를 배제하는 의미만을 지닐 뿐이고 미래를 결정하는 의미를 지니지 않는다는 것을 이미 살펴본 바 있다.

제13장

개요

1. 현세에서의 재난들은 죄악됨의 확실한 증표가 아니지만, 사람들은 그런 것들을 보고 경고를 받아 회개하여야 한다는 것을 보여 주심(1-5).
2. 열매를 맺지 못해서 찍어 버리라는 지시를 받은 무화과나무의 비유(6-9).
3. 오랫동안 꼬부라진 채로 살아온 여자를 고치시고, 위선적인 회당장을 부끄럽게 하심(10-17).
4. 복음의 진보를 겨자씨에 비유하심(18-19).
5. 복음의 진보를 누룩에 비유하심(20-22).
6. 구원 받을 자들의 수에 대한 질문을 받으시고, 좁은 문으로 들어가기를 힘쓰라고 권면하심(23-30).
7. 그리스도께서 헤롯으로부터의 죽음의 위협에 관한 말을 들으시고도 두려워하지 않으시고 자신의 길을 가시며, 예루살렘이 황폐할 날이 다가오고 있는 것을 탄식하심(31-35).

**1-5. [1]그 때 마침 두어 사람이 와서 빌라도가 어떤 갈릴리 사람들의 피를 그들의
제물에 섞은 일로 예수께 아뢰니 [2]대답하여 이르시되 너희는 이 갈릴리 사람들이
이같이 해 받으므로 다른 모든 갈릴리 사람보다 죄가 더 있는 줄 아느냐 [3]너희에게
이르노니 아니라 너희도 만일 회개하지 아니하면 다 이와 같이 망하리라 [4]또 실로
암에서 망대가 무너져 치어 죽은 열여덟 사람이 예루살렘에 거한 다른 모든 사람보
다 죄가 더 있는 줄 아느냐 [5]너희에게 이르노니 아니라 너희도 만일 회개하지 아니
하면 다 이와 같이 망하리라.**

우리 구주께서 여기에서 언급하신 이 두 이야기에 대해서는 성경도 아무런 설명이 없고, 유대인들의 역사에 대하여 쓴 저자들의 글 속에도 나오지 않기 때문에, 해석자들은 이 두 이야기에 대해서 확실하게 무슨 말을 하기를 난감해한다. 사도행전 5:37에서는 "갈릴리의 유다"가 많은 백성들을 꾀어 자신을 추종하게 하다가 죽었다는 얘기를 들려준다. 이 유다는 백성들을 꾀어 로마 황제에게 복종하지 못하게 하였고, 로마 황제를 그들의 통치자로 인정해서도 안 되고 로마 제국에 공세를 바쳐서도 안 된다고 설득하였다고 한다. 어떤 해석자들은 이 파당에 속한 일부 유대인

들이 유월절에 예루살렘에 올라와서 희생제사를 드리는 동안에, 빌라도가 그들을 덮쳐서 살해하였을 것이라고 추정하기도 하고, 어떤 이들은 이 파당의 잔존세력 중에서 일부 사마리아인들이 그리심 산에 있는 성전에서 희생제사를 드리는 동안에 살해당하였을 것이라고 주장하면서, 그들이 사마리아인들이었음에도 불구하고 여기에서 "갈릴리 사람들"로 불린 것은 그들의 우두머리였던 유다가 갈릴리 사람이었기 때문이라고 말한다. "갈릴리 사람들"이 연루된 이 사건에 대하여 지금까지 제시된 견해는 이 두 가지가 전부이기 때문에, 독자들은 이 둘 중에서 유력하다고 생각되는 쪽을 택하면 될 것이다. 두 번째 견해에 대해서는, 우리 구주께서 그들을 "갈릴리 사람들"이라고 부르셨다는 것은 약점으로 작용하지만, 사마리아인들은 유대인들로부터 이루 말할 수 없을 정도로 미움을 받고 있었기 때문에, 자신들에 대하여 가혹한 하나님의 섭리를 보여 주는 그 어떤 성경 본문도 불신하고 거부하기 쉬웠다는 것은 강점으로 작용한다. 그러나 그들이 어떤 범죄 또는 도발로 인해서 죽임을 당한 것인지는 우리가 알 수 없다. 우리는 단지 빌라도가 몇몇 갈릴리 사람들의 피를 그들의 희생제물에 섞었고, 어떤 사람들이 와서 그리스도께 그 소식을 전하였다는 것이 사실이라는 것만을 확신할 수 있을 뿐이다.

마찬가지로, 우리는 "실로암에서 망대가 무너져 치어 죽은 열여덟 사람"에 관한 보도와 관련해서도 마찬가지로 말할 수 있다. 실로암 또는 실로아는 시온 산 자락에 있던 작은 못의 이름이었다. 이 못은 항상이 아니라 특정한 때들에만 물을 내보내었는데, 그 물은 땅의 움푹 파인 곳들과 채석장들을 통과해서 흘렀기 때문에, 그 소리가 컸다고 한다. 이사야도 실로아 물에 대하여 언급하고 있다(사 8:6). 또한, 예루살렘 성벽 옆에는 실로암이라는 이름을 지닌 못이 있었다(느 3:15). 그리스도께서는 어떤 맹인을 고치실 때에 그 못으로 가서 씻으라고 하셨고, 거기에 가서 씻은 맹인은 밝은 눈으로 왔다(요 9:7). "망대"는 성벽 위에 있던 망루를 가리키는데, 성벽에 망루가 있는 것은 아주 흔한 일이었다. 본문은 그러한 망루 중의 하나가 무너져서 열여덟 명이 죽은 것에 대하여 말하는 것으로 보이지만, 그 사람들이 실로암 못에 몸을 씻기 위해 간 것이었는지, 그 물에 어떤 치료의 효능이 있어서 거기에 간 것인지는 확실하지 않지만, 어쨌든 그들은 거기에서 무너진 망대에 깔려 죽었다. 이 사건은 앞에 나온 사건보다 앞서 일어났던 것으로 보인다. 우리 구주께서는 사람들이 거기에 대하여 말하는 것을 들으셨거나, 그러한 사건들에 대하여 사람들이 무엇이라고 수군거리는지를 아셨을 것이다. 왜냐하면, 어떤 사람들이 갑자기 비참하게 폭력적인 죽임을 당하는 경우에는, 우리는 그런 사람들에 대하여 무자비한 판단을 내리기가 아주 쉬운 성향을 지니고 있기 때문이다. 따라서 주님께서는 모든 기회를 활용하셔서 사람들에게 회개하라고 역설해 오셨는데, 이렇게 좋은 기회를 놓치실 리가 없으셨다. 주님께서는 여기에서 우리로 하여금 그러한 이례적인 섭리들이 어떤 사람들에게 일어나는지를 보거나 듣고 두려워하기를 원하시지만, 다른 모든 갈릴리 사람들도 그러한 이례적인 섭리들에 의해서 죽은 사람들만큼 악하고 죄가 있기 때문에, 그들이 자신들의 악한 행실을 깨닫고 진심으로 회개하고 돌이키지 않는다면, 그들도 망하게 될 것이라고 말씀하신다.

이 말씀을 통해서 주님은 우리에게 다음과 같은 것들을 가르치신다: (1) 그러한 벌들은 그들이 저지른 죄악들로 인해서 그들에게 임하고, 더 현저한 죄악들에 대해서는 더 현저한 벌들이 임한다. (2) 하나님께서는 종종 자신의 섭리를 통해서 흉악한 범죄를 저지른 몇몇 사람들을 본보기로 벌하시지만, 본보기로 벌을 받은 그들보다도 더 큰 죄를 지은 자들은 그냥 살려 두신다. (3) 따라서 우리는 그렇게 본보기로 벌을 받은 사람들이 다른 사람들보다 더 큰 죄인들이라고 생각해서는 안 된다. (4) 우리가 흉악한 죄인들이 끔찍한 벌을 받은 것을 보거나 들었을 때에 마땅히 취해야 할 가장 바람직한 태도는 우리도 그들처럼 망하지 않기 위해서 우리 자신을 살펴 회개하는 것이다.

6-9. [6]이에 비유로 말씀하시되 한 사람이 포도원에 무화과나무를 심은 것이 있더니 와서 그 열매를 구하였으나 얻지 못한지라 [7]포도원지기에게 이르되 내가 삼 년을 와서 이 무화과나무에서 열매를 구하되 얻지 못하니 찍어버리라 어찌 땅만 버리게 하겠느냐 [8]대답하여 이르되 주인이여 금년에도 그대로 두소서 내가 두루 파고 거름을 주리니 [9]이 후에 만일 열매가 열면 좋거니와 그렇지 않으면 찍어버리소서 하였다 하시니라.

이 비유는 앞에서 하신 말씀과 기가 막히게 잘 맞아떨어진다. 주님께서는 앞에서 어떤 죄인들은 모든 면에서 극악무도한 자들인데도 불구하고, 하나님께서는 그들에 대해서는 다른 죄인들보다 더 오랫동안 살려 두시고 참으시며, 열매를 맺게 되기를 기다리신다는 것을 자신의 청중들에게 알게 하셨지만, 이제 여기에서는, 그런데도 그들이 하나님이 제공해 주신 여러 수단들을 활용해서 회개에 이르지 않는 경우에는, 그들도 오래 살아남지 못하고 결국에는 하나님의 보응을 받아 잘려나가게 될 것이라고 비유로 말씀하신다. 어떤 이들은 이 비유가 단지 유대인들만이 아니라

온 인류, 또는 좀 더 특별하게는 교회의 울타리 안에 있는 자들에게 적용된다고 생각한다. 나는 그들이 이 말씀은 일차적으로 그리스도께서 회개와 선한 행실로의 변화라는 열매를 기대하시고서 지난 "삼 년" 동안 유대 민족을 향하여 말씀을 전하시고 이적들을 베푸셨지만 아무런 열매도 거둘 수 없으셨다는 것을 의미한다는 것을 인정하기만 한다면, 그런 식으로 이 말씀을 해석해도 무방할 것이라고 생각한다. 나는 이 비유 속에서 포도원지기는 단 일 년의 유예기간을 요청하였던 반면에, 이 일 후에 그리스도께서 40년 동안 참으셨다가 유대 민족을 멸하셨다는 사실이 이 비유에 대한 그러한 해석에 불리하게 작용한다고는 생각하지 않는다. 왜냐하면, "금년"이라는 표현은 엄격하게 일 년을 가리키는 것이 아니라("삼 년"도 마찬가지겠지만), 사도들이 온갖 가능한 수단들을 다 사용해서 그들을 바로잡아서 열매를 맺게 하고자 시도하는 데 필요하였던 얼마간의 시간을 의미하는 것으로 보이기 때문이다. 그로티우스(Grotius)는 완전히 열매를 맺을 수 없게 된 무화과나무가 아니라면 삼 년에 한 해는 열매를 맺었기 때문에, 주님께서 "삼 년"이라는 표현을 사용하신 것이라고 생각한다. 무화과나무의 속성에 대한 이러한 지적인 옳은 것이라면, 그러한 정보는 이 비유를 해석할 때에 유용하겠지만, 한편으로는 사람들이 그러한 해석을 근거로 삼아서, 사람들은 하나님의 말씀을 듣기 시작한 지 삼 년 내에 은혜를 받지 않으면 가망이 없고, 하나님이 어느 곳에 신실한 사역자를 보내셨다면, 그 사역자는 그 곳에서 삼 년 내에 가장 큰 성과와 복을 일구어내야 한다는 결론을 이끌어낼 부작용이 있을 수 있다.

이 비유가 유대인들만이 아니라 모든 사람들에게도 적용된다는 것은 의심의 여지가 없기 때문에, 우리는 여기에서 다음과 같은 교훈들을 배울 수 있다: (1) 하나님께서는 어떤 사람을 자신의 교회의 울타리 내에 심으시고 나서는, 과연 그 사람이 회개와 믿음의 열매를 맺는지를 살펴보신다. (2) 하나님께서 교회의 울타리 내에 심으셨지만, 전혀 열매를 맺지 못하는 사람들도 많다. (3) 하나님께서 어떤 심령이 열매를 맺지 못할 때에는 정해진 때까지만 참고 기다려 주신다. (4) 열매를 맺지 못하는 심령들은 아무 쓸 데도 없을 뿐만 아니라, 다른 심령들까지 망친다. 그런 자들은 "땅만 버리게 만든다"(τὴν γὴν καταργεῖ, '텐 겐 카타르게이'). 불이 붙지 않은 숯은 불을 망친다. (5) 충성되고 신실한 일꾼들은 열매를 맺지 못하는 심령들을 어떻게든 다시 살려서 열매를 맺게 하기 위하여 다시 한 번 기회를 달라고 하나님께 간청하며 매달리는 법이다. (6) 열매를 맺지 못하는 심령들로 하여금 열매를 맺게 하기 위하여 온갖 가능한 수단들을 모두 다 활용하는 것이 사역자들의 일이자 본분이다: "내가 두루 파고 거름을 주리니." (7) 열매를 맺지 못 하던 심령들이 마지막에라도 겨우 열매를 맺게 된다면, 그것은 그 심령들을 파멸과 멸망으로부터 구원하게 될 것이다. (8) 하나님의 포도원에 심어진 심령들이라고 해도, 결국 열매를 맺지 못하고 잘려나간 심령들은 마침내 영원히 멸망하게 될 것이다.

10-13. [10]**예수께서 안식일에 한 회당에서 가르치실 때에** [11]**열여덟 해 동안이나 귀신 들려 앓으며 꼬부라져 조금도 펴지 못하는 한 여자가 있더라** [12]**예수께서 보시고 불러 이르시되 여자여 네가 네 병에서 놓였다 하시고** [13]**안수하시니 여자가 곧 펴고 하나님께 영광을 돌리는지라.**

여기에서 "안식일에"로 번역된 헬라어는 한 주간의 어느 날도 의미할 수 있지만, 이하에 나오는 내용을 보면, 이 이적이 유대인들의 안식일이었던 한 주간의 제7일에 행해졌다는 것은 분명하다. 만일 그렇지 않았다면, 회당장이 우리 구주께서 이 여자를 고치신 것에 대하여 트집을 잡지 않았을 것이다. 11절에 나오는 "질병의 영"(한글개역개정에서는 "귀신 들려 앓으며"로 번역함 — 역주)이라는 것이 단지 아주 큰 병을 의미하는 것인지, 아니면 이 여자가 이 병에 걸려서 열여덟 해 동안 앓아 온 것이 귀신 때문이었다는 것을 의미하는 것인지는 쉽게 결정할 수 있는 문제는 아니지만, 주님께서 16절에서 이 여자가 "열여덟 해 동안 사탄에게 매인 바" 되었다고 말씀하신 것이 이 문제를 해결하는 데 도움이 될 수 있을 것이다. 그녀는 등이 굽고 몸이 "꼬부라져 조금도 펴지 못하는" 상태로 열여덟 해 동안을 살아 왔기 때문에, 그 병은 통상적인 방법으로는 치료할 수 없는 불치병이었다. 그리스도께서는 육신에 질병이 있는 자들이 자기를 일부러 찾아오지 않아도 종종 그들을 불러 고쳐 주시곤 하셨는데, 이번에도 그녀를 보시고 부르셔서, "여자여 네가 네 병에서 놓였다"고 말씀하신 후에, "안수하시니 여자가 곧 펴게" 되었다. 그녀의 병이 불치병이었다는 것과 그 어떤 수단이나 도구를 사용함이 없었는데도 즉각적으로 치유가 일어났다는 것은 이것이 이적이라는 것을 분명하게 보여 주는 것이었다. 이 여자는 자기를 고쳐 주신 것에 대하여 하나님께 감사를 드렸다. 이것이 "하나님께 영광을 돌렸다"는 것이 의미하는 것이다. 그녀는 자기를 고쳐 주신 하나님께 존귀와 영광을 돌리기 위하여 무엇인가를 말하였을 것이다.

14. **회당장이 예수께서 안식일에 병 고치시는 것을 분 내어 무리에게 이르되 일할 날이 엿새가 있으니 그 동안에 와서 고침을 받을 것이요 안식일에는 하지 말 것**

이니라 하거늘.

헬라어 본문은 "회당장이 분 내어 대답하여 무리에게 이르되"로 되어 있는데, 복음서들의 다른 많은 구절들에서와 마찬가지로 여기에서도 "대답하였다"는 것은 단지 "말하였다"는 의미이다. 유대인들은 안식일들을 거룩하게 지키는 것과 관련해서 대단히 미신적이면서도 앞뒤가 맞지 않는 것들이 많았다. 그들은 하나님의 율법에 의거해서 자신들이 얼마든지 할 수 있었던 많은 일들, 즉 병자들을 고치는 일이나 원수들에 대항하여 자신들을 방어하는 일 같은 것들을 하고자 하지 않았다는 점에서 "미신적"이었고, 어떤 일들은 자신들이 금지한 것들과 동일한 육체적인 수고와 노동을 필요로 하는 일들인데도, 안식일에 행하는 것을 허용하였다는 점에서는 "앞뒤가 맞지 않는" 것이었는데, 우리 구주께서는 나중에 그런 예들 중에서 일부를 직접 드신다. 이 회당장은 주님께서 행하신 일은 안식일을 제외한 다른 엿새 동안 얼마든지 할 수 있는 일이기 때문에, 안식일에 하지 말고 평일에 했어야 했다는 논리를 앞세워서, 주님을 백성들 앞에서 망신을 주고 그 권위를 깎아내리기 위해 애썼다. 이제 우리는 우리 구주께서 어떤 식으로 자신이 행하신 일이 옳다는 것을 증명하시는지를 듣게 될 것이다.

15-16. [15]주께서 대답하여 이르시되 외식하는 자들아 너희가 각각 안식일에 자기의 소나 나귀를 외양간에서 풀어내어 이끌고 가서 물을 먹이지 아니하느냐 [16]그러면 열여덟 해 동안 사탄에게 매인 바 된 이 아브라함의 딸을 안식일에 이 매임에서 푸는 것이 합당하지 아니하냐.

우리 구주께서는 여기에서 이 회당장을 "외식하는 자," 즉 위선자라고 부르신다. 왜냐하면, 회당장은 주님께서 안식일에 열여덟 해 동안 사탄에게 매여 고생하며 살아 온 여자에게 선한 일을 했다는 이유로 아주 지독한 비방을 퍼부었지만, 그것과 비슷한 성격의 선한 일을 자기 자신이나 자신의 친구들이 지금까지 해 온 것에 대해서는 꾸짖지도 않았고 잘못한 것이라고 생각하지도 않는 뻔뻔함을 보였기 때문이었다. 이것을 통해서 주님께서는 우리에게 위선의 한 가지 두드러진 특징을 가르쳐 주시는데, 그것은 위선자들은 어떤 일들을 자기들이 하면 괜찮고 다른 사람들이 하면 잘못되었다고 비난한다는 것이다.

물론, 이 회당장을 비롯한 부류들은 안식일에 사람의 병을 고치는 일을 한 것은 아니었다. 그러나 사람의 병을 고친 것은 어떤 성격의 일이었는가? 그것은 긍휼을 베푸는 일이 아니었던가? 거기에 평일에 하는 힘든 노동과 동일한 어떤 속성이 내포되어 있었는가? 그리스도께서는 이 가련한 여자를 부르셨고, 그녀는 그리스도 앞으로 왔다. 누군가가 그녀를 주님 앞으로 데려온 것이 아니었다. 그리스도께서 무엇을 하셨는가? 주님은 단지 그녀에게 안수하시며, "여자여 네가 네 병에서 놓였다"고 선언하셨을 뿐이었다. 유대인들은 안식일에도 가축에게 물을 먹이기 위해서 외양간에서 끌어내었다가 다시 외양간에 끌어다 놓았는데도, 그것을 안식일을 어기는 것이라고 보지 않았다. 하지만 그것은 주님께서 이 여자를 고치신 것보다 더 큰 노동이지 않는가? 그런데 어떻게 그것은 안식일에 해도 되는 합법적인 일이고, 그리스도께서 이 가련한 여자에게 베푸신 저 긍휼의 행위는 안식일에 해서는 안 되는 불법적인 일이 된다는 말인가? 그들의 행위가 적법한 이유는 오직 하나, 즉 그 일은 가축들에게 긍휼을 베푸는 일이라는 것일 수밖에 없었다. 가축은 하루 동안 물 없이도 살 수 있었고, 적어도 낮 동안 물을 주지 않고 밤이 되어서 물을 준다고 해도 별 상관이 없었기 때문에, 그들의 행위는 꼭 필요한 일일 수도 없었고 경건의 행위도 될 수 없었다. 하지만 우리 주님께서 이 여자에게 하신 긍휼의 일은 훨씬 더 고귀한 것이었다. 그들은 가축에게 긍휼을 베푼 것이지만, 주님께서는 한 인간인 여자, 유대인인 여자, 모든 유대인들이 지극히 공경하는 조상(마 3:9; 요 8:39)이었던 "아브라함의 딸"에게 긍휼을 베푸셨다. 그들의 가축은 병에 걸려 있지 않았을 것이지만, 이 여자는 불치병에 걸려 있었고, 인류의 원수인 사탄의 수중에서 고통을 겪고 있었다. 또한, 그녀는 며칠 동안이 아니라 열여덟 해 동안이나 고통을 겪어 왔다.

17. 예수께서 이 말씀을 하시매 모든 반대하는 자들은 부끄러워하고 온 무리는 그가 하시는 모든 영광스러운 일을 기뻐하니라.

부끄러워하는 것과 자신의 잘못을 깨닫고 시인하는 것은 별개의 문제이다. 그들은 자신들이 사람들 앞에서 끽 소리도 할 수 없게 된 것을 부끄러워하였지만, 우리는 그들이 자신들의 잘못을 시인하고 그리스도께서 사과했다는 말을 듣지 못한다. "온 무리는" 우리 구주께서 행하신 "모든 영광스러운 일을 기뻐하고" 하나님께 감사하였다.

18-21. **[18]그러므로 예수께서 이르시되 하나님의 나라가 무엇과 같을까 내가 무엇
으로 비교할까 [19]마치 사람이 자기 채소밭에 갖다 심은 겨자씨 한 알 같으니 자라 나
무가 되어 공중의 새들이 그 가지에 깃들였느니라 [20]또 이르시되 내가 하나님의 나
라를 무엇으로 비교할까 [21]마치 여자가 가루 서 말 속에 갖다 넣어 전부 부풀게 한
누룩과 같으니라 하셨더라.**

마태복음 13:31-33에 대한 설명을 보라. 그리스도께서는, 복음이 현재는 별 힘을 발휘하지 못하고 미미해 보일지라도, 결국에는 크게 진보를 이루게 될 것임을 이 두 가지 비유를 통해서 예고하신다.

22. 예수께서 각 성 각 마을로 다니사 가르치시며 예루살렘으로 여행하시더니.

우리는 우리의 찬송 받으실 주님께서 가시는 곳마다 자신의 모범적인 삶을 통해서만이 아니라 자신의 입의 말씀으로 사람들을 가르치시는 모습을 발견한다. 우리 구주께서 유월절, 또는 유대인들의 다른 어떤 큰 절기를 맞아 이제 예루살렘으로 향하고 계시는 것과 관련해서는 해석자들이 서로 다른 견해들을 제시한다.

23-24. [23]어떤 사람이 여짜오되 주여 구원을 받는 자가 적으니이까 그들에게 이르시되 [24]좁은 문으로 들어가기를 힘쓰라 내가 너희에게 이르노니 들어가기를 구하여도 못하는 자가 많으리라.

우리 구주께서는 "생명으로 인도하는 문은 좁고 길이 협착하여 찾는 자가 적음이라"(마 7:14)고 우리에게 말씀하신 바 있다. 여기에 나오는 권면은 바로 그 말씀과 관련된 것이다. 주님께서 "좁은 문으로 들어가기를 힘쓰라"고 하셨을 때, "힘쓰라"로 번역된 '아고니제스테' (ἀγωνίζεσθε)는 반대를 무릅쓰고서 온 마음과 몸을 다 드려서 애쓰는 것을 의미한다. 영생은 하나님의 선물이기 때문에, 우리 자신이 애쓴다고 해서 영생을 얻을 수 있는 것은 아니고, 하나님의 은혜 없이는 우리가 아무리 힘쓴다고 하여도 영생을 얻을 수는 없다. 하지만 이 말씀은 하나님께서는 오직 좁은 문으로 들어가기를 힘쓰고 "법대로 경기하는"(딤후 2:5) 자들에게만 영생을 주실 것임을 우리에게 알게 해준다. 주님은 "들어가기를 구하여도 못하는 자가 많으리라"고 말씀하신다. 즉, 많은 사람들이 잘못된 방법으로 또는 합당하지 않은 때에 들어가고자 함으로써 좁은 문으로 들어갈 수 없게 되리라는 것이다. 이 말씀을 통해서 우리 구주께서는 구원 받을 자가 얼마나 될 것인가 하는 것에 대한 그들의 호기심을 물리치시고, 그들의 관심을 그들 자신이 바로 그 구원 받을 자들의 수에 들어가게 될 것인가 하는 문제로 돌려놓으신다.

25-27. [25]집 주인이 일어나 문을 한 번 닫은 후에 너희가 밖에 서서 문을 두드리며 주여 열어 주소서 하면 그가 대답하여 이르되 나는 너희가 어디에서 온 자인지 알지 못하노라 하리니 [26]그 때에 너희가 말하되 우리는 주 앞에서 먹고 마셨으며 주는 또한 우리의 길거리에서 가르치셨나이다 하나 [27]그가 너희에게 말하여 이르되 나는 너희가 어디에서 왔는지 알지 못하노라 행악하는 모든 자들아 나를 떠나 가라 하리

라.

우리 주님께서는 여기에서 자신을 "집 주인"에 비유하셔서 이렇게 말씀하신다. 집 주인은 손님들을 저녁 식사에 초대한 후에, 자기가 초대한 손님들이 다 들어오자 일어나 문을 닫고 나서, 그렇게 한 번 문을 닫은 후에는 사람들이 와서 문을 두드리며 들여보내 달라고 아무리 사정을 하여도, 단 한 사람도 들여보내지 않는다. 주님은 자신을 이렇게 비유적으로 표현하셔서, 한편으로는 자기가 앞에서 하신 말씀, 즉 "들어가기를 구하여도 못하는 자가 많으리라"는 말씀이 무엇을 의미하는지를 좀 더 자세하게 설명하시고, 다른 한편으로는 하나님께서는 언제까지나 사람들을 은혜와 구원으로 초대하시는 것이 아니라 거기에는 때가 정해져 있어서, 사람들이 그 때를 놓치는 경우에는, 천국의 문이 닫혀서 들어갈 수 없다는 것을 알게 해 주신다. 선지자 이사야는 "너희는 여호와를 만날 만한 때에 찾으라 가까이 계실 때에 그를 부르라"(사 55:6)고 말하고, "은혜의 때에 내가 네게 응답하였고 구원의 날에 내가 너를 도왔도다"(사 49:8)라고 말한다. 사도 바울은 이사야서에 나오는 이 말씀을 가져와서, 복음이 전파되고 있는 동안에 복음 안에서 주어지고 있는 하나님의 은혜를 헛되이 흘려보내지 말라고 사람들에게 권면하는 데 사용해서, "내가 은혜 베풀 때에 너에게 듣고 구원의 날에 너를 도왔다 하셨으니 보라 지금은 은혜 받을 만한 때요 보라 지금은 구원의 날이로다"(고후 6:2)라고 말한다. 하나님께서는 "은혜 받을 만한 때"가 언제까지인지를 우리에게 알려 주지 않으셨지만, 모든 사람들에게 동일한 것이 아닐 가능성이 크다. 우리는 그 때를 알지 못하지만, 사람이 살아 있는 동안에는 소망이 있기 때문에, 모든 사람에게 진리와 회개를 전해야 한다.

또한, 이 말씀은 우리가 "행악하는 자"로 살아간다면, 그리스도께서 우리의 길거리에서 가르치셨다는 것 같이 우리에게 주어진 외적인 특권들이나, 우리가 주 앞에서 먹고 마셨다는 것 같은 그리스도와의 외적인 교제들은 우리가 천국에 들어가는 것을 보장해 주지 않을 것임을 우리에게 가르쳐 준다. 우리는 여기에 나오는 것과 거의 동일한 말씀을 이미 마태복음에서도 살펴본 바 있다. 마태복음 7:21-23에 대한 설명을 보라.

28-29. [28]너희가 아브라함과 이삭과 야곱과 모든 선지자는 하나님 나라에 있고 오직 너희는 밖에 쫓겨난 것을 볼 때에 거기서 슬피 울며 이를 갈리라 [29]사람들이 동서남북으로부터 와서 하나님의 나라 잔치에 참여하리니.

마태복음 8:11-12에도 동일한 말씀이 나오는데, 단지 여기에 "동서남북으로부터"

로 되어 있는 것은 거기에서는 "동서로부터"로 되어 있는 것만이 다를 뿐이다. 마태복음 8:11-12에 대한 설명을 보라. "슬피 울며 이를 간다"는 것은 저주받은 자들의 고통을 표현하는 데 사용되는 통상적인 표현인데, 특히 마태가 이 표현을 즐겨 사용한다(마 8:12; 13:42, 50; 22:13; 24:51; 25:30). 장차 유대인들로 하여금 이렇게 분해하고 원통해하게 만들 이유들 중의 하나는, 자신들은 천국에 들어가지도 못하는데, 이 땅에서 자신들의 원수들이었던 자들은 천국에서 여봐란듯이 자신들이 자랑스러워하였던 조상들과 함께 천국 잔치에 앉아 안식과 행복을 누리고 있는 모습을 보아야 한다는 것이다. 이렇게 유대인들이 이교도들이라고 깔보았던 자들은 천국 잔치를 누리게 될 것이지만, 이 땅에 있는 유일한 교회로 자처하면서, 마치 자녀들이 아버지의 유업을 이어받는 것이 당연하듯이, 자기 조상들에게 약속된 천국을 당연히 이어받을 것이라고 여겼던 유대인들은 천국에서 분깃을 얻지 못하고 밖에 쫓겨나게 될 것이다.

30. 보라 나중 된 자로서 먼저 될 자도 있고 먼저 된 자로서 나중 될 자도 있느니라 하시더라.

이것은 우리 구주께서 자주 사용하신 말씀이시지만, 언제나 동일한 취지로 사용하신 것은 아니다. 마태복음 19:30; 20:16; 마가복음 10:31에 대한 설명을 보라. 여기에서 주님께서 이 말씀을 하신 의미와 취지는 분명한데, 그것은 이방인들이 장차 회심하게 될 것임을 예고하시는 것이다. 하지만 나는 "나중 된 자"라는 표현이 오로지 이방인들만을 가리키는 것이 아니라, 그 밖의 다른 사람들도 가리킨다고 본다. 즉, 은사들이나 직분이나 은혜의 방편들이나 신앙 고백 등과 관련해서 남들보다 특별한 특권을 수여받아서 자기 자신을 "먼저 된 자"로 여기는 자들 중에서 다수는 "나중 될 자"가 되어 지옥으로 떨어져서 하나님의 나라로부터 가장 멀어지게 될 것이고, 그러한 특권들을 수여받지 못하여 "나중 된 자"로 여겨졌던 자들 중에서 다수는 심판의 날에 하나님의 은총을 받아 천국에 들어가게 될 것이다(마 11:20-24).

31-33. [31]곧 그 때에 어떤 바리새인들이 나아와서 이르되 나가서 여기를 떠나소서 헤롯이 당신을 죽이고자 하나이다 [32]이르시되 너희는 가서 저 여우에게 이르되 오늘과 내일은 내가 귀신을 쫓아내며 병을 고치다가 제삼일에는 완전하여지리라 하라 [33]그러나 오늘과 내일과 모레는 내가 갈 길을 가야 하리니 선지자가 예루살렘 밖에서는 죽는 법이 없느니라.

이 본문으로부터 분명한 것은 우리 구주께서는 이 때에 갈릴리에 계셨다는 것이다. 왜냐하면, 갈릴리는 여기에 언급된 헤롯 안디바의 영지였기 때문이다. 이 바리새인들이 독자적으로 생각해서 온 것인지, 아니면 헤롯이 보낸 것인지는 분명하지 않고, 해석자들 사이에서도 견해가 일치하지 않는다. 그들이 독자적으로 생각해서 온 것이라면, 주님에 대한 호의에서 온 것이 아님은 분명하다. 왜냐하면, 복음서 이야기 전체는 바리새인들은 그리스도에 대하여 단 한 치의 호의도 없었고, 도리어 그리스도의 불구대천의 원수들이어서, 끊임없이 어떻게든 그리스도를 죽일 기회를 엿보고 있었다는 것을 보여 주기 때문이다. 따라서 이 바리새인들이 독자적인 생각으로 이렇게 주님 앞에 와서 겁을 주어 갈릴리에서 쫓아내 버리고자 한 것이라면, 그것은 주님이 갈릴리에서 명성이 자자하게 되어 이 지역에서 그들에게 아주 많은 타격을 주었기 때문이거나, 그들이 유대에 주님을 잡을 덫을 설치해 놓고서 거기로 몰아가기 위한 것일 수 있다. 그러나 그들은 헤롯이 은밀하게 보낸 자들이었을 가능성이 크다. 헤롯은 주님을 죽일 생각은 없었던 것으로 보이지만, 바리새인들이 그에게 주님에 대하여 어떤 조치를 취해야 한다고 끈질기게 설득하고 요구하자, 주님을 폭력적으로 죽이기보다는 이런 식으로 겁을 주어 갈릴리에서 쫓아내 버리는 편이 좋겠다고 생각하여, 교활하게도 이렇게 바리새인들을 은밀히 주님께 보내었을 것이다. 32절에서 우리 구주께서는 이 바리새인들에게 "너희는 가서 저 여우에게 이르라"고 말씀하시며 헤롯에게 전할 말을 주신 것을 보면, 이러한 견해가 유력해 보인다.

헤롯은 대다수의 유대인들이 선지자로 여겼던 세례 요한을 죽임으로써 유대인들 가운데서 신망을 잃고 있던 상황에서, 백성들이 우리 구주께 환호하는 것을 보고서, 주님과 비교해서 상대적으로 자기가 더욱더 악인으로 부각되는 것을 원하지 않았을 것이다. 아니, 거기에서 한 걸음 더 나아가, 헤롯은 우리가 앞에서 이미 보았듯이 우리 주님을 세례 요한이 다시 살아났거나 다른 몸을 입고 환생한 것이라고 생각하고 있었기 때문에 꺼림칙하던 차에, 갈릴리 지역에 살고 있던 다수의 바리새인들의 환심도 살 겸해서, 우리 주님을 소리 소문 없이 없앨 수 있다면, 그것도 괜찮은 일일 것이라고 생각하였을 것이다. 물론, 헤롯은 실제로 주님을 죽일 생각은 없었고, 단지 세례 요한이 다시 살아났거나 환생한 존재로 의심되는 인물이 계속해서 갈릴리를 떠돌며 백성들 가운데서 일을 벌리고 다니면 어떤 일이 벌어지게 될지 모른다고 생각해서 염려하고 있었기 때문에, 바리새인들과 서로 목적은 달랐지만, 주님을 다른 지역으로 내보내는 것이 좋겠다는 데 의기가 투합해서, 이 바리새인들을 주님에게 보내서 의도적으로 "헤롯이 당신을 죽이고자 하나이다"라고 알려 주게 한 것일 수도 있다.

우리 구주께서는 이 일과 관련해서, 또는 백성들을 다스리는 전체적인 통치 방식에 있어서 로마 황제와 유대인들, 양쪽으로부터 환심을 사고자 한 헤롯의 영악함과 교활함을 보시고서, 헤롯이 보낸 이 바리새인들에게 "너희는 가서 저 여우에게 이르라"고 말씀하신다. 어떤 이들은 본문이 '알로페키 에케이네' (ἀλώπεκι ἐχείνῃ), 즉 "저 여우"가 아니라 '알로페키 타우테' (ἀλώπεκι ταύτῃ), 즉 "이 여우"로 되어 있다는 점을 지적하면서, 우리 구주께서는 이 단어로 헤롯이 아니라 바리새인들을 지칭하신 것이라고 주장하는데, 그들이 이렇게 주장하는 목적은 우리 구주께서 "너는 재판장을 모독하지 말며 백성의 지도자를 저주하지 말지니라"(출 22:28)는 하나님의 율법을 범하신 것이라는 비난을 받지 않게 하기 위한 것이다. 왜냐하면, 사도 바울도 그 율법을 존중해서, 자기가 대제사장 아나니아를 "회칠한 담"이라고 한 것은 "그가 대제사장인 줄 알지" 못해서 그런 것이라고 해명하기 때문이다(행 23:2-5). 하지만 우리는 하나님으로부터 직접 보내심을 받은 모든 선지자들은 다른 사람들보다 훨씬 더 자유롭게 왕들과 고관대작들을 심하게 꾸짖고 책망하였다는 것을 알아야 한다. 엘리야는 아합을 이스라엘을 괴롭게 한 자라고 말하였고(왕상 18:18), 선지자들은 유대인들의 관원들을 "소돔의 관원들"이라고 불렀다(사 1:10). 그러나 선지자들이 아닌 자들에게는 분수에 맞지 않거나 불법적이 될 수 있는 말씀이라도, 그리스도께서 하시는 것은 합법적일 수 있다.

그렇다면, 그리스도께서는 이 바리새인들을 통해서 헤롯에게 어떤 메시지를 전하신 것인가? **오늘과 내일은 내가 귀신을 쫓아내며 병을 고치다가 제삼일에는 완전하여지리라.** 주님은 이렇게 말씀하신다: 내가 지금 무엇을 하고 있는지를 헤롯에게 전하라. 나는 그의 신민들을 악귀들과 많은 질병들로 인해서 고생하는 것으로부터 자유롭게 해주고 있다. 그런데도 내가 하고 있는 일들 중에서 죽어 마땅한 일이 있다는 말인가? 나는 죽게 될 날이 얼마 남지 않았기 때문에, 내가 하는 일이 헤롯의 신경을 건드리는 일이라고 해도, 그것도 이제 잠시뿐이다. 주님께서는 자기가 죽게 되실 것에 대하여 "완전하여진다"는 표현을 사용하신다. 우리는 주님께서 "오늘과 내일은 … 제삼일에는"이라고 하신 말씀을 문자 그대로 엄격하게 해석해서는 안 된다. 왜냐하면, 그리스도께서는 이 말씀을 하신 후에 단지 삼일만 사신 것이 아니라 그것보다 훨씬 더 오래 사셨기 때문이다. 우리 구주께서는 계속해서 이렇게 말씀하

신다: 그 말로도 헤롯이 만족하지 못한다면, "오늘과 내일과 모레는 내가 갈 길을 가야 한다"고 그에게 전하라. 이 일과 관련해서 나는 내가 그의 명령이나 권세 아래 있지 않다는 것을 알기 때문에, "내가 갈 길을 가야 한다." 나의 날들은 그의 수중에 있지 않다. 나는 그가 나를 죽일 수 없다는 것을 안다. "선지자가 예루살렘 밖에서는 죽는 법이 없기" 때문이다. 내가 죽어야 할 곳은 갈릴리가 아니라 예루살렘이다. 산헤드린은 예루살렘에 있고, 오직 그들만이 거짓 선지자와 관련된 재판을 맡아 진행할 수 있고, 이 백성이 나의 피를 흘림으로써 자신들의 죄악의 분량을 채워야 할 곳도 예루살렘이기 때문이다. 이 말씀이 계기가 되어, 우리 구주께서는 한때 온 땅의 자랑거리였던 저 거룩한 성이 지금 처해 있는 운명에 대하여 슬퍼하시고 탄식하시는 말씀을 쏟아내신다.

34-35. [34]예루살렘아 예루살렘아 선지자들을 죽이고 네게 파송된 자들을 돌로 치는 자여 암탉이 제 새끼를 날개 아래에 모음 같이 내가 너희의 자녀를 모으려 한 일이 몇 번이냐 그러나 너희가 원하지 아니하였도다 [35]보라 너희 집이 황폐하여 버린 바 되리라 내가 너희에게 이르노니 너희가 주의 이름으로 오시는 이를 찬송하리로다 할 때까지는 나를 보지 못하리라 하시니라.

마태복음 23:37-39에 대한 설명을 보라. 이 마지막 다섯 절은 우리에게 많은 교훈을 제시해 준다. (1) 이 본문으로부터 우리는 복음의 원수들의 악의는 물론이고 교활함도 알 수 있다. 그들은 사자들이기 때문에, 기회가 주어질 때에는 사자들처럼 인정사정없이 물어뜯지만, 기회가 여의치 않을 때에는 마치 자신들은 무자비하거나 흉악한 자들이 아니라는 듯이 여우의 가죽을 쓰고 은밀하게 그 동일한 일을 도모해 나간다. (2) 그들의 악의는 아주 분명하고 명확하다. 그리스도께서는 갈릴리에 살고 있던 사람들에게 부지런히 복음을 전하시고, 사탄과 흉악한 질병들에 의해서 비참하게 장악당하고 괴롭힘 당해 왔던 사람들을 구해 주시는 일만을 해 오셨고, 죄가 되는 일은 하나도 하지 않으셨음에도 불구하고, 그런 주님을 자신들의 땅에서 내쫓고자 한 사람들은 마귀의 자식들이 아니고 무엇일 수 있겠는가? (3) 하나님의 백성에 대하여 가장 악의적인 원수들이 자신들이 할 수 있는 일을 다하였을 때, 그들은 자신들이 달려갈 길을 다 달려간 것이고, 하나님께서 그들에게 정해 주신 때를 다 사용한 것이다. (4) 하나님의 백성들이 자신들의 일을 다하였을 때, 그들은 완전하게 될 것이다. 죽음은 그리스도를 완전하게 하는 것인 것과 마찬가지로, 성도들을 완전하게 하는 것이기도 하다. (5) 사람들은 하나님께서 정하신 때와 장소에서 죽게 될 것이다. (6) 하나님께서 자신의 사역자들을 보내셔서 자신의 뜻을 사람들에게 신실하게 드러내게 하시는 것은 하나님이 자신의 특별한 은총과 보호하심의 날개 아래 사람들을 모으고자 하신다는 것을 분명하게 밝히시는 것이다. (7) 사람들의 사악하고 뒤틀린 뜻은 어떻게 해서든지 사람들을 하나님의 은혜의 날개 아래 모이지 못하게 방해하는 것이다. (8) 하나님으로부터의 은혜와 구원으로의 초대를 멸시하는 자들은 조만간에 현세에서 가장 혹독한 심판을 받게 될 것이다. (9) 은혜의 방편들을 멸시하는 자들은 그 방편들을 오랫동안 보지 못하게 될 것이다: "나를 보지 못하리라." (10) 그리스도와 그의 복음을 멸시하고 조롱하는 지극히 교만한 자들은 자신들이 지금 그렇게 멸시하고 조롱했던 그리스도와 그의 복음을 나중에는 거기에 어떻게 해서든지 참여하고자 원하게 될 것이고, 다른 사람들에게도 "주의 이름으로" 거기에 참여하라고 권하게 될 것이다.

제14장

개요

1. 안식일에 수종병 든 사람을 고치시고, 자기가 그렇게 하신 것이 왜 옳은지를 설명하심(1-6).
2. 겸손할 것을 권하심(7-11).
3. 가난한 자들을 대접할 것을 권하심(12-14).
4. 혼인 잔치에 초대받은 사람들이 여러 가지 변명으로 참석하지 않음으로써 다른 사람들이 그 자리를 대신 채우게 되었다는 내용의 비유(15-24).
5. 제자가 되고자 하는 자들에게 먼저 박해를 당했을 때에 감당하고자 하는 결단이 되어 있는지를 살펴 보하라고 충고하심(25-33).
6. 맛을 잃은 소금은 아무런 쓸데가 없다고 말씀하심(34-35).

1-6. [1]안식일에 예수께서 한 바리새인 지도자의 집에 떡 잡수시러 들어가시니 그
들이 엿보고 있더라 [2]주의 앞에 수종병 든 한 사람이 있는지라 [3]예수께서 대답하여
율법교사들과 바리새인들에게 이르시되 안식일에 병 고쳐 주는 것이 합당하냐 아
니하냐 [4]그들이 잠잠하거늘 예수께서 그 사람을 데려다가 고쳐 보내시고 [5]또 그들
에게 이르시되 너희 중에 누가 그 아들이나 소가 우물에 빠졌으면 안식일에라도 곧
끌어내지 않겠느냐 하시니 [6]그들이 이에 대하여 대답하지 못하니라.

우리 구주께서 온갖 부류의 사람들을 자유롭게 만나셔서 대화하셨다는 것에 대해서는 우리가 앞에서 이미 말하였다. 주님은 세리들이나 바리새인들과도 종종 함께 식사를 하시곤 하셨고, 이것은 모든 사람들에게 그들과 같은 모양이 되셔서 어떻게든 그들 중 얼마라도 얻으시기 위한 것이었다. 그리스도인들에게도 그러한 동일한 자유가 주어져 있다는 것은 분명하다. 중요한 것은 우리가 누구의 집에 있느냐 하는 것이 아니라, 거기에서 무엇을 행하거나 말하느냐 하는 우리의 언행이다. 주님께서 한 바리새인의 집에 가신 것은 주님의 인간적인 면모와 자기 부인을 우리에게 보여 주신 중요한 선례이다. 왜냐하면, 바리새인들은 주님의 큰 원수들이었고, 이 바리새인이 주님을 식사에 초대한 것도 호의에서 비롯된 것이라고 할 수 없었기 때문이다. 복음서 기자가 이 바리새인을 "한 바리새인 지도자"라 부른 것이 그가 산헤드린의 의원이었기 때문이었는지, 아니면 회당장이었기 때문이었는지, 또는 나이가 많고 명성이 있는 인물이었기 때문이었는지는, 우리가 굳이 알 필요가 없다. 그리스도께서는 "떡 잡수시러," 즉 그 바리새인과 함께 식사를 하시기 위하여 그 집에 가셨다. 이 어구는 식사한다는 의미로 흔히 사용되던 표현이었다. 이렇게 유대인들은 통상적으로 온갖 양식을 통칭하여 "떡"이라는 말로 표현하였다.

복음서 기자는 이 날은 "안식일"이었고, "그들이 엿보고 있더라"고 말한다. 즉, 그들은 주님을 고발할 빌미를 얻기 위해서, 주님께서 무슨 말씀을 하시고 어떻게 행하시는지를 눈여겨 지켜보고 있었다는 것이다. 마침 거기에는 "수종병 든 한 사람"이 있었는데, 바리새인들이 의도적으로 이 사람을 거기에 데려다 놓은 것인지, 아니면 어쩌다 거기에 있게 된 것인지에 대해서는 본문은 아무런 말도 하지 않지만, 그리스도께 이 때에 이적을 행하셔서 안식일에 관한 참된 가르침을 사람들에게 주시고자 하시는 하나님의 섭리에 의해서 그 사람이 거기에 있게 되었다는 것은 두말 할 필요가 없다. 그리스도께서는 우리에게 안식일에 관한 가르침을 주시기 위하여, 바리새인들에게 "안식일에 병 고쳐 주는 것이 합당하냐 아니하냐"고 먼저 물으신다. 그들이 아무 대답도 하지 않자, 그리스도께서는 그 사람을 고치시고, 그런 후에 그들에게 가르침을 베푸시는데, 이 가르침은 주님께서 전에 두 번이나, 즉 "한 쪽 손 마른 사람"(마 12:10)을 고치셨을 때와 열여덟 해 동안 사탄에게 매여 있던 여자(눅 13:11)를 고치셨을 때에 역설하셨던 가르침으로서, 안식일에 긍휼을 베푸는 행위들을 행하는 것은 적법하다는 것이었다. 그런 다음에, 주님께서는 유대인들이 가축이 구덩이에 빠진 경우에는 비록 안식일에라도 끌어내는 관행을 예로 들어, 자기가 하신 일이 옳다는 것을 증명하신다. 주님이 제시하신 논거는 이런 것이다: 안식일에 가축을 구하는 것이 적법하다면, 안식일에 사람을 구하는 것이 적법하다는 것은 의심의 여지가 없게 되는데, 너희는 전자를 행하고 있기 때문에, 후자도 당연히 행할 수 있다. 복음서 기자는 그들이 아무 말도 하지 못했다고 보도하지만, 그들이 자신의 잘못을 깨달았다는 말은 전혀 하지 않는다. 악의적인 자들의 입을 다물게 하는 것은 쉬운 일일 수 있지만, 그들의 왜곡된 생각을 바로잡는 것은 쉽지 않은 일이다. 악의를 지닌 자들은 통상적으로 그 악의에서 도출된 결론을 꼭 붙잡고 있기 때문에, 악의에 물들어 있는 심령은 자신들의 전제가 잘못되었어도 결코 그 결론을 버리지 않는다.

7. 청함을 받은 사람들이 높은 자리 택함을 보시고 그들에게 비유로 말씀하여 이르시되.

여기에 나오는 "비유"라는 단어는 복음서 기자들이 통상적으로 사용하는 비유라는 단어와는 의미가 조금 다르다. 통상적으로 비유는 어떤 것에 빗대어서 말하는 직유나 은유를 의미하는 반면에, 여기에서 "비유"는 주님께서 좀 더 직설적으로 표현하신 11절의 말씀을 여러 가지 뉘앙스로 풍부하게 풀어 보여 주시기 위하여 사용하신 짤막한 이야기를 의미한다. 이것을 통해서 우리가 알 수 있는 것은, 주의 날에 친구들과 함께 식사하는 것은 불법한 일이 아니지만, 그 날에 그들이 나누는 대화가 주의 날에 적절한 대화인가 하는 것은 중요하다는 것이다.

8-11. [8]네가 누구에게나 혼인 잔치에 청함을 받았을 때에 높은 자리에 앉지 말라 그렇지 않으면 너보다 더 높은 사람이 청함을 받은 경우에 [9]너와 그를 청한 자가 와서 너더러 이 사람에게 자리를 내주라 하리니 그 때에 네가 부끄러워 끝자리로 가게 되리라 [10]청함을 받았을 때에 차라리 가서 끝자리에 앉으라 그러면 너를 청한 자가 와서 너더러 벗이여 올라 앉으라 하리니 그 때에야 함께 앉은 모든 사람 앞에서 영광이 있으리라 [11]무릇 자기를 높이는 자는 낮아지고 자기를 낮추는 자는 높아지리라.

우리는 이 비유 속에서 두세 가지 도덕적인 교훈을 얻을 수 있다. (1) 그리스도의 법은 거만하고 무례한 자를 결코 옳다고 하지 않는다. (2) 그리스도의 제자들은 사람들 사이에서의 자신들의 평판에 주의해야 하고, 자신들이 부끄러워할 수 있는 일들을 하지 않아야 한다. (3) 존경할 자들에게 존경을 표해서, 더 존귀한 사람들로 하여금 더 존귀한 자리에 앉게 하는 것이 하나님의 뜻이다. 은혜를 받았다고 해서, 마치 자신이 존귀한 자인 양 행세해서는 안 된다. 은혜로 말미암아 사람들이 지극히 영화롭게 되지만, 그것은 어디까지나 내면의 문제이다.

우리 구주께서는 이 비유를 통해서 말씀하고자 하신 것을 11절에서 직설적으로 표현하고 계시기 때문에, 우리는 11절에서 좀 더 영적인 교훈을 얻을 수 있다. 주님께서는 바리새인들이 지켜보는 앞에서 수종병 든 사람의 육신의 질병을 고치신 후에, 이제 여기에서는 바리새인들의 심령 속에 있는 교만이라는 영적인 수종병을 고치고자 하신다. 주님은 앞에서 바리새인들이 "회당의 높은 자리"에 앉기를 좋아한다는 이유를 들어, 그들에게 화를 선언하셨고(눅 11:43), 그들이 "잔치의 윗자리"를 좋아한다고 말씀하셨는데(마 23:6), 아마도 이제 바리새인의 초대를 받아 그의 집에서 함께 식사하는 자리에서도 그들의 그러한 행태를 보시고서 이 말씀을 하신 것일 수 있다. 그래서 주님께서는 자신이 하신 말씀을 구체적으로 적용하셔서, 교만은 마음속에 자리잡고 있는 악이지만, 아주 작은 일들에서도 드러나서 사람을 위험에 처하게 한다는 것을 보여 주시고서는, 그들에게 겸손하게 자신을 낮추어야 한다는 것을 역설하신다. 주님께서는 하나님은 교만을 지독하게 미워하시기 때문에, 통상적으로 이 세상을 다스리실 때, 스스로를 높이는 자들에 대해서는 이런저런 방법을 통해 수치와 멸시와 욕을 당하게 하시고, 스스로를 낮추는 자들을 높이시는 쪽으로 자신의 섭리를 베풀어 나가시고, 설령 교만한 자들이 현세에서 그런 일을 당하는 것을 피하였다고 하여도, 하나님의 의로우신 심판이 임할 저 마지막 날에 그들은 그런 일을 당하는 것을 피할 수 없게 될 것이라고 말씀하신다. 마태복음 23:12에 대한 설명을 보라. 우리는 이 동일한 말씀을 누가복음 18:14에서도 다시 만나게 될 것이다.

12-14. [12]또 자기를 청한 자에게 이르시되 네가 점심이나 저녁이나 베풀거든 벗이나 형제나 친척이나 부한 이웃을 청하지 말라 두렵건대 그 사람들이 너를 도로 청하여 네게 갚음이 될까 하노라 [13]잔치를 베풀거든 차라리 가난한 자들과 몸 불편한 자들과 저는 자들과 맹인들을 청하라 [14]그리하면 그들이 갚을 것이 없으므로 네게 복이 되리니 이는 의인들의 부활시에 네가 갚음을 받겠음이라 하시더라.

성경에서는 많은 것들을 절대적이고 보편적인 금령의 형태로 말하지만, 우리가 그것들을 절대적이고 보편적인 것으로 이해해서는 안 되는 경우가 많은데, 여기에 나오는 것이 바로 그런 것들 중의 하나이다. 즉, 우리는 여기에서 우리 구주께서 우리의 형제들이나 친척들이나 부자 이웃들이나 친구들을 초대해서 함께 식사하는 것을 절대적으로 또는 보편적으로 금지하시는 것이라고 생각해서는 안 된다는 것이다. 그런 일들은 유대인들 사이에서 흔하게 행해졌고, 그리스도께서도 그런 일들을 자주 행하셨다.

따라서 그리스도께서 이 말씀을 통해서 우리에게 가르치고자 하신 것은 이런 것들이다. (1) 우리가 이웃들과 친구들을 종종 불러서 함께 식사하며 친목과 우정을 다지고 인간적인 정을 나누는 것은 적법한 일이고 좋은 일이기는 하지만, 그것은 하늘로부터의 상을 기대할 수 있는 구제의 행위는 될 수 없다. (2) 하나님께서는 우리로 하여금 가난한 자들을 구제하도록 하기 위하여 우리를 재물로 복주신 것이기 때문에, 우리가 주로 부자 이웃들과 친구들을 식사에 초대하여 함께 즐기는 일에 많은 돈을 홍청망청 써버려서, 정작 우리가 힘써야 할 가난한 자들을 구제하는 일을 할 수 있는 여력이 없게 되는 일이 있어서는 안 된다. (3) 우리는 이 땅에서 선한 일들을 행하고도 보상받지 못했다면, 그 일들에 대하여 하늘에서 상을 받게 될 것을 기대할 수 있다. (4) 우리가 하나님의 명령에 순종해서 우리에게 주어진 본분을 행할 때, 하나님께서는 그것에 대하여 우리에게 주실 상을 흔히 의인들의 부활의 때까지 미루시지만, 그 때가 되면 자신의 명령에 순종하여 선을 행한 자들에게 반드시 상을 주신다.

15. 함께 먹는 사람 중의 하나가 이 말을 듣고 이르되 무릇 하나님의 나라에서 떡을 먹는 자는 복되도다 하니.

몇몇 유력한 해석자들은 이 사람이 하나님의 나라를 외적으로 행복하고 오감이 만족을 느끼는 상태로 잘못 생각하고서 이런 말을 한 것이라고 생각하지만, 내가 말할 수 있는 것은 단지 이 사람은 천국에 가서 천상의 즐거움들과 만족들을 누리게 될 사람은 복된 사람이라는 말만을 했을 따름이라는 것이다. 그 복된 상태는 "어린 양의 혼인 잔치"라 불리고, 그리스도께서는 자신의 나라에서 제자들과 함께 포도주를 마실 것이라고 말씀하실 때에도 이런 표현을 사용하셔서 말씀하셨다. 이 본문은 영적인 강론의 선한 감화력은 다른 사람들의 혀에도 미쳐서 그들로 하여금 자유롭게 말할 수 있게 한다는 것과 우리가 그 어떤 주제에 대하여 듣는다고 하여도, 경청하기만 한다면, 그 주제에 대하여 선한 묵상을 할 수 있다는 것을 알게 해준다. 이 사람이 한 이 말은 우리 구주께서 바로 이어지는 비유를 말씀하시게 된 계기가 되었다.

16-24. [16]이르시되 어떤 사람이 큰 잔치를 베풀고 많은 사람을 청하였더니 [17]잔치
할 시각에 그 청하였던 자들에게 종을 보내어 이르되 오소서 모든 것이 준비되었나
이다 하매 [18]다 일치하게 사양하여 한 사람은 이르되 나는 밭을 샀으매 아무래도 나
가 보아야 하겠으니 청컨대 나를 양해하도록 하라 하고 [19]또 한 사람은 이르되 나는
소 다섯 겨리를 샀으매 시험하러 가니 청컨대 나를 양해하도록 하라 하고 [20]또 한 사
람은 이르되 나는 장가 들었으니 그러므로 가지 못하겠노라 하는지라 [21]종이 돌아
와 주인에게 그대로 고하니 이에 집 주인이 노하여 그 종에게 이르되 빨리 시내의
거리와 골목으로 나가서 가난한 자들과 몸 불편한 자들과 맹인들과 저는 자들을 데
려오라 하니라 [22]종이 이르되 주인이여 명하신 대로 하였으되 아직도 자리가 있나
이다 [23]주인이 종에게 이르되 길과 산울타리 가로 나가서 사람을 강권하여 데려다
가 내 집을 채우라 [24]내가 너희에게 말하노니 전에 청하였던 그 사람들은 하나도 내
잔치를 맛보지 못하리라 하였다 하시니라.

우리는 이 동일한 비유를 마태복음 22:1-10에서 이미 만난 적이 있는데, 거기에서 여기에 나와 있는 내용의 대부분과 그 밖의 다른 중요한 정황들에 대해서도 자세하게 살펴보았다. 거기에 나오는 설명을 보라. 그리스도께서 이 비유를 말씀하신 일차적인 의도는 자신의 복음을 유대인들은 멸시하고 배척하는 반면에 이방인들은 받아들이게 될 것임을 예고하시는 것임에 틀림없다. 여기에서 처음에 먼저 청함을 받은 자들은 세례 요한과 그리스도 자신, 그리고 사도들로부터 속히 그리스도를 영접해서 요한계시록 19:9에 언급된 "어린 양의 혼인 잔치"를 준비하라는 초대를 가장 먼저 받은 유대인들을 가리킨다. 그리고 이방인들은 "시내의 거리와 골목"과 "길과 산울타리 가"에 있던 주변인들로 표현된다.

또한, 이 비유는 사람들이 하나님께서 복음 사역을 통해서 그들에게 은혜로 거저 부르시는 초대를 거절하는 몇 가지 주된 이유들을 우리에게 보여 준다: (1) 세상적인 염려들과 일들. (2) 감각적으로 즐길 것들과 그런 즐거움들. 이러한 것들은 단지 유대인들만이 아니라, 대부분의 사람들이 복음 안에 계시된 그리스도의 은혜를 받아들이는 것을 방해한다. 따라서 그러한 것들을 행하는 자들은 자신의 영혼을 돌볼 시간과 여유를 갖지 못하게 되거나, 육신의 감각적인 즐거움들을 만족시키는 일들에 너무 빠져서, 하나님이 그들의 구원을 위하여 요구하시는 일들을 행할 수 없게 되어 버린다. 대부분의 사람들은 그 자체로는 합법적이고 적법한 것들을 죄악되게 사용하거나 남용함으로써 망하게 된다.

또한, 우리가 주목할 만한 것은, 잔치에의 초대를 거절한 처음 두 부류의 사람은 "청컨대 나를 양해하도록 하라"(18, 19절)고 정중하고 예의바르게 말하였지만, 마지막 세 번째 부류의 사람은 "가지 못하겠노라"(20절)고 단호하게 딱 잘라서 말했다는 것이다. 세속적인 일들은 우리의 마음을 많이 빼앗아서 가장 중요한 영혼의 문제를 생각하지 못하도록 방해하지만, 감각적이고 관능적인 만족과 쾌락은 사람의 혼을 쏙 빼놓고 다 삼켜 버려서, 천국과 하늘에 속한 일들을 생각하지 못하게 만들어 버린다.

"사람을 강권하여 데려다가 내 집을 채우라"(23절)는 말씀에 대해서는 해석자들이 아주 많은 말들을 해왔는데, 이것이 현세적인 징벌들을 통해서 참된 신앙을 고백하도록 강요해도 된다는 의미는 아니라는 데에는 옛 사람들의 해석이 거의 일치하는 것으로 보인다. 하지만 일부 해석자들은 일단 참된 신앙의 교훈을 받아들였다가 나중에 그 신앙에서 떠나간 자들에 대해서는 약간 다른 견해를 제시한다. 어쨌거나, 강제력을 동원해서 신앙으로 이끌려고 해서는 안 된다는 주장이 맞기는 하지만, 우리가 먼저 생각해야 할 것은, 의지는 그 어떤 폭력도 용납하지 않는다는 점에서 불신자들이든 한 번 믿었다가 떠난 사람들이든 강제는 있을 수 없다는 것이다. 그러한 문제들에 있어서 무엇이 참이든지 간에, 확실한 것은 이 본문 속에서는 외적인 강제에 대해서 말하고 있는 것이 전혀 아니라는 것이다. 주님께서는 "사람을 강권하여 데려다가 내 집을 채우라"는 말씀을 복음의 사역자들에게 하신 것인데, 우리가 알다시피, 복음의 사역자들은 주님으로부터 그 어떠한 시민적 권세를 위임받지 않았다. 또한, 우리는 복음의 사역자들이 이방인들로 하여금 신앙을 받아들이게 하기 위하여 그 어떤 외적인 강제력을 행사하였다는 말을 듣지도 못한다. 주님께서는 사람들을 데려 오라고 종들을 보내시면서, 머리채나 멱살을 잡아서 강제로 잔치자리에 끌고 오거나, 채찍이나 곤봉으로 때려서 데려 오라고 하신 것이 아니라, 그들이 사용할 수 있는 최선의 논리를 사용해서 사람들을 설득해서 데려 오라고 하신 것이었다. 그리스도께서는, 신앙을 받아들이지 않으면 법정에 세워서 벌을 받게 하겠다고 위협하는 스페인적인 방식으로 사람들을 회심시키라고 명하신 것이 결코 아니었다. 인간은 이성적인 피조물이고, 심지어 본성에 의해서조차도 자기에게 가장 중요하고 유익한 것들을 선택하도록 가르침을 받는다. 따라서 타락하고 부패한 상태 가운데 있는 인간에게 그들의 그러한 실상을 보여 주고 그들을 하나님의 부요하신 은혜로 인도하는 최선의 방법은, 적어도 사람들이 원죄로 인한 타락 때문에 그들의 의지가 부패되어 있어서 자신의 명철과 분별이 지시하는 것을 따르지 않으려 한다는 점에서도, 그들을 "강권하는" 것이다. 그러나 육신적인 의지가 부패하여 진리를 싫어함에도 불구하고, 하나님께서 긍휼을 베푸시기로 작정하신 많은 사람들은 말씀의 사역에 의한 외적인 부르심과 성령의 실효적인 역사를 통해서 신앙을 받아들이게 된다. 여기에서 "강권하여 데려다가"로 번역된 헬라어 '아낭카손 에이셀테인'(ἀνάγκασον εἰσελθεῖν)은 "그들로 하여금 들어오지 않을 수 없게 만든다"는 의미이기 때문에, 거기에는 곤봉으로 때리는 것과 같은 육체적인 징벌들이 개입될 여지가 없다. 왜냐하면, 그들은 죽든지 들어오든지 둘 중의 하나를 자신의 의지로 선택할 것이기 때문이다. 이 단어는 마태복음 14:22에서도 사용되고 있다. 거기에서는 주님께서 자신의 제자들을 "재촉하여"(ἠνάγκασεν, '에낭카센') 배에 타게 하셨다고 말하는 데 이 단어를 사용하지만, 그렇게 하실 때에 칼이나 곤봉이나 채찍을 사용하시거나 빨리 타지 않으면 벌금을 물리겠다고 경고하신 것이 아니라는 것은 너무나 분명하다. 이 단어가 좀 더 강력한 의미로 사용되고 있는 예는 누가복음 24:29인데, 거기에서 이 단어는 두 제자가 그리스도께 자신들과 함께 머물라고 "강권하였다"(παρεβιάσαντο, '파레비아산토')고 말하는 데 사용된다. 또한, 갈라디아서 2:14에서는 이 단어를 사용해서, "왜 너는 억지로(ἀνάγκάζεις, '아낭카제이스') 이방인들을 유대인처럼 만들려고 하느냐"고 말한다. 하지만 거기에서 베드로가 이방인들에게 유대인처럼 살라고 강요할 때에 방백의 힘을 빌리거나 무력을 사용한 것이 아님은 너무나 분명하다. 그러나 사람들은 다른 사람의 마음을 얻기 위하여 자신의 혀를 놀려야 하는 수고와 괴로움을 피하고자 하는 생각을 하기 시작하면서, 어떤 사람이 자신들이 원하는 대로 움직여 주지 않는 경우에 그 사람에게 원하는 바를 이루기 위하여 방백의 힘을 빌리거나 물리적인 강제력을 사용하기 시작하였고, 자신들의 그러한 행위를 합리화하기 위해서, 본문의 "강권하여 데려다가 내 집을 채우라"는 구절을 물리력으로 "강제하여 데려와서 내 집을 채우라"는 의미로 해석하는 몰지각하고 비이성적인 주장을 펴나갔다.

25-27. [25]수많은 무리가 함께 갈새 예수께서 돌이키사 이르시되 [26]무릇 내게 오는 자가 자기 부모와 처자와 형제와 자매와 더욱이 자기 목숨까지 미워하지 아니하면 능히 내 제자가 되지 못하고 [27]누구든지 자기 십자가를 지고 나를 따르지 않는 자도 능히 내 제자가 되지 못하리라.

우리는 이것과 거의 동일한 말씀을 마태복음 10:37-38에서 이미 만나 보았다. 이 말씀의 요지는 자신의 마음속에서 그 어떤 사람이나 물건이나 일을 그리스도보다 더 좋아하고 우선시하는 자는 그리스도의 참된 제자가 될 수 없다는 것이다. 우리는 이 말씀을 엄격하게 해석해서는 안 될 것으로 보인다. 왜냐하면, 만일 이 본문을 엄격하게 해석한다면, 우리는 다음과 같은 모순들에 봉착하게 될 것이기 때문이다. (1) 이 말씀처럼 행하는 것은 본질적으로 불가능하다. 왜냐하면, 사도 바울은 "누구든지 언제나 자기 육체를 미워하지 않고 오직 양육하여 보호하기를 그리스도께서 교회에게 함과 같이 하나니"(엡 5:29)라고 말하고 있지만, "목숨"은 여기에서 우리가 미워해야 할 것들로 언급된 것들 중의 하나이기 때문이다. (2) 이 말씀처럼 행하는 것은 도덕적으로 불가능하다. 왜냐하면, 하나님의 율법은 우리에게 "부모를 공경하라"고 명령하고 있는데, 그리스도께서는 "너희는 이르되 사람이 아버지에게나 어머니에게나 말하기를 내가 드려 유익하게 할 것이 고르반 곧 하나님께 드림이 되었다고 하기만 하면 그만이라"(막 7:11)고 말씀하시며, 바리새인들이 이 율법의 취지와 정반대되는 가르침을 백성들에게 베풀어서 율법을 지키지 못하게 한 것에 대하여 아주 심하게 꾸짖으셨다는 점을 감안하면, 여기에서 친히 사람들에게 아주 엄격하고 절대적인 의미로 부모를 미워하라고 가르치신 것으로 보는 것은 말이 안 되기 때문이다. 따라서 "무릇 내게 오는 자가 자기 부모와 처자와 형제와 자매와 더욱이 자기 목숨까지 미워하지 아니하면 능히 내 제자가 되지 못하고"라는 말씀은 주님의 제자가 되려고 하는 자가 자신의 부모와 처자와 형제와 자매와 자기 목숨을 주님보다 더 사랑하면 주님의 제자가 될 수 없다는 것을 의미한다. 이러한 해석은 "미워하다"라는 단어에 성경의 다른 용례들에서 발견되는 것들과는 다른 의미를 억지로 갖다 붙인 것이 결코 아니다. 창세기 29:31의 "여호와께서 레아가 미움 받는 것을 보시고"(한글개역개정에는 "사랑 받지 못함")라는 말씀은 "야곱이 레아보다 라헬을 더 사랑하여"(29:30)라는 말씀이 보여 주듯이 "덜 사랑 받았다"는 의미이고, 신명기 21:15, 17과 마태복음 6:24; 요한복음 12:25에서도 "미워하다"는 그런 의미로 사용되고 있다. 누가 본문의 27절에 나와 있는 내용은 우리가 마태복음 10:38과 마가복음 8:34에서 이미 살펴보았기 때문에, 거기에 나오는 설명을 보라.

28-33. [28]너희 중의 누가 망대를 세우고자 할진대 자기의 가진 것이 준공하기까지에 족할는지 먼저 앉아 그 비용을 계산하지 아니하겠느냐 [29]그렇게 아니하여 그 기초만 쌓고 능히 이루지 못하면 보는 자가 다 비웃어 [30]이르되 이 사람이 공사를 시작하고 능히 이루지 못하였다 하리라 [31]또 어떤 임금이 다른 임금과 싸우러 갈 때에 먼저 앉아 일만 명으로써 저 이만 명을 거느리고 오는 자를 대적할 수 있을까 헤아리지 아니하겠느냐 [32]만일 못할 터이면 그가 아직 멀리 있을 때에 사신을 보내어 화친을 청할지니라 [33]이와 같이 너희 중의 누구든지 자기의 모든 소유를 버리지 아니하면 능히 내 제자가 되지 못하리라.

우리 주님께서는 앞에 나온 잔치 비유에서 사람들로 하여금 복음의 부르심을 받아들이지 못하게 만드는 것들이 어떤 것들인지를 보여 주셨다. 즉, 사람들은 자신의 마음이 오감을 만족시키는 감각적인 것들에 빠져서 그런 것들을 굳게 부여잡고 있기 때문에, 복음을 받아들일 수 없다는 것이었다. 또한, 주님께서는 사람들로 하여금 그러한 시험들을 물리치도록 하시기 위하여, 그들이 이 세상에 속한 것들을 주님보다 더 사랑한다면, 그들은 주님의 제자가 될 수도 없고 주님 안에서 분깃을 얻을 수도 없으며, 주님에게 합당하지 않은 자들이라고 그들에게 말씀하시고 나서, 한 걸음 더 나아가 그들이 자신의 십자가를 지고 주님을 따라와야 한다고 말씀하셨다

(25-27절). 따라서 여기에서는 주님께서 통상적인 사려분별이 있는 사람이라면 망대를 짓기 전에 비용이 얼마나 들지를 개략적으로나마 계산해 보고, 전쟁을 하기 전에 적군을 맞아 싸우는 데 드는 비용과 아울러 아군과 적군의 전력을 비교해서 과연 승산이 있는지를 계산해 보는 것이 당연한 것과 마찬가지로, 자신의 제자가 되고자 하는 자들도 혈과 육에게는 너무나 힘들고 어려운 그러한 제자도를 감당하기 전에 차분히 앉아서, 제자로서의 길을 끝까지 달려가는 데 어느 정도의 대가가 필요한지를 계산해 보는 것이 상책이라고 말씀하신다.

따라서 주님께서는 자신의 제자가 되고자 하는 자들은 다음과 같이 해야 한다고 말씀하신다: (1) 그들은 차분히 앉아서, 자신의 옛 본성의 토대를 제거하고 새로운 토대를 놓으며, 거기에 많은 돌들을 사용해서 구원을 얻는 데 필요한 수준의 건물을 쌓아 올려서 주의 성전이 되는데, 어느 정도의 비용이 드는지를 계산하여야 한다. (2) 또한, 그들은 자기가 세상과 육신과 마귀로부터 어떠한 반대를 만나게 될 것인지도 생각하여야 한다. 그들은 실제로 그리스도를 위하여 모든 것을 버리는 상황이 자기에게 올지 안 올지는 모르지만, 어쨌든 그런 상황이 왔을 때에 모든 것을 버릴 각오가 되어 있어야 한다.

우리는 비유를 구성하는 모든 것들이 다 주님이 말씀하시고자 하는 것과 관련하여 어떤 구체적인 의미를 지니는 것이 아님을 기억하여야 한다. (1) 우리는 우리의 영적인 대적들이 우리를 평화롭게 내버려 둘 것이라고 생각해서는 안 된다. (2) 왕들이 전쟁을 할 때에 자신들의 전력만이 아니라 자신들과 동맹이나 연합을 맺고 있는 나라들의 전력까지도 계산에 넣어 생각하는 것과 마찬가지로, 우리는 영적인 싸움을 수행하기 위한 우리의 힘을 계산할 때에도, 우리 자신이 홀로 세상과 육신과 마귀에 대항하여 싸워나갈 힘이 있는지를 계산해서는 안 되고, 이러한 싸움을 함께 하시기로 약속하신 그리스도와 우리가 무엇을 함께 해나갈 수 있는지를 계산하여야 한다. 따라서 주님께서 여기에서 전쟁을 하기 전에 미리 승산이 있는지를 계산해 보라고 하셨다고 해서, 그것이 우리에게 승산이 없다는 이유로 이 싸움을 포기해도 된다는 의미는 결코 아니다. 우리는 이 싸움을 싸워야 하고, 그렇지 않으면 영원히 죽을 수밖에 없다. 주님께서 이 말씀을 하신 이유는 오로지 우리로 하여금 단호하고 확고한 결심으로 이 싸움에 임할 준비를 하게 하시고, 그리스도의 힘과 도우심을 바라보며 이 싸움을 해나가야 한다는 것을 우리에게 가르치시기 위한 것이다.

34-35. [34]소금이 좋은 것이나 소금도 만일 그 맛을 잃으면 무엇으로 짜게 하리요 [35]땅에도, 거름에도 쓸 데 없어 내버리느니라 들을 귀가 있는 자는 들을지어다 하시니라.

마태복음 5:13과 마가복음 9:50에 대한 설명을 보라. 거기에서 우리는 여기에 나오는 것의 대부분을 이미 살펴보았다. 우리 구주께서 여기에서 말씀하신 "소금"은 그리스도인의 삶과 신앙 고백을 의미하는 것으로 보인다. 그리스도인이 되었다는 것은 좋은 것이고 고귀한 것이며 대단한 일이다. 그러나 겉으로만 신앙을 고백하고 삶에 있어서는 표면적인 신앙 고백과는 딴판으로 살아가는 사람은 맛을 잃은 소금과 같다. 사람이 받은 진리와 참된 은혜는 잘못될 수 없지만, 그 사람의 신앙 고백은 잘못될 수 있다. 어떤 사람이 거짓된 것들에 넘어가서 믿을 수도 있고 저주 받을 잘못된 것들을 받아들일 수도 있다. 그 사람이 전에 지니고 있던 하나님을 두려워하는 마음을 떨쳐내 버릴 수도 있다. 그렇게 되었을 때, 그는 무엇에 쓸 수 있겠으며, 무엇으로 그를 짜게 하겠는가? 그는 땅에도 쓸 데가 없고 거름으로도 쓸 데가 없다. 어떤 것들이 거름을 망치는 것과 마찬가지로, 타락한 신앙인들은 하나님의 진리와 도에 대한 반감을 더욱 부추겨서 악한 자들을 더욱더 악하게 만들 뿐이다.

들을 귀가 있는 자는 들을지어다. 이것은 그리스도께서 무게 있고 중요한 강론을 끝내시면서 마무리하실 때에 흔히 사용하시는 결미로서, 그 의미는 이런 것이다: 너희는 너희가 앞으로 겪게 될 온갖 반대들에 맞서서 끝까지 너희의 신앙을 지켜줄 수 있는 그러한 무게 있는 근거들과 원리들 위에 너희의 신앙 고백이 세워져 있는지를 스스로 살펴볼 필요가 있다. 왜냐하면, 너희가 너희의 신앙 고백을 진리와 참된 은혜 위에 세우지 않고 잘못된 것들에 세운다면, 너희는 교회에 쓸 데 없게 될 것은 물론이고, 세상조차도 더 악하게 만들 것이라는 점에서 세상에도 쓸 데 없고, 오직 지옥 불에 들어가는 데에만 적합한 최악의 존재가 되고 말 것이기 때문이다.

제15장

개요

1. 바리새인들이 그리스도께서 죄인들을 받아들이시는 것을 보고 수군거림(1-2).
2. 잃은 양의 비유(3-7).
3. 잃은 드라크마의 비유(8-10).
4. 탕자의 비유(11-32).

1-2. [1]모든 세리와 죄인들이 말씀을 들으러 가까이 나아오니 [2]바리새인과 서기관들이 수군거려 이르되 이 사람이 죄인을 영접하고 음식을 같이 먹는다 하더라.

신약성경에서 "모든"이라는 단어는 이 단어가 수식하는 대상 전부가 아니라 단지 다수를 가리키는 데 사용되는 경우가 비일비재하다는 것은 내가 앞에서 여러 차례 언급하였기 때문에, 여기에서 또다시 반복해서 말할 필요는 없을 것이다. 따라서 우리는 여기에서 이 지역의 모든 세리들과 죄인들이 그리스도의 말씀을 듣기 위해 그리스도께로 나아왔다고 생각해서는 안 되고, 단지 많은 세리들과 죄인들이 나아온 것이라고 생각하여야 한다. 이렇게 세리들과 창기들은 하나님의 나라로 들어간 반면에, 그 나라의 자녀들로서 당연히 그 나라로 들어갈 것으로 보였던 자들은 들어가지 못하고 밖으로 밀려났다. 율법의 해석자들이었던 서기관들과 서기관들이 정하고 해석한 것들을 엄격하게 지켰던 바리새인들은, 많은 세리들과 죄인들이 그리스도께로 나아왔고, 그리스도께서는 그들과 함께 어울리며 함께 먹고 마시는 것을 보고서, 황당해하고 어이없어하며 눈살을 찌푸리며 "수군거렸다." 왜냐하면, 그들은 율법에는 대담하고 뻔뻔스럽게 의도적으로 죄를 짓는 죄인들을 속죄할 수 있는 제사가 규정되어 있지 않다는 것을 근거로 해서, 그런 죄인들, 아니 그들이 보기에 그런 죄인들인 자들에 대해서는 하나님의 긍휼하심이 적용되지 않고, 그런 죄인들은 법적으로 이미 출교된 자들이라고 생각하였던 까닭에, 주님께서 그런 죄인들과 어울려 먹고 마시는 것은 죄를 짓는 것이라고 여겼기 때문이었다. 그래서 그들은 주님이 그런 식으로 행동하는 것을 보고서 주님은 선지자가 아니라고 단정하였다. 즉, 그 사람이 어떤 사람이냐를 알려면, 그 사람이 어떤 사람들과 어울리느냐를 보라는 말이 있는데, 그들은 바로 그 원칙을 적용해서, 주님께서 죄인들과 어울리는 것으로 보아 주님도 선지자가 아니라고 결론을 내린 것이었다. 하지만 그런 식의 논리라면, 우리는 가르침을 위하여 무지한 자들과 함께 어울리는 랍비들을 무지한 자들이라고 해야 하고, 병자를 고치기 위하여 병자들과 어울리고 대화하는 의사들을 병자들이라고 해야 할 것이다. 어떤 사람이 어떤 부류의 사람들을 돕기 위해서 그들과 어울리는 경우에는, 그 사람을 그 부류의 사람들과 동일시해서는 안 되는데, 우리 구주께서 죄인들과 어울리신 것이 바로 그런 경우였다. 게다가, 주님과 죄인들을 싸잡아서 비난하고 정죄한 서기관들과 바리새인들은 과연 죄인들이 아니고 죄에서 자유로운 자들이었는가? 그들이 이렇게 세리들과 창기들을 무자비하게 대하게 된 근본적인 원인은 그들이 하나님의 율법을 제멋대로 해석하여, 마치 자신들이 그 율법 전체를 어김없이 다 지키고 있는 것으로 여기고서, 그들 자신을 의롭다고 생각하였기 때문이었다. 그러나 우리는 우리 구주께서 그들에게 하신 대답을 들어 보자.

3-7. [3]예수께서 그들에게 이 비유로 이르시되 [4]너희 중에 어떤 사람이 양 백 마리가 있는데 그 중의 하나를 잃으면 아흔아홉 마리를 들에 두고 그 잃은 것을 찾아내기까지 찾아다니지 아니하겠느냐 [5]또 찾아낸즉 즐거워 어깨에 메고 [6]집에 와서 그 벗과 이웃을 불러 모으고 말하되 나와 함께 즐기자 나의 잃은 양을 찾아내었노라 하리라 [7]내가 너희에게 이르노니 이와 같이 죄인 한 사람이 회개하면 하늘에서는 회개할 것 없는 의인 아흔아홉으로 말미암아 기뻐하는 것보다 더하리라.

마태복음 18:12-13에 대한 설명을 보라. 거기에서 우리는 이것과 동일한 비유를 만나 보았지만, 거기에 나온 것은 여기에서처럼 그렇게 자세하지는 않다. 이 비유의 결미인 7절은 우리 구주께서 이 비유를 통해서 자신의 청중들과 우리에게 가르치시고자 하시는 주된 것이 무엇인지를 보여 주는데, 그것은 그리스도께서는 이미 영화롭게 된 모든 성도들을 보는 것도 기쁜 일이지만, 하나님의 긍휼하심에 의해서 가장 큰 죄인들이 회개하고 그 긍휼하심을 얻기 위하여 달려오는 것을 볼 때에 더 큰 기쁨을 느끼기 때문에, 아무리 큰 죄인일지라도 결코 거부하거나 배척하지 않으신다는 것이다. 아무리 큰 죄들을 수없이 지은 죄인이라고 할지라도, 자신의 이전의 행실을 회개하고 통회하는 심령으로 죄 사하심과 긍휼하심을 바라고 주님께로 나아온다면, 주님께서는 두 팔을 벌려 그들을 반갑게 맞아 주실 것이지만, 회개하지 않는 죄인은 주님의 영접을 받지 못할 것이다.

그러나 연구와 실습을 통해서 실험들을 계속해 나가는 사람들에게는 그들이 찾던 결과물을 찾지는 못하더라도, 그 과정에서 그들에게 대단히 유익한 다른 어떤 결과물들을 얻어내는 일이 종종 있는 것과 마찬가지로, 복음서의 비유들을 부지런히 연구하는 사람들에게도 그런 일이 일어난다. 우리 구주께서는 일차적으로 어떤 한 진리를 보여 주시기 위하여 어떤 비유를 말씀하신 것일지라도, 그 비유는 우리가 주목할 가치가 있는 다른 여러 유익한 교훈들도 우리에게 준다.

이 비유 속에 나오는 "어떤 사람"은 하나님의 영원하신 아들인 동시에 인자이신 그리스도를 가리키고, "양 백 마리"는 자신의 택함 받은 자들, 즉 하늘에 있든 땅에 있든, 이미 부르심을 받았든 나중에 부르심을 받게 될 것이든, 모든 택함 받은 자들을 가리키며, 잃은 양은 "허물과 죄"로 죽은 "본질상 진노의 자녀"(엡 2:1, 3)를 가리킨다. 잃은 양은 많은데, 여기에서는 잃은 양 한 마리에 대해서만 언급하고 있는 것은, 각 사람에 대한 그리스도의 사랑을 우리에게 알게 하시기 위한 것이다. 즉, 그리스도께서는 많은 잃은 양들 중에서 단 한 마리를 속량하시기 위해서라도, 기꺼이 하늘에서 내려오셔서 이 땅에서 십자가를 지셨을 것이라는 말이다. "들"에 두어진 "아흔아홉 마리"는 "회개할 것 없는 의인"인 이미 영화롭게 된 성도들을 가리키는 것으로 보인다. 이 사람이 잃은 양 한 마리를 찾아다니다가 결국에는 찾아서 기뻐하고 어깨에 메고 집으로 돌아왔다는 것은 그리스도의 무한하신 사랑, 즉 아버지의 보좌와 영화롭게 된 성도들과 천사들의 무리를 떠나서, 잃어버린 자들을 찾아 구원하시기 위하여, 그들을 위해 자신의 목숨을 속전으로 기꺼이 지불하시고, 그런 후에 자신의 성령과 복음의 일꾼들을 보내셔서 구원의 복음을 전하게 하시고, 그들로 하여금 자신의 죄들을 회개하고 복음을 받아들이게 하시고 나서, 믿음으로 말미암는 자신의 능력으로 그들을 지키셔서 구원에 이르게 하시는 사랑을 가리킨다. 왜냐하면, 주님께서는 택함 받은 영혼을 먼저 찾아가셔서 자신의 눈으로 발견하실 뿐만 아니라, 자신의 어깨에 메고 집으로 오신다는 것은, 자신의 능력으로 끝까지 그 영혼을 천국까지 인도하시는 것을 의미하기 때문이다.

이 사람이 이웃들을 불러서 함께 즐거워하였다는 것은 그리스도께서 죄인들과 어울려 교제하시는 것을 기뻐하시고 만족해하셨다는 것을 가리킨다. 7절에 나오는 말씀은 이것을 좀 더 분명하게 보여 준다: "내가 너희에게 이르노니 이와 같이 죄인 한 사람이 회개하면 하늘에서는 회개할 것 없는 의인 아흔아홉으로 말미암아 기뻐하는 것보다 더하리라." 10절에서도 주님께서는 "의인 아흔아홉"과 비교하는 말을 뺀 채로 이것과 거의 동일한 말씀을 하신다: "죄인 한 사람이 회개하면 하나님의 사자들 앞에 기쁨이 되느니라." 따라서 여기에서 우리는 7절과 10절에 나오는 말씀들을 한데 결합시켜서 살펴보고자 하는데, 이 말씀들과 관련해서 다음과 같은 질문들이 제시될 수 있다.

질문 1. 여기에서 하늘에서 기뻐한다는 것은 무엇을 의미하는가? 하늘의 주민들은 하나님, 복된 천사들, 영화롭게 된 성도들이다. 기뻐한다는 것은 우리가 전에 바라던 것이 이루어졌을 때에 우리 속에서 생겨나는 감정의 산물인데, 어떻게 하나님과 천사들과 성도들이 기뻐한다고 말할 수 있는가? 대답: 우리의 감정을 표현하는 단어들이 완전한 존재들에게 적용되었을 때, 우리는 그 단어들이 불완전한 존재들에게 적용되었을 경우에 지니게 되는 여분의 과도한 의미를 제외한 채로 오직 완전한 존재들에게 부합하는 의미로만 이해하여야 한다. 기쁨이라는 것은 원하던 것을 얻었을 때에 온전히 만족하는 것 외에 다른 것이 아니다. 따라서 이사야서 62:5에서는 하나님께서 자기 백성을 기뻐하시는 것을 "신랑이 신부를 기뻐함 같이 네 하나님이 너를 기뻐하시리라"고 표현한다.

질문 2. "회개할 것 없는 의인 아흔아홉"은 누구인가? 여기에서 "아흔아홉"은 특정한 하나를 제외한 나머지 불특정 다수를 의미한다. 대답: (1) "회개할 것 없는" 자들이 누구인가에 대해서, 어떤 이들은 실제로는 회개할 필요가 있는 자들이지만 스스로는 자기가 회개할 필요가 없다고 생각하는 자들을 가리키는 것이라고 말하고, 어떤 이들은 다른 사람들에 비해서 상대적으로 회개할 필요가 없는 자들을 가리키는 것이라고 말한다. (2) "회개"에 대해서, 어떤 이들은 여기에서 "회개"는 보속을 의미하는 것이고, "회개할 것 없는" 자들은 교회 앞에서 공적으로 고해할 죄를 저지르지 않아서 보속할 필요가 없는 자들을 가리키는 것으로 본다. 하지만 나는 "회개할 것 없는 의인들"은 그리스도께서 우리를 속량하시기 위하여 이 땅에 오실 때에 하늘에 남겨 두신 저 영화롭게 된 성도들의 무리를 가리키는 것이라고 생각한다. 어떤 이들은 여기에서 그리스도께서는 하늘에서 하나님과 거룩한 성도들과 천사들은, 실제로는 완악하게 고집을 부리며 회개하지 않는 자들이면서도 스스로를 "의인"으로 자처하며 끊임없이 하나님을 근심하시게 하는 아흔아홉보다 자기가 죄인임을 깨달아 회개하는 "죄인"을 볼 때에 더 기뻐하고 즐거워한다는 것을 말씀하신 것이라고 본다.

질문 3. 하나님과 천사들과 성도들이 영화롭게 된 성도 아흔아홉보다 한 명의 회개하는 죄인을 더 기뻐하신다는 것이 과연 말이 되는가? 대답: 여기에서 그리스도께서는 사람들의 예를 따라서 하나님과 천사들에 대하여 말씀하고 계시는 것임은 누구나 다 인정한다. 사람들은 어떤 사람들을 오랫동안 기뻐해 왔더라도, 자신을 기뻐하게 하는 어떤 새로운 대상이 나타난 경우에는, 자신의 기쁨의 감정을 더 크게 표현하는 법이다. 부모는 자신의 자녀들 중에서 한 명이 죽음의 문턱까지 갔다가 다시 살아 돌아온 경우에는 나머지 자녀들보다 그 살아 돌아온 한 명의 자녀를 보고 더 기뻐한다. 하나님께서는 모든 것을 아시고 미리 다 아시기 때문에, 하나님에게 새로운 것은 있을 수 없지만, 어떤 일이 실제로 이루어졌을 때, 그 일은 하나님께 새로운 것일 수 있다. 사람들 사이에서 일어난 일들로 인해서 하나님의 존재가 바뀌거나 변화되는 것은 전혀 아니지만, 우리는 하나님께서 큰 죄인들이 회개하고 회심하는 것을 보시면 얼마나 무한히 기뻐하시는지를 표현하기 위해서, 그런 일을 보셨을 때에 하나님이 지금까지보다 더 큰 만족을 얻으시는 것으로 묘사한다. 성경에 나오는 그러한 표현들은 하나님께서 우리에게 위로와 힘을 주시기 위하여 하나님 자신을 우리의 눈높이에 맞추어 표현하는 것을 허락하심으로써 생겨난 것들이기 때문에, 우리는 그런 표현들을 억지로 해석해서, 하나님에 대한 우리의 불경한 생각들을 합리화하는 데 사용해서는 안 된다.

질문 4. 어떤 이들은 천사들이 죄인의 회심을 어떻게 알 수 있느냐고 묻는다. 교황주의자들 중에는, 회심은 우리의 마음속에서 일어난다는 것을 들어서, 이 본문을 근거로 해서, 천사들은 우리의 마음을 안다고 추론한다. 대답: 천사들과 영화롭게 된 성도들이 어떤 죄인이 회심하였다는 것을 아는 것은 하나님께서 그 사실을 그들에게 알려 주시기 때문일 것이다.

8-10. [8]어떤 여자가 열 드라크마가 있는데 하나를 잃으면 등불을 켜고 집을 쓸며 찾아내기까지 부지런히 찾지 아니하겠느냐 [9]또 찾아낸즉 벗과 이웃을 불러 모으고 말하되 나와 함께 즐기자 잃은 드라크마를 찾아내었노라 하리라 [10]내가 너희에게 이르노니 이와 같이 죄인 한 사람이 회개하면 하나님의 사자들 앞에 기쁨이 되느니라.

주님께서 이 비유를 마치시고 곧바로 하신 말씀이 잘 보여 주듯이, 이 비유는 앞에 나온 비유와 그 취지가 동일하기 때문에, 자세한 설명은 필요하지 않다. 이 두 비유를 통해서 우리의 찬송 받으실 주님께서는 자기가 세리들이나 죄인들과 함께 어울려 대화하고 교제하는 목적이 무엇인지를 바리새인들에게 알게 해 주신다. 즉,

하나님께서는 죄인들이 죽기를 바라시는 것이 아니라, 자신들의 악한 삶에서 돌이켜 회개하기를 원하시고, 죄인이 한 명이라도 회개하고 돌아오는 것을 가장 기뻐하시기 때문에, 주님께서는 바로 그 일을 위하여 그들과 어울려 먹고 마시는 것이라고 대답하고 계시는 것이다. 이 장의 나머지 부분을 차지하는 이어지는 비유의 취지도 바로 그런 것이다.

11-16. [11]또 이르시되 어떤 사람에게 두 아들이 있는데 [12]그 둘째가 아버지에게 말
하되 아버지여 재산 중에서 내게 돌아올 분깃을 내게 주소서 하는지라 아버지가 그
살림을 각각 나눠 주었더니 [13]그 후 며칠이 안 되어 둘째 아들이 재물을 다 모아 가
지고 먼 나라에 가 거기서 허랑방탕하여 그 재산을 낭비하더니 [14]다 없앤 후 그 나라
에 크게 흉년이 들어 그가 비로소 궁핍한지라 [15]가서 그 나라 백성 중 한 사람에게
붙여 사니 그가 그를 들로 보내어 돼지를 치게 하였는데 [16]그가 돼지 먹는 쥐엄 열매
로 배를 채우고자 하되 주는 자가 없는지라.

이 탁월한 비유의 목적은, 아무리 큰 죄를 범한 자라고 할지라도 진심으로 회개하고 하나님께 돌아오기만 하면, 반갑고 따뜻하게 맞아 주시는 하나님의 은혜를 찬양하기 위한 것임이 분명하지만, 우리는 이 비유 속에서 다음과 같은 교훈들을 배울 수 있다: (1) 이 비유는 인간의 원래의 상태에 대해서 우리에게 말해 준다. 즉, 인간은 원래 아버지의 집에서 아무것도 부족함이 없는 가운데 행복하게 잘 살고 있는 자녀와 같았다는 것이다. (2) 타락한 인간의 가장 비참한 모습은 특히 허랑방탕한 삶으로 치닫는 것이다. (3) 이 비유는 죄인이 하나님께로 돌아오는 참된 길을 가르쳐 준다. (4) 이 비유는 은혜가 풍성하신 우리의 아버지께서는 회개하고 돌아오는 죄인들을 기꺼이 받아 주시고 놀라울 정도로 인자하고 반갑게 맞아 주시는 분이심을 보여 준다. (5) 선한 영혼들도 종종 다른 사람들이 자기보다 하나님으로부터 더 큰 은총을 받는다는 생각이 들 때에는 시기를 한다. (6) 우리가 연약하여 합당하지 않은 혈기로 행함에도 불구하고, 하나님께서는 인자하심과 온유하심으로 우리를 대해 주신다.

여기에서 하나님은 두 아들을 둔 "어떤 사람"으로 묘사되는데, 어떤 아들들은 창조에 의해서 아들이 된 자들이고, 어떤 아들들은 단지 창조에 의해서만이 아니라 중생에 의해서 아들이 된 자들이다. 왜냐하면, 하나님께서는 "그 이름을 믿는 자들에게는 "하나님의 자녀가 되는 권세를 주셨기" 때문이다(요 1:12). 오직 창조에 의해서만 아들들인 사람들은 이 비유에서 "둘째 아들"로 묘사되고, 이 둘째 아들은 아버지의 집에서 살아가는 삶에 만족하지 못하고 자신의 분깃을 받아서 먼 나라에 가서 살고 싶어 하는 자로 묘사된다. 모든 사람은 하나님의 아들이었던 아담 안에 있기 때문에, 모두 다 똑같이 본성적으로 하나님의 아들들이지만, 하나님의 곁을 떠났다. 모든 사람은 아담 안에서 범죄하였고, 그 결과 모든 사람은 죽었다. 그러나 일부 사람들은 은혜로 말미암아 다시 아버지의 집으로 돌아가지만, 어떤 사람들은 자기가 하나님의 피조물이고 자녀라는 것에 대하여 의문을 제기하면서, 하나님의 집에 속해서 거기에서 살아가야 한다는 것을 싫어하고, 오직 자신의 분깃인 현세의 좋은 것들만을 원한다. 어떤 자들은 명예를 원하고, 어떤 자들은 재물을 원하며, 그들 모두는 건강을 원한다. 하나님께서는 너그러우신 아버지이시기 때문에, 현세의 좋은 것들 중에서 어떤 자들에게는 이것을, 어떤 자들에게는 저것을, 어떤 자들에게는 여러 가지 것들을 나누어 주신다. 사람들이 이 땅에서 무엇을 갖고 있든, 그것들은 모두 다 의인에게나 악인에게나 똑같이 햇빛을 비추어 주시고 비를 내려 주시는 하나님으로부터 온 것들이다. 이렇게 하나님께서 그런 것들을 그들에게 공급해 주시자마자, 악한 자들은 재빨리 "먼 나라로 가 거기서 허랑방탕하여" 악하고 방탕한 삶을 거침없이 살아서, 본성적으로 타고난 것보다 더욱더 멀리 하나님으로부터 멀어지고, 아버지로부터 받은 "재산"과 건강과 소중한 시간과 놀라운 재능들과 은사들을 다 탕진하고 소모해서, 전능하신 하나님께 큰 욕을 끼친다. 그랬을 때, 하나님께서는 종종 자신의 섭리를 통해서 그런 사람들을 곤경에 빠뜨리시는 것을 기뻐하시고, 곤경에 처한 사람들은 하늘에 계신 아버지께로 돌아갈 생각을 하기보다는, 온갖 야비하고 천한 방법을 다 동원해서 어떻게든 그 곤경에서 벗어나려고 애쓰게 되고, 결국에는 돼지를 치는 일까지 하게 된다. 그러나 그들이 하나님께서 은혜로 택하신 자들에 속한 자들인 경우에는, 하나님의 섭리는 그들을 그 상태로 내버려 두지 않는다. 육신의 만족만을 주는 "쥐엄 열매"는 영혼의 양식이 될 수 없지만, 그들은 쥐엄 열매조차도 마음껏 배부르게 먹을 수 없게 된다. 이렇게 하나님께서는 그들로 하여금 그 어떤 것에서도 만족을 얻을 수 없게 만드시고, 그들이 처한 모든 상황이 그들에게 고통과 괴로움이 되게 만드신다.

17. 이에 스스로 돌이켜 이르되 내 아버지에게는 양식이 풍족한 품꾼이 얼마나 많은가 나는 여기서 주려 죽는구나.

모든 죄인은 제정신이 아니고 미쳐 있기 때문에 정상이 아니다. 그들의 이성은 정욕과 욕심과 혈기에 붙잡혀 노예가 되어 있고, 식욕의 지배를 받으며, 그런 것들이 그들 속에서 광분하여 날뛸 때, 그들의 총명은 눈멀어서 선과 악을 제대로 분별할 수 없다. 그리고 그들이 설령 선과 악을 어느 정도 분별하였다고 해도, 그들의 의지는 완악해서 악을 붙잡는다. 회심이라는 것은 단지 한 사람이 제정신으로 돌아오는 것을 가리키는 것일 뿐이다. 하나님의 집에 속해 있을 때에는 아무리 가난한 자, 아니 아무리 미천한 종이라고 해도 자신에게 필요한 그 어떤 좋은 것도 부족하지 않았는데, 하나님을 떠났더니 먹을 것조차 없어 굶어 죽게 될 정도로 비참하게 되었다는 생각이 어떤 사람의 마음속에서 처음으로 생겨났을 때, 그 사람의 회심은 시작된다. 어떤 사람이 그러한 생각을 하기 시작하면, 하나님의 성령이 그 사람의 마음에 역사하여, 그러한 생각은 점점 하늘의 아버지께로 돌아가야 하겠다는 생각으로 발전하는데, 이것은 성령의 역사의 결과이다. 왜냐하면, 우리에게는 스스로 그 어떤 선한 생각도 해낼 수 있는 힘이 없기 때문이다.

18-20. [18]내가 일어나 아버지께 가서 이르기를 아버지 내가 하늘과 아버지께 죄를 지었사오니 [19]지금부터는 아버지의 아들이라 일컬음을 감당하지 못하겠나이다 나를 품꾼의 하나로 보소서 하리라 하고 [20]이에 일어나서 아버지께로 돌아가니라 아직도 거리가 먼데 아버지가 그를 보고 측은히 여겨 달려가 목을 안고 입을 맞추니.

어떤 죄인이 하나님께로 돌아가는 방법은, 먼저 일어나서 아버지께로 가서, 자신의 죄가 크고 흉악하다는 것을 시인하고 고백하면서, 자기에게는 의로운 것이 하나도 없기 때문에 좋은 대접을 받을 자격이 전혀 없다는 것을 인정하고, 자기 자신을 철저히 낮추어 하나님의 발등상 앞에 납작 엎드리는 것이어야 한다. 이 비유에서 탕자는 "내가 일어나 아버지께 가서 이르기를 아버지 내가 하늘과 아버지께 죄를 지었사오니 지금부터는 아버지의 아들이라 일컬음을 감당하지 못하겠나이다 나를 품꾼의 하나로 보소서 하리라 하고 이에 일어나서 아버지께로 돌아갔다." 그는 죄의 잠과 침상에서 일어나, 아버지께로 갔다. 본문은 그가 누구의 힘 또는 도움으로 이렇게 일어나서 갈 수 있었는지에 대해서는 아무 말도 하지 않는다. 우리는 주님께서 여기에서 인간 사회에서 흔히 일어나는 일에 빗대어서 영적인 진리를 말씀하시고 계신다는 것을 기억하여야 한다. 그래서 이 비유 속에서는 탕자가 스스로 일어나서 아버지께로 갈 수 있는 타고난 힘이 있는 것으로 전제된다. 하지만 영적으로 일어나서 아버지께로 갈 수 있는 힘은 그렇지 않기 때문에, 복음서들의 다른 곳에서 주님께서는 자기를 통하지 않고서는 아버지께로 갈 자가 없고, 아버지께서 이끌지 않으시면 아무도 아들에게로 올 수 없으며, 아버지의 가르침을 받은 자만이 아들에게로 올 수 있다고 말씀하신다. 또한, 사도도 "너희는 그 은혜에 의하여 믿음으로 말미암아 구원을 받았으니 이것은 너희에게서 난 것이 아니요 하나님의 선물이라"(엡 2:8)고 말하고, "그리스도를 위하여 너희에게 은혜를 주신 것은 다만 그를 믿게" 하기 위한 것이라고 말한다(빌 1:29). 이것들은 육신의 부모가 돌아온 탕자를 자애로운 사랑으로 너그럽게 받아 주는 것에 빗대어서, 하늘에 계신 우리 아버지께서는 회개하는 죄인들을 지극한 사랑으로 두 팔을 벌려 안아 주시고 받아 주신다는 것을 보여 주는 본문들 중의 일부일 뿐이다. 하나님께서는 큰 죄인들이 낙심하여 자기에게로 돌아오고자 하는 생각을 접게 만들지 않기 위하여, 그러한 생각의 단초조차도 아주 소중히 여기신다. 시편 기자는 "내가 이르기를 내 허물을 여호와께 자복하리라 하고 주께 내 죄를 아뢰고 내 죄악을 숨기지 아니하였더니 곧 주께서 내 죄악을 사하셨나이다"(시 32:5)라고 말한다. 하나님을 향한 우리 마음의 최초의 선한 움직임들과 일어섬들은 하나님께서 친히 우리 속에서 불러일으키신 것이기 때문에 소중히 여기실 수밖에 없다. 우리의 제단에는 거룩한 불이 없기 때문에, 그 불은 처음에 하늘로부터 내려온다. 우리의 영혼이 실제로 그리스도를 믿고 가까이 하는 것과는 거리가 멀고, 단지 그러한 기미만을 보일지라도, 하나님께서는 그러한 기미를 소중히 여기셔서, 조금만 더 힘을 내라고 북돋워 주시며, "아직도 거리가 먼데" 우리에게로 달려오신다. 만일 하나님께서 그렇게 해 주시지 않으신다면, 하나님을 향하고자 하는 우리의 최초의 단초는 신속하게 사라져 버리는 새벽이슬이나 세상의 빛도 보지 못하고 유산된 아이 같이 되어 버리고 말 것이다.

21. 아들이 이르되 아버지 내가 하늘과 아버지께 죄를 지었사오니 지금부터는 아버지의 아들이라 일컬음을 감당하지 못하겠나이다 하나.

죄인의 선한 생각과 결심은 무르익어서 이제 행동으로 나타나는데, 그 첫 번째 행동은, 자신의 죄를 깨닫고 겸손하게 고백하고서, 자기가 아버지 하나님 앞에 지은 죄가 너무나 커서, 지금부터는 아버지의 아들이라고 할 자격도 없다는 것을 인정하고 표현하는 것으로 나타난다. 여기에서 그는 자기가 19절에서 결심한 것들 중에서 아버지께 청하겠다고 한 부분을 단순히 기계적으로 반복하고 있는 것이 아니라, 계속해서 자라고 성장해서 실제의 행동으로 표출된 것이다. 사람들은 누구에게나 주어지는 하나님의 일반 은혜로 말미암아 어떤 선한 생각들을 할 수 있지만, 하나님의 성령이 그러한 생각들의 위를 운행하셔서 그들의 심령 속에 붙들어 두지 않으시면, 행동으로 표출되기까지 자라나지 못하고 소멸되고 만다. 그러나 하나님께서 한 심령을 철저하게 변화시키고자 하실 때에는, 성령께서 오셔서 그 심령에게 죄와 의를 깨닫게 하신다. 성령의 그러한 역사가 있을 때, 그 사람의 결심은 무르익어서 행동으로 나타나서, 그의 심령 속에서 참된 통회와 죄에 대한 고백이 이루어지고, 철저히 낮아져서 자기를 부인하고 하나님의 뜻을 온전히 받아들여서, 자기 자신을 하나님의 거저 주시는 은혜와 긍휼에 맡기는 일이 일어나게 된다.

22-24. [22]아버지는 종들에게 이르되 제일 좋은 옷을 내어다가 입히고 손에 가락지를 끼우고 발에 신을 신기라 [23]그리고 살진 송아지를 끌어다가 잡으라 우리가 먹고 즐기자 [24]이 내 아들은 죽었다가 다시 살아났으며 내가 잃었다가 다시 얻었노라 하니 그들이 즐거워하더라.

우리는 지금 주님께서 비유로 말씀하고 계신다는 것을 기억하여야 한다. 이 비유 속에서 죄인은 탕자로 표현되고, 하나님은 너그럽고 자애로우신 아버지의 모습으로 등장하며, 회개한 죄인은 아버지께로 돌아와서 자신의 잘못을 시인하고 아버지의 용서와 자비를 구하며 자기는 아들로서의 자격도 없는 자라고 고백하고서 오로지 아버지의 선하심과 긍휼하심만을 의지하는 탕자로 표현된다. 한 유명한 저술가는 성경에 나오는 모든 비유들 가운데서 이 비유야말로 가장 유명한 것들 중의 하나로서, 주님께서는 자신이 표현하고자 하신 것을 이 비유를 통해 가장 완벽하고 온전하게 표현해 내고 계시기 때문에, 이 비유의 모든 부분을 실제의 회개 과정에 그대로 적용할 수 있다고 말하면서, 이 비유의 이 대목은 진심으로 회개하는 죄인들에 대한 하나님의 은혜를 보여 주는 것이라고 말한다. 우리는 앞에서 하나님께서는 죄인들을 기꺼이 두 팔을 벌려 영접하고자 하신다는 것을 보았는데, 이 대목은 하나님께서 죄인들을 어떤 식으로 대우하시는지를 우리에게 잘 보여 준다. 어떤 사람이 배교했을 때에는, 하나님께서는 그 사람의 이전의 의와 신앙 고백을 기억하지 않으실 것이라고 말씀하신 것처럼(겔 3:20; 33;13), 어떤 사람이 참되고 진실한 회개를 하였을 때에는, 하나님은 그 사람의 죄를 기억하지 않으신다(사 43:25). 탕자가 돌아왔을 때, 아버지는 탕자가 제멋대로 가출해 버린 것이나 자신의 분깃을 허랑방탕하게 탕진해 버린 것을 기억하지 않으시고, 오직 "제일 좋은 옷(τὴν στολὴν τὴν πρώτην, '텐 스톨렌 텐 프로텐')을 내어다가 입히고 손에 가락지를 끼우고 발에 신을 신기라 그리고 살진 송아지(τὸν μόσχον τὸν σιτευτὸν, '톤 모스콘 톤 시튜톤')를 끌어다가 잡으라"고 말한다.

나는 어떤 해석자들이 "살진 송아지"는 그리스도를 가리키고, "제일 좋은 옷"은 그리스도께서 본성적으로 죄가 없으시고 의로우시다는 것을 가리키는 것으로 해석하는 것을 본다. 하나님께서는 어떤 심령에게 그리스도의 공로를 덧입히셔서 그 심령을 의롭다고 하심과 동시에, 자신의 성결의 영도 그 심령에게 덧입혀 주셔서 그 속사람을 새롭게 하심으로써 성결과 의의 열매를 맺게 하신다는 점에서(겔 36:26-27), 그러한 해석을 잘못된 것은 아니니다. 그러나 주님께서 라오디게아 교회에게 "흰 옷을 사서 입어 벌거벗은 수치를 보이지 않게 하라"(계 3:18)고 권면하시고, "흰 옷" 입은 자들은 "어린 양의 피에 그 옷을 씻어 희게 한"(계 7:14) 자들이라고 하신 것을 생각하면, 우리는 이 두 어구가 모두 그리스도께서 자신의 공로를 사람들에게 적용하셔서 자신의 의를 덧입혀 주시는 것을 가리키는 것으로 이해해야 한다. 성경에서는 종종 은혜를 받아 형성된 덕목들을 입는 것을 옷 입는 것에 비유해서, 사도는 "긍휼과 자비와 겸손과 온유와 오래 참음을 옷 입고"(골 3:12)라고 말하기도 하지만, 그러한 것들은 "제일 좋은 옷"(ἡ στολὴ ἡ πρώτη, '헤 스톨레 헤 프로테')은 아니니다. 따라서 나는 탕자를 위하여 살진 송아지를 잡는다는 것은 참되게 회개하고 하나님의 긍휼하심을 구하는 모든 죄인에게 그리스도의 피의 공로가 적용되는 것을 가리키고, 제일 좋은 옷은 믿는 자들에게 전가되어 그들로 하여금 의롭다 하심을 얻게 해 주는 그리스도의 의를 가리키는 것으로 해석하는 편이 좋을 것이라고 본다. 또한, 이것이 비유라는 점을 고려하면, 아버지가 탕자를 위해 살진 송아지를 잡으라(θύσατε, '뛰사테')고 한 것은 죄인의 회심은 사람들 사이에서 기뻐해야 할 일임과 동시에 하나님께 크게 감사해야 할 일이라는 것도 가리키는 것으로 보인다. 즉, 어떤 심령이 회심하여 하나님께로 돌아왔다는 소식을 들었거나, 그랬을 가능성이 높은 어떤 증표를 보았을 때에는, 그 사람의 육신의 부모인 사람들이나 복음의 일꾼들은, 한편으로는 진심으로 함께 기뻐하고 즐거워함과 동시에, 다른 한편으로는 사람들을 위하여 그런 일을 행하신 하나님께 감사의 제사를 드리는 것이 마땅하다는 것이다. 다시 비유로 돌아가서 그 의미를 살펴보자.

우리가 먹고 즐기자. 이 말씀이 하늘에 계신 아버지의 말씀이라는 것을 생각하면, 그것은 한 심령이 회개하여 그리스도의 피의 공로와 의를 덧입은 바로 그 날부터, 영원하신 하나님께서는 그 심령과 화목한 관계를 이루시고 함께 교제하시기 때문에, 그 시점부터 그 심령은 영적으로 기뻐하고 즐거워할 수 있는 참된 권리를 얻은 것임을 우리에게 말해 준다. 시편 기자는 하나님께서 "의인을 위하여 빛을 뿌리고 마음이 정직한 자를 위하여 기쁨을 뿌리시는도다"(시 97:11)라고 말한다. 그 영혼이 당장에는 여러 시험들로 인하여 그것을 깨달을 수 없고, 믿음에 수반되는 기쁨과 평안을 실제적으로 누릴 수 없다고 할지라도, 그 영혼에게는 기뻐하고 즐거워할 권리도 이미 주어져 있고, 하나님과 화목을 누리며 평안 가운데 살아갈 수 있는 자격도 이미 주어져 있다.

이 내 아들은 죽었다가 다시 살아났으며 내가 잃었다가 다시 얻었노라. 사도 바울이 "향락을 좋아하는 자는 살았으나 죽었느니라"(딤전 5:6)고 말하였듯이, 죄악된 영혼은 죽은 영혼이다. 죄인의 회심은 죽은 자 가운데서 다시 살아난 것과 같다. 또한, 그리스도의 피로 말미암아 하나님과 화해를 이룰 때까지는, 그 어떤 영혼도 참된 기쁨과 즐거움을 누릴 수 없다.

25-32. [25]맏아들은 밭에 있다가 돌아와 집에 가까이 왔을 때에 풍악과 춤추는 소리를 듣고 [26]한 종을 불러 이 무슨 일인가 물은대 [27]대답하되 당신의 동생이 돌아왔으매 당신의 아버지가 건강한 그를 다시 맞아들이게 됨으로 인하여 살진 송아지를 잡았나이다 하니 [28]그가 노하여 들어가고자 하지 아니하거늘 아버지가 나와서 권한대 [29]아버지께 대답하여 이르되 내가 여러 해 아버지를 섬겨 명을 어김이 없거늘 내게는 염소 새끼라도 주어 나와 내 벗으로 즐기게 하신 일이 없더니 [30]아버지의 살림을 창녀들과 함께 삼켜 버린 이 아들이 돌아오매 이를 위하여 살진 송아지를 잡으셨나이다 [31]아버지가 이르되 얘 너는 항상 나와 함께 있으니 내 것이 다 네 것이로되 [32]이 네 동생은 죽었다가 살아났으며 내가 잃었다가 얻었기로 우리가 즐거워하고 기뻐하는 것이 마땅하다 하니라.

이 비유의 이 마지막 부분은 앞의 여러 부분들만큼 죄인들의 회개 과정과 정확히 결부시켜 적용하기가 어렵기는 하지만, 우리 마음속에는 다른 사람들이 영적으로 잘되는 것에 대하여 본성적으로 시기하는 마음이 있다는 것을 아주 생생하게 보여주는 데 기여한다. 여기에서 우리가 주목할 만한 것은 다음 두 가지이다: (1) 인간은 편협하고 옹졸해서 남이 잘되는 것을 보면 시기하게 된다. (2) 우리가 토라져서 고집을 부려도, 하나님께서는 그런 우리를 온유하게 대해 주신다. 어떤 이들은 "맏아들"은 유대인들을 가리키는 것이라고 생각한다. 왜냐하면, 유대인들이 이방인들에 대하여 옹졸하고 편협한 마음을 지니고서, 이방인들에게는 복음의 은혜가 주어져서는 안 된다고 생각했다는 것은 우리가 성경의 많은 대목들에서 볼 수 있기 때문이다. 어떤 이들은 여기에서 "맏아들"은 외식하는 자들, 즉 위선자들을 가리킨다고 본다. 왜냐하면, 위선자들은 자신들을 그 누구보다도 대단한 자들이라고 생각하고 그들 자신을 그 누구보다도 의롭다고 생각하기 때문에, 어떤 다른 사람들이 하나님의 은총을 자기들보다 더 많이 받거나 먼저 받았다는 것을 들으면 참을 수 없어 하기 때문이다. 하지만 우리는 하나님의 백성 중에서 믿음이 가장 좋은 사람들조차도, 그들의 마음을 면밀하게 살펴보면, 여전히 교만과 시기하는 마음이 어느 정도 그들 속에 남아 있는 것을 알 수 있다는 점에서, 여기에 등장하는 "맏아들"은 모든 사람을 가리키는 것으로 이해하는 것이 좋을 것이다.

우리 속에 있는 교만은 우리로 하여금 다른 누구보다도 우리야말로 하나님의 특별한 은총을 받아야 할 사람들이라고 생각하게 만들고, 우리 속에 있는 시기하는 마음은 우리로 하여금 다른 사람들이 우리에게 없는 하나님의 은혜를 받은 것을 보면 불평하게 만들기 때문에, 이 두 가지는 우리가 다른 어떤 것들보다 특히 더 조심하고 주의를 기울여야 하는 부패한 성품들이다. 우리가 하나님의 존귀와 영광에 대하여 옹졸하고 편협한 생각을 품거나, 하나님이 베푸시는 섭리들이나 하나님의 지혜와 공의에 대하여 불만이 생기거나, 다른 사람들에 대하여 상당한 무자비함과 냉혹함을 지닌다면, 그것은 우리의 눈이 악해서, 하나님의 선하심을 받아들이지 않기 때문이다.

게다가, 거기에는 우리 자신의 공로를 주장하고자 하는 마음도 개입되어 있는 것으로 보인다. 그러한 생각들에 빠져 있는 심령은 마땅히 자기가 받을 만한 것보다 더 많은 것을 받아야 한다고 생각한다. 왜냐하면, 만일 우리에게 그러한 마음이 없다면, 하나님께서는 자신의 것을 자기가 기뻐하시는 뜻대로 나누어 주시는 까닭에, 우리는 우리 자신이 마땅히 받아야 할 것보다 더 많은 것을 받으면서도, 다른 사람들이 우리보다 하나님의 은혜를 더 많이 받는 것을 보고서, 불평하거나 못마땅해한다는 것은 다른 식으로는 도저히 설명할 수 없는 지극히 비이성적인 일이기 때문이다.

또한, 우리는 이렇게 제멋대로 토라져서 고집을 부리는데도, 하나님께서 그런 우리에 대하여 보여 주시는 온유하심도 주목할 만하다. 이 비유 속에서 아버지는 맏아들에게 이렇게 말한다: "얘, 너는 항상 나와 함께 있으니 내 것이 다 네 것이로되 이 네 동생은 죽었다가 살아났으며 내가 잃었다가 얻었기로 우리가 즐거워하고 기뻐하는 것이 마땅하다." 우리는 이것을 신인동형론적 표현으로 이해하여야 한다. 즉, 주님께서는 사람들이 오랫동안 어떤 일들을 늘 기뻐해 왔었어도, 새롭게 기뻐해야 할 일이 생기면, 기존의 어떤 일들보다 그 일에 대하여 더 기쁜 감정을 나타내는 것에 빗대어서 하나님의 심정을 표현한 것이다. 따라서 이것은 주님께서 7절과 10절에서 하신 말씀을 다시 한 번 확증해 준다. 우리는 주님께서 하나님의 심정을 이렇게 표현하신 것을 그 어떤 일로 하나님을 바꾸거나 변화시킬 수 있다는 의미로 해석하지 않도록 주의하여야 하고, 단지 하나님께서는 죄인 한 명이 회심하고 자기에게로 돌아오는 것을 지극히 기뻐하신다는 것을 표현하신 것으로 이해하여야 한다. 따라서 만일 어떤 일로 하나님의 기분을 바꾸는 것이 가능하다고 한다면, 죄인이 회개하고 하나님께로 돌아오는 것은 그 어떤 일보다도 하나님을 가장 기뻐하시는 모습으로 바꾸어 놓을 수 있다. 이 비유는 죄인들이 하나님과 화목을 이루게 될 때까지 얼마나 비참한 상태로 살아가는지를 잘 보여 줄 뿐만 아니라, 그들이 진심으로 하나님께 돌아가더라도, 혹시 하나님께서 그들을 받아주시지 않을지도 모른다는 온갖 두려움과 시험들로부터 그들을 벗어나게 해 준다는 점에서도, 대단히 유익하다고 할 수 있다.

제16장

개요

1. 불의한 청지기의 비유(1-13).
2. 그리스도께서 자기를 비웃는 탐욕스러운 바리새인들의 위선을 꾸짖으심(14-18).
3. 부자와 거지 나사로의 비유(19-31).

1-8. [1]또한 제자들에게 이르시되 어떤 부자에게 청지기가 있는데 그가 주인의 소
유를 낭비한다는 말이 그 주인에게 들린지라 [2]주인이 그를 불러 이르되 내가 네게
대하여 들은 이 말이 어찌 됨이냐 네가 보던 일을 셈하라 청지기 직무를 계속하지
못하리라 하니 [3]청지기가 속으로 이르되 주인이 내 직분을 빼앗으니 내가 무엇을
할까 땅을 파자니 힘이 없고 빌어 먹자니 부끄럽구나 [4]내가 할 일을 알았도다 이렇
게 하면 직분을 빼앗긴 후에 사람들이 나를 자기 집으로 영접하리라 하고 [5]주인에
게 빚진 자를 일일이 불러다가 먼저 온 자에게 이르되 네가 내 주인에게 얼마나 빚
졌느냐 [6]말하되 기름 백 말이니이다 이르되 여기 네 증서를 가지고 빨리 앉아 오십
이라 쓰라 하고 [7]또 다른 이에게 이르되 너는 얼마나 빚졌느냐 이르되 밀 백 석이니
이다 이르되 여기 네 증서를 가지고 팔십이라 쓰라 하였는지라 [8]주인이 이 옳지 않
은 청지기가 일을 지혜 있게 하였으므로 칭찬하였으니 이 세대의 아들들이 자기 시
대에 있어서는 빛의 아들들보다 더 지혜로움이니라.

옛적에 히에로니무스(Hierom)는 이 비유는 아주 모호해서 알기 어렵다고 생각하였고, 율리아누스(Julian, 4세기 로마 황제)를 비롯한 배교자들은 몇몇 이교 철학자들과 더불어서, 이 본문을 근거로 삼아서, 기독교가 불의한 행위들을 가르치고 명령한다고 주장하며, 그리스도의 가르침을 비난하였다. 그러나 내가 앞에서 암시했던 것, 즉 비유에서는 언제나 과거나 현재나 미래의 사실에 부합한 내용들만을 사용할 필요가 없는 것과 마찬가지로, 거기에 나오는 행위들과 관련해서도 반드시 의롭고 정직한 행위들만을 등장시킬 필요가 없다는 것을 우리가 명심한다면, 이 비유 속에는 모호해서 알기 어려운 난해한 것도 없고, 그리스도와 그 가르침으로 하여금 욕을 먹게 하고 비난을 들을 만하게 하는 것도 없게 될 것이다. 왜냐하면, 비유의 목적은 우리에게 어떤 사실에 관한 정보를 제공해 주고자 하는 것이 아니라, 허구적인 이야기에 빗대어서 우리의 본분을 깨우쳐 주는 데 있고, 비유를 구성하는 모든 부분이 우리에게 깨우쳐 주고자 하는 본분의 어떤 측면과 반드시 대응되는 것도 아니며, 비유가 일차적으로 우리에게 깨우쳐 주고자 하는 주된 진리는 물론이고 우리에게 부차적으로 가르쳐 주고자 하는 교훈들의 옳고 그름은 비유 자체가 아니라, 그러한 진리와 교훈들을 좀 더 직설적으로 주된 주제로 다루고 있는 성경 본문들에 비추어서 판단되고 증명되어야 하기 때문이다.

우리 구주께서 이 비유를 통해서 우리에게 가르치시고자 하신 주된 것들은 다음과 같은 것들로 보인다: (1) 우리는 단지 하나님이 우리에게 맡기신 좋은 것들을 관리하는 청지기들이고, 나중에 그것들에 대해서 우리의 주인 되시는 주님과 결산하여야 한다. (2) 우리는 주님의 것들을 한동안 맡은 청지기들이기 때문에, 그것들이 우리에게 맡겨져 있는 동안에, 장차 결산을 하게 될 때에 우리에게 유리한 쪽으로 그것들을 사용하고 활용하는 것이 최고로 현명하고 지혜로운 일이다. 그러면, 이제 우리 주님께서 이 비유 속에서 이 교훈들을 어떤 식으로 제시하시고 설명하고 계시는지를 살펴보기로 하자.

주님께서는 그러한 목적을 위하여, 어떤 부자와 그의 청지기를 등장시키시고, 그 청지기가 자신에게 맡겨진 주인의 물건을 횡령하고 착복한다는 좋지 않은 소문을 부자가 듣고서, 그 청지기를 불러서, 그가 맡고 있던 일을 결산하고서 청지기를 그만두라고 말하는 상황을 설정하신다. 또한, 주님께서는 이 청지기가 힘이 없어서 땅을 파고 막노동을 해서 벌어 먹을 수도 없고 남 보기 부끄러워서 구걸해서 먹고 살 수도 없어서, 오직 자기에게 주어진 이 청지기직에 의지해서 생계를 유지하는 길 말고는 달리 살아갈 수 있는 길이 없었다는 상황을 설정하신다. 그래서 청지기는 마침내 자기 주인에게 빚진 자들을 불러서, 그들이 실제로 빚진 것보다 훨씬 덜 빚진 것으로 다시 문서를 작성해서, 그들의 부채를 경감해 주어야 하겠다고 결심을 굳힌다. 왜냐하면, 청지기는 자기가 그들의 빚을 그런 식으로 가볍게 해주면, 나중에 자기가 청지기직에서 쫓겨났을 때, 그들이 자기를 영접하여 잘 대해 줄 것이라고 생각하였기 때문이었다. 주님께서는 주인이 이 청지기가 한 일을 다른 사람들로부터 전해 듣고서, 비록 청지기가 정직하게 행하지는 않았지만, 장래를 대비해서 지혜롭게 행하였다고 칭찬하였다고 말씀하신다.

비유 속에서 이 청지기가 한 짓은 주인에게 손해를 끼치고 자신의 잇속을 챙긴 파렴치한 짓이었지만, 만약 그 청지기가 하늘에 계신 우리 주님으로부터 재물이나 명예나 재능이나 건강이나 목숨이나 어떤 외적으로 좋은 것들을 맡아 관리하는 청지기였다면, 그는 우리 주님의 좋은 것들을 이 땅에서 맡아 관리하는 동안에 장차 자기 자신에게 가장 유익되는 방식으로 사용한 것이기 때문에, 충분히 정직하고 지혜롭게 행한 것이 될 것이다. 이렇게 정반대의 결과가 도출되는 이유는 이 땅의 주인과 그의 청지기는 서로에게 이익 되는 것이 상반되어서, 어느 한 쪽에 최대의 이익이 되면, 다른 한 쪽에는 최대의 불이익이 되는 반면에, 하늘에 계신 우리 주님과 그 청지기인 우리의 관계는 그것과는 완전히 달라서, 어느 한 쪽에 최대의 이익이 되는 것이 곧 그대로 다른 한 쪽에도 최대의 이익이 되기 때문이다. 즉, 하나님께서는 우리가 우리에게 맡겨진 하나님의 것들을 우리에게 최고의 유익이 되는 쪽으로 사용하시는 것을 기뻐하시는데, 그것은 우리가 하나님의 것들을 우리 자신에게 최고의 유익과 선과 이득을 가져다주도록 사용하는 것과 그 모든 것들을 오로지 하나님의 영광을 위하여 사용하는 것은 서로 동일하기 때문이다. 따라서 우리가 하나님의 것들을 오로지 하나님의 영광을 극대화하기 위하여 사용할 때, 우리의 이익과 유익도 극대화된다. 바로 이 점이 이 비유 속에서 일어난 일과 현실에서 우리에게 일어나는 일이 서로 다른 부분이기 때문에, 이 비유는 이것에 대해서는 적용되지 않는다. 따라서 비유 속에서는 이 불의한 청지기는 그의 정직함과 관련해서는 욕을 먹고 칭찬을 받을 수 없고, 오직 그가 자신의 장래를 대비해서 행한 일의 지혜로움과 관련해서만 칭찬을 들을 수 있는 반면에, 하나님의 은사들을 맡은 청지기들인 우리가 그 청지기와 똑같이 행하여 우리 자신의 최고의 유익과 이익을 위하여 우리 주인의 것들을 사용했을 때에는 단지 지혜롭다는 칭찬만이 아니라 정직하다는 칭찬까지 들을 수 있게 된다.

실제로 그리스도께서는 이 비유 속에서 이 청지기처럼 하지 않는 사람들을 책망하신다: **이 세대의 아들들이 자기 시대에 있어서는 빛의 아들들보다 더 지혜로움이니라.** 여기에서 "이 세대의 아들들"은 이 청지기 같은 사람들, 즉 영원한 삶이나 자신의 영원히 죽지 않는 영혼의 문제에 대해서는 관심이 없고, 오로지 먹고 마시고 입는 것 같은 현세의 일들에만 관심이 있는 사람들을 가리키고, "빛의 아들들"은 복음의 빛을 받아 그 아래에서 살아가는 사람들, 또는 좀 더 엄격하게 이해한다면, 하나님께서 "어두운 데서 불러 내어 그의 기이한 빛에 들어가게"(벧전 2:9) 하신 자들을 가리킨다. 세상 사람들은 이 세상에서 자신들이 추구하는 목표를 이루기 위해서 지혜롭고 근면하며 영악하게 움직이는 반면에, 믿는 자들은 천국에 보화를 쌓아두는 일에 그 정도로 지혜롭거나 근면하지 않은 것은 너무나 분명한 사실이다. 주님께서는 "이 세대의 아들들이 자기 시대에 있어서는," 즉 그들이 온갖 지혜를 짜내어 민첩하고 영악하게 움직여 얻고자 하는 것들과 관련해서는 하나님의 자녀들보다 "더 지혜롭다"고 말씀하신다.

9. 내가 너희에게 말하노니 불의의 재물로 친구를 사귀라 그리하면 그 재물이 없어질 때에 그들이 너희를 영주할 처소로 영접하리라.

여기에서 "맘몬"이 "재물"을 의미한다는 데에는 해석자들의 견해가 일치하지만, 이 단어가 갈대아어, 또는 아람어, 또는 카르타고어 중 어디에서 유래하였는지에 대해서는 견해가 많이 갈린다. 호세아서 5:11의 히브리어 본문은 "에브라임은 사람의 명령 뒤따르기를 좋아하므로"로 되어 있지만, 이 본문을 의역한 갈대아 역본에서는 바로 이 "맘몬"이라는 단어가 사용되고 있다. 당시 여러 나라들이 헬라 신화에 나오는 재물의 신 플루토스(Plutus)에 상응하는 "맘몬"이라는 우상을 재물의 신으로 섬기고 있었다는 주장이 사실이라면, 호세아서 5:11에 대한 갈대아 역본의 번역은 옳은 것이라고 할 수 있다. 즉, 에브라임 사람들은 그 본문에 언급된 여로보암의 명령을 따라 맘몬을 우상으로 섬겼다는 것이다. 이것으로부터 우리는 아람 사람들과 카르타고 사람들은 재물을 "맘몬"으로 불렀을 수 있다는 결론을 얻을 수 있다. 이 단어는 신약성경에 네 번 나오는데, 이 장에 세 번 나오고, 나머지 한 번은 마태복음 6:24에 나온다. 여기에서 "불의의 재물"이라는 표현은 히브리식 표현으로서, 불의한 재물이라는 뜻이다. 우리는 "불의의 재물"을 불의하게 얻은 재물이라는 뜻으로 이해해서는 안 된다. 하나님께서는 도둑질한 것을 번제물로 드리는 것을 미워하신다. 불의하게 얻은 재물은 우리가 다시 돌려주어야 하고, 그것으로 친구들을 사귀어서는 안 된다. 여기에서 주님께서 재물을 "불의의 재물"로 부르시는 이유는 재물은 사람들을 수많은 시험들에 빠지게 하여 죄를 짓게 만들기 때문이다. 그런 까닭에, 재물은 "속이는 것"으로도 불린다. 그러나 어떤 이들은 "불의의 재물"은 11절에 언급된 "참된 것," 즉 참된 재물과 반대되는 개념이라고 생각한다. 따라서 "불의의 재물"은 거짓되어서 사람을 해치는 재물이다(ἀδιχία - '아디키아'는 종종 해악을 끼치는 것을 의미하고, ἀδιχεῖν - '아디케인'은 "해치다, 해롭게 하다"를 의미한다).

그리스도께서는, 참된 재물이 아니기 때문에 영혼을 속이고 해치며 영혼에 시험거리가 되고 해악을 끼치는 그러한 재물들을 가지고 "친구를 사귀라"고 우리에게 명령하신다. 여기에서 "친구를 사귀라"는 것은 다음 둘 중의 하나를 의미한다: (1) 하나님을 우리의 친구로 만들라는 것. 하지만 우리는 불의의 재물을 사용하여 어떤 공로를 세우는 것을 통해서가 아니라, 하나님의 뜻에 순종하여 불의의 재물을 사용하는 것을 통해서 하나님을 우리의 친구로 삼을 수 있다. (2) 가난한 그리스도인들을 우리의 친구로 삼아서, 그들로 하여금 우리를 위하여 기도해 줄 수 있게 하라는 것. 너희가 그렇게 한다면, "그 재물이 없어질 때에," 즉 너희가 죽거나, 그 재물로부터 너희가 그 어떤 위로도 받을 수 없게 될 때, "그들이 너희를 영주할 처소로 영접하리라." 거룩하신 삼위일체 하나님께서 복된 천사들을 시켜서 너희를 천국으로 영접하게 하실 것이다. 영혼들을 받아서 아브라함의 품으로 데려다 주는 것은 천사들이 하는 일이다.

10. 지극히 작은 것에 충성된 자는 큰 것에도 충성되고 지극히 작은 것에 불의한 자는 큰 것에도 불의하니라.

이것은 사람들 사이에서 통용되던 말로서, 우리 구주께서는 그러한 말을 많이 사용하셨다. 그런 종류의 말들은 반드시 보편적으로 참될 필요는 없고, 일반적으로 맞는 말이면 충분하다. 게다가, 여기에서 우리 구주께서는 사람들이 일반적으로 생각하는 것을 말씀하시며 사람들을 설득하고 계시는 것이 분명한데, 통상적으로 사람들은 "작은 것," 즉 별로 중요하지도 않고 사람들이 큰 관심도 갖지 않는 일에서 충성되고 신실한 자가 좀 더 중요하고 사람들이 관심도 많이 갖는 일에서도 충성되고 신실하다고 생각하기 때문에, 작은 일에서 충성되지 않은 사람을 보면, 그 사람은 큰 일에서도 충성되지 않을 것이라고 판단해서, 그 사람을 믿지 못할 사람으로 단정하게 될 것이다. 물론, 작고 사소한 일들에서는 충분히 충성되게 행하던 사람이 더 큰 일을 맡았을 때에는, 그 큰 일을 이용해서 자신의 이득을 챙기려고 충성되지 않게 행하는 경우도 있고, 작은 일에서는 충성되지 않았던 사람이 더 큰 일을 맡았을 때에는 오히려 더 충성되게 행하는 경우도 있기는 하지만, 일반적으로 사람들은 그렇게 생각하지 않는다. 여기에서 우리 구주의 의도는 우리가 우리의 종들이나 이웃들에게 행하는 것과 똑같은 것을 하나님께서도 우리에게 하실 것임을 가르치시는 것이다.

11. 너희가 만일 불의한 재물에도 충성하지 아니하면 누가 참된 것으로 너희에게 맡기겠느냐.

우리 구주께서는 여기에서 이제 "불의한 재물"과 "참된 것," 즉 참된 재물을 대비시키시는데, 이것은 주님이 앞에서 언급하신 "불의의 재물"이 거짓되고 속이는 재물을 가리킨다는 것을 강력하게 시사해 준다. 어떤 이들은 복음은 모든 그리스도인들이 아니라 오직 사역자들에게만 맡겨진 것이라고 생각하고서, 여기에서 "참된 것"은 복음을 가리키는 것이라고 생각하지만, 나는 그런 견해에 동의할 수 없고, 모든 재물 중에서 참된 재물인 특별한 은혜를 가리키는 것이라고 본다. 따라서 이 말씀은 하나님께서 누구에게나 주신 은사들과 은혜를 제대로 합당하게 사용하지 않는 자들에게 특별한 은혜를 주시지 않으시는 것은 합당하다는 위대한 진리를 우리에게 가르쳐 준다. 사실, 사람들이 하나님으로부터 받은 일반적인 은혜를 지금보다 더 잘 사용할 수 있는데도 불구하고 제대로 올바르게 사용하지 못한다는 것이 바로 인간의 저주 받은 상태를 보여 주는 것이다. 만일 사람들이 하나님께서 누구에게나 주신 저 일반적인 은혜에서 충성한다면, 하나님은 그들에게 참된 재물도 주실 것이다.

12. 너희가 만일 남의 것에 충성하지 아니하면 누가 너희의 것을 너희에게 주겠느냐.

여기에서 "남의 것"으로 번역된 '알로트리온'(ἀλλότριον)이 "외부에 있는 것"으로 번역될 수도 있는 것이냐 하는 것이 문제가 된다. 왜냐하면, 해석자들은 그 단어를 그런 식으로 이해해서 이 구절을 "너희가 너희 외부에 있어서, 너희 안에 있는 것들에 비해서 작은 것들에 충성하지 않는다면"을 의미하는 것으로 해석하기 때문이다. 하지만 재물은 원래부터 우리의 것이 아니고, 우리는 재물을 관리하는 청지기들일 뿐이고, 재물 중 일부는 남들의 것으로서, 우리는 단지 그 재물을 우리 주님의 명령에 따라 그들에게 나눠주기 위하여 일시적으로 맡아 가지고 있는 것일 뿐이다. 반면에, 은혜, 특히 우리로 하여금 의롭다 하심을 얻게 해 주고 우리를 성별해 주는 은혜는 우리 자신의 것이다. 그것은 하나님께서 오로지 우리 자신의 유익을 위하여 우리의 것으로 사용하도록 우리에게 주신 것이다. 사람들은 나쁜 종들이었던 자들이 선한 주인들이 되기는 극히 어렵다는 말을 한다. 우리에게 맡겨진 재물과 관련해서 우리는 단지 종들에 지나지 않는다. 우리가 이렇게 하나님으로부터 받은 일반적인 은사들과 은혜를 맡은 청지기로서 충성되게 행하지 않는다면, 하나님께서는 특별한 구원의 은혜를 우리에게 주실 수 없으시다.

13. 집 하인이 두 주인을 섬길 수 없나니 혹 이를 미워하고 저를 사랑하거나 혹 이를 중히 여기고 저를 경히 여길 것임이니라 너희는 하나님과 재물을 겸하여 섬길 수

없느니라.

마태복음 6:24에 대한 설명을 보라.

14. 바리새인들은 돈을 좋아하는 자들이라 이 모든 것을 듣고 비웃거늘.

바리새인들의 탐욕에 대해서는 우리가 앞에서 자주 들어 왔다. 그들의 그러한 탐욕은 모든 가난한 자들은 하나님으로부터 저주를 받은 자들이고, 오직 부자들만이 하나님으로부터 복을 받아 행복한 자들이라는 그들의 근본적인 가르침에 근거한 것이었다(요 7:49). 따라서 어떤 이들은 우리 구주께서 가난한 자들이 복 있는 자들이라고 선언하신 것(눅 6:20)은 그들의 그러한 가르침을 정면으로 반박하신 것이라고 생각한다. 그들은 구약성경에서 유대인들에게 주어진 약속들은 영적인 은혜들에 관한 것들도 포함되어 있기는 하지만, 대체로 현세적인 복들에 대한 것이라고 이해하였다. 위선자들이 자신들이 꼭 붙잡고 있는 욕망들을 누가 건드리는 것을 결코 참지 못하고, 잘못된 생각에 빠져 살아가는 사람들이 누가 자신의 잘못된 것을 지적하는 것을 들으면 참지 못하듯이, 바리새인들이 옳다고 믿고 사람들에게 가르쳐 왔던 것을 정면으로 반박하시며 그들이 꼭 붙들고 놓지 않고자 한 욕망들을 치시는 주님의 그런 말씀을 들었을 때, 그들이 참을 수 없어 한 것은 너무나 당연한 일이었다. 여기에서 "비웃거늘"로 번역된 단어는 최고 수준의 경멸하고 깔보는 마음으로 조롱하는 것을 의미한다.

15. 예수께서 이르시되 너희는 사람 앞에서 스스로 옳다 하는 자들이나 너희 마음을 하나님께서 아시나니 사람 중에 높임을 받는 그것은 하나님 앞에 미움을 받는 것이니라.

여기에서 "사람 앞에서 스스로 옳다 하는"으로 번역된 어구는 자신들이 율법을 제대로 올바르고 철저하게 지키는 자들인 양 사람들 앞에서 행세한다는 의미로 해석될 수도 있고, 사람들 앞에서 그들 자신을 의롭다고 말한다는 의미로 해석될 수도 있다. 우리 구주께서는 이렇게 말씀하신다: 너희는 사람들 앞에서 교묘한 방법으로 그럴 듯하게 행세하여, 자기가 마치 의로운 자인 양 허세를 부리지만, 하나님의 눈은 사람들보다 더 깊은 곳, 곧 너희 마음의 중심을 보시기 때문에, 하나님께서는 너희의 마음이 교만과 탐욕과 위선으로 가득하다는 것을 아신다. 사람들은 너희의 마음을 알지 못하지만, 하나님께서는 아신다. 빛나는 것은 모두 다 사람의 눈에는 황금으로 보이겠지만, 하나님의 시금석으로 시험해 보면, 빛난다고 해서 모두가 다 황금인 것은 아니다. 아니, 사람들 가운데서 대단히 높임을 받는 많은 것들, 즉 사람들로부터 칭송을 받는 대단한 헌신과 경건과 공로 같은 것들은 사실 하나님 앞에서는 가증스러운 것들일 뿐이다. 이것은 어떤 것들에 대한 우리의 평가가 사람들이 그것들을 얼마나 높이 평가하고 대단하게 여기느냐에 따라 좌지우지되어서는 안 된다는 것을 보여 준다. 우리는 사람들 가운데서 높임을 받는 것들은 모두는 아니지만 다수가 하나님이 보시기에는 가증스러운 것들임을 명심하여야 한다.

16. 율법과 선지자는 요한의 때까지요 그 후부터는 하나님 나라의 복음이 전파되어 사람마다 그리로 침입하느니라.

우리는 이 말씀을 마태복음 11:12-13에서 이미 살펴보았다. 거기에 나오는 설명을 보라. 주님께서 이 대목에서 이 말씀을 하신 취지는 이런 것인 것 같다: 내가 너희에게 새로운 것 같아 보이는 가르침들을 전하는 것을 이상하게 생각하지 말라. 사실, 나의 그러한 가르침들은 구약성경의 계명들 속에 이미 나와 있는 것들이다. 율법과 선지자들은 세례 요한의 때까지만 전파되었고, 그 이후로는 복음이 전파되어서, 너희는 하나님의 뜻을 이전보다 더 분명하게 볼 수 있게 되었다. 너희는 복음을 배척하지만, 복음이 세상에서 널리 받아들여지게 하는 것이 하나님의 뜻이다. 사람마다 그리로 침입하느니라. 너희는 지금 마땅히 복음을 받아들여야 하는데도 불구하고, 이렇게 조롱하고 비웃고 있지만, 그럴지라도 복음을 통해서 하나님의 나라로 들어가는 사람들이 많을 것이다.

17. 그러나 율법의 한 획이 떨어짐보다 천지가 없어짐이 쉬우리라.

너희는 마치 내가 율법이나 선지자들과 반대되는 새로운 것을 가르치러 온 것처럼 나를 비방하지만, 나는 너희가 비방하는 것과는 정반대로 율법과 선지자들의 글을 온전하게 하려고 온 것이다. 천지가 없어질지라도, 율법은 한 획도 없어지지 않을 것이다. 너희가 율법을 잘못 해석한 것들은 파괴되고 수정될 것이지만, 내 아버지의 율법은 세상이 끝날 때까지 하나님의 백성의 삶의 확실한 준칙으로서 계속해서 존재하게 될 것이다.

18. 무릇 자기 아내를 버리고 다른 데 장가 드는 자도 간음함이요 무릇 버림당한 여자에게 장가드는 자도 간음함이니라.

마태복음 5:32에 대한 설명을 보라. 나는 이미 거기에서 이 말씀을 자세하게 설명한 바 있다. 또한, 마태복음 19:9과 마가복음 10:11에 대한 설명도 보라.

19-22. [19]한 부자가 있어 자색 옷과 고운 베옷을 입고 날마다 호화롭게 즐기더라 [20]
그런데 나사로라 이름하는 한 거지가 헌데 투성이로 그의 대문 앞에 버려진 채 [21]그

부자의 상에서 떨어지는 것으로 배불리려 하매 심지어 개들이 와서 그 헌데를 핥더
라 22 이에 그 거지가 죽어 천사들에게 받들려 아브라함의 품에 들어가고 부자도 죽
어 장사되매.

이것이 실제로 일어난 일을 말해 주는 실화인지, 아니면 비유인지를 해결하는 것은 우리에게 그렇게 중요한 문제가 아니다. 어느 쪽을 주장하는 사람이든, 자신의 견해를 뒷받침해 줄 만한 유력한 논거들을 가지고 있기 때문에, 어느 한 쪽이라고 단정하기보다는, 이 이야기를 그 두 가지 측면을 모두 지닌 유익한 강론이라고 보는 것이 최선인 것 같다. 우리의 주된 관심은 우리 주님께서 이 이야기를 통해서 우리에게 무엇을 가르치려고 하셨는가 하는 것이다. 어떤 이들은 이 강론이 우리 구주께서 자신의 청중들에게 "불의의 재물로 친구를 사귀라"고 하신 말씀(9-10절) 및 바리새인들이 우리 구주의 그러한 가르침을 듣고서 비웃고 조롱한 것(14절)과 많이 연관되어 있다고 생각하는데, 분명히 그것은 잘못된 판단이 아니다. 따라서 이 강론을 통해서 우리 주님께서는 탐욕을 부리고 남을 도우려고 하지 않는 것이 얼마나 위험한 것인지를 바리새인들에게 알게 하고자 하신 동시에, "사람 중에 높임을 받는 그것은 하나님 앞에 미움을 받는 것"임을 그들에게 알게 하고자 하셨다.

주님께서는 아주 풍족하고 호화롭게 살아가는 "한 부자"가 있었다고 운을 떼신다. 그 부자는 "자색 옷과 고운 베옷," 즉 아주 값비싸고 화려한 옷을 입었고, 날마다 진수성찬을 차려 배불리 먹었다. 이것으로부터 우리가 쉽게 알 수 있는 것은 이 부자는 마음만 먹는다면 얼마든지 가난한 자들에게 얼마간의 재물과 먹을 것을 나누어 줄 수 있었다는 것이다. 또한, 그가 자선을 베풀고 도울 대상은 멀리 있지도 않았다. 나사로라 이름하는 한 거지가 헌데 투성이로 그의 대문 앞에 버려진 채 그 부자의 상에서 떨어지는 것으로 배불리려 하였기 때문이다. 그러나 이 부자보다도 그의 개들이 더 나사로에게 자비로웠다. 왜냐하면, 이 부자는 나사로에게 아무것도 주지 않았지만, 개들은 와서 그 헌데를 핥아 주었기 때문이다. 그 결말은 무엇이었을까? 거지 나사로는 죽어서, 천사들에게 받들려 아브라함의 품, 즉 천국으로 들어갔다. 어떤 이들은 여기에 언급된 "아브라함의 품"이 천국에 있는 가장 좋은 저택들 중의 하나를 의미한다고 말한다. 아브라함은 믿는 자들의 조상이었고, 이 땅에 살았을 때에 사람들을 대접하기를 좋아한 인물이었다. 나사로는 죽어서 그런 아브라함의 품으로 들어갔다.

"아브라함의 품"이 무엇을 의미하느냐와 관련해서, 똑똑하고 많이 배운 사람들이 지금까지 많은 것들을 얘기해 왔지만, 확실한 것은 그것이 천국을 의미한다는 것이다. 이것으로부터 두 가지 중요한 것들이 증명된다: (1) 영혼은 육신과 분리되어서 따로 존재할 수 있다. 따라서 어떤 무신론자들의 주장과는 달리, 영혼은 단순히 육신의 어떤 작용도 아니고, 우연히 생겨났다가 죽으면 소멸하는 것도 아니고, 독자적으로 존재하는 영적인 실체이다. (2) 선한 자들의 영혼은 죽어서 육신을 떠났을 때에 즉시 영원한 지복의 상태로 들어간다.

23-24. [23]그가 음부에서 고통 중에 눈을 들어 멀리 아브라함과 그의 품에 있는 나사로를 보고 [24]불러 이르되 아버지 아브라함이여 나를 긍휼히 여기사 나사로를 보내어 그 손가락 끝에 물을 찍어 내 혀를 서늘하게 하소서 내가 이 불꽃 가운데서 괴로워하나이다.

여기에서 "음부에서"로 번역된 어구는 헬라어로 '엔 토 하데'(ἐν τῷ ᾅδῃ)인데, '하데스'(αδης)라는 단어가 진정으로 가리키는 것이 무엇이냐를 놓고 벌어진 논쟁들은 온 세상을 가득 채울 만큼 치열하게 전개되어 왔다. 그 중에서 가장 유력한 견해는 이 단어는 죽은 자들이 있는 곳을 가리킨다는 것이다. 즉, '하데스'는 한편으로는 죽은 육신이 있는 곳을 의미하기 때문에 종종 무덤을 가리키기도 하고, 다른 한편으로는 육신을 떠난 영혼이 있는 곳을 가리킨다. 어떤 매우 박식한 사람은, 자기가 잘못 본 것이 아니라면, 이 구절은 성경 전체에서 이 단어가 죽은 자들이 고통받는 장소를 가리키는 의미로 사용된 유일한 본문이라고 말한다. '하데스'로 번역된 히브리어는 죄인들이 죽어서 가는 곳을 가리키는 경우보다, 성도들과 족장들 같은 복된 자들이 죽어서 간 곳을 가리키는 경우가 훨씬 더 많다. 그러나 24절의 본문은 여기에서 '하데스'는 저주 받은 자들이 죽어서 가는 곳으로서의 지옥을 가리킨다는 것을 아주 분명하게 보여 준다. 우리는 우리 구주께서 이 강론 속에서 우리가 이미 알고 있는 것들에 빗대어서 우리가 알지 못하고 있는 영적인 것들을 이해할 수 있게 해 주시기 위하여 비유적으로 말씀하고 계신다는 것을 알아야 한다. 천국과 지옥은 서로 너무나 멀리 떨어져 있어서, 거기에 있는 영혼들은 서로 대화할 수도 없고, 눈을 들어서 서로를 쳐다보는 것도 불가능하다.

이 본문은 우리에게 다음과 같은 것들을 가르쳐 준다: (1) 선한 자들의 영혼은 죽어서 육신을 떠났을 때, 아브라함과 이삭과 야곱이 있는 영원한 지복의 땅으로 들어가서, 말로 표현할 수 없는 지극한 행복을 누리게 되는데, 주님께서 이것을 "아브라함의 품에 들어간" 것으로 표현하신 것은 우리로 하여금 그 곳이 안식의 장소, 성도들과 교제하는 장소, 하나님의 벗인 아브라함이 누리는 것과 동일한 행복에 참여할 수 있는 곳임을 알게 하기 위한 것이다. 동일한 맥락 속에서, 악인들의 영혼은 죽어서 육신을 떠났을 때, 상상할 수 없을 정도로 큰 고통을 영원토록 받는 곳으로 들어가는데, 주님께서는 이것을 "불꽃 가운데서 괴로워하는" 것으로 표현하신다. (2) 저주받은 영혼들이 음부에서 느끼는 고통 중의 상당 부분은 자신들이 현세에서 멸시하고 깔보고 학대하였던 사람들이 자신들로부터 받은 고난을 발판으로 삼아 저 복된 곳으로 신속하게 가서 지극한 행복을 누리고 있다는 것을 깨닫게 된 것으로부터 생겨난다. (3) 현세에서 지극히 교만한 죄인들이 가장 미천한 성도들의 도움을 받을 수만 있다면 기꺼이 받고자 하는 때가 반드시 올 것이다. 부자는 현세에서 나사로가 온 몸에 종기가 난 채로 자신의 집 문앞에 누워 있을 때에는 거들떠보지도 않았지만, 이제 음부에 들어와서는, "아버지 아브라함이여 나사로를" 자기에게 "보내어" 달라고 간청을 한다. (4) 저주받은 자들이 죽어서 가 있는 곳에는 위로가 되거나 마음을 만족시켜 줄 만한 것이 하나도 없을 것이다. 부자가 아브라함에게 나사로를 자기에게 보내셔서 그 손가락 끝에 물을 찍어 자기 혀를 좀 식혀 달라고 간청할 정도로, 그 곳에는 그들의 고통을 조금이라도 덜어 줄 만한 것조차 전혀 없다. (5) 혀는 사람에게 아주 중요한 지체여서, 저주받은 영혼들이 현세에서 혀를 잘못 놀렸다가는 내세에서 거기에 대한 혹독한 대가를 치르게 될 것이다.

25-26. [25]아브라함이 이르되 얘 너는 살았을 때에 좋은 것을 받았고 나사로는 고난을 받았으니 이것을 기억하라 이제 그는 여기서 위로를 받고 너는 괴로움을 받느니라 [26]그뿐 아니라 너희와 우리 사이에 큰 구렁텅이가 놓여 있어 여기서 너희에게 건너가고자 하되 갈 수 없고 거기서 우리에게 건너올 수도 없게 하였느니라.

우리는 주님께서 여기에 나오는 것들도 모두 다 여전히 비유로 말씀하고 계신다는 것을 기억하고 있어야 한다. 여기에 언급된 천국과 지옥을 갈라놓는 "큰 구렁텅이"는 아주 넓어서, 양 편에 있는 자들은 자신의 생각을 상대방에게 밝힐 수도 없고 서로의 말을 들을 수도 없다. 우리 구주께서 이것을 통해서 우리에게 알게 하고자 하시는 것은, 저주받은 영혼들은 자신들이 현세에서 그토록 깔보고 멸시하며 학대하였던 지극히 미천한 성도들로부터라도 가능하기만 하다면 도움을 받고자 하지만, 실제로 그런 도움을 받을 수 없는 처지에 처해 있기 때문에, 아무리 원한다고 해도, 성도들로부터 한 치의 도움도 얻을 수 없다는 것이다. 저주받은 자들의 운명은 이미 영원히 정해졌기 때문에, 그들의 처지가 더 나아질 가능성은 전무하고, 그들은 이 부자와 같은 처지로 영원히 살 수밖에 없다. 아브라함이 여기에서 이 부자를 "얘"라고 부르는 것은 이 부자가 혈통적으로 아브라함의 자손이었거나, 아브라함을 조상으로 하는 교회의 지체였기 때문일 것이다. 저주받은 자들 중에서, 경건한 부모의 자손이거나 그리스도의 교회의 지체였던 자들은, 현세에서 자신들이 구원 받을 수 있도록 은혜의 방편들이 주어져 있었기 때문에 얼마든지 구원 받을 기회가 있었다는 사실을 생각할 때마다, 더욱더 큰 고통을 느낄 수밖에 없다.

너는 살았을 때에 좋은 것을 받았고 나사로는 고난을 받았으니. 나사로가 받았던 "나쁜 것들"(한글개역개정에는 "고난") 자체가 그가 구원받게 된 원인이 되었던 것이 아닌 것과 마찬가지로, 부자가 받았던 "좋은 것들" 자체가 그가 저주받게 된 원인이 된 것은 아니었다. 오직 부자는 자기에게 주어진 "좋은 것들"을 악용해서 저주를 받은 반면에, 나사로는 자기에게 주어진 하나님의 은혜로 말미암아 자신이 받았던 "나쁜 것들"을 선용함으로써 구원에 이르게 된 것이었다. 하나님께서 한 사람에게 윗샘과 아랫샘을 동시에 다 주시는 일은 흔하지 않지만, 종종 그렇게 하기도 하시는데, 아브라함과 롯, 욥과 다윗, 이삭과 다윗, 아리마대 사람 요셉 등이 그 예들이다. 주님께서 "좋은 것들" 앞에 "너의"를 붙이셔서 "너의 좋은 것들"이라고 표현하신 것(한글개역개정에는 "너의"가 생략되어 있다)은 이 부자가 자신에게 주어진 "좋은 것들"을 악용하였다는 의미를 내포하고 있다. 이 부자는 자기에게 있는 현세의 좋은 것들을 자신의 몫이라고 생각해서, 거기에만 자신의 마음을 두고 집착하였고, 내세의 좋은 것들에 대해서는 아랑곳하지도 않았다. 반면에, 나사로는 "나쁜 것들"을 받았고, 하나님께서는 그에게 현세에서 비천하고 괴로운 삶을 주셨다. 그러나 나사로는 하나님의 선하신 뜻을 믿고 그러한 섭리에 말없이 순종하여 인내함으로써 하나님께 영광을 돌렸다. 그래서 지금 나사로는 위로를 받고 있고, 부자는 괴로움을 받고 있다. 이것은 어떤 이들의 주장과는 달리, 죽어서 육신을 떠난 영혼들은 잠자는 것이 아님을 보여 주는 것으로 보인다. 만일 죽은 사람들의 영혼이 잠을 자는 것이라면, 위로나 괴로움을 느낄 수 없을 것이다.

그뿐 아니라 너희와 우리 사이에 큰 구렁텅이가 놓여 있어 여기서 너희에게 건너가고자 하되 갈 수 없고 거기서 우리에게 건너올 수도 없게 하였느니라. 이 말씀은 다음과 같은 의미를 담고 있다: (1) 죽어서 육신으로부터 분리되었을 때, 영혼의 상태는 이미 확정되어서 그 이후로는 변화될 수 없다. 이것은 쓰러진 나무는 땅에 누워 있을 수밖에 없는 것과 같다. (2) 영화롭게 된 영혼들과 저주받은 영혼들 간의 교류는 불가능하다. 교황주의자들이 말하는 연옥에서 천국으로 가는 길은 새롭게 발견된 길, 아니 새롭게 고안해 낸 허구적인 길이다. 그들이 주장하는 것처럼, 연옥이 영혼들이 고통 받는 곳이라면, 그들이 어떻게 이 "큰 구렁텅이"를 넘어 천국으로 올 수 있는지가 의문이다. 아브라함도 그 길을 몰랐고, 베드로도 그 길을 알지 못했던 것 같은데, 베드로의 대를 이었다고 주장하는 자들은 그 길을 안다고 하는 것을 보면, 그 길은 그들이 새롭게 발견해 낸 길임이 분명하다. 그러나 아브라함이 "너희와 우리 사이에 큰 구렁텅이가" 움직일 수 없을 만큼 견고하게 "놓여 있어서"(*χάσμα μέγα ἐστηριγμένον*, '카스마 메가 에스테리그메논'), 건너갈 수도 없고 건너올 수도 없다고 분명하게 말하였는데도, 그들의 주장대로 그런 길이 있다고 믿는 것은 지혜로운 일이 결코 아니고, 우리의 기도가 연옥에 있는 자들에게 전달되거나 우리가 연옥에 있는 자들을 위하여 드리는 기도가 하나님께 전달되어서, 그들이 연옥에서 천국으로 옮길 수 있다고 하는 말을 믿는 것도 지혜로운 일은 아니다.

27-28. [27]이르되 그러면 아버지여 구하노니 나사로를 내 아버지의 집에 보내소서 [28]내 형제 다섯이 있으니 그들에게 증언하게 하여 그들로 이 고통 받는 곳에 오지 않게 하소서.

이 땅에서 나사로가 온 몸이 종기로 뒤덮인 채로 이 부자의 집 앞에 누워서, 부자가 가진 모든 것 중에서 일부를 자기에게 나누어 주어 구제하여 선한 일을 함으로써, 불의의 재물로 친구를 만들라고 말했을 때에는, 부자는 그 말을 듣고자 하지 않았지만, 이제 여기 지옥에 와서는, 나사로의 영혼을 저 부활의 날에 다시 그 몸과 결합되기 이전에 지금 당장 이 땅으로 다시 보내어, 자기 아버지의 집으로 가서, 자기 형제들은 자기가 와서 극심한 고통을 느끼고 있는 이 곳으로 오지 않도록 경고해 달라고 아브라함에게 간청한다. 그러나 지옥에도 어떤 자비심이 있어서, 이 땅에서 아직 살아가고 있는 자신의 혈육을 걱정하며 잘되기를 비는 영혼들이 존재하는 것이 가능한 것인가? 저주받은 영혼들은 전염병에 걸린 사람들처럼 다른 사람들도 자기와 똑같이 고통을 당하게 되기를 바라는 것이 정상이 아닌가? 한 예리하고 진지한 저자는 이 부자가 이렇게 간청한 것은 자기 형제들을 위한 것이 아니라 자기 자신을 위한 것이었다고 말한다. 즉, 그 저자는 이 부자가 이 땅에서 자기가 좋아하였던 가까운 혈육들이 지옥에 와서 함께 고통당하는 것을 보고서 자신의 고통이 더 심해질 것을 염려해서 이런 간청을 한 것이라고 생각한다.

그러나 우리는 우리 구주께서 여기에서 모든 것을 비유로 말씀하고 계신다는 것을 다시 한 번 기억하여야 한다. 따라서 우리 구주께서 이 말씀을 통해서 우리에게 가르치고자 하신 것은 이런 것이었다: 하나님이 없다고 생각하여 오만방자하고 교만하게 살아가는 영혼들은, 이 땅에서 하나님의 가난한 종들이 가르침이나 거룩한 삶과 모범을 통해서 더 좋은 것들이 있다는 것을 가르칠 때에는, 그 종들을 멸시하고, 내세에 있을 지옥과 하나님의 진노를 비웃고 조롱하지만, 일단 지옥에 들어와서 도저히 견딜 수 없을 만큼 뜨거운 지옥 불과 너무나 무시무시한 하나님의 진노를 겪게 되면, 자신들은 이제 더 나은 곳으로 갈 수 있는 소망이 완전히 사라지고 없다는 것을 알았을 때, 그들 속에 남아 있던 일말의 선한 성품과 자비심으로 인해서, 자신들이 이 땅에서 그토록 멸시하고 배척하고 학대하였던 충성된 일꾼들이나 경건한 사람들을 이 세상에서 자신들이 알고 지내던 모든 사람들에게 보내셔서, 자신들이 살아서 했던 것과 같이 행하여, 지금과 같은 이런 고통을 당하지 않도록 제발 경고해 달라고 간청하게 될 것이다.

이 본문을 근거로 해서, 죽어서 육신을 떠나 있는 영혼들은 아직 이 땅에 살아 있는 사람들의 상태를 알 수 있다는 허황된 주장을 펴는 교황주의자들은 이 본문에 대한 묵상을 통해서 거의 아무런 위로도 얻을 수 없는 자들이다. 그들의 주장대로, 만일 이 본문이 저주받은 영혼들이 살아 있는 자들의 상태를 알 수 있다는 것을 증명해 주는 것이라면, 동일한 논리로, 이 본문은 저주받은 영혼들의 자비심을 증명해 주는 것도 될 수 있을 것이다. 그러나 우리는 비유적인 표현들을 그런 식으로 엄격하고 세밀하게 적용해서 그 의미를 도출해내려고 해서는 안 된다. 나는 이 본문에서 우리가 이미 앞에서 말한 교훈들을 얻는다면, 그것으로 충분하다고 생각한다.

29. 아브라함이 이르되 그들에게 모세와 선지자들이 있으니 그들에게 들을지니라.

그리스도께서는 여기에서 계시들을 듣고 무엇인가 굉장한 표적들을 보아야 회심하고자 하는 악하고 육신적인 자들의 속성을 우리에게 보여 준다. 그런 자들은 누군가가 죽은 자 가운데서 다시 살아나는 것을 직접 자기 눈으로 볼 때에만 부활을 믿고자 하고, 영화롭게 된 성도나 저주받은 영혼이 나타나서 무엇인가를 들려주거나 보여줄 때에만 천국과 지옥이 있다는 것을 믿고자 한다. 주님께서는 여기에서 아브라함의 입을 빌려서, "그들에게 모세와 선지자들이 있으니 그들에게 들을지니라"고 말씀하신다. 하나님은 사람들이 자신의 기록된 말씀들을 믿으며, 거기에 기록된 삶의 준칙대로 살아가기를 바라시고, 쓸데없이 어떤 굉장한 계시들을 통해 자신들의 호기심을 채우려고 하지 않기를 바라신다. 주님께서 여기에서 "모세와 선지자들"을 언급하신 것은 사람들이 천국에 가는 데에는 복음은 필요 없다는 것인가? 그렇지 않다는 것은 두말할 필요도 없다. "모세와 선지자들"이라고 말씀하신 것 속에는 복음이 이미 내포되어 있다. 왜냐하면, 모세와 선지자들의 글은 모두, 신약성경에 계시된 것보다는 좀 더 불분명하게 표현되어 있기는 하지만 그리스도를 증거하는 말씀들이기 때문이다. 주님께서도 친히 "너희가 성경에서 영생을 얻는 줄 생각하고 성경을 연구하거니와 이 성경이 곧 내게 대하여 증언하는 것이니라"(요 5:39)고 말씀하셨고, "모세를 믿었더라면 또 나를 믿었으리니 이는 그가 내게 대하여 기록하였음이라"(요 5:46)고 말씀하셨다. 당시에 신약성경은 아직 기록되지 않았기 때문에, 당시의 유대인들에게는 "모세와 선지자들"의 글 외에는 성경이 없었다.

30-31. [30]이르되 그렇지 아니하니이다 아버지 아브라함이여 만일 죽은 자에게서 그들에게 가는 자가 있으면 회개하리이다 [31]이르되 모세와 선지자들에게 듣지 아니하면 비록 죽은 자 가운데서 살아나는 자가 있을지라도 권함을 받지 아니하리라 하였다 하시니라.

사람이 생각해 내는 것들이 얼마나 헛된 것들인지를 보라. 우리는 모두 이 부자가 여기에서 보여 주고 있는 것과 같은 방식으로 사고해서, 성경에 기록된 하나님의 말씀에 대해서는 귀를 막는 사람들도 하나님의 진노가 어떠한지를 보여 주는 어떤 가시적인 증거 앞에서는 그들의 마음과 삶이 변화될 수 있다고 생각하기가 무척 쉽다. 하지만 그런 일은 일어나지 않는다. 하나님의 말씀을 기록한 성경의 모든 책들 속에서, 죄인의 마음이 얼마나 절망적으로 완악한지를 이것보다 더 생생하게 말해 주는 본문은 없고, 은혜의 방편들 아래에서 살아가면서, 하나님의 말씀을 읽고 들으면서도, 아직까지도 자신들의 마음이 말씀의 감화를 받아 회개하고 믿음을 가져서 말씀이 요구하는 거룩한 삶을 살아가지 못하는 사람들에게 이것보다 두렵고 무서운 본문은 아마도 없을 것이다.

어떤 저주받은 영혼이 무저갱에서 나와서, 머리를 풀어헤치고 온 몸을 꼬며 이를 갈며 자신의 비참한 신세를 한탄하며 통곡하면서, 사람들을 붙잡고, 자기가 어떠한 죄들로 인해서 이렇게 비참하게 되었는지를 말하며, 자신을 본보기로 삼아서 제발 지혜롭게 행하여, 이 세상에 살아 있는 동안에 잘못된 행실을 고치고 하나님과 화목을 이루어 지옥에 오지 말고 천국으로 가라고 눈물로 하소연하기를 천 번 만 번을 한다고 해도, 성경에 기록된 하나님의 말씀을 믿지 않던 사람들이 새삼스럽게 믿고 회개하는 일은 일어나지 않을 것이다. 또한, 그들은 그 저주받은 영혼이 간곡하게 말하는 음성이 자신들의 귀에서 쟁쟁하게 들리는 동안에는 잠시 마음이 움직였다고 하더라도, 이내 아무 일도 없었다는 듯한 반응을 보이게 될 것이다. 왜냐하면, 눈에 보이는 증거들은 이 세상에서 도덕적인 교훈을 주는 데에는 대단한 힘을 발휘할지 모르지만, 회개와 믿음 같은 영적인 일들에 있어서는 그런 증거들은 하나님이 정해 놓으신 은혜의 방편들이 아니기 때문이다.

그렇기 때문에, 술주정뱅이들은 자신의 눈 앞에서 자기와 같은 술주정뱅이 한 명이 함께 술을 마시다가 쓰러져 죽어도, 여전히 자신의 술잔을 가득 채우라고 아우성을 치고, 수많은 죄인들이 날마다 자신들이 저지른 악으로 인해 지옥으로 급히 달려가는데도, 그들과 똑같은 다른 죄인들은 여전히 자신의 동료들로부터 그 어떤 경고도 받지 않는 것을 우리는 이상하게 생각하지 않아야 한다. 바다나 육지에서 전쟁이 벌어지면, 수많은 사람들이 눈앞에서 죽어 넘어져도, 다른 사람들은 여전히 피할 생각을 하지 않고, 그들의 마음은 오기와 혈기에 사로잡히고, 그들의 귀는 북소리와 나팔소리의 소음에 의해서 막혀 버린 채로 싸움을 계속해 나간다. 마찬가지로, 이 세상에서 수많은 죄인들이 날마다 죽어서 음부로 들어가도, 다른 사람들은 그들의 시체를 무덤에 던져 넣고는, 하나님의 일도 생각하지 않고 자신의 손으로 날마다 무슨 일을 하고 있는 것인지도 생각하지 않은 채로 살아가다가, 결국에는 자신들보다 앞서 죽은 사람들처럼 무덤으로 들어가서, 사망에 의해서 갉아먹히고, 지옥에 의해서 집어삼켜져 버리고 만다.

이러한 현실을 제대로 생각해 보지 않은 자들에게는 이 본문이 너무나 이상해 보일 것이다. 그러나 많은 사람이 하나님의 말씀을 무수히 읽고 들어도 회심하거나 변화되지 않는 것이 이상하게 느껴지지 않는다면, 어떤 사람이 죽었다가 다시 살아나서 하나님을 믿으라고 권하여도 사람들이 회개하거나 변화되지 않는 것도 결코 이상한 일이 아니다. 우리는 어떤 사람들이 하나님의 말씀에 의해서 변화되지 않는 경우에는, 하나님이 어떤 특별한 계시나 이적을 보여주셔도 그 사람들은 변화되지 않을 것임을 알아야 한다. 오직 성령의 역사 가운데 선포된 하나님의 말씀만이 사람들을 변화시킬 수 있다. 하나님의 말씀으로 어떤 사람이 변화되지 않는다면, 그 사람은 다른 그 어떤 방법으로도 변화되지 않을 것이다. 하나님께서는 종종 계시나 이적을 베푸시기도 하시지만, 그렇게 하시는 이유는 하나님이 구원하시기로 작정하신 심령들로 하여금 하나님의 말씀을 좀 더 주목하고 잘 받아들이게 하셔서, 좀 더 분명하고 확실하게 구원에 이르게 하시기 위한 것일 뿐이다.

제17장

개요

1. 형제를 실족하게 하는 일을 피하라고 가르치심(1-2).
2. 형제 간에 서로를 용서하라고 가르치심(3-4).
3. 믿음의 힘; 하나님을 아무리 잘 섬겨도 거기에는 공로가 없다고 하심(5-10).
4. 나병환자 열 명을 고치심(11-19).
5. 하나님 나라는 영적인 나라임을 보여 주심(20-21).
6. 인자가 장차 오실 것에 대하여 제자들을 가르치심(22-37).

1-2. [1]예수께서 제자들에게 이르시되 실족하게 하는 것이 없을 수는 없으나 그렇게 하게 하는 자에게는 화로다 [2]그가 이 작은 자 중의 하나를 실족하게 할진대 차라리 연자맷돌이 그 목에 매여 바다에 던져지는 것이 나으리라.

마태복음 18:6-7과 마가복음 9:42대한 설명을 보라. 여기에서 "실족하게 하는 것"으로 번역된 '스칸달라' (σκάνδαλα)는 신약성경에서 매우 다양하게 사용되는데, 일반적으로는 다른 사람에게 해악을 입힐 빌미가 될 수 있는 어떤 것을 의미한다. 사람은 육신과 영혼으로 이루어져 있어서 이런저런 것들에 의해서 걸려 넘어질 수 있다. 그래서 레위기 19:14에서는 "너는 … 맹인 앞에 장애물(히브리어로 מכשיל, '미크숄')을 놓지 말라"고 말하고, 잠언 24:17에서는 "네 원수가 넘어질 때에 즐거워하지 말며 그가 엎드러질 때에 마음에 기뻐하지 말라"고 말한다. 우리 영혼에게 해가 되는 것은 죄를 짓는 것이기 때문에, 신약성경에서 이 단어는 흔히 우리 형제로 하여금 죄를 짓게 하는 우리의 어떤 행위를 가리키는데, 그 행위들은 다음과 같은 행위들일 수 있다: (1) 선하고 꼭 필요한 행위들. 우리의 선한 행위들로 인해서 악인들은 실족할 수 있다. 따라서 이 경우에는 우리가 그들을 실족하게 하였다고 말하지 않고, 그들이 우리의 행위로 인해서 실족하였다고 말한다. (2) 악하고 가증스러운 행위들. 따라서 우리는 그러한 죄들을 실족하게 하는 죄들이라고 부른다. 즉, 우리는 우리의 본보기를 통해서 다른 사람들을 죄로 유인하여 걸려 넘어지게 하는 죄들을 범할 수 있다. (3) 하나님의 말씀 속에서 명령되지도 않고 금지되지도 않은 중립적인 성격의 행위들. 어떤 경우에는 우리가 그러한 행위를 할 때, 그것은 남들을 실족하게 하는 죄를 범하는 것이 될 수 있다. 우리 구주께서 여기에서 말씀하시는 것은 이 모든 종류의 실족하게 하는 죄들에 대하여 적용된다는 것은 분명하다. 세상의 생리와 사람의 마음의 부패성을 생각할 때, 실족하게 하는 것이 없을 수는 없다.

그러나 나는 우리 구주께서 여기에서 말씀하신 것은 주로 두 번째 부류의 실족하게 하는 죄라고 생각하고, 하나님의 백성에 대한 박해를 일차적으로 염두에 두시고 이 말씀을 하신 것이라고 생각한다. 따라서 이 말씀을 통해서 우리 구주께서는 하나님의 백성을 박해하는 자들을 향하여 화를 선언하신 것이고, 자기 백성은 자신의 특별한 보호하심 아래에 있다는 것을 세상으로 하여금 알게 하고자 하신 것이다. 주님께서는 자신의 성산에서 자기 백성을 해치고 멸할 자들이 일어날 것임을 아셨지만, 그런 자들은 반드시 벌을 받게 될 것이기 때문에, 하나님의 원수 갚으심을 당하기 전에, 아예 먼저 일찌감치 연자맷돌을 목에 매고 바다에 몸을 던져서 죽는 편이 더 나을 것이라고 선언하신다. 또한, 이것은 하나님의 백성에게 해를 입히는 것은, 연자맷돌을 목에 매고 바다에 뛰어드는 것만큼이나, 하나님의 원수 갚으심을 결코 피할 수 없는 죄이고, 살아 남기를 결코 바랄 수 없는 죄라고 말씀하시는 것이기도 하다. 나는 우리의 말과 행동으로 하나님의 자녀를 유혹하거나 유인해서 죄를 짓게 하는 것도 대단히 위험한 일이라는 것을 아주 잘 알고 있기는 하지만, 그것이 우리 주님께서 여기에서 이 말씀을 하신 일차적인 의도라고 생각하지는 않는다.

3-4. [3]너희는 스스로 조심하라 만일 네 형제가 죄를 범하거든 경고하고 회개하거든 용서하라 [4]만일 하루에 일곱 번이라도 네게 죄를 짓고 일곱 번 네게 돌아와 내가 회개하노라 하거든 너는 용서하라 하시더라.

마태복음 18:21-22에도, 베드로가 우리 주님께 제기한 질문에 대한 답변으로서, 이것과 동일한 취지의 말씀이 나오기는 하지만, 두 기사의 맥락이 서로 다르기 때문에, 이 둘이 동일한 일에 대하여 보도한 것이라고 생각하기는 어렵기 때문에, 나는 주님께서 이 둘을 각기 다른 시기에 말씀하신 것이라고 믿는다. 주님께서는 죄를 범한 형제를 용서하라는 것을 복음서와 신약성서에서 여러 차례 역설해서 가르치시고, 그것도 대단히 엄중한 논거들을 들어서 말씀하신다(마 6:15; 18:35; 막 11:26; 눅 6:37; 엡 4:32). 이것은, 죄를 지은 형제를 용서하는 것은 우리가 명심하고 꼭 실천하여야 할 대단히 중요한 우리의 본분이라는 것을 보여 준다. 죄를 지은 형제를 용서하라는 것은 우리 나름대로의 이유를 들어서 보복하고자 하는 온갖 생각이나 욕구를 다 버리라는 것을 의미한다. 하지만 주님의 이러한 명령은 우리가 하나님께서 흉악한 범죄를 저지른 자들에게 복수하시는 것을 보고서 하나님께 영광을 돌리는 것을 막는 것도 아니고, 우리가 우리의 신체나 재산과 관련해서 입은 피해를 법에 호소해서 가해자의 능력이 닿는 범위 내에서 배상을 받아내는 것을 막는 것도 아니며, 우리에게 해를 입힌 자를 우리의 절친한 친구로 삼으라고 요구하는 것은 더더욱 아니다. 이 명령이 요구하는 것은 우리 자신의 이름이나 명예에 손상을 입힌 우리의 이웃에 대하여 악의나 보복하고자 하는 마음을 일체 품어서는 안 된다는 것이다. 이것은 주님께서 앞에서 하신 말씀과 서로 잘 들어맞는다. 즉, 이러한 악의나 보복하고자 하는 마음은 사람들이 서로에게 가하는 온갖 해악, 특히 하나님의 무죄한 종들에게 가하는 해악의 뿌리라는 것이다.

5. 사도들이 주께 여짜오되 우리에게 믿음을 더하소서 하니.

복음서 기자들은 우리 주님의 많은 귀한 말씀들을 연대기적인 순서나 서로의 연결 관계를 고려하지 않은 채로 한 곳에 모아 놓는 경우가 종종 있기 때문에, 우리는 복음서들에 기록된 주님의 모든 말씀들 간의 연결 관계를 찾지는 않지만, 용서와 관련된 앞서의 강론을 유심히 지혜롭게 살핀 사람들은 이 절과 그 강론이 서로 밀접하게 연결되어 있다는 것을 쉽게 알아차리게 될 것이다. 사람들에게 요구되는 본분들 중에서, 자기에게 해악을 끼친 형제를 용서하라는 명령만큼, 사람들의 혈과 육을 거스르고 실천에 옮기기 어려운 것도 없다. 따라서 "믿음"이라는 뿌리가 없는 곳에서는, 자기에게 범죄한 형제를 용서하는 열매가 발견될 수 없다. 왜냐하면, 여기에서 말하는 믿음은 "사랑으로써 역사하는 믿음"(갈 5:6)이기 때문이다. 우리는 이러한 용서를 명령하는 말씀을 하나님의 지상명령으로 확고하게 받아들이고, 나아가 그러한 명령의 토대가 되는 약속들을 견고히 붙들고 소망하며, 마침내 그리스도와 그가 베푸시는 용서를 받아들여서, 하나님이 그리스도를 인하여 우리를 용서하신 것처럼(엡 4:32), 우리도 다른 사람들을 용서하는 것이 마땅하다는 것을 깊이 깨닫게 될 때까지는, 이 용서의 명령을 실천할 수 없다. 그런 까닭에, 중생하지 못한 사람들은 통상적으로 앙심을 품고 악의에 차서 늘 복수할 궁리를 한다. 아니, 믿는 자들이라고 할지라도, 믿음이 몸에 배어 있는 것과 믿음으로 행하는 것이 아직 불완전하고 약할 때에는, 남들을 용서하는 것이 지극히 어렵다는 것을 자주 깨닫게 된다. 그러므로 사도들이 용서에 관한 주님의 강론을 들은 후에 "우리에게 믿음을 더하소서"라고 청한 것은 지극히 마땅한 것이었다.

어떤 이들은 전후의 연결 관계를 이렇게 설명하기도 한다: 주여, 우리는 지금 사랑과 관련된 우리의 본분에 대한 주님의 강론을 들었으니, 이제는 우리가 어떻게 하여야 믿음이 자랄 수 있는지에 관한 강론을 들려 주셔서, 우리의 믿음을 더하여 주소서. 그러나 전자의 설명이 좀 더 자연스럽고, 후자의 설명은 억지스러운 면이 있어 보인다. 어쨌든, 이것을 통해서 우리는 우리의 믿음이 시작되는 것과 마찬가지로 자라나는 것도 하나님의 역사에 의해서만 가능하다는 것을 배운다. 진실로 영적으로 선한 일들에 있어서는 우리는 하나님 없이는 아무것도 할 수 없다.

6. 주께서 이르시되 너희에게 겨자씨 한 알만한 믿음이 있었더라면 이 뽕나무더러 뿌리가 뽑혀 바다에 심기어라 하였을 것이요 그것이 너희에게 순종하였으리라.

마태복음 17:20에도 이것과 실질적으로 동일한 말씀이 나오는데, 거기에서는 주님께서 "만일 너희에게 믿음이 겨자씨 한 알 만큼만 있어도 이 산을 명하여 여기서 저기로 옮겨지라 하면 옮겨질 것이요 또 너희가 못할 것이 없으리라"고 말씀하신다. 거기에 나오는 설명을 보라. 어떤 이들은 이 본문과 마태복음에 나오는 병행본문에서 우리 구주께서는 오직 이적들을 행하는 믿음에 대해서만 말씀하고 계시는 것이라고 생각하지만, 나는 그들의 그런 생각에 동의할 수 없다. 하지만 이 믿음의 대상은 어떤 특정한 사람들에게 구체적으로 주어진 하나님의 계시나 약속이어야 하고, 그랬을 때에 그들은 자연의 통상적인 법칙을 넘어서서 어떤 것들을 하나님의 능력으로 행할 수 있게 된다. 나는 이 두 본문에서 주님은 하나님께서는 믿음을 너무나 귀하게 여기셔서 거기에 영광을 더하시기를 원하시기 때문에, 어떤 사람이 하나님의 영광과 자신의 선한 유익을 위하여 하나님께서 약속하신 것들을 믿음으로 행할 때에, 그것들이 아무리 어렵고 불가능해 보이는 일일지라도, 반드시 그 일들이 이루어지게 하실 것이라고 말씀하신 것으로 믿는다. 하지만 그렇다고 해서, 우리가 하나님께서 여기에서 말씀하신 것을 그대로 온전히 믿기만 한다면, 산을 옮기거나 뽕나무들을 뿌리째 바다 속으로 던져 넣는 일을 할 수 있다는 것은 아니다. 왜냐하면, 우리에게 그러한 믿음이 있는 것 같아 보일지라도, 그 일에 대한 하나님의 약속이 우리에게 주어진 것이 아닌 까닭에, 우리의 그러한 확신은 믿음이 아니라 단지 뻔뻔스럽고 무모한 과대망상에 불과하기 때문이다. 그러나 행하기가 무척 어렵거나 불가능해 보이지만, 모든 믿는 자들에게 하나님의 약속이 주어진 일들도 있다: "죄가 너희를 주장하지 못하리니"(롬 6:14); "마귀를 대적하라 그리하면 너희를 피하리라"(약 4:7). 또한, 우리가 행하여야 마땅한 일들이지만, 우리의 육신의 눈으로 보기에는, 산을 옮기는 것만큼이나 어려워 보이는 일들도 있다. 그런 일들 중에서,

자기에게 해악을 끼친 사람을 용서하는 일은 결코 쉬운 일이 아니고, 육신적인 본성으로 살아가는 자들에게는 특히 불가능한 일이다. 그러나 우리 구주께서는 이렇게 말씀하신다: 너희는 그렇게 행하는 것을 불가능하다고 생각하지 말라. 너희가 "우리에게 믿음을 더하소서"라고 내게 말한 것은 정말 잘 말한 것이다. 왜냐하면, 너희에게 "겨자씨 한 알만한 믿음," 즉 겨자씨 같이 아주 작은 믿음, 또는 겨자씨처럼 그 안에 생명력이 있어서 살아 역사하는 믿음이 있다면, 너희는 너희가 마땅히 행해야 할 그 어떤 일도 다 행할 수 있고, 그 어떤 시험도 다 이길 수 있으며, 그 어떤 부패한 성품도 다 죽일 수 있을 것이기 때문이다. 너희에게 그런 믿음이 있고, 이적을 행할 수 있는 능력과 구체적인 약속이 너희에게 주어지는 경우에는, 너희가 "이 뽕나무더러 바다에 심기어라"고 명령하면, 이 뽕나무가 너희에게 순종할 것이다.

7-10. 7너희 중 누구에게 밭을 갈거나 양을 치거나 하는 종이 있어 밭에서 돌아오면 그더러 곧 와 앉아서 먹으라 말할 자가 있느냐 8도리어 그더러 내 먹을 것을 준비하고 띠를 띠고 내가 먹고 마시는 동안에 수종들고 너는 그 후에 먹고 마시라 하지 않겠느냐 9명한 대로 하였다고 종에게 감사하겠느냐 10이와 같이 너희도 명령 받은 것을 다 행한 후에 이르기를 우리는 무익한 종이라 우리가 하여야 할 일을 한 것뿐이라 할지니라.

7-9절은 분명히 비유이고, 여기에서 우리 주님께서는 이 땅의 일들에 빗대어서 우리에게 영적인 본분을 가르치신다. 주님께서 어떤 본분을 가르치고자 하시는지는 이 비유의 결미에 해당하는 10절을 통해서 쉽게 알 수 있는데, 그것은 두 가지이다: (1) 우리는 우리 주님께서 우리에게 명령하신 모든 일들을 행하는 것이 마땅하다. (2) 우리가 그 모든 일들을 행하였을 때, 주님께서 우리에게 상을 주셔도, 그것은 우리가 당연히 받아야 할 빚이 아니라 은혜로 거저 주시는 것이다.

주님께서는 이것을 밭을 갈거나 양을 치는 종을 둔 한 사람에 빗대어서 직유 또는 비유로 우리에게 예시하신다. 우리는 여기에 나오는 "종"을 당시에 팔레스타인 지역에 아주 흔히 있었던 종, 즉 삯을 주기로 계약을 맺고 하루 또는 일정 기간 일하였던 품꾼이 아니라, 돈으로 사오거나 전쟁에서 포로로 잡아와서, 모든 시간을 주인의 명령에 절대적으로 복종하여 오직 주인을 위하여 일해야만 하였던 노예를 가리키는 것으로 이해하여야 한다. 우리 주님은 그러한 종이 낮에 밭에 나가서 쟁기질을 하거나 씨를 뿌리거나 가축을 치는 일을 하고 나서 밤에 일을 마치고 돌아왔을 때, 먹고 마시고 입은 것은 자신의 삯이나 마찬가지이기 때문에, 자기는 당연히 즉시 자리에 앉아 식사를 할 권리가 있다고 생각하겠느냐고 반문하시며, 그 종은 집에 와서도 주인의 식사를 준비하여 상을 차려 드리고서, 긴 옷을 단단히 묶고 주인 옆에 서서 식사 시중을 들다가, 주인이 식사를 다 끝낸 후에야, 비로소 자신의 먹을 것과 마실 것을 챙겨서 먹는 것이 마땅하지 않겠느냐고 말씀하신다. 또한, 주님께서는 주인이 명령한 모든 일들을 종이 불평 한 마디 없이 충성되게 행하였다고 해서, 주인이 그 종에게 감사해야 하느냐고 반문하시면서, 당연히 주인에게 그 종에게 감사해야 할 의무가 없지 않겠느냐고 은연중에 말씀하신다. 이것이 주님께서 "이와 같이 너희도 명령 받은 것을 다 행한 후에 이르기를 우리는 무익한 종이라 우리가 하여야 할 일을 한 것뿐이라 할지니라"고 하신 말씀의 의미이다. 무한히 영화로우시고 찬송 받으실 하나님께서는 우리의 섬김에 의해서 유익을 얻으시는 것이 없으시기 때문에, 우리는 하나님께서 우리에게 명령하신 모든 일을 다 행하였다고 해도 "무익한 종"일 수밖에 없다.

이것은 우리에게 다음과 같은 교훈을 준다: (1) 우리는 전적으로 하나님의 것이다. 우리의 시간과 힘과 재능들은 모두 다 하나님의 소유이다. 우리는 우리의 마음과 뜻과 목숨과 힘을 다하여 하나님을 사랑할 의무가 있다. (2) 우리가 하나님을 위하여 애쓰고 수고하는 것은 하나님께서 명령하시기를 그치실 때까지, 즉 하나님이 자신의 계시된 뜻을 통해서 우리에게 하라고 명령하신 모든 것들을 다 행할 때까지는 그쳐서는 안 된다. (3) 하나님이 우리에게 명령하신 모든 일들을 우리가 다 행하였다고 하여도, 하나님 앞에서 우리의 공로는 전혀 없는데, 그 이유는 이렇다. (a) 그것은 우리가 종이기 때문이고, (b) 우리는 단지 우리가 해야 할 일들을 했을 뿐이기 때문이다. (4) 하나님께서는 우리가 명령받은 모든 일들을 다할 때까지 우리에게 상 주시는 것을 미루실 수 있으시다. (5) 하나님이 우리에게 상을 주신다고 해도, 그 상은 우리의 공로에 대한 대가가 아니라 단지 값없이 거저 주시는 것일 뿐이다.

이 비유는 주님이 앞에서 하신 강론들과 밀접하게 연결되어 있다. 우리 구주께서는 앞에서 형제를 용서하라는 가르침을 역설하셨고, 용서의 뿌리는 참되고 살아 있는 믿음이라는 것도 보여 주셨는데, 이제 여기에서는 우리가 그러한 일들을 행할 때에 어떤 목적으로 행하여야 하는지를 우리에게 보여 주신다. 즉, 우리가 그렇게 형제를 용서하고 참된 믿음을 갖고자 하는 것이 하나님 앞에서 공로를 세워서 상을 받기 위한 것이 되어서는 안 되고, 순전히 하나님을 우리의 주인으로 고백하고 우리 자신을 그의 종으로 인정하고서, 헛된 영광을 구하거나 자신을 과시하고자 하는 의도 없이, 하나님의 뜻에 믿음으로 순종하여 하나님께 영광을 돌리고자 하는 마음으로, 우리 자신을 지극히 낮추어서, 하나님이 우리에게 명령하신 모든 일들을 충성되게 다 행한 후에, 우리는 단지 우리가 해야 할 일들을 한 것이기 때문에, 무익한 종일 뿐이라고 고백하고서, 인내로써 우리의 상을 기다렸다가, 마침내 우리에 대한 상이 값없이 거저 주어졌을 때에는 감사함으로 받는 것이 마땅하다는 것이다. 우리가 연약한 육신을 지니고서, 모든 선한 일들을 제대로 참되고 행하여, 하나님이 우리에게 명령하신 모든 것들을 다 행하였다면, 그것은 전적인 은혜로 된 것이기 때문에, 우리 자신을 무익한 종이라고 고백하는 것이 당연하다. 하물며, 우리가 행한 것들이 온전하지 못하여 부족한 것이 많은 경우에는, 인간적으로 말해서, 우리가 많은 일들을 행한 것으로 인한 공로가 우리가 일들을 하지 못하거나 잘못한 부분으로 인한 과실보다 결코 크지 않기 때문에, 우리는 더욱더 우리 자신을 무익한 종이라고 고백하는 것이 마땅하지 않겠는가.

11-13. [11]예수께서 예루살렘으로 가실 때에 사마리아와 갈릴리 사이로 지나가시다가 [12]한 마을에 들어가시니 나병환자 열 명이 예수를 만나 멀리 서서 [13]소리를 높여 이르되 예수 선생님이여 우리를 불쌍히 여기소서 하거늘.

그리스도께서 갈릴리를 출발하여 예루살렘으로 가실 때에 가장 빨리 갈 수 있는 지름길은 사마리아를 통과하는 것이었는데, 사마리아의 어느 마을에 들어가셨을 때, "나병환자 열 명"을 만나셨다. 율법은 나병환자들을 따로 격리시키도록 명령하였지만, 나병환자들끼리 함께 모여 사는 것을 금지하지는 않았기 때문에, 이 나병환자들은 함께 모여 있다가 이 위대한 의사를 만나기 위하여 무리를 지어 그리스도 앞에 나아온 것으로 보인다. 나병은 우리나라에서는 그렇게 많이 알려져 있지 않지만 심각한 중병이었다. 성경 속에서 우리는 하나님께 죄를 지어 하나님을 노하시게 한 자들이 나병에 걸리는 벌을 받게 된 것을 종종 본다. 신명기 28:27에서는 나병을 사람들이 하나님께 죄를 지은 것을 보여 주는 증표라고 말한다. 하나님께서는 미리암이 모세를 멸시하는 죄를 짓자, 그녀를 나병에 걸리게 하셨다(민 12:10). 다윗은 요압의 집에서 나병환자들이 끊이지 않고 나오게 될 것이라고 저주한다(삼하 3:29). 엘리사의 종 게하시는 나아만을 쫓아가서 뇌물을 받고서도 안 받았다고 거짓말을 했다가 "나병이 발하여 눈같이 되었다"(왕하 5:27). 웃시야 왕은 제멋대로 자기가 제사장의 직임을 행한 죄로 나병에 걸렸다(왕하 15:5). 본문에 나오는 나병환자 열 명은 그리스도께 자신들을 불쌍히 여겨 나병을 고쳐 달라고 부르짖는다.

14. 보시고 이르시되 가서 제사장들에게 너희 몸을 보이라 하셨더니 그들이 가다가 깨끗함을 받은지라.

하나님의 율법에 따르면(레 14:2), 나병환자가 깨끗하게 되었을 때에는, 제사장에게로 가서 정말 고침을 받은 것인지에 대하여 판정을 받고서, 깨끗해졌다는 판정이 내려졌을 경우에는 율법에 정해진 제사를 드리게 되어 있었다. 그리스도께서 이 나병환자들을 제사장에게로 보내신 이유는 그들로 하여금 한편으로는 아버지 하나님께서 이 경우에 대하여 정하신 율법을 지키게 하고, 다른 한편으로는 자신이 행한 이적을 그런 식으로 증거하게 하기 위한 것이었다. 우리 구주께서는 어떤 때에는 병자들로부터 멀리 떨어져서 고치시기도 하셨고, 어떤 때에는 오직 자신의 능력의 말씀으로만 고치시기도 하셨으며, 어떤 때에는 병자들을 만지시는 것으로 고치시기도 하셨다. 주님께서 병자들을 고치실 때에 이렇게 자신의 뜻대로 이런저런 다양한 방법을 사용하신 것은, 병을 고치는 능력은 오직 자기에게 있고, 병자들을 고칠 때에 사용되는 어떤 예식이나 방법과는 아무런 상관이 없다는 것을 사람들에게 알게 하시기 위한 것이었음에 틀림없다.

15-16. [15]그 중의 한 사람이 자기가 나은 것을 보고 큰 소리로 하나님께 영광을 돌리며 돌아와 [16]예수의 발 아래에 엎드리어 감사하니 그는 사마리아 사람이라.

이 나병환자는 우리 구주의 명령과 지시를 따라 먼저 제사장에게 가서 자신의 몸을 보인 후에, 다시 주님께로 와서 감사를 드린 것일 가능성이 크다. 어떤 이들은 여기에서 이 나병환자가 "하나님께 영광을 돌렸다"는 것과 그리스도께 "감사하였다"는 것은 동일한 의미라고 생각한다. 하지만 이 이야기 속에 나오는 그 어떤 것도 이 나병환자가 그리스도를 하나님으로 여겼음을 보여 주는 확실한 증거도 없고, 이 나병환자의 믿음이 주님을 메시야이자 다윗의 자손으로 믿을 정도로 높이 올라가 있었음을 보여주는 증거도 없기 때문에, 나는 그러한 생각에 동의할 수 없다. 이 나병환자들은 주님을 단지 "예수 선생님이여"(13절)라고 불렀다. 그들은 주님을 적어도 하나님으로부터 능력을 덧입고서 보내심을 받은 큰 선지자라고 믿었다는 것은 분명하다. 따라서 나는 이 나병환자가 주님의 발 아래 엎드린 것은 이 지역에서 아랫사람들이 윗사람에게 흔히 공경의 표시로 취하였던 그러한 자세였다고 본다. 이 나병환자가 하나님께 영광을 돌린 것은 자신의 나병을 고치신 분이 일차적으로 하나님이시라고 생각하여 하나님을 찬송한 것이고, 그리스도께 감사를 드린 것은 하나님의 도구가 되어 자신의 나병을 고치는 수고를 베풀어 주신 주님께 예를 표한 것이었다. 복음서 기자는 이렇게 돌아와서 하나님께 영광을 돌리고 주님께 감사한 나병환자가 "사마리아 사람"이었다는 말을 덧붙이고, 그리스도께서는 이 나병환자를 "이방인"이라고 부르신다(18절). 왜냐하면, 당시에 모든 사마리아 사람들은 이스라엘 나라에 대하여 "외인"이었기 때문이다.

17-18. [17]예수께서 대답하여 이르시되 열 사람이 다 깨끗함을 받지 아니하였느냐 그 아홉은 어디 있느냐 [18]이 이방인 외에는 하나님께 영광을 돌리러 돌아온 자가 없느냐 하시고.

여기에 등장하는 나병환자 열 명은 온 인류를 나타낸다. 하나님의 후하신 섭리를 통해서 많은 긍휼을 입은 사람들 중에서 하나님께서 와서 감사하는 자는 열 명 중에서 한 명밖에 되지 않는다. 하나님은 의인에게나 악인에게나 똑같이 햇빛을 비추어 주시고 비를 내려 주시지만, 사람들은 병상에 있을 때에는 자기를 고쳐 달라고 하나님께 울며불며 부르짖다가도, 정작 병이 다 나아 자리를 털고 일어나서는 하나님께 영광을 돌리지 않는다. 우리 구주께서 나머지 아홉 명의 나병환자들을 책망하신 것은 그들이 그렇게 깨끗함을 받고도 하나님께 영광을 돌리지 않은 것이 우매한 짓이라는 것을 우리에게 알게 하시기 위한 것이다.

19. 그에게 이르시되 일어나 가라 네 믿음이 너를 구원하였느니라 하시더라.

그리스도께서 아주 작은 믿음의 단초조차도 격려하시고 상을 주시는 것을 보는 것은 놀라운 일이다. 이 나병환자의 믿음은 바리새인들의 신성모독적인 발언과는 달리 그리스도께서는 하나님으로부터 보내심을 받은 사람으로서 어떤 주술적인 힘을 빌려서가 아니라 하나님의 능력으로 자신의 나병을 깨끗하게 하셨다는 확신 이상의 것이 아니었던 것으로 보인다. 그런데도 그리스도께서는 그런 믿음조차도 칭찬하시고 상을 주신다. 믿음의 정도는 믿는 자가 받은 계시와 그가 겪은 반대에 의거해서 측정될 수 있다. 적은 빛을 받아 생겨난 작은 믿음이 큰 반대에 부딪쳐서도 그대로 유지된다면, 그것은 큰 믿음이다. 그러한 믿음은 그 자체로는 작지만, 믿는 자의 상황에 비추어 보았을 때에는 크다.

20. 바리새인들이 하나님의 나라가 어느 때에 임하나이까 묻거늘 예수께서 대답하여 이르시되 하나님의 나라는 볼 수 있게 임하는 것이 아니요.

바리새인들이 우리 주님께서 자신의 강론 가운데서 자주 하나님의 나라가 임할 것이라고 말씀하시는 것을 듣고서, 주님의 그런 말씀을 조롱하고 비웃는 마음에서 이 질문을 한 것인지, 아니면 그들은 일반적으로 메시야가 와서 먼저 이방인들을 쳐

부수고서 이 땅에 다시 이스라엘 나라를 회복하여 유대인들로 하여금 온 세상을 다스리게 하실 것이라고 기대하고 있었던 터라 진지하게 이 질문을 한 것인지는 결정하기가 무척 어렵다. 어떤 이들은 바리새인들은 그리스도를 늘 못마땅하고 고깝게 여기고 있었다는 점에서 전자일 가능성이 크다고 본다. 하지만 한편으로는 바리새인들이 대체로 메시야의 나라가 도래할 것임을 기다리고 있었다는 점에서는 후자일 가능성도 배제할 수 없다.

그들이 이 질문을 한 의도가 무엇이었든지 간에, 우리 구주께서는 그들에게 아주 적절한 대답을 해 주신다: "하나님의 나라는 볼 수 있게(μετὰ παρατηρήσεως, '메타 파라테레세오스') 임하는 것이 아니요." '파라테레세오스'라는 단어는 미신적으로 깐깐하게 지키는 것을 의미한다. 따라서 이 단어로부터 파생된 동사가 사용된 갈라디아서 4:10은 "너희가 날과 달과 절기와 해를 삼가 지키니"로 번역된다. 또한, 이 동사는 트집을 잡기 위하여 주시하는 것을 의미하기도 한다(막 3:2; 눅 6:7; 14:1; 20:20; 행 9:24). 그러나 그러한 의미는 여기에서 사용된 명사의 의미로는 부적절하다. 최고의 해석자들은 대체로 여기에서 '메타 파라테레세오스'는 "외적으로 휘황찬란하고 거창하게"를 의미하는 것으로 본다. 그래서 베자(Beza)는 이 어구를 "볼 수 있는 방식으로"(ita ut observari poterit)로 의역한다.

따라서 우리 구주께서는 이렇게 말씀하신 것이다: 사람들은 나의 나라에 대하여 오해하여서, 마치 그 나라가 요란하고 떠들썩한 가운데 휘황찬란하고 거창하게 이 땅에 세상적인 나라로 세워져서, 모든 사람들이 그 나라가 도래한 것을 눈으로 보고 알 수 있을 것 같이 잘못 생각하고 있다. 그러나 내가 나의 나라라고 부르는 것은 그런 나라가 아니다. 주님께서는 그 나라가 어떤 나라인지를 다음 절에서 설명하신다: "하나님의 나라는 너희 안에 있느니라." 즉, 그 나라는 인간의 감각에는 분명하게 지각되지 않고, 내 백성의 마음에 작용하는 영적인 성격의 나라라는 것이다. 우리 구주께서 이 말씀을 바리새인들의 질문에 대한 답변으로 하신 것인지, 아니면 어떤 이들의 생각처럼, 계속해서 이어지는 자신의 제자들에 대한 강론의 도입부로서 하신 것인지는 우리가 알 수 없다.

21. 또 여기 있다 저기 있다고도 못하리니 하나님의 나라는 너희 안에 있느니라.

이 절의 후반부는 다음 두 가지 중 어느 쪽으로도 해석될 수 있는 것으로 보인다. 먼저, 우리는 여기에서 "너희"를 그리스도를 자신의 주로 영접한 그리스도의 제자들을 가리키는 것으로 보고, 이 구절은 그리스도께서 그들을 영적으로 주관하시고 다스리시는 것을 의미하는 것으로 해석할 수도 있다. 다음으로, 우리는 "너희"를 유대 민족 전체를 가리키는 것으로 보고, 이 구절은 지금 유대인들 가운데서 하나님의 나라가 임하여, 복음이 전파되고, 그리스도의 능력이 베풀어져서, 귀신들이 쫓겨나가고 이적들이 행해지고 있는 것을 의미하는 것으로 해석할 수도 있다. 어떤 이들은 주님께서 특별히 자신의 제자들을 향하여 이 말씀을 하셨다고 생각하고서 전자를 지지하지만, 나는 이 말씀은 바리새인들의 잘못된 메시야 사상, 즉 마치 메시야가 와서 세상 나라를 세우실 것처럼 생각한 그들의 잘못된 인식을 바로잡아 주시기 위하여 그들의 질문에 대답하신 것이라고 생각하기 때문에 후자를 지지한다. 왜냐하면, 22절에서 복음서 기자는 "또 제자들에게 이르시되"라는 어구를 덧붙임으로써, 주님께서는 이 때부터 특별히 제자들을 향하여 말씀하기 시작하셨다는 것을 보여 주기 때문이다. 누가복음 7:16과 요한복음 1:14에 나오는 '엔 헤민' (ἐν ἡμῖν)도 후자의 의미로 사용된다. 따라서 우리 구주께서는 이렇게 말씀하시는 것이다: 너희는 나의 나라, 즉 너희가 기다리고 있는 메시야의 나라에 대해서 많이 오해를 하고 있다. 너희의 생각과는 달리, 그 나라는 세상의 나라들과 동일한 성격의 나라가 아니기 때문에, 휘황찬란하고 거창한 모습으로 사람들이 볼 수 있게 오는 것이 아니다. 그런 까닭에, 사람들은 "여기 있다 저기 있다"라고 말하지 못할 것이다. 너희가 지금 볼 수는 없지만, 하나님의 나라는 이미 너희 가운데 와 있다.

22. 또 제자들에게 이르시되 때가 이르리니 너희가 인자의 날 하루를 보고자 하되 보지 못하리라.

우리 주님께서는 이 장에 나오는 이후의 강론에서 자신의 제자들에게, 자기가 떠난 후에 그들에게 닥쳐올 큰 환난에 대하여 미리 경고하신다. 현재에는 신랑이 그들과 함께 있기 때문에, 그들은 애곡할 필요가 없다. 주님께서 그들을 떠난 뒤에도 오랫동안 "인자의 날," 즉 그리스도의 복음이 자유롭게 그들에게 전파되는 복음의 날들은 지속될 것이었다. 그러나 주님께서는 그러한 시간이 영원히 계속되지는 않을 것이기 때문에 허비하지 말고 잘 선용하라고 말씀하신다. "너희가 인자의 날 하루를 보고자 하되 보지 못하게" 될 때가 올 것이다. 실제로 악한 날들은 주님께서 떠나신 지 40여년 후에 예루살렘이 멸망하기 얼마 전에 시작되어서, 거짓 그리스도와 거짓 선지자들이 출현하여 기승을 부렸다. 한 분파의 우두머리와 지도자가 될 만한 정도의 명성을 얻은 인물들은 너나 할 것 없이, 메시야, 즉 그리스도가 와서 유대인들을 외세에서 해방시키고 이 땅에 이스라엘 나라를 회복하실 것이라는 유대인들의 잘못된 메시야 사상을 이용해서, 자기가 바로 그 메시야라고 선전하는 방법으로 사람들을 끌어 모았다. 이것이 우리 구주께서 이후의 본문들에서 말씀하시는 것이다.

23-24. [23]사람이 너희에게 말하되 보라 저기 있다 보라 여기 있다 하리라 그러나 너희는 가지도 말고 따르지도 말라 [24]번개가 하늘 아래 이쪽에서 번쩍이어 하늘 아래 저쪽까지 비침같이 인자도 자기 날에 그러하리라.

마태복음 24:23-27에 대한 설명을 보라. 우리 구주께서는 이렇게 말씀하신다: 너희는 수많은 거짓 그리스도들과 거짓 선지자들이 일어나는 것을 보게 될 것이고, 남의 말을 쉽게 믿는 어리석은 자들은 그들의 말에 속아서, 너희에게 와서 "보라 메시야가 여기에 있다"거나 "보라 메시야가 저기에 있다"고 말할 것이지만, 너희는 그들의 말을 믿어서는 안 된다. 마가는 "그 때에 어떤 사람이 너희에게 말하되 보라 그리스도가 여기 있다 보라 저기 있다 하여도 믿지 말라"(막 13:21)고 말하고, 누가는 "너희는 가지도 말고 따르지도 말라"고 말한다. 왜냐하면, 인자는 "자기 날에" 산 자와 죽은 자를 심판하시기 위하여 영광 중에 오실 것이고, 마치 번개가 하늘의 이 쪽부터 저 쪽까지 순식간에 번쩍이듯이 세상에 임하실 것인 까닭에, 그 누구도 그 날을 미리 알 수는 없지만, 인자가 오실 때에는 누구나 다 분명하게 알게 될 것이기 때문이다. 어떤 이들은 여기에서 '인자의 날'은 그리스도의 복음이 전파되는 것을 의미한다고 생각한다. 그러나 복음은 번개처럼 순식간에 전파되지 않고, 사람들이 그 과정을 볼 수 있게 점진적으로 전파된다는 점에서, 그러한 해석은 억지임에 틀림없다.

25. 그러나 그가 먼저 많은 고난을 받으며 이 세대에게 버린 바 되어야 할지니라.

나의 나라가 그렇게 영광 중에 나타나게 되기 전에, 나는 "먼저 많은 고난을 받으며 이 세대에게 버린 바 되어야" 한다. 너희는 내가 머지않아 세상의 왕이 되어 면류관을 쓰고서 너희를 너희 원수들에게서 건져낼 것이라고 생각하고 싶을 것이다. 하지만 유감스럽게도 나는 십자가를 향하여 가야 한다. 장래에는 나의 날이 도래할 것이지만, 지금은 내 원수들의 날이고, 나와 너희는 어둠의 권세의 날 속에 있다. 따라서 너희는 이 세대 사람들이 나를 모욕하고 채찍질하며 침 뱉고 때린 후에 십자가에 매달아 버리게 되리라는 것 이외의 다른 것을 기대해서는 안 된다. 이러한 일들은 이 세대에 대한 하나님의 섭리의 결과들로 일어날 것이다. 그러므로 너희는 장래에는 더 좋은 일들을 기대해야 하지만, 이 세대로부터 좋은 일을 기대하지 말

라.

26-30. [26]노아의 때에 된 것과 같이 인자의 때에도 그러하리라 [27]노아가 방주에 들어가던 날까지 사람들이 먹고 마시고 장가 들고 시집 가더니 홍수가 나서 그들을 다 멸망시켰으며 [28]또 롯의 때와 같으리니 사람들이 먹고 마시고 사고 팔고 심고 집을 짓더니 [29]롯이 소돔에서 나가던 날에 하늘로부터 불과 유황이 비 오듯 하여 그들을 멸망시켰느니라 [30]인자가 나타나는 날에도 이러하리라.

마태복음 24:37-39에 대한 설명을 보라. 우리의 찬송 받으실 주님께서는 이 절들에서 유대인들은 자신들에게 임하게 될 저 심판으로 인해서 깜짝 놀라게 될 것이고, 세상 사람들은 자기가 심판의 날에 나타나는 것을 보고 기겁을 하게 될 것이라고 선언하심과 동시에, 그들이 생각하지도 않고 있다가 그런 일을 당하지 않도록 조심하라고 경고하신다. 여기에서 유대인들에 대한 심판, 즉 예루살렘의 멸망은 장차 있을 세상에 대한 심판을 보여 주는 모형이었다. 주님께서는 "인자의 날들에"(한글개역개정에는 "인자의 때에"), 즉 인자가 자신의 권능으로 유대인들을 멸망시키는 날과 세상을 심판하시는 날에(여기에 "인자의 날들"은 복수형으로 되어 있기 때문에), 옛적에 노아의 날과 롯의 날에 일어났던 바로 그런 일이 일어나게 될 것이라는 것이다. 그 날들에 노아와 롯은 올바르고 거룩한 삶을 살아가는 모범을 보여 주며 사람들에게 의를 전파하였지만, 옛 세상의 사람들과 소돔 사람들은 노아나 롯이 전하는 말을 귀담아 듣지 않았고, 도리어 노아가 자기 가족과 함께 방주로 들어가고, 홍수가 나서 나머지 모든 사람들이 다 멸망당한 바로 그 날까지, 그리고 롯이 소돔에서 나가고 난 후에, 불과 유황이 하늘에서 내려와서 소돔에 남아 있던 모든 사람을 다 멸하던 바로 그 날까지, 하나님께서 무슨 일을 행하고 계시는지는 안중에도 없이 오직 사치와 향락에 빠져 살았다. 마찬가지로, 세상이 최종적으로 멸망하기 전에도 그런 일이 일어나게 될 것이다. 바로 그 심판의 날이 와서, 사람들이 그 심판을 피부로 느끼게 될 때까지, 거의 모든 사람들은 하나님의 심판이 있으리라는 것을 믿으려 하지 않을 것이고, 그 심판에 대비하여 그 어떤 준비도 하려고 하지 않을 것이다. 그러나 우리 주님께서 이렇게 그들에게 옛적의 두 가지 중요한 본보기들을 제시하시며 설명하시는 이유는 그들로 하여금 그들이 어떻게 해야 지혜로운 것인지를 알게 하시기 위한 것이었다. 즉, 롯이 소돔에서 나갈 준비를 갖추고 있었고, 노아가 하나님의 경고를 듣고 방주를 준비하였듯이, 그들도 깨어서 정신 차리고 마지막 심판의 날을 준비하고 있어야 하고, 하나님께서 자신의 사자들을 보내셔서 그들에게 여러 차례 경고하시고, 세상에는 죄와 악독이 넘쳐나는데도, 사람들이나 나라들의 멸망이 임박했음을 보여 주는 그 어떤 징조도 보이지 않는다는 것이 안전하다는 보장이 될 수 없다는 것을 알아야 한다는 것이다.

31. 그 날에 만일 사람이 지붕 위에 있고 그의 세간이 그 집 안에 있으면 그것을 가지러 내려가지 말 것이요 밭에 있는 자도 그와 같이 뒤로 돌이키지 말 것이니라.

이것은 예루살렘의 멸망에만 해당되는 말씀인 것으로 보인다. 마태복음 24:17-18에도 이것과 동일한 말씀이 나오는데, 거기에 나오는 설명을 보라. 이 말씀을 통해서 우리 구주께서는 예루살렘은 반드시 무너지고 멸망당하게 되어 있기 때문에, 거짓 그리스도들이나 거짓 선지자들이 예루살렘은 반드시 안전할 것이라고 장담을 했다고 하더라도, 도성이 무너지지 않을지도 모른다는 헛된 소망을 품지 말고, 거기에서 한시라도 꾸물거리지 말고, 가능한 한 최대한 신속하게 도성을 빠져나오라고 자신의 제자들에게 명령하신다.

32. 롯의 처를 기억하라.

롯의 처에 관한 이야기는 창세기 19:26에 나온다: "롯의 아내는 뒤를 돌아보았으므로 소금 기둥이 되었더라." 롯은 자기 가족을 이끌고 소돔에서 나왔지만, 롯의 처는 천사가 한 말이 믿기지 않아서, 또는 그 곳의 비참한 모습에 가슴이 아파서, 또는 자신의 재산과 물건을 다 놓아두고 나온 것이 마음에 걸려서 뒤를 돌아보았다. 하지만 그녀의 그러한 행동은 하나님의 명령에 불순종한 것이었다: "도망하여 생명을 보존하라 돌아보거나 들에 머물지 말고 산으로 도망하여 멸망함을 면하라"(창 19:17). 하나님께서는 그녀를 소금 기둥으로 만들어 버리셨다. 이것은 불신앙, 불순종, 세상에 마음을 두는 것, 하나님의 경고를 멸시하는 것, 하나님이 방탕하고 악한 자들과 어울리는 것을 금지하셨는데 그 모임을 사랑하여 연연해하는 것에 대한 두렵고 무시무시한 경고이다.

33. 무릇 자기 목숨을 보전하고자 하는 자는 잃을 것이요 잃는 자는 살리리라.

나의 명령에 불순종하고서 목숨을 부지하고 살아남기 위하여 온갖 술수를 사용하는 자들은 도리어 목숨을 잃게 될 것인 반면에, 죽는 것도 마다하지 않고 나의 명령을 지키고자 하는 자들은 목숨을 보전하거나, 그들의 숨이 끊어진다고 해도, 영원한 삶을 얻게 될 것이다. 마태복음 10:39; 16:25과 마가복음 8:35에 대한 설명을 보라.

34-36. [34]내가 너희에게 이르노니 그 밤에 둘이 한 자리에 누워 있으매 하나는 데

려감을 얻고 하나는 버려둠을 당할 것이요 [35]두 여자가 함께 맷돌을 갈고 있으매 하나는 데려감을 얻고 하나는 버려둠을 당할 것이니라 [36] (없음).

마태복음 24:40-41에 대한 설명을 보라. 이 절들은 최후의 심판의 날에 관한 것으로서, 그 날에 양들과 염소들이 서로 갈라지는 저 무시무시한 구분이 일어나게 될 것에 대하여 말하고 있는 것으로 보인다. 이 말씀은 복음이 전파되는 그리스도의 날에도 적용되기는 하지만, 그것은 주님께서 여기에서 이 말씀을 하신 목적은 아닌 것으로 보인다. 이 말씀은 예루살렘의 멸망에는 거의 적용될 수 없다. 왜냐하면, 예루살렘이 멸망하던 날에는 사람들이 철저히 도륙당해서 남겨진 사람은 거의 아무도 없었기 때문이다.

37. 그들이 대답하여 이르되 주여 어디오니이까 이르시되 주검 있는 곳에는 독수리가 모이느니라 하시니라.

속담이나 격언 같은 이 표현의 의미와 해석자들에 의해서 제시된 다양한 견해에 대해서는 마태복음 24:28에 대한 설명을 보라. 두 본문에서 "주검"으로 번역된 헬라어는, 마태에서는 죽은 시신을 뜻하는 '프토마'(πτῶμα)인 반면에, 누가에서는 살아 있는 육신을 뜻하는 '소마'(σῶμα)이기 때문에, 누가 본문은 그리스도께서 영광 중에 심판하시기 위하여 오시는 것과 관련되어 있는 것으로 보인다: 나는 산 자와 죽은 자의 심판자이기 때문에, 장차 내가 왔을 때, 온 세상은 내 앞에 모이게 될 것이고, 특히 선과 악을 분별하는 데 독수리 같은 눈을 지닌 성도들은 자신들의 구속주이자 참된 메시야인 나를 알아보고 내게로 모이게 될 것이다. 시편 50:5-6은 "나의 성도들을 내 앞에 모으라 그들은 제사로 나와 언약한 이들이니라 하시도다 하늘이 그의 공의를 선포하리니 하나님 그는 심판장이심이로다"라고 말한다.

제18장

개요

1. 불의한 재판장과 집요한 과부의 비유(1-8).
2. 바리새인과 세리의 비유(9-14).
3. 사람들이 데려온 어린 아이들을 자애롭게 대하심(15-17).
4. 어떤 관리에게 영생을 얻는 법을 가르쳐 주심(18-23).
5. 부자가 하나님의 나라에 들어가는 것이 얼마나 어려운지를 보여 주심(24-27).
6. 복음을 위하여 무엇이라도 버린 자들에게 상을 약속하심(28-30).
7. 자신의 죽음과 부활을 미리 예고하심(31-34).
8. 한 맹인을 고쳐 주심(35-43).

1. 예수께서 그들에게 항상 기도하고 낙심하지 말아야 할 것을 비유로 말씀하여.

관주에 인용된 본문들이 보여 주듯이, 서신서들에서는 우리가 늘 기도하여야 한다는 것을 여러 차례 역설하지만, 우리는 문자 그대로 "항상" 무릎을 꿇고 기도하여야 한다고 해석해서는 안 된다. 왜냐하면, 만일 우리가 언제나 기도만 하고 있으면, 하나님이 우리에게 행하라고 하신 여러 종교적이거나 시민적인 의무들을 행할 수 없게 되어서, 그런 명령들에 불순종할 수밖에 없게 될 것이고, 또한 그리스도께서도 언제나 기도만 하신 것은 아니기 때문이다. 따라서 주님께서 우리에게 "항상 기도하라"고 하셨을 때, 그것은 첫째로는 우리는 어느 때라도 기도할 수 있어야 하고, 사도 바울이 "각처에서 남자들이 분노와 다툼이 없이 거룩한 손을 들어 기도하기를 원하노라"(딤전 2:8)고 말한 것처럼, 어디에서나 기도할 수 있어야 한다는 것을 우리에게 알게 하시기 위한 것이고, 둘째로는 스바의 여왕이 솔로몬에게 "복되도다 당신의 사람들이여 복되도다 당신의 이 신하들이여 항상 당신 앞에 서서 당신의 지혜를 들음이로다"(왕상 10:8)라고 말한 것이나, 사도행전 7:51에서 스데반이 "목이 곧고 마음과 귀에 할례를 받지 못한 사람들아 너희도 너희 조상과 같이 항상 성령을 거스르는도다"라고 말하였을 때와 마찬가지로, 여기에서 "항상"은 "자주, 통상적으로"를 의미한다는 것이다. 또는, 이것은 우리의 시간이 아침과 저녁으로 이루어져 있다고 했을 때, 아침과 저녁으로 기도하라는 의미일 수도 있다. 그래서 성경에서는 아침과 저녁으로 두 번에 걸쳐 드리는 제사를 "항상 드리는 번제"라고 부른다(출 29:42; 느 10:33). 또는, 이것은 에베소서 6:18에서 "모든 기도와 간구를 하되 항상(ἐν παντὶ χαιρῷ, '엔 판티 카이로') 성령 안에서 기도하고 이를 위하여 깨어 구하기를 항상 힘쓰며 여러 성도를 위하여 구하라"고 한 것처럼, 하나님의 섭리에 의해서 우리에게 기도해야 할 때와 기회가 주어질 때마다 기도하라는 것을 의미할 수도 있고, 우리의 인생길을 걸어가면서 끊임없이 마음속으로 선하고 경건한 말들로 하나님께 기도를 올려드리라는 의미일 수도 있으며, 옛 율법에서 제사가 항상 드려진 것은 아니었지만, 제단의 불은 늘 꺼지지 않게 하였던 것과 마찬가지로, 우리의 마음도 늘 기도할 준비가 되어 있어야 한다는 것을 의미할 수도 있다.

낙심하지 말아야. 이것은 에베소서 6:18에서 "깨어 구하기를 항상 힘쓰며"라고 한 것이나, 골로새서 4:2에서 "기도를 계속하고 기도에 감사함으로 깨어 있으라"고 한 것과 동일한 의미이다. 낙심한다는 것은 우리가 구하는 것들을 하나님께서 우리에게 주시는 것을 지체하신다는 이유로, 또는 게으름 때문에, 우리의 목숨이 다하기 전에 항상 기도하여야 할 본분을 포기하는 것이다. 이것이 우리 구주께서 뒤이어 나오는 비유를 통해서 우리에게 가르치고자 하시는 것이다.

2-8. [2]이르시되 어떤 도시에 하나님을 두려워하지 않고 사람을 무시하는 한 재판장이 있는데 [3]그 도시에 한 과부가 있어 자주 그에게 가서 내 원수에 대한 나의 원한을 풀어 주소서 하되 [4]그가 얼마 동안 듣지 아니하다가 후에 속으로 생각하되 내가 하나님을 두려워하지 않고 사람을 무시하나 [5]이 과부가 나를 번거롭게 하니 내가 그 원한을 풀어 주리라 그렇지 않으면 늘 와서 나를 괴롭게 하리라 하였느니라 [6]주께서 또 이르시되 불의한 재판장이 말한 것을 들으라 [7]하물며 하나님께서 그 밤낮 부르짖는 택하신 자들의 원한을 풀어 주지 아니하시겠느냐 그들에게 오래 참으시겠느냐 [8]내가 너희에게 이르노니 속히 그 원한을 풀어 주시리라 그러나 인자가 올 때에 세상에서 믿음을 보겠느냐 하시니라.

이것은 비유이고, 비유 바로 앞에 나와서 비유의 취지를 설명해 주는 서두인 1절과 비유 바로 뒤에 나와서 비유를 설명해 주는 결미(6-8절)가 이 비유의 의미를 보여 주는데, 우리 구주께서 이 비유를 말씀하신 목적과 의도는, 하나님께서는 자기 백성의 원수들인 저 악인들에 대하여 아주 오래 참으시는 까닭에, 원수들의 손에서 구해 달라는 자기 백성의 부르짖음에 즉각적으로 응답하지 않으시지만, 그들이 계속해서 부르짖으면, 결국에는 반드시 그들을 구해 주신다는 것을 자기 백성에게 확실하게 약속하시기 위한 것이다. 주님께서는 그러한 목적과 의도를 가지시고, 이 세상에서 일어난 적이 있거나 일어날 수 있는 한 사건에 빗대어서 그들에게 말씀하신다: "어떤 도시에 하나님을 두려워하지 않고 사람을 무시하는 한 재판장이 있는데 …" 주님께서는 작은 것을 통해서 큰 것을 논증해 나가는 방식을 사용하시는데, 여기에서 서로 대비되고 있는 모든 것들이 강조되고 있다. (1) 비유 속에 등장하는 자는 불의한 재판장이지만, 하나님은 의로우신 재판장이시다. (2) 불의한 재판장은 자기와 상관없는 외인을 상대한 반면에, 하나님의 백성은 하나님이 친히 택하신 자들이다. 그런 후에, 주님께서는 이러한 대비를 근거로 삼으셔서, 하나님이 자기 백성의 "원한을 속히 풀어 주실" 것이라고 분명하게 약속하신다.

우리 구주의 이 강론으로부터 우리는 다음과 같은 몇 가지 것들을 주목해 볼 수 있다. (1) 하나님의 백성이 현세에서 겪는 온갖 해악들은 그들로 하여금 그것들을 바로잡아 주시라고 하나님께 계속해서 간절하게 기도하게 만든다. (2) 하나님께서는 자기 백성의 기도에도 불구하고, 그들이 오랜 시간이라고 생각할 정도로 그들의 원수들에 대하여 오래 참으신다. (3) 하나님의 백성이 낙심하지 않고 밤낮으로 계속해서 부르짖어 기도하면, 하나님께서는 그들의 기도를 들으셔서 그들의 원한을 풀어 주신다. 과부가 집요하고 끈질기게 간청한 것이 불의한 재판장을 움직여서 그 간청을 들어 주어 과부의 원한을 풀어 주게 하는 힘을 가졌다면, 하물며 하나님의 백성이 낙심하지 않고 쉬지 않고 부르짖어 기도하는 것이 하나님의 마음을 움직이는 힘을 갖고 있지 않겠는가.

그러나 인자가 올 때에 세상에서 믿음을 보겠느냐. 그리스도께서 심판하시기 위하여 다시 오실 때, 낙심하지 않은 자들은 거의 없을 것이다. 많은 사람들이 그들의 연약한 본성에 작용하는 시험들을 이기지 못하고 믿음에서 떨어져 나가게 될 것이다. 우리는 여기에 언급된 "믿음"은 믿음의 참되고 본래적인 결과들, 즉 뿌리가 되는 믿음에서 자라나서 맺어진 열매들을 가리키는 것으로 이해하여야 한다. 우리 구주의 이러한 권면의 말씀은 자신의 제자들에게 훌륭한 경고로서의 역할도 하였다. 즉, 그들은 깨어서 정신을 차리고 끈질기게 기도함으로써, 용의 꼬리에 맞아서 땅으로 떨어지는 하늘의 별들 같은 신세가 되지 않도록 조심하고 주의하여야 한다는 것이다.

9. 또 자기를 의롭다고 믿고 다른 사람을 멸시하는 자들에게 이 비유로 말씀하시되.

주님께서는 여기에서 바리새인들과 그들을 따르는 문도들을 염두에 두시고서,

"자기를 의롭다고 믿고 다른 사람을 멸시하는 자들"이라는 표현을 사용하신 것임은 의문의 여지가 없다. 우리가 복음서에서 내내 보아 왔듯이, 그들은 자기 자신을 의롭다고 자랑하는 동시에, 그 밖의 다른 모든 사람들을 깔보고 멸시하는 두 가지 죄를 동시에 저지른 극히 악한 자들이었다.

10. 두 사람이 기도하러 성전에 올라가니 하나는 바리새인이요 하나는 세리라.

바리새인들이 어떤 사람들이었고, 세리들이 어떤 사람들이었는지에 대해서는 우리가 앞에서 이미 여러 차례에 걸쳐서 설명한 바 있다. 성전은 언덕 위에 세워져 있었기 때문에, 주님께서는 여기에서 "성전에 올라가니"라는 표현을 사용하신다. 사도행전 3:1은 성전에서 기도하는 시간들은 일정하게 정해져 있었고, 그 시간들이 되면, 온갖 부류의 사람들이 성전에 올라가서 하나님께 기도를 드렸다. 우리 구주께서 여기에서 두 부류의 사람만을 언급하신 것은, 하나님 앞에 와서 그 은총을 얻기 위하여 그들 자신의 의를 내세운 교만하고 위선적인 자들의 기도가 아니라, 비록 사람들 가운데서 큰 죄인들이라는 평판을 듣고 있었지만, 통회하고 상한 마음으로 겸손하게 하나님 앞에 와서 가슴을 치며 긍휼을 구하는 자들의 기도가 하나님께 열납된다는 것을, 이 비유를 통해서 자신의 제자들에게 가르치고자 하시는 것 외에 다른 의도가 없으셨기 때문이다.

11. 바리새인은 서서 따로 기도하여 이르되 하나님이여 나는 다른 사람들 곧 토색, 불의, 간음을 하는 자들과 같지 아니하고 이 세리와도 같지 아니함을 감사하나이다.

이것으로부터 우리는 감사가 기도의 일부라는 것을 알 수 있다. 본문에서는 이 바리새인이 "기도하였다"고 말하고 있지만, 우리는 그가 하나님께 그 어떤 것을 간구하였다는 말을 듣지 못한다. 서서 기도하는 것은 당시의 사람들이 기도할 때에 통상적으로 사용하던 자세였기 때문에, 그가 서서 기도한 것은 잘못한 것이 아니었다. 다만, 이 바리새인이 자기를 남들보다 더 사람들의 눈에 띄게 하기 위한 과시용으로 그러한 자세를 선택한 것이라면, 그것은 잘못일 것이다. 왜냐하면, 바리새인들은 너무나 많이 그러한 잘못을 저지르곤 하였기 때문이다(마 6:5). 여기에서 "따로"로 번역된 '프로스 헤아우톤' (πρὸς ἑαυτὸν)이 오직 마음속으로만, 또는 남들이 들을 수 없는 혼잣말로 기도하였다는 의미인지, 아니면 혼자 따로 기도하였다는 의미인지는 확실하지 않다. 왜냐하면, 우리 구주께서는 사람의 생각을 아시는 분인 까닭에, 이 바리새인이 단지 마음속으로만, 또는 적어도 남들에게는 들리지 않는 혼잣말로 기도하였다고 할지라도, 그가 무슨 기도를 하였는지를 쉽게 알 수 있었을 것이기는 하지만, 바리새인들의 관심은 사람들이 잘 보거나 들을 수 있도록 행함으로써 사람들로부터 의롭다는 칭송을 받는 데 있었다는 점에서, 이 바리새인이 그런 식으로 기도한다는 것은 그들의 생리에 맞지 않아 보이기 때문이다. 그는 "하나님이여 나는 다른 사람들 곧 토색, 불의, 간음을 하는 자들과 같지 아니하고 이 세리와도 같지 아니함을 감사하나이다"라고 기도한다.

그렇다면, 이것은 책망 받을 만한 잘못된 기도였는가? 우리로 하여금 다른 사람들처럼 지나치게 방탕한 삶으로 치닫지 않도록 우리를 억제하시는 은혜를 내려 주신 것에 대하여 우리가 하나님을 찬송하는 것이 잘못된 것인가? 물론, 그렇지 않다. 하지만 그런 기도가 우리가 드리기에 올바르고 합당한 기도가 되기 위해서는, 두 가지 조건이 충족되어야 한다: (1) 우리가 그런 식으로 말하며 기도하였을 때, 그 말과 기도 속에는 거짓이 없어야 한다. (2) 우리는 그러한 기도를 드리면서, 우리가 다른 사람들처럼 방탕으로 치닫는 삶을 살지 않는 것을 하나님 앞에서 우리의 의로 내세워서는 안 된다. 그러나 이 바리새인은 (1) 자신을 의롭다고 여기고서 교만해진 마음으로 이러한 기도를 하였고, (2) 자신의 이웃을 깔보고 멸시하는 마음으로 이러한 기도를 하였으며, (3) 자신이 이러한 큰 죄들을 지었으면서도, 단지 여기에 자신이 열거한 죄들을 짓지 않았다는 이유로, 자기는 죄인이 아니라고 여겼다. 게다가, 우리는 이 바리새인이 여기에서는 다른 사람들이 지은 죄들을 자신은 짓지 않았다고 자랑하고, 다음 절에서는 금식과 십일조를 자신의 공로로 여기며 자랑하면서, 그 모든 것들을 자신의 힘으로 해낸 것으로 말하고 있는 것을 보게 된다. 결국, 이 바리새인은 자기가 이렇게 자랑스럽게 살고 있는 것에 대하여 하나님께 감사를 드린 것이다.

12. 나는 이레에 두 번씩 금식하고 또 소득의 십일조를 드리나이다 하고.

나는 이레에 두 번씩 금식하고. 여기에서 "이레에 두 번씩"으로 번역된 어구의 헬라어 본문을 직역하면, "안식일에 두 번씩"이 되지만, 유대인들 사이에서는 한 주간의 날들을 안식일을 기준으로 지칭하는 것이 관례였기 때문에, 이 어구는 "안식일과 안식일 사이에 두 번씩"을 의미한다. 유대교에 대한 해박한 지식을 지닌 사람들은 유대인들 중에서 바리새인들을 비롯해서 좀 더 경건한 부류의 사람들은 한 번은 제2일에, 다른 한 번은 제5일에, 즉 우리의 역법으로는 월요일과 목요일에 각각 한 번씩, 따라서 일주일에 두 번씩 금식하곤 하였다고 말한다. 어떤 이들은 유대인들의 그러한 전통을 참조해서 우리가 수요일과 금요일을 금식일로 정해서 지키게 된 것이라고 말한다. 이전 시대의 그리스도인들은 금식 같은 경건 활동과 관련해서 자신들이 유대인들보다 못하다면, 그것은 말이 안 되는 것이라고 생각해서, 일주일에 두 번씩 금식을 하였지만, 자신들이 유대화되었다는 말을 듣지 않기 위해서, 유대인들과는 다른 요일을 정해서 금식한 것이었다. 그리스도인들이 이렇게 금식한 관행이 정말 오래된 것이라면, 나는 그들이 오늘날의 교황주의자들을 비롯해서 경건한 체하는 자들과는 다른 의도와 목적에서 금식하였을 것임을 의심하지 않는다. 하지만 금식과 관련해서 바리새인들의 전통이나 그리스도인들의 관행은 칭송할 만하거나 칭찬할 만한 것은 결코 아니다. 왜냐하면, 성경에서 금식은 언제나 아주 특별한 경우에 사용되던 것이었고, 아주 특별한 경우에만 행하던 일을 일상적이고 정기적으로 행하게 되면, 결국 그 일은 십중팔구 형식적인 것이 되고 말기 때문이다. 따라서 일상적으로 행해야 할 일들을 아주 특별한 경우에 드물게 행하거나, 아주 특별한 경우에 행해야 할 일들을 일상적으로 행하는 것은 좋지 않다. 특히, 후자의 경우에는 그 일들은 생명이 없는 형식적이고 의례적인 일들로 변질되고 만다.

소득의 십일조를 드리나이다. 여기에서 강조점은 "모든"에 두어져 있다(한글개역개정에는 "모든 소득"에서 "모든"이 빠져 있다 — 역주). 율법은 원래 땅의 소산들에 대해서만 십일조를 요구했기 때문에, 다른 사람들은 그런 것들의 십일조만을 드렸다. 그러나 바리새인들은 율법에서 엄격하게 십일조를 요구하지 않았다고 주장되는 채소 같은 것들에 대해서까지 십일조를 드렸다. 우리 구주께서는 그들이 "박하와 회향과 근채의 십일조"(마 23:23)와 "모든 채소의 십일조"(눅 11:42)를 드렸다고 말씀하신다. 따라서 여기에서 이 바리새인이 자기가 정확하게 지켰다고 말하는 금식과 모든 소득의 십일조는 하나님의 율법이 구체적으로 요구한 것들이 아니었다. 만일 이 바리새인이 "율법의 더 중한" 것들을 소홀히 하지 않았다면, 남들이 하지 않는 이 두 가지를 그가 한 것은 잘못이나 흠이 될 수 없었을 것이다. 그러나 앞에 언급된 두 본문(마 23:23과 눅 11:42)에서 우리 구주께서는 그들이 율법에서 더 중요한 것들을 소홀히 하였다고 책망하신다. 사정이 이런데도, 어떻게 이 바리새인은 자기가 금식과 모든 소득의 십일조를 철저히 행하였기 때문에, 자기는 하나님 앞에서 의롭다고 뻔뻔스럽게 주장하고 있는 것인가? 그는 하나님이 명령하신 일들은 행하지 않았더라도, 하나님이 명령하지 않으신 일들을 행하였다면, 그것은 의로운 것이라고 생각한 것인가? 또한, 율법은 "너는 마음을 다하고 뜻을 다하고 힘을 다하여 네 하나님 여호와를 사랑하라"(신 6:5)고 명하고 있기 때문에, 이 바리새인이 금식과 모든 소득의 십일조를 그의 마음의 중심에 있는 사랑에서 우러나와서 한 것이 아니었다면, 그 일들은 아무런 의미도 없는 것들이 아니던가? 우리 구주께서는 바리새인들이 "율법의 더 중한" 것들을 소홀히 하였다고 책망하실 때, 그 중한 것들 중의 하나로 사랑을 언급하셨기 때문에, 바리새인들의 금식과 십일조는 그들의 마음속에 있는 사랑을 따라 한 것일 수 없었다. 이것은 교회를 세우거나 병원과 빈민구호소를 세우는 것과 같은 일들에도 마찬가지로 적용된다. 뿌리가 선하면, 열매도 선하다. 그러나 우리가 그런 일들을 사람들에게 보이기 위해서나 하나님으로부터 공로를 인정받기 위한 목적으로 행한다면, 우리가 거기에 들인 돈과 노력과 시간은 헛되이 사라지고 말 것이다. 왜냐하면, 천국은 우리의 돈으로 살 수 없기 때문이다.

13. 세리는 멀리 서서 감히 눈을 들어 하늘을 쳐다보지도 못하고 다만 가슴을 치며 이르되 하나님이여 불쌍히 여기소서 나는 죄인이로소이다 하였느니라.

어떤 이들은 바리새인들은 자신의 분파에 속하지 않은 사람들, 적어도 세리 같이 악명 높은 자들이 자신들에게 가까이 다가오지 못하게 하였기 때문에, 여기에서 세리가 바리새인으로부터 "멀리" 떨어져서 기도하였던 것이라고 생각하는데, 이 세리가 유대인이었다면, 그랬을 가능성도 없지 않다. 그리고 이 세리가 이방인이었다면, 마치 예루살렘 성전에서 이스라엘의 뜰과 이방인의 뜻이 서로 구별되어 있었듯이, 이 세리도 반드시 바리새인으로부터 멀리 떨어져 있어야 했을 것이다. 이 세리가 하나님께 겸손하게 자기를 낮추고 기도하였다는 것은 다음과 같은 것들을 통해서 확인된다: (1) 그의 자세. 그는 자기는 감히 하늘을 쳐다볼 수 없을 정도로 형편없고 비천한 자라고 생각하여 땅을 쳐다보고 기도하였다. (2) 그의 몸짓. 그는 슬픔과 괴로움이 가득하였기 때문에, "가슴을 치며" 기도할 수밖에 없었다. (3) 그의 기도의 내용. 그는 자기가 "죄인"이라고 고백하고서, 하나님이 값없이 거저 주시는 은혜로 피한다. 그는 자기가 이러저러한 나쁜 짓들은 하지 않았다거나, 이러저러한 선한 일들은 행하였다는 식으로 스스로를 자랑하는 말을 전혀 하지 않고, 단지 자기는 "죄인"이며 가련하기 짝이 없는 죄인일 뿐이라고 고백하며, 하나님이 값없이 거저 주시는 은혜로 달려가 피한다. 이것은 우리가 하나님께 어떻게 기도하여야 하는지를 가르쳐 준다. 즉, 우리는 우리 자신 속에 어떤 선한 것이나 의로운 것이 있다고 주장해서는 안 되고, 오직 그리스도의 공로를 의지하여 하나님이 값없이 거저 주시는 은혜로 피하여야 한다는 것이다.

14. 내가 너희에게 이르노니 이에 저 바리새인이 아니고 이 사람이 의롭다 하심을 받고 그의 집으로 내려갔느니라 무릇 자기를 높이는 자는 낮아지고 자기를 낮추는 자는 높아지리라 하시니라.

"저 바리새인이 아니고"로 번역된 '파르 에케이논'(παρ' ἐχεῖνον)은 직역하면 "저 사람보다 오히려"를 의미하지만, 본문에서는 이 바리새인이 하나님에 의해서 전혀 의롭다 하심을 받지 못하였다고 말하는 것이다. 이 바리새인은 자기 자신에 의해서와 자신의 분파에 의해서만 의롭다 함을 받았던 반면에, 이 세리는 하나님으로부터 의롭다 하심을 받았다. 주님께서는 이 비유를 마치신 후에 곧바로 "무릇 자기를 높이는 자는 낮아지고 자기를 낮추는 자는 높아지리라"고 말씀하신다. 이 말씀은 우리 구주께서 종종 사용하곤 하셨던 말씀들 중의 하나이다(마 23:12; 눅 14:11). 이 말씀은 사람들 사이에서의 통상적인 관례에 적용되지만, 여기에서는 하나님이 섭리를 베푸시는 방식에 적용된다. 하나님께서는 교만한 자들을 대적하시고, 자신을 낮추는 겸손한 자들에게 은혜를 주신다. 복되신 동정녀 마리아는 바로 그러한 이유로 하나님을 찬양한다(눅 1:51-52).

15-17. [15]사람들이 예수께서 만져 주심을 바라고 자기 어린 아기를 데리고 오매 제자들이 보고 꾸짖거늘 [16]예수께서 그 어린 아이들을 불러 가까이 하시고 이르시되 어린 아이들이 내게 오는 것을 용납하고 금하지 말라 하나님의 나라가 이런 자의 것이니라 [17]내가 진실로 너희에게 이르노니 누구든지 하나님의 나라를 어린 아이와 같이 받아들이지 않는 자는 결단코 거기 들어가지 못하리라 하시니라.

마태복음 19:13-15과 마가복음 10:13-16에 대한 설명을 보라. 거기에서 우리는 이 본문에 나오는 이야기를 이미 살펴보았다.

18-27. [18]어떤 관리가 물어 이르되 선한 선생님이여 내가 무엇을 하여야 영생을 얻으리이까 [19]예수께서 이르시되 네가 어찌하여 나를 선하다 일컫느냐 하나님 한 분 외에는 선한 이가 없느니라 [20]네가 계명을 아나니 간음하지 말라, 살인하지 말라, 도둑질하지 말라, 거짓 증언 하지 말라, 네 부모를 공경하라 하였느니라 [21]여짜오되 이것은 내가 어려서부터 다 지키었나이다 [22]예수께서 이 말을 들으시고 이르시되 네게 아직도 한 가지 부족한 것이 있으니 네게 있는 것을 다 팔아 가난한 자들에게 나눠 주라 그리하면 하늘에서 네게 보화가 있으리라 그리고 와서 나를 따르라 하시니 [23]그 사람이 큰 부자이므로 이 말씀을 듣고 심히 근심하더라 [24]예수께서 그를 보시고 이르시되 재물이 있는 자는 하나님의 나라에 들어가기가 얼마나 어려운지 [25]낙

타가 바늘귀로 들어가는 것이 부자가 하나님의 나라에 들어가는 것보다 쉬우니라 하시니 [26]듣는 자들이 이르되 그런즉 누가 구원을 얻을 수 있나이까 [27]이르시되 무릇 사람이 할 수 없는 것을 하나님은 하실 수 있느니라.

우리는 이 이야기를 마태복음 19:16-26에서 자세하게 살펴보았고, 이것과 동일하지는 않지만 매우 흡사한 이야기가 마가복음 10:17-27에도 나온다. 마태복음 19:16-26과 마가복음 10:17-27에 대한 설명을 보라. 이 이야기는 다음과 같은 점에서 우리에게 매우 유익하다. (1) 사람이 아무리 노력하고 애써서 상당한 진전을 이루었다고 해도, 그가 도달한 곳은 진정으로 선하고 영적인 상태와는 한참이나 거리가 멀 수밖에 없다. 그는 현세에서 그 어떤 것도 자기를 온전히 행복하게 만들어 주지 못할 것임을 알게 되었을 수 있고, 영생과 구원을 원하게 되었을 수 있으며, 하나님의 계명들을 문자적으로 지키는 일에 상당한 진전을 보였을 수도 있고, 복음의 일꾼들에게로 가서 가르침을 더 많이 받았을 수도 있다. 그러나 그가 영생을 얻기 위해서가 아니라, 자기가 무엇인가를 해야 영생을 얻을 수 있을 것이라고 전제하고서, 자기가 영생을 얻기 위해 더 해야 할 일이 무엇인지를 알기 위해서 그리스도께 나아온다면, 그는 실패할 수밖에 없게 될 것이다. 그런 사람은 율법을 제대로 올바르게 이해하고 있지 못하고, 율법을 온전히 지키지 않으면, 율법을 통해서 천국에 갈 수 없다는 것도 알지 못하기 때문에, 자기가 실제보다 훨씬 더 나은 상태에 있는 것으로 착각한다. (2) 하나님의 계시된 뜻 전체에 온전하고 흠 없이 순종함이 없이는 행위를 통해서 천국에 갈 수 없다. (3) 모든 위선자들은 이런저런 욕심이나 욕망을 붙잡고 있어서 자기 자신을 부인할 수 없다. 이 관리가 붙잡고 있었던 욕심은 세상과 거기에 속한 것들을 지나치게 사랑하는 것이었다. (4) 천국에 가는 것은 모든 사람들에게 어려운 일이기는 하지만, 특히 이 땅에서 가진 것들이 많은 사람들에게는 지극히 어려운 일이다. (5) 사람들에게는 어려워 보이고 거의 불가능해 보이는 일이라고 할지라도, 하나님께 불가능한 일은 없다. 하나님께서는 가난한 자들의 마음과 마찬가지로 부자들의 마음도 변화시키셔서, 하나님의 말씀에 귀를 기울이게 만드실 수 있으시다. 부자들이 천국에 들어가는 데에는 가난한 자들의 경우보다 더 많은 장애물들이 있는 것은 사실이지만, 부자든 가난한 자든, 그들의 심령에 대한 하나님의 강력한 감화와 하나님의 값없이 거저 주시는 은혜 없이는, 그 누구도 구원받을 수 없다.

28-30. [28]베드로가 여짜오되 보옵소서 우리가 우리의 것을 다 버리고 주를 따랐나

이다 [29]이르시되 내가 진실로 너희에게 이르노니 하나님의 나라를 위하여 집이나 아내나 형제나 부모나 자녀를 버린 자는 [30]현세에 여러 배를 받고 내세에 영생을 받지 못할 자가 없느니라 하시니라.

마태복음 19:27-30과 마가복음 10:28-30에 대한 설명을 보라. 이 본문의 내용 중에서 유일한 난점은 30절의 말씀을 하나님의 섭리들과 조화시키는 것이다. 내세에 약속된 영생은 믿음의 문제이기 때문에 이 땅에서 베풀어지는 하나님의 그 어떤 섭리와도 모순되는 것처럼 보이지는 않는다. 하지만 그리스도를 위하여 많은 것을 잃고서도 현세에서 "여러 배," 또는 백 배를 받지 못하는 사람들이 얼마나 많은가! 대답: 여기에서 우리가 주님의 약속을, 현세에서 잃은 이 땅에 속한 것들을 다시 "동일한 종류"의 이 땅에 속한 것들로 여러 배를 받게 될 것이라는 약속으로 이해한다면, 그러한 지적은 옳을 것이다. 그러나 우리는 주님의 약속을 그런 식으로 해석해서는 안 된다. 즉, 우리는 주님께서 여기에서 이 땅에서 그리스도를 위하여 많은 것을 잃은 자들은 "동일한 종류"의 이 땅에 속한 것들이 아니라 "가치"를 따져 보았을 때에 그런 것들보다 훨씬 더 가치 있는 것들을 받게 될 것이라고 약속하신 것으로 이해하여야 한다는 것이다. 따라서 이것은 다음의 둘 중의 하나를 의미한다: (1) 그리스도를 위하여 어떤 것을 버린 자들은 참된 기쁨과 평안과 하나님의 사랑에 대한 확신을 얻게 될 것인데, 이러한 것들은 그들이 잃은 것들보다 천 배 만 배나 더 가치 있는 것들이다. (2) 그들은 적어도 하나님의 섭리로 말미암아 자신들이 처해 있는 상태에 자족하며 살아가게 될 것인데, 이렇게 결코 목마르지 않는 상태가 되는 것은, 사람들의 갈증이 계속되는 가운데, 자신들에게 공급된 많은 마실 물을 마시고 그 때 그때 계속해서 갈증을 해소하는 상태보다 훨씬 더 나은 것임은 누구나 인정할 것이다.

31-34. [31]예수께서 열두 제자를 데리시고 이르시되 보라 우리가 예루살렘으로 올라가노니 선지자들을 통하여 기록된 모든 것이 인자에게 응하리라 [32]인자가 이방인들에게 넘겨져 희롱을 당하고 능욕을 당하고 침 뱉음을 당하겠으며 [33]그들은 채찍질하고 그를 죽일 것이나 그는 삼 일 만에 살아나리라 하시되 [34]제자들이 이것을 하나도 깨닫지 못하였으니 그 말씀이 감취었으므로 그들이 그 이르신 바를 알지 못하였더라.

우리는 나중에 우리 구주의 수난에 관한 이야기 속에서 이 모든 것들이 정확히 성취되는 것을 보게 될 것인데, 우리 주님께서는 여기에서 자신의 제자들에게 그 모든 일이 메시야에 관하여 성경에 미리 예언된 모든 말씀대로 되는 것임을 분명하게 밝히신다. 이 동일한 수난 예고는 누가복음 9:22; 9:44; 마태복음 20:17-19; 마가복음 10:32-34에도 그대로 나온다. 하지만 여기에서 복음서 기자는 "제자들이 이것을 하나도 깨닫지 못하였으니"라고 말한다. 주님의 말씀은 누구나 다 이해할 수 있을 정도로 아주 쉬운 내용이었지만, 그들은 자신들이 푹 빠져 있던 잘못된 메시야 사상과 그 말씀을 서로 조화시킬 수 없었기 때문에 깨달을 수가 없었던 것이다. 그들은 이스라엘을 회복할 사명을 띠고 오신 메시야가 자신이 속량하거나 구원하시기 위하여 오신 바로 그 사람들에 의해서 야만적인 대우를 받거나 죽는 일이 어떻게 일어날 수 있는지를 도무지 이해할 수가 없었다. 우리는 하나님의 일들에 대하여 우리가 어떤 생각이나 개념을 품고 있는지를 곰곰이 잘 살펴볼 필요가 있고, 그것은 아주 절실한 문제이다. 제자들의 이러한 철저한 맹목과 불신앙의 근저에는 그들의 마음속에 품고 있던 메시야에 관한 잘못된 개념이 자리 잡고 있었다. 하지만 우리 구주께서는 하나님의 섭리에 의해서 자신의 제자들에게 들이닥치게 될 시험들에 대비해서, 자신의 수난을 그들에게 미리 확실하게 말해 둘 필요가 있다고 생각하셨다. 비록 장래에 있을 일일지라도, 그 일을 미리 들어두는 것은 유익한 일이다.

35. 여리고에 가까이 가셨을 때에 한 맹인이 길 가에 앉아 구걸하다가.

마가는 이 맹인이 "디매오의 아들인 맹인 거지 바디매오"(막 10:46)이었다는 것을 우리에게 말해 준다. 마태는 두 명의 맹인을 다 언급하는 반면에, 누가와 마가는 그 중에서 스스로 유명해지거나, 아니면 아버지로 인해서 유명해진 한 명만을 언급한다.

36-43. [36]무리가 지나감을 듣고 이 무슨 일이냐고 물은대 [37]그들이 나사렛 예수께서 지나가신다 하니 [38]맹인이 외쳐 이르되 다윗의 자손 예수여 나를 불쌍히 여기소서 하거늘 [39]앞서 가는 자들이 그를 꾸짖어 잠잠하라 하되 그가 더욱 크게 소리 질러 다윗의 자손이여 나를 불쌍히 여기소서 하는지라 [40]예수께서 머물러 서서 명하여 데려오라 하셨더니 그가 가까이 오매 물어 이르시되 [41]네게 무엇을 하여 주기를 원하느냐 이르되 주여 보기를 원하나이다 [42]예수께서 그에게 이르시되 보라 네 믿음이 너를 구원하였느니라 하시매 [43]곧 보게 되어 하나님께 영광을 돌리며 예수를 따르니 백성이 다 이를 보고 하나님을 찬양하니라.

마태복음 20:30-34과 마가복음 10:46-52에 대한 설명을 보라. 여기에 나와 있는 모든 이야기는 거기에 자세하게 설명되어 있다. 여기에서 다시 한 번 매우 주목할 만한 것은 그리스도께서 이 맹인이 고침을 받은 것을 주로 그의 믿음 덕분으로 돌리고 계신다는 것이다: “네 믿음이 너를 구원하였느니라”(42절). 이것은 우리로 하여금 “믿음”은 고침 받고자 하는 자에게 요구되는 조건이라고 생각할 수밖에 없게 만든다. 왜냐하면, 그리스도께서 자신의 신적인 권능으로 이 맹인을 고치셨다는 것은 의심의 여지가 없지만, 이 맹인 속에 있는 믿음을 보시고서 자신의 신적인 능력을 베푸셨기 때문이다. 이 맹인의 믿음은 누가복음 17:13에서 “예수 선생님이여”라고 한 나병환자의 믿음보다는 한 단계 더 높은 것이었던 것으로 보인다. 이 맹인은 “예수 선생님이여”라는 호칭이 아니라, 주님의 참된 신분을 말해 주는 호칭을 사용해서, “다윗의 자손 예수여”라고 주님을 불렀기 때문이다. 이것은 이 맹인이 그리스도가 메시야라는 것을 확신하고 있었다는 것을 말해 준다. 왜냐하면, 메시야가 다윗의 자손일 것이라는 전승은 유대인들 가운데서 확고한 것이었기 때문이다. 그리스도께서는 참된 믿음의 단초에 대해서도 상을 주시는 분이시기 때문에, 여기에서 그것보다 더 큰 믿음을 보인 이 맹인에게 상을 주셔서 그를 고쳐 주신 것은 너무나 당연한 일이었다. 하지만 이 맹인은 예수를 “다윗의 자손”이라고만 고백하고 있는 것으로 보아서, 메시야가 하나님이자 사람이시라는 사실에 대해서는 잘 알지 못했던 것 같다.

제19장

개요

1. 그리스도께서 세리 삭개오의 집에 유하심(1-10).
2. 어떤 귀인이 타국에 가면서 자신의 종들에게 돈을 주어 장사하게 한 것에 관한 비유(11-27).
3. 그리스도께서 나귀를 타고 예루살렘으로 입성하심(28-40).
4. 도성을 보시고 우심(41-44).
5. 성전에서 매매하는 자들을 쫓아내심(45-46).
6. 그리스도께서 날마다 성전에서 가르치시고, 종교 지도자들이 그를 죽일 기회를 엿봄(47-48).

1. 예수께서 여리고로 들어가 지나가시더라.

"여리고"는 베냐민 지파에 속한 아주 부한 성읍으로서, 예루살렘에서 32km도 채 떨어지지 않았고, 요단 강과의 거리는 13km도 되지 않았는데, 우리 구주께서는 예루살렘으로 가시는 길에 지금 여리고로 들어오신 것이었다. 여리고에 대해서는 민수기 22:1에 대한 설명을 보라. 여호수아는 이스라엘 백성을 이끌고 요단 강을 넘기 전에 정탐을 보내 살피게 한 후에 함락시킨 최초의 성읍이 바로 여리고였고, 함락시킨 후에는 성읍을 불태우면서, 이 성읍을 재건하는 자에게는 저주가 임할 것이라고 선언하였다(수 2, 6장): "여호수아가 그 때에 맹세하게 하여 이르되 누구든지 일어나서 이 여리고 성을 건축하는 자는 여호와 앞에서 저주를 받을 것이라 그 기초를 쌓을 때에 그의 맏아들을 잃을 것이요 그 문을 세울 때에 그의 막내아들을 잃으리라 하였더라"(수 6:26). 이 예언은 아합 시대에 그대로 이루어졌다: "그 시대에 벧엘 사람 히엘이 여리고를 건축하였는데 그가 그 터를 쌓을 때에 맏아들 아비람을 잃었고 그 성문을 세울 때에 막내 아들 스굽을 잃었으니 여호와께서 눈의 아들 여호수아를 통하여 하신 말씀과 같이 되었더라"(왕상 16:34). 하지만 여리고는 오래 전에 이미 재건되어서, 우리 구주께서는 예루살렘으로 가는 길에 이 성읍을 통과하게 되신 것이었다.

2. 삭개오라 이름하는 자가 있으니 세리장이요 또한 부자라.

세리들은 로마 당국을 위하여 공세를 거두는 자들이었다는 것은 우리가 이미 앞에서 누차 말해 왔었다. 세리들 중에서 높은 직책과 낮은 직책이 있었는데, 삭개오는 그 지역의 세리들 중의 우두머리였다. 그가 "부자"였다는 것은 그의 직업을 고려하면 놀랄 일이 아니지만, 복음서 기자가 이 사실을 특별히 언급한 이유는 나중에 삭개오에게 주어지게 될 하나님의 은혜를 부각시키기 위한 것임에 틀림없다. 또한, 이것은 우리가 앞에서 들은 대로, 부자는 구원받기가 어렵지만, 하나님께는 부자를 구원하시는 일이 가능하다는 것, 그리고 세리들은 대체로 탐욕스럽고 돈을 사랑해서 착취와 강탈을 일삼아 재산을 불리는 자들이었음에도 불구하고, 그리스도께서는 그런 사람의 마음도 변화시키셔서, 그리스도의 명령을 따라 재물을 멸시하여 기꺼이 남들에게 나누어 주게 하심으로써, 재물이 그의 구원을 방해할 수 없게 하실 수 있으시다는 것을 우리에게 알게 해 준다.

3-4. [3]그가 예수께서 어떠한 사람인가 하여 보고자 하되 키가 작고 사람이 많아 할 수 없어 [4]앞으로 달려가서 보기 위하여 돌무화과나무에 올라가니 이는 예수께서 그리로 지나가시게 됨이러라.

이 모든 것은 단지 호기심 때문이었다. 삭개오는 많은 사람들이 우르르 몰려가는 것을 보고서, 사람들을 붙잡고, 무슨 일인지를 물었고, 갈릴리와 유대 온 땅에 그 이름이 널리 알려진 저 유명한 선지자인 나사렛 예수께서 지금 지나가신다는 말을 그들로부터 전해 듣는다. 이 말을 들은 삭개오는 호기심이 크게 발동해서, 주님께서 지나가실 곳으로 미리 달려가서 적당한 곳에 자리를 잡지만, 사람들이 너무 많은 것을 보고, 자기는 키가 작아서 이 많은 무리들의 틈 속에서는 도저히 주님을 볼 수 없을 것이라고 생각해서, 주님이 지나가시게 될 길 곁에 있던 돌무화과나무 위로 올라갔다.

5. 예수께서 그 곳에 이르사 쳐다 보시고 이르시되 삭개오야 속히 내려오라 내가 오늘 네 집에 유하여야 하겠다 하시니.

어떤 이들은 이 때 이전에 이미 삭개오는 하나님의 감동을 받아 그리스도를 사랑하는 마음을 지니고 있었다고 생각하지만, 나는 그들이 그렇게 생각하는 이유를 잘 모르겠다. 복음서 기자는 주님과의 만남이 일어나기 전의 삭개오는 그리스도를 잘 모르는 외인이었던 것으로 묘사하는 것으로 보인다: "그가 예수께서 어떠한 사람인가 하여 보고자 하되"(3절). 그러나 그리스도께서 삭개오를 "쳐다보셨을" 때, 그것은 치유의 눈길이었다. 그 눈길에 수반된 능력은 나중에 자신의 주님을 부인하였던 베드로를 치유하였던 것과 마찬가지로, 여기에서는 삭개오의 회심을 불러 일으켰다. 그 눈길은 온통 사람들에게 선을 행하고자 하는 마음이 가득 담긴 눈길이었음에 틀림없다. 그리스도께서는 수많은 사람들을 그러한 눈길로 쳐다보셨지만, 그들 중 대다수는 그 눈길을 통해서 그 어떤 영적인 구원의 은혜도 전달되지 못하였다. 자신의 옷 가를 만진 사람으로 하여금 고침을 받을 수 있게 하신 주님은 한 번 쳐다보시는 것만으로도 사람의 마음을 변화시키실 수 있으셨다. 사람들이 어떠한 생각으로 거기에 있든, 그리스도께서 계신 곳 가까이에 있는 것은 얼마나 좋은 일인가! 바리새인들처럼 악의를 가지고 어떻게 하면 죽일 빌미를 잡을 수 있을까 하는 마음으로 주님 가까이 다가오지만 않는다면 말이다.

삭개오는 그 유명한 그리스도를 자신의 눈으로 직접 보고자 하는 단순한 호기심에서 주님 가까이 다가왔지만, 바로 그 현장에서 주님의 구원의 눈길을 받게 되었다. 설교자가 전하는 말씀을 듣고자 하는 마음이나 의도가 전혀 없이 어쩌다가 우연히 복음 설교를 듣고서 회심한 사람들이 지금까지 얼마나 많았던가! 그들은 회심할 의도로 간 것은 아니었지만, 그 자리에서 그리스도의 의도는 죄인인 그들을 회심시키는 것이었다. 주님은 자기를 찾지 않는 자들에게 자기를 나타내시고, 자기에게 묻지 않은 자들에게 응답하시는 분이시다. 우리가 최초의 은혜를 받는 데에는 우리 쪽에서 무엇인가를 준비하여야 하는 것이 아니다. 하나님께서는 우리의 마음을 준비시키시고 변화시키는 일을 동시에 하실 수 있으시다. 그리스도께서 초대도 받지 않으셨는데 먼저 어떤 사람의 집에 가시겠다고 하신 것은 삭개오의 경우가 처음이었다. 이렇게 주님께서는 삭개오가 기대한 것보다 훨씬 더 많은 것을 그를 위하여 행하셨다. 우리는 여기에서 하나님께서 자신의 은혜를 얼마나 차고 넘치게 거저 값없이 주시는지를 보게 된다! 하나님의 은혜는 합당한 대상을 찾으시는 것이 아니라, 어떤 대상이라도 합당하게 만드셔서 그 대상을 사랑해 주신다. "삭개오야 속히 내려오라 내가 오늘 네 집에 유하여야 하겠다"고 하신 말씀은 그것을 잘 보여 준다.

6. 급히 내려와 즐거워하며 영접하거늘.

삭개오는 호기심을 품고 올라갔지만, 그리스도를 향한 사랑을 품고 내려왔다. 그는 그리스도를 손님으로 맞는 것이 너무나 기뻐서, 급히 서둘러서 내려와서 기쁜 마음으로 그리스도를 영접한다. 그리스도께서 어떤 영혼에 임하셨을 때, 거기에는 그 어떤 슬픔도 없고, 오직 기쁜 소식만이 있을 뿐이다.

7. 뭇 사람이 보고 수군거려 이르되 저가 죄인의 집에 유하러 들어갔도다 하더라.

여기에서 우리는 "뭇 사람"이라는 표현을 여리고의 모든 주민들 중에서 거기에 있던 모든 사람들과 그리스도와 동행한 모든 사람들을 가리키는 것으로 이해해서는 안 된다. 다른 사람들의 경우는 그만두고라도, 이 때에 막달라 마리아는 주님의 일행 중에 있었지만, 이 일을 보고 "수군거릴" 이유가 없었다. 그렇다면, 이렇게 수군거린 자들은 어떤 부류의 사람들이었는가? 무리들 중에서 수군거린 자들은 그동안 이런 일을 이유로 그리스도와 그의 제자들에게 시비를 걸고 트집을 잡아 왔던 바리새인들의 가르침에 물들어 있던 자들이었다. 왜냐하면, 유대인들 중에는 바리새파의 잘못된 미신적인 신앙에 물들어서, 죄인들이 행하는 어둠의 일들에 참여하는 것보다 죄인들의 집으로 들어가서 함께 교제하고 어울리는 것을 더 꺼려하는 자들이 많았기 때문이었다. 우리 구주께서는 이미 전에 그러한 비방이 잘못된 것이라고 대답해 주셨는데, 이제 여기에서는 그들의 생각이 잘못된 것임을 보여 주고자 하신다. 즉, 그들이 죄인으로 여긴 삭개오가 바리새인들보다도 더 나은 사람이라는 것을 보여 주시고자 하시는 것이다.

8. 삭개오가 서서 주께 여짜오되 주여 보시옵소서 내 소유의 절반을 가난한 자들에게 주겠사오며 만일 누구의 것을 속여 빼앗은 일이 있으면 네 갑절이나 갚겠나이다.

우리는 여기에서 그리스도께서 어떤 영혼을 구원의 눈길로 바라보셨을 때에 생겨난 첫 번째 효과들을 보게 된다. 그 영혼은 선지자 이사야처럼 즉시 이렇게 부르짖기 시작한다: "화로다 나여 망하게 되었도다 나는 입술이 부정한 사람이요 나는 입술이 부정한 백성 중에 거주하면서 만군의 여호와이신 왕을 뵈었음이로다"(사 6:5). 삭개오는 이제 자신의 탐욕, 가난한 자들에 대한 자신의 완악한 마음, 자신의 착취와 압제를 깨닫고서, 자신의 삶을 고치기로 결심한다. 그리스도께서 그 어떤 영혼을 정면으로 쳐다보셨을 때에는, 그 영혼이 지금까지 지어 온 추악한 죄들을 보시는 것이다. 남들을 구제하고 공의에 따라 행하는 것은 참된 회개의 첫 번째 열매들이다. 그리스도의 참된 사랑이 사람의 마음속으로 들어가자마자, 세상과 세상을 사랑하는 것은 그 마음으로부터 나간다. 사람의 영혼은 "하나님과 재물을 겸하여 섬길 수 없다"는 것을 안다. 다른 사람들에게 잘못한 일들이 있는데도, 힘닿는 데까지 회복하고 배상하고자 하지 않는다면, 그것은 회개일 수 없고, 따라서 거기에는 죄 사함도 있을 수 없다. 삭개오는 "네 갑절이나 갚겠나이다"라고 말한다. 그리스도를 향한 참된 사랑이 그 마음속에 들어가면, 그 사람은 인색할 수 없게 된다. 하나님께서는 사람들에게 자신의 재산의 절반을 가난한 자들에게 나누어 주거나, 도둑질을 해서 법정에서 판결을 받은 경우를 제외하고는 네 갑절로 돌려줄 것을 그 어디에서도 요구하지 않으셨다. 하나님의 율법은 어떤 사람이 자기가 "지은 죄를 자복하고 그 죄 값을 온전히 갚고자" 할 때에는 "오분의 일을 더하여 그가 죄를 지었던 그 사람에게 돌려주라"고 규정하고 있다(민 5:7). 소를 훔친 경우에는 다섯 배를 배상하고, 양을 훔친 경우에는 도둑이 그 양을 팔아버렸을 때에는 네 배로 배상하고, 그의 손에 아직 살아 있을 때에는 갑절로 배상하여야 했으며(출 22:1, 4), 다른 경우들에는 재판장의 판결이 있을 때에 갑절로 배상하게 되어 있었지만(출 22:9), 스스로 자백한 경우에는 "본래 물건에 오분의 일을 더하여" 배상하고, 하나님 앞에 속건제를 드려야 했다(레 6:1-6). 삭개오의 경우는 바로 이 마지막에 해당하였다. 그는 하나님의 감동으로 자신의 죄를 깨닫고서 스스로 자백하고, 가장 높은 수준의 배상을 약속한다. 그러나 어떤 영혼이 그리스도를 참되게 사랑하게 되면, 그 사람은 죄를 미워하거나, 하나님 앞에서 열납될 일들을 행함에 있어서 제한을 두지 않기 때문에, 아무리 많이 죄를 미워하고 선한 일을 할지라도, 그것을 결코 많다고 생각하지 않는다.

9-10. 9 예수께서 이르시되 오늘 구원이 이 집에 이르렀으니 이 사람도 아브라함의 자손임이로다 10 인자가 온 것은 잃어버린 자를 찾아 구원하려 함이니라.

어떤 이들은 주님께서 여기에서 말씀하신 "집"은 삭개오와 그의 가족 전체를 가리키는 것으로 이해하여야 한다고 생각한다. 하나님께서 한 가족의 가장에게 은혜의 기름을 부어 주시면, 그 기름 중의 일부가 그의 옷자락까지 흘러내리는 것은 부인할 수 없는 사실이다. 하나님께서는 아브라함 및 그의 자손과 계약을 맺으셨다. 한 나라 또는 한 가족의 머리 되는 사람이 복음을 받아들인 경우에는, 그 나라 또는 그 가족 전체에게 복이 임한다. 그러나 우리는 그들에게 복음의 어떤 특권들과 은혜의 방편들이 주어진다는 것 이상으로 이것을 확대해석해서는 안 된다. 여기에서 "구원이 이르렀으니"로 번역된 '소테리아 에게네토' (σωτηρία ἐγένετο)는 그러한 것보다 훨씬 더 깊은 의미를 내포하고 있는 것으로 보인다. 따라서 나는 "이 집"을 이 집의 머리로 해석하는 편이 더 나을 것이라고 본다.

이 사람도 아브라함의 자손임이로다. 여기에서도 또다시 우리가 이 말씀을 어떤 의미로 이해해야 하는가 하는 문제가 생겨난다. 즉, 주님께서는 삭개오가 아브라함의 자손인 것이 아브라함이 유대 민족의 조상이기 때문이라고 하신 것인지, 아니면 아브라함이 그리스도를 믿었거나 장차 믿게 될 모든 자들의 조상이기 때문이라고 하신 것인지가 확실하지 않다는 것이다. 로마 당국이 다른 모든 정복자들과 마찬가지로 공세를 거두기 위해서 유대인들을 고용하였을 것이라고 보는 이들은 삭개오가 유대인이었다고 생각하고, 다음과 같은 것들도 그러한 견해를 뒷받침해 준다: (1) 삭개오라는 이름은 히브리식 이름이었다. (2) 삭개오가 "네 갑절로" 배상하겠다고 말한 것은 아마도 양을 훔쳐서 팔아 버린 경우에 네 갑절로 배상해야 한다는 율법 규정(출 22:1)을 염두에 두고 한 말인 것으로 보인다. (3) 유대인들은 우리 구주께서 할례 받지 않은 자와 함께 식사하시는 것을 비난한 것이 아니라, 추악한 죄를 지은 유대인과 함께 식사하시는 것을 비난한 것이었다. 따라서 우리 구주께서는 자기가 삭개오를 이렇게 인자하게 대하신 이유로 이 말씀을 하신 것이다. 즉, 삭개오도 다른 유대인들과 마찬가지로 "아브라함의 자손"이고 "이스라엘 집의 잃어버린 양"(마 10:6)이라는 것이다. 우리가 '소테리아'(σωτηρία)를 구원의 방편으로 해석할 수 있다면, 나도 그러한 견해를 지지하는 쪽으로 기울 것이다. 그러나 여기에서 '소테리아'는 사람들에게 구원의 확신과 죄 사함과 의롭다 하심을 가져다주는 구원의 은혜를 가리키는 것이기 때문에, 나는 본문에서 "아브라함의 자손"은 참된 신자를 의미하는 것이라고 생각한다. 삭개오는 태생적인 유대인이었겠지만, 이제 참된 신자가 된 것이었다. 사도 바울이 "그런즉 어떠하냐 이스라엘이 구하는 그것을 얻지 못하고 오직 택하심을 입은 자가 얻었고 그 남은 자들은 우둔하여졌느니라"(롬 11:7)고 말한 것처럼, 모든 이스라엘이 아니라 오직 택하심을 입은 자들만이 구원을 얻었다. 육신적으로 이스라엘에 속한 자들이라고 해서 모두가 참된 이스라엘인 것은 아니었다. 사도 바울은 "아브라함의 씨가 다 그의 자녀가 아니라"(롬 9:7)고 말한다. 또한, 그리스도께서 바로 그 유대인들을 향하여, "너희가 아브라함의 자손이면 아브라함이 행한 일들을 할 것이거늘"(요 8:39)이라고 말씀하셨고, "너희는 너희 아비 마귀에게서 났으니 너희 아비의 욕심대로 너희도 행하고자 하느니라 그는 처음부터 살인한 자요 진리가 그 속에 없으므로 진리에 서지 못하고 거짓을 말할 때마다 제 것으로 말하나니 이는 그가 거짓말쟁이요 거짓의 아비가 되었음이라"(요 8:44)고 말씀하셨다. 따라서 우리 구주께서 삭개오에게 "이 사람도 아브라함의 자손임이로다"라고 말씀하신 것은 단지 그가 태생적인 유대인이라는 것을 확인해 주시려고 하신 것이 아니라(실제로 그가 유대인이었다고 했을 경우에), 그가 이제 믿는 자가 되어서, 모든 믿는 자들의 조상인 아브라함의 참된 자손이 되었다는 것을 선포하고

자 하신 것이었다. 아브라함은 그리스도의 날을 미리 보고서 기뻐하였고, 그의 믿음으로 말미암아 의롭다 하심을 받았는데, 삭개오도 이제 그런 아브라함의 진정한 자손이 되었다. 삭개오와 같은 모든 자들은 구원을 실제로 소유하게 된 것은 아니지만, 그들에게는 이미 구원이 확실하게 임한 것이었다. 인자가 온 것은 잃어버린 자를 찾아 구원하려 함이니라. 우리는 이것과 동일한 말씀을 마태복음 18:11에서 이미 살펴보았다. 거기에 나오는 설명을 보라.

11. 그들이 이 말씀을 듣고 있을 때에 비유를 더하여 말씀하시니 이는 자기가 예루살렘에 가까이 오셨고 그들은 하나님의 나라가 당장에 나타날 줄로 생각함이더라.

우리는 앞에서 여리고는 예루살렘에서 32km도 채 떨어져 있지 않았다고 말한 바 있는데, 아마도 주님께서 이제부터 하신 말씀은 예루살렘으로 점점 더 가까이 오시는 길 위에서 하신 말씀인 것으로 보인다. 하지만 주님께서 이 비유를 말씀하신 주된 계기는, 자기와 동행한 사람들 중에는, 이제 "하나님의 나라가 당장에 나타날" 것이라고 생각하는 자들이 꽤 있다는 것을 아셨기 때문이었다. 즉, 주님과 함께하였던 제자들조차도, 주님께서 이제 예루살렘으로 입성하시면, 놀라운 권능을 베푸셔서, 자신들을 비롯한 유대 민족을 로마의 손아귀에서 구해내셔서 종살이의 멍에를 끊어 버리시고, 믿지 않는 유대인들과 바리새인들을 멸하실 것이라고 생각하였다는 것이다. 또는, 그들은 주님께서 복음을 통해서 지금까지 해 오셨던 일이 더욱 더 널리 퍼져나가서 온 세상에 좀 더 굳건하게 자리를 잡게 되면, 그런 일이 일어나게 될 것이라고 생각한 것일 수도 있다. 그래서 주님께서는 그들에게 한 가지 비유를 들려 주신다. 이 친숙한 비유를 통해서 주님이 그들에게 알게 해 주신 것은 자기가 나라를 받기 위하여 그들로부터 멀리 떠났다가 나중에 다시 돌아오게 되시리라는 것, 그동안에 자신의 종들인 그들은 자기에게서 받은 돈을 가지고 장사를 해서 이문을 남겨야 한다는 것, 자기가 나중에 돌아와서 결산을 했을 때에 이문을 많이 남긴 자들은 상을 받게 될 것이고 자신의 원수로 행한 자들은 응분의 벌을 받게 되리라는 것이었다. 본격적인 비유는 다음 절에서 시작된다.

12-27. [12]**이르시되 어떤 귀인이 왕위를 받아가지고 오려고 먼 나라로 갈 때에** [13]**그
종 열을 불러 은화 열 므나를 주며 이르되 내가 돌아올 때까지 장사하라 하니라** [14]**그
런데 그 백성이 그를 미워하여 사자를 뒤로 보내어 이르되 우리는 이 사람이 우리
의 왕 됨을 원하지 아니하나이다 하였더라** [15]**귀인이 왕위를 받아가지고 돌아와서**

은화를 준 종들이 각각 어떻게 장사하였는지를 알고자 하여 그들을 부르니 [16]그 첫째가 나아와 이르되 주인이여 당신의 한 므나로 열 므나를 남겼나이다 [17]주인이 이르되 잘하였다 착한 종이여 네가 지극히 작은 것에 충성하였으니 열 고을 권세를 차지하라 하고 [18]그 둘째가 와서 이르되 주인이여 당신의 한 므나로 다섯 므나를 만들었나이다 [19]주인이 그에게도 이르되 너도 다섯 고을을 차지하라 하고 [20]또 한 사람이 와서 이르되 주인이여 보소서 당신의 한 므나가 여기 있나이다 내가 수건으로 싸 두었었나이다 [21]이는 당신이 엄한 사람인 것을 내가 무서워함이라 당신은 두지 않은 것을 취하고 심지 않은 것을 거두나이다 [22]주인이 이르되 악한 종아 내가 네 말로 너를 심판하노니 너는 내가 두지 않은 것을 취하고 심지 않은 것을 거두는 엄한 사람인 줄로 알았느냐 [23]그러면 어찌하여 내 돈을 은행에 맡기지 아니하였느냐 그리하였으면 내가 와서 그 이자와 함께 그 돈을 찾았으리라 하고 [24]곁에 섰는 자들에게 이르되 그 한 므나를 빼앗아 열 므나 있는 자에게 주라 하니 [25]그들이 이르되 주여 그에게 이미 열 므나가 있나이다 [26]주인이 이르되 내가 너희에게 말하노니 무릇 있는 자는 받겠고 없는 자는 그 있는 것도 빼앗기리라 [27]그리고 내가 왕 됨을 원하지 아니하던 저 원수들을 이리로 끌어다가 내 앞에서 죽이라 하였느니라.

마태복음 25:14-30에 나오는 달란트 비유는 여기에 나오는 이 비유와 아주 비슷하고, 그 교훈도 많은 점에서 아주 비슷하다. 그러나 이 두 비유가 말해지고 있는 정황들은 서로 아주 다르기 때문에, 나는 마태와 누가가 동일한 것을 보도하고 있다고 생각할 수 없다. 따라서 우리 구주께서 실질적으로 거의 동일한 비유를 두 번 반복하셨을 가능성이 매우 높다고 보고, 그렇게 보는 데 그 어떤 장애물도 없다고 본다. 헬라어 본문에서 사용된 단어들을 자세하게 검토하는 일은 비평학자들에게나 어울리는 일이기 때문에, 그런 작업을 고집하지 않는다면, 우리가 이 비유를 제대로 올바르게 이해하기 위해서 살펴보아야 할 것이 세 가지가 있다: (1) 우리 구주께서 당시에 이 비유를 들은 자들에게 어떤 특별한 교훈을 주고자 하셨는가? (2) 이 비유 속에서 "귀인"과 "종들"로 표현된 사람들은 누구이고, 먼 나라로 가는 것, 나라를 받으러 가는 것, 은화를 나누어 주는 것 등에 의해서 표현된 일들은 무엇을 가리키는가? (3) 우리는 주님으로부터 당시에 이 비유를 들은 자들만이 아니라 지금의 우리에게도 유익한 어떤 일반적인 교훈들을 이 비유로부터 얻을 수 있는가? 우리 주님께서 이 비유를 통해서 자신의 제자들에게 주신 것으로 보이는 특별한 교훈들은 다음과 같은 것들이었다: (a) 그리스도의 나라가 능력과 영광 중에 당장에 임할 것이라고 그들이 생각한 것은 잘못된 것이다. 주님은 먼저 먼 여행을 가야 하고, 앞으로 해야 할 일들도 아주 많다. 따라서 주님께서는 지금 당장에 나라를 세워서 다스리시고 그들을 높은 자리에 앉히시는 것이 아니라, 도리어 그들로부터 오랜 시간 동안 멀리 떨어져 있어야 한다. (b) 그리스도의 나라가 영광과 능력 중에 나타날 때에는, 그의 벗들은 높임을 받고 후한 상을 받게 되겠지만, 그의 원수로 행한 자들은 중한 벌을 받게 될 것이다. 이러한 교훈들을 주시기 위해서, 주님은 이 비유를 드시는 것이고, 이러한 비유를 사용하셔서 그들에게 말씀하시는 것이다. (c) 이 비유는 그리스도의 현재와 미래의 모습을 잘 보여 준다. 여기에서 "귀인"으로 묘사된 그리스도께서는 장차 왕이 되셔서 능력으로 공의를 행하실 것이고, 영원한 상과 벌을 나누어 주실 것이다. 이렇게 그리스도는 무수한 귀인들과 왕들 중의 으뜸, 만왕의 왕이시지만, 지금 낮아진 상태에서 이 말씀을 그들에게 하고 계시는 주님은 단지 한 명의 "귀인"처럼 보이고 한 사람의 인간처럼 보인다.

주님께서 "먼 나라로" 가신다는 것은 땅에서 하늘로 가신다는 것을 의미하고, "왕위를 받아 가지고 오신다"는 것은 아버지 하나님의 오른편에 앉으셔서 영광과 존귀와 권능의 나라를 받으신 후에, 마지막 날에 세상을 심판하러 이 땅에 다시 오신다는 것을 의미한다. 주님이 자신의 종들을 부르셔서 은화 열 므나를 주시는 것은 주님이 하늘로 올라가시면서 사람들에게 은사들을 주실 것임을 의미하는데, 사람들에게 주어진 이 온갖 은사들은 우리의 한 분 주님의 유익을 위하여 영적인 장사를 하는 데 사용하라고 주어진 것들이다. 비유 속에서는 모든 종에게 각각 은화 열 므나를 준 것으로 되어 있지만, 우리는 실제로 주님께서 모든 사람에게 똑같이 은사들을 나누어 주신다고 생각해서는 안 된다. 왜냐하면, 비유에 나오는 모든 내용이 다 그 비유를 통해서 표현하고자 하는 것과 대응되는 것은 아니기 때문이다. 백성이 주님을 미워하여 사자를 뒤로 보냈다는 것은 세상 사람들이 대체로 그리스도를 미워하는 자들이라는 것을 의미하고, 주님에 대한 그들의 증오는 그들이 주님의 영적인 통치와 심판을 거부하는 것으로 나타난다. 주님이 돌아오셔서 자신의 종들을 불러 결산하신다는 것은, 그리스도께서 마지막 날에 세상을 심판하러 오실 때, 각 사람이 자신에게 맡겨진 은사들, 즉 장수, 건강, 재물, 명예 같은 것들이나 지식, 방언, 기지 같은 영적 은사들, 그리고 고위 관직이나 높은 신분 같은 것들을 어떻게 사용하였는지에 대해서, 모든 사람과 결산하실 것임을 의미한다. 종들이 남긴 이문이 서로 다르다는 것은 사람들이 주님으로부터 받은 은사들을 똑같이 사용하는 것이 아니라, 잘 사용하는 사람들도 있고 잘못 사용하는 사람들도 있다는 것을 의미한다. 어떤 사람들은 자기에게 주어진 은사들을 사용해서 하나님께 영광과 존귀를 돌려 드리더라도, 사람마다 그 정도가 서로 다르고, 어떤 사람들은 자신의 은사들로 하나님께 영광과 존귀를 전혀 돌려 드리지 못한다. 주님께서 각각의 종들과 결산하시고 난 후에 하신 말씀들은 각 사람이 얼마나 장사를 잘 해서 이문을 많이 남겼느냐에 따라서, 즉 각자의 행위를 따라서 상을 받게 될 것임을 우리에게 알게 해 준다. 우리가 자세하게 알 수는 없어도, 벌과 마찬가지로 상에도 차등이 있을 것이다. 아무런 이문도 남기지 않은 무익한 종의 변명은, 교만한 인간 본성은 자신은 아무 잘못이 없다고 변명하고, 하나님이 엄하신 분이셔서 그랬다거나, 하나님이 자기에게 충분한 은사를 주지 않으셨기 때문이라는 등 모든 잘못의 책임을 하나님께로 돌리는 경향이 아주 심하다는 것을 의미한다. 이 변명에 대한 왕의 대답(22-23절)은, 죄인들은 그들 자신의 입으로 스스로를 단죄하게 될 것이고, 하나님께서는 의로우신 분으로 발견될 것이며, 인간은 거짓말쟁이로 발견되리라는 것을 우리에게 알게 해 준다. 주님께서 24절과 26절에서 성도들과 관련하여 하신 말씀은 하나님께서는 마지막 날에 자신의 성도들에게 상을 주실 때에 차고 넘치게 후하게 주실 것임을 우리에게 알게 해 주고, 27절에서 자신의 원수들에 대하여 하신 말씀은, 하나님께서는 자기 아들이 먼 나라에 가 있는 동안, 즉 그리스도께서 하늘에 계시는 동안에는 그들에 대하여 오래 참으시겠지만, 심판의 날에는 가장 확실한 최종적인 파멸이 그들의 몫이 될 것임을 우리에게 분명하게 보여 준다.

따라서 우리는 이 비유 속에서 우리에게 어떤 교훈들이 주어지고 있는지를 쉽게 알 수 있다. (1) 장차 세상을 심판하러 오실 때의 그리스도의 모습은 이 땅에 계실 때의 그리스도의 모습보다 훨씬 더 영화로우신 모습이실 것이다. 주님은 이 땅에 계실 때에는 귀인의 모습이셨다면, 그 때에는 왕으로 나타나실 것이다. (2) 우리가 현세에서 가지고 있는 모든 좋은 것들은 우리 주님의 소유로서, 주님의 존귀와 영광을 위하여 사용하도록 우리에게 맡겨진 것들이다. (3) 우리는 이 세상에는 그리스도와 그의 나라를 반대하는 수많은 역적들이 있을 것이고, "우리는 이 사람이 우리의 왕 됨을 원하지 아니하나이다"라고 말하는 사람들이 많을 것임을 예상하여야 한다. (4) 하나님께서 맡겨 주신 것들을 가지고서 하나님께 큰 존귀와 영광을 돌려 드리는 사람들도 있을 것이고, 하나님께 존귀와 영광을 전혀 돌려 드리지 못하는 사람들도 있을 것이다. (5) 그리스도께서는 세상을 심판하러 오실 때, 각 사람이 자신의 재물과 시간, 건강과 재능, 지위와 신분 등을 어떤 식으로 사용하였는지를 엄격하게 결산하실 것이다. (6) 하나님께 가장 많은 영광과 존귀를 돌려 드린 자들에게는 가장 큰 영광이 상으로 주어질 것이지만, 하나님께 조금이라도 영광과 존귀를 돌려 드린 자들은 그 정도에 따라 각각 상을 받게 될 것이다. (7) 저 교만하고 악한 죄인들은 심판의 날에 자기가 언제 그랬느냐는 듯이 입을 씻으며, 자기가 잘못한 모든 책임을 하나님께 돌릴 것이다. (8) 그 죄인들이 그렇게 변명하는 것은 어리석고 우매한 짓이 될 것이다. 왜냐하면, 하나님께서는 그들의 입으로 직접 말한 것들을 토대로 그들을 단죄하실 것이기 때문이다. (9) 심판의 날에 무익한 자들은 자신들이 하나님으로부터 받을 수도 있었던 상을 놓치게 될 뿐만 아니라, 지금까지 하나님이 맡겨 두신 것들을 가지고서 하나님을 욕되게 하고 자신의 것인 양 자기 자신을 만족시키며 즐겼던 즐거움들까지 빼앗기게 될 것이다. (10) 교만한 죄인들은 자신들에게 계시된 하나님의 법을 반대하고, 그리스도께서 그들을 다스리시지 못하게 방해하고자 할 것이다. 하지만 그들에게는 그리스도의 권능에 저항할 수 있는 힘이 없을 것이기 때문에, 그들은 마지막 날에 그리스도의 면전에서 죽임을 당하고, 그리스도의 발등상이 될 것이다. 주님께서는 그들을 철장으로 부수실 것이고, 토기장이의 그릇처럼 산산조각을 내실 것이다(시 2:9; 110:1). 그 때에 누가 그들을 주님의 손에서 건져내겠는가?

28. 예수께서 이 말씀을 하시고 예루살렘을 향하여 앞서서 가시더라.

앞에서 말했듯이, 예루살렘은 언덕 위에 세워져 있었다. 따라서 거기로 가는 자들은 올라가야 하였다. 앞서 마가는 주님께서 자신의 제자들보다 앞서서 가셨다고 보도하였는데(막 10:32), 누가도 여기에서 그렇게 보도한다. 이것은 우리 구주께서 인류를 속량하시는 일을 얼마나 빨리 하시고 싶어 하셨는지를 잘 보여 주는 것임에 틀림없다. 주님은 자기가 이제 예루살렘에서 고난을 받고 죽어야 한다는 것을 잘 알고 계셨는데, 자기는 그 일을 기꺼이 할 준비가 되어 있다는 것을 보여 주시기 위하여, 길을 재촉하셔서 앞장 서서 가신다.

29-34. [29]감람원이라 불리는 산쪽에 있는 벳바게와 베다니에 가까이 가셨을 때에 제자 중 둘을 보내시며 [30]이르시되 너희는 맞은편 마을로 가라 그리로 들어가면 아직 아무도 타 보지 않은 나귀 새끼가 매여 있는 것을 보리니 풀어 끌고 오라 [31]만일 누가 너희에게 어찌하여 푸느냐 묻거든 말하기를 주가 쓰시겠다 하라 하시매 [32]보내심을 받은 자들이 가서 그 말씀하신 대로 만난지라 [33]나귀 새끼를 풀 때에 그 임자

들이 이르되 어찌하여 나귀 새끼를 푸느냐 [34]대답하되 주께서 쓰시겠다 하고.

마태복음 21:1-6과 마가복음 11:1-6에 대한 설명을 보라. 거기에서 우리는 벳바게와 베다니에 대해서도 설명하였고, 이 이야기에 나오는 내용들 중에서 조금이라도 설명이 필요한 것들에 대해서도 자세하게 살펴보았다.

35-38. [35]그것을 예수께로 끌고 와서 자기들의 겉옷을 나귀 새끼 위에 걸쳐 놓고 예수를 태우니 [36]가실 때에 그들이 자기의 겉옷을 길에 펴더라 [37]이미 감람 산 내리막길에 가까이 오시매 제자의 온 무리가 자기들이 본 바 모든 능한 일로 인하여 기뻐하며 큰 소리로 하나님을 찬양하여 [38]이르되 찬송하리로다 주의 이름으로 오시는 왕이여 하늘에는 평화요 가장 높은 곳에는 영광이로다 하니.

마태복음 21:7-9과 마가복음 11:7-10에 대한 설명을 보라. 마태와 마가는 둘 다 주님께서 예루살렘에 입성하시는 장면을 보도하는데, 둘 중에서 마가가 더 상세하게 보도한다.

39-40. [39]무리 중 어떤 바리새인들이 말하되 선생이여 당신의 제자들을 책망하소서 하거늘 [40]대답하여 이르시되 내가 너희에게 말하노니 만일 이 사람들이 침묵하면 돌들이 소리 지르리라 하시니라.

우리 구주께서 어떤 늠름하고 위풍당당한 군마를 타신 것도 아니고, 안장 대신에 겉옷을 깔고 별다른 장식도 하지 않은 나귀 새끼를 타시고서, 가난한 자들의 무리가 자신의 옷과 나뭇가지들을 길에 던지며 환호하는 가운데, 아주 단출하게 도성에 입성하시는 것조차도 시기하여 이런 말을 하는 것을 보면, 우리는 바리새인들이 얼마나 옹졸하고 속 좁은 자들인지를 알게 된다. 그들은 주님의 제자들의 환호를 침묵시키고자 하였지만, 우리 구주께서는 "만일 이 사람들이 침묵하면 돌들이 소리 지르리라"고 말씀하시는데, 이 말씀은 아마도 유대인들 사이에서 어떤 일이 불가능하다는 것을 표현하기 위하여 사용되던 속담이었던 것으로 보인다. 이 날의 일은 하나님께서 우리 구주와 관련하여 자신의 섭리 가운데서 작정하신 일이었기 때문에, 그 누구도 막을 수 없는 것이었다.

41. 가까이 오사 성을 보시고 우시며.

옛적에 그리스도께서 우시는 것은 그의 온전하심에 합당하지 않은 일이라고 생각해서 이 문장을 지워 버린 자들은, 그리스도는 온전한 사람으로서 인간 본성의 모든 자연적인 연약함들을 우리와 똑같이 지니고 계셨다는 것을 망각한 것으로 보인다(사실, 인간의 참상을 보시고서 우신 것은 연약함이라기보다는 사랑과 연민의 표출이었다고 해야 옳을 것이다). 주님께서는 인간의 그러한 참상을 얼마든지 쉽게 바로잡을 수 있으셨을 텐데도 그렇게 하지 않으시고 단지 우시기만 하신 것은 쓸데없는 일이었다고 생각하는 자들은, 사람들이 하나님께서 그들에게 명령하신 것들을 얼마든지 할 수 있는 힘이 있는데 행하지 않을지라도, 하나님은 반드시 그들에게 은혜를 주셔서 그들을 참상에서 건져내실 의무가 있고 그렇게 하시는 것이 마땅하다고 생각하는 것으로 보인다. 그리스도께서는 여기에서 한편으로는 한 인간으로서, 머지않아 그들에게 닥쳐올 참상을 생각하시고서 이 가련한 유대인들을 불쌍히 여기시고, 다른 한편으로는 복음의 사역자로서, 자기가 일차적으로 보내심을 받은 백성을 불쌍히 여기셔서 예루살렘을 보시고 우신 것이었다.

42. 이르시되 너도 오늘 평화에 관한 일을 알았더라면 좋을 뻔하였거니와 지금 네 눈에 숨겨졌도다.

격한 감정에 휩싸인 가운데서 나오는 말들은 대체로 매끄럽게 잘 연결되지 못하고 중간에서 뚝뚝 끊기면서 앞뒤가 잘 이어지지 못하는 것이 보통이다. "너도 … 알았더라면"이라는 표현 속에서는, 그들이 알았어야 했다는 주님의 간절함이 묻어난다. 성경에서는 우리가 믿는 만큼 알게 되고, 아는 만큼 행하게 된다고 말한다. 그리스도께서는 그들에게 그들의 "평화"에 관한 것들을 충분히 말씀해 오셨기 때문에, 그들은 자신들의 평화에 대하여 충분히 들어 왔다. 그러나 그들은 그 말씀들에 귀를 기울이지 않았고, 믿지 않았으며, 그 말씀들을 따라 자신들의 삶을 살아가려고 하지 않았다. "오늘"은 주님께서 지금까지 그들에게 복음을 전해 온 기간을 가리킨다. 나는 "오늘"이 우리 구주께서 마지막으로 예루살렘으로 오신 이 때를 가리킨다기보다는, 이렇게 주님이 복음을 전하신 전 기간을 가리키는 것으로 보는 것이 더 좋을 것이라고 본다. "오늘"은 하나님께서 유대인들에게 기회를 주신 날이었다. 왜냐하면, 복음을 최초로 전한 이들이 자신의 모든 시간과 수고를 그들을 평화로 인도하는 일에 사용하였기 때문이다. "평화에 관한 일"은 그들에게 행복을 가져다주게 될 일을 가리킨다. 이 단어는 이렇게 흔히 내면만이 아니라 외면까지 포함한 행복을 가리킨다.

지금 네 눈에 숨겨졌도다. 하늘의 위대한 지존이신 하나님께서는 어떤 사람들이 "육신"에 불과한 존재가 되어 버리면(창 6:3), 그들과 함께 하시는 것이 합당하지 않게 되기 때문에, 하나님의 영이 그들을 떠나게 되고, 그 결과 그들의 평화에 관한 일들은 그들의 눈에 숨겨지게 된다. 최초의 인간들이 자신들의 평화에 관한 일들에 눈을 감아 버렸을 때, 하나님께서는 그 일들을 그들로부터 숨기셨다. 누구에게나 그로 하여금 은혜를 받을 수 있도록 하나님이 허락하신 때가 있는데, 그 때는 그에게 주어진 날이다. 그 날이 얼마 동안일지는 아무도 알 수 없다. 그가 그 날에 잠만 자고 헛되이 보내 버린다면, 그의 처지는 절망적이 되고 고침 받을 가능성은 사라져 버리고 만다.

43-44. [43]날이 이를지라 네 원수들이 토둔을 쌓고 너를 둘러 사면으로 가두고 [44]또 너와 및 그 가운데 있는 네 자식들을 땅에 메어치며 돌 하나도 돌 위에 남기지 아니하리니 이는 네가 보살핌 받는 날을 알지 못함을 인함이니라 하시니라.

이것은 로마군에 의해서 예루살렘이 최종적으로 멸망당하게 될 것에 관한 예언임이 분명한데, 이 일은 이 때로부터 40년이 채 되지 않아서 일어났다. 주님께서는 이 무시무시한 심판의 원인을 "네가 보살핌 받는 날을 알지 못함을 인함이니라"고 말씀하신다. 여기에서 "보살핌 받는 날"로 번역된 헬라어는 하나님이 찾아오시는 날을 의미하는데, 이 날은 진노와 형벌의 날이 될 수도 있고(출 32:34; 레 26:16; 렘 15:3) 긍휼을 베푸시는 날이 될 수도 있다. 우리 구주께서는 이 단어를 여기에서는 전자의 의미가 아니라 후자의 의미로 사용하셨다는 것은 아주 분명하다. 하나님께서 이 백성을 찾아 오셨다는 것은 자신의 선지자들과 세례 요한을 보내시고, 마지막에는 그리스도를 보내신 것을 의미한다. 그런데도 이 백성은 하나님의 의중을 전혀 알지 못하고, 그 날을 선용해서 복음을 받아들여야 하는데도 그렇게 하지 않았다. 복음을 멸시한 것은 현세에서 사람들에게 임하는 모든 참상들, 또는 내세에서 사람들에게 임할 모든 참상의 가장 큰 원인이 된다.

45-46. [45]성전에 들어가사 장사하는 자들을 내쫓으시며 [46]그들에게 이르시되 기록된 바 내 집은 기도하는 집이 되리라 하였거늘 너희는 강도의 소굴을 만들었도다 하시니라.

우리는 여기에 보도된 것을 이미 앞에서 자세하게 살펴보았다. 마태복음 21:12-13과 마가복음 11:15-17에 대한 설명을 보라.

47-48. [47]예수께서 날마다 성전에서 가르치시니 대제사장들과 서기관들과 백성의 지도자들이 그를 죽이려고 꾀하되 [48]백성이 다 그에게 귀를 기울여 들으므로 어찌할 방도를 찾지 못하였더라.

복음서 기자는 우리 구주께서 "날마다" 성전에서 가르치셨다고 말하지만, 그것은 정말 얼마 되지 않는 기간이었다. 왜냐하면, 요한복음 12:1은 주님께서 유월절을 불과 엿새 남겨 두고 베다니로 오셨다는 것을 보여 주고, 유월절이 시작되는 당일에 죽으셨기 때문이다. 그러나 그 기간 동안에 주님께서 낮에는 예루살렘 성전에 계셨고, 밤에는 베다니로 돌아오셨다는 것은 다른 복음서 기자들이 분명하게 보여 준다. "대제사장들과 서기관들과 백성의 지도자들이 그를 죽이려고 꾀하되 백성이 다 그에게 귀를 기울여 들으므로 어찌할 방도를 찾지 못하였더라." 그들이 우리 주님을 당장에 죽이지 못한 것은, 다른 이유는 없었고, 오직 백성들을 조금 두려워하였기 때문이었다.

제20장

개요

1. 그리스도께서 자신의 권위에 의문을 제기하는 자들을 침묵시키심(1-8).
2. 악한 농부들에게 세 준 포도원에 관한 비유(9-18).
3. 대제사장들과 서기관들이 그리스도를 죽일 빌미를 찾기 위하여 가이사에게 세금을 바치는 문제를 질문하고, 그리스도께서 거기에 답변하심(19-26).
4. 부활을 부정하는 사두개인들의 논리를 반박하심(27-40).
5. 그리스도가 누구신가에 관한 난제를 설명해 주심(41-44).
6. 서기관들의 야심과 위선을 조심하라고 제자들에게 경고하심(45-47).

1-2. [1]하루는 예수께서 성전에서 백성을 가르치시며 복음을 전하실새 대제사장들과 서기관들이 장로들과 함께 가까이 와서 [2]말하여 이르되 당신이 무슨 권위로 이런 일을 하는지 이 권위를 준 이가 누구인지 우리에게 말하라.

우리는 복음서의 이야기 속에서 내내 서기관들과 바리새인들이 온갖 기회를 틈타서 우리 구주에게 해악을 가하려고 애쓰는 모습을 보아 왔는데, 그들은 그런 모든 술책들이 다 실패로 돌아가자, 이제 여기에서는 주님의 "권위"에 의문을 제기한다. 아마도 그들은 주님이 성전에서 가르치신 것과 관련해서가 아니라, 매매하는 자들을 성전에서 쫓아내신 것과 관련해서 권위의 문제를 제기한 것으로 보인다. 왜냐하면, 성경의 이야기를 보면, 유대인들 사이에서는 말씀을 전하고 가르치는 것과 관련해서는 상당한 자유가 허용되어 있었던 것으로 보이고, 특히 선지자로서의 명성을 얻은 사람에게는 그러한 자유는 더욱 크게 허용되었기 때문이다.

3-8. [3]대답하여 이르시되 나도 한 말을 너희에게 물으리니 내게 말하라 [4]요한의 세례가 하늘로부터냐 사람으로부터냐 [5]그들이 서로 의논하여 이르되 만일 하늘로부터라 하면 어찌하여 그를 믿지 아니하였느냐 할 것이요 [6]만일 사람으로부터라 하면 백성이 요한을 선지자로 인정하니 그들이 다 우리를 돌로 칠 것이라 하고 [7]대답하되 어디로부터인지 알지 못하노라 하니 [8]예수께서 이르시되 나도 무슨 권위로 이런 일을 하는지 너희에게 이르지 아니하리라 하시니라.

마태복음 21:24-27과 마가복음 11:29-33에 대한 설명을 보라. 우리 구주의 대답의 요지는 이것이다: 세례 요한의 권위는 어디로부터 온 것이냐? 그는 백성들에게 말씀을 전하고 세례를 주었다. 그렇다면, 누가 그에게 그런 권위를 준 것이냐? 대제사장들과 서기관들은 세례 요한에게도 자기 사람들을 보내서, 요한의 정체가 무엇인지를 물었었다(요 1:19-22). 세례 요한의 권위는 통상적인 것이었는가, 아니면 이례적인 것이었는가? 세례 요한이 그들로부터 권한을 부여받지 않았다는 것은 너무나 분명하다. 왜냐하면, 만일 그런 것이었다면, 그들은 세례 요한에게 사람들을 보내어서, 그가 누구냐고 묻지도 않았을 것이기 때문이다. 따라서 세례 요한의 권위는 하늘로부터 온 이례적인 것이었음이 분명하다. 만약 그들이 세례 요한이 하나님으로부터 이례적인 권위를 수여받아 행한 것임을 인정한다면, 그리스도께서는 세례 요한으로부터 증거를 받았을 뿐만 아니라, 세례 요한도 행하지 못한 이적들을 통해서 자기가 하늘로부터 권위를 수여받은 자임을 확증해 오셨기 때문에, 그들은 그리스도의 권위를 당연히 인정할 수밖에 없게 될 것이었다. 게다가, 바리새인들은 자신들이 세례 요한이 하나님으로부터 보내심을 받은 자임을 인정하게 된다면, 왜 요한이 말한 것을 믿지 않았느냐는 추궁을 당할 수밖에 없게 되리라는 것도 잘 알고 있었다. 따라서 그들은 주님이 물으신 것에 대답하기를 거부하였고, 주님께서는 그들의 질문에 대답하기를 거절하신다.

9-18. 9그가 또 이 비유로 백성에게 말씀하시기 시작하시니라 한 사람이 포도원을
만들어 농부들에게 세로 주고 타국에 가서 오래 있다가 10때가 이르매 포도원 소출
얼마를 바치게 하려고 한 종을 농부들에게 보내니 농부들이 종을 몹시 때리고 거저
보내었거늘 11다시 다른 종을 보내니 그도 몹시 때리고 능욕하고 거저 보내었거늘 12
다시 세 번째 종을 보내니 이 종도 상하게 하고 내쫓은지라 13포도원 주인이 이르되
어찌할까 내 사랑하는 아들을 보내리니 그들이 혹 그는 존대하리라 하였더니 14농
부들이 그를 보고 서로 의논하여 이르되 이는 상속자니 죽이고 그 유산을 우리의 것
으로 만들자 하고 15포도원 밖에 내쫓아 죽였느니라 그런즉 포도원 주인이 이 사람
들을 어떻게 하겠느냐 16와서 그 농부들을 진멸하고 포도원을 다른 사람들에게 주
리라 하시니 사람들이 듣고 이르되 그렇게 되지 말아지이다 하거늘 17그들을 보시
며 이르시되 그러면 기록된 바 건축자들의 버린 돌이 모퉁이의 머릿돌이 되었느니
라 함이 어찜이냐 18무릇 이 돌 위에 떨어지는 자는 깨어지겠고 이 돌이 사람 위에
떨어지면 그를 가루로 만들어 흩으리라 하시니라.

우리는 이 비유를 마태복음 21:33-41과 마가복음 12:1-11에서 이미 자세하게 살펴보았다. 이 비유의 목적은, 유대인들은 하나님의 선지자들과 세례 요한을 학대하고 죽이고, 그것도 모자라서 마지막에는 하나님의 아들인 그리스도까지 죽였기 때문에(그리스도는 이제 며칠 후면 그들의 손에 죽게 될 것이었다), 하나님께서는 그들에 대하여 의로우신 심판을 행하셔서, 그들로부터 교회로서의 자격을 박탈하시고 그들을 멸하신 후에, 이방인들 가운데서 자기를 위한 교회를 일으키실 것임을 그들에게 알게 하기 위한 것이었다. 이것은 시편 118:22에 예언된 것이었다: "건축자가 버린 돌이 집 모퉁이의 머릿돌이 되었나니 이는 여호와께서 행하신 것이요 우리 눈에 기이한 바로다."

19-20. [19]서기관들과 대제사장들이 예수의 이 비유는 자기들을 가리켜 말씀하심인 줄 알고 즉시 잡고자 하되 백성을 두려워하더라 [20]이에 그들이 엿보다가 예수를 총독의 다스림과 권세 아래에 넘기려 하여 정탐들을 보내어 그들로 스스로 의인인 체하며 예수의 말을 책잡게 하니.

우리는 마태복음 21:45-46이나 마가복음 12:12-13을 다룰 때에 이 절들에 나오는 모든 내용을 하나도 빠짐없이 자세하게 살펴보았다. 이 본문은 악인들의 심령이 복음에 대한 반감과 악의로 가득 차 있다는 것을 유리처럼 투명하게 보여 준다. 그들은 그리스도와 관련이 있는 자들은 모조리 다 멸하려고 끊임없이 움직이고, 자신들의 그러한 목적을 이루기 위해서는 수단과 방법을 가리지 않고, 온갖 불법적인 수단들을 동원한다. 그들이 사용하는 주된 술수는 그리스도에게 속한 자들을 시민 정부를 위협하는 위험인물들로 규정하는 것이다. 따라서 오늘날에도 여전히 선한 자들이 악인들로부터 그러한 일들을 겪는 경우에는, "제자가 그 선생보다, 또는 종이 그 상전보다 높지 못하나니"(마 10:24)라는 주님의 말씀을 위로로 삼아야 한다.

21-26. [21]그들이 물어 이르되 선생님이여 우리가 아노니 당신은 바로 말씀하시고 가르치시며 사람을 외모로 취하지 아니하시고 오직 진리로써 하나님의 도를 가르치시나이다 [22]우리가 가이사에게 세를 바치는 것이 옳으니이까 옳지 않으니이까 하니 [23]예수께서 그 간계를 아시고 이르시되 [24]데나리온 하나를 내게 보이라 누구의 형상과 글이 여기 있느냐 대답하되 가이사의 것이니이다 [25]이르시되 그런즉 가이사의 것은 가이사에게, 하나님의 것은 하나님께 바치라 하시니 [26]그들이 백성 앞에서 그의 말을 능히 책잡지 못하고 그의 대답을 놀랍게 여겨 침묵하니라.

우리는 이 이야기도 마태복음 22:16-22과 마가복음 12:14-17에서 이미 살펴보았다. 거기에 나오는 설명을 보라.

27-38. [27]부활이 없다고 주장하는 사두개인 중 어떤 이들이 와서 [28]물어 이르되 선

생님이여 모세가 우리에게 써 주기를 만일 어떤 사람의 형이 아내를 두고 자식이 없
이 죽으면 그 동생이 그 아내를 취하여 형을 위하여 상속자를 세울지니라 하였나이
다 29그런데 칠 형제가 있었는데 맏이가 아내를 취하였다가 자식이 없이 죽고 30그
둘째와 셋째가 그를 취하고 31일곱이 다 그와 같이 자식이 없이 죽고 32그 후에 여자
도 죽었나이다 33일곱이 다 그를 아내로 취하였으니 부활 때에 그 중에 누구의 아내
가 되리이까 34예수께서 이르시되 이 세상의 자녀들은 장가도 가고 시집도 가되 35
저 세상과 및 죽은 자 가운데서 부활함을 얻기에 합당히 여김을 받은 자들은 장가
가고 시집 가는 일이 없으며 36그들은 다시 죽을 수도 없나니 이는 천사와 동등이요
부활의 자녀로서 하나님의 자녀임이라 37죽은 자가 살아난다는 것은 모세도 가시나
무 떨기에 관한 글에서 주를 아브라함의 하나님이요 이삭의 하나님이요 야곱의 하
나님이시라 칭하였나니 38하나님은 죽은 자의 하나님이 아니요 살아 있는 자의 하
나님이시라 하나님에게는 모든 사람이 살았느니라 하시니.

마태복음 22:23-32과 마가복음 12:18-27에 대한 설명을 보라. 이 이야기 속에 나오는 모든 내용들은 거기에 자세하게 설명되어 있다. 주님께서는 36절에서 "그들은 … 천사와 동등"이라고 말씀하셨는데, 우리는 이 말씀이 모든 것에 적용되는 것이 아니라 다음과 같은 것들에 적용되는 것으로 이해하여야 한다: (1) 그 때에는 택함 받은 자들의 수가 다 찰 것이기 때문에, 시집가거나 장가가서 자녀를 낳아 사람들의 수를 늘리는 것이 필요 없게 될 것이다. (2) 그 때에는 천사들과 마찬가지로, 사람들 사이에서도 더 이상 혼인이라는 것이 존재하지 않게 될 것이다. "하나님에게는 모든 사람이 살았느니라"(38절). 아브라함과 이삭과 야곱은 이 세상에서 볼 때에는 죽은 자들이지만, 하나님의 눈에는 죽은 자들이 아니라 살아 있는 자들이다. 왜냐하면, 하나님께서는 마지막 날에 그들을 다시 살리실 것이고, 하나님은 과거와 현재와 미래의 모든 것들을 동일한 눈으로 보시는 분이시기 때문이다. 자세한 것은 앞에서 말한 마태복음과 마가복음의 해당 본문에 대한 설명을 보라.

39-40. 39서기관 중 어떤 이들이 말하되 선생님 잘 말씀하셨나이다 하니 40그들은
아무 것도 감히 더 물을 수 없음이더라.

서기관들은 바리새파의 유대인 랍비들로서 사두개인들과는 앙숙 관계에 있었기 때문에, 우리 구주의 그러한 답변에 찬성하여 갈채를 보낸 것이다. 이렇게 앞에서 헤롯당원들이 공세 문제를 제기하였다가 말문이 막혀 버렸듯이, 이제 여기에서 사두개인들은 부활 문제를 제기하였다가 끽 소리도 못하게 되었다. 이제 주님께서는 서기관들과 바리새인들을 침묵시키실 것이다.

41-44. [41]예수께서 그들에게 이르시되 사람들이 어찌하여 그리스도를 다윗의 자손이라 하느냐 [42]시편에 다윗이 친히 말하였으되 주께서 내 주께 이르시되 [43]내가 네 원수를 네 발등상으로 삼을 때까지 내 우편에 앉았으라 하셨도다 하였느니라 [44]그런즉 다윗이 그리스도를 주라 칭하였으니 어찌 그의 자손이 되겠느냐 하시니라.

마태는 서기관들과 바리새인들이 그 자리에 있었다고 보도하고 있기 때문에, 만일 그들이 그리스도를 하나님의 아들로 인정하였다면, 이 문제는 아주 쉽게 풀릴 수 있었을 것이다. 그러나 그들은 그것을 인정하려고 하지 않았다. 마태복음 22:46은 "한 마디도 능히 대답하는 자가 없고 그 날부터 감히 그에게 묻는 자도 없더라"고 말한다. 이렇게 해서 그리스도께서는 자신의 모든 대적들로 하여금 할 말이 없게 만드셨다.

45-47. [45]모든 백성이 들을 때에 예수께서 그 제자들에게 이르시되 [46]긴 옷을 입고 다니는 것을 원하며 시장에서 문안 받는 것과 회당의 높은 자리와 잔치의 윗자리를 좋아하는 서기관들을 삼가라 [47]그들은 과부의 가산을 삼키며 외식으로 길게 기도하니 그들이 더 엄중한 심판을 받으리라 하시니라.

우리는 여기에 나오는 모든 내용을 이미 앞에서 만나 보았다. 누가복음 11:43과 마태복음 23:6-7과 마가복음 12:38-40에 대한 설명을 보라.

제21장

개요

1. 그리스도께서 가난한 과부의 두 렙의 헌금을 부자들의 모든 더 많은 헌금보다 귀하다고 하심(1-4).
2. 성전의 멸망을 예고하심(5-6).
3. 성전의 멸망 전후에 있게 될 징조들과 재앙들(7-24).
4. 인자가 다시 오실 때에 무슨 일들이 일어나게 될지에 대하여 말씀하심(25-33).
5. 깨어서 기도하라고 권면하심(34-38).

**1-4. [1]예수께서 눈을 들어 부자들이 헌금함에 헌금 넣는 것을 보시고 [2]또 어떤 가
난한 과부가 두 렙돈 넣는 것을 보시고 [3]이르시되 내가 참으로 너희에게 말하노니
이 가난한 과부가 다른 모든 사람보다 많이 넣었도다 [4]저들은 그 풍족한 중에서 헌
금을 넣었거니와 이 과부는 그 가난한 중에서 자기가 가지고 있는 생활비 전부를 넣
었느니라 하시니라.**

우리는 이 이야기를 마가복음 12:41-44에서 이미 만나 보았다. 마가는 그리스도께서 헌금함을 마주 보고 앉아 계셨다고 말한다. 이 이야기를 이해하기 위해서 알아야 할 것들에 대해서는 마가복음 12:41-44에 대한 설명을 보라.

**5-6. [5]어떤 사람들이 성전을 가리켜 그 아름다운 돌과 헌물로 꾸민 것을 말하매 예
수께서 이르시되 [6]너희 보는 이것들이 날이 이르면 돌 하나도 돌 위에 남지 않고 다
무너뜨려지리라.**

마태와 마가는 주님께서 성전을 나가시는 길에, 몇몇 제자들이 주님에게 이 말을 하였고, 거기에 대하여 주님이 이런 대답을 주신 것이라고 보도한다. 본문은 제자들이 성전을 꾸민 "아름다운 돌들"에 대하여 감탄하였다고 말하는데, 성전에 사용된 돌들 중에는 길이가 45규빗, 높이가 5규빗, 너비가 6규빗이나 되는 거대한 돌들도 있었다고 한다(1규빗은 약 45cm였다 — 역주). 여기에서 "헌물들"로 번역된 헬라어는 '아나테마타' (ἀναθέματα) 또는 '도라' (δῶρα)가 아니라, '아나테마타' (ἀναθήματα)인데, '도라'는 사람들이 자원해서 드린 돈이나 은화 같은 헌금들을 의미하였고, '아나테마타' (ἀναθέματα)는 아이 성의 모든 물건(수 7장) 같이 하나님께 전적

으로 드려진 것들을 의미하였지만, 여기에서 사용된 '아나테마타'(ἀναθηματα)는 누구나 볼 수 있도록 걸어 두거나 장식해 두도록 하기 위하여 하나님께 드려진 헌물들을 의미하였다. 우리 주님께서는 자신의 제자들이 성전의 그러한 웅장하거나 화려하고 보기 좋은 것들에 현혹되지 않도록 하시기 위하여, "돌 하나도 돌 위에 남지 않고" 성전이 철저하게 파괴될 것임을 예언하신다. 이 예언이 이 때부터 40년도 채 되지 않아서 그대로 이루어진 것에 대해서는 마태복음 24:1-2과 마가복음 13:1-2에 대한 설명을 보라. 하나님께서는 이렇게 성전이 철저하게 파괴당하게 하시는 섭리를 통해서, 한편으로는 마치 성전이 자신들을 하나도 다치지 않게 보호해 줄 것이라고 굳게 믿고 그 성전을 자랑하였던 유대인들의 헛된 자부심과 자만심을 무너뜨리셨고, 다른 한편으로는 자신의 성소를 더럽힌 그들을 혹독하게 벌하심으로써 자신의 공의를 세우셨다. 또한, 이 예언을 통해서 주님께서는 하나님이 메시야의 온갖 모형들과 구약의 예배를 폐하실 때가 왔다는 것도 그들에게 알게 해 주셨다. 왜냐하면, "이 장막은 현재까지의 비유니 이에 따라 드리는 예물과 제사는 섬기는 자를 그 양심상 온전하게 할 수 없나니 이런 것은 먹고 마시는 것과 여러 가지 씻는 것과 함께 육체의 예법일 뿐이며 개혁할 때까지 맡겨 둔 것"(히 9:9-10)이었기 때문이었다. 자세한 것은 마태복음 24:1-2과 마가복음 13:1-2에 대한 설명을 보라.

7. 그들이 물어 이르되 선생님이여 그러면 어느 때에 이런 일이 있겠사오며 이런 일이 일어나려 할 때에 무슨 징조가 있사오리이까.

마가는 "베드로와 야고보와 요한과 안드레"가 주님께 사적으로 와서 이렇게 질문한 것이라고 말한다(막 13:3). 마태는 그들이 이 질문 외에도 동일한 맥락에서 두 가지를 더 질문하였다고 말한다: "또 주의 임하심과 세상 끝에는 무슨 징조가 있사오리이까"(마 24:3). 우리 구주께서는 8절부터 32절에 이르기까지 이 질문에 대해서 대답하신다. 주님께서 여기에서 대답하신 내용 중의 대부분은 우리가 이미 마태복음과 마가복음의 해당 본문들을 다룰 때에 살펴본 바 있다. 그리스도께서 예루살렘의 멸망과 관련하여 주신 징조들과 최후의 심판의 날과 관련하여 주신 징조들은 대체로 동일하기 때문에, 이 둘을 구별하는 것은 상당히 어렵다. 대부분의 신학자들은 하나님께서는 예루살렘의 멸망을 통해서, 마지막에 세계 전체가 불에 타서 완전히 멸망하게 될 것을 미리 예시해 주시고자 하셨기 때문에, 예루살렘이 멸망하기 직전에 일어난 재앙들이 우리 주님께서 세상을 심판하시기 위하여 오실 저 크고 두려운 날이 임하기 직전에도 똑같이 일어나게 될 것이라고 생각한다.

8. 이르시되 미혹을 받지 않도록 주의하라 많은 사람이 내 이름으로 와서 이르되 내가 그라 하며 때가 가까이 왔다 하겠으나 그들을 따르지 말라.

마태복음 24:4-5과 마가복음 13:5-6에 대한 설명을 보라. 이 예언은 그대로 이루어져서, 주님께서 여기에서 말씀하신 일이 예루살렘의 멸망 직전에 많이 일어났다. 또한, 이 예언은 세상 끝날에도 그대로 성취될 것이다. 그러나 요세푸스(Josephus)가 보여 주듯이, 이 예언은 예루살렘의 멸망 직전에 많은 사람들이 메시야를 참칭한 일들을 통해서 성취되었다: (1) "드다." 하지만 이 드다가 가말리엘이 사도행전 5:36에서 언급한 바로 그 인물이었는지, 아니면 동명이인이었는지는 확실하지 않다. (2) "자객 사천 명을 거느리고 광야로 가던 애굽인"(행 21:38). (3) 사마리아인 도시테오스(Dositheus). (4) 베스도 총독 때의 또 한 사람. (5) 마술사 시몬(행 8:9)도 그런 부류의 인물로 여겨진다. 그는 자기가 "크다 일컫는 하나님의 능력"(행 8:10)이라고 자랑하였다. 또한, 어떤 이들은 마술사 시몬의 제자였던 메난드로스(Menander)도 그런 인물이었다고 본다. 당시에 많은 사람들이 자신의 추종세력을 끌어 모으기 위하여 메시야를 참칭하였음은 분명하고, 예루살렘의 멸망 이후에도 자칭 메시야라는 인물들이 계속해서 많이 나타났으며, 세상의 종말 직전에도 많은 거짓 메시야들이 일어날 것이다(딤후 4:3; 벧후 2:1; 요일 2:18).

9-11. [9]난리와 소요의 소문을 들을 때에 두려워하지 말라 이 일이 먼저 있어야 하되 끝은 곧 되지 아니하리라 [10]또 이르시되 민족이 민족을, 나라가 나라를 대적하여 일어나겠고 [11]곳곳에 큰 지진과 기근과 전염병이 있겠고 또 무서운 일과 하늘로부터 큰 징조들이 있으리라.

마태복음 24:6-7과 마가복음 13:8에 대한 설명을 보라. 예언들의 최고의 해석자는 시간이다. 우리는 세상의 종말 직전에 과연 이런 일들이 일어나게 될 것인지를 알아보려면 아직도 한참 기다려야 하지만, 예루살렘이 멸망한 지는 이미 많은 세월이 흘렀다. 예루살렘의 멸망 직전에 어떤 소동들이 있었는지에 대해서는 세속의 역사가들이 여러 가지로 다양하게 말해 주고 있기 때문에, 우리는 그들의 글을 통해서 어떤 일들이 일어났었는지를 알 수 있다. 요세푸스(Josephus)는 유대인들이 사마리아인들과 로마인들과 아람인들에 대항하여 봉기를 일으킨 일, 로마인들이 이만 명이나 되는 유대인들을 한꺼번에 도륙한 일, 또한 스키토폴리스(Scythopolis) 사람들 중에서 만삼천 명, 아스글론 사람들 중에서 이천오백 명, 알렉산드리아 사람들 중에서 오만 명, 다메섹 사람들 중에서 만 명이 로마인들에 의해서 도륙된 일에 대해서 우리에게 말해 준다. 또한, 역사가들은 벨릭스, 베스도, 알비누스, 플로루스의 치하에서 일어난 수많은 폭동들에 대해서도 기록해 놓았다.

또한, 본문은 "큰 지진"에 대하여 말한다. "지진"으로 번역된 헬라어는 진동과 흔들림이라는 의미이지만, 역사가들은 예루살렘의 멸망 직전에 비록 유대 땅에서는 아니지만 여러 번의 지진이 있었다고 우리에게 말해 준다. 한 번은 네로 시대에 로마에서 있었고, 한 번은 아시아에서 발생해서 세 도시가 파괴되었다. "기근"과 관련해서는, 우리는 성경에서 아가보가 큰 기근을 예언했다는 말을 듣는다(행 11:28). 그리스도께서 죽으신 후 12년이 지나서 헬라에서 또 한 번의 큰 기근이 있었고, 그로부터 4년 후에는 로마에 기근이 있었다. "무서운 일과 하늘로부터 큰 징조들"과 관련해서는, 요세푸스는 혜성 하나가 칼의 모양으로 일 년 동안 도성 위에 걸려 있었고, 밤중에 성전에 마치 대낮 같이 밝은 빛이 비치는 일도 있었다고 말하고, 한 날쌘 짐승이 어린 양을 물어다가 성전 한복판에 갖다 놓은 일, 성전 대문들이 저절로 이상하게 열린 일, 환상 중에 병거들과 무장한 군사들이 나타난 일, 성전에 있던 사람들에게 거기에서 나가라고 하는 목소리가 들린 일, 어떤 사람이 예루살렘이 포위되기 전에 7년 5개월 동안 "화로다 예루살렘이여 화로다"라고 울부짖었는데, 그 어떤 벌을 가해도 그가 통곡하며 울부짖는 것을 막을 수 없었다는 일에 대해서도 기록해 놓았다. 이러한 일들은 하늘과 땅으로부터의 큰 징조들이었다.

12. 이 모든 일 전에 내 이름으로 말미암아 너희에게 손을 대어 박해하며 회당과 옥에 넘겨 주며 임금들과 집권자들 앞에 끌어 가려니와.

주님께서 여기에서 말씀하신 이 모든 일들은 사도행전 4:3; 5:18; 7:4; 16:24 등을 통해서 잘 입증된다. 성경의 예언들은 세상 끝날에 이런 일들이 있을 것임을 충분히 말해 주고 있기는 하지만, 그 때에 여기에 언급된 것들 중에서 무슨 일들이 일어나게 될지는 시간이 보여줄 것이다.

13. 이 일이 도리어 너희에게 증거가 되리라.

주님은 여기에서 이렇게 말씀하신다: 너희에 대한 박해는 너희의 대적들을 치는 증거가 될 것이다. 너희가 나를 참된 메시야로 인정하는 너희의 고백을 통해서, 그들이 어떤 자들인지가 적나라하게 드러나게 될 것이다. 그들은 종교라는 가면으로 자신들의 잔혹성을 감추고 살아가지만, 너희에 대한 박해를 통해서 그들의 잔혹성이 그대로 드러나게 될 것이다. 그리고 너희에 대하여 가해진 그들의 잔혹성으로 인해서, 그들에 대한 하나님의 심판이 의로우시다는 것이 마침내 온 세상에 분명히 드러나게 될 것이다.

또한, 너희에 대한 박해는 너희가 복음을 증거할 수 있는 기회가 될 것이다. 너희는 왕들과 고관대작들 앞에서 내가 참된 메시야라는 것을 증거할 좀 더 많은 기회를 갖게 될 것이다. 너희에 대한 박해를 계기로, 너희의 믿음과 인내와 하나님에 대한 변함없는 마음이 좀 더 분명하게 드러나게 될 것이고, 너희는 나의 나라가 이 세상에 속한 나라가 아니고, 나의 제자들은 이 땅에서의 행복을 구하지도 않는다는 것을 증거하게 될 것이다. 너희가 박해를 받아들여 참고 인내하는 것은 너희가 현세에서 너희의 분깃과 행복을 구하는 것이 아니라, 내세에서의 지극한 복을 구한다는 것을 분명하게 보여 주는 증거가 될 것이다.

14-15. [14]그러므로 너희는 변명할 것을 미리 궁리하지 않도록 명심하라 [15]내가 너희의 모든 대적이 능히 대항하거나 변박할 수 없는 구변과 지혜를 너희에게 주리라.

마태복음 10:19-20과 마가복음 13:11에 대한 설명을 보라. 우리는 이 말씀을 통해서 주님께서 우리가 그런 일에 직면하였을 때에 본성적으로 피할 수 없는 일, 즉 그러한 경우에 우리가 무슨 말을 해야 할지를 먼저 생각해 보는 것, 또는 우리가 어떻게 말해야 지혜로운 것인지를 생각해 보는 것을 금지하신 것이라고 생각해서는 안 된다. 여기에서 주님께서는 단지 우리에게 그런 일이 닥쳤을 때에 하나님이 우리에게 "구변과 지혜"를 주셔서 그 곤경을 헤쳐나가게 하실 것임을 믿지 않고, 오로지 자신의 힘으로 그 일을 해결하려고 혼자 염려하며 이런저런 방법이나 할 말을 궁리해서는 안 된다고 말씀하신 것일 뿐이다.

내가 너희의 모든 대적이 능히 대항하거나 변박할 수 없는 구변과 지혜를 너희에게 주리라. 하나님께서는 모세에게 "이제 가라 내가 네 입과 함께 있어서 할 말을 가르치리라"(출 4:12)고 말씀하시며, "너는 그에게 말하고 그의 입에 할 말을 주라 내가 네 입과 그의 입에 함께 있어서 너희들이 행할 일을 가르치리라"(출 4:15)고 말씀하시고, 에스겔에게는 "내가 너와 말할 때에 네 입을 열리니 너는 그들에게 이르기를 주 여호와의 말씀이 이러하시다 하라 들을 자는 들을 것이요 듣기 싫은 자는 듣지 아니하리니 그들은 반역하는 족속임이라"(겔 3:27)고 말씀하신다. 여기에서 주님께서는 자신의 제자들에게 "구변과 지혜," 즉 주님을 증거하도록 호출되었을 때에 그들의 혀를 지도해 줄 지혜를 약속하신다. 이 약속은 스데반의 경우에서 그대로 실현되었다: "이른 바 자유민들 즉 구레네인, 알렉산드리아인, 길리기아와 아시아에서 온 사람들의 회당에서 어떤 자들이 일어나 스데반과 더불어 논쟁할새 스데반이 지혜와 성령으로 말함을 그들이 능히 당하지 못하여"(행 6:9-10). 베드로와 요한의 경우도 마찬가지였다(행 4:8-13).

여기에서 "변박하다"로 번역된 단어는 말에서 이기는 것을 가리키는 것으로 보아야 한다. 복음의 원수들은 언제나 진리를 지지하는 자들이나 증거하는 자들을 반대하고 배척하여 왔지만, 이긴 적은 한 번도 없었다. 과연 그러하였는지를 알아보려면, 독자들은 종교개혁의 초기에 교황주의자들과 개신교도들 간의 논쟁이나, 영국에서 메리 여왕 시대에 교황주의자들과 순교자들 간의 논쟁에 대한 기록들을 중립적이고 객관적으로 읽고서, 어느 쪽이 성경과 이성에 근거한 말들을 하였는지를 판단해 보라. 이 약속의 말씀은 그리스도의 때로부터 현재에 이르기까지 계속해서 성취되어 왔다. 원수들이 그리스도의 제자들의 육신을 죽일 수 있었다는 것은 사실이다. 그들은 스데반을 돌로 쳐서 죽였고, 야고보를 칼로 죽였으며(행 7:12), 베드로와 안드레를 십자가에 못 박았고, 빌립을 돌로 쳐서 죽였으며, 요한을 밧모 섬으로 추방하였고, 바돌로매를 살가죽을 벗겨 죽였으며, 마태를 참수하였고, 최초의 혹독한 박해가 있던 시기에 수많은 그리스도인들을 여러 가지 방법으로 죽였으며, 그 이후에도 수많은 성도들을 살해하였다. 그러나 그들이 전한 진리들은 여전히 살아 남아 있다.

16-17. [16]심지어 부모와 형제와 친척과 벗이 너희를 넘겨 주어 너희 중의 몇을 죽이게 하겠고 [17]또 너희가 내 이름으로 말미암아 모든 사람에게 미움을 받을 것이나.

마태복음 24:9-10과 마가복음 8:12-13에 대한 설명을 보라.

18. 너희 머리털 하나도 상하지 아니하리라.

이것은 속담적인 표현으로서, 원수들이 그들을 어떤 식으로 해치려고 할지라도, 그들은 전혀 해를 입거나 상하지 않을 것임을 의미한다. 마지막에 결산을 하게 되었을 때, 너희는 아무것도 잃지 않았다는 것을 발견하게 될 것이고, 너희의 원수들은 아무것도 얻지 못하였다는 것을 발견하게 될 것이다.

19. 너희의 인내로 너희 영혼을 얻으리라.

"인내"는 하나님이 자신의 섭리 가운데서 우리의 몫으로 정해 주신 저 해악들을 기꺼이 평안한 마음으로 담대하게 감내하는 수동적인 것일 수도 있고, 하나님이 약속하신 것들을 묵묵히 믿고 기다리며 대망하는 능동적인 것일 수도 있다. "너희 영혼을 얻으리라"는 것은 너희 자신을 얻으리라는 것이다. 내 이름을 위하여 고난 받는 것을 거부하지 말고, 주님께서 너희를 놓아 주실 때까지 그리스도인으로서의 담대함과 불굴의 용기를 발휘하여 그 고난을 감당하며 살아 가라. 이런 의미에서 야고보서 1:4에 나오는 "인내를 온전히 이루라 이는 너희로 온전하고 구비하여 조금도 부족함이 없게 하려 함이라"는 말씀은 이 구절에 대한 해설이라고 할 수 있다. 어떤 이들은 "너희 영혼을 얻으리라"는 것은 "너희의 영혼을 구원하리라"와 동일한 의미라고 말한다. 그러한 해석이 옳다면, 마태복음 24:13에 나오는 "끝까지 견디는 자는 구원을 얻으리라"는 말씀과 마가복음 13:13에 나오는 "너희가 내 이름으로 말미암아 모든 사람에게 미움을 받을 것이나 끝까지 견디는 자는 구원을 받으리라"는 말씀이 이 구절에 대한 해설이 될 수 있을 것이다.

20-22. [20]너희가 예루살렘이 군대들에게 에워싸이는 것을 보거든 그 멸망이 가까운 줄을 알라 [21]그 때에 유대에 있는 자들은 산으로 도망갈 것이며 성내에 있는 자들은 나갈 것이며 촌에 있는 자들은 그리로 들어가지 말지어다 [22]이 날들은 기록된 모든 것을 이루는 징벌의 날이니라.

우리 구주께서 승천하신 후에, 벨릭스, 베스도, 알비누스, 플로루스가 총독으로 있는 동안에, 유대인들 사이에서는 폭동이 아주 많이 일어났고, 로마에 반기를 들고 봉기를 일으키는 일이 매우 잦았기 때문에, 로마 당국은 결국 유대인들을 완전히 멸절시키기로 결심하고, 티투스 베스파시아누스(Titus Vespasian)를 보내어, 로마 군대로 예루살렘을 포위하여 함락시키게 하였다. 우리 구주께서는 그 때가 되면, 일부 유대인들이 이스라엘 나라의 해방이라는 욕망에 사로잡혀서 로마군을 이길 수 있다는 망상에 빠져 끝까지 항전하면 구원을 얻게 될 것이라고 거짓 예언을 하게 될 것임을 미리 아셨기 때문에, 하나님께서는 반드시 이 도성을 로마군의 수중에 넘기실 것인 까닭에, 그런 자들의 거짓말에 현혹되지 말라고 자신의 제자들에게 경고하신다. 따라서 주님께서는 이 도성이 로마군에 의해서 포위되는 것을 보거든, 하나님께서 그동안 이스라엘 민족을 쳐서 예언하신 모든 것들을 이루셔서 그들에게 원수를 갚으실 날, 곧 "징벌의 날"이 도래한 것이고, 따라서 이 도성이 건짐을 받게 될 희망은 아무런 근거도 없는 헛된 희망이기 때문에, 할 수 있는 한 가장 신속하게 도성을 빠져나가 피신하는 것이 상책이라고 그들에게 말씀하신다.

23-24. [23]그 날에는 아이 밴 자들과 젖먹이는 자들에게 화가 있으리니 이는 땅에 큰 환난과 이 백성에게 진노가 있겠음이로다 [24]그들이 칼날에 죽임을 당하며 모든 이방에 사로잡혀 가겠고 예루살렘은 이방인의 때가 차기까지 이방인들에게 밟히리

라.

요세푸스(Josephus)는 예루살렘의 함락으로 끝이 난 이 전쟁에서 굶어 죽거나 칼에 죽은 유대인들의 수가 110만 명이었고, 97,000명이 포로로 끌려갔다고 말한다. 그 때 이후로 예루살렘은 로마인들, 사라센인들, 프랑크족 같은 "이방인들에게 밟혀" 왔고, 오늘날에는 투르크족에 의해서 짓밟히고 있다. 본문은 "이방인의 때가 차기까지"라고 말하고 있는데, 어떤 이들은 이 구절을 토대로, 유대인들이 예루살렘 성을 되찾게 될 때가 올 것이라고 생각한다. 하지만 이 본문을 근거로 해서 그러한 일을 추론해 낼 수 있는지는 의심스러워 보인다. 어떤 이들은 주님께서 말씀하신 "이방인의 때"가 예루살렘이 멸망한 때로부터 세상의 종말이 도래할 때까지를 가리키는 것으로 이해하고, 어떤 이들은 복음이 온 세계에 전파될 때까지의 기간을 의미하는 것으로 본다. 그러나 하나님께서 이방인들에 대하여 인내하시는 때를 가리키는 것으로 해석하는 것이 내게는 가장 유력한 것으로 보인다. 유대인들의 죄의 분량이 다 찼을 때, 이렇게 하나님의 진노가 그들에게 끝까지 임하였던 것처럼, 이방인들의 경우에도 하나님이 그들을 참아 주시고 기다려 주시는 때가 언젠가는 끝나게 될 것이다. 로마인들에게도 그들의 때가 있었고, 지금은 투르크족의 때이다. 그러나 그들에게 주어진 시간을 나타내는 모래시계도 언젠가는 다 밑으로 떨어져서, 그들의 때가 차게 될 것이고, 그 때에 다른 부류의 야만인들이 예루살렘을 차지할 것인지, 아니면 유대인들이나 그리스도인들이 예루살렘을 회복하게 될 것인지는 시간이 우리에게 말해 줄 것이다.

25-26. [25]일월 성신에는 징조가 있겠고 땅에서는 민족들이 바다와 파도의 성난 소리로 인하여 혼란한 중에 곤고하리라 [26]사람들이 세상에 임할 일을 생각하고 무서워하므로 기절하리니 이는 하늘의 권능들이 흔들리겠음이라.

주님이 여기에서 예언하신 말씀이 예루살렘이 로마군에 의해 포위되었을 때에 아주 분명하게 성취되었다는 것은 우리가 쉽게 알 수 있다. 그 때에 사람들은 무서워서 기절하였다. "징조들"과 관련해서는, 우리는 요세푸스와 타키투스(Tacitus)로부터 많은 것들을 듣는데, 타키투스는 예루살렘이 멸망하기 얼마 전에 유대인들이 로마 군대가 번득이는 창칼을 휘두르며 싸우는 모습을 환상 중에 보았고, 예루살렘 성전은 마치 화염에 휩싸여 대낮 같이 환하게 불타는 모습을 보였다고 말한다. 또한, 그들은 "화로다 예루살렘이여"라고 말하며 울부짖는 소리를 들었고, 성전의 문들이 저절로 활짝 열리기도 하였다는 것은 우리가 이미 앞에서 언급하였다. 그런데도 유대인들은 이제는 "동방이 강해질" 때라는 전해져 오는 말을 굳게 믿고서, 그런 징조들을 거의 아랑곳하지 않았다. "동방이 강해질" 것이라는 말은 사실이었지만, 그것은 그들이 해석한 것과는 다른 의미였다. 그러나 주님이 여기에서 하신 말씀은 저 최후의 심판의 날 직전에 보여지게 될 징조들과 관련되어 있음이 분명하다(벧후 3:10, 12). 왜냐하면, 이 본문에 이어서 나오는 27절과 28절이 인자의 재림에 대하여 말씀하고 있기 때문이다.

27-28. [27]그 때에 사람들이 인자가 구름을 타고 능력과 큰 영광으로 오는 것을 보리라 [28]이런 일이 되기를 시작하거든 일어나 머리를 들라 너희 속량이 가까웠느니라 하시더라.

마태복음 24:31과 마가복음 13:27이 이 말씀을 해설해 주는 것으로 보인다. 이 두 본문이 말하고 있는 것의 의미는 동일하다: "그가 큰 나팔소리와 함께 천사들을 보내리니 그들이 그의 택하신 자들을 하늘 이 끝에서 저 끝까지 사방에서 모으리라." 우리는 당연히 이 말씀을 심판의 날, 즉 성도들이 하나님의 자녀들의 신분으로 영화롭게 되고, "몸의 속량"(롬 8:23)을 얻게 될 그 날에 대한 것으로 이해해야 한다.

29-33. [29]이에 비유로 이르시되 무화과나무와 모든 나무를 보라 [30]싹이 나면 너희가 보고 여름이 가까운 줄을 자연히 아나니 [31]이와 같이 너희가 이런 일이 일어나는 것을 보거든 하나님의 나라가 가까이 온 줄을 알라 [32]내가 진실로 너희에게 말하노니 이 세대가 지나가기 전에 모든 일이 다 이루어지리라 [33]천지는 없어지겠으나 내 말은 없어지지 아니하리라.

우리는 이것과 동일한 비유를 마태복음 24:32-35과 마가복음 13:28-31에서 이미 살펴보았는데, 거기에 나오는 설명을 보라.

34-36. [34]너희는 스스로 조심하라 그렇지 않으면 방탕함과 술취함과 생활의 염려로 마음이 둔하여지고 뜻밖에 그 날이 덫과 같이 너희에게 임하리라 [35]이 날은 온 지구상에 거하는 모든 사람에게 임하리라 [36]이러므로 너희는 장차 올 이 모든 일을 능히 피하고 인자 앞에 서도록 항상 기도하며 깨어 있으라 하시니라.

나는 34절이 36절에 나오는 "깨어 있으라"는 말씀에 대한 훌륭한 해설이라고 본다: 내가 장차 세상을 심판하러 올 것임을 염두에 두고서 있는 힘을 다해서 죄를 피하라. 왜냐하면, 죄는 잠에 비유되기 때문이다(롬 13:11; 엡 5:14). 깨어 있는 자는 단지 눈만 뜨고 있는 것이 아니라, 어떤 목적을 하기 위하여 의도적으로 잠들지 않으려고 애를 쓰는 것과 마찬가지로, 영적으로 깨어 있는 자는 그리스도께서 언제 오실지 모르기 때문에 늘 의도적으로 죄를 피하려고 애써야 한다. 여기에서 주님께서는 자신의 제자들에게 특히 사치와 세상에 마음을 두는 것을 경고하시면서, 첫 번째의 두 가지 대표적인 표본으로 "방탕함과 술취함"을 드시고, 두 번째의 대표적인 것으로는 "생활의 염려"를 드시는데, 여기서의 "염려"는 미리미리 꼭 대비해야 할 일들을 생각하지 말라는 것이 아니고, 쓸데없이 마음만 산란하게 만드는 오만 가지 염려와 걱정을 하지 말라는 것이다. 주님께서는 그리스도의 재림의 날은 "지구상에 거하는 모든 사람에게" 갑자기 생각하지도 않은 때에 임할 것인데, 그 날이 그들에게도 그렇게 "뜻밖에" 임하게 되지 않으려면, "방탕함과 술취함과 생활의 염려"를 피하여야 한다고 역설하신다. 나아가, 주님께서는 그들에게 "항상 기도하라"고 권면하신다. 이 명령의 의미에 대해서는 우리가 누가복음 18:1을 다룰 때에 이미 자세하게 살펴보았다. 그런 후에, 주님께서는 "너희는 장차 올 이 모든 일을 능히 피하고 인자 앞에 서도록" 하기 위하여 이 두 가지 본분을 다해야 한다는 말씀을 덧붙이시는데, "장차 올 이 모든 일을 능히 피하고"는 예루살렘의 멸망 직전이나 그 후에 일어날 일들을 피하기 위함이라는 의미이고, "인자 앞에 서도록"은 마지막 심판의 날에 멸망 받는 것을 피하기 위함이라는 의미이다. 왜냐하면, "악인들은 심판을 견디지 못하며 죄인들이 의인들의 모임에 들지 못할"(시 1:5) 것이기 때문이다.

37-38. [37]예수께서 낮에는 성전에서 가르치시고 밤에는 나가 감람원이라 하는 산에서 쉬시니 [38]모든 백성이 그 말씀을 들으려고 이른 아침에 성전에 나아가더라.

이 두 절에서 복음서 기자는 그리스도께서 죽으시기 전 저 며칠 동안을 어떻게 지내셨는지를 우리에게 알려 준다. 주님께서는 낮에는 성전에서 사람들에게 전도하셨고, 저녁이 되면 감람원이라 하는 산에서 기도하셨다. 이것은 참된 목자이시자 목자장이신 주님 아래에서 목자의 일을 하는 모든 자들은 전도와 기도로 자신의 시간을 보내야 한다는 것을 가르쳐 주신 것이다. 서기관들과 바리새인들과 사두개인들과 백성의 장로들은 주님을 멸시하고 어떻게 하면 죽일 수 있을지를 궁리하였지만, 많은 백성들은 주님을 공경하고 그 가르침을 소중히 여겨서, "그 말씀을 들으려고 이른 아침에 성전에 나아갔다." 지금까지 이 세상에서 그리스도를 받아들이고 영접한 사람들을 보면, 사도들의 말이 옳았다는 것이 증명된다. 사도 바울은 "형제들아 너희를 부르심을 보라 육체를 따라 지혜로운 자가 많지 아니하며 능한 자가 많지 아니하며 문벌 좋은 자가 많지 아니하도다"(고전 1:26)라고 말하였고, 야고보는 "내 사랑하는 형제들아 들을지어다 하나님이 세상에서 가난한 자를 택하사 믿음에 부요하게 하시고 또 자기를 사랑하는 자들에게 약속하신 나라를 상속으로 받게 하지 아니하셨느냐"(약 2:5)고 말하였다.

제22장

개요

1. 대제사장들과 서기관들이 그리스도를 죽이려고 공모함(1-2).
2. 유다가 그리스도를 팔아넘기기로 계약함(3-6).
3. 사도들을 보내어 유월을 준비하게 하시고, 함께 유월 식사를 하심(7-18).
4. 성찬을 제정하심(19-20).
5. 배신자를 은밀하게 지목하심(21-23).
6. 야심으로 인한 제자들 간의 다툼을 제지하시고, 그들이 그의 나라에 참여하게 될 것이라고 약속하심(24-30).
7. 사탄이 베드로를 밀 까부르듯 하려고 한다고 말씀하시고, 그의 믿음이 떨어지지 않도록 기도하셨으나, 그가 자기를 세 번 부인하게 될 것이라고 말씀하심(31-34).
8. 필요한 물품들과 검을 준비해 두라고 제자들에게 지시하심(35-38).
9. 겟세마네 동산에서 심한 고뇌 중에 기도하심(39-46).
10. 그리스도께서 팔리심(47-49).
11. 제자가 휘두른 검에 귀가 잘린 대제사장의 종을 고쳐 주심(50-53).
12. 대제사장의 집으로 끌려가시고, 베드로가 세 번 부인함(54-62).
13. 그리스도께서 희롱당하심(63-65).
14. 공회로 끌려가셔서, 자기가 하나님의 아들임을 시인하시고, 신성모독죄를 지었다는 선고를 받으심(66-71).

**1-2. [1]유월절이라 하는 무교절이 다가오매 [2]대제사장들과 서기관들이 예수를 무
슨 방도로 죽일까 궁리하니 이는 그들이 백성을 두려워함이더라.**

마태복음 26:1-5과 마가복음 14:1-2에 대한 설명을 보라.

**3-14. [3]열둘 중의 하나인 가룟인이라 부르는 유다에게 사탄이 들어가니 [4]이에 유
다가 대제사장들과 성전 경비대장들에게 가서 예수를 넘겨 줄 방도를 의논하매 [5]그
들이 기뻐하여 돈을 주기로 언약하는지라 [6]유다가 허락하고 예수를 무리가 없을 때
에 넘겨 줄 기회를 찾더라 [7]유월절 양을 잡을 무교절날이 이른지라 [8]예수께서 베드
로와 요한을 보내시며 이르시되 가서 우리를 위하여 유월절을 준비하여 우리로 먹
게 하라 [9]여짜오되 어디서 준비하기를 원하시나이까 [10]이르시되 보라 너희가 성내**

로 들어가면 물 한 동이를 가지고 가는 사람을 만나리니 그가 들어가는 집으로 따라 들어가서 [11]그 집 주인에게 이르되 선생님이 네게 하는 말씀이 내가 내 제자들과 함께 유월절을 먹을 객실이 어디 있느냐 하시더라 하라 [12]그리하면 그가 자리를 마련한 큰 다락방을 보이리니 거기서 준비하라 하시니 [13]그들이 나가 그 하신 말씀대로 만나 유월절을 준비하니라 [14]때가 이르매 예수께서 사도들과 함께 앉으사.

마태복음 26:14-19과 마가복음 14:10-16에 대한 설명을 보라.

15-23. [15]이르시되 내가 고난을 받기 전에 너희와 함께 이 유월절 먹기를 원하고 원하였노라 [16]내가 너희에게 이르노니 이 유월절이 하나님의 나라에서 이루기까지 다시 먹지 아니하리라 하시고 [17]이에 잔을 받으사 감사기도 하시고 이르시되 이것을 갖다가 너희끼리 나누라 [18]내가 너희에게 이르노니 내가 이제부터 하나님의 나라가 임할 때까지 포도나무에서 난 것을 다시 마시지 아니하리라 하시고 [19]또 떡을 가져 감사기도 하시고 떼어 그들에게 주시며 이르시되 이것은 너희를 위하여 주는 내 몸이라 너희가 이를 행하여 나를 기념하라 하시고 [20]저녁 먹은 후에 잔도 그와 같이 하여 이르시되 이 잔은 내 피로 세우는 새 언약이니 곧 너희를 위하여 붓는 것이라 [21]그러나 보라 나를 파는 자의 손이 나와 함께 상 위에 있도다 [22]인자는 이미 작정된 대로 가거니와 그를 파는 그 사람에게는 화가 있으리로다 하시니 [23]그들이 서로 묻되 우리 중에서 이 일을 행할 자가 누구일까 하더라.

마태복음 26:20-30에 대한 설명을 보라. 거기에서 나는 다른 복음서 기자들은 말하지 않고 오직 누가만이 말하고 있는 내용들도 모두 자세하게 살펴보았다.

24. 또 그들 사이에 그 중 누가 크냐 하는 다툼이 난지라.

주님과 그의 제자들이 유월절 식사를 할 때, 제자들 사이에서 이런 다툼이 있었다는 것에 대해서는 오직 누가만이 보도하고 있는데, 이런 다툼은 마태복음 18:1; 20:25-26과 마가복음 9:33, 그리고 누가복음 9:46에도 보도되고 있는 것으로 보아서, 제자들은 여러 차례에 걸쳐서 이 문제를 가지고 논쟁을 벌였던 것일 수 있다. 그러나 대부분의 해석자들은, 이 다툼은 그 이전에 있었지만, 누가가 시간적인 순서를 고려하지 않고 여기에서 보도한 것이라고 생각하고, 어떤 이들은 본문에 나오는 '에게네토'(ἐγένετο)를 이전에 있었던 일을 서술하는 것으로 보아서 "다툼이 난지라"가 아니라 "다툼이 난 적이 있었던지라"고 번역하기도 한다. 사실, 우리는 사도들이 이 때에 주님과 함께 처음에는 유월절 식사를 하고, 그 후에는 최후의 만찬을 하면서, 특히 주님이 죄인들의 손에 팔리게 될 것이라는 말씀을 들은 직후에, 이제 곧 이스라엘 나라가 회복되면 누가 더 높은 자리에 앉게 될 것인지를 생각하거나, 그런 문제를 놓고 논쟁을 벌일 정도로 무자비한 자들이었다고 생각하기는 어렵다. 따라서 제자들이 그런 다툼을 벌인 것은 이미 이전의 일이었지만, 누가는 이 때에 우리 구주께서 그들에게 형제간에 서로 사랑하고 섬기라고 하신 말씀의 도입부로서 그 일은 언급하는 것이 적절하다고 생각해서, 여기에서 그 이야기를 꺼낸 것이었다.

25-27. [25]예수께서 이르시되 이방인의 임금들은 그들을 주관하며 그 집권자들은 은인이라 칭함을 받으나 [26]너희는 그렇지 않을지니 너희 중에 큰 자는 젊은 자와 같고 다스리는 자는 섬기는 자와 같을지니라 [27]앉아서 먹는 자가 크냐 섬기는 자가 크냐 앉아서 먹는 자가 아니냐 그러나 나는 섬기는 자로 너희 중에 있노라.

마태복음 20:25-28에 대한 설명을 보라. 본문의 요지는, 우리 구주께서 자신의 모든 제자들(특히 사역자들)에게 이방인들과 그들의 임금들처럼 사람들을 주관하고 지배하는 것은 그리스도인들과 주 예수 그리스도의 사역자들에게는 합당하지 않기 때문에 그렇게 해서는 안 된다고 가르치셨다는 것이다. 하지만 이 본문은 믿는 자들은 모두 위아래가 없고 동등한 지위를 가져야 한다는 것을 보여 주는 것은 아니다. 위계질서는 하나님이 정하신 규례이고 반드시 유지되어야 하고, 교회 내에서의 질서도 지켜져야 한다. 하나님은 질서의 하나님이시기 때문이다. 그러나 그리스도의 사역자들은 높은 자리를 탐하거나 형제들을 지배하고 주관해서는 안 된다. 사역자들이 해야 할 일은 "너희 중에 있는 하나님의 양 무리를 치되 억지로 하지 말고 하나님의 뜻을 따라 자원함으로 하며 더러운 이득을 위하여 하지 말고 기꺼이 하며 맡은 자들에게 주장하는 자세를 하지 말고 양 무리의 본이 되는" 것이고(벧전 5:2-3), 사도 바울은 "우리가 너희 믿음을 주관하려는 것이 아니요 오직 너희 기쁨을 돕는 자가 되려 함"이라고 말한다(고후 1:24).

그리스도의 사역자들이 신자들로부터 높임을 받고 공경을 요구하는 직함들을 사용하는 것이 옳은가 하는 문제에 대해서는 나는 잘 모르겠지만, 사역자들이 그러한 직함들을 좋아하여 집착해서는 안 된다는 것은 분명하다. 왜냐하면, 사역자들이 그러한 직함을 지니고서 신자들로부터 그러한 호칭을 듣고자 하는 것은 헛되고 악한 욕망이고 교만한 것이고, 사역자들의 허영과 교만은 일반 신자들의 경우보다 그 죄책이 더 크기 때문이다. 사역자들에게 맡겨진 일은 오직 교회가 질서 가운데 존재하도록 하는 데 필요한 그리스도의 법들을 집행하는 것뿐이고, 사역자들에게 가장 큰 존귀는 스스로를 낮추고 겸손하게 행하는 것이다. 그리고 그리스도께서도 이 땅에 계실 때에 "앉아서 먹는 자"가 아니라 "섬기는 자"로 살아 가셨다는 것을 생각하면, 그리스도의 사역자들이 이렇게 자기를 낮추고 겸손하게 행하는 것은 그들 자신을 스스로 깎아내리는 것이 절대로 아니다.

28-30. [28]너희는 나의 모든 시험 중에 항상 나와 함께 한 자들인즉 [29]내 아버지께서 나라를 내게 맡기신 것 같이 나도 너희에게 맡겨 [30]너희로 내 나라에 있어 내 상에서 먹고 마시며 또는 보좌에 앉아 이스라엘 열두 지파를 다스리게 하려 하노라.

이 절들은 마태복음 19:28보다 좀 더 상세하게 되어 있지만, 그 요지는 동일한 것으로 보인다. 거기에서는 베드로가 모든 사도들을 대표해서 자기들은 모든 것을 버리고 주님을 따랐다고 말하자, 거기에 대한 대답으로 주님께서 이런 대답을 하신 것이라고 보도한다. 거기에서 그리스도께서는 자신의 사도들에게 "세상이 새롭게 되어 인자가 자기 영광의 보좌에 앉을 때에 나를 따르는 너희도 열두 보좌에 앉아 이스라엘 열두 지파를 심판하리라"고 말씀하신다. 주님께서 거기에서 말씀하신 "세상이 새롭게 된 때"는 자신의 가르침과 거룩한 모범으로 교회를 새롭게 탄생시키고 세상을 변화시키신 때를 의미하고, 여기에서 말씀하신 "내가 모든 시험을 겪는 때"는 주님이 시련과 환난과 박해를 겪으시는 때를 의미하는데, 성경에서 "시험"은 흔히 그런 의미로 사용된다(갈 4:14; 약 1:12; 벧후 2:9; 계 3:10). 주님께서는 아버지 하나님이 자기에게 "나라"를 맡기셨듯이, 자기도 열두 사도들(실제로는 열한 사도)에게 자신의 "나라"를 맡겨서 큰 존귀와 위엄 가운데서 다스리게 하실 것이라고 약속하신다. 이 말씀을 통해서 주님께서는 사도들에게는 이러한 약속이 주어져 있기 때문에, 그들은 이 땅에 있는 동안 일꾼과 종이라는 직함과 직무로 만족하고서, 주님이 그러셨듯이, 굶주림과 목마름 등과 같은 고난들과 시험들을 잘 감내해야 한다는 것을 가르치시고자 하신 것이다. 주님께서 약속하신 그 때가 도래하였을 때, 그들은 주님의 상에서 함께 먹고 마시며, 보좌들에 앉아서 이스라엘 열두 지파를 다스리게 될 것이다. 그 때의 안식과 만족을 표현해 주는 단어들인 영광과 존귀와 위엄은 성도들이 하늘에서 하나님과 함께 누리게 될 것들이다.

31-32. [31]시몬아, 시몬아, 보라 사탄이 너희를 밀 까부르듯 하려고 요구하였으나 [32]그러나 내가 너를 위하여 네 믿음이 떨어지지 않기를 기도하였노니 너는 돌이킨 후에 네 형제를 굳게 하라.

이것은 우리 주님께서 베드로가 다른 모든 제자들보다 더 자신만만하게 자기는 주님을 버리지 않을 것이라고 큰 소리쳤다가 결국에는 자기를 부인함으로써 다른 모든 제자들보다 더 크게 나락으로 떨어지게 될 것임을 미리 아시고서(이 일은 앞으로 차차 드러나게 될 것이다), 베드로를 바라보시며 하신 말씀이다. 물론, 주님께서는 "너희"라는 복수형을 사용하고 계신다는 점에서, 모든 제자들에게 이렇게 말씀하신 것이지만, 주님이 이 말씀을 하시면서 일차적으로 염두에 두신 것은 베드로였다. 이미 마귀는 사도들을 시험하여 흔들어 놓을 작정을 한 상태였고, 이것은 본문에서 "밀 까부르듯 하려고 요구하였다"는 말로 표현되고 있다. 그리스도께서도 손에 키를 잡으시고 자신의 교회에 대하여 키질을 하시지만, 주님의 키질은 자신의 타작마당을 정하게 하시기 위한 것이다. 주님이 특정한 심령을 대상으로 키질을 하실 때에도, 그것은 그 사람에게서 정욕이나 욕심, 부패한 것들을 제거하여 그 사람을 정결하게 하시기 위한 것이다. 그러나 사탄이 어떤 특정한 심령이나 교회를 밀 까부르듯 키질하는 것은 단지 그 사람과 교회를 끊임없이 흔들어 놓고 성나게 하여 괴로움을 주고 안식과 평안을 누리지 못하게 하기 위한 것이다. 이것은 우리가 까불림을 당할 때를 항상 대비해야 한다는 것과 사탄이 우리를 까부르고자 하는 것을 제지하시는 하나님을 찬송하여야 한다는 것을 우리에게 알게 해 준다. 왜냐하면, 옛적에 베드로를 비롯한 모든 사도들을 까부르고자 하였던 사탄은 지금도 우리를 까부르고자 하는 생각을 지니고 있기 때문이다.

그러나 내가 너를 위하여 네 믿음이 떨어지지 않기를 기도하였노니. 믿음이 완전히 떨어지는 경우가 있고, 부분적으로 떨어지는 경우가 있는데, 베드로의 경우는 믿음이 부분적으로 떨어진 경우였다. 하나님의 씨가 여전히 그의 안에 남아 있었기 때문에, 그의 믿음은 완전히 떨어지지 않았다. 그리스도의 모든 참된 제자들의 믿음도 마찬가지이다. 큰 시험과 환난의 때에 그들의 믿음은 어느 정도 떨어질 수 있지만, 완전히 떨어지지는 않는다. 그들은 잠시 잘못될(pervert) 수 있지만, 또다시 회심하게(convert) 될 것이다. 사도 바울이 로마서 8:10-11에서 성도들의 몸에 대하여 "또 그리스도께서 너희 안에 계시면 몸은 죄로 말미암아 죽은 것이나 영은 의로 말미암아 살아 있는 것이니라 예수를 죽은 자 가운데서 살리신 이의 영이 너희 안에 거하시면 그리스도 예수를 죽은 자 가운데서 살리신 이가 너희 안에 거하시는 그의 영으로 말미암아 너희 죽을 몸도 살리시리라"고 한 말씀은 성도들의 심령에 대해서도 그대로 적용될 수 있다. 그들은 사망의 몸을 그들 속에 가지고 있어서, 큰 시험의 때에 그 시험에 져서, 그들 속에 은혜에 의해서 형성된 것들도 다 죽은 것처럼 보일 수 있다. 그러나 하나님의 영이 그들의 심령 속에 거하시기만 한다면, 그들 속에 거하는 그 영으로 말미암아 그들의 심령은 다시 소생하게 될 것이다.

너는 돌이킨 후에 네 형제를 굳게 하라. 하나님께서 너의 넘어짐에서 너를 다시 일으키셔서, 너로 하여금 너의 잘못을 보게 하셨을 때, 너는 마귀의 올무에 걸렸다가 벗어난 너의 경험을 선용하여, 다른 형제들에게 그들 자신을 지나치게 믿어 자만해서는 안 된다고 권면하고, 비록 자만하여 시험에 빠졌다고 할지라도, 그들에 대한 하나님의 은혜는 그들의 넘어짐보다 훨씬 더 풍성하시기 때문에, 결코 낙심해서는 안 되고 끝까지 그 은혜를 의지해야 한다고 격려하여야 한다.

33-34. [33]그가 말하되 주여 내가 주와 함께 옥에도, 죽는 데에도 가기를 각오하였나이다 [34]이르시되 베드로야 내가 네게 말하노니 오늘 닭 울기 전에 네가 세 번 나를 모른다고 부인하리라 하시니라.

이 기사는 마태복음 26:33-35과 마가복음 14:27-30에 좀 더 자세하게 기록되어 있다.

35-38. [35]그들에게 이르시되 내가 너희를 전대와 배낭과 신발도 없이 보내었을 때에 부족한 것이 있더냐 이르되 없었나이다 [36]이르시되 이제는 전대 있는 자는 가질 것이요 배낭도 그리하고 검 없는 자는 겉옷을 팔아 살지어다 [37]내가 너희에게 말하노니 기록된 바 그는 불법자의 동류로 여김을 받았다 한 말이 내게 이루어져야 하리니 내게 관한 일이 이루어져 감이니라 [38]그들이 여짜오되 주여 보소서 여기 검 둘이 있나이다 대답하시되 족하다 하시니라.

36절에서 우리 구주께서 자신의 제자들에게 그들 자신을 보호하거나 방어하기 위하여 무기를 준비하라고 명령하셨거나 강력하게 권하셨다고 보는 해석자들은, 그러한 명령이 주님의 다른 몇몇 명령들과 서로 잘 부합되지 않고, 사도들이 처음으로 복음을 들고 나가 온 세상에 전파하면서 그들 자신을 보호하거나 방어할 그 어떤 무기를 가지고 다니거나 무력을 사용하지 않음으로써 자신들의 본보기를 통해 보여 준 하나님의 뜻과도 부합하지 않을 뿐만 아니라, 이 본문의 끝부분에서 제자들이 두 자루의 검이 있다고 말하자, 그것으로 충분하다고 하신 주님의 말씀과도 부합하지 않는다는 난점에 부딪치게 된다. 왜냐하면, 만일 주님께서 자신의 제자들에게 그들 자신을 방어하기 위해 무기를 준비하라고 하신 것이라면, 주님의 제자들이 곧 맞닥뜨리게 될 대적들의 무리를 상대해서 이기기에는 두 자루의 검으로는 도저히 불가능하다는 것은 너무나 분명한 것이었던 까닭에, 두 자루의 검이 있는 것으로 충분하다는 말씀을 결코 하지 않으셨을 것이기 때문이다.

따라서 우리 구주께서는 여기에서 비유로 말씀하신 것이고, 주님이 이 말씀을 통해서 의도하신 것은 단지 다음과 같은 것이었으리라는 것은 의심의 여지가 없어 보인다: 지금까지는 내가 너희와 함께 있어서, 너희를 특별히 보호해 주었다. 너희는 전대나 돈을 가지지 않고 나갔어도 아무것도 부족한 것이 없었고, 검을 가지지 않고 나갔어도 아무도 너희를 해치지 못하였다. 그러나 이제부터는 상황이 많이 바뀌게 될 것이다. 너희의 친구는 거의 없을 것이고, 너희의 원수들은 차고 넘칠 것이다. 그러므로 너희는 내가 너희에게 준 모든 명령들을 행하기 위하여 미리 잘 대비하고 준비하는 데 신경을 써야 한다. 비극은 나로부터 시작될 것이다. 왜냐하면, 성경에 나에 대하여 "그는 불법자의 동류로 여김을 받았다"(사 53:12)고 기록된 말씀이 이제 성취되어야 하기 때문이다. 나는 여느 "불법자"처럼 관원들에게 끌려가서 두 강도 사이에서 십자가에 달려야 한다. 그런 식으로 "내게 관한 일"이 곧 "이루어질" 것이고, 그 다음 차례는 바로 너희가 될 것이다. 그러므로 너희가 이제부터 해야 할 일들을 위해 힘 닿는 대로 준비하라.

39. 예수께서 나가사 습관을 따라 감람 산에 가시매 제자들도 따라갔더니.

마태와 마가는 둘 다 주님께서 "겟세마네라 하는 곳"에 가셨다고 말하고, 누가는 "감람 산"에 가셨다고 말하지만, 이 둘 간에는 그 어떤 차이도 없다. 왜냐하면, 겟세마네가 마을이나 동산이나 골짜기 중에서 어느 것을 의미한다고 할지라도, 그 곳이 감람 산 자락에 있었다는 데 모든 해석자들의 견해가 일치하기 때문이다. 그 곳은 우리 구주께서 예루살렘으로 오신 이후로 가시곤 하셨던 곳이었고, 베다니로 가는 길에 있던 곳이었다. 주님께서는 기도하시기 위하여 거기로 가셨고, 그의 제자들도 그 뒤를 따라갔다.

40. 그 곳에 이르러 그들에게 이르시되 유혹에 빠지지 않게 기도하라 하시고.

주님께서는 감람 산에 도착하셨을 때, 가장 먼저 자신의 제자들로 하여금 이 날에 그들이 해야 할 일을 하게 하신다: "유혹에 빠지지 않게 기도하라." 이것은 그들이 하나님의 뜻이라면 주님이 지금 들어가고 있는 이 시험의 때로부터 자신들을 건져 주시거나 그 시험을 이길 수 있게 해 달라고 기도하여야 한다고 말씀하시는 것이다: 너희는 머지않아 나의 고난에 대한 증인들이 될 것이고, 너희 자신도 고난을 겪게 될 것인데, 너희가 그 고난으로 인해서 나의 복음을 고백하고 널리 전하는 일을 그만두게 되지 않게 해 달라고 기도하여야 한다. 다른 두 복음서 기자는 우리 구주께서 다른 제자들은 그대로 두고 따로 베드로와 야고보와 요한을 데리고 가셔서 좀 더 은밀하게 기도하셨다고 보도하지만, 누가는 그런 내용을 언급하지 않는다.

41. 그들을 떠나 돌 던질 만큼 가서 무릎을 꿇고 기도하여.

주님께서 여덟 제자들로부터 떨어져서 베드로와 야고보와 요한을 데리고 가셔서 함께 기도하신 것인지, 아니면 이 세 제자로부터도 떨어져서 홀로 기도하신 것인지에 대해서는, 복음서 기자는 우리에게 말해 주지 않지만, 어떤 이들은 42절에서 보도되고 있는 주님의 기도의 내용이 전해지고 있는 것으로 보아서, 전자였을 것이라고 생각한다. 하지만 나는 주님께서는 모든 제자들로부터 떨어지셔서 홀로 기도하셨을 것이라고 본다.

42. 이르시되 아버지여 만일 아버지의 뜻이거든 이 잔을 내게서 옮기시옵소서 그러나 내 원대로 마시옵고 아버지의 원대로 되기를 원하나이다 하시니.

주님이 어떤 내용의 기도를 하셨는지에 대해서는 마태복음 26:39-46과 마가복음 14:35-42에 좀 더 자세하게 나와 있다. 거기에 나오는 설명을 보라.

43-44. [43]천사가 하늘로부터 예수께 나타나 힘을 더하더라 [44]예수께서 힘쓰고 애써 더욱 간절히 기도하시니 땀이 땅에 떨어지는 핏방울 같이 되더라.

우리는 이 절에 나오는 내용을 우리 구주께서 수난 전에 기도하신 것에 관한 기사의 일부로 보고서, 마태복음 26:44-46에서 이미 자세하게 살펴보았다.

45-46. [45]기도 후에 일어나 제자들에게 가서 슬픔으로 인하여 잠든 것을 보시고 [46]이르시되 어찌하여 자느냐 시험에 들지 않게 일어나 기도하라 하시니라.

마태복음과 마가복음에 보도된 내용들은 누가복음에 나와 있는 것보다 더 자세하기 때문에, 독자들은 그 보도들을 참조하라. 누가는 주님께서 한 차례 기도하신 것으로 보도하지만, 마태는 주님이 세 차례 기도하셨다고 말한다. 누가는 주님께서 여덟 제자를 그대로 놓아두고 따로 베드로와 야고보와 요한을 데리고 가셔서 기도하셨다는 것에 대해서는 전혀 언급하고 있지 않지만, 마태와 마가는 둘 다 그 사실을 언급한다. 누가는 천사가 나타난 것, 주님이 극심한 고뇌 속에서 기도하셨다는 것, 주님이 흘리신 땀이 핏방울 같이 땅에 떨어졌다는 것에 대하여 언급하지만, 마태와 마가는 그런 내용을 전혀 보도하지 않는다. 하지만 우리는 복음서 기자들 중의 어느 한 사람이나 그들 모두가 보도한 것 전체가 우리 구주께서 이 때에 기도하신 모든 내용을 완벽하게 전하고 있는 것이라고 생각해서는 안 된다. 복음서 기자들은 단지 주님이 하신 기도의 요지를 서로 다른 표현을 사용해서 우리에게 전해 주고 있는 것일 뿐이다. 우리는 마태복음 26:40-41과 마가복음 14:37-38을 다룰 때에 이 일과 관련된 모든 복음서 기자들의 보도를 이미 종합적으로 자세하게 살펴보았기 때문에, 거기에 나오는 설명을 보라.

47-48. [47]**말씀하실 때에 한 무리가 오는데 열둘 중의 하나인 유다라 하는 자가 그들을 앞장서 와서** [48]**예수께 입을 맞추려고 가까이 하는지라 예수께서 이르시되 유다야 네가 입맞춤으로 인자를 파느냐 하시니.**

마태복음 26:47-49과 마가복음 14:43-45에 대한 설명을 보라.

49-51. [49]**그의 주위 사람들이 그 된 일을 보고 여짜오되 주여 우리가 칼로 치리이까 하고** [50]**그 중의 한 사람이 대제사장의 종을 쳐 그 오른쪽 귀를 떨어뜨린지라** [51]**예수께서 일러 이르시되 이것까지 참으라 하시고 그 귀를 만져 낫게 하시더라.**

복음서 기자들 중에서 오직 요한만이 이 사건의 전모를 자세하게 얘기해 준다. 우리는 요한이 보도한 것을 마태복음 26:51-52을 다룰 때에 한꺼번에 자세하게 살펴보았는데, 그것은 이 사건이 그리스도께서 잡히신 것에 관하여 거기에서 들려주는 이야기의 일부로 다루어지고 있기 때문이다. 요한은 이 사건의 정황을 좀 더 자세하게 보도하면서, 칼을 뽑아서 대제사장의 종을 쳐서 그 오른쪽 귀를 떨어뜨린 사람은 베드로였고, 그 종의 이름은 말고였다고 말하고, 우리 구주께서 이 사건과 관련해서 베드로에게 하신 좀 더 자세한 말씀을 우리에게 들려주는데, 거기에 대해서는 우리가 요한복음의 해당 본문을 다룰 때에 살펴보게 될 것이다. 베드로는 이러한 경솔한 행동으로 인해서 나중에 비싼 대가를 치러야 했다. 왜냐하면, 베드로가 대제사장의 관정에 숨어들었을 때에 그를 알아본 사람은 바로 말고의 친척이었고, 그렇게 정체가 들통이 나서 하마터면 붙잡혀서 재판을 받을 뻔하였기 때문이다(요 18:26). 칼은 하나님께서 우리의 손에 쥐어 주시기 전까지는 우리가 사용하기에 위험한 물건이다. 베드로는 자기가 칼을 써야 하는지에 대하여 주님께 여쭈어 보아야 했고, 그리스도께서 대답을 해 주실 때까지 칼을 뽑지 말았어야 했다.

52-53. [52]**예수께서 그 잡으러 온 대제사장들과 성전의 경비대장들과 장로들에게 이르시되 너희가 강도를 잡는 것 같이 검과 몽치를 가지고 나왔느냐** [53]**내가 날마다 너희와 함께 성전에 있을 때에 내게 손을 대지 아니하였도다 그러나 이제는 너희 때요 어둠의 권세로다 하시더라.**

마태복음 26:55과 마가복음 14:48-49에 대한 설명을 보라. 대제사장들과 장로들 같은 지체 높은 자들이 군관들과 군인들의 무리를 직접 이끌고서, 그리스도를 붙잡기 위하여 한밤중에 이 으슥한 곳까지 나왔다는 것은 우리 구주에 대한 그들의 광분함과 악의가 얼마나 컸었는지를 잘 보여 준다. 이 절들을 통해서 우리는 그런 지체 높은 자들 중 몇몇이 자신들의 큰 열심을 보이기 위하여 이 현장에 나와 있었다는 것을 알게 된다.

54-62. [54]예수를 잡아 끌고 대제사장의 집으로 들어갈새 베드로가 멀찍이 따라가니라 [55]사람들이 뜰 가운데 불을 피우고 함께 앉았는지라 베드로도 그 가운데 앉았더니 [56]한 여종이 베드로의 불빛을 향하여 앉은 것을 보고 주목하여 이르되 이 사람도 그와 함께 있었느니라 하니 [57]베드로가 부인하여 이르되 이 여자여 내가 그를 알지 못하노라 하더라 [58]조금 후에 다른 사람이 보고 이르되 너도 그 도당이라 하거늘 베드로가 이르되 이 사람아 나는 아니로라 하더라 [59]한 시간쯤 있다가 또 한 사람이 장담하여 이르되 이는 갈릴리 사람이니 참으로 그와 함께 있었느니라 [60]베드로가 이르되 이 사람아 나는 네가 하는 말을 알지 못하노라고 아직 말하고 있을 때에 닭이 곧 울더라 [61]주께서 돌이켜 베드로를 보시니 베드로가 주의 말씀 곧 오늘 닭 울기 전에 네가 세 번 나를 부인하리라 하심이 생각나서 [62]밖에 나가서 심히 통곡하니라.

베드로가 주님을 부인하고 회개한 것에 관한 이야기의 전모에 대해서는 마태복음 26:69-75에 대한 설명을 보라. 거기에서 우리는 마가와 누가가 보도하고 있는 내용들까지 모두 종합해서 이미 자세하게 살펴보았다.

63-65. [63]지키는 사람들이 예수를 희롱하고 때리며 [64]그의 눈을 가리고 물어 이르되 선지자 노릇 하라 너를 친 자가 누구냐 하고 [65]이 외에도 많은 말로 욕하더라.

우리 구주께서 이렇게 희롱과 모욕과 수치를 당하신 일들에 대해서는 마태복음 26:67-68과 마가복음 14:65에 대한 설명을 보라.

66-71. [66]날이 새매 백성의 장로들 곧 대제사장들과 서기관들이 모여서 예수를 그 공회로 끌어들여 [67]이르되 네가 그리스도이거든 우리에게 말하라 대답하시되 내가 말할지라도 너희가 믿지 아니할 것이요 [68]내가 물어도 너희가 대답하지 아니할 것이니라 [69]그러나 이제부터는 인자가 하나님의 권능의 우편에 앉아 있으리라 하시니 [70]다 이르되 그러면 네가 하나님의 아들이냐 대답하시되 너희들이 내가 그라고 말하고 있느니라 [71]그들이 이르되 어찌 더 증거를 요구하리요 우리가 친히 그 입에서 들었노라 하더라.

우리의 찬송 받으실 주님께서는 죽으시기 전에 두 번에 걸쳐서 심문과 재판을 받으셨다. 그 중 한 번은 유대인들의 공회 앞에서 받으셨는데, 공회는 원래 거짓 선지자들이나 신성모독죄를 범한 자들로 고발된 자들을 심문하고 판결하는 것이 본연의 소관업무였기 때문에, 일종의 교회 법정이었다고 할 수 있다. 공회의 재판장은 대제사장이었기 때문에, 공회는 대제사장의 관정에서 열리곤 하였다. 또 한 번의 재판은 당시 유대의 로마 총독이었던 빌라도 앞에서 행해졌다. 유대 총독은 특히 로마 제국의 일부로 여겨졌던 유대 지역의 치안과 관련된 범죄들을 주로 다루었다. 이 절들은 오직 전자의 재판에 대해서만 보도하고 있다. 공회가 주님께 돌린 죄목은 신성모독이었다. 복음서 기자들 중에서는 누구도 이 두 번의 재판에 대해 상세하게 보도하지 않는다. 우리는 마태복음 26:57-68을 다룰 때에 모든 복음서 기자들이 이것과 관련해서 보도한 것들을 빠짐없이 살펴보고 설명하였기 때문에, 독자들은 거기에 나오는 설명을 보라.

제23장

개요

1. 예수께서 빌라도 앞에 고발되고, 빌라도에 의해 헤롯에게 보내지심(1-7).
2. 헤롯은 자신이 기대했던 대로 되지 않자, 예수를 희롱하고 다시 빌라도에게 돌려 보냄(8-11).
3. 이 일로 인해 헤롯과 빌라도가 친구가 됨(12).
4. 빌라도는 예수를 놓아주고자 했으나, 백성들의 아우성에 져서 바나바를 놓아 주고 예수는 십자가에 못 박도록 내어줌(13-25).
5. 예수께서 형장으로 끌려가시면서, 자기를 보고 우는 여자들에게 그들 자신과 그들의 자녀들을 위하여 울라고 하심(26-31).
6. 두 행악자 사이에서 십자가에 못 박히심(32-33).
7. 자신의 원수들을 위하여 기도하심(34).
8. 관리들과 군인들에 의해서 비웃음을 당하심(35-38).
9. 행악자들 중에서 한 명은 욕하고 다른 한 명은 예수의 의로우심을 인정하자, 예수께서 그에게 낙원을 약속하심(39-43).
10. 갑자기 어둠이 임하고, 성전의 휘장이 찢어짐(44-45).
11. 그리스도께서 하나님을 향하여 부르짖으신 후에 운명하심(46).
12. 백부장의 고백(47-49).
13. 아리마대 사람 요셉이 예수의 시신을 가져다가 매장함(50-54).
14. 여자들이 향품을 준비해 두고서 안식일이 끝나기를 기다림(55-56).

1-25. [1]**무리가 다 일어나 예수를 빌라도에게 끌고 가서** [2]**고발하여 이르되 우리가**
이 사람을 보매 우리 백성을 미혹하고 가이사에게 세금 바치는 것을 금하며 자칭 왕
그리스도라 하더이다 하니 [3]**빌라도가 예수께 물어 이르되 네가 유대인의 왕이냐 대**
답하여 이르시되 네 말이 옳도다 [4]**빌라도가 대제사장들과 무리에게 이르되 내가 보**
니 이 사람에게 죄가 없도다 하니 [5]**무리가 더욱 강하게 말하되 그가 온 유대에서 가**
르치고 갈릴리에서부터 시작하여 여기까지 와서 백성을 소동하게 하나이다 [6]**빌라**
도가 듣고 그가 갈릴리 사람이냐 물어 [7]**헤롯의 관할에 속한 줄을 알고 헤롯에게 보**
내니 그 때에 헤롯이 예루살렘에 있더라 [8]**헤롯이 예수를 보고 매우 기뻐하니 이는**
그의 소문을 들었으므로 보고자 한 지 오래였고 또한 무엇이나 이적 행하심을 볼까

**바랐던 연고러라 9여러 말로 물으나 아무 말도 대답하지 아니하시니 10대제사장들
과 서기관들이 서서 힘써 고발하더라 11헤롯이 그 군인들과 함께 예수를 업신여기
며 희롱하고 빛난 옷을 입혀 빌라도에게 도로 보내니 12헤롯과 빌라도가 전에는 원
수였으나 당일에 서로 친구가 되니라 13빌라도가 대제사장들과 관리들과 백성을 불
러 모으고 14이르되 너희가 이 사람이 백성을 미혹하는 자라 하여 내게 끌고 왔도다
보라 내가 너희 앞에서 심문하였으되 너희가 고발하는 일에 대하여 이 사람에게서
죄를 찾지 못하였고 15헤롯이 또한 그렇게 하여 그를 우리에게 도로 보내었도다 보
라 그가 행한 일에는 죽일 일이 없느니라 16그러므로 때려서 놓겠노라 17(없음) 18무
리가 일제히 소리 질러 이르되 이 사람을 없이하고 바라바를 우리에게 놓아 주소서
하니 19이 바라바는 성중에서 일어난 민란과 살인으로 말미암아 옥에 갇힌 자러라 20
빌라도는 예수를 놓고자 하여 다시 그들에게 말하되 21그들은 소리 질러 이르되 그
를 십자가에 못 박게 하소서 십자가에 못 박게 하소서 하는지라 22빌라도가 세 번째
말하되 이 사람이 무슨 악한 일을 하였느냐 나는 그에게서 죽일 죄를 찾지 못하였
나니 때려서 놓으리라 하니 23그들이 큰 소리로 재촉하여 십자가에 못 박기를 구하
니 그들의 소리가 이긴지라 24이에 빌라도가 그들이 구하는 대로 하기를 언도하고
25그들이 요구하는 자 곧 민란과 살인으로 말미암아 옥에 갇힌 자를 놓아 주고 예수
는 넘겨 주어 그들의 뜻대로 하게 하니라.**

우리 구주께서 로마의 유대 총독이었던 빌라도 앞에서 심문과 재판을 받은 것에 관한 이야기는 모든 복음서 기자들이 기록하고 있지만, 우리는 그들이 모두 보도하고 있는 것들을 종합해서 함께 살펴본 후에, 각각의 복음서 기자들이 말하고 있는 내용들을 읽어야만, 거기에서 설명이 필요한 부분들을 제대로 분명하게 온전히 이해할 수 있게 된다. 대제사장들과 고위 제사장들과 장로들은 앞서 우리 구주께서 신성모독의 죄를 저질렀기 때문에 사형에 처해지는 것이 마땅하다고 판결을 내린 바 있다. 그런데 나중에 스데반의 경우에는 그들은 로마 총독 앞으로 끌고 가서 재판을 받게 하지 않고, 율법에 따라 돌로 쳐 죽이는 형을 집행하였다는 것을 우리는 사도행전 7:59에서 읽을 수 있다. 그렇다면, 어떤 이유에서 그들은 우리 구주의 경우에는 그렇게 하지 않고, 이렇게 빌라도 앞에서 다시 재판을 받게 한 것인가?

(1) 어떤 이들은 스데반은 공회 앞에 끌려가기는 했지만(행 6:12), 정식 재판을 다 받기도 전에, 성난 군중들에 의해서 돌로 맞아 죽은 것이라고 생각한다. 왜냐하면, 당시에 정복자들은 종종 피정복민들에게 그들의 민족에 속한 사람들을 재판관들로

세워서 법정을 구성하고서 일상적인 사건들을 그들 자신의 법을 따라 재판하도록 허용하기는 했지만, 사형에 해당하는 범죄에 대해서는 정복자들이 임명한 총독들의 관할사항으로 정하여 총독 앞에서 재판을 받게 하였기 때문이었다. 이것은 요한복음 18:31에 의해서 확증되는 것으로 보이는데, 거기에는 빌라도가 "너희가 그를 데려다가 너희 법대로 재판하라"고 말하자, 유대인들은 "우리에게는 사람을 죽이는 권한이 없나이다"라고 대답하는 장면이 나온다. (2) 어떤 이들은 당시에 유대인들에게도 사형을 선고하고 집행할 권한이 있었지만, 명절에 사형을 집행하는 것은 불법이었다고 생각한다. 이 날은 무교절의 첫 날이었다. 그러나 전자가 이 견해보다 더 유력해 보인다. (3) 또는, 이것은 그들이 주님께 반란죄와 반역죄를 적용하였는데, 이러한 범죄에 대한 재판은 오직 로마 총독만이 할 수 있었기 때문이었던 것인가? 아마도 그들은 우리 구주께서 백성들로부터 인정을 받고 있다는 것을 알고 있었기 때문에, 주님을 죽였다는 오명을 그들 자신이 쓰는 것은 위험하다고 생각해서, 그 책임을 빌라도에게 돌리기 위하여 이런 술수를 썼을 수도 있다. (4) 그 이유가 무엇이었든지 간에 확실한 것은 이렇게 된 것은 모든 의를 이루기 위함이었다는 것이다. 우리 구주께서 하신 말씀들은 단 하나도 땅에 떨어지지 않는데, 주님께서는 앞에서 "인자가 대제사장들과 서기관들에게 넘겨지매 그들이 죽이기로 결의하고 이방인들에게 넘겨주어 그를 조롱하며 채찍질하며 십자가에 못 박게 할 것이나 제삼일에 살아나리라"고 이미 예고하셨었다(마 20:18-19; 막 10:33-34; 눅 18:32-33). 이렇게 주님께서는 십자가에 못 박혀 죽게 되어 있으셨는데, 십자가 처형은 오직 이방인들에 의해서만 선고되고 집행될 수 있다.

우리 구주께서 빌라도 앞에서 심문을 받으신 것에 관한 이야기 속에서 주목할 만한 것들은 다음과 같다. (1) 우리 구주에 대해서 이교도들은 유대의 종교지도자들보다 훨씬 더 공정하게 재판하였다. 유대인들은 사람들을 세워서 온갖 위증을 하게 하고도 증거를 잡지 못하자, 어떻게 해서라도 주님을 죽이려고, 아무런 증거도 없이 주님을 단죄하였던 반면에, 빌라도는 주님에게 죄가 없다는 것을 알고서, 주님을 무죄방면하여 풀어 주기 위하여 온갖 노력을 다하였다. (2) 악인들의 마음속에서 종교로 인하여 생겨난 적대감과 증오는 필사적인 것이었다. 그들은 폭동을 일으키고 살인을 일삼은 흉악범에 대해서는 관대하였으면서도, 전통과 종교의식에만 매달렸던 자신들과는 몇 가지 점에서만 달랐을 뿐 지금까지 이 땅에서 살아 온 자들 중에서 가장 순전하신 분은 어떻게 해서든지 죽이고자 하였다. 즉, 그들과 주님은 동일한 종교를 지니고 계셨지만, 그들은 자신들의 욕심을 따라 하나님의 뜻을 해석하여 자신들의 욕심을 채우기 위하여 살았던 반면에, 주님께서는 하나님의 뜻을 좀 더 엄격하게 해석하셔서 그들과는 다른 삶을 사신 것만이 서로 달랐다. 세상 사람들은 복음을 고백한 자들이 엄격한 가르침을 베풀고 거룩한 삶을 사는 것을 보면 분노하여 광분한다. 자세한 것은 마태복음 27장에 대한 설명을 보라.

26. 그들이 예수를 끌고 갈 때에 시몬이라는 구레네 사람이 시골에서 오는 것을 붙들어 그에게 십자가를 지워 예수를 따르게 하더라.

마태복음 27:32과 마가복음 15:21에 대한 설명을 보라.

27-31. [27]**또 백성과 및 그를 위하여 가슴을 치며 슬피 우는 여자의 큰 무리가 따라**
오는지라 [28]**예수께서 돌이켜 그들을 향하여 이르시되 예루살렘의 딸들아 나를 위하**
여 울지 말고 너희와 너희 자녀를 위하여 울라 [29]**보라 날이 이르면 사람이 말하기를**
잉태하지 못하는 이와 해산하지 못한 배와 먹이지 못한 젖이 복이 있다 하리라 [30]**그**
때에 사람이 산들을 대하여 우리 위에 무너지라 하며 작은 산들을 대하여 우리를 덮
으라 하리라 [31]**푸른 나무에도 이같이 하거든 마른 나무에는 어떻게 되리요 하시니**
라.

이 절들에 나오는 내용은 오직 누가만이 보도하지만, 우리 구주께서 십자가를 지시고 형장으로 가시는 도중에 일어난 일들의 일부로서, 여기에 나오는 것을 우리는 마태복음 27:32-34에서 이미 자세하게 설명한 바 있다. 본문에서 주님께서 하신 말씀은 이 일이 있은 지 대략 40년 후에 예루살렘이 멸망할 때에 닥친 무시무시한 재앙들에 관한 또 하나의 예언이다.

32-33. [32]**또 다른 두 행악자도 사형을 받게 되어 예수와 함께 끌려 가니라** [33]**해골이**
라 하는 곳에 이르러 거기서 예수를 십자가에 못 박고 두 행악자도 그렇게 하니 하
나는 우편에, 하나는 좌편에 있더라.

마가는 여기에서 "성경에 그가 범죄자 중 하나로 헤아림을 입었다고 기록된 것이 성취되었다"(한글개역개정에는 없음)고 말한다. 우리는 여기에 나온 기사를 마태복음 27:33-38과 마가복음 15:27-28에서 이미 살펴보았다. 거기에 나오는 설명을 보라.

34-46. [34]**이에 예수께서 이르시되 아버지 저들을 사하여 주옵소서 자기들이 하는**
것을 알지 못함이니이다 하시더라 그들이 그의 옷을 나눠 제비 뽑을새 [35]**백성은 서**
서 구경하는데 관리들은 비웃어 이르되 저가 남을 구원하였으니 만일 하나님이 택
하신 자 그리스도이면 자신도 구원할지어다 하고 [36]**군인들도 희롱하면서 나아와 신**

포도주를 주며 37이르되 네가 만일 유대인의 왕이면 네가 너를 구원하라 하더라 38
그의 위에 이는 유대인의 왕이라 쓴 패가 있더라 39달린 행악자 중 하나는 비방하여
이르되 네가 그리스도가 아니냐 너와 우리를 구원하라 하되 40하나는 그 사람을 꾸
짖어 이르되 네가 동일한 정죄를 받고서도 하나님을 두려워하지 아니하느냐 41우리
는 우리가 행한 일에 상당한 보응을 받는 것이니 이에 당연하거니와 이 사람이 행
한 것은 옳지 않은 것이 없느니라 하고 42이르되 예수여 당신의 나라에 임하실 때에
나를 기억하소서 하니 43예수께서 이르시되 내가 진실로 네게 이르노니 오늘 네가
나와 함께 낙원에 있으리라 하시니라 44때가 제육시쯤 되어 해가 빛을 잃고 온 땅에
어둠이 임하여 제구시까지 계속하며 45성소의 휘장이 한가운데가 찢어지더라 46예
수께서 큰 소리로 불러 이르시되 아버지 내 영혼을 아버지 손에 부탁하나이다 하고
이 말씀을 하신 후 숨지시니라.

마태복음 27:35-50과 마가복음 14:24-37에 대한 설명을 보라. 우리 구주의 수난에 관한 이야기의 일부인 이 기사도, 모든 복음서 기자들이 말하고 있는 것들을 다 취합해서 서로 비교하여 종합적으로 살펴볼 때, 가장 잘 이해될 수 있고, 우리는 마태복음의 해당 본문을 다룰 때에 이미 그런 작업을 하였기 때문에, 여기에서는 단지 누가 본문의 기사와 관련해서 몇 가지만을 살펴보고자 한다.

백성은 서서 구경하는데 관리들은 비웃어. 마태는 대제사장들과 서기관들과 장로들이 거기에서 주님을 희롱하였다고 말하고(마 27:41), 마가도 마찬가지로 말한다(막 15:31). 이것은 종교로 인한 악의와 적대감은 너무나 커서, 그러한 증오심을 지닌 자들은 이성은 말할 것도 없고, 자신들의 도덕적인 품성이나 품위조차도 내팽개쳐 버린다는 것을 잘 보여 준다. 일단 이 마귀가 어떤 사람들 속에 들어간 후에는, 그 사람들은 온갖 무자비하고 불의하며 야비한 짓을 다 해놓고도, 자신들이 잘못했다고 생각하지 않으며, 아무런 양심의 가책도 느끼지 못한다. 그들은 우리 구주를 심문하고 재판할 때에 그 누구에게도 불의하고 야비한 짓임이 명백하였던 일들을 서슴지 않고 저질렀던 것은 말할 것도 없고, 여기에서 그들이 주님을 비웃고 희롱한 날은 유월절 식사를 한 다음날인 무교절의 첫 날, 또는 한 주간의 안식일과 유월절을 위한 준비일이었다. 율법에 정통한 대부분의 해석자들은 전자였을 것이라고 말하지만, 어느 쪽이 되었든, 이 날은 그런 짓을 해서는 안 되는 날이었다. 만일 당시에 이 백성 가운데서 무신론과 불경이 판을 치고 있지 않았더라면, 대제사장과 고위 제사장들과 유대인들의 관리들이 동 틀 때부터 정오가 될 때까지 이렇게 그리스도를 고발하거나 단죄하면서 모든 시간을 보낸 것도 모자라서, 신앙은 물론이고 인간다움과 하나님을 섬기는 자들로서의 품위에 대하여 말하는 율법을 다 무시한 가운데, 십자가에 매달려 죽어 가시는 주님을 희롱하고 조롱하며 비웃는 것으로 오후 시간을 보낸다는 것은 상상도 할 수 없는 일이었을 것이다. 안나스와 가야바가 그 자리에 없었다고 할지라도, 고위 제사장들과 서기관들과 장로들은 일반 백성들보다도 더 야비하고 비열한 모습을 드러내며 거기에 있었음이 분명하다. 백성들은 단지 거기에 서서 이 광경을 "구경하고" 있었을 뿐이었지만, 이 백성의 지도자들이었던 그들은 거기에서 죽어가는 사람을 지켜 보며 "비웃고" 조롱하였다. 그러나 "가장 좋은 것일수록 썩으면 가장 심한 악취를 풍긴다"(corruptio optimi est pessima)는 말이 있듯이, 여기에서 우리는 거룩한 일에 종사하는 자들이 진정으로 하나님을 경외하는 마음을 품고서 최선을 다해 그 거룩한 일들을 행하지 않는 경우에는, 가장 사악하고 악취나는 자들이 되고 만다는 것이 사실임을 확인하게 된다. 우리는 서기관들과 고위 제사장들과 관리들과 군인들을 제외한 다른 사람들이 죽어 가는 우리 주님께 야비하고 비열한 짓을 하였다는 말을 듣지 못한다.

또한, 이 절들은 사람의 영혼의 불멸성에 대한 중요한 증거를 우리에게 제공해 준다. 만일 영혼이 불멸의 존재가 아니라면, 여기에서 참회한 강도로 등장하는 자는, 그리스도께서 약속하신 것(43절)과는 달리, 그 날에 그리스도와 함께 낙원에 있을 수 없었을 것이다. 또한, 만일 사람의 영혼이 육신과 죽어서 공중분해 되어 영원히 사라져 버리는 것이라면, 그리스도께서는 자신의 "영혼"을 아버지 하나님의 손에 의탁하지 않으셨을 것이다. 우리 구주의 수난에 관한 이야기의 이 부분에 대해서 다른 자세한 것은 마태복음 27:35-50에 대한 설명을 보라.

47-49. [47]백부장이 그 된 일을 보고 하나님께 영광을 돌려 이르되 이 사람은 정녕 의인이었도다 하고 [48]이를 구경하러 모인 무리도 그 된 일을 보고 다 가슴을 치며 돌아가고 [49]예수를 아는 자들과 갈릴리로부터 따라온 여자들도 다 멀리 서서 이 일을 보니라.

우리 구주께서 십자가에 못 박히시고 나서 죽으시고 십자가에서 내려지셔서 장사되실 때까지 일어난 모든 일들을 제대로 완벽하게 알기 위해서는, 복음서 기자들의 보도를 다 모아서 종합적으로 살펴보지 않으면 안 되는데, 우리는 마태복음 27:51-56을 다룰 때에 바로 그러한 작업을 이미 수행하였기 때문에, 독자들은 거기에 나오는 설명을 참조하기 바란다.

백부장과 관련된 이 일은 마태와 마가도 보도하고 있다. 마태와 마가는 단지 백부장이 "이는 진실로 하나님의 아들이었도다"라고 말하였다고 기록한 반면에, 누가는 백부장이 "이 사람은 정녕 의인이었도다"고 말한 것으로 기록하지만, 아마도 이 둘은 동일한 의미였던 것으로 보인다. 왜냐하면, 백부장이 극히 특별한 계시와 감화를 받아서 이렇게 그 자리에서 신속하게 그리스도를 영원히 찬송 받으실 하나님으로 믿는 믿음을 가졌을 것이라고 믿기는 어려운 까닭에, 그가 말한 "하나님의 아들"은 영원한 출생에 의한 하나님의 아들이신 성자를 의미하는 것이 아니라, 하나님으로부터 큰 은총을 입고 하나님이 대단히 사랑하시는 의로운 인물이라는 의미였을 것이기 때문이다. 나는 칼빈 목사님이 마태복음 26:54에 대해 주석하면서, 백부장은 "그리스도께서는 평범한 사람이 아니라 하나님의 보내심을 받아 하나님으로부터 감동을 받아 행한 사람"(Non vulgarem esse hominem, sed divinitus excitatum statuit)이라고 단정하였다고 말한 것이 옳다고 생각한다. 주님께서는 서기관들과 제사장들과 바리새인들을 제외한 거의 모든 계층의 사람들로부터 증언을 얻으셨다는 것은 주목할 만한 일이다. 본디오 빌라도와 헤롯은 주님에게 죄가 없다고 선언하였고, 빌라도의 아내는 주님이 의로운 사람이라는 것을 인정하였으며, 십자가에 달린 강도는 "이 사람이 행한 것은 옳지 않은 것이 없느니라"고 증언하였고, 배신자 가룟 유다는 자기가 "무죄한 피를 팔았다"(마 27:4)고 고백하였으며, 백부장은 주님이 평범한 사람이 아니라 "하나님의 아들," 곧 "의인"이었다는 것을 인정하였고, 무리들은 언제나 주님을 시인하였다. 그런 그들이 지금 주님에 대한 자신들의 믿음이 무너져 내린 것을 보고서, 아무 말도 하지 못하고, "가슴을 치며 돌아갔다." 오직 백성들의 선생들인 자들만이 눈멀고 완악해져서 주님을 배척하고 파멸의 길로 달려갔다.

50-53. [50]공회 의원으로 선하고 의로운 요셉이라 하는 사람이 있으니 [51](그들의 결의와 행사에 찬성하지 아니한 자라) 그는 유대인의 동네 아리마대 사람이요 하나님의 나라를 기다리는 자라 [52]그가 빌라도에게 가서 예수의 시체를 달라 하여 [53]이를 내려 세마포로 싸고 아직 사람을 장사한 일이 없는 바위에 판 무덤에 넣어 두니.

마태복음 27:57-60에 대한 설명을 보라.

54. 이 날은 준비일이요 안식일이 거의 되었더라.

여기에서 "준비일"이라는 것이 단지 한 주간의 안식일을 준비하는 날이었는지, 또는 아울러 유월절을 준비하는 날이었는지는 확실하지 않다. 어떤 이들은 이 해에는 한 주간의 안식일과 유월절이 서로 겹쳤기 때문에, 유월절이 이 날로 연기된 것이라고 생각하고, 히브리 문헌에 정통한 대부분의 현명한 해석자들은 이 해에 유월절은 주님께서 잡히시던 그 날 밤에 이미 제때에 지켜졌다고 생각하기 때문에, 나는 어느 쪽이 옳은지를 결정해서 말하지 않을 것이다. "안식일," 즉 일곱째 날이 "거의 되었다." "안식일이 거의 되었더라"로 번역된 헬라어는 '삽바톤 에페포스케'(σάββατον ἐπέφωσκε)로서 "안식일이 동터 왔다"는 것을 뜻한다. 유대인들의 안식일은 해가 지면서 시작되었기 때문에, 밝아지는 것을 의미하는 동터 왔다가 아니라 어두워지기 시작하였다고 표현하여야 적절하다는 이유로, 비평학자들은 이 용어가 과연 적절한지에 대하여 의문을 제기하고, 이 문제를 해결하려고 애써 왔다. 어떤 이들은 이 단어는 저녁별이 빛을 발하기 시작하는 것을 가리키는 것이었다고 생각하고, 어떤 이들은 이 단어가 날이 어두워지면서 유대인들이 켜놓곤 하였던 등불 또는 촛불을 가리키는 것이었다고 생각한다. 유대인들은 이 등불이나 촛불을 "식별의 등불"(luminare discriminationis)이라고 불렀는데, 이 등불이 여러 가정에 켜지면, 안식일이 시작된 것으로 여겨졌다고 한다. 어떤 이들은 이 단어가 다음 날을 가리키는 것이었다고 생각한다. 그러나 우리는 이 문제를 해결하는 데 굳이 많은 애를 쓸 필요가 없다. 왜냐하면, 안식일은 저녁이 시작되고 낮이 끝날 때까지였던 까닭에, 비록 안식일이 시작되면 어두워지기 시작하였다고 하더라도, 이 단어는 "동터 왔다"는 본래적인 의미가 아니라 "시작되었다"를 뜻하는 비유적인 의미로 사용된 것으로 본다면, "안식일이 동터 왔다(즉, 시작되었다)"고 말하는 것이 얼마든지 가능했을 것이기 때문이다.

55-56. [55]갈릴리에서 예수와 함께 온 여자들이 뒤를 따라 그 무덤과 그의 시체를 어떻게 두었는지를 보고 [56]돌아가 향품과 향유를 준비하더라 계명을 따라 안식일에 쉬더라.

마태복음 27:61에 대한 설명을 보라. 베자(Beza)는 이 절들에 대해서 주해하면서, 그리스도께서는 마귀와 그의 모든 도구들의 공격을 받고 이제 죽으셨지만, 아주 짧은 시간 안에 별 다른 소동 없이 이 모든 무시무시한 대적들에 대하여 승리를 거두시려고, 이 전쟁의 최전선에 두세 명의 가난한 여자들을 배치해 두셨다고 말한다.

제24장

개요

1. 두 천사가 무덤에 온 여자들에게 그리스도의 부활을 선포하고, 이 여자들은 이 사실을 제자들에게 알리지만, 제자들은 믿지 않음(1-11).
2. 베드로가 무덤을 찾아감(12).
3. 엠마오로 가던 두 제자에게 나타나심(13-35).
4. 사도들에게 나타나셔서, 그들 앞에서 잡수시며, 자신에 관하여 기록된 성경 말씀들이 이루어졌다고 말씀하심(36-48).
5. 사도들에게 성령을 약속하심(49).
6. 하늘로 올라가심(50-53).

1. 안식 후 첫날 새벽에 이 여자들이 그 준비한 향품을 가지고 무덤에 가서.

무덤 맞은편에 자리를 잡고서 아리마대 사람 요셉이 그리스도를 어디에 장사지냈는지를 본 여자들은 막달라 마리아와 요세의 어머니 마리아였다(마 27:61; 막 15:47). 이 여자들은 주님께서 죽으실 것임을 알게 된 바로 그 날, 또는 주님이 계신 무덤을 알아 놓고 집으로 돌아가는 길에 안식일이 되기 전에 서둘러서, "향품"을 샀었는데, 이제 안식일이 지나고 "첫날 새벽에"(구체적인 시간에 대해서는 마태복음 28:1에 대한 설명을 보라), 자신들의 친구에 대한 마지막 사랑의 표시로 그 시신에 방부처리를 하기 위하여, 다른 여자들과 함께 무덤으로 갔다.

2. 돌이 무덤에서 굴려 옮겨진 것을 보고.

여기에 나오는 "돌"은 요셉이 주님의 시신을 안치하고 나서 무덤 입구를 막기 위해 굴려 놓았고(마 27:60), 유대인들이 봉인해 놓았던 돌이었는데(마 27:66), 이 여자들은 무덤을 향하여 가면서, 그 돌을 무덤 입구에서 어떻게 옮겨야 할지에 대하여 걱정을 하였다(막 16:3). 마태는 이 돌이 어떻게 해서 무덤 입구에서 굴려 옮겨지게 된 것인지를 우리에게 말해 준다(마 28:2).

3. 들어가니 주 예수의 시체가 보이지 아니하더라.

이 여자들은 무덤에 들어가면서 천사를 보지 못했을 가능성이 높다. 왜냐하면, 만일 그녀들이 천사를 보았다면, 무덤 안으로 들어가려고 하지 않았을 것이기 때문이다. 하지만 다음 절들(4-8절)이 보여 주듯이, 그녀들은 무덤에 주님의 시체가 없는 것을 확인하고 무덤 밖으로 나왔을 때에야 천사들을 보았다.

4-8. [4]이로 인하여 근심할 때에 문득 찬란한 옷을 입은 두 사람이 곁에 섰는지라 [5]
여자들이 두려워 얼굴을 땅에 대니 두 사람이 이르되 어찌하여 살아 있는 자를 죽
은 자 가운데서 찾느냐 [6]여기 계시지 않고 살아나셨느니라 갈릴리에 계실 때에 너
희에게 어떻게 말씀하셨는지를 기억하라 [7]이르시기를 인자가 죄인의 손에 넘겨져
십자가에 못 박히고 제삼일에 다시 살아나야 하리라 하셨느니라 한대 [8]그들이 예수
의 말씀을 기억하고.

이 "두 사람"은 사람 모양을 한 두 천사였다. 마태복음 28:5-7에 대한 설명을 보라.

9-12. [9]무덤에서 돌아가 이 모든 것을 열한 사도와 다른 모든 이에게 알리니 [10](이
여자들은 막달라 마리아와 요안나와 야고보의 모친 마리아라 또 그들과 함께 한 다
른 여자들도 이것을 사도들에게 알리니라) [11]사도들은 그들의 말이 허탄한 듯이 들
려 믿지 아니하나 [12]베드로는 일어나 무덤에 달려가서 구부려 들여다 보니 세마포
만 보이는지라 그 된 일을 놀랍게 여기며 집으로 돌아가니라.

마태복음 28:8-10에 대한 설명을 보라. 그러나 좀 더 자세한 것은 요한복음 20:2-9에 대한 설명을 보라. 요한은 다른 복음서 기자들보다도 이 대목을 좀 더 상세하게 보도한다. 주님이 부활하셨다는 것을 첫 번째로 전한 이 여자들의 말을 믿은 제자들은 거의 없었음이 분명하지만, 주님의 무덤은 도성에서 가까운 곳에 있었기 때문에, 베드로와 요한은 한 번 가서 확인해 보는 것이 좋겠다고 생각하였다. 여기에는 오직 베드로만이 언급되어 있지만, 요한복음 20:3-5에서는 "베드로와 그 다른 제자가 나가서 무덤으로 갈새 둘이 같이 달음질하더니 그 다른 제자가 베드로보다 더 빨리 달려가서 먼저 무덤에 이르러"라고 말함으로써, 요한도 함께 갔다는 것을 분명히 하고 있다. 뿐만 아니라, 요한은 베드로를 앞질러 무덤에 먼저 도착하였다. 그러나 주님의 부활에 관한 기사 중의 이 부분에 대해서는, 우리는 요한복음 20장을 다룰 때까지는 유보해 두고, 이제 그리스도의 부활을 증명해 주는 이야기의 또 다른 일부로 넘어갈 것인데, 이 기사는 마태나 요한은 다루지 않고 있고, 마가는 다음과 같이 짤막하게 다루고 있다: "그 후에 그들 중 두 사람이 걸어서 시골로 갈 때에 예수께서 다른 모양으로 그들에게 나타나시니 두 사람이 가서 남은 제자들에게 알리었으되 역시 믿지 아니하니라"(막 16:12-13). 우리는 이제 누가가 이 이야기를 우리에게 아주 자세하고 완벽하게 들려주는 것을 듣게 될 것이다.

13. 그 날에 그들 중 둘이 예루살렘에서 이십오 리 되는 엠마오라 하는 마을로 가면서.

이 두 사람이 누구였는지에 대해서는 다양한 추측이 제시되어 왔다. 18절을 보면, 둘 중 한 사람의 이름은 "글로바"였다. 어떤 이들은 나머지 한 사람은 누가였을 것이라고 생각하지만, 누가는 이 복음서의 서론에서 자기는 "목격자"가 아니라고 말하였다(눅 1:2). 어떤 이들은 나다나엘이었을 것이라고 생각하고, 어떤 이들은 누가복음 24:34("시몬에게 보이셨다")과 고린도전서 15:5("게바에게 보이시고")을 근거로 시몬이었을 것이라고 생각한다. 그러나 그러한 추측들은 너무나 불확실한 것들이기 때문에, 우리가 그러한 추측들로부터 배울 수 있는 교훈은 전승들은 헛되고 불확실하다는 것이 전부이다. "엠마오"는 예루살렘에서 "이십오 리," 즉 12km 정도 떨어져 있었다.

14. 이 모든 된 일을 서로 이야기하더라.

함께 길을 걸어가거나 마차를 타고 가는 사람들은 최근의 소식들을 서로 주고받으며 대화하는 것이 보통인데, 엠마오로 함께 가고 있던 두 사람의 대화 주제는 최근에 예루살렘에서 일어났던 큰 일, 즉 우리 구주의 죽음에 관한 것이었다. 특히, 주님의 죽음과 관련해서 일어난 여러 가지 일들은 너무나 기이하고 특별한 일들이었기 때문에, 이 일은 사람들이나 주님의 제자들 사이에서는 온통 화제가 되어 있었을 것임은 의문의 여지가 없다.

15. 그들이 서로 이야기하며 문의할 때에 예수께서 가까이 이르러 그들과 동행하시나.

주님께서는 이 두 사람을 따라잡아서 그들과 동행하셨다. 그리스도에 대하여 얘기를 나누는 것은 그리스도께서 우리와 함께 하시고 동행하시는 계기가 될 수 있다는 점에서 좋은 일이다.

16. 그들의 눈이 가리어져서 그인 줄 알아보지 못하거늘.

하나님께서는 자신의 섭리로 그들의 눈을 가리셨기 때문에, 그들은 자신들과 동행하게 된 남자를 보았지만, 그가 누구인지를 알아보지 못하였다. 이것으로부터 우리는 그리스도의 몸의 형태나 생김새는 부활 이후에도 변하지 않았다는 것을 알 수 있다. 주님의 몸은 이전과 동일한 크기와 무게, 빛깔과 생김새를 지니고 있었고, 인간의 눈으로 볼 수 있었다. 만일 그런 것이 아니었다면, 하나님께서 그들의 눈을 가리실 필요가 전혀 없으셨을 것이다. 또한, 이것으로부터 우리는 하나님께서는 우리의 모든 지체들과 감각들을 주관하고 계시고, 우리의 타고난 몸의 기능들을 날마다 사용하는 데에는 하나님의 능력이 작용하고 있다는 것을 알게 된다. 우리 주님께서는 이 두 제자가 처음에 자기가 누구인지를 알아보지 못한 것을 개의치 않으시고, 그들로부터 대화를 이끌어내셔서, 그 대화 속에서 기회를 보아 자신의 부활의 확실성을 성경을 통해 증명하고자 하셨다. 이 본문을 통해서 우리는 루터파가 성찬이라는 성례전이 행해지는 곳마다 그리스도의 몸이 실제로 임재하신다는 것을 주장하는 것이 터무니없는 것임을 확인할 수 있다. 왜냐하면, 그들의 그러한 주장이 유지되기 위해서는, 부활 이후의 그리스도의 몸은 십자가에 못 박히셨을 때와 동일한 몸으로서 사람들의 눈으로 볼 수 있는 것이었지만, 그리스도께서는 자신의 그런 몸을 사람들로 하여금 느끼지도 못하고 보지도 못하게 만드실 뿐만 아니라, 무수하게 많이 증식해서, 성찬이 행해지는 모든 곳들에 동시에 임재하신다고 하여야 하기 때문이다. 또한, 그리스도께서는 그 모든 곳들에서 그 누구도 그를 알아차릴 수 없게 하셔야 한다. 그러나 본문을 통해서 우리는 엠마오로 가던 두 제자는 주님을 내내 알아차리지 못한 것이 아니었다. 만일 하나님께서 두 제자의 눈을 가리지 않으셨다면, 그들은 자신들과 동행하게 된 사람을 처음 보았을 때, 그 즉시 그가 주님이시라는 것을 알아보았을 것이다.

17. 예수께서 이르시되 너희가 길 가면서 서로 주고받고 하는 이야기가 무엇이냐 하시니 두 사람이 슬픈 빛을 띠고 머물러 서더라.

주님께서는 사람들의 마음의 은밀한 것들을 다 아시는 분이시기 때문에, 이 두 제자가 무슨 이야기를 나누고 있었는지를 모르셨던 것이 아니었지만, 이렇게 질문을 하신 것은, 그들로 하여금 자신들이 나누었던 이야기를 다시 한 번 되풀이하게 하심으로써, 그들을 가르치실 좋은 기회를 얻고자 하신 것이었다.

18-19. [18]그 한 사람인 글로바라 하는 자가 대답하여 이르되 당신이 예루살렘에 체류하면서도 요즘 거기서 된 일을 혼자만 알지 못하느냐 [19]이르시되 무슨 일이냐 이르되 나사렛 예수의 일이니 그는 하나님과 모든 백성 앞에서 말과 일에 능하신 선지자이거늘.

최근에 예루살렘에서는 아주 많은 일들이 일어났고, 그 일들은 결코 평범하지 않은 유별나고 기이한 일들이었기 때문에, 이 두 제자는 자신들과 동행하게 된 이 사람이 예루살렘 방향에서 왔으면서도 그 일들에 대하여 알지 못하는 것을 이상하게 여겼다. 그래서 그들은 주님이 다른 나라나 유대 또는 갈릴리의 벽촌에 있었던 것이 아니고, 예루살렘에 올라와 있었는데도, 온 도성 사람들이 모두 다 아는 일을 혼자만 알지 못하는 것이냐고 반문한다. 우리 구주께서는 그들의 그런 반문에는 아랑곳하지 않으신 채, 그들로부터 이야기를 이끌어내시기 위하여 "무슨 일이냐"고 또 다시 물으시고, 그제서야 그들은 "하나님과 모든 백성 앞에서 말과 일에 능하신 선지자"이셨던 "나사렛 예수의 일"이라고 말한다. 나중에 스데반은 이것과 비슷한 표현으로 모세를 칭송하였다: "모세가 애굽 사람의 모든 지혜를 배워 그의 말과 하는 일들이 능하더라"(행 7:22). 즉, 그들은 나사렛 예수는 하나님의 뜻을 사람들에게 놀라운 방식으로 계시하신 분이실 뿐만 아니라, 수많은 권능 있는 큰 일들을 행하시고, 지극히 거룩하신 삶을 사시고 모범적인 행실을 보여 주셨기 때문에, 하나님으로부터는 큰 은총을 입으셨고, 사람들로부터 큰 명성과 평판을 얻으신 분이었다고 말하고 있는 것이다.

20-21. [20]우리 대제사장들과 관리들이 사형 판결에 넘겨주어 십자가에 못 박았느니라 [21]우리는 이 사람이 이스라엘을 속량할 자라고 바랐노라 이뿐 아니라 이 일이 일어난 지가 사흘째요.

그들이 한 이 말로부터 분명한 것은 그들은 아직 그리스도께서 하나님이자 사람으로서 신성과 인성을 한 인격 속에 함께 가지고 계시는 분이라는 것도 알지 못하였고, 심지어 메시야에 대해서도 잘못된 사상을 지니고서, 여전히 메시야가 오시면 유대인들을 이방인들로부터 건지시고 이스라엘 나라를 회복하셔서 이 땅에 견고한 하나님의 나라를 세우실 것이라고 잘못 알고 있었다는 것이다. 또한, 그들의 말은 그리스도에 대한 그들의 믿음이 지닌 큰 약점도 드러내 보여 주었다. 즉, 그들은 그리스도께서 죽으셨기 때문에, 이제 그들의 믿음도 끝장이 난 것이라고 말하고 있다. 그들은 이렇게 말한다: 우리는 이 나사렛 예수가 하나님이 보내신 메시야라고 한마음으로 믿고서 소망을 품고 있었지만, 예수께서 십자가에 못 박히시는 "이 일이 일어난 지가 사흘째"이다. 그들이 "사흘째"라고 말한 것은 그들이 주님께서 제삼일에 다시 살아날 것이라고 약속하신 말씀 또는 예언(눅 18:33)을 알고 있던 주님의 제자들이었다는 것을 증명해 주는 좋은 증거이다. 주님께서는 제삼일에 다시 살아나실 것이라고 약속하셨고, 이 때는 아직 제삼일이 다 지난 때가 아니었기 때문에, 그들은 해가 져서 제삼일이 지날 때까지 참고 기다려야 마땅하였다.

22-24. [22]또한 우리 중에 어떤 여자들이 우리로 놀라게 하였으니 이는 그들이 새벽에 무덤에 갔다가 [23]그의 시체는 보지 못하고 와서 그가 살아나셨다 하는 천사들

의 나타남을 보았다 함이라 [24]또 우리와 함께 한 자 중에 두어 사람이 무덤에 가 과연 여자들이 말한 바와 같음을 보았으나 예수는 보지 못하였느니라 하거늘.

이 두 제자의 말은 주님의 부활에 대한 마음의 확신을 지닐 수 있게 해줄 일들이 그들에게 제시되었음을 분명하게 보여 준다. 먼저, 그들에게는 그리스도께서 직접 자신의 입으로 하신 말씀으로 인한 계시가 있었다. 또한, 그들에게는 여자들의 증언과 천사들의 나타남, 주님의 시체가 무덤에 없었다는 일부 제자들의 증언 등과 같은 증거들도 있었다. 천사들은 주님이 부활하셨다고 말하였다. 그런데도 그들은 왜 주님의 부활을 믿기를 주저하였던 것인가? 왜 그들은 믿지 않은 것인가? 그 잘못은 그들의 뒤틀리고 부패한 의지에 있었던 것인가? 그들은 자신들이 그토록 소망하고 간절하게 기다려 왔던 일이 실제로 일어났다는 것을 믿을 생각이 없었던 것인가? 주님의 부활은 그들이 다른 무엇보다도 더 가장 간절하게 원하고 바랐던 일이었음에 틀림없지 않는가. 사람이 어떤 것을 믿거나 영적으로 선한 어떤 일을 행하고자 하는 의지의 힘이 어떠한지를 잘 아는 자들은 이 제자들이 그리스도의 부활을 실제로 믿을 수 없도록 방해한 것이 무엇인지를 아는데, 그것은 그들의 의지의 무력함이었다. 즉, 그들이 그토록 간절하게 원하였던 일을 실제로 믿을 수 없었던 것은 하나님께서 아직 그들의 의지를 붙들어 힘을 주시지 않으셨기 때문이라는 것이다.

25-27. [25]이르시되 미련하고 선지자들이 말한 모든 것을 마음에 더디 믿는 자들이여 [26]그리스도가 이런 고난을 받고 자기의 영광에 들어가야 할 것이 아니냐 하시고 [27]이에 모세와 모든 선지자의 글로 시작하여 모든 성경에 쓴 바 자기에 관한 것을 자세히 설명하시니라.

우리 구주께서 이 두 제자를 꾸짖으시는 말씀을 통해서 우리는 두 가지를 배울 수 있다: (1) "너희 미련한 자들아"라고 말했다고 해서, 그런 말이 언제나 증오와 악의와 분노라는 뿌리로부터 나온 말인 것은 아니다. 만일 여기에서 우리 구주께서 그렇게 말씀하신 것이 마음의 그런 뿌리에서 나온 것이라면, 주님은 여섯 번째 계명을 범하신 것이 될 것이다(마 5:21-22). 우리 구주께서 이 두 제자를 꾸짖으시며 이렇게 말씀하신 것은 사랑의 원리와 그들에 대한 선의의 뿌리에서 나온 것이었다. (2) 우리 중에서 신앙이 가장 좋은 자들도 "마음에 더디 믿는 자들"이기 때문에, 하나님께서 우리에게 주신 계시를 그냥 단순하게 믿지를 못하고, 상당한 시간을 두고 서서히 믿게 된다. 또한, 우리가 27절로부터 알 수 있는 것은 그리스도인들은 모세와 선지자들의 글을 배척해서는 안 된다는 것이다. 그 글들 속에는 그리스도에 관한 말씀들이 많이 들어 있어서, 그리스도께서는 자기에 대하여 말하고 있는 그 글들을 통해 이 두 제자를 가르치신다.

28-29. [28]그들이 가는 마을에 가까이 가매 예수는 더 가려 하는 것 같이 하시니 [29]그들이 강권하여 이르되 우리와 함께 유하사이다 때가 저물어가고 날이 이미 기울었나이다 하니 이에 그들과 함께 유하러 들어가시니라.

이 본문을 근거로 삼아서 어떤 이들은 복음서 기자가 우리 구주께서 "더 가려 하는 것 같이 하셨다"고 말하고 있기 때문에, 어떤 경우들에 있어서는 거짓말을 하거나 속이는 것이 합법적이라고 주장하지만, 나는 그들이 왜 그런 결론을 이끌어내어서 주장하는지를 도무지 이해할 수 없다. 왜냐하면, 만일 이 두 제자가 우리 구주를 강권하여 머물게 하지 않았다면, 주님께서는 그들과 헤어져서 더 가셨을 것임에 틀림없기 때문이다. 그리고 실제로 주님께서는 그들의 강권으로 잠시 그들과 함께 계시기는 하셨지만, 앞으로 볼 수 있듯이, 그들과 함께 오래 머물지 않으셨다.

30-31. [30]그들과 함께 음식 잡수실 때에 떡을 가지사 축사하시고 떼어 그들에게 주시니 [31]그들의 눈이 밝아져 그인 줄 알아 보더니 예수는 그들에게 보이지 아니하시는지라.

어떤 이들은 마치 우리 주님께서 이 때에 성찬을 거행하셨다는 듯이, 이 "떡"이 성찬의 떡이었다고 생각하고, 몇몇 교황주의자들은 그러한 해석을 열렬히 지지하면서, 여기에 잔에 대한 언급이 전혀 나오지 않는다는 것은 그들이 잔이나 떡 중에서 어느 하나만으로 성찬을 거행하는 것이 옳음을 증명해 주는 강력한 증거라고 주장한다. 그러나 이 본문에서 주님께서 성찬을 거행하신 것이라고 보는 경우에는, 이 본문은 다음과 같이 교황주의자들이 주장하는 것은 물론이고 그것보다 더 많은 것들을 정당화해 주게 될 것임을 그들은 고려하지 않는다. 즉, 그들의 논리를 따라 말한다면, 이렇게 될 것이다: (1) 교황주의자들은 떡과 잔을 축사하고, 일반 신자들은 그 중 하나에만 참여해도 충분하다고 말하지만, 이 본문에 의하면, 사제들이 잔 없이 떡으로만 성찬을 거행하는 것도 허용된다 — 그들은 이것을 용납하려 하지 않겠지만. (2) 이 본문에 의하면, 사제들은 성찬을 거행하면서 "이것은 나의 몸이다"라는 말씀을 하지 않아도 된다. 그러나 우리 구주께서 방금 여행을 마치시고 이 두 제자와 함께 음식을 잡수시면서, 성찬을 거행하셨을 가능성은 대단히 희박하다. 주님께서는 일반적인 식사를 하실 때에 먼저 축사하신 후가 아니면 잡수시지 않으셨기 때문에(마 14:19), 이 본문에 언급된 "떡"은 일상적인 식사를 할 때의 떡을 의미하는 것임에 틀림없다.

복음서 기자는 이 두 제자의 눈이 어떻게 열리게 되었는지를 우리에게 말해 준다. 어떤 이들은 주님이 축사하시는 모습을 보고서 그들이 주님임을 알게 된 것이라고 생각한다. 만일 그런 생각이 옳다면, 주님께서 그들과 함께 동행하셔서 서너 시간을 길에서 대화하셨는데도, 그들이 주님의 말투나 음성을 알아보지 못하였다는 것은 이상한 일이 될 것이다. 어떤 이들은 주님께서 식사 자리를 주관하셔서 축사하시고 자신들에게 음식을 나누어 주시는 것을 보고서 주님이신 것을 알게 된 것이라고 생각한다. 그러나 이런 추측들은 다 쓸데없는 것들이다. 주님의 몸은 사람들의 눈으로 볼 수 있는 것이었는데도, 그들이 주님을 알아볼 수 없었던 유일한 원인은, 주님께서 그들의 눈을 가리신 것이었기 때문에, 이제 그들의 눈을 가렸던 것을 제거하시자, 그들은 즉시 주님을 알아볼 수 있었을 뿐이다. **예수는 그들에게 보이지 아니하시는지라.** 우리 구주께서는 자기가 정말 부활하셨다는 것을 그들에게 충분히 설명해 주시고자 하신 자신의 목적을 달성하셨기 때문에, 이제 그들에게서 떠나신다. 주님께서는 이 두 제자가 그의 몸을 인식할 수 없게 하시는 능력을 지니고 계셨다는 것은 의문의 여지가 없다.

32. 그들이 서로 말하되 길에서 우리에게 말씀하시고 우리에게 성경을 풀어 주실 때에 우리 속에서 마음이 뜨겁지 아니하더냐 하고.

그리스도께서 말씀을 전하실 때와 그의 사역자들이 말씀을 전할 때에는 엄청난 차이가 있었다는 것은 두말할 필요가 없다. 주님께서는 서기관들이나 평범한 사역자들과는 달리 권세를 지니신 자로서 위엄과 권능으로 말씀을 전하셨다. 그러나 주님의 말씀이 구원을 가져다주는 효과를 발휘하느냐의 여부는 주님의 뜻에 달려 있었다. 따라서 주님께서 그런 구원의 은혜를 주시고자 하셨을 때에는, 주님의 말씀은 구원을 가져다주었지만, 그렇지 않으셨을 때에는 구원은 일어나지 않았다. 많은 사람들이 그리스도께서 전하시는 말씀을 들었지만, 여전히 불신자로 남아서 불신앙 가운데서 죽었다.

또한, 주님의 사역자들 간에도 말씀의 권능은 상당한 차이를 드러낸다. 어떤 사역자들이 전하는 말씀은 사람들의 마음을 얼어붙게 만들고, 어떤 사역자들이 전하는 말씀은 사람들의 마음을 불타오르게 만든다. 그러나 말씀이 우리 속에서 우리의 마음을 뜨겁게 한다면, 그것은 그리스도께서 우리 속에 불을 던지신 것이고, 아무리 훌륭한 사역자들이라고 할지라도, 그들이 하는 일은 단지 그 불에 바람을 불어 넣어서 활활 타오르게 만드는 것일 뿐이다. 에라스무스(Erasmus)가 말하였듯이, 오직 하나님의 성령께서 "자신의 도구들을 사용하셔서 역사하시고"(secundum quod nactus est organon), 이성적이고 영적인 도구들에 함께 하여 이성적이고 영적인 목적들을 이루시는 것이다. 어떤 심령이 설교를 들을 때에 불로 세례를 받는다면, 그것은 성령으로 세례를 받는 것이다. 그리스도께서는 진흙에 침을 뱉어 맹인의 눈에 바르는 방식으로 한 맹인의 눈을 고치시기는 하셨지만, 맹인들의 눈을 언제나 그런 식으로 고치신 것은 아니었다. 이 두 제자의 심령 속에는 이미 불이 있었고, 그리스도께서는 말씀을 통해서 그 불을 활활 타오르게 하신 것이었다. 우리가 성경을 풀어 말씀을 전할 때에도, 우리가 전하는 말씀은 사람들의 심령을 죽거나 잠들게 만들거나 차갑고 미지근하게 만드는 것이 아니라, 그들 속에서 뜨겁게 타오르게 만드는 힘을 갖고 있다. 따라서 우리는 말씀으로 사람들의 마음을 뜨겁게 타오르게 만드시는 것은 그리스도의 역사라는 것을 명심하고, 우리가 전할 수 있는 모든 것을 전한 후에 그러한 역사를 기다리는 것이 마땅하다.

33-35. [33]곧 그 때로 일어나 예루살렘에 돌아가 보니 열한 제자 및 그들과 함께 한 자들이 모여 있어 [34]말하기를 주께서 과연 살아나시고 시몬에게 보이셨다 하는지라 [35]두 사람도 길에서 된 일과 예수께서 떡을 떼심으로 자기들에게 알려지신 것을 말하더라.

몇몇 훌륭한 저술가들은 34절과 고린도전서 15:5을 근거로 해서, 엠마오로 가던 두 제자는 글로바와 시몬이었고, 여기에서 "주께서 과연 살아나시고 시몬에게 보이셨다"고 말한 사람은 글로바였다고 생각한다. 이 두 제자는 엠마오에 머물지 않고, 즉시 예루살렘으로 돌아와서, 그리스도께서 분명히 다시 살아나셨고, 길에서 자신들에게 나타나셨으며, 떡을 뗄 때에 자신들이 그리스도를 알아보게 되었다는 것을 다른 제자들의 무리에게 알렸다.

36. 이 말을 할 때에 예수께서 친히 그들 가운데 서서 이르시되 너희에게 평강이 있을지어다 하시니.

이 때에 그리스도께서 나타나신 것에 대한 보도는 마가복음 16:14과 요한복음 20:19-20에도 나온다. 주님께서 자신의 제자들에게 건네신 인사말은 유대인들 사이에서 흔히 사용되던 것으로서, 우리가 사용하는 "하나님께서 당신을 지켜 주시길"(God save you)이나 "하나님께서 당신과 함께 하시길"(God be with you)이라는 인사말에 해당된다. 또한, 유대인들은 온갖 복과 행복을 "평강"이라는 말로 인식하고 표현하였다.

37. 그들이 놀라고 무서워하여 그 보는 것을 영으로 생각하는지라.

영들은 하나님의 허락이나 지시에 의해서 종종 사람의 모습으로 나타난다. 그들은 사람의 모습을 한 어떤 존재가 아무런 인기척도 없도 아무도 알아차리지 못하게 자신들 가운데 나타나 서 있는 것을 보고서, 우리가 유령이라고 생각되는 것들을 보았을 때에 그러는 것처럼, 기겁을 하며 놀라고 무서워하였다. 이것으로부터 우리는 세상 사람들과 그 중의 가장 훌륭한 사람들이 모든 시대에서 속아 왔고, 일부 무신론자들이 그들 모두보다 더 지혜로운 자들이었거나, 실제로 영들이 존재하거나, 둘 중의 하나라는 결론을 내릴 수 있다.

38-40. [38]예수께서 이르시되 어찌하여 두려워하며 어찌하여 마음에 의심이 일어나느냐 [39]내 손과 발을 보고 나인 줄 알라 또 나를 만져 보라 영은 살과 뼈가 없으되 너희 보는 바와 같이 나는 있느니라 [40]이 말씀을 하시고 손과 발을 보이시나.

만일 교황주의자들이나 루터파가 그리스도의 몸이 실제로 성찬에 임재해 계신다는 것을 믿으라고 말하면서, 그리스도의 손이나 발을 우리에게 보여 줄 수 있다면, 우리는 그리스도의 몸의 성질에 관한 그들의 주장에 대해서 그렇게 황당해하지도 않을 것이고 아주 많은 생각들을 떠올리며 착잡해하지도 않을 것이다. 그러나 우리는 교황주의자들이 주는 성찬의 떡을 만지고 맛보아도 그런 것들을 전혀 발견할 수 없고, 루터파들도 우리의 눈을 열어서 그런 것들을 볼 수 있게 해주지 않기 때문에, 그들이 말하는 그리스도의 몸은, 우리 구주께서 여기에서 정의하신 대로 "살과 뼈"가 없는 "영"임에 틀림없고, 그들이 주장하는 그런 몸은 아님이 분명하다고 결론을 내릴 수밖에 없다. 즉, 그들이 말하는 몸은 전혀 몸이 아니라는 것이다.

우리 구주께서는 여기에서 자신의 제자들에게 다음과 같은 것들을 보이심으로써, 자신의 몸이 진짜 몸이라는 것을 증명하신다: (1) 부활하신 주님의 몸은 손과 발을 포함해서 갖춰야 할 모든 지체들을 다 갖추고 있었다. (2) 그 몸은 제자들이 눈으로 볼 수 있었다. (3) 그 몸은 제자들이 만질 수 있었다. (4) 그 몸은 영에는 없는 살과 뼈가 있었다. 이렇게 우리 구주께서는 자기가 죽은 자 가운데서 다시 살아나셔서 높아지신 상태에서 지니게 되신 몸은 우리의 지각으로는 판단할 수 없는 그런 몸이라고 하지 않으셨다. 거기에 있는 그리스도의 몸이 문을 통해서 들어왔고, 그렇지 않았다면 그 몸이 거기에 있을 수 없었을 것이라고 말하는 사람들이 있는가? 그들은 그것을 어떻게 증명하고자 하는가? 우리는 어떻게 해서 주님께서 그들이 전혀 알아차리지 못하는 사이에 그들 가운데 서 계시게 된 것인지를 쉽게 알 수 있다. 주님께서 엠마오로 가던 두 제자의 눈을 가리셨을 때(16절), 그들이 주님을 알아볼 수 없었던 것과 마찬가지로, 주님께서는 여기에서도 자기가 제자들 가운데 서실 때까지 그 제자들의 눈을 가리셨을 것이다.

41-43. [41]**그들이 너무 기쁘므로 아직도 믿지 못하고 놀랍게 여길 때에 이르시되 여기 무슨 먹을 것이 있느냐 하시니** [42]**이에 구운 생선 한 토막을 드리니** [43]**받으사 그 앞에서 잡수시더라.**

그들이 너무 기쁘므로 아직도 믿지 못하고. 지금 만일 그들이 믿지 못하였다면, 기뻐하지도 않았을 것임에 틀림없기 때문에, 그들의 기쁨은 그들의 믿음의 결과였다. 하지만 그들의 지나친 기쁨은 그들의 믿음을 방해하였다. 이렇게 우리의 지나친 감정은 위험하다. 그리스도께서는 여기에서 자신이 몸을 입고 있다는 것이 사실이라는 것을 보여 주는 또 하나의 증거를 그들에게 주신다. 즉, 주님께서는 "여기 무슨 먹을 것이 있느냐"고 물으셨고, 그들이 시골에서 아주 흔한 식단이었던 "구운 생선 한 토막"을 드리자, 그것을 "드셨다." 주님은 나중에 디베랴 호수에서도 "생선과 떡"을 드셨다(요 21:9). 이것은 목숨을 유지하기 위한 것이 아니었고, 단지 자기가 몸을 지니고 살아 있으시다는 것을 증거하시기 위한 것이었다. 바로 그런 목적으로, 주님께서는 야이로의 딸을 다시 살리신 후에는, 그녀에게 먹을 것을 주라고 명령하셨고(눅 8:55), 나사로로 하여금 다른 사람들과 함께 앉아 식사를 하게 하셨다(요 12:2). 베드로는 자신들이 부활하신 그리스도와 함께 먹고 마셨다는 사실로부터, 그리스도의 부활을 증명한다(행 10:41). 여기에서 세상적으로 지혜 있다고 하는 자들은 주님이 드신 음식은 어떻게 된 것이냐고 물음으로써 쓸데없는 문제를 만들려고 해서는 안 된다. 그들이 그렇게 묻고자 한다면, 그들은 먼저 천사들이 아브라함과 함께 먹은 음식은 어떻게 된 것인지(창 18:8)에 대하여 우리에게 답변을 해야 할 것이고, 그런 후에 그리스도께서는 타고난 모든 식욕으로부터 자유롭게 되셔서, 단지 자기가 죽은 자 가운데서 다시 살아난 것이 사실이라는 것을 그들에게 증거하시기 위하여 음식을 드신 것이지만, 자신의 몸을 유지하는 데 필요하지도 않은 그 음식을 하나님의 능력으로 다시 없애 버리는 것은 쉬운 일이었으리라는 것을 믿어야 한다.

44. 또 이르시되 내가 너희와 함께 있을 때에 너희에게 말한 바 곧 모세의 율법과 선지자의 글과 시편에 나를 가리켜 기록된 모든 것이 이루어져야 하리라 한 말이 이

것이라 하시고.

유대인들은 통상적으로 구약성경을 율법과 선지자들과 성문서(Hagiographa)로 분류하였고, 시편은 성문서 중에서 가장 대표적인 것이었다. 따라서 여기에서 우리 구주께서는 구약성경 전체를 이 세 가지 용어로 표현하신다. 주님께서는 죽으시기 전에 자신의 제자들과 대화하시면서, 성경에서 자기에 관하여 기록된 아주 많은 모든 것들이 다 이루어져야 한다고 말씀하셨는데(눅 18:31; 마 16:21; 17:22; 20:18; 막 9:31; 10:34), 이제 그것들이 다 이루어졌다고 말씀하신다.

45. 이에 그들의 마음을 열어 성경을 깨닫게 하시고.

주님께서는 자신의 제자들로 하여금 성경 없이 깨닫게 하신 것이 아니라, 그들의 마음을 열어서 성경에 기록된 것들을 깨닫게 하셨다. 주님은 성령의 감화와 조명 없이는 그들이 성경에서 그리스도와 하나님의 일들에 대하여 제대로 알 수 없다는 것을 아신다. 하나님의 성령으로부터 가르침을 받아서 성경을 깨닫게 된 자들은 진정으로 하나님에게서 배운 자들이다. 그리스도께서는 성경을 높이시고, 성경에 큰 권위를 부여하신다. 마귀는 성령으로부터 직접 가르침을 받으면 되기 때문에 성경은 필요 없으니 내버리라고 사람들을 속인다. 성령께서는 성경 없이 가르치시거나 성경에 어긋나는 것을 가르치시지 않고, 성경을 따라 가르치신다.

46. 또 이르시되 이같이 그리스도가 고난을 받고 제삼일에 죽은 자 가운데서 살아날 것과.

하나님으로부터 나온 모든 예언들은 확실하고 오류가 없다. 유대인들은 자기 마음대로 악의를 품고 우리 구주를 죽음으로 몰아갔고, 하나님께서는 그들이 어떤 생각을 가지고 행동할 것이고, 결국 어떤 일이 벌어지게 될지를 미리 분명하게 아셨다.

47-48. [47]또 그의 이름으로 죄 사함을 받게 하는 회개가 예루살렘에서 시작하여 모든 족속에게 전파될 것이 기록되었으니 [48]너희는 이 모든 일의 증인이라.

47절에서 주님께서 하신 몇 마디 안 되는 말씀 속에는, 사도들에게 맡겨진 큰 일들이 포괄되어 있다: (1) "회개"와 "죄 사함"을 (2) 그리스도의 "이름으로" (3) "모든 족속에게" 전파하되 (4) "예루살렘에서 시작할" 것. 그들이 전해야 할 것은 "회개"와 "죄 사함," 즉 죄악된 삶에서 하나님의 뜻에 부합하는 삶으로 돌아서는 것과 그러한 회개를 기반으로 한 죄 사함이었다. 그들은 이것들을 그리스도의 "이름으로" 전하여야 하였는데, 이것은 한편으로는 그들은 그리스도의 사역자들로서 그리스도의 가르침들을 전하는 것임을 알려야 한다는 것이고, 다른 한편으로는 그리스도의 신비들을 맡은 청지기이자 "사신"(고후 5:20)으로서 그리스도의 권위로 이것들을 전하여야 한다는 것이다. 또는, 이것은 회개와 죄 사함이 그리스도의 대속의 공로로 말미암은 것임을 알려야 한다는 것을 의미하는 것일 수도 있다. 그들은 이것들을 모든 족속에게 전하여야 하였다. 이것은 성경에 아주 풍부하게 예언되어 있었다(시 2:8; 사 49:6; 단 7:14; 호 2:23; 욜 2:32). 이것은 그리스도께서 이 때까지 많은 부분을 감추어 오셨던 하나님의 계시의 일부였다. 주님께서는 열두 사도들을 전도하러 보내셨을 때(마 10:5), 이방인들에게로 가지 말라고 그들에게 명령하셨다. "예루살렘에서 시작하여"는 유대인들 사이에서 시작되어야 한다는 것을 의미하는 것이었다. 성경의 예언들은 그리스도가 여호와 하나님께서 자신의 성산인 시온에 세우신 왕이라고 말한다(시 2:6; 시 110:2; 사 2:3; 28:16; 45:1). 주님의 이러한 명령을 따라, 사도들은 오직 유대에서만 복음을 전하다가, 결국 "하나님의 말씀을 마땅히 먼저 너희에게 전할 것이로되 너희가 그것을 버리고 영생을 얻기에 합당하지 않은 자로 자처하기로 우리가 이방인에게로 향하노라"고 선언한다(행 13:38, 46).

49. 볼지어다 내가 내 아버지께서 약속하신 것을 너희에게 보내리니 너희는 위로부터 능력으로 입혀질 때까지 이 성에 머물라 하시니라.

우리 주님께서 "내 아버지께서 약속하신 것"이라고 말씀하신 것이 오순절에 강림한 성령에 관한 약속을 의미하는 것이었다는 것에 대해서는 이의를 제기하는 사람이 아무도 없다. 하나님께서 이렇게 사람들에게 성령을 주실 것이라는 약속은 구약성경에 나오는데(사 44:3; 렘 31:33; 겔 36:27), 그 중에서 특히 유명한 것은 요엘서 2:28이고, 사도 베드로는 오순절의 성령 강림을 요엘서에 나오는 예언으로 해석한다(행 2:16-18). 또한, 사도행전 1:8에서는 "아버지께서 약속하신 것"(행 1:4)이 이루어진 후에야, 사도들이 주님으로부터 위임받은 큰 일들을 감당하게 될 것이라고 말한다: "오직 성령이 너희에게 임하시면 너희가 권능을 받고 예루살렘과 온 유대와 사마리아와 땅 끝까지 이르러 내 증인이 되리라." 또한, 우리 주님께서는 "내가 아버지께 구하겠으니 그가 또 다른 보혜사를 너희에게 주사 영원토록 너희와 함께 있게 하리니"(요 14:16)라고 말씀하셨는데, 여기에서는 자기가 성령을 보내 주실 것이라고 말씀하심으로써(요 15:26; 16:7), 자기가 아버지와 동등하시고, 성령은 아버지와 자기에 의해서 보내지겠지만, 아들의 기도를 들으시고 아버지께서 아들의 이름으로 보내실 것임을 자신의 제자들에게 확증해 주신다(요 14:16, 26). 이 성령은 "위로부터의 능력"(49절)과 "지극히 높으신 이의 능력"(눅 1:35)으로도 불린다. 우리는 여기에서 주님께서 "위로부터 능력으로 입혀질 때까지"라고 말씀하신 것을, 성령이 그들에게 임하시면 그들이 능력을 받게 될 것이라고 말씀하신 사도행전 1:8과 동일한 의미로 이해할 수 있을 것이다. 그 날이 도래할 때까지, 즉 오순절에 성령이 강림할 때까지(행 2:1), 제자들은 예루살렘에 머무르라는 명령을 받았고, 실제로 그렇게 하였다. 이것으로부터 우리는 주님께서는 갈릴리에서 "오백여 형제에게 일시에 보이신"(고전 15:6) 후에(이 일에 대해서는 누가가 전혀 언급하지 않는다), 자신의 제자들에게 이 말씀을 하신 것이라는 결론을 내릴 수 있다.

50-51. [50]예수께서 그들을 데리고 베다니 앞까지 나가사 손을 들어 그들에게 축복하시더니 [51]축복하실 때에 그들을 떠나 [하늘로 올려지시니].

누가가 "그가 고난 받으신 후에 또한 그들에게 확실한 많은 증거로 친히 살아 계심을 나타내사 사십 일 동안 그들에게 보이시며 하나님 나라의 일을 말씀하시니라"(행 1:3)고 말하고 있기 때문에, 우리는 본문에서 보도되고 있는 일이 우리 구주께서 부활하신 지 "사십 일" 되는 날에 일어난 것으로 이해하여야 한다. **예수께서 그들을 데리고 베다니 앞까지 나가사.** 이 곳은 베다니라는 동네가 아니었고, 베다니에 속한 감람 산의 한 부분이었다. 우리 구주께서는 흔히 거기에서 기도하곤 하셨는데, 이제 거기에서 하늘로 올라가신다. 주님께서는 **손을 들어 그들에게 축복하셨다.** 어떤 이들은 여기에서 "손을 들어 그들에게 축복하셨다"는 것은, 당시에 유대인들이 손을 들고서 기도하였던 것처럼, 주님이 당시의 관례를 따라 손을 드시고서 그들을 위하여 기도하셨다는 것을 의미하는 것이라고 생각한다. 어떤 이들은 여기에서 "축복하셨다"는 것은 좀 더 권위 있는 행위를 나타내는 것이고, 주님이 손을 드신 것은 그들을 위하여 자기가 빈 복이 그대로 임할 것임을 보여 주는 표시로서 손을 뻗으신 것이라고 생각한다. **축복하실 때에 그들을 떠나 하늘로 올려지시니.** 주님께서는 마치 옮겨지시듯이 위로 움직여 가셨다. 왜냐하면, 우리 구주께서는 자신의 힘으로 승천하신 것이 분명하기 때문이다. 누가는 주님께서 "올려져 가시니 구름이 그를 가리어 보이지 않게 하더라"(행 1:9)고 말한다. 엘리야가 회오리바람 속에서 하늘로 올라갔듯이(왕하 2:11), 그리스도께서는 구름 속에서 위로 올라가셨다. 그러나 그리스도께서는 자신의 힘으로 올라가셨지만, 엘리야는 천사의 도움 없이는 올라갈 수 없었다는 점이 서로 다른 점이었다.

52-53. [52]그들이 [그에게 경배하고] 큰 기쁨으로 예루살렘에 돌아가 [53]늘 성전에서

하나님을 찬송하니라.

우리는 앞에서 제자들이 그리스도께 어떤 경배 행위를 하였다는 말을 듣지 못한다. 그들의 믿음은 이제 최고조에 달해 있었다. 그들은 이제 그리스도를 단지 하나님으로부터 보내심을 받은 자나 큰 선지자, 또는 하나님이 약속하신 메시야인 다윗의 자손으로 여긴 것이 아니라, 그동안에 메시야를 자기 백성을 이방인들의 압제에서 건지시고 이 땅에 나라를 세우실 분으로 본 잘못된 메시야 사상을 버리고, 죽은 자 가운데서 부활하심으로써 하나님의 영원하신 아들이심을 분명하게 선포하시고, 자신들의 눈 앞에서 승천하신 성자 하나님으로 믿게 되었다. 주님의 명령을 따라, 그들은 기쁨으로 충만하여 예루살렘으로 돌아갔고, **늘 성전에서 하나님을 찬송하였다.** 사도행전 1:13-14에서는 주님의 제자들은 "그들이 유하는 다락방으로 올라가니 베드로, 요한, 야고보, 안드레와 빌립, 도마와 바돌로매, 마태와 및 알패오의 아들 야고보, 셀롯인 시몬, 야고보의 아들 유다가 다 거기 있어 여자들과 예수의 어머니 마리아와 예수의 아우들과 더불어 마음을 같이하여 오로지 기도에 힘쓰더라"고 말한다. 어떤 이들은 이 "다락방"이 성전의 부속건물이었다고 생각한다. 여기에서 "늘"(KJV) 또는 "오로지 기도에 힘썼다"는 것은 자주, 또는 성전의 기도 시간이 돌아올 때마다 기도하였다는 것을 의미하는 것으로 보아야 한다. 왜냐하면, 아침과 저녁으로 드려지는 제사도 "상번제"(민 28:3) 또는 "늘 드릴 번제"(출 29:42)로 불렸기 때문이다. 제자들이 한 일은 하나님을 찬송하고 송축하는 것이었다. 본문에는 그들이 무엇 때문에 하나님을 찬송하였는지가 나와 있지 않지만, 우리는 그들이 하나님께서 그들에게 많은 은혜들을 베풀어 주신 것에 대해서도 찬송하였지만, 특히 하나님께서 그들의 속량을 위해서 메시야를 보내 주시고, 하나님에 대한 그들의 믿음을 견고하고 온전하게 하신 것에 대해서 찬송하였으리라는 것을 쉽게 알 수 있다.

매튜 풀 청교도 성경주석 15

마가복음 · 누가복음

1판 1쇄 발행 2015년 5월 26일
1판 2쇄 발행 2016년 9월 19일

펴낸이 박명곤

디자인 디자인집 지윤경, 요나미디어 고봉환(02-991-9191)

마케팅 박지성

경영지원 김영은

펴낸곳 크리스천다이제스트

출판등록 제406-1999-000038호

전화 031-911-9864 **팩스** 031-944-9820

주소 경기도 파주시 회동길 152 피노키오뮤지엄 4층

홈페이지 www.cdp1984.com **문의** cdp1984@naver.com